Die Chronik-Bibliothek des 20. Jahrhunderts

**Die Chronik-Bibliothek des 20. Jahrhunderts
wird herausgegeben von Bodo Harenberg**

Maria Krenek

Chronik 1967

Tag für Tag in Wort und Bild

Chronik Verlag

Abbildungen auf dem Schutzumschlag
(oben links beginnend)
Herzpatient Louis Washkansky nach der ersten erfolgreichen Herztransplantation
durch den südafrikanischen Chirurgen Christiaan Barnard
Mohammed Resa Pahlawi, Schah von Iran, besucht 1967 die Bundesrepublik
Szene aus der Fernseh-Unterhaltungssendung »Der goldene Schuß« mit Vico Torriani
Der 1967 verstorbene Alt-Bundeskanzler Konrad Adenauer
Rudi Dutschke, deutscher Studentenführer
Der von bolivianischen Regierungstruppen erschossene kubanische Politiker und
Guerillaführer Ernesto »Che« Guevara Serna
Plakat des Sozialistischen Deutschen Studentenbundes (SDS)

3., überarbeitete Auflage 1992

© Chronik Verlag
in der Harenberg Kommunikation Verlags- und Mediengesellschaft mbH & Co. KG
Dortmund 1986

Redaktion: Ingrid Reuter (Text), Christine Voges (Bild)
Anhang: Ludwig Hertel, Bernhard Pollmann, Karl Adolf Scherer
Herstellung: Barbara Reppold-Hinz, Annette Retinski
Gesamtherstellung: Mohndruck Graphische Betriebe GmbH, Gütersloh

Leihgeber für Zeitungen und Zeitschriften: Institut für Zeitungsforschung, Dortmund

ISBN 3-88379-080-X

Inhalt

Der vorliegende Band aus der »Chronik-Bibliothek des 20. Jahrhunderts« führt Sie zuverlässig durch das Jahr 1967 und gibt Ihnen – aus der Sicht des Zeitzeugen, aber vor dem Hintergrund des Wissens von heute – einen vollständigen Überblick über die weltweit wichtigsten Ereignisse in Politik und Wirtschaft, Kultur und Sport, Alltag und Gesellschaft. Sie können das Jahr in chronologischer Folge an sich vorüberziehen lassen, die »Chronik 1967« aber auch als Nachschlagewerk oder als Lesebuch benutzen. Das »Chronik« System verbindet eine schier unübersehbare Fülle von Artikeln, Kalendereinträgen, Fotos, Grafiken und Übersichten nach einheitlichen Kriterien und macht damit die Daten dieses Bandes mit jedem anderen Band vergleichbar. Wer die »Chronik-Bibliothek« sammelt, erhält ein Dokumentationssystem, wie es in dieser Dichte und Genauigkeit nirgends sonst zu haben ist.

Hauptteil (ab Seite 10)

Jeder Monat beginnt mit einem Kalendarium, in dem die wichtigsten Ereignisse chronologisch geordnet und in knappen Texten dargestellt sind. Sonn- und Feiertage sind durch farbigen Druck hervorgehoben. Pfeile verweisen auf ergänzende Bild- und Textbeiträge auf den folgenden Seiten. Faksimiles von Zeitungen und Zeitschriften, die im jeweiligen Monat des Jahres 1967 erschienen sind, spiegeln Zeitgeist und herausragende Ereignisse.

Wichtige Ereignisse des Jahres 1967 werden – zusätzlich zu den Eintragungen im Kalendarium – in Wort und Bild beschrieben. Jeder der Einzelartikel bietet eine in sich abgeschlossene Information. Die Pfeile des Verweissystems machen auf Artikel aufmerksam, die an anderer Stelle dieses Bandes ergänzende Informationen zu dem jeweiligen Thema vermitteln.

535 häufig farbige Abbildungen und grafische Darstellungen illustrieren die Ereignisse und Entwicklungen des Jahres 1967 und werden damit zu einem historischen Kaleidoskop besonderer Art.

Hinter dem Hauptteil (auf S. 210) geben originalgetreue Abbildungen einen Überblick über alle Postwertzeichen, die im Jahr 1967 in der Bundesrepublik Deutschland neu ausgegeben wurden.

Die Berichte über das Jahr 1967 beginnen mit den Kalendarien auf folgenden Seiten:

Übersichtsartikel (ab Seite 17)

21 Übersichtsartikel, am blauen Untergrund zu erkennen, stellen Entwicklungen des Jahres 1967 zusammenfassend dar.

Alle Übersichtsartikel aus den verschiedenen Jahrgangsbänden ergeben – zusammengenommen – eine sehr spezielle Chronik zu den jeweiligen Themenbereichen (z. B. Film von 1900 bis 2000).

Anhang (ab Seite 211)

Der Anhang zeigt das Jahr 1967 in Statistiken und anderen Übersichten. Ausgehend von den offiziellen Daten für die Bundesrepublik Deutschland, die DDR, Österreich und die Schweiz, regen die Zahlen und Fakten zu einem Vergleich mit vorausgegangenen und nachfolgenden Jahren an.

Für alle wichtigen Länder der Erde sind die Staats- und Regierungschefs im Jahr 1967 aufgeführt und werden wichtige Veränderungen aufgezeigt. Die Zusammenstellungen herausragender Neuerscheinungen auf dem Buchmarkt sowie der Premieren auf Bühne und Leinwand werden zu einem Führer durch das kulturelle Leben des Jahres.

Das Kapitel »Sportereignisse und -rekorde« spiegelt die Höhepunkte des Sportjahres 1967. Internationale und Deutsche Meisterschaften, die Entwicklung der Leichtathletik- und Schwimmrekorde sowie alle Ergebnisse der großen internationalen Wettbewerbe im Automobilsport, Eiskunstlauf, Fußball, Gewichtheben, Pferde-, Rad- und Wintersport sowie im Tennis sind wie die Boxweltmeister im Schwergewicht nachgewiesen.

Der Nekrolog enthält Kurzbiographien von Persönlichkeiten, die 1967 verstorben sind.

Register (ab Seite 235)

Das *Personenregister* nennt – in Verbindung mit der jeweiligen Seitenzahl – alle Personen, deren Namen in diesem Band verzeichnet sind. Werden Personen abgebildet, so sind die Seitenzahlen kursiv gesetzt. Herrscher und Angehörige regierender Häuser mit selben Namen sind alphabetisch nach den Ländern ihrer Herkunft geordnet.

Das Jahr 1967

1967 ist ein Jahr der Unruhe – Kriege in Asien, Afrika, Lateinamerika und im Nahen Osten, Demonstrationen mit blutigen Ausschreitungen in USA und Europa, steigende Arbeitslosenzahlen in den Industriestaaten. Die scheinbare Stabilität der Nachkriegsordnung wird immer häufiger durch regionale Konflikte und die Krise der Weltwirtschaft erschüttert.

Im Sechs-Tage-Krieg kommt Israel seinen arabischen Nachbarn zuvor und erobert dank seiner überlegenen Militärtechnik ein Territorium, das weit größer ist als das eigene Land. Dieser Präventivschlag ist ein weiterer Höhepunkt der Eskalation im Nahen Osten. Die Region bleibt für die kommenden Jahrzehnte ein Krisenherd.

In Vietnam, wo seit 1946 fast ohne Unterbrechung ein blutiger Krieg tobt, suchen die Vereinigten Staaten als Verbündete der Führung in Saigon eine schnelle Entscheidung. US-Flugzeuge entlauben den Dschungel, um die Guerilla aufzuspüren. Tausende von Zivilisten werden durch Gift für ihr Leben gezeichnet, dennoch wird der Krieg noch Jahre dauern.

Immer neue Kämpfe flammen in den Staaten der Dritten Welt auf. Vor allem die Ärmsten der Armen leiden darunter. Eine halbe Million Menschen fliehen vor dem Krieg zwischen Nigeria und Biafra, die Zahl der Flüchtlinge vor allem Frauen, Kinder und alte Menschen, die zwischen Vietnam, Kambodscha und Laos hin- und herziehen, ist kaum einschätzbar.

Opfer der Kämpfe in der Dritten Welt ist der Revolutionär Ernesto Che Guevara. Sein Tod macht ihn zum Idol in Lateinamerika und Asien. Aber auch viele Jugendliche in den westlichen Industriestaaten sehen in ihm einen Kämpfer für die Freiheit und gegen eine Ordnung, die sie selbst als unterdrückerisch empfinden. Bewunderer findet Guevara auch in der Bundesrepublik Deutschland, 1967 Schauplatz großer Demonstrationen gegen den Vietnamkrieg, die Notstandsgesetze, den Schahbesuch. Studenten, Schüler und Lehrlinge gehen auf die Straße, um für ihre Vorstellung einer neuen Gesellschaftsordnung zu demonstrieren. Durch die unversöhnliche Haltung konservativer und studentischer Kreise eskaliert die öffentliche Auseinandersetzung. Der Höhepunkt ist erreicht, als am 2. Juni der Student Benno Ohnesorg bei einer Demonstration in Berlin erschossen wird.

Anders als politisierte Studenten, Schüler und Lehrlinge wollen viele Jugendliche die Wohlstandsgesellschaft mit Leistungs- und Konkurrenzdruck hinter sich lassen. Sie suchen Halt in der Hippie-Bewegung, die eine liebevolle Gesellschaft schaffen will. Wieder andere wollen durch Drogenkonsum ihr Bewußtsein erweitern. Die Radikalität, mit der Jugendliche neue Orientierungen suchen, läßt Konflikte entstehen, die bis in die Familien hinein wirken.

Noch mehr als die Unruhen auf den Straßen beschäftigen viele Menschen Firmenschließungen und Massenentlassungen. Im Jahresdurchschnitt sind über 450 000 Deutsche ohne Arbeit, die Prognosen der Wirtschaftsexperten verheißen ein weiteres Ansteigen der Zahlen. In dieser Situation holt Wirtschaftsminister Karl Schiller Unternehmen und Gewerkschaften in der »Konzertierten Aktion« an einen Tisch. Gemeinsam sollen sie die wirtschaftspolitische Marschrichtung abstimmen – ein Zeichen der Hoffnung in schwierigen Zeiten.

Mit dem Tod Konrad Adenauers schließt 1967 ein Kapitel der deutschen Nachkriegsgeschichte. Der Altbundeskanzler, der im Alter von 91 Jahren in seinem Haus in Rhöndorf stirbt, hat der Zeit nach dem Zweiten Weltkrieg wie kein anderer seinen Stempel aufgedrückt. Die Mächtigen der Welt von US-Präsidenten Lyndon B. Johnson bis zum französischen Staatspräsidenten Charles de Gaulle kommen nach Köln, um Adenauer die letzte Ehre zu erweisen. Sie anerkennen mit ihrem Besuch, daß Adenauer es war, der für die Bundesrepublik durch die Westintegration den Weg in die internationale Staatengemeinschaft ermöglicht hat.

Die Unruhe des Jahres 1967 nimmt in den kommenden Jahren zu. Auch wenn das Jahr von Kriegen und Unruhen gezeichnet ist, beginnen Entwicklungen, die – allerdings erst Jahre später – in einem weltweiten Bemühen um Entspannung und Abrüstung, um Ausgleich und Gleichberechtigung münden.

Maria Krenek

◁ *Provisorisches Mahnmal für gefallene israelische Soldaten in der Altstadt Jerusalems. Im Sechs-Tage-Krieg erobern die Israelis unter geringen Verlusten die Golanhöhen, das Westjordanland, den Gazastreifen und den Sinai.*

▷ *Die Demonstration gegen den Schah-Besuch am 2. Juni endet in einer blutigen Straßenschlacht vor dem Schöneberger Rathaus in Berlin. Bestellte »Jubelperser« schlagen mit Dachlatten auf demonstrierende Studenten ein.*

Januar 1967

Mo	Di	Mi	Do	Fr	Sa	So
						1
2	3	4	5	6	7	8
9	10	11	12	13	14	15
16	17	18	19	20	21	22
23	24	25	26	27	28	29
30	31					

1. Januar, Neujahr

In seiner Neujahrsansprache bekennt sich Bundespräsident Heinrich Lübke zur großen Koalition und betont den ungebrochenen Willen des deutschen Volkes zur Wiedervereinigung. →S. 15

Der Vorsitzende der Sozialistischen Einheitspartei Deutschlands (SED), Walter Ulbricht, stellt in seiner Neujahrsansprache in einem Zehn-Punkte-Programm Forderungen, die die Bundesregierung zu erfüllen habe, um die friedliche Koexistenz beider deutscher Staaten zu gewährleisten. →S. 15

Der ehemalige jugoslawische Vizepräsident Milovan Djilas wird aufgrund einer Neujahrsamnestie nach Verbüßung der Hälfte seiner Haftstrafe aus der Haftanstalt bei Belgrad entlassen. →S. 19

Bei Verkehrsunfällen sterben auf den Straßen der Bundesrepublik und Berlin (West) an Silvester und Neujahr 94 Menschen.

Hansjörg Uzerath wird Nachfolger von Erwin Piscator als Intendant der Freien Volksbühne in Berlin (West).

In Berlin (West) konstituiert sich die sog. Kommune I. →S. 18

2. Januar, Montag

50 400 Rekruten, darunter 9900 Freiwillige, rücken in die bundesdeutschen Kasernen ein.

Mohammed Khider, einer der prominenten Führer der algerischen Unabhängigkeitsbewegung, wird von Unbekannten vor seiner Wohnung im Madrider Exil erschossen.

Die US-amerikanischen Boeing-Werke bauen ein Überschallflugzeug, das 300 Passagiere befördern und mit einer Geschwindigkeit von 2900 km pro Stunde fliegen soll.

Das bayerische Fernsehen beginnt mit der Ausstrahlung des »Telekollegs«, eines Studienprogramms, das die Teilnehmer bis zur Fachhochschulreife führt. →S. 23

Aus dem Dulwich-College in der britischen Hauptstadt London, einer privaten Gemäldegalerie, werden acht Bilder alter Meister im Wert von insgesamt 28 Millionen DM gestohlen. →S. 26

Der US-amerikanische Sänger Pete Seeger, der durch seine Protestsongs gegen den Vietnamkrieg bekannt ist, tritt in der Schaubühne am Halleschen Ufer in Berlin (West) auf. Zwei Tage später gibt er auch ein Konzert in Berlin (Ost).

3. Januar, Dienstag

Die Vereinigten Staaten verhindern durch Verhaftung von 150 Personen in Florida die geplante Invasion von Haiti durch Exil-Insulaner. →S. 21

Chinas Parteichef Mao Tse-tung läßt den gesamtchinesischen Gewerkschaftsbund auflösen und den beliebten Parteiführer Dschou Jang verhaften (→7. 1./S. 21).

Der US-amerikanische Barbesitzer Jack Ruby, der am 24. November 1963 den mutmaßlichen Mörder von US-Präsident John F. Kennedy, Lee Oswald, erschoß, stirbt in Dallas an Krebs. →S. 26

4. Januar, Mittwoch

Nordvietnam, die Volksrepublik China und der Vietcong lehnen ein Vermittlungsangebot des britischen Außenministers George Brown im Vietnamkrieg ab. →S. 20

Die indische Armee beginnt mit der Umsiedlung von 60 000 aufständischen Mizo-Angehörigen aus der Grenzregion zwischen Ost-Pakistan und Birma. →S. 21

Donald Campbell verunglückt tödlich bei dem Versuch, seinen eigenen Motorbootweltrekord von 440 km pro Stunde zu brechen, auf dem Conistonsee in Großbritannien. →S. 27

5. Januar, Donnerstag

Eine Reutlinger Strickwarenfabrik schließt als erste deutsche Firma einen Lizenzvertrag mit der britischen Modeschöpferin des Minirocks, Mary Quant.

Der Ex-Bundeskanzler Konrad Adenauer wird 91 Jahre alt. →S. 24

Die italienischen Journalisten streiken, um ihre Forderung nach höheren Gehältern durchzusetzen.

Der deutsche Spielfilm »Mädchen, Mädchen« von Roger Fritz mit Helga Anders und Hellmuth Lange kommt in die bundesdeutschen Kinos.

6. Januar, Freitag

Der Zentralbankrat der Deutschen Bundesbank senkt den Diskontsatz von 5% auf 4½%, um dem Konjunkturrückgang entgegenzuwirken.

Das Volkswagenwerk in Wolfsburg begegnet der Flaute auf dem Automarkt mit einem besonders billigen VW: Der neue VW 1200 kostet mit vielen Extras 4485 DM. →S. 18

Papst Paul VI. spricht sich während eines Erinnerungsgottesdienstes an die erste chinesische Bischofsweihe für Kontakte des Vatikans zur Volksrepublik China aus.

7. Januar, Sonnabend

In Nanking und anderen Städten Chinas kommt es zu Zusammenstößen zwischen Anhängern und Gegnern der maoistischen Linie. →S. 21

Die Schweizer Statistik in Bern gibt bekannt, daß jeder 700. Schweizer ein Steuermillionär ist.

Der Norden Malaysias wird von den schwersten Überschwemmungen seit 40 Jahren heimgesucht. 70 000 Menschen werden obdachlos.

8. Januar, Sonntag

Mehrere große deutsche Lebensmittelketten stellen die Vergabe der Rabattmarken ein und versprechen dafür Preissenkungen. →S. 18

Der »Chef der Manege« des Moskauer Staatszirkus, Eduard J. Ruschat, setzt sich in Nürnberg von seinem Ensemble ab und ersucht um politisches Asyl in der Bundesrepublik.

Die 15jährige Frankfurterin Monika Feldmann wird in Berlin (West) neue Deutsche Eiskunstlaufmeisterin. Meister der Herren wird Peter Erich aus Bad Nauheim. Titelträger im Paarlauf werden Margot Glucksuber und Wolfgang Danne aus Garmisch-Partenkirchen (→10. 1./S. 27).

Der Norweger Björn Wirkola wird Sieger der deutsch-österreichischen Vierschanzentournee in Bischofshofen. →S. 27

9. Januar, Montag

Der ehemalige Redakteur des Hamburger Nachrichtenmagazins »Der Spiegel«, Conrad Ahlers, wird zum stellvertretenden Leiter des Bundespresseamts ernannt. Er löst in diesem Amt Ministerialdirektor Werner Krueger ab. →S. 14

Eine Untersuchung des Godesberger Instituts für Sozialwissenschaften ergibt, daß das Wort Mitbestimmung von 44% der Bevölkerung in der Bundesrepublik mit der Mitbestimmung der Arbeitnehmer in der Wirtschaft in Verbindung gebracht wird. 24% der Befragten können mit diesem Wort gar nichts anfangen.

Der Heilige Stuhl in Rom hält an der Gewährung des Ablasses für Sünden fest. →S. 23

3000 Bergleute treten im Revier Salzgitter in Kurzarbeit (→17. 1./S. 16).

10. Januar, Dienstag

Der Generalsekretär der Vereinten Nationen, Sithu U Thant, bezeichnet in New York die bedingungslose Einstellung der US-Luftangriffe auf Nordvietnam als unerläßlich für Friedensschritte in Vietnam.

Der US-amerikanische Präsident Lyndon B. Johnson erklärt in seiner Botschaft zur Lage der Nation, der Vietnamkrieg werde mehr Kosten, Verluste und Schmerzen mit sich bringen und kündigt Steuererhöhungen zur Finanzierung des Kriegs und des inneramerikanischen Sozialreformprogramms an. →S. 20

Papst Paul VI. schafft aufgrund von Konzilsbeschlüssen zwei neue Einrichtungen, den Laienrat sowie den Rat für soziale Fragen.

Zum erstenmal in der 400jährigen Geschichte der Niederlande heiratet eine Prinzessin von Oranien-Nassau einen Bürgerlichen: In Den Haag wird Prinzessin Margriet mit Pieter van Vollenhoven getraut. →S. 24

Die längste Hängebrücke Südamerikas wird dem Verkehr übergeben, die 1678 m lange Angostura-Brücke über den Orinoko bei Ciudad Bolivar in Venezuela.

11. Januar, Mittwoch

Der US-amerikanische Nachrichtensatellit »Intelsat« wird von Kap Kennedy gestartet.

Der französische Sänger, Komponist und Filmschauspieler Charles Aznavour heiratet in Las Vegas die 25jährige Schwedin Ulla Thorssel.

12. Januar, Donnerstag

Eine dreiköpfige Delegation des Bonner Auswärtigen Amtes unter der Führung von Erwin Wichert kehrt nach viertägigen Gesprächen mit dem Auswärtigen Amt der ČSSR aus Prag zurück (→31. 1./S. 15).

Im Abgeordnetenhaus in Berlin (West) wird die »Aktuelle Stunde« eingerichtet, in der aktuelle Probleme außerhalb des Geschäftsgangs zur Diskussion kommen.

Israels Ministerpräsident Levi Eschkol beschuldigt die Araber der Kriegsvorbereitung und warnt die arabische Guerilla-Organisation Al-Fatah vor Sabotageakten.

Der Ministerrat der Europäischen Wirtschaftsgemeinschaft (EWG) einigt sich in Brüssel auf ein neues Verhandlungsverfahren im Rahmen der Kennedy-Runde, einer internationalen Konferenz, die über Zollsenkungen berät (→15. 5./S. 82).

Das US-amerikanische Arbeitsministerium in Washington gibt bekannt, die Arbeitslosenquote habe in den USA derzeit mit einem Durchschnitt von 3,9% oder etwa drei Millionen Arbeitslosen den niedrigsten Stand seit 1953 erreicht.

13. Januar, Freitag

Bundeskanzler Kurt Georg Kiesinger und der französische Staatspräsident Charles de Gaulle treffen in Paris zu zweitägigen Gesprächen zusammen, um über Möglichkeiten der Belebung des deutsch-französischen Vertrags von 1963 zu sprechen. →S. 19

In Togo übernimmt die Armee unter Leitung von Oberst Etienne G. Eyadema in einem unblutigen Staatsstreich die Macht. →S. 21

Nach Parlamentswahlen erhalten die seit 1649 unter britischer Regierung stehenden Bahamas erstmalig eine farbige Regierung. →S. 21

Das Titelblatt des »Simplicissimus« vom 1. Januar 1967 karikiert das neue Jahr der großen Koalition

SIMPL

SIMPLICISSIMUS

Prosit 1967!

„Nanu, Pikkolo! Weltschmerz? Oder etwa Liebeskummer?"

Opposition: Günter Grass bald Mitglied der En-Pe-De!

Krise: Strip-tease um den letzten Finanzbauch

Zukunft: SIMPL-Seher I. M. Monster blickt ins Jahr 67

München
1. Januar 1967

Österreich: S 6.50; Schweiz: Sfr. 1.—; Italien: Lire 170.—; Luxemburg: Lfr. 14.—; Belgien: Bfr. 14.—; Dänemark: Dkr. 2.—; England: £ ¹/₁₆; Finnland: Fmk. 1.10; Frankr.: F 1.50

Erscheint alle 14 Tage

B 6307 D

1

Preis 1 DM

Januar 1967

In der DDR werden 2800 Landwirtschaftliche Produktionsgenossenschaften (LPG) in »Vollkolchosen« umgewandelt. Die Privatwirtschaft wird eingeschränkt. →S. 18

14. Januar, Sonnabend

Die Deutsche Bundesbank teilt mit, daß das Passivsaldo zwischen den Ausgaben deutscher Reisender im Ausland und den Ausgaben ausländischer Reisender im Bundesgebiet im Jahr 1966 3250 Millionen DM betragen hat.

Die skandinavische Fluggesellschaft SAS und die sowjetische Aeroflot unterzeichnen in Moskau ein Protokoll, das der SAS die Eröffnung einer Direktflugroute über Sibirien nach Japan gestattet und dafür Aeroflot das Recht einräumt, Fluglinien über Skandinavien nach Amerika, Kanada und Kuba zu unterhalten.

15. Januar, Sonntag

Der britische Premierminister Harold Wilson stattet in Begleitung seines Außenministers George Brown der italienischen Regierung einen zweitägigen Besuch ab, um die Frage eines britischen Beitritts zur Europäischen Wirtschaftsgemeinschaft (EWG) zu diskutieren. →S. 19

In Wolfsburg stehen zwei Drittel der Beschäftigten des Volkswagenwerks in Kurzarbeit. Die Adam-Opel-AG in Rüsselsheim kündigt für den 16. bis 20. Januar Kurzarbeit an.

16. Januar, Montag

Laut einer Meinungsumfrage haben zwei Drittel aller wahlberechtigten Bundesbürger volles Vertrauen in die Politik der großen Koalition.

Die kubanische Regierung enteignet alle Privatländereien, die sog. Conucos, und gliedert sie den staatlichen Betrieben an.

17. Januar, Dienstag

Das Eurocontrol-Zentrum (Europäische Organisation zur Sicherung der Luftfahrt) in Brétigny bei Paris wird eingeweiht.

Die Friedrich-Krupp-Hüttenwerke AG in Essen veranlaßt die Stillegung zweier Zechen bei Bochum. 4300 Belegschaftsmitglieder werden dadurch arbeitslos. →S. 16

25 180 Bewohnern der DDR und Ost-Berlins gelang seit dem 13. August 1961 die Flucht über die Berliner Mauer und die Zonengrenze in die Bundesrepublik.

18. Januar, Mittwoch

Der 53jährige Führer der britischen Liberalen Partei, Joe Grimond, tritt aus Protest gegen die Pläne der britischen Regierung, der Europäischen Wirtschaftsgemeinschaft beizutreten, von seinem Amt zurück.

Das deutsche Modejournal »Madame« signalisiert den neuen Kosmetiktrend '67: Lider und Lippen blitzen kühl und versilbert.

19. Januar, Donnerstag

Das Bundeskabinett gibt in Bonn den Ausgleich des Bundeshaushalts 1967 durch Schließen einer Deckungslücke von 3,677 Milliarden DM mit Hilfe von Kürzungen bei allen Einzeletats bekannt. →S. 16

Rote Garden stürmen das Pekinger Rathaus (→7. 1./S. 21).

Die Bundesrepublik und Frankreich unterzeichnen einen Vertrag über die gemeinsame Errichtung eines Höchstflußreaktors in Grenoble.

20. Januar, Freitag

In einer Ansprache erläutert der französische Staatspräsident Charles de Gaulle seine Auffassung von »europäisches Europa« und »strategischem Neutralismus«. →S. 19

In Stockholm wird das Oratorium »Gesang vom lusitanischen Popanz« von Peter Weiss uraufgeführt.

»Der Würger von Boston«, Albert de Salvo, wird in Cambridge (Massachusetts) zu lebenslänglicher Haft verurteilt (→25. 2./S. 37).

Der 73jährige krebskranke Forscher James Bedford läßt sich in Los Angeles auf minus 196° C einfrieren. Er hofft, später einmal aufgetaut und geheilt werden zu können. →S. 24

21. Januar, Sonnabend

Schwere Unruhen ereignen sich in Aden, wo Arbeiter einem Aufruf der verbotenen »Nationalen Front für die Befreiung des besetzten Südjemen« (FLOSY) folgten und mit einem 24stündigen Streik gegen die britische Herrschaft protestierten (→31. 8./S. 128).

Der Finne Rauno Aaltonen und sein Beifahrer Henri Liddon gewinnen auf ihrem Mini Cooper die 36. Rallye Monte Carlo. →S. 27

Die Tschechoslowakei schlägt Dänemark 14:11 im Endspiel um die Hallenhandball-Weltmeisterschaft im schwedischen Västeras.

Mit einem »Bambi« werden in München die Schauspieler Liselotte Pulver, Heinz Rühmann, Sophia Loren, Pierre Brice, Elke Sommer, Gert Fröbe, Marie Versini und Lex Barker ausgezeichnet.

22. Januar, Sonntag

Die Kongregation für Glaubenslehre, das ehemalige Heilige Offizium, in Rom hält es für nicht opportun, daß Katholiken an ökumenischen Gottesdiensten in nicht-katholischen Kirchen teilnehmen. →S. 22

Der Bonner Regierungssprecher Karl-Günther von Hase wird in Aachen mit dem »Orden wider den tierischen Ernst« ausgezeichnet.

23. Januar, Montag

Staatssekretär Rolf Lahr vom Auswärtigen Amt in Bonn führt bis zum 25. Januar in Budapest Gespräche mit der ungarischen Regierung über die Erweiterung der beiderseitigen Beziehungen (→31. 1./S. 15).

In der angespannten Atmosphäre des Wahlkampfs in Nicaragua kommt es zu blutigen Zusammenstößen zwischen Demonstranten und der regierungstreuen Nationalgarde.

24. Januar, Dienstag

Bundeskanzler Kurt Georg Kiesinger besucht Berlin (West) als erstes Bundesland nach seiner Amtsübernahme. →S. 14

Der US-amerikanische Präsident Lyndon B. Johnson ersucht den Kongreß in Washington um zusätzliche Bewilligung von 12,3 Milliarden US-Dollar (rund 48 Milliarden DM) für den Vietnamkrieg (→10. 1./S. 20).

Das sowjetische Staatsoberhaupt Nikolai W. Podgorny trifft in Rom zu einem siebentägigen Staatsbesuch ein.

25. Januar, Mittwoch

Über 1000 Studenten empfangen Bundeskanzler Kurt Georg Kiesinger mit einem Pfeifkonzert vor dem Charlottenburger Schloß in Berlin (West). Sie demonstrieren gegen die Erhöhung der Studiengebühren und das Demonstrationsverbot in der Berliner Innenstadt (→23. 1./S. 14).

26. Januar, Donnerstag

Das Bundesvertriebenenministerium gibt bekannt, daß in den letzten zwölf Monaten 212 Angehörige der Volkspolizei und der Volksarmee von der DDR nach Berlin (West) bzw. in die Bundesrepublik geflüchtet sind.

Vor der sowjetischen Botschaft in Peking beginnen mehrtägige Demonstrationen gegen angebliche Gewaltmaßnahmen sowjetischer Polizisten gegenüber chinesischen Studenten in Moskau. →S. 21

Die erste »Frischdienst Tag- und Nachtverkaufsstelle« der Bundesrepublik wird in Offenbach eröffnet. Dieser Verkaufsautomat hält 500 Warenarten für »Berufstätige, Eilige und Sparkäufer« auch nach Ladenschluß bereit. →S. 26

27. Januar, Freitag

Die USA, die Sowjetunion und Großbritannien unterzeichnen in Moskau einen Vertrag über die friedliche Nutzung des Weltraums und gegenseitige Hilfe bei Weltraumunfällen. →S. 22

Bei einer Generalprobe für den Raumflug des ersten Apollo-Raumschiffs der NASA verunglücken drei Astronauten tödlich. →S. 22

28. Januar, Sonnabend

Die Sowjetunion protestiert in Noten an die drei Westmächte und an Bonn gegen ein Wiederaufleben von Nazismus und Militarismus in der Bundesrepublik. →S. 18

In Berlin (West) kommt es zu Studentendemonstrationen gegen den Vietnamkrieg während der Einweihungsfeierlichkeiten des John-F.-Kennedy-Instituts für Amerikastudien der Freien Universität.

Die Tageszeitung »Neues Österreich«, seit Jahren in den roten Zahlen, stellt ihr Erscheinen ein. Damit stehen den Wienern nur noch sieben Tageszeitungen zur Verfügung.

29. Januar, Sonntag

Einer der schwersten Schneestürme des Jahrhunderts über den US-amerikanischen Bundesstaaten Michigan, Illinois, Indiana und Wisconsin fordert 55 Todesopfer. Banden von Plünderern nutzen das Chaos und rauben Geschäfte und Autos aus.

Neuer Titelträger der Eisschnellauf-Europameisterschaften in Lahti in Finnland wird der 24jährige Weltmeister Cees Verkerk aus den Niederlanden mit 180,277 Punkten.

30. Januar, Montag

Der rumänische Außenminister Corneliu Manescu besucht die Bundesrepublik als erster Außenminister eines osteuropäischen Landes in offizieller Mission (→31. 1./S. 15).

Der sowjetische Staatspräsident Nikolai W. Podgorny wird als erstes Staatsoberhaupt eines sozialistischen Staates von Papst Paul VI. im Vatikan in Rom empfangen.

Bei den Wahlen zum japanischen Unterhaus kann die regierende liberaldemokratische Partei ihre Position behaupten, obwohl sie in der Vergangenheit stark von Korruptionsaffären erschüttert wurde.

31. Januar, Dienstag

Die Bundesrepublik und Rumänien unterzeichnen in Bonn ein Kommuniqué über die Aufnahme diplomatischer Beziehungen. →S. 15

Die Bundesrepublik wird sich mit 25% an der Entwicklung eines »Airbus«, eines Großraumflugzeugs für etwa 250 Passagiere mit kurzer bis mittlerer Reichweite, beteiligen. Die Anteile von Frankreich und Großbritannien betragen je 37,5%.

Bei der Bundesanstalt für Arbeit in Nürnberg sind 578 000 Arbeitslose registriert.

Die Kraftfahrzeugzulassungsstelle in Flensburg gibt an, daß 85 478 Autos im Januar angemeldet worden sind. Das sind 21,9% weniger als im gleichen Zeitraum des Vorjahres.

Gestorben:

7. Corseaux bei Vevey: Carl Schuricht (* 3. 7. 1880, Danzig), deutscher Dirigent.

16. Boston: Robert Jemison van de Graaff (* 20. 12. 1901, Tuscaloosa/Alabama), US-amerikanischer Physiker.

31. Berlin: Otto Dibelius (* 15. 5. 1880, Berlin), deutscher evangelischer Theologe. →S. 23

Das Hamburger Nachrichtenmagazin »Der Spiegel« vom 23. Januar 1967 kommentiert den Verlauf der chinesischen Kulturrevolution

23. JANUAR 1967 · NR. 5
21. JAHRGANG · 1,20 DM
ERSCHEINT WÖCHENTLICH
IN HAMBURG · C 6380 C

DER SPIEGEL

Maos letztes Gefecht

Bundeskanzler Kurt Georg Kiesinger (5. v. l.) blickt von einem Balkon des Reichstagsgebäudes auf die Mauer

Proteste beim Kiesingerbesuch

24. Januar. Bundeskanzler Kurt Georg Kiesinger trifft zu einem zweitägigen Besuch in Berlin (West) ein, wo er auf dem Flughafen Tempelhof von dem Regierenden Bürgermeister Heinrich Albertz begrüßt wird. Berlin (West) ist für Kiesinger das erste Bundesland, dem er nach seiner Amtsübernahme einen offiziellen Besuch abstattet.

In einer ersten kurzen Ansprache verweist Kiesinger auf die Feststellung in seiner Regierungserklärung,

daß die Bundesregierung alles tun werde, um die Zugehörigkeit Berlins zur Bundesrepublik zu stärken und in Zusammenarbeit mit dem Senat und den westlichen Schutzmächten die Wirtschaft Berlins zu fördern.

Bei der Eintragung in das Goldene Buch der Stadt im Rathaus Schöneberg versichert er, daß »Berlin in dieser Bundesregierung und dem Bundeskanzler einen getreuen Sachwalter seiner Lebensinteressen hat und behalten wird«. In dem Bemühen,

neue Akzente in der deutschen Außenpolitik zu setzen, werde zu überlegen sein, welchen Platz Berlin einnehmen solle.

Das Schlußkommuniqué über die Gespräche zwischen dem Bundeskanzler und dem Regierenden Bürgermeister betont zwar das Festhalten am Berlin-Hilfe-Gesetz, die am →19. Januar (S. 16) beschlossenen Kürzungen der Berlinhilfe um 120 Millionen DM im Haushaltsjahr 1967 bleiben jedoch erhalten.

Während der Kranzniederlegungen am Ehrenmal für Peter Fechter (der 1962 bei der Flucht über die Mauer erschossen wurde) und an der Gedenkstätte für die Opfer des Nationalsozialismus in Plötzensee kommt es wegen Kiesingers ehemaliger Mitgliedschaft in der NSDAP zu Protestdemonstrationen von einigen hundert Studenten.

Auch der abendliche Empfang im Schloß Charlottenburg am 25. Januar, an dem 400 Persönlichkeiten der Westberliner Gesellschaft teilnehmen, wird durch schrille Pfeifkonzerte der vor dem Schloß versammelten Studenten gestört. Sie protestieren gegen die Erhöhungen der Studiengebühren und fordern die Aufhebung eines in den letzten Tagen erlassenen Verbots einer Studentenversammlung auf dem Wittenbergplatz.

Kurt Georg Kiesinger trägt sich in das Goldene Buch von Berlin ein

Conrad Ahlers ins Bundespresseamt

9. Januar. Der 44jährige Conrad Ahlers, stellvertretender Chefredakteur des Hamburger Nachrichtenmagazins »Der Spiegel«, wird zum stellvertretenden Leiter des Bundespresseamtes in Bonn ernannt.

Weltweit bekannt wurde Ahlers in der »Spiegel«-Affäre im Oktober/November 1962. Im »Spiegel« vom 8. Oktober 1962 hatte sich der ehemalige Fallschirmleutnant Ahlers in seinem Artikel »Bedingt abwehrbereit« kritisch mit der Verteidigungskonzeption der Bundesrepublik auseinandergesetzt. Daraufhin wurden am 20. Oktober 1962 die Redaktionsräume des »Spiegel« in Hamburg und Bonn von Polizei durchsucht, Ahlers selbst und seine Frau am 28. Oktober in ihrem Urlaubsort Malaga von spanischer Polizei verhaftet. Diese Affäre löste eine Kabinettskrise aus, in deren Folge der damalige Verteidigungsminister Franz Josef Strauß zurücktrat. Ahlers wurde von dem Verdacht des Landesverrats freigesprochen und auf freien Fuß gesetzt.

Mit der Ernennung zum stellvertretenden Leiter des Bundespresseamtes, der auch Träger höchster Staatsgeheimnisse ist, wird Ahlers vollständig rehabilitiert. Als SPD-Wähler »aus starker sozialistischer Neigung« übt er eine bedeutsame Mittlerfunktion zwischen Bundeskanzler Kurt Georg Kiesinger (CDU) und dem Außenminister, dem SPD-Vorsitzenden Willy Brandt, aus.

Der Journalist Conrad Ahlers

Der rumänische Außenminister Corneliu Manescu stimmt diplomatischen Beziehungen mit Bonn zu

Eine Wende in der Bonner Ostpolitik

31. Januar. Mit der Aufnahme der diplomatischen Beziehungen zwischen der Bundesrepublik Deutschland und Rumänien erreichen die Bemühungen der Bundesregierung um eine Annäherung an osteuropäische Staaten, wie sie in der Regierungserklärung vom 13. Dezember 1966 formuliert ist, einen vorläufigen Höhepunkt.

Die Aufnahme der Beziehungen wird während eines viertägigen Besuchs des rumänischen Außenministers Corneliu Manescu in Bonn vereinbart. Vorausgegangen waren Gespräche einer Delegation des Auswärtigen Amtes unter Leitung von Hans Helmut Ruete vom 7. bis 16. Januar in Bukarest.

Bundesaußenminister Willy Brandt (SPD) versucht, im Sinne einer Entspannung und Normalisierung der Beziehungen, auch zu anderen Staaten des Ostblocks Kontakte herzustellen. So reiste vom 9. bis 12. Januar eine bundesdeutsche Delegation unter Erwin Wichert zu Gesprächen mit der tschechoslowakischen Regierung nach Prag.

Wenige Tage später besuchte der Staatssekretär im Auswärtigen Amt, Rolf Lahr, die ungarische Hauptstadt Budapest. Bei seiner Rückkehr am 25. Januar erklärte Lahr, die ungarische Regierung sei grundsätzlich bereit, über die Aufnahme diplomatischer Beziehungen mit der Bundesrepublik zu verhandeln.

Innerdeutsche Beziehungen

Der Vorsitzende des Staatsrates der DDR, Walter Ulbricht, geht in seiner Neujahrsansprache auf das Verhältnis zwischen beiden deutschen Staaten ein:

»In Fortsetzung unserer klaren und langfristigen Politik in der Frage der Beziehungen der beiden deutschen Staaten und ihrer Bürger zueinander schlagen wir heute, an der Schwelle des Jahres 1967, vor, mit ganz konkreten Vereinbarungen und Maßnahmen in die erste Etappe des Weges zu einer Konföderation einzutreten ... 1. Die Regierungen der beiden deutschen Staaten treffen eine Vereinbarung über die Aufnahme normaler Beziehungen zueinander. 2. Die Regierungen der beiden deutschen Staaten schließen einen Vertrag, der den Verzicht auf Anwendung von Gewalt in den gegenseitigen Beziehungen zum Inhalt hat. 3. Die Regierungen der beiden deutschen Staaten anerkennen in gleichlautenden vereinbarten Erklärungen die gegenwärtig bestehenden Grenzen in Europa. 4. Die Regierungen der beiden deutschen Staaten vereinbaren vertraglich die Herabsetzung ihrer Rüstungsausgaben um jeweils die Hälfte. 5. Die Regierungen der beiden deutschen Staaten erklären ihren Verzicht auf Besitz, Verfügungsgewalt oder Beteiligung an der Verfügungsgewalt über Atomwaffen in irgendeiner Form. Zugleich vereinbaren und versichern sie verbindlich in gleichlautenden und gleichzeitigen Erklärungen ihre Bereitschaft zur Teilnahme an einer atomwaffenfreien Zone. 6. Die Regierungen beider deutscher Staaten setzen sich für die Herstellung normaler Beziehungen beider deutscher Staaten zu allen anderen europäischen Staaten und für die Herstellung diplomatischer Beziehungen aller europäischen Staaten zu beiden deutschen Staaten ein. 7. Die Regierungen der beiden deutschen Staaten schließen einen Vertrag, durch den sie sich verpflichten, ge-

meinsam und gleichzeitig für beide deutsche Staaten den Status einer von Mächten garantierten Neutralität anzunehmen. 8. Die Regierungen der beiden deutschen Staaten schließen einen Vertrag, in welchem sie sich zur Respektierung der unabhängigen Entwicklung Westberlins als besonderes eigenständiges Territorium verpflichten. 9. Die Regierung der DDR und der Senat von West-Berlin schließen einen Vertrag, in dem sich der Senat verpflichtet, den kalten Krieg gegen die DDR einzustellen, während die Regierung der DDR sich verpflichtet, den Transitverkehr zunächst für den Zeitraum bis zur Bildung einer deutschen Konföderation zuzulassen. 10. Die Regierungen der beiden deutschen Staaten beauftragen eine auf paritätischer Basis aus bevollmächtigten Vertretern gebildete Kommission, zu prüfen, wie weit die grundlegenden Bestimmungen des Potsdamer Abkommens, welche die Sicherung des Friedens und der Demokratie in Deutschland garantieren sollten, in den beiden deutschen Staaten durchgeführt worden sind. Diese Kommission erstattet öffentlich Bericht über das Prüfungsergebnis ... – Das, liebe Mitbürger der DDR und werte Bürger Westdeutschlands, wäre die erste Etappe auf dem Weg zu einer Konföderation der beiden deutschen Staaten.«

Bundespräsident Heinrich Lübke richtet über Hörfunk und Fernsehen folgende Ansprache an die Bundesbürger:

»Liebe Landsleute! ... Sorge bereitet unserem Volk auch das in mancher Beziehung gewandelte Verhältnis zu einigen unserer Verbündeten. Wahrscheinlich hängt das zu einem gewissen Teil damit zusammen, daß die Geschehnisse der letzten Jahrzehnte unser Selbstvertrauen erschüttert haben. Wir müssen wieder lernen, auf eigenen

Füßen zu stehen, und dürfen uns in den Entscheidungen, die uns betreffen, nicht von anderen abhängig machen. Wir wollen zusammen mit den freien Nationen im Verband fahren, aber nicht im Schlepptau der anderen.

Ein solches Selbstvertrauen muß sich auch in unserer Außenpolitik bemerkbar machen. Sie muß darauf gerichtet sein, die wirtschaftlichen, politischen und militärischen Gemeinschaften zu stärken, denen wir angehören. In einer Föderation der freien europäischen Länder sehen wir den ersten Schritt zu einer Friedensordnung Europas, in der einmal alle Deutschen in Freiheit leben können.

Das zentrale Problem der Zukunft ist die Frage der Zukunft Deutschlands, denn die Teilung unseres Vaterlandes bedeutet die Teilung Europas. Da wir nicht auf das Selbstbestimmungsrecht verzichten können, wird ein einiges Europa erst dann entstehen, wenn dieses Recht zur Anwendung gebracht ist. Es ist nicht zu vermeiden, daß wir diese Mitgift einbringen in eine europäische Föderation. Wenn alle europäischen Völker vertrauensvoll zusammenwirken und gemeinsam die Voraussetzungen dafür schaffen, werden wir den Weg in eine hoffnungsvolle Zukunft finden.

Unsere Gedanken wandern in dieser Stunde hinüber zu unseren Landsleuten in Mitteldeutschland. Viele von uns haben drüben nahe Angehörige, Verwandte und Freunde. Aber nicht nur diese persönlichen Beziehungen, sondern auch das Gefühl der Zusammengehörigkeit unseres deutschen Volkes macht uns die widerrechtliche Zerreißung unseres Vaterlandes so unerträglich ... Ein dauerhafter Friede kann in Europa nur dann einkehren, wenn die Spannungen mit der Beseitigung ihrer Ursachen nachlassen. Deshalb enthält unser Gruß nach drüben auch gleichzeitig die Versicherung, daß wir nicht aufhören, uns für das Recht des ganzen deutschen Volkes auf Freiheit und Selbstbestimmung einzusetzen. Ihnen, liebe Landsleute, und allen unseren Freunden wünsche ich ein gutes Jahr 1967!«

Riesige Steinkohlehalden liegen im Revier an Rhein und Ruhr – insgesamt 490 Millionen Zentner

Straße in Gelsenkirchen-Erle; der Stadtteil lebte von der stillgelegten Schachtanlage »Bismarck«

Zechensterben im Ruhrgebiet

17. Januar. Mit der Stillegung der Friedrich-Krupp-Hüttenwerke AG in Bochum verlieren 4300 Bergleute ihren Arbeitsplatz. Auf vielen Schachtanlagen müssen die Belegschaften Feierschichten einlegen, damit die Kohlehalden nicht noch weiter wachsen. Am 31. Januar schließt eine weitere Zeche aus Rentabilitätsgründen in Bochum, die Schachtanlage »Lothringen«, zum 31. März werden die Förderbänder von »Möller/Rheinbaben« ihren Betrieb einstellen. Seit einigen Monaten gibt es bereits mit Mülheim die erste Ruhrgroßstadt ohne Kohlebergwerk.

Im Ruhrgebiet zeichnet sich am Jahresanfang 1967 der allgemeine Konjunkturrückgang besonders stark ab. Das Zechensterben scheint nicht mehr aufzuhalten zu sein.

In Nordrhein-Westfalen gibt es gegenwärtig dreimal soviel Arbeitslose wie offene Stellen. Die Arbeitsamtsbereiche Bochum und Gelsenkirchen haben mit 3,5% die höchste Arbeitslosenquote in der Bundesrepublik (2,1%).

Das Arbeitsamt Bochum umfaßt die Städte Wattenscheid, Herne, Wanne-Eickel und Bochum mit insgesamt 660 000 Einwohnern. Davon waren 1959, ehe die Zechenschließungen begannen, rund 71 000 Bergleute. Heute sind es nur noch etwa knapp die Hälfte.

Lange Zeit hielt man die Arbeitsämter in diesem Gebiet für fast überflüssig. Ihre Hauptaufgabe bestand in der Organisation der Arbeitsvermittlung und in der Registrierung der offenen Stellen. Jetzt bilden sich lange Schlangen von Arbeitslosengeld-Empfängern vor den Zahlstellen der Arbeitsämter. Einen Ausweg für die arbeitslosen Kumpels bieten die Arbeitsämter mit der Möglichkeit zur Umschulung an. Manche scheuen jedoch die Schwierigkeiten, einen neuen Beruf zu erlernen, und arbeiten für einen Stundenlohn von 3,08 DM als ungelernte Hilfsarbeiter auf dem Bau. Manche lassen sich invalide schreiben, andere wiederum gehen nach Möglichkeit vorzeitig in Rente.

Die im Ruhrgebiet vertretene Automobilindustrie kann die arbeitslosen Bergleute nicht mehr auffangen. Denn auch dieser Industriezweig ist von der Konjunkturabschwächung betroffen. Trotz sinkender Produktionszahlen, Kurzarbeit und Entlassungen bilden sich in der Nähe der Werke riesige Autohalden. Die Automobilindustrie klagt über geringen Auftragseingang und große Absatzschwierigkeiten. Dabei ist der Tiefststand der Absatzkrise bislang noch nicht erreicht.

Zahlen zur Situation im Bergbau

Die verstärkte Zunahme an Zechenschließungen im Ruhrgebiet ist eine Folge des konjunkturellen Rückgangs, der mit einer nachlassenden Inlandsnachfrage einhergeht. Die Bundesbürger üben angesichts der angespannten Lage Zurückhaltung.

Obwohl sich der Auslandsumsatz der Industrie 1967 insgesamt um 7,6% erhöht, nimmt er im Bergbau um 4,6% ab.

Auch die Produktion geht stärker als im Vorjahr zurück. Das ist hauptsächlich auf die verringerte Steinkohlegewinnung zurückzuführen. Die Förderung für das ganze Jahr 1967 beträgt 112 Millionen t. Damit liegt sie um 11% unter dem Niveau des Vorjahres.

Diese Daten und Fakten gehen überwiegend zu Lasten der beschäftigten Arbeiter. Die Minderung um 57 500 Beschäftigte oder 13% von 1966 zu 1967 ist in der Kohleförderung besonders hoch. In den beiden Vorjahren betrug sie nur 4,5% und 8,2%. Außer einer Erhöhung bei der Torfindustrie um 3,1% zeigen alle übrigen Bereiche des Bergbaus eine stark rückläufige Entwicklung: Im Steinkohlebergbau sind 14% weniger als im Vorjahr beschäftigt, im Braun- und Pechkohlebergbau etwa 12% weniger und im Kali- und Steinbergbau 9,2% weniger. Dabei steigt die Leistung je Mann und Schicht unter Tage auf 2925 (+ 225) kg.

Lücke im Haushalt wird ausgeglichen

19. Januar. Nach 14stündiger Dauersitzung ist es dem Bundeskabinett in Bonn gelungen, die Lücke in Höhe von 3,7 Milliarden DM im Haushaltsetat 1967 ohne Steuererhöhungen auszugleichen.

In allen Bundesressorts und mehreren hundert Einzelpositionen werden über 2,5 Milliarden DM eingespart, die fehlende eine Milliarde DM durch beschleunigtes Eintreiben der Umsatz- und Verbrauchersteuern sowie aus dem Anleihemarkt aufgebracht. »Ein scharfer, wohlbedachter chirurgischer Eingriff« sei vonnöten gewesen, sagt Bundeskanzler Kurt Georg Kiesinger vor dem deutschen Bundestag, um die »finanziellen Metastasen« daran zu hindern, den ganzen Körper zu zerstören.

Zusätzlich werden Wirtschaftsminister Karl F. Schiller 2,5 Milliarden DM öffentlicher Gelder zur Belebung der Konjunktur bewilligt. Als Anleihe von der Deutschen Bundesbank soll diese Summe für Investitionen bei Bahn, Post und Straßenbau reserviert werden.

Überdies werden als Investitionsanreiz der Industrie und den Unternehmern für neun Monate steuerliche Sonderabschreibungen zwischen 5% und 10% für die Anschaffung von Maschinen und den Bau neuer Betriebsanlagen gewährt.

Gekürzt wird der Etat um 430 Millionen DM im Landwirtschaftsministerium, um 240 Milionen DM in der Verteidigung und um 190 Millionen DM bei der Entwicklungshilfe.

Minister Karl Friedrich Schiller

Hoffungslos und verbittert gehen viele Bergleute in Dortmund auf die Straße, ihre Zechen sind stillgelegt, ihre Arbeitsplätze verloren

Ausländische Arbeitnehmer aus Griechenland, der Türkei und Spanien bei der Arbeit in einer Großverzinkerei in Berlin (West)

Arbeitswelt 1967:

Steigende Arbeitslosigkeit

Zunehmende Arbeitslosigkeit und eine ausgeprägte wirtschaftliche Flaute, bei der die Gefahr einer echten Rezession sichtbar wird, überschatten das Jahr 1967.

Die Arbeitslosenzahl beläuft sich im Jahresdurchschnitt auf 459 489, das sind 2,1% der Gesamtbevölkerung. Jeder siebente Bundesbürger rechnet am Jahresanfang mit einer weiteren Zunahme der Arbeitslosigkeit. Mehr als eine Milliarde DM zahlen die Arbeitsämter im Bundesgebiet einschließlich Berlin (West) an Unterstützungsgeldern aus. Der Aufwand für diese Leistungen verdreifacht sich damit gegenüber dem Vorjahr. Durch-schnittlich erhält jeder Berechtigte zwölf Wochen je 78,40 DM Arbeitslosengeld.

Viele Gastarbeiter ziehen aus der angespannten Konjunkturlage der Bundesrepublik die Konsequenzen. Allein zum Jahreswechsel 1967 kehren rund 245 500 nicht mehr aus den Ferien in ihrer Heimat zurück.

Besonders hart betroffen sind die Beschäftigten im Bergbau und in der Automobilindustrie, deren Beschäftigtenzahl sich aufgrund der schlechten Auftrags- und Absatzlage um jeweils 13% im Vergleich zum Vorjahr vermindert.

Zum ersten Mal seit 1950 fällt der Gesamtumsatz der Industrie um 1,9%. Nur die mineralölverarbeitende und chemische Industrie können Zuwachs verzeichnen.

So steht auch die Produktionsentwicklung vor allem im ersten Halbjahr 1967 ganz im Zeichen einer weiteren Abschwächung. Steine und Erden sowie das Baugewerbe verzeichnen einen beachtlichen Produktionsrückgang, das Metallgewerbe erreicht nur eine unwesentliche Zunahme, ebenso die Papierindustrie. Den stärksten Rückgang weist jedoch der Fahrzeugbau auf, der viele Jahre hindurch die Aufwärtsentwicklung der Investitionsgüterindustrie bestimmte.

Das monatliche Einkommen der Bundesbürger steigt nur unwesentlich. Der Durchschnittslohn eines männlichen Industriearbeiters zieht um 1,4% auf 209 DM wöchentlich bei 39,6 geleisteten Arbeitsstunden an. Ein männlicher Angestellter erhält durchschnittlich 1242 DM pro Monat, das sind rund 3,6% mehr als im Vorjahr. Der Verdienst der Frauen, rund 36% der Erwerbstätigen, ist deutlich geringer. Eine Arbeiterin in der Industrie verdient nur 140 DM in der Woche. Das Weihnachtsgeld verringert sich durchschnittlich für alle Arbeiter um rund 25%. Für die Beschäftigten der Metallindustrie verkürzt sich die Arbeitszeit von 44 auf 40 Stunden pro Woche.

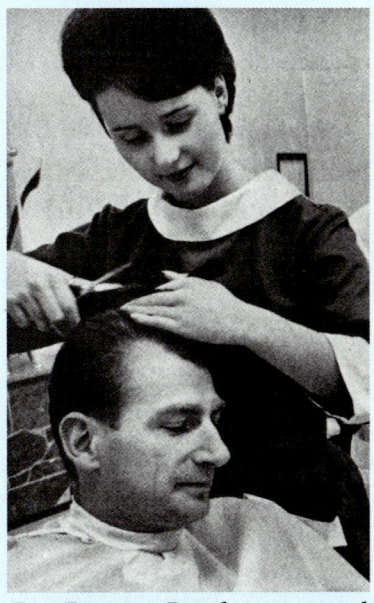

Die Frau im Beruf; immer noch keine Gleichberechtigung

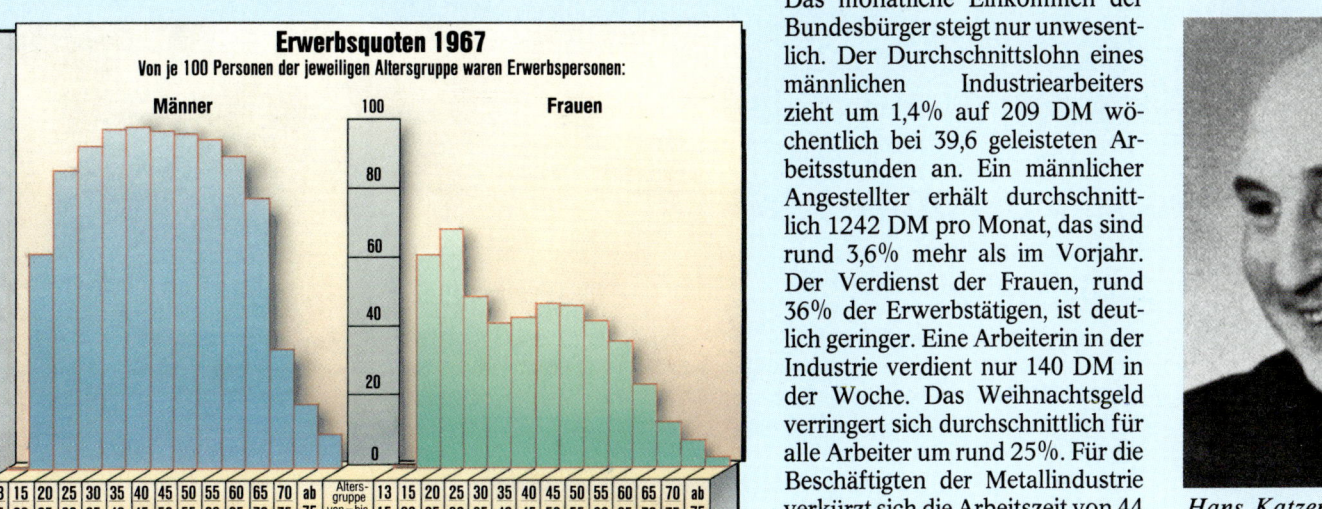

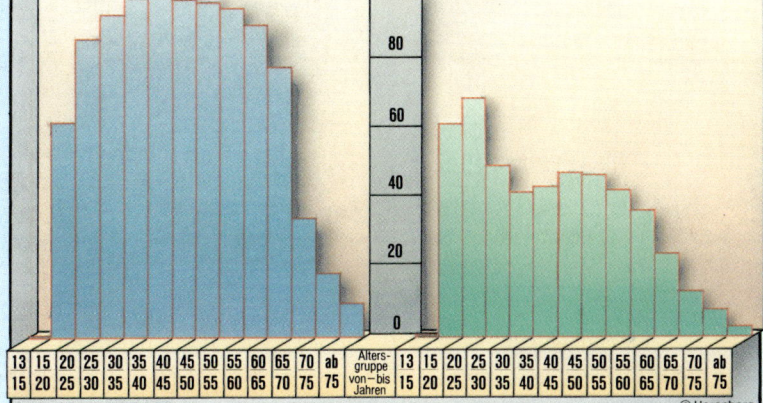

Erwerbsquoten 1967

Von je 100 Personen der jeweiligen Altersgruppe waren Erwerbspersonen:

Männer — 100 80 60 40 20 0 — Frauen

| 13 15 | 15 20 | 20 25 | 25 30 | 30 35 | 35 40 | 40 45 | 45 50 | 50 55 | 55 60 | 60 65 | 65 70 | 70 75 | ab 75 |

Altersgruppe von — bis Jahren

Quelle: Statistisches Bundesamt © Harenberg

Hans Katzer, Bundesminister für Arbeit- und Sozialordnung

»Kommune I« in Berlin gegründet

1. Januar. Dieter Kunzelmann, Volker Gebbert, Ulrich Enzensberger, Dagrun Enzensberger, Gertrud Hemmer, Dagmar Seehuber und Dorothea Ridder schließen sich in Berlin (West) zur sogenannten Kommune I zusammen.

Aus dem Sozialistischen Deutschen Studentenbund (SDS) entstanden, versteht sich die Kommune I als eine in die Praxis umgesetzte Form der Außerparlamentarischen Opposition (APO). Theoretische und methodische Vorbilder ihrer politischen Haltung sind Herbert Marcuse, Mao Tse-tung, Ho Chi Minh und Ernesto »Ché« Guevara Serna. Daneben streben sie aber auch eine »Revolutionierung des Alltags« an. Sie versuchen, in der gemeinsamen Lebensform die Aufhebung bürgerlicher Abhängigkeitsverhältnisse zwischen Frau und Mann, Eltern und Kind umzusetzen (→ 6. 4./S. 63).

Rainer Langhans

Rainer Langhans (Foto), derzeit Psychologie-Student, lebt schon seit 1962 in Berlin (West). Er stößt, wie Fritz Teufel (→ 22. 12./S. 199), erst später zur sogenannten Kommune I.

Nazismus in der BRD

28. Januar. Die sowjetische Regierung übermittelt gleichzeitig den Regierungen der USA, Großbritanniens, Frankreichs und der Bundesrepublik eine ungewöhnlich scharfe Erklärung gegen die Politik der Bundesregierung.

Die Sowjetunion fordert in der Note die Regierung unter Bundeskanzler Kurt Georg Kiesinger auf, Maßnahmen zu treffen, die geeignet seien, um die friedensgefährdenden Kräfte neonazistischer und militaristischer Provenienz unschädlich zu machen: »Eine Unmenge faschistischer Flugblätter wird in Umlauf gesetzt. Hakenkreuze blicken in den Städten der Bundesrepublik erneut von den Mauern herab. . . . Da sind beispielsweise die Programmthesen der sogenannten NPD, deren Repräsentanten bei den jüngsten Wahlen Abgeordnetensitze in den Landtagen von Bayern und von Hessen gewonnen haben.«

Tatsächlich verfügt die NPD in der Bundesrepublik derzeit über 25 315 zahlende Mitglieder; seit Gründung der Partei 1964 erreichte die Zahl der Beitritte pro Monat 1000. Im Dezember 1966 wurden sogar 1600 neue Mitglieder aufgenommen. Bundeskanzler Kurt Georg Kiesinger betont in seiner Stellungnahme zu dieser sowjetischen Note, daß er die Befürchtungen im Ausland angesichts faschistischer Gruppen – »die auch uns Sorgen machen« – nicht leichtfertig beschwichtigen will. Doch warnt er vor der Gefahr, daß die Sowjetführung tatsächlich ein so verzerrtes Bild von der Bundesrepublik haben könne, wie es in der Note zum Ausdruck kommt. Kiesinger appelliert eindringlich an die Sowjetunion, an den Willen der Bundesrepublik zum Frieden zu glauben, »der zuletzt auch den Lebensinteressen der Sowjetunion dienen wird«.

Die Rabattmarken werden ungültig

8. Januar. Führende Lebensmittelunternehmen geben in Frankfurt am Main die Abschaffung von Rabattmarken bekannt und kündigen dafür deutliche Preissenkungen bei ihren Waren an.

Das bei den Hausfrauen so beliebte Rabattsparen bedeutet für die Firmen einen Mehraufwand an Zeit und Kosten, so daß der Rabatt tatsächlich keinen Preisnachlaß bringt.

VW 1200 – Preishit aus Wolfsburg

6. Januar. Das Volkswagen-Werk in Wolfsburg reagiert das erste Mal aktiv auf die Absatzflaute am Automarkt. Der neue VW 1200 mit 1,2 l Hubraum kostet nur 4485 DM. Er ist mit dem 34-PS-Motor des Auslaufmodells VW 1200 A ausgestattet, das immerhin 4735 DM kostete, und wartet daneben mit den Details der teureren Käfer-Typen auf, wie Startautomatik, verbreiterte Spur, Vergaservorwärmung, Schneckenrollenlenkung, Lenkungsdämpfer, Lochscheibenräder und eine komplette Chromausstattung.

LPG-Landwirte beim Einfahren von Kleegras für Futterzwecke; sie erhalten wie Industriearbeiter Lohn

Zahl der »Vollkolchosen« in der DDR wird auf 13 000 erhöht

13. Januar. In der DDR werden 2800 von etwa 10 000 Landwirtschaftlichen Produktionsgenossenschaften (LPG) in sogenannte Vollkolchosen überführt. Damit erhöht sich deren Zahl von 10 200 auf 13 000.

Diese Maßnahme bedeutet für Zehntausende von Bauern in der DDR, daß sie ihr bislang »individuell« gehaltenes Vieh in die staatlichen Landwirtschaftsbetriebe einbringen müssen; sie behalten als absoluten Privatbesitz: Zwei Morgen Land, eine Kuh, zwei Schweine und das Federvieh. Sie verlieren darüber hinaus das Recht auf selbständige Bewirtschaftung ihrer Wiesen und Weiden.

Für ihre in der LPG geleistete Arbeit erhalten die Bauern eine staatlich festgelegte Entlohnung und haben so nicht mehr die Möglichkeit, aus selbständigen Einkünften ihren Lebensunterhalt aufzubessern oder zu bestreiten. Für viele der betroffenen Landwirte bedeutet das eine empfindliche Einbuße an Lebensstandard und eine Verminderung der Möglichkeit, dem schleichenden Preisanstieg in der DDR durch private Verkäufe entgegenzuwirken.

Frankreich auf neutralem Kurs

20. Januar. Der französische Staatspräsident Charles de Gaulle stellt anläßlich einer Inspektion des »Institut des Hautes Etudes de Defense National«, der französischen Militärschule in Paris, sein welt- und europapolitisches Konzept dar und legt die französischen Grundpositionen innerhalb des internationalen Machtgefüges fest.

De Gaulle fordert den Aufbau eines »konsistenten Europas«, das alle europäischen Länder umfassen solle. De Gaulles Ziel ist es, zu einer »tripolaren« Welt zu gelangen, in der sich die Vereinigten Staaten, Europa und Asien gegenüberstehen würden. Seine Formel eines »Europa vom Atlantik bis zum Ural« findet eine neue Ausprägung.

Dieses konsolidierte Europa ist für de Gaulle vor allem im Hinblick auf die US-amerikanische Außenpolitik von Bedeutung. Die Vereinigten Staaten wollten gegenwärtig im Pazifik freie Hand haben, um den Vietnam-Konflikt beizulegen. Ihr Wunsch sei es, sich mit der Sowjetunion zu arrangieren. Ein neues Element mache sich aber in der Weltpolitik geltend, nämlich die politisch relevante Existenz Europas.

Staatspräsident de Gaulle stellt weiter die Unabhängigkeit Frankreichs, die vor allem gegen die Vereinigten Staaten von Amerika verteidigt, aber auch gegen die sozialistischen Länder in Osteuropa gewahrt werden müsse, als Kernstück und Ziel der französischen Außenpolitik dar.

Damit legt der Staatspräsident auch seine wichtigsten Positionen zur Wahl in die Nationalversammlung (→ 12. 3./S. 45) fest.

Frankreichs Staatspräsident Charles de Gaulle strebt ein von Ost und West unabhängiges Europa an

Wie sich seine Unabhängigkeitsidee auf militärischem Gebiet auswirken wird, erläutert de Gaulle wie folgt: »Man könnte sich überall, rechts und links, mit taktischen Waffen schlagen, ohne daß sich Frankreich rühren würde. Wenn aber französisches Territorium angegriffen werden würde, dann würde der Gegenschlag mit strategischen Nuklearwaffen geführt. Dazu sind wir entschlossen.«

Der französische Staatspräsident will also erst im Falle eines direkten Angriffs auf französisches Gebiet in einen Krieg eingreifen, sich aber sonst davon fernhalten. Diese Auffassung läßt von der Mitwirkung Frankreichs im Atlantischen Verteidigungsbündnis (NATO) nicht viel übrig und unterstreicht die von Frankreich eingeschlagenen, neutralistischen Bestrebungen. Dieser Neutralitätskurs läßt sich auch aus anderen Äußerungen ablesen, ebenso wie aus den militärischen Stellungen in den Alpen und im Zentralmassiv, von denen Ministerpräsident Georges Pompidou anläßlich der Herbstmanöver 1966 sprach. Welche Stellung Frankreich konkret in Europa einnehmen wird, läßt de Gaulle jedoch offen.

Der jugoslawische Dissident Milovan Djilas bei der Haftentlassung

Kritiker Djilas wird amnestiert

1. Januar. Nach vier Jahren und acht Monaten Haft darf der in Jugoslawien totgeschwiegene Schriftsteller und Kritiker des herrschenden sozialistischen Systems, Milovan Djilas, das Staatsgefängnis in Sremska Mitrovica nahe der Hauptstadt Belgrad verlassen.

Vor sechs Jahren war Djilas wegen Preisgabe von Staatsgeheimnissen in dem in die Vereinigten Staaten übermittelten Buch »Gespräche mit Stalin« zu acht Jahren Gefängnis verurteilt worden.

In dem Geheimprozeß ging es aber nicht so sehr um das von ihm während einer früheren politischen Gefängnishaft verfaßte Buch, sondern vielmehr um Djilas' Kritik an der Parteiführung. Als ehemaliger Präsident der Nationalversammlung und Sekretär des Zentralkomitees der Kommunistischen Partei Jugoslawiens griff Milovan Djilas den Bund der Kommunisten Jugoslawiens (BKJ) an, der die Revolutionsideen seiner Meinung nach verraten und pervertiert hätte.

Auch jetzt, ebenso wie schon 1961, wird der 53jährige Djilas unter der Bedingung freigelassen, sich in Zukunft jeder politischen Betätigung zu enthalten.

Im Gepäck führt er jedoch zwei Bücher mit, die er im Gefängnis geschrieben hat, und eine Übersetzung des bedeutenden Epos' »Das verlorene Paradies«, das der Brite John Milton 1667 schrieb.

Verbesserung des Klimas Bonn/Paris

13. Januar. Bundeskanzler Kurt Georg Kiesinger (CDU) und Außenminister Willy Brandt (SPD) treffen in Paris mit dem französischen Staatspräsidenten Charles de Gaulle zusammen, um über eine Vertiefung der deutsch-französischen Beziehungen auf Grundlage des Vertrages von 1963 zu konferieren.

Am 22. Januar 1963 hatten Staatspräsident de Gaulle und der damalige Bundeskanzler Konrad Adenauer den Elysée-Vertrag über die deutsch-französische Zusammenarbeit unterzeichnet, der eine jahrhundertealte Rivalität der beiden Nachbarländer beenden sollte. Heikel bleiben Punkte, wie die unterschiedliche Auffassung zu einem britischen Beitritt in die Europäische Wirtschaftsgemeinschaft, die amerikaunabhängige Politik de Gaulles und der Austritt Frankreichs aus dem Nordatlantischen Bündnis.

London will zur EWG

15. Januar. Der britische Premierminister Harold Wilson und sein Außenminister George Brown besuchen 1967 als erstes von den sechs in

Italiens Staatspräsident Giuseppe Saragat und der britische Premier Harold Wilson (l.) in Rom

der Europäischen Wirtschaftsgemeinschaft assoziierten Ländern Italien, um mit der Regierung die Möglichkeit eines britischen Beitritts in die EWG zu diskutieren.

Großbritanniens Wirtschaft ist auf den Beitritt in die EWG angewiesen. Innerhalb des großen Marktes hochtechnisierter Länder würde die Industrienation Großbritannien schnell jene Überschüsse in ihrer Zahlungsbilanz erwirtschaften, mit denen sie ihre Schulden gegenüber den USA und dem Internationalen Währungsfonds ausgleichen könnte.

Größtes Hindernis für den Eintritt Großbritanniens in die EWG ist Frankreich, das schon 1963 die Assoziierung Großbritanniens ablehnte. Wichtigster französischer Einwand – neben historischen Ressentiments – sind die transatlantischen Beziehungen Großbritanniens zu den USA und dem Commonwealth (→ 11. 12./S. 197).

19

US-amerikanische Marine-Einheiten nach der Landung in Nordost-Vietnam; sie unterstützen die Infanterie

Der Vietnamkrieg spitzt sich zu

4. Januar. Die nordvietnamesische Regierung und die kommunistische Vietcong-Bewegung lehnen erneute Friedensverhandlungen mit den Vereinigten Staaten und Südvietnam offiziell ab.

Damit ist die Friedensinitiative des britischen Außenministers George Brown – wie unzählige zuvor – gescheitert. Am 30. Dezember 1966 sandte Brown in Absprache mit der britischen Regierung Botschaften an die USA, Nord- und Südvietnam, in denen er die Länder aufforderte, die Feindseligkeiten einzustellen und zu einer Friedenskonferenz zusammenzutreten. Brown bot in diesem Zusammenhang den drei Ländern als Verhandlungsort jedes in Frage kommende britische Territorium an und stellte sich selbst als Organisationspartner und persönlicher Vermittler zur Verfügung. US-Präsident Lyndon B. Johnson begrüßte zwar am 2. Januar die britische Friedensinitiative, doch in seiner Botschaft zur Lage der Nation, die er am 10. Januar vor dem Kongreß in Washington verliest, stellt er die Einstellung der US-Kriegshandlungen in Vietnam nicht in Aussicht: ». . . bis die [kommunistische] Infiltration aufhört und der Konflikt abflaut, müssen wir fest unseren gegenwärtigen Kurs verfolgen. Wir werden in Vietnam fest bleiben . . .«

Unter General William Westmoreland wird am gleichen Tag die bisher größte US-amerikanische Militäroperation gemeinsam mit den südvietnamesischen Streitkräften eingeleitet. Das rund 155 km² große Gebiet nordwestlich von Saigon, das sog. Eiserne Dreieck, das sich seit Jahren in der Hand des Vietcong befindet, wird von 30 000 Soldaten durchkämmt. Dieser Operation gingen schwere Bombenangriffe durch US-amerikanische B-52-Langstreckenbomber voraus.

Nach einer Schätzung von General Westmoreland beläuft sich die Zahl der nordvietnamesischen Soldaten und des Vietcong auf rund 280 000. Ihnen stehen mehr als doppelt so viele Streitkräfte Südvietnams und der Vereinigten Staaten gegenüber (→7. 2./S. 32).

Weiter Aufrüstung gegen Vietnam

L. B. Johnson

10. Januar. Vor dem Hintergrund des Vietnamkrieges entwickelt US-Präsident Lyndon B. Johnson in der traditionellen Botschaft zur Lage der Nation sein Regierungsprogramm, das der US-Bevölkerung harte Opfer durch Steuererhöhungen abverlangt. Die US-Amerikaner müßten »mit höheren Kosten, größeren Verlusten und größerem Leid rechnen, denn noch ist kein Ende abzusehen«.

Am 24. Januar legt US-Präsident Johnson dem Kongreß in Washington seinen Entwurf des Staatshaushalts vor. Danach wird der Aufwand für die Kriegführung in Vietnam und für die übrige Verteidigung auf rund 75,5 Milliarden US-Dollar (rund 300 Milliarden DM) erhöht.

Aufgefangen wird dieser große Posten des Gesamthaushalts, der sich auf 135 Milliarden US-Dollar (rund 536 Milliarden DM) beläuft, durch eine 20%ige Erhöhung der Sozialversicherungsabgaben und eine 6%ige Erhöhung der Einkommens- und Körperschaftssteuer. Beide Maßnahmen treten zum 1. Juli in Kraft. Die großen Sozialprogramme der Regierung werden zurückgestellt.

Vietnam als Kolonialgebiet

1858: Zum ersten Mal kommt es zu einem militärischen Überfall der Franzosen auf Tourane (Da-nang).

1887: Kotschinchina, Bac-bo (Tonking), Trung-bo und Kambodscha werden unter französischer Herrschaft zur Indochinesischen Union zusammengefaßt, in die 1893 noch Laos eingegliedert wird.

6. 6. 1941: Aus der 1930 von Ho Chi Minh gegründeten Kommunistischen Partei Indochinas bildet sich die nationale Volksbefreiungsbewegung Vietminh.

2. 9. 1945: Die Demokratische Republik Vietnam wird ausgerufen, Ho Chi Minh zu ihrem Präsidenten gewählt.

19. 12. 1946: An mehreren strategisch wichtigen Punkten kommt es durch französische Truppen provoziert zu militärischen Zusammenstößen.

7. 5. 1954: Die vietnamesische Volksarmee siegt bei Diên Biên Phu über ein französisches Expeditionskorps.

Juli 1954: Auf der Genfer Indochina-Konferenz wird das Land entlang des 17. Breitengrads geteilt, um ein Auseinanderrücken der französischen und Vietminh-Truppen zu erleichtern.

2.–4. 8. 1964: Der Zwischenfall bei Tonking dient den Vereinigten Staaten als Anlaß zur Anwendung von Waffengewalt gegen Nordvietnam.

Der Krieg bringt Hunger und Elend für die Zivilisten

China – Kampf gegen Bürokratie

7. Januar. Mao-treue Rote Garden geben in Peking bekannt, daß es in Schanghai und Nanking zu blutigen Auseinandersetzungen zwischen Anhängern und Gegnern der Lehren Mao Tse-tungs gekommen ist. Dabei soll es in Nanking mehr als 50 Tote und rund 900 Verletzte gegeben haben. Auch in Kanton beginnt sich Widerstand gegen Maos Linie zu bilden.

Die Volksrepublik China macht seit Mai 1966 unter dem Etikett der Großen Proletarischen Kulturrevolution die schwerste Führungskrise seit dem Sieg der Kommunisten im Jahre 1949 durch, das Land steht am Rande eines Bürgerkriegs.

Von amtlicher Seite werden wirtschaftliche Faktoren als eigentliche Ursache der schweren Unruhen bekanntgegeben.

Der 73jährige Mao Tse-tung sieht sich einer wachsenden Opposition im Zentralkomitee der Kommunistischen Partei gegenüber, die andere Vorstellungen von Tempo und Methoden der Modernisierung Chinas vertritt als der Parteichef. Maos Kulturrevolution ist gegen den Bürokratismus der Parteihierarchie gerichtet und stellt die Entwicklung der sozialistischen Gesellschaft gegenüber einer schnellen Industrialisierung in den Vordergrund.

Mitte Januar setzt eine kulturrevolutionäre Kampagne in den Fabriken und auf dem Land ein.

Revolutionäre Rote Garden ziehen durch die Straßen von Schanghai

Soldaten der chinesischen Volksarmee bei einem Aufmarsch; die Armee spielt für Mao Tse-tung und seine Gegner eine wichtige Rolle; auch in ihr finden scharfe Auseinandersetzungen über Chinas Kurs statt

Farbige Regierung für die Bahamas

13. Januar. Bei den Parlamentswahlen auf den Bahamas erringen die bisherige regierende Partei United Party der Weißen und die Progressiv-Liberale Partei der Farbigen, die etwa 85% der Bevölkerung der rund 70 Inseln vertritt, je 18 Sitze, die Unabhängigen zwei.

Dem 36jährigen Führer der Partei der Farbigen, Lyndon O. Pindling, gelingt es, sich die Zusicherung der Unabhängigen zu sichern. Damit erhalten die Bahamas, die seit 1649 unter britischer Herrschaft stehen, erstmalig eine farbige Regierung.

Der bisherige Regierungschef und Führer der United Party, Roland Symonette, sagt der neuen Regierung eine faire Opposition zu.

FBI verhindert Haiti-Invasion

3. Januar. Über 150 schwerbewaffnete Exil-Kubaner und Emigranten werden von Beamten des Zolls und der US-amerikanischen Bundespolizei (FBI) in der Nähe von Key West in Südkalifornien verhaftet, als sie eine Invasion Haitis vorbereiten.

Ziel des fehlgeschlagenen Unternehmens unter der Führung von Rolando Mastferres war nicht die Befreiung Haitis von dem rechtsgerichteten Regime des Präsidenten François Duvalier. Haiti sollte nur Ausgangspunkt für eine Invasion Kubas sein. Unter den Teilnehmern der Verschwörung sind Kubaner, die schon an der mißglückten Invasion in der Schweinebucht im April 1961 teilgenommen hatten.

Unblutiger Putsch in Republik Togo

13. Januar. Mit einem unblutigen Staatsstreich übernimmt die Armee in der westafrikanischen Republik Togo, die von 1884 bis zum Ersten Weltkrieg deutsche Kolonie war, die Macht.

Oberstleutnant Etienne G. Eyadema verkündet über den Rundfunksender der Hauptstadt Lomé den Ausnahmezustand, setzt auf unbestimmte Zeit die Verfassung außer Kraft und löst das Parlament auf.

In einer Rundfunkansprache gibt der abgesetzte Staatspräsident Nicolas Grunitzky bekannt, daß er mit der Übernahme der Verantwortung durch Eyadema einverstanden sei. Eyadema verkündet die baldige Durchführung freier Wahlen.

Krise zwischen Moskau und Peking

26. Januar. Mit der bisher massivsten Demonstration von Rotgardisten vor der sowjetischen Botschaft in Peking, einer scharf formulierten chinesischen Protesterklärung und einem bissigen Leitartikel in der Pekinger »Volkszeitung« erreicht der Konflikt zwischen der Sowjetunion und der Volksrepublik China seinen bisherigen Höhepunkt.

Anlaß für die heftigen Demonstrationen ist ein Vorfall in Moskau, wo 69 chinesische Studenten von der Polizei verprügelt worden seien, als sie auf dem Roten Platz vor Josef W. Stalins Grab eine Lobeshymne auf Mao Tse-tung anstimmten.

Die chinesische Protestnote an die Sowjetunion ist das aggressivste Regierungsdokument, das die VR China jemals an eine ausländische Regierung gerichtet hat, mit der sie völkerrechtliche Beziehungen unterhält. Die Sowjetunion wird darin der Verschwörung mit den Vereinigten Staaten beschuldigt und mit deutschen Faschisten verglichen.

Rebellische Mizos werden befriedet

4. Januar. Im Nordosten Indiens beginnt die indische Armee mit der Umsiedlung von rund 60 000 Angehörigen des Mizo-Stammes aus ihren schwer zugänglichen Dörfern und Weilern. Die indische Regierung begründet diese Aktion mit der Sorge um die Sicherheit der Bevölkerung an der Grenze zu Pakistan und Birma, die in neuangelegten Schutzdörfern bei der Straße Vairengte–Lenglen besser gewährleistet werden könne. Daneben

Indira Gandhi

verfolgt die Armee die Verbesserung ihrer Ausgangsposition im Kampf gegen die Mizo-Partisanen. Seit rund einem Jahr kämpfen die Mizos um die Bildung eines selbständigen Staates. Trotz starken Einsatzes von Polizei und Militärs ist es bislang nicht gelungen, den Aufstand niederzuschlagen.

Die verunglückten Apollo-Astronauten (v. l.): Edward White (35), Virgil Grissom (39), Roger Chaffee (31)

Raumfahrer in Kapsel verbrannt

27. Januar. Während eines simulierten Countdowns des US-amerikanischen Raumschiffes »Apollo 1« auf Kap Kennedy bricht um 18.31 Uhr in der Kommandokapsel Feuer aus. Die drei Astronauten Virgil Grissom, Edward White und Roger Chaffee verglühen in einer heißen Wolke aus Sauerstoff und Wasserstoff auf der Startrampe.

Nach 16 bemannten US-amerikanischen Weltraumeinsätzen ist dies die erste Katastrophe, bei der Menschen sterben. Am 21. Februar sollten die Astronauten zu einem 14tägigen Probeflug um die Erde starten. Bis alle Untersuchungen über die Unglücksursache abgeschlossen

sind, wird das Apollo-Programm nicht weitergeführt. Für die ums Leben gekommenen Astronauten wird eine Ersatzmannschaft einspringen: Walter Schirra, Don F. Eisele und Walter Cunningham.

Die Frage nach ausreichenden Sicherheitsvorkehrungen wird nach dem Unglück in der Öffentlichkeit laut. Die Rettungsmannschaften benötigten fünf Minuten, bis sie durch den dichten Rauch zu dem Mondschiff vorstießen und die Luke öffnen konnten, aus der glühende Hitze ins Freie strömte.

Der Notabschuß der Astronauten mit Hilfe von Schleudersitzen, mit denen die sowjetischen Sojus-

Raumschiffe ausgestattet sind, war ebenfalls nicht möglich, denn die US-amerikanischen Apollokapseln führen keine Schleudersitze an Bord. Experten stellen fest, daß die Generalprobe der Apollokapsel unnötig gefährlich gewesen sei, obgleich auch sie nicht mit letzter Sicherheit beantworten können, warum die Kapsel in Brand geraten ist. Diejenigen, die in der Raumfahrt ein sinnloses und geldverschwenderisches Abenteuer sehen, fühlen sich in ihrer Meinung bestätigt.

Für die USA bedeutet dieses Unglück einen Rückschlag im Wettlauf mit der UdSSR, als erste Weltmacht auf dem Mond zu landen.

Weltraum bleibt ohne Atomwaffen

27. Januar. In Washington, Moskau und London wird nach zehnjährigen Verhandlungen vor den Vereinten Nationen der »Vertrag zur friedlichen Nutzung des Weltraums« unterzeichnet, dem sich zahlreiche Staaten, darunter auch die Bundesrepublik, anschließen.

Hintergrund für diese vertragliche Regelung ist der gigantische technologische Wettlauf zwischen den Vereinigten Staaten und der Sowjetunion um die Eroberung des Weltraums und um die erste bemannte Landung auf dem Mond. Wie alle technischen Errungenschaften wird auch die Weltraumfahrt auf ihre Eignung für militärische Zwecke untersucht. Nach dem gegenwärtigen Stand der Technik scheint es nicht ausgeschlossen, im Verlauf der nächsten zehn Jahre militärische Stützpunkte und Kernwaffensysteme im Weltraum zu installieren, mittels derer in militärische Auseinandersetzungen auf der Erde eingegriffen werden könnte.

So ist der Weltraumvertrag auch ein Dokument der Abrüstung. In Artikel IV. heißt es: »Die Signatarstaaten des Vertrages verpflichten sich, keine Objekte auf eine Umlaufbahn um die Erde zu bringen, die Kernwaffen oder irgendwelche anderen Massenvernichtungswaffen tragen, und keine derartigen Waffen auf Himmelskörpern oder anderweitig im Weltraum zu stationieren. Der Mond und andere Himmelskörper werden . . . ausschließlich zu friedlichen Zwecken benutzt.«

Großbrand zerstört Ausstellerzentrum

16. Januar. Eines der größten Ausstellungszentren der Welt, das McCormick Palace in der Nähe von Chicago, wird durch einen Brand völlig zerstört, der durch einen Kurzschluß im Stromnetz entstanden ist. Das 1960 am Ufer des Michigansees mit Kosten von 35 Millionen US-Dollar (rund 140 Millionen DM) errichtete Gebäude umfaßt eine 550 m lange Hauptausstellungshalle, einen Theatersaal mit 5000 Sitzen, einen Bankettsaal für 30 000 Personen, einen Vortragssaal, eine Kunstgalerie und viele Konferenzräume.

Das Innere der Apollokapsel, in der die drei Astronauten starben

Andrei A. Gromyko unterzeichnet

Papst – Annäherung an Ökumene

22. Januar. Die Kongregation für Glaubenslehre in Rom gibt neue Empfehlungen zum Verhalten eines Katholiken bezüglich ökumenischer Gottesdienste heraus. Das ehemalige Heilige Offizium sieht es nur ungern, wenn Katholiken an ökumenischen Gottesdiensten in nicht-katholischen Kirchen teilnehmen, einer Teilnahme in katholischen Gotteshäusern steht jedoch nichts im Wege.

Für die rund 60 000 in Mischehen lebenden Katholiken in der Bundesrepublik ist dies eine weitere Erleichterung ihrer Glaubensausübung.

Nach dem 2. Vatikanischen Konzil, das 1965 zu Ende ging, versucht die katholische Kirche verstärkt die Öffnung zum ökumenischen Gedanken und eine Annäherung an alle übrigen »Brüder in Christo«.

So treffen sich vom 1. bis 4. März Vertreter der römisch-katholischen Kirche und des Ökumenischen Rates der Kirchen bei Rom zu Gesprächen über die Ehedoktrin und das Problem der Mischehen.

Eine erste ökumenische Bibelübersetzung und Auslegung (Exegese) des Römerbriefs ist schon am 16. Januar feierlich der Öffentlichkeit vorgelegt worden. Das katholische Sekretariat für die Einheit der Christen in Rom wird von Papst Paul VI. zur Institution erhoben.

◁ Papst Paul VI. fühlt sich im Auftrag des 2. Vatikanischen Konzils, das er zu Ende führte, der Kirchenreform verpflichtet; er geht dabei den Weg der Mitte; viele Katholiken in aller Welt hoffen auf die reformerischen Ideen dieses Papstes

Ökumene: Katholische und evangelische Geistliche im Gebet vereint

Ablaßgewinnung bleibt erhalten

9. Januar. Papst Paul VI. in Rom erläßt neue Vorschriften für die Gewährung des Ablasses für zeitliche Sünden. Es handelt sich im wesentlichen um eine Vereinfachung der Form, so kann Ablaß nur noch einmal täglich gewonnen werden, und die Berechnung von jenseitigen Sündenstrafen nach Tagen, Monaten und Jahren als Teilablaß fällt fort. Die grundlegende Reform oder Aufgabe der Ablaßpraxis, wie sie von vielen Bischöfen gefordert wird, bleibt aus. Der Ablaß war 1517 Ausgangspunkt der Reformation.

Trauer um Bischof Otto Dibelius

31. Januar. Im Alter von 86 Jahren stirbt der evangelische Theologe Otto Dibelius in Berlin (West).

Dibelius hat stets seine eigene Meinung – ob opportun oder nicht – konsequent vertreten. In der NS-Zeit schloß er sich der oppositionellen Bekennenden Kirche an und wurde seitdem gewaltsam an der Ausübung seines Amtes als Generalsuperintendent gehindert. Bis 1945 war er ständiger Verfolgung ausgesetzt. Während und nach dem Zweiten Weltkrieg schrieb er mehrere Bücher, u. a. »Ein Christ ist immer ein Christ« (1961).

Dibelius wurde 1945 zum Bischof von Berlin-Brandenburg gewählt. Seit 1949 war er Vorsitzender der Evangelischen Kirche (EKD).

Die Erstsendung des Telekollegs

2. Januar. Erstmals wird das sogenannte Telekolleg des Bayrischen Rundfunks, mit dessen Hilfe jeder lernwillige Volksschulabsolvent via Fernsehen die mittlere Reife in Form der Fachschulreife erwerben kann, ausgestrahlt. Für seine Fernsehbildung kann man nach einer staatlichen Prüfung ein staatlich anerkanntes Zeugnis erhalten.

Das Telekolleg entstand in enger Zusammenarbeit zwischen dem Bayrischen Rundfunk und dem Kultusministerium, das durch seine unbürokratische Aufgeschlossenheit zum Gelingen des Unternehmens beitrug. Neben der Übernahme der Schulorganisation – Bestimmung der Lehrer, Abhalten der Prüfungen usw. – trägt das Ministerium mit fünf Millionen DM zur Finanzierung bei. Weitere drei Millionen DM

stiftete das Volkswagenwerk in Wolfsburg, der Bayrische Rundfunk ist so nur mit zwei Millionen DM an den Kosten belastet.

Über drei Jahre hinweg, in Trimester geteilt, lehrt das Telekolleg an fünf Wochentagen jeweils eine halbe Stunde lang eines von fünf Fächern: Deutsch, Englisch, Geschichte, Mathematik und Physik. Jede Sendung wird zu drei verschiedenen Sendezeiten an drei verschiedenen Abenden wiederholt.

Alle drei Wochen kommen die Teleschüler in kleinen Gruppen mit dem Lehrer ihres Bezirks zu Aussprache und Beratung zusammen. Alle Teilnehmer erhalten außerdem alle vier Wochen schriftliches Arbeitsmaterial zugeschickt, das der Vorbereitung dient und Hausaufgaben enthält, die der Schüler an seinen Kon-

taktlehrer zur Korrektur und Benotung sendet. Einmal im Jahr kann der Lernwillige seinen Wissensstand in einer Zwischenprüfung kontrollieren.

Mehr als 20 000 Anfragen trafen zum Telekolleg Ende 1966 beim Bayrischen Rundfunk in München ein. Etwa 6500 Lernwillige schickten ihre Fragebögen ausgefüllt zurück und gelten mit der Errichtung von 25 DM Aufnahmegebühr als feste Teilnehmer.

Interessiert an der Weiterbildung über Bildschirm sind nicht nur Berufstätige, denen der Weg in eines der Abendgymnasien oder Realschulen zu beschwerlich ist, sondern auch Hausfrauen und Rentner.

Sollte das Experiment gelingen, haben auch andere Bundesländer ihr Interesse am Telekolleg angemeldet.

Der Theologe Otto Dibelius

Hochzeit in Den Haag

Verlobungsfoto von Prinzessin Margriet und Pieter van Vollenhoeven

10. Januar. Vor dem Traualtar der alten protestantischen St.-Jacobs-Kirche in Den Haag ehelicht Prinzessin Margriet der Niederlande den Fabrikantensohn Pieter van Vollenhoeven aus Schiedam.

Es ist das erste Mal in der 400jährigen Geschichte der niederländischen Dynastie, daß eine Prinzessin von Oranien-Nassau einen Bürgerlichen heiratet.

Außer von den engsten Angehörigen der Braut kann das frischvermählte Paar nur von wenigen Angehörigen des europäischen Adels persönliche Glückwünsche entgegennehmen, da dieser die Verbindung als »Mesalliance« betrachtet.

Letzter Schrei: Der diagonal aufgeschnittene Badeanzug zeigt Haut

Shetlandpullover über Wollröcken und grobe Strumpfhosen

Feierliche Trauung in der St. Jakobs Kirche in Den Haag; Prinzessin Margriet der Niederlande streift ihrem Ehemann den Ring über

Pony und Seitenhaare fallen weich ins Gesicht, Hinterkopf toupiert

Zum Mini-Rock gehören Dessous, die man zeigen kann

Glückwünsche für Konrad Adenauer

5. Januar. In der Bad Godesberger Redoute entwickelt sich unvorhergesehen eine Gratulationscour für Konrad Adenauer, der seinen 91. Geburtstag feiert.

Dem Senior des deutschen Bundestages, Kanzler außer Diensten und erfolgreichen Schriftsteller und Historiker gratulieren Bundestagspräsident Eugen Gerstenmaier, Parteifreunde aus der CDU; aber auch SPD- und FDP-Vorstand sprechen in ihren Glückwunschtelegrammen Dank aus für das Werk eines Mannes, der viel für sein Volk getan habe (→ 11. 4./S. 58).

Forscher läßt sich einfrieren

20. Januar. In Phoenix im US-Staat Arizona wird der Körper des im Koma liegenden James H. Bedford auf minus 196° Celsius tiefgefroren. Der lungenkrebskranke 93jährige Psychologieprofessor macht damit als erster die 1964 publizierte Idee des Physikers Robert C. W. Etinger wahr, die Menschen sollten sich vor ihrem Tode in einen Gefrierschlaf versenken lassen, bis sie von Wissenschaftlern, die inzwischen Krankheit und Alter besiegt hätten, zu neuem Leben aufgetaut würden. Mediziner geben diesem Verfahren keine Chance.

Mini-Schöpferin Mary Quant macht alles, vom Slip bis zur Abendrobe

Die Säume der Röcke enden hoch über dem Knie

Hemdblusenkleider aus Jersey; sie müssen kurz und am Saum leicht ausgestellt sein

Bunt bedruckte Anzüge zum Drink an einem Sommerabend; dazu trägt man auffällige Ohrringe

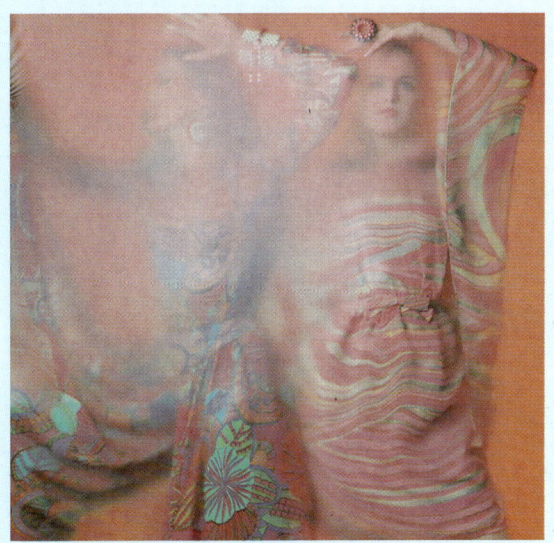

Leicht und in leuchtenden Regenbogenfarben sind die Abendkleider aus reinseidenem Chiffon

Mode 1967:

Superschlank für die Mini-Mode

Der Siegeszug des Mini-Rocks hält im dritten Jahr nach seiner Schöpfung durch die britische Stylistin Mary Quant unvermindert an. Für die Frühjahrs-, Sommer-, Herbst- und Wintermode gilt die Devise: Kurz, kürzer, am kürzesten.

Gleichzeitig mit der Mini-Mode setzt sich mit dem britischen Mannequin Twiggy auch ein neues Schönheitsideal durch. Um die jungenhaft schlanke Figur dieses Vorbilds zu erreichen, bieten die Modejournale verstärkt Diäten und Kalorientabellen an. Mancher Teenager hungert sich jedoch dabei fast zu Tode.

Die typische neue Schnittführung für Kleider und Mäntel hat ein schmales Oberteil – Schultern und Busen sind eng umschlossen – und einen ausgestellten Rock, der Taille, Hüften und Oberschenkel großzügig umspielt. Charakteristisch für die bunten neuen Kleider, die vorzugsweise aus Wolle, Jersey, Helanca, Trevira und Diolen gefertigt werden, sind schmale Schulterpassen, farbig abgehobene Quer- und Längsnähte, Stehkragen und Reißverschlüsse mit farbig gestreiften Reißverschlußbändern. Die modische Frau verzichtet daneben nicht auf Accessoires: Farbige, buntgemusterte Krawatten können nicht lang und auffällig genug sein, oder indische Tücher. Die Hüte haben die Form von runden, kleinen

Melonen mit schmalem Aufschlag und werden farblich auf die bonbonfarbenen Kleider abgestimmt. Die passende Frisur ist für kurzes und langes Haar immer auf dem Oberkopf leicht toupiert. Modern ist der schlichte Kurzhaarschnitt. Der Pony läuft schräg über die Stirn, die Seitenhaare fallen in Sechsern weich ins Gesicht, die Ohren bleiben frei. Einen besonderen Pfiff erhält die Frisur, wenn eine kleine Ponysträhne unterhalb des Scheitels ganz kurz gestutzt wird und das Nackenhaar in einer winzigen Spitze in der Mitte zusammenläuft. Hauptmerkmale für Schuhe und

Twiggy (Lesley Hornby) – ein neuer Look trägt ihren Namen

Stiefel sind Blockabsatz und Kareeform. Die Schuhe sind mit Kofferschnallenverschluß und Spangen verziert, die Stiefel kniehoch und eng und in vielen leuchtenden Farben zu haben.

Die Silhouette des modischen Herrn ist schmal. Tagsüber trägt er zu einreihigen Anzügen in gedeckten, dunklen Farben, helle Hemden und schmale, unauffällig gestreifte Krawatten. Dunkle Jacketts dürfen mit im Farbton helleren, gerade geschnittenen Hosen kombiniert werden. Neuheit in der Männermode ist der Rollkragenpullover, der selbst zu Abendanzügen zugelassen ist.

Die aktuelle Unterwäsche ist farbig gemustert

Extravagante Krawatte für modische Herren

Werbung für Trevira-Kleidung: Anzüge, Kleider, Jakken und Mäntel aus dieser Kunstfaser sind pflegeleicht

Oswald-Mörder stirbt in Dallas

Lebensmittel auch nach Feierabend

3. Januar. Der US-amerikanische Nachtklub-Besitzer Jack Ruby stirbt im »Parkland Memorial Hospital« in Dallas an einem Krebsleiden.

Der unbedeutende Barbesitzer wurde zu einer Randfigur der Geschichte, als er am 24. November 1963 den mutmaßlichen Mörder des US-Präsidenten John F. Kennedy, Lee Harvey Oswald, mit einem vernickelten Revolver, von 120 Millionen Fernsehzuschauern beobachtet, in Dallas erschoß. Ruby wurde deswegen zum Tode verurteilt.

In Chicago wurde Ruby am 19. März 1911 als Jacob Rubinstein geboren. Er war das fünfte von acht Kindern eines Alkoholikers und einer Geisteskranken. 1947 ging er nach Dallas, wo er seinen Namen in Jack Ruby amerikanisieren läßt.

Ruby hatte nicht am Mordtag des US-Präsidenten, am 22. November 1963, am Straßenrand von Dallas gestanden, aber er hatte den Präsi-

Jack Ruby (eigentlich Jacob Rubinstein), Mörder des mutmaßlichen Attentäters Lee Harvey Oswald, der am 22. 11. 1963 US-Präsident John F. Kennedy erschoß, stirbt 55jährig in Dallas; mit Ruby stirbt der wichtigste Zeuge für eine Aufklärung des Kennedy-Mordes

denten »geliebt«. Ruby beteuerte bis zu seinem Tod, daß er Oswald nie vorher gesehen und ohne fremden Auftrag getötet habe.

Die zur Untersuchung des Mordes an Oswald eingesetzte Kommission glaubte ihm, aber 60% der US-Amerikaner spekulieren über einen Auf-

traggeber Rubys. Mit Ruby stirbt der 15. und wichtigste Zeuge für eine mögliche Aufklärung des Kennedy-Mordes. 14 Zeugen starben auf mysteriöse Weise vor ihm. So ist auch das Gerücht nicht verwunderlich, daß Ruby in seiner Zelle Krebszellen injiziert wurden.

26. Januar. Wenn am Abend um 18.30 Uhr die Einzelhändler ihre Ladentüren schließen, wird in Offenbach die erste »Frischdienst Tag- und Nachtverkaufsstelle« in der Bundesrepublik eröffnet.

Es handelt sich dabei um einen neu entwickelten automatischen Laden mit einem eigens abgestimmten Frischwaren-Sortiment für »Berufstätige, Eilige und Sparkäufer«. Tag und Nacht sowie an Wochenenden werden rund 500 Warensorten des täglichen Bedarfs, soweit notwendig gekühlt, in großen Fenstern angeboten. Jede der fünf Ausgabestellen ist mit einer eigenen Münz-, Rechen- und Rückgeldautomatik ausgestattet. Die Konstrukteure hoffen, innerhalb eines Jahres 20 bis 30 solcher Läden im Bundesgebiet zu eröffnen. Sie sollen von lokalen Einzelhändlern in Konzession geführt werden.

Großer Kunstraub in Londoner City

2. Januar. Beim größten Gemälderaub aller Zeiten werden in London drei Gemälde von Rembrandt, drei von Peter Paul Rubens, ein Werk des Rembrandt-Schülers Gerald Dou und ein Bild des deutschen Meisters Adam Elsheimer aus der Kunstgalerie des Dulwich-College im Südosten der Hauptstadt gestohlen.

Rembrandt

Die Diebe müssen genaue Kenntnis des mit Scotland Yard direkt verbundenen Alarmsystems der Galerie besessen haben. Sie wußten, daß nur der Rahmen einer schweren Seitentür, die nie benutzt wurde, mit dem Alarmsystem verbunden ist, und durchschnitten mit einem Drillbohrer die linke untere Türtafel, so daß eine schlanke Person ungehindert durch die Öffnung schlüpfen konnte.

Einige Gemälde wurden aus ihren Rahmen gelöst. Der Wert aller acht entwendeten Bilder wird auf mindestens 28 Millionen DM geschätzt.

Inventar der »Hanseatic« in Hamburg unter dem Hammer

23. Januar. Die »Hanseatic«, das größte Passagierschiff der Bundesrepublik, wird abgewrackt. Bevor die Schneidbrenner das Schiff zerlegen (Foto), wird das wertvolle Inventar versteigert. Aus aller Welt kommen drei Wochen lang Interessenten nach Hamburg, um gegen 100 DM als Kaution und 10 DM für den Katalog an der Versteigerung teilzunehmen.
Im Herbst 1966 war das Schiff bei einem Brand im Hafen von New York so schwer beschädigt worden,

daß sich eine Reparatur nicht mehr lohnte. Das Feuer war im Maschinenraum ausgebrochen. Die 30 000 BRT große »Hanseatic« wurde an eine Abwrackwerft verkauft und von New York nach Hamburg geschleppt. Ende März wird die Deutsche Atlantic Line eine neue »Hanseatic« kaufen, das 25 000 BRT große moderne israelische Passagierschiff »Shalom«. Ab 1969 soll ein Neubau von 23 000 BRT unter dem Namen »Hamburg« fahren.

Tödliche Jagd auf Weltrekord

4. Januar. Der 45jährige britische Ingenieur Donald Campbell verunglückt tödlich mit seinem düsengetriebenen Motorboot »Blue-Bird« auf dem Coniston-See in Großbritannien bei dem Versuch, seinen eigenen Weltrekord von 444,61 km/h zu brechen.

Schon der Vater Sir Malcolm Campbell hatte Geschwindigkeitsrekorde zu Lande und auf dem Wasser aufgestellt und war 1931 für seine Leistungen geadelt worden. Er starb an einem Herzschlag am Silvesterabend 1948.

1955 glückte Donald Campbell, der sich in spiritistischen Sitzungen von seinem Vater beraten ließ, der erste von insgesamt sieben Weltrekorden auf dem Wasser. Auch er war beseelt von dem Gedanken, Großbritannien als das Land der Weltrekorde bekannt zu machen. »Die Briten waren das Salz der Erde«, klagte Campbell, »aber seit 15 Jahren geht es abwärts.« Das hinderte den Kettenraucher allerdings nicht daran, auch für den französischen General Charles de Gaulle zu schwärmen.

Der abergläubische Campbell, der umgeschüttetes Salz und Freitage fürchtete, wollte aus Spielkarten den bevorstehenden Tod eines Familienmitglieds gelesen haben: »Ich hoffe, daß ich es nicht bin.« 130 m vor seinem Rekordziel überschlägt er sich zweimal. Der Schotte Innes Ireland will die Rekordfahrten fortsetzen.

Favoritenpaar bricht Kür ab

10. Januar. Zu einem Eklat kommt es in Berlin (West) bei den Deutschen Paarlaufmeisterschaften, als Gudrun Hauss und Walter Haffner aus Mannheim, nachdem sie schon zweimal gestürzt waren, nach 1:53 Minuten ihre Kür abbrechen und der Jury erklären, die Musik sei zu schnell gelaufen.

Nach 15minütiger ergebnisloser Prüfung der technischen Geräte wird das bisher Gezeigte von der Jury gewertet. Damit sind die Chancen dieses Paares auf einen Titel dahin. Sieger werden Margot Gluckshuber und Wolfgang Danne aus Garmisch-Partenkirchen, die als einzige eine fehlerfreie Kür zeigen.

Der Tscheche Jiři Raska wird Zweiter der Vierschanzen-Tournee

Franz Keller aus Nesselwang belegt den achten Platz in der Gesamtwertung

Björn Wirkola siegt überlegen

8. Januar. Der Norweger Björn Wirkola bestätigt bei der 15. deutsch-österreichischen Vierschanzen-Tournee seinen Sieg bei der Weltmeisterschaft im Vorjahr. Nach seinen Erfolgen in Innsbruck und Garmisch-Partenkirchen gewinnt der 23 Jahre alte Verkäufer aus Trondheim auch den letzten Wettbewerb in Bischofshofen

Björn Wirkola

mit Sprüngen von 102 m und 104 m. Wirkola wird damit überlegen Gewinner dieser Tournee, an der die gesamte Weltelite aus 16 Ländern teilnahm. Bester Springer des bundesdeutschen Skiverbandes ist Franz Keller aus Nesselwang, der mit Sprüngen von 88,5 m und 100,5 m den achten Platz belegt.

Beim vorletzten Springen auf der Olympiaschanze in Innsbruck erreichte Franz Keller überraschend einen zweiten Platz, die 8000 Zuschauer hatten ihn sogar schon auf dem ersten Platz gesehen. Lautstark protestierten sie, als im ersten Durchgang Kellers Sprung auf 91,5 m nur mit Durchschnittsnoten zwischen 17 und 15,5, Wirkolas 90-Meter-Flug aber mit 18 bis 18,5 Punkten bewertet wurde.

Rallye Monte Carlo für die Werbung

21. Januar. Die 36. Rallye Monte Carlo endet mit dem Sieg des Finnen Rauno Aaltonen mit seinem Copiloten Henri Liddon auf Mini Cooper.

Am 14. Januar waren knapp 200 Teams von acht Orten aus zur bedeutendsten internationalen Rallye nach Monaco gestartet. Rund 3500 km müssen die Fahrer in vorgeschriebenem Durchschnittstempo zurücklegen – ohne Rücksicht auf die Straßenverhältnisse in den verschiedenen Abschnitten.

Obwohl offiziell während der Rallye kein Werksservice zugelassen ist, dulden die Veranstalter, daß Werkstattwagen mit Ersatzteilen für den Notfall bereitstehen.

Alle eingesetzten Wagen sind fri-

Sieger der Rallye: Henri Liddon (r.) und Rauno Aaltonen

siert, die Sonderausstattung eines aussichtsreichen Wagens erfordert derzeit mindestens 5000 DM. Firmen wie Ford legen bis zu 17 000 DM an und lassen die Rallye-Teilnehmer auf Werkskosten mehrere Wochen trainieren. Teilstrecken werden bis zu 20mal abgefahren und jede Kurve aufgezeichnet. Der finanzielle Aufwand lohnt sich jedoch, da die siegreichen Autofirmen ihre Erfolge für die Werbung ausschlachten können.

Noch im vergangenen Jahr hatten sich rund 300 Fahrer an der Rallye beteiligt, die Kosten verleiden jedoch manchem Teilnehmer, der den Wettbewerb aus eigener Tasche finanzieren muß, den Start.

Februar 1967

Mo	Di	Mi	Do	Fr	Sa	So
		1	2	3	4	5
6	7	8	9	10	11	12
13	14	15	16	17	18	19
20	21	22	23	24	25	26
27	28					

1. Februar, Mittwoch

Bruno Kreisky wird vom Parteitag der Sozialistischen Partei Österreichs (SPÖ) in Wien zum neuen Parteivorsitzenden gewählt. →S. 33

Ein Generalstreik legt in Frankreich Verkehr und Wirtschaftsleben lahm. Er ist von den beiden größten Gewerkschaften zur Durchsetzung höherer Löhne und besserer Lebens- und Arbeitsbedingungen ausgerufen worden. →S. 33

In Spanien bestreiken 17 250 Bergarbeiter 21 Gruben in Asturien. Die Studenten in allen größeren Universitätsstädten bleiben den Vorlesungen fern. Sie demonstrieren gemeinsam gegen Massenentlassungen. →S. 33

2. Februar, Donnerstag

Die DDR benennt das Staatssekretariat für gesamtdeutsche Fragen in Staatssekretariat für westdeutsche Fragen um und nennt die SPD nur noch SP.

US-Senator Robert Kennedy macht auf seiner Informationsreise durch Europa Station in Bonn und stattet Bundeskanzler Kurt Georg Kiesinger einen Besuch ab.

Die USA stellen Indien zur Überwindung der Hungersnot zwei Millionen t Getreide zur Verfügung. →S. 33

Die Zahl der in der Bundesrepublik lebenden Gastarbeiter beträgt derzeit 1 068 200. Das sind 245 300 weniger als im September 1966. Viele von ihnen kehrten aufgrund der angespannten Konjunkturlage in der Bundesrepublik nicht mehr aus den Weihnachtsferien zurück.

3. Februar, Freitag

In Washington wird bekanntgegeben, daß US-Präsident Lyndon B. Johnson dem sowjetischen Ministerpräsidenten Alexei N. Kossygin eine persönliche Botschaft, in der er ein Moratorium über Anti-Raketen-Raketen vorschlägt, übermittelt habe.

Im »Museum am Ostwall« in Dortmund wird die Ausstellung »Wege 1967« eröffnet, die einen Überblick über die zeitgenössische Plastik und Malerei vermitteln will.

Der Jagadguru Shantarasharya von Puri beendet sein 73tägiges Protestfasten, das die indische Zentralregierung zu einem Verbot von Kuhschlachtungen im ganzen Land veranlassen sollte (→2. 2./S. 33).

Der 29jährige Karl Mildenberger besiegt in der Frankfurter Festhalle Piero Tomasoni aus Italien und wird damit neuer Europameister im Schwergewichtsboxen. →S. 39

Bei den Eislauf-Europameisterschaften in Ljubljana siegt das sowjetische Paar Ludmilla Belousowa/Oleg Protopopow. Europameister der Herren wird der Wiener Emmerich Danzer. Den Titel der Damen erhält Gaby Seyferth für die DDR.

4. Februar, Sonnabend

Der CDU-Vorsitzende und ehemalige Bundeskanzler Ludwig Erhard wird 70 Jahre alt.

Der rumänische Außenminister Corneliu Manescu trifft zu einem fünftägigen Staatsbesuch in Belgien ein.

Der Pressedienst der Deutschen Bundesbahn teilt mit, daß die Tarife für die Autoreisezüge um bis zu 30% erhöht werden. Die Fahr- und Schlafwagenpreise bleiben unverändert.

5. Februar, Sonntag

Anastasio Somoza, General der Armee, wird zum Präsidenten von Nicaragua gewählt.

Die Aussteller der Internationalen Grünen Woche in Berlin (West) sind am letzten Ausstellungstag mit dem Ergebnis zufrieden. 400 000 Menschen besuchten die landwirtschaftliche Ausstellung.

6. Februar, Montag

Der sowjetische Ministerpräsident Alexei N. Kossygin trifft zu einem Staatsbesuch in Großbritannien ein.

Die US-amerikanischen Streitkräfte entlauben den südlichen Teil der entmilitarisierten Zone zwischen Süd- und Nordvietnam, um den Vietcong zurückzudrängen. →S. 32

In Warschau treten die Außenminister der Warschauer-Pakt-Staaten ohne den Außenminister Rumäniens, Corneliu Manescu, zusammen. Im Mittelpunkt der Konferenz stehen Fragen der künftigen Beziehungen zur Bundesrepublik.

Im Ruhrbergbau wird die höchste Zahl der Feierschichten seit März 1966 erreicht. 72 100 Mann lassen in 37 Anlagen die Arbeit ruhen.

Cassius Clay (Muhammad Ali) verteidigt seinen Boxweltmeistertitel im Schwergewicht durch Punktsieg nach 15 Runden gegen Ernie Terrel (USA) in Houston im US-Staat Texas.

7. Februar, Dienstag

Bundesaußenminister Willy Brandt fliegt nach Washington zu zweitägigen Gesprächen mit der US-amerikanischen Regierung und dem Generalsekretär der Vereinten Nationen, Sithu U Thant, über den geplanten Atomwaffensperrvertrag. →S. 35

Eine ägyptische Verkehrsmaschine wird auf ihrem Flug von Kairo nach Hurghada am Roten Meer entführt. Der 40jährige Entführer läßt die 34 Passagiere und die Besatzung am 9. Februar wieder frei, nachdem ihm Jordanien politisches Asyl gewährt.

Österreich entscheidet sich für die Einführung des deutschen PAL-Farbfernsehsystems (→25. 8./S. 133).

Aus einer Umfrage des Instituts für Demoskopie Allensbach geht hervor, daß jeder siebente Bundesbürger mit einer weiteren Zunahme der Arbeitslosigkeit rechnet.

8. Februar, Mittwoch

Das Bundeskabinett billigt den Vierjahresplan für Straßenbau, dessen Gesamtvolumen mit 18 Milliarden DM veranschlagt wird.

In Baden-Württemberg wird die christliche Gemeinschaftsschule durch Gesetz die einzig staatliche Schulform. Eine Kontroverse zwischen Vatikan und Bundesregierung über die Auslegung des Reichskonkordats schließt sich an.

Mit einer mehrtägigen Feuerpause feiert die Bevölkerung ganz Vietnams das buddhistische Neujahrsfest, das sog. Tet-Fest. Papst Paul VI. setzt sich für eine Verlängerung des Waffenstillstands ein (→7. 2./S. 32).

9. Februar, Donnerstag

Der Ministerrat der Europäischen Wirtschaftsgemeinschaft verabschiedet in Brüssel das erste Programm für mittelfristige Wirtschaftspolitik.

Ein schweres Erdbeben in Kolumbien fordert 100 Tote, 20 000 Menschen werden obdachlos. Die kolumbianische Regierung ruft den allgemeinen Notstand aus. →S. 37

10. Februar, Freitag

Bundesaußenminister Willy Brandt unterzeichnet in New York ein internationales Abkommen zur Beseitigung der Rassendiskriminierung.

Der Spielfilm »Die Gräfin von Hongkong« von Charles Chaplin mit Sophia Loren und Marlon Brando in den Hauptrollen wird zum erstenmal in bundesdeutschen Kinos vorgeführt.

Deutschlands erfolgreichster Schlagersänger Freddy Quinn erhält in Berlin (West) seine zehnte Goldene Schallplatte.

11. Februar, Sonnabend

Die chinesische Armee übernimmt die Kontrolle in Peking. Sie setzt sich damit gegen die revolutionären Roten Garden durch (→7. 1./S. 21; 1. 5./S. 81).

In Linz konstituiert sich die Nationaldemokratische Partei Österreichs (NPÖ). Zum Vorsitzenden der neuen Partei wird der Innsbrucker Jurastudent Rudolf Watschinger gewählt.

Der bundesdeutsche Rekrut Albrecht Schmeißner unterwirft sich nach 45 Tagen dem Wunsch seines Kompaniechefs und läßt sich die langen Haare schneiden. →S. 38

12. Februar, Sonntag

Um 7.00 Uhr nehmen US-amerikanische und südvietnamesische Streitkräfte nach Ablauf des anläßlich des buddhistischen Neujahrsfestes vereinbarten viertägigen Waffenstillstandes ihre Kampftätigkeit wieder auf. Während des Waffenstillstands war es zu 332 Zwischenfällen gekommen (→7. 2./S. 32).

In Nürnberg wird die Spielwarenmesse eröffnet, die bis zum 17. Februar dauert. →S. 39

In Paris zeigen die Modehäuser Lanvin, Ricci, Del Castillo und Dior die Sommermode '67 (→S. 25).

Der 24jährige Niederländer Cees Verkerk verteidigt seinen Titel bei den 61. Eisschnellauf - Weltmeisterschaften im Osloer Bilett-Stadion.

Mit einem 3 : 1-Sieg über den ERC Mannheim gewinnt die Düsseldorfer EG auf eigenem Eis erstmals die Deutsche Eishockeymeisterschaft.

13. Februar, Montag

Der jugoslawische Staatspräsident Josip Broz Tito trifft zu einem fünftägigen Staatsbesuch in Wien ein, um die nachbarschaftlichen Beziehungen zu Österreich zu festigen.

Der Präsident von Tansania, Julius Nyerere, verfügt eine Reihe von Nationalisierungsmaßnahmen, die sofortige Verstaatlichung aller Banken und Versicherungsgesellschaften des Landes, von acht der wichtigsten Import- und Exportfirmen sowie der Sisalproduktion.

Der Internationale Bund freier Gewerkschaften in Brüssel gibt bekannt, daß mehr als 138 Schwarze in Rhodesien wegen ihrer Mitgliedschaft in den verbotenen Gewerkschaften gefangengehalten werden (→6. 11./S. 184).

14. Februar, Dienstag

Der britische Premierminister Harold Wilson trifft zu einem zweitägigen Besuch in Bonn ein. Der Besuch gehört zu einer Reihe von Gesprächen, die Wilson wegen des Beitritts Großbritanniens in die Europäische Wirtschaftsgemeinschaft (EWG) in den Hauptstädten aller sechs EWG-Länder führt (→15. 1./S. 19).

14 Länder Mittel- und Südamerikas unterzeichnen in Mexiko City einen Vertrag über die Bildung einer atomwaffenfreien Zone in Lateinamerika. →S. 33

Auf Initiative von Bundeswirtschaftsminister Karl F. Schiller treffen sich erstmals Vertreter der Regierung, der Tarifparteien und der Wissenschaft zu einer »Konzertierten Aktion«, um die beginnende Wirtschaftskrise abzuwenden. →S. 34

Nach 30 Tagen kommt der 36jährige Günter Pieper auf Barbados an. Der Bremer überquerte als vierter Deutscher allein im Boot den Atlantik.

Der Atomwaffen-sperrvertrag und Orkanschäden in der ganzen Bundesrepublik in Leitartikeln der Berliner Zeitung »Der Tagesspiegel« vom 22. Februar 1967

DER TAGESSPIEGEL

UNABHÄNGIGE BERLINER MORGENZEITUNG

Verlag Der Tagesspiegel GmbH, 1 Berlin 30, Postfach, Potsdamer Straße 87 / Fernsprech-Sammelnummer 13 03 31 / Fernschreiber: 01 83773 / Telegramme: Tagesspiegel Berlin / Bankkonten: Berliner Disconto Bank AG, Berliner Bank AG, Bank für Handel und Industrie AG, Berliner Commerzbank AG / Postscheck-Konto: Berlin West 105 / Bonner Redaktion: 53 Bonn, Pressehaus, Telephon: 2 14 51 / Abonnementspreis bei freier Zustellung durch eigene Boten 6,30 DM, durch die Post 6,90 DM monatlich / Erscheint täglich außer nach Sonn- und Feiertagen / Keine Ersatzansprüche bei Störungen durch höhere Gewalt / Anzeigenpreisliste Nr. 16 / Erfüllungsort und Gerichtsstand Berlin-Tempelhof

Tel.-Sammelnr. 13 03 31. Unsere Geschäftsstellen: Bln. 19 (Charlbg.), Kaiserdamm 7; Bln. 41 (Friedenau), Rheinstr. 62; Bln. 33 (Grunewald), Hohenzollerndamm 94; Bln. 28 (Hermsdf.), Heinestr. 37; Bln. 46 (Lankwitz), Leonorenstr. 71; Bln. 45 (Lichterfelde), Baseler Str. 12; Bln. 65 (Wedding), Müllerstr. 122 b; Bln. 21 (Moabit), Alt-Moabit 86 b; Bln. 44 (Neukölln), Karl-Marx-Str. 134; Bln. 12 (Reinickdf.), Scharnweberstr. 49; Bln. 30 (Schöneberg), Hohenstaufenstr. 25; Bln. 36 (Dresdener Str. 18; Bln. 38 (Spand.), Markt 2/3; Bln. 41 (Steglitz), Schloßstraße 85 und Albrechtstraße 116; Bln. 42 (Tempelf.), Te.-Damm 2; Bln. 15, Kurfürstendamm 188; Bln. 30, Teuerstsr. 1; Bln. 30, Potsd. Str. 87; Bln. 31 (Wilmersdf.), Uhlandstr. 157; Bln. 27 (Zehlendf.), Berl. Str. 2.

Nr. 6523 / 23. JAHRGANG   BERLIN, MITTWOCH, 22. FEBRUAR 1967   25 Pf / Ausw. 30 Pf   A 6622 A

Mitglieder von Euratom melden Bedenken an

Auch Italien sieht Konflikt zwischen Atomsperrvertrag und Europäischer Atomgemeinschaft

Tsp. Brüssel. Alle sechs Mitgliedstaaten der Europäischen Atomgemeinschaft (Euratom) haben am Montag bei einer Sitzung ihrer ständigen Botschafter bei den europäischen Gemeinschaften in Brüssel Bedenken gegen den geplanten Atomsperrvertrag in seiner jetzigen Form geltend gemacht.

Obgleich Meldungen, wonach der Vertreter Italiens in der Sitzung die Absicht seiner Regierung mitgeteilt habe, den Vertrag nicht zu unterzeichnen, von der italienischen Delegation bei der Genfer Abrüstungskonferenz dementiert wurden, ließen italienische Kreise in Brüssel keinen Zweifel daran, daß die Unterzeichnung des Vertrages, so wie er jetzt im Entwurf vorliegt, nicht in Betracht komme.

Von belgischer Regierungsseite liegen entsprechende Erklärungen vor. Der luxemburgische Vertreter unterstützte in der gestrigen Sitzung den Vorschlag der Bundesrepublik, in Artikel III des Vertrages, der eine Überwachung der Nicht-Atommächte vorsieht, den Passus zu streichen, daß Staaten, die sich der Kontrolle der Internationalen Atomenergiebehörde in Wien unterwerfen, nicht mit spaltbarem Material beliefert werden dürften. Alle Euratom-Länder unterliegen bereits einer Kontrolle durch die Kommission, die bisher auch die USA in ihren Lieferungsverträgen mit Euratom anerkannt haben. Der niederländische Vertreter lehnte eine Festlegung mit der Begründung ab, daß sein Land gegenwärtig nur eine geschäftsführende Regierung habe. Die französische Regierung, die für sich eine Unterzeichnung des Sperrvertrags ohnehin ablehnt, ließ in der Sitzung erkennen, daß sie bereit ist, sich an der Formulierung einer gemeinsamen Plattform der sechs Euratom-Länder zu beteiligen. Allerdings wird in Brüssel erwartet, daß sie nicht zu einer scharfen Deklaration bereit ist, weil sie einen Affront der Sowjetunion vermeiden wolle.

Von seiten der Euratom-Kommission wird mit Nachdruck vertreten, daß Mitglieder, die die Kontrollbedingungen des gegenwärtigen Sperrvertragsentwurfs unterschreiben, hinsichtlich des Euratom-Vertrages vertragsbrüchig werden. Diese Frage wird zur Zeit juristisch geprüft.

(Vgl. S. 2: Bonn drängt auf akzeptable Form)

Sowjetvorwürfe gegen Bonn zu Beginn der Genfer Sperrvertrags-Gespräche

Abrüstungskonferenz trat wieder zusammen — Johnson sagt Beachtung der Interessen der Nicht-Atom-Mächte zu

Genf (AP/dpa). Nach mehrmonatiger Pause ist am Dienstag in Genf die 17-Mächte-Abrüstungskonferenz wieder zu einer Sitzungsperiode zusammengetreten, in deren Mittelpunkt der geplante Vertrag über die Nichtweitergabe von Kernwaffen stehen wird. Die Regierungschefs der Atommächte USA, Großbritannien und Sowjetunion richteten Botschaften an die Konferenz, in denen übereinstimmend die Bedeutung eines solchen Atomsperrvertrags hervorgehoben wurde. Präsident Johnson bemühte sich dabei, in seiner Botschaft die seitens verschiedener Nicht-Atommächte, vor allem der Bundesrepublik, bestehenden Bedenken zu zerstreuen, während der sowjetische Vertreter die Gelegenheit zu neuen Angriffen gegen die Bundesrepublik benutzte, der er vorwarf, die Lösung dieses Problems verhindern zu wollen.

Johnsons Botschaft an die Konferenz enthielt die ausdrückliche Feststellung, daß der amerikanische Delegierte in Genf beauftragt sei, „mit größter Sorgfalt darauf zu achten, daß der Vertrag die Nicht-Atommächte nicht in ihrer Entwicklung der Atomenergie für friedliche Zwecke behindert". Andererseits wies der Präsident darauf hin, daß bei einem Fehlschlag der Bemühungen um eine Eindämmung der Kernwaffenrüstungen die Gefahr heraufbeschworen werde, daß selbst örtliche Konflikte in einen Atomkrieg ausarten.

Premierminister Wilson drückte in seiner Botschaft die Hoffnung aus, daß der Atomsperrvertrag weitere, umfassende Abrüstungsmaßnahmen einleiten werde.

Der sowjetische Delegationschef Roschtschin erklärte, in der Bundesrepublik wolle man durch Erklärungen von Politikern und durch Presseberichte den geplanten Atomsperr-vertrag torpedieren. „Zu diesem Zweck werden Behauptungen verbreitet, daß ein Atomsperrvertrag die friedliche Nutzung wissenschaftlicher Entdeckungen auf dem Gebiet der Kernenergie durch nichtnukleare Staaten behindern werde." Roschtschin erklärte ferner, die führenden Kreise der Bundesrepublik wollten weiterhin für alle Deutschen sprechen, anstatt die Tatsache anzuerkennen, daß es „zwei souveräne deutsche Staaten" gebe. Außerdem stellten sie illegale Ansprüche auf Territorien anderer Länder und forderten offen Zugang zu Atomwaffen. Den USA warf der Sowjetdelegierte vor, der „Aggressionskrieg" in Vietnam verschlechtere die internationale Situation, bedrohe den Weltfrieden und erschwere eine Lösung der in Genf zur Debatte stehenden Probleme.

Roschtschins Ausfälle gegen die Bundesrepublik wurden noch in der gleichen Sitzung vom britischen Delegierten Lord Chalfont zurückgewiesen, der erklärte, Bonn vertrete echt demokratische Prinzipien und habe immer wieder betont, daß es nicht an einer eigenen nationalen Atommacht interessiert sei.

Nach der Sitzung zeigte sich der US-Delegierte Foster enttäuscht über die Ausführungen seines sowjetischen Kollegen. Foster betonte, daß die Amerikaner der Bereitschaft und Fähigkeit nach Genf gekommen seien, ein gemeinsames Papier auf den Konferenztisch legen zu können. Diese Hoffnungen hätten sich jedoch nach seinen Begegnungen mit Roschtschin nicht erfüllt. Den Sowjets liege offenbar nicht mehr daran als den Amerikanern, erst ein vollständiges Dokument auszuarbeiten. Die nächste Sitzung der Konferenz findet am Donnerstag statt.

Zwei Ungarn flüchteten im Kugelhagel

Mit Personenwagen geschlossene Grenzschranken durchbrochen

Wien (dpa/AP). Unter dem Feuerhagel ungarischer Grenzposten ist es zwei jungen Ungarn am frühen Dienstagmorgen gelungen, nach Österreich zu flüchten. Die 21 und 25 Jahre alten Männer fuhren bei Heiligenkreuz im Burgenland mit einem Personenwagen mit etwa hundert Stundenkilometer durch die geschlossenen Grenzschranken. Sie erreichten unverletzt österreichisches Gebiet.

Dagegen ist im Versuch tschechoslowakischer Staatsbürger, mit dem Lastwagen nach Österreich zu flüchten, in der Nacht zum Dienstag bei der Grenzübergangsstelle Gramatten im Bezirk Gmünd (Niederösterreich) gescheitert. Kurz vor Mitternacht fuhren österreichische Zollbeamte und tschechoslowakische Soldaten. Ziel der Schüsse war ein Lastkraftwagen, der bereits die ersten Grenzbalken durchbrochen hatte, an zweiten aber hängenblieb. Sekunden später ging das Licht der Platzbeleuchtung aus. Nach mehreren Minuten flammte das Licht wieder auf. Die österreichische Grenzer konnten nur feststellen, daß der Lastwagen schwer beschädigt war. Von den Flüchtenden und den Grenzsoldaten war nichts zu sehen.

In Ausgehuniform geflüchtet

Eschwege (dpa). In der Nacht zum Dienstag flüchtete ein 22jähriger Gefreiter der Zonen-Grenztruppe über die Zonengrenze in den nordhessischen Kreis Eschwege. Der Soldat, der in Ausgehuniform und Waffen geflüchtet war, hatte ein stark vermintes Gelände überquert.

Schüsse auf Ost-Berliner Postwagen

Berlin (dpa). Von einem Beobachtungsturm an der Zonengrenze in Lichtenrade feuerten Zonen-Grenzposten am Dienstag mit ihren Maschinenpistolen auf einen Ost-Berliner Postwagen, der sich den Stacheldrahtsperren auf etwa 80 Meter genähert hatte. Der Fahrer, ein Postangehöriger, sprang aus seinem Fahrzeug und suchte außerhalb Deckung. Kurz darauf erschien ein Kommando der Grenztruppe, das den Fahrer zunächst festnahm und den Postwagen in Richtung Ost-Berlin wegfuhren. Es wird vermutet, daß der Fahrer versehentlich in den Sperrbereich geriet.

Orkan über ganz Deutschland Zwei Todesopfer in Berlin

Straßen durch umgestürzte Bäume blockiert — Hunderte von Autos beschädigt — Ausnahmezustand bei Feuerwehr und Polizei

Sturm über Berlin; unser Bild: Ein in der Lohmeyerstraße in Charlottenburg auf einen Pkw gestürzter entwurzelter Baum. Photo: v. d. Becke

Tsp. Berlin. Ein schwerer Orkan, der in einigen Gebieten Spitzengeschwindigkeiten bis zu 200 Stundenkilometer erreichte, tobte gestern über ganz Deutschland und richtete erhebliche Schäden an. In Berlin, Westdeutschland und der Zone war der Verkehr stark behindert oder stellenweise sogar völlig lahmgelegt. Mehrere Personen wurden getötet, über 100 verletzt.

In Berlin forderte der Orkan, der zwischen 9 und 15 Uhr über der Stadt tobte, zwei Todesopfer. In Charlottenburg wurde ein 61jähriger Arbeiter von Dach eines dreistöckigen Fabrikneubaues geschleudert, als er vom Sturm beschädigte Dachplatten befestigen wollte. Im Ost-Berliner Bezirk Friedrichshain erschlug ein umstürzender Baum eine Fußgängerin. Außerdem wurden in West-Berlin fünf Personen erheblich verletzt.

Über ein Dutzend Straßen wurden gesperrt, weil umstürzende Bäume, herausgerissene Leitungen, eingefallene Gerüste, Trümmer von Schornsteinen oder Dächern sie unpassierbar machten. Hunderte von Autos wurden beschädigt, das Teil völlig zusammengedrückt. Der Orkan, der in Böen eine Spitzengeschwindigkeit von 120 Stundenkilometer erreichte, behinderte auch den Berliner Flugverkehr. Abgesehen von Verspätungen, fielen in Tempelhof am Vormittag sechs Starts und sechs Landungen aus. (Vgl. Berliner Teil)

Schwere Sturmschäden in der Zone

Berlin (AP/dpa/UPI). Orkanartige Stürme bis zu Windstärke zwölf meldete die Zonen-Agentur ADN aus Thüringen und Mecklenburg. In Leipzig, Magdeburg, Halberstadt, Schönebeck, Wolmirstedt und Wanzleben mußte die Feuerwehr wiederholt ausrücken, um Sturmschäden zu beseitigen. In Wanzleben deckte der Sturm ein Wohnhaus ab. Drei Familien wurden evakuiert. Mehrere Betriebe wurden durch umgestürzte Lichtmaste vor der Stromzufuhr abgeschnitten. Schwierigkeiten in der Stromversorgung entstanden auch im Cottbuser Braunkohlenrevier.

In einem Waldgebiet im Kreis Jüterbog wurde ein 56jähriger Mann von einem umstürzenden Baum getroffen und tödlich verletzt.

Aus einigen Bezirken der Zone meldet ADN Unterbrechungen des Eisenbahnverkehrs, da umgestürzte Bäume, Telegraphenmasten und abgelehnte Laubendächer auf die Gleisanlagen gestürzt waren. In der Nähe des Bahnhofs Rangsdorf bei Berlin stürzte ein entwurzelter Baum auf einen fahrenden Personenzug. Fünf Fahrgäste kamen jedoch nicht zu Schaden.

Über den Fichtelberg und den Brocken raste der Sturm mit Windstärke zwölf. Der Hör-

Interzonen-Verkehr behindert

Im westlichen Teil des Oberharzes brachten starke Schneefälle den Verkehr auf dem Bocksberg zum Erliegen. Auf dem Oberharz lag der Schnee bis zu 20 Zentimeter Neuschnee. Die Fahrzeuge auf der Interzonen-Autobahn Helmstedt—Berlin mußten mit geringer Geschwindigkeit fahren, um nicht von der Fahrbahn geschleudert zu werden.

Blechdach fiel auf Arbeitergruppe

Ununterbrochen im Einsatz standen die Funkstreifenwagen in Hannover. Die Polizeibeamten brachten Autos, die von der Fahrbahn gedrückt worden waren, auf die Straße und räumten abgerissene Äste an den Straßenrand. Ein—vom Sturm abgedecktes Wellblechdach einer Baubude stürzte an der Medizinischen Hochschule in Hannover auf eine Gruppe von Arbeitern. Einer von ihnen wurde schwer verletzt. Stundenlang war Hannover ohne Strom.

Fortsetzung Seite 2, Spalte 3

Starke Beteiligung an der Briefwahl

Tsp. Berlin. Zahlreiche Berliner, die am 12. März zur Zeit der Wahlen zum Abgeordnetenhaus und zu den Bezirksverordnetenversammlungen, nicht persönlich in ihren Wahllokalen erscheinen können, machen bereits jetzt von der Möglichkeit Gebrauch, ihre Stimme brieflich abzugeben. Dies teilte gestern der Landeswahlleiter Katsch auf Anfrage mit. Auf formlosen schriftlichen Antrag mit kurzer Begründung der Abwesenheit am Wahltag verschicken die zuständigen Bezirkswahlämter die Unterlagen für die Briefwahl. Wahlberechtigte, die persönlich auf dem Wahlamt erscheinen, können ihre Stimme in das dort aufgestellten Wahlzelle schon jetzt abgeben. Ihr Wahlbrief wird bis zum Wahltag aufbewahrt und erst bei der Auszählung geöffnet. Postalisch beförderte Wahlbriefe müssen am 12. März in Berlin zur Auszählung sein.

Lotto-Abschlußbericht einstimmig gebilligt

Tsp. Berlin. Der Lotto-Untersuchungsausschuß hat die Abgeordnetenhauses hat gestern in seiner letzten Sitzung den Bericht an das Parlament beschlossen und unterzeichnet. Der Bericht wurde einstimmig von den Ausschuß-gliedern gebilligt. Das etwa 65 Schreibmaschinenseiten umfassende Schriftstück beschäftigt sich mit der Direktion des Deutschen Klassenlotterie Berlin und enthält Empfehlungen des Ausschusses. Über Bericht und Beschlußempfehlungen berät das Abgeordnetenhaus in einer voraussichtlich letzten Sitzung dieser Legislaturperiode am 2. März.

Vor Milchpreis-Erhöhung?

Bonn (AP). Der Trinkmilchpreis soll nach den Vorstellungen der Landwirtschaftsministeriums am 1. April für alle Sorten um zwei Pfennig steigen. Wie das Ministerium bestätigte, ist persönlich auf der Wahltag verschicken die bisher gezahlten staatlichen Beihilfen für Milch abzubauen. Das Kabinett habe bisher noch keine Beschlüsse gefaßt, ebensowenig sein Ressortabstimmungen erfolgt.

Polnischer Außenminister Rapacki in London

London (dpa). Der polnische Außenminister Rapacki ist gestern zu einem sechstägigen offiziellen Besuch Großbritanniens in London eingetroffen. Er berät das erste politische Gespräche mit Außenminister Brown führen. Zu den Themen werden die europäische Sicherheit und das Deutschland-Problem gehören.

Unsere Meinung:

Zwei Schuldige für ein Dilemma

vP. Die deutsche Luftfahrtindustrie ist zweifellos in die ernsteste Krise ihrer kurzen Nachkriegsgeschichte geraten. Notwendige Einsparungen im Bundeshaushalt haben zur Streichung mehrerer erfolgversprechender Projekte geführt, mit denen immerhin Tausende von Wissenschaftlern und Technikern beschäftigt waren. Freilich machte man es sich zu einfach, wollte man die Schuld an der augenblicklichen Misere allein dem Staate zuschreiben. Gerade die Bundesregierung hatte der Luftfahrtindustrie eine wertvolle Starthilfe gegeben: Über Wartungsarbeiten für die im Ausland erworbenen Militärflugzeuge bis zum Lizenzbau modernster Hochleistungsmaschinen wurden die deutschen Techniker Schritt für Schritt in die Lage versetzt, wieder den Anschluß an die internationale Entwicklung zu finden. Die Luftfahrtindustrie aber wollte mehr. Die traditionsreichen Einzelfirmen entwarfen immer neue Projekte und machten sich untereinander stark, da sich der Öffentlichkeit völlig übertriebene und unrealistische Marktchancen vorspiegelten. Was die finanzielle Seite anging, so rief man wie selbstverständlich nach staatlicher Hilfe und blieb selbst dann noch uneinsichtig, als der damalige Wirtschaftsminister Erhard und der Verteidigungsminister Strauß in aller Schärfe deutlich gemacht hatten, daß für einen nationalen Alleingang kein Geld zur Verfügung stehen werde.

Auf der anderen Seite durfte die Luftfahrtindustrie wohl Recht davon ausgehen, daß die Bundesregierung nach Beendigung der Lizenzbauten für Anschlußaufträge, zumindest aber für Forschungsaufgaben sorgen würde, damit jener Stamm von Mitarbeitern weiterbeschäftigt werden kann, der gerade für die Lizenzbauten angeworben und ausgebildet worden ist. In der Tat wurden einige Projekte mit finanzieller Unterstützung des Bundes erfolgversprechend vorangebracht; so die internationales Aufsehen erregenden Konstruktionen auf dem Gebiete der Senkrecht-Starter. Daß Bonn gerade dafür die Zuschüsse streicht, zeigt, daß auch die Regierung keine klare Vorstellungen über die künftigen Möglichkeiten einer deutschen Luftfahrtindustrie hat. Die Bundesregierung muß sich entscheiden, wie sie eine konzentrierte und auf das rechte, das vertretbare Maß zugeschnittene Luftfahrtindustrie erhalten kann, die sich in Europa oder auch in Übersee als Partner für gemeinschaftliche Projekte anbieten kann. Mangelt es an einer Konzeption, ist der Exodus aus einem hochentwickelten Industriezweig nicht mehr aufzuhalten, der anerkanntermaßen zu einem hochentwickelten Industriestaat gehört. Dann sollte freilich niemand mehr einem deutschen Techniker oder Wissenschaftler den Vorwurf machen, wenn er sich seine Arbeit im Ausland sucht.

Grenzen der Tarifmacht

-idt. Ein seit zwei Jahren schwelender Streit wurde nicht entschieden. Da der Erste Senat des Bundesarbeitsgerichts in Kassel gestern auf seinen Urteilsspruch verzichtete und das Große Senat zur Entscheidung angerufen hat, bleibt vermutlich nun für längere Zeit eine der brisantesten gesellschaftspolitischen Fragen offen: Dürfen die Gewerkschaften für ihre Mitglieder, und zwar ausschließlich für diese, Sonderleistungen tarifvertraglich vereinbaren und notfalls auch erstreiken? Können sie zum Beispiel, wie die Gewerkschaft Textil—Bekleidung im Frühjahr 1965 in Westfalen, von den Arbeitgebern ein höheres Urlaubsgeld für die bei ihr organisierten Arbeitnehmer als Sonderleistung fordern, ihre Mitglieder gegenüber Außenseitern also auch tarifvertraglich bevorzugen?

Tatsächlich geht es bei dieser vom Arbeitsgericht und Landesarbeitsgericht Düsseldorf so wie von der Mehrzahl der prominenten Arbeitsrechtler auf dem letzten Deutschen Juristentag bereits verneinten Frage nicht nur um das zunächst auf jährlich 60 DM bemessene zusätzliche Urlaubsgeld für Gewerkschaftsmitglieder. Was die Gewerkschaft Textil—Bekleidung als Vorreiter auch für die anderen 15 Einzelgewerkschaften des Deutschen Gewerkschaftsbundes (DGB) bereits durch Streiks in verschiedenen Firmen erzwingen wollte und durch höchstrichterliches Urteil zu ihren Gunsten entschieden haben möchte, ist ein gewichtiger Teil ihres Kampfes gegen die— in der Gewerkschaften es nennen — „Trittbrettfahrer", gegen nichtorganisierte Arbeitnehmer also, die nach geltendem Tarifrecht zwangsläufig in den Genuß der von den Gewerkschaften ausgehandelten Vergünstigungen kommen.

Die Gewerkschaften unternehmen damit einen tarifpolitisch besonders gefährdeten Versuch, die nichtorganisierten Arbeitnehmer zum Eintritt in die Gewerkschaften zu zwingen, wobei ihnen ihre Tarifvertragskonstruktion helfen sollen. Darauf aber wird die Grenze gewerkschaftlicher Tarifmacht entscheidend überschritten. Auch der intensive Austausch von Rechtsgutachten gegensätzlichen Inhalts kann kaum darüber hinwegtäuschen, daß dieser geplante Eingriff in die Rechtsposition der Nichtmitglieder gegen das Koalitionsfreiheit verstößt, deren Merkmal ja nicht zuletzt auch die Freiwilligkeit der Mitgliedschaft ist. Im Gegensatz zu allen üblichen Bedingungen, die Tarifverträge würde nicht nur der Betriebsfrieden gestört, deren wesentlichen Bestandteil die Freiheit aller Arbeitnehmer in Frage gestellt, für die sich die Gewerkschaften selbst immer wieder lautstark einsetzen.

Februar 1967

15. Februar, Mittwoch

Bei den niederländischen Wahlen für die Provinzialparlamente erleiden sowohl die bisherige Regierungspartei, die Katholische Volkspartei, als auch die oppositionelle Sozialistische Partei große Stimmverluste. Sieger der Parlamentswahlen ist die neugegründete linksliberale Partei »Demokraten 1966«.

545 Personen besitzen derzeit die vatikanische Staatsbürgerschaft. Weitere 308 haben ein Wohnrecht im Vatikan, wobei sie jedoch ihre ursprüngliche Staatsbürgerschaft behalten.

Die Bundesanstalt für Arbeit in Nürnberg gibt an, daß die Zahl der Arbeitslosen in der ersten Hälfte des Februars im Bundesgebiet einschließlich Berlin (West) um 51 900 auf 673 100 gestiegen ist. Die Arbeitslosenquote erhöht sich damit von 2,9% Ende Januar auf 3,1%.

Der fünfte französische Erdsatellit »Diadem II« wird von der Raketenbasis Hammaguir in der Sahara gestartet. Er wird mit Laserreflektoren Erdvermessungen von größter Präzision vornehmen.

16. Februar, Donnerstag

Der US-Verteidigungsminister Robert McNamara kündigt in Washington die verstärkte Einberufung zu den US-amerikanischen Streitkräften in Vietnam an.

2500 Frauen und Mütter der in Vietnam stationierten Soldaten demonstrieren vor dem Pentagon in Washington gegen den Vietnamkrieg.

Die Sowjetunion gibt den Ausbau eines einheitlichen Binnenschiffahrtssystems für Schiffe bis 5000 t im europäischen Teil der UdSSR durch die Herstellung eines Flußringes Wolga–Don–Dnjepr–Wolga bekannt.

17. Februar, Freitag

Der Deutsche Bundestag beschließt die Erhöhung des Arbeitslosengeldes um 15%. →S. 34

Das japanische Parlament wählt in Tokio den bisherigen Ministerpräsidenten Eisaku Sato mit 279 von 486 abgegebenen Stimmen auf vier Jahre wieder.

Bulgarien beschließt während des Welttouristenjahrs 1967 für alle Touristen bis zu einer Aufenthaltsdauer von zwei Monaten den Visumzwang aufzuheben.

Die Deutsche Bundesbank senkt nochmals ihren Diskontsatz um ein halbes Prozent auf 4%, um die Konjunktur anzukurbeln.

Der 22jährige Franz Keller aus Nesselwang gewinnt zum ersten Mal die Deutsche Meisterschaft in der Nordischen Kombination, die in seiner Heimatgemeinde ausgetragen wird. Doppelsieger über 15 und 30 km wird Walter Demel. Wolfgang Schüller gewinnt den Titel im Springen.

18. Februar, Sonnabend

Sintflutartige Regenfälle richten in Nord- und Mittelitalien Zerstörungen an. →S. 37

19. Februar, Sonntag

Das SED-Organ »Neues Deutschland« gibt das Ergebnis einer repräsentativen Umfrage unter 2000 Werktätigen nach ihrem Freizeitverhalten bekannt. 68% der Befragten geben als liebste Beschäftigung Fernsehen an, 50,4% Spaziergänge, 49,5% nennen Hausarbeit, 47% lesen am liebsten Zeitungen. Nur 8,9% treiben gerne Sport.

20. Februar, Montag

Die DDR-Volkskammer beschließt das Gesetz über die Staatsbürgerschaft der DDR. →S. 35

Enthüllungen über große Zahlungen des US-amerikanischen Geheimdienstes CIA an verschiedene Studentenorganisationen anderer Länder führen zu einem Skandal in Washington. →S. 38

Die Menschenrechtskommission der Vereinten Nationen in New York stellt in einer Untersuchung fest, daß sich die Rassentrennung an den öffentlichen Schulen der Vereinigten Staaten eher verstärkt als abschwächt (→15. 7./S. 114).

21. Februar, Dienstag

In Indien werden nach sechs Tagen die Wahlen zum Zentralparlament in Neu-Delhi und den Abgeordnetenversammlungen der Länder beendet (→13. 3./S. 45).

Die Genfer Abrüstungskonferenz nimmt nach sechsmonatiger Pause wieder ihre Beratungen auf. Hauptthema ist der geplante Atomsperrvertrag (→7. 2./S. 35).

7000 italienische Justizbedienstete treten in einen dreitägigen Streik, um die Klärung und Abgrenzung der einzelnen Tätigkeitsgebiete und eine Einschränkung der langwierigen und mechanischen Schreib- und Archivarbeit zu erzwingen.

Die National Gallery in Washington kauft von Fürst Franz Joseph II. von Liechtenstein ein Gemälde Leonardo da Vincis für umgerechnet mehr als 20 Millionen DM. →S. 39

Scotland Yard zieht aus seinem rußgeschwärzten Hauptquartier in London aus. Das neue Gebäude verfügt über automatische Telefon- und Fernschreibsysteme und einen Interpolsender mit direkter Verbindung zu 23 Ländern. →S. 37

22. Februar, Mittwoch

Laut Mitteilung des Statistischen Bundesamtes nahm der Interzonenhandel zwischen der Bundesrepublik und der DDR 1966 um 20% zu und belief sich auf einen Gesamtwert von 2,9 Milliarden DM.

Indonesiens Präsident Achmed Sukarno tritt nach langwierigen innen-

politischen Kämpfen zurück. An seine Stelle rückt General Kenuso Suharto. →S. 33

Die Bundesrepublik Deutschland gewinnt das Fußball-Länderspiel gegen Marokko in Karlsruhe 5:1.

23. Februar, Donnerstag

Der Bundestag in Bonn billigt das Kreditfinanzierungsgesetz, das die Bundesregierung ermächtigt, mit Investitionsaufträgen von bis zu 2,5 Milliarden DM die Investitionstätigkeit anzukurbeln.

Die sowjetische Fremdenverkehrsorganisation »Intourist« gibt bekannt, daß sowjetische Touristen in diesem Jahr ohne Visum Rumänien, Bulgarien, Ungarn, die ČSSR und die DDR besuchen können.

Das Bundesamt für Statistik in Wiesbaden gibt an, daß Herz- und Gefäßleiden 42% aller Todesfälle verursachen. An zweiter Stelle stehen bösartige Tumore mit 19%, an dritter der gewaltsame Tod mit 7%.

Der sowjetische Spielfilm »Krieg und Frieden« nach dem gleichnamigen Roman von Lew N. Tolstoi wird zum ersten Mal in der Bundesrepublik gezeigt. Regie führte Sergei Bondartschuk. →S. 39

24. Februar, Freitag

Die spanische Regierung gibt bekannt, daß künftig alle Zusammenstöße, bei denen es zu Beleidigungen der Staatspolizei oder zu Widerstand gegen die Polizeigewalt kommt, der Militärgerichtsbarkeit unterstellt werden (→1. 2./S. 33).

In Moskau wird ein Internationaler Solidaritäts- und Freundschaftsdienst gegründet, der Sachverständige in Entwicklungsländer entsendet, dort Schulen, Krankenhäuser und Sportanlagen baut sowie das dortige Gesundheitswesen verbessern soll.

Das Landgericht München verurteilt den 63jährigen Wilhelm Horster, den ehemaligen Chef des Sicherheitsdienstes in den von den Nationalsozialisten besetzten Niederlanden, zu 15 Jahren Zuchthaus. Der 59jährige Wilhelm Zöpf, damals Leiter des Judenreferates in Den Haag, wird zu neun Jahren Haft verurteilt.

25. Februar, Sonnabend

In Birkenhead läuft das zweite britische Polaris-Unterseeboot vom Stapel. Die Polaris-Raketen sind mit in Großbritannien entworfenen und gebauten Kernsprengsätzen ausgerüstet worden.

Die spanische Regierung stimmt dem Gesetzentwurf zur Sicherung der Glaubensfreiheit, dem »Protestantenstatut«, zu.

Der Zugverkehr in Frankreich wird durch einen Streik der gewerkschaftlich organisierten Lokomotivführer lahmgelegt. Der Streik ist aufgrund

von unzumutbaren Arbeitsbedingungen ausgerufen worden. →S. 33

Der »Würger von Boston«, Albert de Salvo, wird 24 Stunden nach seiner Flucht aus der Nervenheilanstalt in Bridgewater (Massachusetts) festgenommen. →S. 37

26. Februar, Sonntag

US-amerikanische Kriegsschiffe beschießen Versorgungs- und Munitionsanlagen an der Küste Nordvietnams (→7. 2./S. 32).

27. Februar, Montag

Die Bundesrepublik Deutschland und Jordanien nehmen diplomatische Beziehungen auf.

Die Dreiergespräche zwischen den USA, Großbritannien und der Bundesrepublik beginnen in London. Hauptthema ist die von den Vereinigten Staaten und Großbritannien beabsichtigte Verringerung ihrer Truppen auf bundesdeutschem Boden.

Eine interamerikanische Außenministerkonferenz, die am 16. Februar begonnen hat, wird mit der Unterzeichnung des »Protokolls von Buenos Aires« durch 20 amerikanische Nationen beendet.

28. Februar, Dienstag

US-amerikanische Flugzeuge beginnen mit der Verminung nordvietnamesischer Flüsse (→7. 2./S. 32).

Theophilus E. Dönges wird mit 163 gegen 52 Stimmen zum neuen Staatspräsidenten der Südafrikanischen Union gewählt. Er tritt die Nachfolge von Charles Robberts Swart an, der 1961 Präsident wurde.

Im sog. Anastasia-Prozeß, bei dem es um die Identität der im Schwarzwald lebenden Anna Anderson mit der jüngsten Tochter des letzten Zarenpaares geht, weist das Hanseatische Oberlandesgericht in Hamburg in zweiter Instanz die Klage von Frau Anderson zurück. →S. 38

Gestorben:

4. Salzburg: Ignaz Etrich (*25. 12. 1879, Horní Staré Město), österreichischer Flugzeugingenieur.

6. Poughkeepsie bei New York: Henry Morgenthau (*11. 5. 1891, New York), US-amerikanischer Politiker.

8. London: Victor Gollancz (*9. 4. 1893, London), britischer Verleger, Schriftsteller und Philanthrop.

18. Princeton/New Jersey: Robert Oppenheimer (*22. 4. 1904, New York), US-amerikanischer Kernphysiker.

22. Pforzheim: Fritz Erler (*14. 7. 1913, Berlin), deutscher SPD-Politiker.

26. Berlin (West): Max Taut (*15. 5. 1884, Königsberg/Preußen), deutscher Architekt.

Porträt der US-ameri-kanischen Sängerin Felicia Weathers in der Februar-ausgabe der deut-schen Zeit-schrift »Opern-welt«

OPERN WELT

Die deutsche Opernzeitschrift   *H 7905 E*

*Berichte aus New York, London, Parma, Prag, Wien |
Heinz v. Cramer: Moderne Musikdramaturgie |
Porträt Felicia Weathers | «Don Giovanni» und «Zar
und Zimmermann» in München, «Meistersinger» in
Stuttgart | Ballett in Berlin, Köln, Stuttgart |
Premieren in deutschen und Schweizer Opernhäusern*

Heft 2   Februar 1967   Einzelheft 4,— DM / 4.85 Sf. / 28.80 öS.

Entlaubung des vietnamesischen Dschungels

7. Februar. Mit immer massiveren Mitteln versuchen die US-amerikanischen Streitkräfte in Vietnam den Vietcong zurückzudrängen. So beginnen Flugzeuge der US-Luftwaffe durch Versprühen von Chemikalien den Dschungel in der entmilitarisierten Zone zwischen Nord- und Südvietnam zu entlauben.
Diese Aktion ist laut Auskunft des US-Verteidigungsministeriums in Washington auf Ersuchen der südvietnamesischen Regierung gestartet worden und wird zunächst noch auf das Gebiet südlich der Demarkationslinie beschränkt. Die entmilitarisierte Zone entlang des 17. Breitengrads sei in der Vergangenheit von nordvietnamesischer Seite infiltriert worden. Durch die »Entlaubung« wolle man Nachschublager und andere Einrichtungen aufdecken.

Gleichzeitig treten nach schweren Angriffen durch US-Fernbomber Truppen in Stärke von 45 000 Mann zur Operation »Junction City« an. Sie sollen die Kriegszone »C«, die Hochburg der Vietcong-Partisanen 80 bis 110 km nordwestlich von Saigon, einnehmen.
Ein Waffenstillstand anäßlich des buddhistischen Neujahrsfestes, des sog. Tet-Festes, unterbricht vom 8. bis 13. Februar die Kriegshandlungen. Sowohl Papst Paul VI. als auch der Generalsekretär der Vereinten Nationen (UN), Sithu U Thant, fordern in Friedensappellen eine Verlängerung der Waffenpause. U Thant setzt sich in New York für die Einstellung der Bombenangriffe auf Nordvietnam ein, da nur so das Klima für Friedensverhandlungen verbessert werden könne.

Ein US-Armee-Flugzeug versprüht Entblätterungs-Chemikalien über dem Dschungel entlang des 17. Breitengrads

Die Entlaubungs-Aktion soll verhindern, daß sich Vietcong-Einheiten im dichten Buschwerk verstecken

Zuspitzung der allgemeinen Lage

Auszüge aus einem Memorandum von Sonderberater Robert W. Komer für US-Präsident Lyndon B. Johnson vom 28. Februar 1967:

»Nachdem ich mich fast ein Jahr lang ständig in Vietnam aufgehalten und das Land sechsmal besucht hatte, glaubte ich, bei einem Elf-Tage-Aufenthalt vom 13. bis 23. Februar noch eine ganze Menge mehr erfahren zu können. Ich kehre optimistischer denn je von dieser Reise zurück. Seit meinem ersten Besuch im vergangenen April hat sich die allgemeine Lage hier dramatisch zugespitzt, auch wenn das noch nicht in jeder Hinsicht nachweisbar ist. Ich kann meine Prognosen vom vergangenen November hinsichtlich der für 1967 zu erwartenden Erfolge in Vietnam auf fast allen Gebieten nur unterstreichen. . . . Wir sind im Begriff, den Krieg im Süden zu gewinnen, zwar mit einem hohen Aufwand an Kosten und Material, dafür aber um so sicherer. Nur wenige unserer Programme – ob auf zivilem oder militärischem Gebiet – sind sehr rationell, aber wir erdrücken den Gegner durch Zahl und Stärke unserer Einsätze, deren Erfolge sich langsam abzeichnen . . .«

Doch die Hoffnungen der Welt werden enttäuscht, denn US-Präsident Johnson genehmigt die Erhöhung der Einsätze von US-amerikanischen B-52-Bombern von 60 auf 800 monatlich. Am 22. Februar werden Angriffe auf fünf städtische Wasserwerke in der entmilitarisierten Zone durchgeführt sowie die nordvietnamesischen Flüsse und Kanäle vermint.
Der Krieg in Vietnam stößt auf immer heftigere Ablehnung. Es ist ein Krieg der mächtigsten Nation der Welt gegen ein asiatisches Bauernland (→ 15. 4./S. 45).

Atomwaffenfreies Lateinamerika

14. Februar. Das in Mexico City von 14 lateinamerikanischen Staaten gebilligte Vertragswerk über die Schaffung einer atomwaffenfreien Zone in Lateinamerika ist die erste multilaterale Abmachung dieser Art.

Der Vertrag, der auf eine Resolution der UN-Vollversammlung vom 23. November 1963 zurückgeht, besteht aus einer dreiteiligen Präambel, 31 Artikeln und zwei Protokollen.

Im einzelnen untersagt der Vertrag Atomexplosionen sowie die Herstellung, den Erwerb und die Lagerung von Kernwaffen im ganzen, südlich des 35. Breitengrads gelegenen Bereich der westlichen Hemisphäre mit Ausnahme der unter Herrschaft der USA stehenden Territorien.

Von Argentinien, Brasilien, der Dominikanischen Republik, Nicaragua, Paraguay, Jamaika und Trinidad wird der Vertrag nicht unterzeichnet. Kuba hatte schon an den Vertragsverhandlungen nicht teilgenommen, da er die unter US-Kontrolle stehenden Gebiete (Guantanamo auf Kuba und Panamakanalzone) nicht einschließt.

Bedeutung erhält der Vertrag erst, wenn die fünf Nuklearmächte diese Regelung der Lateinamerikaner respektieren. Jedoch haben bereits alle Atomstaaten Bedenken gegen eine Unterzeichnung des Vertrags angemeldet (→ 16. 12./S. 117).

Streikwelle in Frankreich

1./25. Februar. Zwei von den französischen Gewerkschaften ausgerufene Streiks beeinträchtigen das Leben in Paris und in der Provinz nachhaltig. Beide betreffen insbesondere den Zugverkehr, der fast vollständig lahmgelegt wird. Es verkehren nur noch 15 bis 30% der Züge.

Zu Anfang des Monats wird durch den Streik der Staatsbediensteten auch die Stromversorgung im ganzen Land stark beeinträchtigt. Eine große Anzahl von Betrieben stellt wegen der mangelnden Stromzufuhr die Arbeit ganz ein.

Auf Kundgebungen in Paris fordern die Gewerkschaften höhere Löhne, Steigerung der Kaufkraft sowie eine Verbesserung der Lebens- und Arbeitsbedingungen.

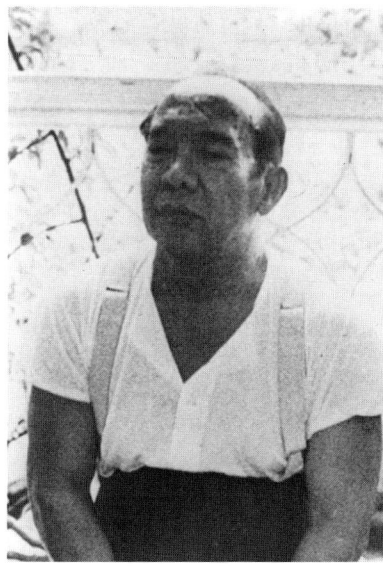

Achmed Sukarno, ehemaliger Ministerpräsident von Indonesien

Kenuso Suharto, wirklicher Machthaber in Indonesien seit März 1966

Sukarno tritt zurück

22. Februar. Der 65jährige indonesische Ministerpräsident Achmed Sukarno tritt alle seine Präsidialvollmachten an General Kenusu Suharto, den wirklichen Machthaber seit März 1966, offiziell ab.

Damit kommt Sukarno nach 22 Jahren Regierungszeit einer Absetzung durch die Opposition zuvor. Der anhaltende Streit um das politische Schicksal Sukarnos scheint beendet. Der freiwillige Rücktritt Sukarnos ist der Endpunkt einer innenpolitischen Krise, die ihren Anfang im September 1965 nahm. Ein Kollaps Sukarnos im Stadion von Djakarta löste einen kommunistischen Putschversuch aus, der in einem grausamen Massaker erstickt wurde. Blutige Ausschreitungen gegenüber den indonesischen Kommunisten und dem chinesischen Bevölkerungsteil rissen seitdem nicht mehr ab. Nachdem sich Sukarno weigerte, die Kommunistische Partei zu verbieten, verstand es Suharto, in einem langsamen Prozeß den Präsidenten zu entmachten.

Kreisky wird SPÖ-Chef

1. Februar. Die Wahl Bruno Kreiskys zum neuen Vorsitzenden der Sozialistischen Partei Österreichs (SPÖ) auf dem Parteitag in der Wiener Stadthalle kennzeichnet das vorläufige Ende der ideologischen Flügelkämpfe in der Partei.

Eine ideologische Krise schwelt seit Jahren in der SPÖ, die auf Bundesebene seit 1962 in der Opposition, in den Bundesländern ein mehr oder weniger kompromißbereiter Koalitionspartner der Konservativen ist. Die Ursache der Krise liegt in dem erbitterten Meinungsstreit, ob die SPÖ ihre ideologische Regeneration durch eine stärkere Annäherung an den Marxismus oder durch eine Modernisierung des sozialistischen Gedankenguts erreichen soll. Für die erste Möglichkeit stand der bisherige Vorsitzende der SPÖ, Bruno Pittermann, für die zweite der ehemalige Außenminister Bruno Kreisky, dem jetzt die Aufgabe zufällt, eine offene Spaltung der Partei zu verhindern.

SPÖ-Vorsitzender Bruno Kreisky

Nach Mißernte Hunger in Indien

2. Februar. Die Vereinigten Staaten liefern zwei Millionen t Getreide an Indien. Insgesamt stellen die USA 1967 Indien 4,5 Millionen t Brotweizen zur Verfügung.

Weitere Lebensmittellieferungen in Höhe von 125 Millionen US-Dollar (rund 500 Millionen DM) sollen die Hungersnot in dem größten Staat auf dem südostasiatischen Subkontinent – nach seiner Bevölkerungszahl das zweitgrößte Land der Welt – wenigstens lindern.

Die Zuspitzung der indischen Ernährungssorgen hängt vor allem mit dem schlechten Ernteergebnis des letzten niederschlagsarmen Jahres zusammen.

Als ein fast unüberwindliches Hindernis der agrarischen Entwicklung des Landes, in dem 70% der Bevölkerung in der Landwirtschaft beschäftigt sind, zeigt sich das allgemeine Tötungsverbot, das der Hinduismus besonders für die »heiligen Kühe« pflegt.

Demonstrationen für mehr Freiheit

1. Februar. In der spanischen Provinz Asturien streiken über 17 000 Bergarbeiter gemeinsam mit Studenten der großen Universitätsstädte für größere politische Freiheit.

Arbeiter und Studenten demonstrieren gegen Massenentlassungen, für höhere Löhne und vor allem für das Recht, sich frei organisieren zu dürfen.

F. Franco

Der spanische Regierungschef Francisco Franco versucht, diesen Protest gegen sein diktatorisches Regime mit scharfen Polizeiaktionen zu unterbinden. Es kommt zu blutigen Auseinandersetzungen zwischen Demonstranten und der graugekleideten (grau = gris), Polizei, die wegen ihrer Brutalität »gristapo« genannt wird.

Zusammenstöße mit diesen Polizeikräften werden laut Regierungsbeschluß vom 24. Februar der Militärgerichtsbarkeit unterstellt.

Schiller will Wachstum sichern

14. Februar. Auf Initiative des Bundeswirtschaftsministers Karl F. Schiller treffen sich erstmals Vertreter der Arbeitnehmer- und Unternehmerverbände, des Bundeswirtschaftsministeriums und des volkswirtschaftlichen Sachverständigenrats zu einer »Konzertierten Aktion«, um die beginnende Wirtschaftskrise in der Bundesrepublik gemeinsam zu bekämpfen.

Die Konzertierte Aktion soll das Handeln von Arbeitgebern und Gewerkschaften mit den staatlichen Maßnahmen in der Wirtschaftspolitik abstimmen, um eine möglichst von Schwankungen freie Wirtschaftsentwicklung, die auf Wachstum, Vollbeschäftigung und Preisstabilität abzielt, zu sichern.

Das Bundeswirtschaftsministerium hat den Sozialpartnern vor dieser ersten Gesprächsrunde eine zusammenfassende Globalvorschau der wirtschaftlichen Daten dieses Jahres gegeben. Die 18 Beteiligten der »Konzertierten Aktion« prüfen und beraten über diese wirtschaftlichen Eckdaten und die sich daraus ergebenden Konsequenzen. In den Gesprächen geht es in erster Linie um die Höhe der künftigen Tarifabschlüsse.

Nach mehreren Gesprächen verabschieden die Beteiligten am 3. März ein gemeinsames Kommuniqué, in dem sie ausdrücklich darauf hinweisen, daß es sich bei den von Wirtschaftsminister Karl F. Schiller vor-

ausgesagten Zahlen und Eckdaten um »gesamtwirtschaftliche Orientierungsdaten« handelt, die deshalb »für einzelne Bereiche nicht als bindende Größe angesehen werden können«. Die Beteiligten seien sich aber darin einig, daß der Staat bei seinen Maßnahmen und die autonomen Gruppen bei ihren preis- und lohnpolitischen Entscheidungen diese Orientierungsdaten berücksichtigen sollten.

Vor allem die Vertreter des volkswirtschaftlichen Sachverständigenrats und der Gewerkschaften fordern zusätzliche konjunkturbelebende Maßnahmen und Investitionen des Bundes, während die Unternehmer eher für eine abwartende Haltung des Staates plädieren.

Bundeswirtschaftsminister Karl F. Schiller ist zufrieden mit diesem informellen Versuch, die Wirtschaftslage zu entspannen. Er lädt die Beteiligten zu einer zweiten Phase der »Konzertierten Aktion« am 3. Juni ein, wo er eine Vorausschau bis 1971 darlegen wird.

Zur Unterstützung der »Konzertierten Aktion« greift die Bundesregierung aber auch gesetzgeberisch mit dem »Gesetz zur Förderung der Stabilität und des Wachstums der Wirtschaft«, das der Deutsche Bundestag am → 10. Mai (S. 83) in Bonn verabschiedet, ein.

Karl F. Schiller wurde am 24. April 1911 in Breslau geboren, wuchs aber in Schleswig-Holstein auf; 1935 schloß er sein Volkswirtschafts- und Soziologiestudium ab; seit 1946 ist er SPD-Mitglied, seit 1965 stellvertretender Fraktionsvorsitzender und wirtschaftspolitischer Sprecher der SPD

Runde der Konzertierten Aktion in Bonn: Ludwig Rosenberg (2. v. l.), Karl F. Schiller, Otto Brenner (r.)

Arbeitslosengeld um 15% erhöht

17. Februar. Der Bundestag verabschiedet einstimmig eine Novelle zum Gesetz über Arbeitsvermittlung und Arbeitslosenversicherung, wonach der Höchstsatz des Arbeitslosengeldes um rund 15% von bisher 55% auf 62,5% des Netto-Arbeitsentgeltes vor der Arbeitslosigkeit erhöht wird.

Aufgabe des neuen Gesetzes ist es, die Arbeitslosen »vor sozialem Abstieg zu bewahren« – wie Bundessozialminister Hans Katzer erläutert.

Die Bundesanstalt für Arbeit in Nürnberg hat noch zwei Tage zuvor ein weiteres Ansteigen der Arbeitslosenzahl im Bundesgebiet bekanntgegeben: 673 100 Menschen sind derzeit arbeitslos. Das entspricht einer Quote von 3,1%. Wesentlich stärker noch als die Zahl der Arbeitslosen hat die Zahl der Kurzarbeiter zugenommen. Sie erhöhte sich innerhalb eines Monats auf 373 700 und erreicht damit den höchsten Stand seit dem Zweiten Weltkrieg.

Nach der neuen Regelung, die zum 1. April in Kraft tritt, steigt der bei einem wöchentlichen Brutto-Arbeitsentgelt von 300 DM gewährte Höchstsatz von derzeit 110,70 DM auf 134,40 DM je Woche. Der Verhältnissatz in der Arbeitslosenhilfe wird ebenfalls um 15% gesteigert, so daß sich in der höchsten Stufe ein Betrag von 112,80 DM gegenüber derzeit 90,60 DM ergibt.

Auch der Familienzuschlag beträgt künftig nach den Beschlüssen des Bundestags zwölf DM statt neun DM und wird überdies nicht mehr wie bisher auf das gesetzliche Kindergeld angerechnet.

Der Höchstbetrag des Arbeitslosenentgelts und der Familienzuschläge wird künftig auf 80% des Netto-Arbeitsentgelts eines verheirateten Arbeitslosen mit zwei Kindern (derzeit 70%) begrenzt und geht daher nicht über 191,40 DM hinaus.

Kurzarbeitergeld, Schlechtwettergeld und Stillegungsvergütung für die Beschäftigten im Bergbau werden in gleicher Höhe wie das Arbeitslosengeld gewährt.

Das Unterhaltsgeld für Teilnehmer an Umschulungs- und Ausbildungskursen beträgt 120% des für die jeweilige Einkommensstufe geltenden Arbeitslosengeldes und muß beim zuständigen Arbeitsamt beantragt werden.

Bedenken zum Atomsperrvertrag

7. Februar. Bundesaußenminister Willy Brandt fliegt zu Gesprächen nach Washington, wo er der US-Regierung die bundesdeutschen Bedenken gegen den geplanten Vertrag zwischen den Vereinigten Staaten und der Sowjetunion über die Nichtverbreitung von Kernwaffen, den sogenannten Atomsperrvertrag, erläutern will.

Innerhalb der Bundesrepublik ist eine heftige Diskussion über den Atomsperrvertrag entfacht worden. Insbesondere von seiten der CDU und CSU werden – zum Teil scharf formulierte – Bedenken laut. So erklärt der Landesvorsitzende der CSU und Bundesfinanzminister Franz Josef Strauß: »Ein Abkommen, das zunächst die Hochrüstung der Hochgerüsteten garantiert und die Ohnmacht der Nichtshabenden institutionell verewigt.«

Angelpunkt der kritischen Überlegungen zu dem geplanten Vertrag ist die Furcht, daß berechtigte vitale Interessen der nichtnuklearen Mächte, wie der Bundesrepublik, aber auch

Bundesaußenminister Willy Brandt äußert in Washington Bedenken zu dem geplanten Atomsperrvertrag

Schwedens, Italiens usw., auf dem Gebiet der friedlichen Kernforschung nicht berücksichtigt werden könnten.

Dem Vertragsentwurf fehlt noch der entscheidende Kontrollartikel, doch könnten Kontrollmaßnahmen nach Ansicht der Bundesregierung zu einer Behinderung der wissenschaftlichen Forschung und der wirtschaftlichen Nutzung auf dem Gebiet der Kernforschung führen, was einem modernen Industriestaat wie der Bundesrepublik schadet.

Willy Brandt legt deshalb in Washington dar, daß die Kontrolle nicht dazu mißbraucht werden darf, industrielle Fertigungsgeheimnisse aufzudecken. Die Bundesregierung möchte deshalb auf die Zusammensetzung der Kontrollgremien Einfluß nehmen und nur Kontrolleure aus solchen Ländern akzeptieren, die sich selbst kontrollieren lassen.

Die USA sichern der Bundesregierung weitere Konsultationen zu dem geplanten Vetrag zu und versuchen die Bedenken zu zerstreuen. Neben der militärischen Nutzung würde einzig die Entwicklung von Sprengsätzen für friedliche Zwecke durch den Atomsperrvertrag ausgeschlossen (→ 24. 8./S. 129).

Entwurf des Sperrvertrags

In dem Entwurf des Atomsperrvertrags heißt es im einzelnen (Auszüge):

»Artikel I: Jede Atommacht, die an diesem Vertrag teilnimmt, verpflichtet sich, keinem Empfänger, wer es auch immer sein mag, Atomwaffen oder andere atomare Sprengsätze oder die Kontrolle über solche Waffen oder Sprengsätze direkt oder indirekt zu übergeben und keinem atomfreien Land irgendwie behilflich zu sein, es zu ermutigen oder es zu veranlassen, Atomwaffen oder andere Atomsprengmittel herzustellen oder zu beschaffen . . .

Artikel III: Jeder kernwaffenlose Staat, der diesem Vertrag beitritt, verpflichtet sich, die Sicherheitsmaßregeln der Internationalen Atomenergie-Organisation für alle seine auf friedliche Zwecke gerichteten nuklearen Tätigkeiten anzunehmen, sobald dies durchführbar ist.«

»Spalter-Gesetz« der DDR-Regierung

20. Februar. Die Volkskammer der DDR verabschiedet ein »Gesetz über die Staatsangehörigkeit der Deutschen Demokratischen Republik«, das bei seiner Vorlage von Innenminister Friedrich Dickel ausdrücklich als Antwort auf die »Alleinvertretungsanmaßung« der Bundesrepublik bezeichnet wird.

Erwartungsgemäß heftig sind die Reaktionen in der Bundesrepublik, die sich formell auf die Bestimmungen des Staatsangehörigkeitsgesetzes von 1913 beruft, das allen Deutschen eine einheitliche deutsche Staatsangehörigkeit zusichert. Die bundesdeutsche Presse betitelt das DDR-Gesetz sogar als »Spalter-Gesetz«. Die Bundesregierung lehnt die Anerkennung des Gesetzes ab: »Es gibt nicht zwei Völker, es gibt nur ein deutsches Volk.«

Friedrich Dickel

Volkskammer beschließt eigene DDR-Staatsbürgerschaft

Die wichtigsten Abschnitte des am 20. Februar von der DDR-Volkskammer verabschiedeten Gesetzes über die Staatsangehörigkeit lauten in Auszügen:

»I: § 1: Die Staatsbürgerschaft der DDR: Staatsbürger der DDR ist, wer a) zum Zeitpunkt der Gründung der DDR deutscher Staatsangehöriger war, in der DDR seinen Wohnsitz oder ständigen Aufenthalt hatte und die Staatsbürgerschaft der DDR seitdem nicht verloren hat; b) zum Zeitpunkt der Gründung der DDR deutscher Staatsangehöriger war, seinen Wohnsitz oder ständigen Aufenthalt außerhalb der DDR hatte, danach keine andere Staatsbürgerschaft erworben hat und entsprechend seinem Willen durch Registrierung bei einem dafür zuständigen Organ der DDR als Bürger der DDR geführt wird; c) nach den geltenden Bestimmungen die Staatsbürgerschaft der DDR erworben und sie . . . nicht verloren hat.

§ 2: (1) Die Staatsbürgerschaft der DDR garantiert den Bürgern der DDR die Wahrnehmung der verfassungsmäßigen Rechte und fordert von ihnen die Erfüllung der verfassungsmäßigen Pflichten. (2) Die DDR gewährt ihren Bürgern Schutz und unterstützt sie bei der Wahrnehmung ihrer Rechte außerhalb der DDR.

§ 3: (1) Staatsbürger der DDR können nach allgemein anerkanntem Völkerrecht gegenüber der DDR keine Rechte oder Pflichten aus einer anderen Staatsbürgerschaft geltend machen. (2) Ein Staatsbürger der DDR, der die Staatsbürgerschaft eines anderen Staates zu erwerben beabsichtigt, bedarf dazu der Zustimmung der zuständigen staatlichen Organe der DDR. (3) Regelungen zu Fragen der Staatsbürgerschaft, die in zwischenstaatlichen Vereinbarungen der DDR mit anderen Staaten getroffen werden, finden Anwendung.

II: Erwerb und Verlust der Staatsbürgerschaft der DDR. Erwerb: § 4: Die Staatsbürgerschaft der DDR wird erworben durch a) Abstammung, b) Geburt auf dem Territorium der DDR, c) Verleihung.

§ 5: Ein Kind erwirbt mit seiner Geburt die Staatsbürgerschaft der DDR, wenn die Eltern oder ein Elternteil Staatsbürger der DDR sind.

§ 6: Ein auf dem Territorium der DDR geborenes Kind erwirbt die Staatsbürgerschaft der DDR, wenn es durch seine Geburt eine andere Staatsbürgerschaft nicht erworben hat . . .

IV: Schlußbestimmung: § 18: Der Ministerrat der DDR erläßt zur Durchführung dieses Gesetzes die erforderlichen Bestimmungen.

§ 19: (1) Dieses Gesetz tritt mit seiner Verkündigung in Kraft. (2) Gleichzeitig treten außer Kraft: Reichs- und Staatsangehörigkeitsgesetz vom 22. Juli 1913 (RGBI S. 583) . . .; Verordnung vom 28. November 1957 über das Verfahren in Staatsangehörigkeitsfragen (GRI S. 616) mit erster Durchführungsbestimmung vom 29. November 1957 (GBI S. 616); Verordnung vom 28. Januar 1965 zur Änderung der Verordnung über das Verfahren in Staatsangehörigkeitsfragen (GBI II S. 143); Anordnung vom 30. August 1954 über die Gleichberechtigung der Frau im Staatsangehörigenrecht . . .«

Der Marienplatz in München im Berufsverkehr; die bayrische Landeshauptstadt nimmt 1967 die modernste Verkehrsleitzentrale Europas in Betrieb

Straßen und Verkehr 1967:

Der Ausbau der Straßen hat den Vorrang

Eine Brücke (Kosten 10 Millionen DM) entschärft den kritischen Verkehrsknotenpunkt von Frankfurt am Main, den sog. »Opelkreisel«

Die Motorisierung der Bundesbürger nimmt im Jahr 1967 – wenn auch nicht in demselben Maße wie im Vorjahr – weiter zu. Der Bestand an Personenwagen steigt um 6,8% auf rund 10,23 Millionen an. Außerdem sind eine Million Fahrräder mit Hilfsmotor registriert. Damit ist auch eine Zunahme der bei Unfällen getöteten und verletzten Personen gegenüber dem Vorjahr um 0,8% zu verzeichnen.

Mit der zunehmenden Überfüllung der Straßen nimmt der Straßenbau im Programm der Bundesregierung einen hervorragenden Platz ein. Wo sich 1952 nur vier Autos einen km Straße im Durchschnitt teilten, fahren jetzt rund 29.

Mit dem Jahr 1967 wird der dritte Vierjahresplan für den Ausbau der Bundesfernstraßen eingeleitet. Der Gesamtaufwand des Bundes für Straßen erreicht rund 4,6 Milliarden DM, das sind 22mal soviel wie 1950, als der Bund einen Teil der Straßen übernahm. Darin sind 684 Millionen DM Zuschüsse an fremde Bauträger enthalten.

Durch rund 100 km neue Autobahnen wird das Netz 1967 auf über 3600 km erweitert. Außerdem werden etwa 2000 km Bundesstraßen ausgebaut und instandgesetzt. Fünf neue Brücken werden fertiggestellt, z. B. die Friedrich-Ebert-Brücke (1290 m) über den Rhein bei Bonn oder die Störbrücke (1164 m) bei Itzehoe.

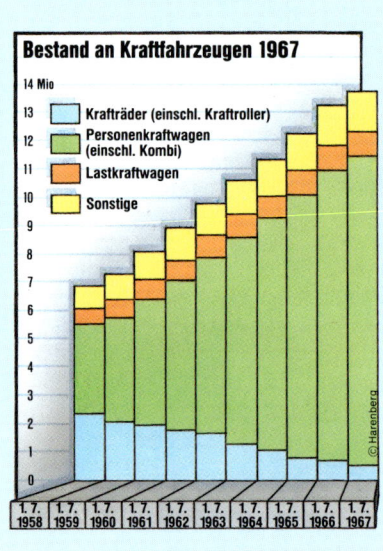

Bestand an Kraftfahrzeugen 1967

- Krafträder (einschl. Kraftroller)
- Personenkraftwagen (einschl. Kombi)
- Lastkraftwagen
- Sonstige

Scotland-Yard-Umzug

21. Februar. *Die berühmteste Polizeiorganisation der Welt, Scotland Yard in London, zieht um. Das imposante, im neugotischen Stil errichtete Gebäude mit rußgeschwärzten Ziegeltürmchen hat nach 67 Jahren ausgedient. Der neue Wohnblock hat 20 Stockwerke (Foto mit Londoner »Bobby«) und ist mit der neuesten Technik ausgestattet.*

De Salvo inhaftiert

25. Februar. *Der »Würger von Boston«, Albert de Salvo (M.), wird 24 Stunden nach seiner Flucht aus der Nervenheilanstalt Bridgewater im US-Bundesstaat Massachusetts wieder festgenommen. Seine Flucht löste unter der Bostoner Bevölkerung Panik aus. De Salvo hatte in den Jahren von 1962 bis 1964 insgesamt 13 Frauen erwürgt.*

Reporterin Ray frei

13. Februar. *Nach dreiwöchiger Gefangenschaft bei den Vietcong in Vietnam wird die 29jährige französische Reporterin Michèle Ray (Foto) freigelassen. Nach eigenen Angaben ist sie während ihrer Gefangenschaft wie ein Gast behandelt worden. Die Journalistin aus Frankreich wollte in Vietnam einen Film über die Vietcong-Rebellen drehen.*

Schweres Erdbeben in Kolumbien

9. Februar. Die ersten beiden 15 und 25 Sekunden dauernden Erdstöße in den frühen Morgenstunden sind die heftigsten des Erdbebens, das Kolumbien heimsucht. Erst sechs Stunden später wird ein neuer Stoß gemessen.

In der Hauptstadt Bogotá kommt es nach Polizeiberichten zu einem unbeschreiblichen Chaos. Tausende von Menschen stürzen schreiend und betend auf die mit Glassplittern und Häusertrümmern übersäten Straßen. Hunderte von Menschen befinden sich noch in Fahrstühlen, die aufgrund des Stromausfalls steckengeblieben sind.

Das Beben, das die dichtbevölkerten Bergketten der Zentralanden erschüttert, ist in fast allen Städten des Landes zu spüren, nur die Atlantikküste bleibt verschont. Nach Angaben der Anden-Erdbebenwarte hat es eine Stärke von 7,6 auf der zwölfteiligen Skala, sein Epizentrum liegt etwa 300 km südlich von Bogotá. Insgesamt fordert die Naturkatastrophe mehr als 100 Menschenleben, 20 000 Menschen werden obdachlos.

Sturmflutwarnung in Venedig

18. Februar. Ein verheerendes Unwetter sucht mit orkanartigen Stürmen von mehr als 100 km/h Frankreich und besonders Italien heim.

In Venedig geben die Behörden Sturmflutalarm. Zugleich wird ganz Nord- und Mittelitalien von Schnee- und Regenfällen überrascht, so daß Verkehrs- und Nachrichtenverbindungen in zahlreichen Ortschaften für 24 Stunden unterbrochen werden. Mehrere Bergdörfer in den Abruzzen sind durch Lawinen von der Außenwelt völlig abgeschnitten. Auf der Paßstraße zwischen Turin und Allessandria stecken rund 400 Lastkraftwagen im Schnee fest.

In den Kanälen von Venedig steigt der Wasserspiegel sprunghaft bis zu einem halben Meter über die Normalhöhe. In Windeseile räumen die Geschäftsleute, die durch Lautsprecheransagen von den städtischen Behörden gewarnt wurden, ihre Schaufensterdekorationen aus. Zu einem Chaos kommt es kurzfristig, weil 20 000 Bewohner der Lagunenstadt, die in Erdgeschossen wohnen, sich und ihre Habe in höheren Stockwerken in Sicherheit bringen. Vor Fenestrina kreuzen Motorboote, um im Notfall Einwohner zu evakuieren.

Die Fluten des Arno, der nach den sintflutartigen Regenfällen über die Ufer trat, tragen ein Boot auf den Platz einer mittelitalienischen Kleinstadt

Auf der »Piazza Mentana« in Florenz nach den schweren Regenfällen. Die Stadt ist total von der Außenwelt abgeschnitten. Auch die berühmten Museen sind beschädigt

Neuer Prozeß wegen Zarentochter

28. Februar. Im sog. »Anastasia-Prozeß«, bei dem es um die angebliche Identität der im Schwarzwald lebenden Anna Anderson mit der jüngsten Zarentochter Anastasia geht, hat das Hanseatische Oberlandesgericht die Berufungsklage von Frau Anderson zurückgewiesen. Damit wird das Urteil vom 15. Mai 1961 des Hamburger Landgerichts bestätigt.

Die Klägerin muß laut Urteilsspruch, der nachmittags in einer spannungsgeladenen Atmosphäre verkündet worden ist, die Kosten des Berufungsverfahrens tragen.

Frau Anderson behauptet, Großfürstin Anastasia Nikolajewna Romanowa, die jüngste Tochter

A. Anderson kämpft seit 1938 um die Anerkennung als Zarentochter

des am 16./17. Juli 1918 mit seiner Familie in Jekaterinburg (Swerdlowsk) erschossenen Zaren Nikolaus II. von Rußland und seiner Frau Alexandra Fjodorowna, geborene Prinzessin von Hessen und bei Rhein, zu sein. Deshalb macht sie Erbansprüche gegenüber der Herzogin von Mecklenburg geltend – Enkelin und alleinige Testamentserbin der am 11. November 1953 verstorbenen Schwester der früheren russischen Zarin.

Im Hintergrund dieses Erbschaftsstreits und der damit verbundenen Identitätsklage stehen die sagenhaften Rubelmillionen, die vom Zaren Nikolaus II. bei der Bank von England hinterlegt worden sein sollen.

Die Gegenseite hat schon im Prozeß vor dem Landgericht beantragt, »das Gericht wolle feststellen, daß die Klägerin die am 16. Dezember 1896 in Borek, Kreis Karthaus, geborene Franziska Schanzkowski ist«, eine frühere Landarbeiterin.

Schon 1938 hatte Anna Anderson – die damals den Namen Anastasia Tschaikowski führte – beantragt, einen Erbschein des Berliner Amtsgerichts von 1933 zum Nachlaßvermögen des Zaren vom hessischen Fürstenhaus einzuziehen. Jetzt will Anna Anderson den Bundesgerichtshof anrufen.

Unbeantwortet bleibt die Frage, wie Anna Anderson zu ihren Behauptungen kommt.

Gespannte Atmosphäre vor der Urteilsverkündung im Gerichtssaal

Für Bundeswehrsoldaten, deren Haupthaar weiter als bis zum Hemdkragen reicht oder die Augen verdeckt, herrscht jetzt Haarnetzpflicht

Streit um Haarlänge

11. Februar. 45 Tage nach Einrücken in die Bundeswehr läßt sich der 21jährige Rekrut Albrecht Schmeißner die schulterlangen Haare militärisch kurz schneiden.

Vorangegangen waren lange Auseinandersetzungen zwischen dem Kompaniechef und Schmeißner, der mit seiner langen Mähne die Entlassung aus dem Wehrdienst ertrotzen wollte. Dienstliche Ermahnungen und Ausgangsbeschränkungen halfen nichts. Erst eine Strafanzeige, der ein Porträtfoto des langmähnigen Rekruten beigelegt war, brachte Schmeißner zum Nachgeben.

Schon vor einem Jahr hat die Abteilung Verwaltung und Recht des Bundesverteidigungsministeriums ein Verdikt gegen lange Mähnen herausgegeben: »Das Tragen überlanger Haare, sogenannter Beatlefrisuren, ist nicht gestattet.«

Der Generalinspekteur der Bundeswehr, General Ulrich de Maizière, versucht, die Haarproblematik mit einem neuen »Haar-Erlaß« in den Griff zu bekommen. Auf einer Kommandeurstagung in Sonthofen legte er am 7. Februar einen Entwurf dieses Erlasses vor, nach dem alle Soldaten, deren Haar über den Hemdkragen hinausreicht, ein Haarnetz tragen müssen.

Stipendium vom Geheimdienst CIA

20. Februar. Die jetzt bekanntgewordene finanzielle Verbindung zwischen dem US-amerikanischen Geheimdienst CIA und dem »Nationalen Studentenverband Amerikas« (NSA) verursacht einen neuen Skandal um die Praktiken des CIA.

Seit 1952 werden Studentenorganisationen in den USA, aber auch in anderen Ländern aus den Kassen des CIA finanziert. Als Gegenleistung wird erwartet, daß man der Propaganda der kommunistischen Studentenverbände entgegentritt. Auch in Berlin (West) warb der CIA Studenten gegen 400 DM Monatsgage dazu an.

Das US-Magazin »Time« berichtet von Bestechungen bei der CIA

Rekordpreis für Bild von da Vinci

21. Februar. Zum Preis von mehr als fünf Millionen US-Dollar (rund 20 Millionen DM) wird das Bild »Ginevra dei Benci«, ein Frühwerk des bedeutenden italienischen Malers Leonardo da Vinci, aus dem Privatbesitz des liechtensteinischen Landesfürsten in die National Gallery of Arts in Washington verkauft.

»Ginevra Benci«

Erst am Vortag ist der Verkauf, bei dem der höchste Preis, der bislang für ein Gemälde gezahlt worden ist, erzielt wird, noch heftig dementiert worden. 1961 bezahlte das New Yorker Metropolitan Museum für Rembrandts »Aristoteles betrachtet die Büste Homers« 2,3 Millionen US-Dollar (rund 8 Millionen DM). Finanzielle Schwierigkeiten zwangen den Fürsten schon zum Verkauf vieler alter Handschriften nach New York und jetzt seines kostbarsten Gemäldes nach Washington.

»Krieg und Frieden« von Bondartschuk kommt ins Kino

23. Februar. *Knapp hundert Jahre nach dem Erscheinen der ersten Ausgabe von Lew N. Tolstois historischem Roman »Krieg und Frieden« wird die erste sowjetische Filmbearbeitung des Epos fertiggestellt und läuft in den bundesdeutschen Kinos an.*
Regisseur, Drehbuchautor und Darsteller ist Sergei F. Bondartschuk, der mit seinem dreiteiligen Monumentalfilm weltweit bekannt wird.

Bondartschuks Film (das Foto zeigt eine Szene) ist weit von patriotischem Pathos entfernt. Über seine Absicht äußert er ». . . versuchten wir mit allen uns zur Verfügung stehenden Mitteln in den Menschen, die unseren Film sehen, Gefühle der Menschlichkeit wachzurufen, sie vom falschen Pathos und Böswilligkeit wegzuführen zur Bejahung des Lebens in all seinen Wesens- und Erscheinungsformen«.

Mildenbergers schwacher Kampf

3. Februar. Fast 15 000 Zuschauer sind in die Frankfurter Festhalle gekommen, um sich den Europameisterschaftskampf zwischen Titelverteidiger Karl Mildenberger und dem Italiener Piero Tomasoni anzusehen, den der Deutsche knapp für sich entscheiden kann.

Viele werden schon in der ersten Runde enttäuscht, denn der 29jährige Mildenberger geht, von einem Haken getroffen, zu Boden.

Daß dies kein Zufallstreffer war, beweisen die folgenden Runden. Tomasoni diktiert weiterhin den Kampf mit gut plazierten Schlägen. Kaum einer der Zuschauer gibt dem Titelverteidiger noch eine Chance.

Erst in der zehnten Runde kommt es zur unerwarteten Wendung, als Mildenberger erstmals die Linke einsetzt und damit seinen Gegner in Bedrängnis bringt.

Es kommt zu einem harten Endspurt, in dem der Italiener noch einmal seine Kräfte sammelt und alles auf eine Karte setzt. Mildenberger hat Mühe, seinen winzigen Punktevorsprung zu verteidigen. Ihm wird der Sieg nach Punkten zuerkannt. Fachleute am Ring hätten ein Unentschieden für gerechter gehalten.

Karl Mildenberger (l.) kann seinen Titel als Europameister im Schwergewicht nur knapp gegen den Italiener Piero Tomasoni verteidigen

Spielwarenmesse zeigt neue Trends

12. Februar. Die Neuheiten, mit denen die Nürnberger Spielwarenmesse bis zum 17. Februar aufwartet, fallen vor allem bei dem für Mädchen so typischen Spielzeug, der Puppe, ins Auge.

Daß die Puppen laufen, sprechen, lachen und schmollen können, versteht sich fast schon von selbst. In Nürnberg werden jetzt sogar Babypuppen vorgestellt, die auf das angebotene Essen reagieren können und ungeliebte Speisen, wie beispielsweise Spinat, ablehnen.

Auch der Puppenhaushalt wird zunehmend technisiert. Der Handmixer einer Puppenmutti ist batteriebetrieben, Toaster und Bügeleisen sind wie im »ausgewachsenen Format« elektrisch.

Für die kleinen und größeren Jungen werden die Autorennbahnen mit technischen Neuerungen ausgestattet. Trumpf der Messe ist eine Autorennbahn mit Steilwandkurve.

März 1967

Mo	Di	Mi	Do	Fr	Sa	So
		1	2	3	4	5
6	7	8	9	10	11	12
13	14	15	16	17	18	19
20	21	22	23	24	25	26
27	28	29	30	31		

1. März, Mittwoch

Die Bundesrepublik sichert Indien in Neu-Delhi vertraglich 240 Millionen DM Entwicklungshilfe zu.

Polen und die ČSSR unterzeichnen in Warschau einen neuen Vertrag über Freundschaft, Zusammenarbeit und gegenseitigen Beistand.

Der syrische »Erdölkrieg« gegen die Iraq Petrol Company (IPC), die einem Konsortium der Erdölgesellschaften Royal Dutch Shell, British Petroleum, ESSO und Mobil Oil angehört, endet mit einem Vertrag, der die Gebührenerhöhung für den Pipelinetransport von IPC-Öl über syrisches Gebiet festlegt. →S. 45

In Uruguay wird der neue Staatspräsident Óscar Gestido als Nachfolger von Alberto Héber Usher in sein Amt eingeführt.

Die Erhöhung der Tabaksteuer für Zigaretten, Zigarren, Stumpen und Zigarillos tritt in Kraft. Ein Zigarillo kostet ab heute in der Bundesrepublik elf statt bisher zehn Pfennige, Zigaretten im Durchschnitt zehn Pfennige statt achtdreiviertel. →S. 49

Eine Abstimmung unter den 3500 männlichen Mitgliedern der Londoner Börse entscheidet, daß das Geldinstitut einer jahrhundertealten Tradition gemäß auch weiterhin nur Männern zugänglich ist.

2. März, Donnerstag

Der Kaiser von Äthiopien, Haile Selassie I., beendet seinen fünftägigen Staatsbesuch in der Sowjetunion. In einem gemeinsamen Kommuniqué wird die traditionelle Freundschaft beider Länder bekräftigt.

Die erste Phase der konzertierten Aktion von Vertretern der Unternehmerverbände, der Gewerkschaften und des Bundeswirtschaftsministeriums wird in Bonn mit einem von allen Parteien gebilligten Kommuniqué beendet (→14. 2./S. 34).

Die Vereinigten Staaten führten seit dem 19. Januar auf ihrem Versuchsgelände in der Wüste Nevada sechs unterirdische Kerntests mit einer Sprengwirkung von jeweils unter 20 000 t Trinitrotuluol (TNT) zu Zwecken der Kernwaffenentwicklung durch.

Das britische Paar Diane Towler/ Bernhard Ford wird Weltmeister im Eistanzen in Wien.

Der deutsche Film »Kopfstand, Madame« von Christian Rischert mit Miriam Spoerri, Herbert Fleischmann und Heinz Bennent läuft in den bundesdeutschen Kinos an.

3. März, Freitag

Ein Aktionsprogramm von prominenten FDP-Politikern schlägt die Anerkennung der DDR und den Verzicht auf die Gebiete jenseits der Oder und Neiße vor. →S. 47

Die Regierung Venezuelas hebt den Belagerungszustand auf, der am 13. Dezember 1966 wegen Übergriffen von kommunistischen Terroristen und Guerillas verhängt worden war.

Der ehemalige SS-Hauptsturmbannführer Franz-Paul Stangl, der als Kommandant der Konzentrationslager Sobibor und Treblinka für den Tod von mindestens 700 000 Menschen verantwortlich ist, wird in Brasilien verhaftet. →S. 47

Die Weltmeisterschaften im Eiskunstlaufen der Paare in Wien gewinnen Ludmilla Belousowa/Oleg Protopopow aus der Sowjetunion. Titelträger der Herren wird der Österreicher Emmerich Danzer; die US-Amerikanerin Peggy Fleming wird Eiskunstlauf-Weltmeisterin. →S. 53

4. März, Sonnabend

Das kommunistische chinesische Zentralkomitee fordert in Peking alle Chinesen auf Wandzeitungen auf, unverzüglich an ihren Arbeitsplatz zurückzukehren (→7. 1./S. 21).

In Saigon demonstrieren mehrere hundert Mitglieder einer südvietnamesischen Jugendbewegung gegen die Haltung des französischen Staatspräsidenten Charles de Gaulle zum Vietnamkrieg. →S. 45

5. März, Sonntag

Die Sowjetunion und Nordkorea schließen in Moskau ein Verteidigungsabkommen ab.

In Frankreich findet der erste Wahlgang zur französischen Nationalversammlung statt (→12. 3./S. 45).

Über 600 Studenten und spanische Arbeiter demonstrieren mit Plakaten für »Freiheit für die Opfer Francos« in der Frankfurter Innenstadt.

80 New Yorker Firmen können für zunächst vier Monate London und Paris im Telefon-Selbstwählverkehr erreichen. Ein Drei-Minuten-Gespräch über den Atlantik kostet knapp sechs US-Dollar (24 DM).

6. März, Montag

Der Landesausschuß der Südtiroler Volkspartei (SVP) tritt in Bozen zusammen, um zu dem von der italienischen Regierung den Südtirolern angebotenen Ausgleich Stellung zu nehmen (→18. 11./S. 183).

Die Leipziger Frühjahrsmesse wird mit über 10 000 Ausstellern aus 70 Ländern eröffnet.

Als Beitrag zur Behebung der Finanznot der niedersächsischen Landesuniversität Göttingen haben Göttinger Professoren in den vergangenen Monaten 25 000 DM gespendet.

In der Sowjetunion wird mit dem Bau einer 5000 km langen Erdgasleitung begonnen, die Westsibirien mit dem Uralgebiet sowie den mittleren und westlichen Gebieten des europäischen Teils der UdSSR verbinden soll. Nach fünf Jahren Bauzeit wird die Leitung jährlich 130 Milliarden m³ Gas befördern.

7. März, Dienstag

In Dortmund demonstrieren 30 000 Landwirte gegen die Bonner Wirtschafts- und EG-Agrarpolitik. →S. 47

Mit der Auflage, seine Firma in eine Kapitalgesellschaft umzuwandeln, erhält Alfried Krupp von Bohlen und Halbach von der Regierung eine Bürgschaft in Höhe von 300 Millionen DM. →S. 48

8. März, Mittwoch

Das statistische Amt in Moskau berichtet, daß sich die Zahl der jährlichen Geburten in der Sowjetunion in den letzten fünf Jahren um eine Million verringert hat. 1961 betrug die Zahl der Geburten noch 5,3 Millionen, 1966 wurden nur noch 4,3 Millionen Kinder geboren.

Ein Großbrand im Schloßhotel Kronberg im Taunus vernichtet Sachwerte in Höhe von mehreren Millionen DM. Menschen kommen nicht zu Schaden. →S. 53

9. März, Donnerstag

Der von Bundesinnenminister Paul Lücke berufene wissenschaftliche Beirat für Wahlrechtsfragen konstituiert sich in Bonn. Aufgabe des Beirats ist die Prüfung einer möglichen Wahlrechtsreform in der Bundesrepublik, die zu einem mehrheitsbildenden Wahlrecht führen soll. →S. 47

Die Kohlenförderung der Länder der Montanunion – Frankreich, Italien, die Niederlande, Belgien und die Bundesrepublik – nimmt stetig ab. 1964 wurden noch insgesamt 234,5 Millionen t Kohle gefördert, 1965 noch 223,9 Millionen t, 1966 nur 209,0 Millionen t.

10. März, Freitag

Das Bundeskabinett in Bonn beschließt den Entwurf einer Notstandsverfassung für die Bundesrepublik (9. 11./S. 180).

Der stellvertretende Vorsitzende der SPD-Bundestagsfraktion, Alex Möller, wird vom SPD-Vorstand als Nachfolger des am 22. Februar verstorbenen Fritz Erler in das zehnköpfige Parteipräsidium gewählt.

11. März, Sonnabend

Der indonesische Volkskongreß bestätigt den amtierenden Präsidenten Kenuso Suharto, ohne jedoch dem bisherigen Staatsoberhaupt Achmed Sukarno den Präsidententitel ausdrücklich abzuerkennen, da er in der Bevölkerung sehr beliebt ist.

In Regensburg wird Pockenalarm ausgelöst, nachdem bei einer 58jährigen Frau ein Fall von Pocken des Typs Mariola Major diagnostiziert wurde. Die Frau hatte sich wahrscheinlich während einer Indien-Reise infiziert (→1. 12./S. 200).

12. März, Sonntag

In Berlin (West) finden Wahlen zum Abgeordnetenhaus statt. →S. 47

In Frankreich findet der zweite Wahlgang nach dem 5. März in die Nationalversammlung statt. Die Wahlen sind mit starken Verlusten für die Gaullisten unter Georges Pompidou, dem amtierenden Ministerpräsidenten, verbunden. →S. 45

Die Tochter des sowjetischen Diktators Josef W. Stalin, Swetlana J. Allilujewa, trifft in der Schweiz ein. Sie erklärt, nicht mehr in die UdSSR zurückkehren zu wollen. →S. 52

13. März, Montag

Indira Gandhi wird als Premierministerin Indiens mit dem neuen Kabinett vereidigt. →S. 45

Ein Militärgericht in Kinshasa verurteilt den ehemaligen kongolesischen Ministerpräsidenten Moise Tschombé wegen Hochverrats in Abwesenheit zum Tode (→30. 6./S. 99).

In Turin wird der weltberühmte italienische Fallschirmspringer Giorgio Rinaldi unter dem Verdacht der Spionage festgenommen. Er nennt der Polizei 300 Spione in Italien und anderen Ländern, mit denen er zusammengearbeitet hat. →S. 46

Nach vierjähriger Ermittlungsarbeit erhebt die Aachener Staatsanwaltschaft Anklage gegen die Firma Chemie-Grünenthal, die das Schlafmittel Contergan herstellte, das zu schweren Mißbildungen bei Neugeborenen führte, deren Mütter während der Schwangerschaft dieses Medikament eingenommen hatten. →S. 49

Das sowjetische Regierungsblatt »Iswestija« feiert sein 50jähriges Bestehen. Im Laufe eines halben Jahrhunderts stieg die Auflage dieser Zeitung von 35 000 auf 8,7 Millionen Exemplare täglich und ist damit das weitverbreitetste Blatt der ganzen Welt.

14. März, Dienstag

Helmut Schmidt wird mit 121 gegen 22 Stimmen zum neuen Vorsitzenden der SPD-Bundestagsfraktion gewählt. →S. 47

Der Landtag von Rheinland-Pfalz nimmt den nach vielen Schwierigkeiten zustande gekommenen Kompromiß über die Neuordnung des Volksschulwesens an. →S. 51

15. März, Mittwoch

Bundesernährungsminister Hermann Höcherl erläutert vor dem Deutschen Bundestag den »Grünen Plan« der Bundesregierung zur Förderung der Landwirtschaft.

Berlin-Politik, Ölpest im Ärmelkanal und die Sozialenzyklika Papst Paul VI. als beherrschende Themen des Berliner »Tagesspiegel« vom 29. März 1967

DER TAGESSPIEGEL

UNABHÄNGIGE BERLINER MORGENZEITUNG

Verlag Der Tagesspiegel GmbH, 1 Berlin 30, Postfach, Potsdamer Straße 87 / Fernsprech-Sammelnummer 13 03 31 / Fernschreiber: 01 83773 / Telegramme: Tagesspiegel Berlin / Bankkonten: Berliner Disconto Bank AG, Berliner Bank AG, Bank für Handel und Industrie AG, Berliner Commerzbank AG / Postscheck-Konto: Berlin West 108 / Bonner Redaktion: 53 Bonn, Pressehaus, Telephon: 2 14 51 / Abonnementspreis bei freier Zustellung durch eigene Boten 6,30 DM, durch die Post 6,70 DM monatlich / Erscheint täglich außer nach Sonn- und Feiertagen / Keine Ersatzansprüche bei Störungen durch höhere Gewalt / Anzeigenpreisliste Nr. 16 / Erfüllungsort und Gerichtsstand Berlin-Tempelhof

RERUM COGNOSCERE CAUSAS

Tel.-Sammelnr. 13 03 31. Unsere Geschäftsstellen: Bln. 19 (Charlbg.), Kaiserdamm 7; Bln. 41 (Friedenau), Rheinstr. 62; Bln. 33 (Grunewald), Hohenzollerndamm 94; Bln. 28 (Hermsdf.), Heinsestr. 37; Bln. 46 (Lankwitz), Leonorenstr. 71; Bln. 45 (Lichterfelde), Baseler Str. 12; Bln. 65, Müllerstr. 122 b; Bln. 21 (Moabit), Alt-Moabit 86 b; Bln. 44 (Neukölln), Karl-Marx-Str. 184; Bln. 52 (Reinickdf.), Scharnweberstr. 49; Bln. 30 (Schöneberg), Hohenstaufenstr. 25; Bln. 36, Dresdener Str. 18; Bln. 20 (Spand.), Markt 2/3; Bln. 41 (Steglitz), Schildhornstraße 85 und Albrechtstraße 118; Bln. 42 (Temphf.), Te.-Damm 2; Bln. 15, Kurfürstendamm 189; Bln. 30, Tauentzienstr. 1; Bln. 30, Potsd. Str. 87; Bln. 31 (Wilmersdf.), Uhlandstr. 137; Bln. 37 (Zehlendf.), Bad. Str. 2.

Nr. 6551 / 23. JAHRGANG — BERLIN, MITTWOCH, 29. MÄRZ 1967 — 25 Pf / Ausw. 30 Pf — A 6622 A

Albertz stößt in der SPD auf Widerstand

Für Spangenberg als Bürgermeister keine ausreichende Mehrheit in der Fraktion

Tsp. Berlin. Der Regierende Bürgermeister Albertz ist gestern mit seinem vom SPD-Fraktionsvorstand bereits gebilligten Vorschlag, den bisherigen Chef der Senatskanzlei, Spangenberg, zum Bürgermeister im neuen Senat zu machen, auf Widerstand gestoßen. In der neuen SPD-Fraktion des Abgeordnetenhauses fand der Vorschlag von Albertz nicht die erforderliche ausreichende Mehrheit. Von 73 anwesenden Abgeordneten stimmten nur 35 für Spangenberg, 33 sprachen sich gegen Spangenberg als Bürgermeister aus und fünf enthielten sich der Stimme. Die qualifizierte Mehrheit der Stimmen betrug 37.

Albertz will heute mit dem Vorstand der SPD-Fraktion über die neu entstandene Situation beraten. Die Fraktion soll dann alsbald erneut zusammentreten und entscheiden.

Vor Pressevertretern sagte der Regierende Bürgermeister Albertz am Abend, es sei jetzt eine „schwierige Situation" entstanden. Auf die Frage, ob Spangenberg der Fraktion noch einmal vorgeschlagen werden könne, antwortete Albertz mit ja.

In der mehr als vierstündigen Sitzung, die im Schöneberger Rathaus hinter verschlossenen Türen stattfand, akzeptierte die Fraktion jedoch den Vorschlag von Albertz, Spangenberg zum Senator für Bundesangelegenheiten zu machen. Bei dieser Abstimmung erhielt Spangenberg 60 Stimmen bei zehn Gegenstimmen und drei Enthaltungen. Er sollte Bürgermeister und Bundessenator werden.

An der Debatte hatten die Kandidaten für Senatorenämter nicht teilgenommen. Anschließend verlautete, daß sich die Fraktion gegen die Besetzung des Bürgermeisterpostens durch Spangenberg ausgesprochen habe, weil dieser Kandidat vielen der frisch ins Abgeordnetenhaus gewählten Parlamentariern als „zu neu" erschienen sei. Anregungen für andere Kandidaten seien von den Abgeordneten nicht gemacht worden.

Albertz wies darauf hin, die Berliner Verfassung schreibe vor, daß ein Bürgermeister zu wählen sei. Es sei nicht möglich, die Wahl des Bürgermeisters auszusparen und ein Senatsmitglied mit der Wahrnehmung der Amtsgeschäfte des Bürgermeisters zu betrauen.

Albertz selbst ist schon zweimal in den Jahren 1958/59 die Zustimmung der SPD-Fraktion für ein Senatsamt verweigert worden.

Alle übrigen Vorschläge von Albertz für die personelle Zusammensetzung des neuen Senats wurden von der Fraktion mit folgenden Abstimmungsergebnissen gebilligt:

Evers, Schulwesen (68 Ja : 3 Nein : 1 Enth.); **Stein**, Wissenschaft u. Kunst (66 : 4 : 1); **Neubauer**, Gesundheit u. Soziales (66 : 3 : 3); **Striek**, Finanzen (63 : 5 : 5); **Schwedler**, Bau- u. Wohnungswesen (57 : 14 : 3); **König**, Wirtschaft (50 : 19 : 3, 1 ungült); **Büsch**, Inneres (50 : 16 : 7).

Über jeden Kandidaten wurde einzeln und geheim abgestimmt. Ferner sprach sich die Fraktion dafür aus, das Präsidium des Abgeordnetenhauses mit sieben Mitgliedern zu besetzen: an der Spitze ein Präsident und zwei stellvertretende Präsidenten, von denen das Amt für den ersten stellvertretenden Präsidenten an die FDP abgetreten wird. Den zweiten stellvertretenden Präsidenten stellt die CDU.

Das am 12. März gewählte neue Berliner Abgeordnetenhaus konstituiert sich am 6. April um 9 Uhr. Im Verlauf der Sitzung wählt das Parlament ein neues Präsidium und voraussichtlich den Regierenden Bürgermeister sowie die übrigen Senatsmitglieder.

Fortsetzung Seite 2, Spalte 1 und 2

Tanker mit Bomben in Brand gesetzt
England kämpft gegen die Ölpest

200 Kilometer langer Küstenstreifen im Südwesten der Insel verseucht

Land's End (AP/dpa). Düsen-Maschinen der britischen Marine haben gestern das in drei Teile zerbrochene Wrack des 61 263 Tonnen großen Tankers „Torrey Canyon" mit Bomben in Brand gesetzt. Der Tanker, der 120 000 Tonnen Rohöl vom Persischen Golf geladen hatte, war vor elf Tagen auf das Seven-Stones-Riff vor der Südspitze Großbritanniens aufgelaufen. Zum Zeitpunkt des Bombardements wurden noch etwa 60 000 Tonnen Öl in dem Tanker vermutet.

Eine riesige schwarze Rauchwolke kennzeichnete gestern nachmittag die Stelle, an der der vor der südwestenglischen Küste aufgelaufene Tanker „Torrey Canyon" von Flugzeugen der britischen Marine in Brand gesetzt worden war; im Vordergrund der britische Zerstörer „Daring", der mit anderen Kriegsschiffen in weitem Umkreis um das brennende Wrack Sicherungspositionen bezogen hatte.
AP-Photofax

Unterdessen trieben auch gestern riesige, etwa 40 Zentimeter dicke Flächen ausgelaufenen Öls auf die Küste zu. Bis gestern abend war ein 200 Kilometer langer Küstenstreifen im Südwesten Englands von Newquay im Norden Cornwalls um Kap Land's End herum bis zum Kap Lizard im Süden von der Ölpest betroffen.

Auf den Steilfelsen von Land's End hatten sich gestern Tausende von Schaulustigen eingefunden, um aus der Entfernung von 29 Kilometern das Bombardement des Schiffes zu sehen. Die acht Flugzeuge vom Typ „Buccaneer" flogen im Tiefflug ihr Ziel an. Bereits nach der dritten Bombe gingen die Trümmer des Tankers in helle Flammen auf. Schon nach kurzer Zeit war die See in einem Umkreis von eineinhalb Seemeilen ein rauchendes Flammenmeer.

Eine schwarze Qualmwolke über dem Tanker erreichte eine Höhe von etwa 1200 Metern. Die Flammen, die aus dem Wrack schlugen, loderten nach Angaben von Piloten bis zu 150 Meter hoch. Auch das Öl rund um den Tanker entzündete sich fast augenblicklich.

Als die Flammen zwei Stunden nach dem ersten Anflug erloschen, flogen Piloten weitere Einsätze. Außer den Bomben wurde auch Düsentreibstoff aus den Reservetanks der Flugzeuge abgelassen, um die Flammen zu nähren.

Der britische Innenminister Jenkins teilte in einer Pressekonferenz in London mit, im Laufe der Nacht und den ganzen heutigen Mittwoch über würden Brandbomben und Kaliumchlorat über dem brennenden Öl abgeworfen werden, um die Flammen am lodern zu halten. Das Öl an der Meeresoberfläche rund um den Tanker brenne gut, er wisse aber nicht, ob das noch in den Bunkern des Tankern befindliche Öl ebenfalls brenne. Das Problem sei, daß man nicht wisse, wie man Sauerstoff in den Rumpf des Wracks bekomme, um das Feuer anzufachen.

Experten hatten am Vormittag erklärt, es sei schwer, das auf See treibende Öl zu entzünden, da es schon zu lange auf dem Wasser liege und seine Zündfähigkeit verloren habe. Ein Versuch, den Ölfilm an der Küste durch Brandgranaten, die von einem Hubschrauber abgeworfen worden waren, in Flammen zu setzen, war gescheitert.

Die britische Regierung hatte sich gestern überraschend zu dieser Maßnahme entschlossen, nachdem die niederländische Firma Wijsmuller ihren Bergungsvertrag gelöst und den Tanker aufgegeben hatte. Während des Bombardements hatten zehn Schiffe der britischen Marine Position bezogen, um das gefährdete Seegebiet abzusperren. Sechs Hubschrauber kontrollierten den Luftraum darüber. Die britische Admiralität hatte drei Stunden vor Beginn des Bombardements alle Schiffe und Flugzeuge im weiteren Umkreis der Abwurfstelle aufgefordert, die Gefahrenzone zu meiden.

(Ausführlicher Bericht Seite 3)

Unsere Meinung:

Nicht blindlings expandieren

dd. „Zum erstenmal in der Nachkriegszeit wird der Wachstumsprozeß der deutschen Volkswirtschaft einschneidend unterbrochen", heißt es in dem gestern abgelieferten Sondergutachten des Sachverständigenrates zur Begutachtung der gesamtwirtschaftlichen Entwicklung, der seine Prognosen vom vergangenen Herbst nach unten revidiert hat. Dieser Tage bezeichnete auch das Deutsche Institut für Wirtschaftsforschung in Berlin den negativen Verlauf der Sozialproduktsentwicklung als „ohne Parallele in der Nachkriegszeit". Von beiden Seiten wird ein zweiter Eventualhaushalt zur Debatte gestellt, eine befristete lineare Einkommensteuersenkung als Möglichkeit erwähnt und auf die unerläßliche Hilfestellung der Bundesbank hingewiesen. Da den Gutachtern Empfehlungen wirtschafts- und sozialpolitscher Maßnahmen gesetzlich nicht gestattet sind, müssen sie sich eines gewundenen Konjunkturstils bedienen, den die politische Praxis freilich, wie die ersten Bonner Stellungnahmen zeigen, alsbald in den Indikativ oder gar den Imperativ übersetzt. Wenn man das im Hinblick auf die erwähnten Maßnahmen einer konjunkturellen Expansionspolitik tut, sollte man es freilich auch in bezug auf den Rest des Sondergutachtens, das sehr sorgsam formuliert ist, nicht unterlassen. Bund, Länder und Gemeinden müßten ihre Ausgaber erhöhen? Ja, aber nicht alle, sondern nur die konjunktur- und strukturpolitisch auch längerfristig sinnvollen —was durchaus auf einigen Gebieten Ausgabenkürzungen einbegreift. Auf die Unterbeschäftigung von Menschen und Maschinen und auf eine Beschneidung der Gewinne, die die Investitionsbereitschaft nachhaltig gefährden kann, wird hingewiesen? Dem kann durch staatliche Maßnahmen zur Förderung der Investitionen und des Verbrauchs abgeholfen werden, jedoch nicht ohne „Maßnahmen, die den Lohn- und Preisauftrieb wirksam begrenzen, der bei zunehmender Ausschöpfung des Beschäftigungs- und Produktionspotentials zu erwarten ist". Der Sachverständigenrat äußert zwar, wenn auch gedämpfter als früher, die Hoffnung auf die Einhaltung einer stabilitätskonformen Lohnpolitik durch Arbeitgeber und Arbeitnehmer, verweist aber auch deutlich auf die Währungs- und Wettbewerbspolitik des Staates als der letzten für die Geldwertstabilität verantwortlichen Instanz. Es geht also nicht nur darum, das Wachstum zu retten, sondern ebenso darum, es in einer längerfristig vertretbaren Form zu tun. Wer jetzt A sagt, muß später B sagen. Das bleibt zu bedenken, ehe man einen zweiten Investitionshaushalt verabschiedet, da noch verwaltungstechnische Schwierigkeiten bestehen, dem ersten zu wirtschaftlicher Wirkung zu verhelfen.

Radikaler Anspruch

J. B. In dem gleichen Maße, in dem die katholische Kirche Veränderungen an sich selber erfährt — Veränderungen, die der Ansturm von Welt und von Weltlichkeit ihr aufzuzwingen scheinen —, wächst auch das Bestreben der Päpste, mit den der Kirche zur Verfügung stehenden Mitteln wiederum diese Welt zu verändern. Wer es recht bedenkt, kann es nur logisch finden. Wenn die Kirche als Glaubensmacht nicht aufgesaugt werden will von all den anderen Mächten dieser Welt, muß sie ihre Ansprüche an diese Welt nennen. Der dringliche Ton, den alle Äußerungen des jetzigen Papstes haben, zeigt deutlich, daß der Papst aus der Sorge handelt, es könne über dem Anblick einer Kirche, die ihr Ohr mehr als früher den von außen an die Gläubigen herandrängenden Problemen geöffnet hat, vergessen werden, daß die Kirche auch eine Stimme hat.

Das zeigt sich auch im Formalen. Eine Enzyklika wie die jetzige „Über den Fortschritt der Völker" ist im klassischen Sinne ein Rundschreiben des Papstes an die Bischöfe. Dem Inhalt und der Sprache nach aber ist sie ein Sendschreiben an die Welt. Diese Doppelnatur ist geradezu kennzeichnend für das vorliegende Werk. Wie alle anderen Enzykliken vorher zieht auch diese nur einen weiteren Kreis mit größerem Durchmesser um immer denselben Glaubensmittelpunkt. Andererseits setzt sie die Akzente stärker, man möchte fast sagen: radikaler als frühere Rundschreiben der Päpste. Beherrscht von dem Gedanken, es könnten sich die Verzerrungen des Frühkapitalismus, den die Industrienationen alle durchgemacht haben, nun auf der Ebene der Völkerfamilie zwischen armen und reichen Ländern wiederholen, ruft der Papst nicht nur zu selbstloser Hilfe für die Entwicklungsländer auf. Er geht vielmehr hart ins Gericht mit dem Mißbrauch des Eigentums, wenn es nicht von Verantwortung gebändigt wird. Das Mißverständnis, daß die Armut gottgewollter Entzug des Notwendigen sei, gilt schon lange nicht mehr. Jetzt geht es gegen den Reichtum, der ein Ideal nur in der allgemeinen Not ist, die man zu beseitigen vergaß.

Der Papst ging in dieser Enzyklika freilich auch nicht mehr an dem Problem der Geburtenkontrolle vorbei. Er gesteht den Regierungen das Recht zu, ihre Vorstellungen dazu angesichts des Mißverhältnisses von Bevölkerungswachstum und Wachstumsraten der Wirtschaft zu propagieren. Aber er wendet sich zugleich gegen den Mißbrauch der Geburtenkontrolle zur „Bevölkerungsplanung", die der Familie das Recht bestreitet, natürlich „unvernünftig" zu sein. Und er macht das Problem zu einem Abwägungstatbestand vor dem Gewissen. Ist das schon die definitive Antwort, die die Gläubigen der Kirche in der jüngsten Zeit von ihr erwarteten?

U Thant veröffentlicht Friedensplan

Washington stimmt zu — Nordvietnam lehnt ab

New York (AP/dpa). UNO-Generalsekretär U Thant hat am Dienstag in New York seine Friedensvorschläge bekanntgegeben, die er am 14. März allen am Vietnam-Konflikt beteiligten Parteien unterbreitet hatte. Während die USA den Vorschlägen ihre Zustimmung gegeben haben, hat Nordvietnam am Montag U Thant eine klare Absage erteilt.

Die Friedensvorschläge U Thants sind in drei Punkten enthalten:

1. Einstellung aller Kampfhandlungen auf beiden Seiten auf der Grundlage eines kontrollierten Waffenstillstandes.
2. Einleitung von Vorverhandlungen zwischen den Kriegsgegnern.
3. Wiedereinberufung der Genfer Indochinakonferenz von 1954.

U Thant forderte jedoch ausdrücklich erneut die bedingungslose Einstellung der amerikanischen Bombenangriffe auf Ziele in Nordvietnam. Der UNO-Generalsekretär erklärte sich bereit, beim Zustandekommen eines kontrollierten Waffenstillstands mitzuwirken.

Nordvietnam wurde von den Friedensvorschlägen mündlich unterrichtet. U Thant enthüllte, daß er seine Vorschläge bei seinem jüngsten Besuch in Burma einer Delegation aus Nordvietnam dargelegt habe. Den übrigen interessierten Parteien wurden die Vorschläge als schriftliches Memorandum zugesandt.

Die Note, mit der die amerikanische Regierung die Vorschläge beantwortet hat, lautet: „Die USA stimmen dem Dreistufenvorschlag im Aide-Mémoire des Generalsekretärs vom 14. März 1967 zu. Die USA glauben, daß es wünschenswert und ernsthaften Verhandlungen förderlich wäre, wenn eine wirksame Einstellung der Feindseligkeiten als erster Schritt in dem Dreistufenvorschlag sofort ausgehandelt werden könnte. Es wäre daher wesentlich, daß die Einzelheiten einer allgemeinen Einstellung der Feindseligkeiten unmittelbar zwischen beiden Seiten oder durch den Generalsekretär, den Ko-Vorsitzenden der Genfer Konferenz oder sonst eine Partei erörtert werden, auf die man sich einigt. **Die USA sind bereit, in solche Erörterungen sofort und konstruktiv einzutreten**". Die amerikanische Regierung fügte in der Note hinzu, sie nehme an, daß die südvietnamesische Regierung bei allen Schritten zur Anbahnung des Friedens „angemessen" eingeschaltet werde. Südvietnam hatte das Memorandum U Thants nicht erhalten.

Nordvietnam hat dagegen am Montag den jüngsten Friedensvorschlag des UNO-Generalsekretärs abgelehnt. Nach einer Meldung der amtlichen nordvietnamesischen Agentur VNA erklärte ein Sprecher des Außenministeriums in Hanoi: „Wer beide Seiten zur Feuereinstellung und zu bedingungslosen Verhandlungen auffordert, während die USA sich der Aggression gegen Vietnam schuldig machen und schwerwiegende Schritte zu einer militärischen Ausweitung in beiden Gebieten Vietnams unternehmen, trifft keine Unterscheidung zwischen den Aggressoren und dem Opfer der Aggression wird der Wirklichkeit nicht gerecht und verlangt, daß sich das vietnamesische Volk den Bedingungen der Aggressoren unterwirft."

Rusk: Nur Ablehnungen aus Hanoi

Washington (dpa). Die Regierung von Nordvietnam habe sowohl öffentliche als auch geheime Versuche für Friedensverhandlungen über den Vietnam-Konflikt immer wieder abgelehnt, sagte der amerikanische Außenminister Rusk am Dienstag. Die negative Haltung von Hanoi habe alle Versuche für eine friedliche Regelung bisher zum Scheitern gebracht. (Vgl. Seite 5)

Papst schlägt Weltprogramm für den Fortschritt der armen Nationen vor

Enzyklika „an alle Menschen guten Willens" veröffentlicht

Vatikanstadt (AP/dpa/UPI). **Ein weltumfassendes Programm für den wirtschaftlichen und sozialen Fortschritt der Entwicklungsländer hat Papst Paul VI. in einer am Dienstag veröffentlichten Enzyklika vorgeschlagen, die nach ihren lateinischen Anfangsworten den Titel „Populorum progressio" („Der Fortschritt der Völker") trägt. Unter anderem empfiehlt der Papst die Gründung eines Weltfonds, in den ein Teil der jetzt für die Rüstung ausgegebenen Mittel eingezahlt werden soll, ferner in den Entwicklungsländern eine höhere Besteuerung der Reichen, Einschränkung des freien Wettbewerbs, Enteignung des Großgrundbesitzes, wo dieser dem allgemeinen Wohl entgegensteht, sowie Kontrollen des Welthandels. Schließlich nimmt der Papst in dem Dokument auch zur Frage des Bevölkerungswachstums und der Geburtenregelung Stellung.**

Das Rundschreiben mit dem Datum des 26. März ist nicht nur an die Geistlichen und Gläubigen der römisch-katholischen Kirche, sondern ausdrücklich „an alle Menschen guten Willens" gerichtet. Das Programm für den sozialen und wirtschaftlichen Fortschritt in der ganzen Welt, so erklärt der Papst darin, sei wesentlich für den Weltfrieden.

Jeder habe ein Recht darauf, in der Welt zu finden, was er für den eigenen Bedarf brauche, schreibt der Papst in der Enzyklika. Alle anderen Rechte, wie das auf Privateigentum und Freiheit des Handels, müßten diesem Grundsatz untergeordnet werden. „Das Privateigentum ist also für niemand ein unbedingtes und unumschränktes Recht. Niemand kann guten Grundes seinen Überfluß ausschließlich für sich gebrauchen, wo anderen das Notwendigste fehlt ... Das Gemeinwohl verlangt deshalb manchmal eine Enteignung, wenn ein (Land-) Besitz wegen seiner Größe, seiner geringen oder überhaupt nicht erfolgten Nutzung, wegen des Elends, das die Bevölkerung durch ihn erfährt, wegen eines beträchtlichen Schadens, den die Interessen des Landes erleiden, dem Gemeinwohl hemmend im Wege steht."

Die Industrialisierung sei eine Notwendigkeit für das wirtschaftliche Wachstum und den menschlichen Fortschritt, heißt es in der Enzyklika. Leider habe sich mit diesen neuen Formen des Lebens „eine gewisse Form des Kapitalismus" verbunden, die „den Profit als den eigentlichen Motor des wirtschaftlichen Fortschritts betrachtet, den Wettbewerb als das oberste Gesetz der Wirtschaft, das Eigentum an den Produktionsgütern als ein absolutes Recht ... Die Einzelinitiative und das freie Spiel des Wettbewerbs können den Erfolg des Entwicklungswerkes nicht sichern."

Zur Frage des Bevölkerungszuwachses erklärt der Papst: „Es ist richtig, das zu oft ein schnelles Anwachsen der Bevölkerung für das Entwicklungsproblem eine zusätzliche Schwierigkeit bedeutet — die Bevölkerung wächst schneller als die zur Verfügung stehenden Hilfsmittel, und man gerät sichtlich in einen Engpaß. Dann ist die Versuchung groß, das Anwachsen der Bevölkerung durch radikale Maßnahmen zu bremsen. Der Staat hat zweifellos innerhalb der Grenzen seiner Zuständigkeit das Recht, hier einzugreifen, eine zweckmäßige Aufklärung durchzuführen und geeignete Maßnahmen zu treffen, vorausgesetzt, daß diese in Übereinstimmung mit dem Sittengesetz sind und die Freiheit der Eheleute nicht antasten. Ohne das unabdingbare Recht auf Ehe und Zeugung gibt es keine Würde des Menschen. Die letzte Entscheidung über die Kinderzahl liegt bei den Eltern."

Fortsetzung Seite 2, Spalte 1 und 2

Weiterer Eventualhaushalt zur Diskussion gestellt

Tsp. Berlin. Im laufenden Jahr besteht nach Ansicht des Sachverständigenrates zur Begutachtung der gesamtwirtschaftlichen Entwicklung die Gefahr, daß aus konjunkturellen Gründen das Wachstum des Sozialprodukts der Bundesrepublik um fast 20 Milliarden DM unter der möglichen Steigerung bleibt. In einem Sondergutachten, das der Sachverständigenrat gestern dem Bundestag zugeleitet hat, wird deswegen ein zusätzlicher Eventualhaushalt zur Diskussion gestellt; bei lohn- und preispolitischer Absicherung einer staatlichen Expansionspolitik kämen nach Ansicht des Gremiums zur Belebung der Nachfrage ferner eine befristete lineare Senkung der Einkommen- und Körperschaftsteuer sowie zusätzliche Sonderabschreibungsmöglichkeiten in Betracht. (Vgl. Handelsteil)

Über 100 Personen in Pocken-Quarantäne

Hannover/Berlin (dpa/UPI). **In der Bundesrepublik stehen gegenwärtig über hundert Personen unter Pocken-Quarantäne. Sie waren mit dem Hautarzt Dr. Fischer aus Hannover in Berührung gekommen, der nach einer Indien-Reise an Pocken erkrankt ist.**

Nach Mitteilung der Gesundheitsbehörden geht es dem Arzt den Umständen entsprechend gut. Weitere Erkrankungen sind bisher nicht aufgetreten. Bei drei Kontaktpersonen, die in Berlin ermittelt wurden, besteht nach Auskunft der Gesundheitsbehörden keine Ansteckungsgefahr, so daß sie nicht in Quarantäne genommen zu werden brauchten. (Vgl. Seite 9)

März 1967

Polen und die DDR unterzeichnen in Warschau einen Freundschafts- und Beistandspakt auf 20 Jahre, der die Oder-Neiße-Linie als Staatsgrenze garantiert.

Das Hauptquartier der alliierten Streitkräfte Europa-Mitte (AFCENT) nimmt nach seiner Verlegung aus Fontainebleau bei Paris nach Brunsum in den Niederlanden offiziell seine Tätigkeit auf.

Das neue Hauptquartier des Oberkommandos der US-amerikanischen Streitkräfte in Europa (Eucom) wird in Stuttgart-Vaihingen bezogen.

Marschall Arturo da Costa e Silva übernimmt die Präsidentschaft Brasiliens. Er löst Humberto de Alencar Castelo Branco in diesem Amt ab.

In Paris wird das Schauspiel »Der Architekt und der Kaiser von Assyrien« des spanischen Dramatikers Fernando Arrabal uraufgeführt.

16. März, Donnerstag

Das ständige Athener Militärgericht verurteilt am 100. Verhandlungstag im Hochverratsprozeß gegen die linksgerichtete griechische Offiziersverschwörung »Aspida« 15 der Angeklagten zu Freiheitsstrafen, 13 werden freigesprochen. →S. 46

Bei Zusammenstößen zwischen Oberschülern und Polizisten in drei Städten des Libanons werden ein Schüler getötet und mehrere Schüler schwer verletzt. Die Schüler demonstrierten gegen die Erhöhung der Gebühren für die Aufnahmeprüfung an den Universitäten.

Der US-amerikanische Senat billigt mit 66 gegen 28 Stimmen die am 1. Juni 1964 unterzeichnete Konsularkonvention mit der Sowjetunion. Damit ist ein weiterer Schritt zur Wiederaufnahme der Konsularbeziehungen zwischen beiden Staaten getan, die 1948 im Zusammenhang mit der Berlin-Blockade unterbrochen wurden.

»Die Wiedertäufer« von Friedrich Dürrenmatt wird im Züricher Schauspielhaus uraufgeführt.

17. März, Freitag

Die Tschechoslowakei und die DDR unterzeichnen in Prag einen Freundschafts- und Beistandspakt.

Die Kultusminister der Bundesländer beschließen auf einer Tagung in Bonn eine Neuregelung für den Zutritt zum Hochschulstudium. Die fachgebundene Hochschulreife wird allgemein eingeführt.

Den 42 Synodalen der Evangelischen Kirche in Deutschland (EKD) wird von den zuständigen Behörden der DDR das Stephansstift in Berlin (Ost) als Tagungsort für die EKD am 1. April versagt (→7. 4./S. 64).

18. März, Sonnabend

Die sowjetische Regierung weist zwei chinesische Diplomaten wegen »vor-

sätzlicher sowjetfeindlicher Tätigkeit« aus. Den Diplomaten wird weiter vorgeworfen, sie seien zu Besprechungen mit offiziellen sowjetischen Vertretern prinzipiell und herausfordernd zu spät gekommen.

19. März, Sonntag

Bundespräsident Heinrich Lübke kehrt von seiner dritten Asien-Reise, die er am 28. Februar antrat, nach Bonn zurück.

Eine Volksabstimmung in Französisch-Somaliland ergibt eine Mehrheit für den Verbleib des Landes im Verband der Französischen Republik (→12. 5./S. 80).

Präsidentschafts- und Parlamentswahlen in Gabun bringen für den Präsidenten Léon Mba und seinen Vizepräsidenten Albert Bongo sowie für die ohne Gegner kandidierenden Vertreter der Regierungspartei 98,5% aller abgegebenen Stimmen.

20. März, Montag

In einem Interview mit dem Hamburger Nachrichtenmagazin »Der Spiegel« bezeichnet Bundeskanzler Kurt Georg Kiesinger die Zusammenarbeit mit Frankreich als erstrangig, da die USA weit vom Kontinent seien.

Minensucher der Bundesmarine gehen mit drei Geschwadern modernster Bauart in See, um den schon minenfreien »Borkum-Terschelling-Weg« in der Nordsee zu verbreitern. Von wenigen Zugangswegen abgesehen, ist die gesamte Nordsee mit Grund- und Fernzündungsminen aus dem Zweiten Weltkrieg verseucht, deren Batteriezünder noch heute reagieren. →S. 49

Das Organisationskomitee für die Olympischen Spiele 1972 gibt mit 15:6 Stimmen Kiel den Vorzug vor Travemünde als Schauplatz der olympischen Segelregatten.

21. März, Dienstag

Im westafrikanischen Sierra Leone kommt es zum zweiten Militärputsch innerhalb einer Woche. Am 17. März putschten Offiziere nach den Wahlen zum Abgeordnetenhaus und setzten Premierminister Albert M. Margai ab. Am 21. März übernimmt Siaka Stevens die Regierung. Ihm folgt am 27. März Andrew Yuxon-Smith.

Der Frühling gebärdet sich in weiten Teilen Europas noch sehr winterlich. Die Temperaturen steigen nicht über 10°C. In den Schweizer Alpen fordern mehrere Lawinen sechs Todesopfer, auf Sizilien bleiben Hunderte von Autos im Schnee stecken.

Der deutsche Spielfilm »Mahlzeiten« von Edgar Reitz mit Heidi Stroh, Georg Hauke und Peter Hohberger wird zum ersten Mal in den bundesdeutschen Kinos gezeigt. Der Film erhält auf der Biennale in Venedig einen Preis als bester Erstlingsfilm.

Bei Sotheby in London erzielt ein weiß-blau dekoriertes Porzellan-

schälchen von nur 14 cm Durchmesser aus der Hochblüte der Ming-Dynastie einen Auktionspreis von 184 800 DM.

22. März, Mittwoch

Die bundesdeutsche Elf gewinnt das Fußball-Länderspiel gegen Bulgarien in Hamburg 1:0.

Cassius Clay verteidigt seinen Weltmeistertitel im Schwergewicht durch K.o.-Sieg in der siebenten Runde gegen Zora Folley (USA) in New York.

23. März, Donnerstag

In Moskau treffen US-Botschafter Llewellyn E. Thompson und der sowjetische Außenminister Andrei A. Gromyko zu einem ersten Gespräch über die Frage einer Beschränkung der Kernwaffenrüstung zusammen.

24. März, Karfreitag

Frankreich und die USA unterzeichnen in Paris ein Abkommen über die weitere Benutzung einer von den Vereinigten Staaten in Frankreich betriebenen Erdölpipeline, die der Versorgung der 7. US-Armee in der Bundesrepublik dient.

Das britische Unterhaus stimmt dem von Schatzmeister James Callaghan eingebrachten Gesetzentwurf mit einer Mehrheit von 92 Stimmen zu, der die Umstellung der britischen Währung auf das Dezimalsystem für 1971 vorsieht. →S. 52

25. März, Sonnabend

Bei einer Fernsehansprache anläßlich des zehnjährigen Jubiläums der Unterzeichnung der Römischen Verträge betont Bundeskanzler Kurt Georg Kiesinger, daß er weiterhin die politische Einigung Europas anstrebe.

26. März, Ostersonntag

Der Supertanker »Torrey Cannon« läuft vor Südwestengland auf ein Riff und verursacht die erste große Ölpest vor einer europäischen Küste. →S. 46

In der DDR wird das 900jährige Bestehen der Wartburg bei Eisenach gefeiert. →S. 51

Die Sozialenzyklika »Populorum Progressio« (der Fortschritt der Völker) von Papst Paul VI. fordert die Menschheit zum Kampf gegen Hunger und Ungerechtigkeit auf. →S. 44

27. März, Ostermontag

Nordvietnam lehnt den jüngsten Vermittlungsvorschlag des Generalsekretärs der Vereinten Nationen, Sithu U Thant, im Vietnamkrieg ab.

28. März, Dienstag

Der US-amerikanische Vizepräsident Hubert H. Humphrey unternimmt eine Europa-Reise, in deren Verlauf er bis zum 9. April acht Städte in sieben Ländern besuchen wird.

2:1 siegt die sowjetische Eishockey-Mannschaft im vorletzten Endrundenspiel der Weltmeisterschaft in

Wien über Kanada und sichert sich damit den siebenten Titel. →S. 53

29. März, Mittwoch

Der US-amerikanische Vizepräsident Hubert H. Humphrey kommt zu einer US-amerikanischen Botschafterkonferenz nach Bonn. In Gesprächen mit der Bundesregierung sichert er Konsultationen über den Atomsperrvertrag zu.

In Finnland erscheinen nach dreiwöchiger Zwangspause erstmals wieder die Zeitungen. 13 000 Beschäftigte des graphischen Gewerbes streikten für Lohnerhöhungen und die Einführung der 40-Stunden-Woche.

Im Hafen von Cherbourg läuft in Anwesenheit von Staatspräsident Charles de Gaulle das erste französische atomgetriebene U-Boot »Redoutable« vom Stapel. →S. 52

Gegenwärtig lagern rund 45 000 t Butter einschließlich der Berlin (West)-Reserve in bundesdeutschen Vorratsstellen.

30. März, Donnerstag

Ein deutsch-vietnamesisches Abkommen über den Einsatz des Malteser-Hilfsdienstes in Südvietnam wird unterzeichnet.

31. März, Freitag

Die Bundesanstalt für Arbeit in Nürnberg gibt bekannt, daß die Zahl der Arbeitslosen um 50 500 auf 623 100 in diesem Monat zurückgegangen ist. Damit hat die Arbeitslosigkeit in der Bundesrepublik vorerst ihren Höhepunkt überschritten.

Gestorben:

2. Madrid: Azorín, eigentl. José Martínez Ruiz (*11. 6. 1874, Monovar/Alicante), spanischer Schriftsteller.

2. München: Hans Ledwinak (*14. 2. 1878, Klosterneuburg), österreichischer Techniker und Ingenieur.

6. Budapest: Zoltán Kodály (*6. 12. 1882, Kecskemét), ungarischer Komponist, Volksliedsammler und Forscher.

15. New York: Edward Hopper (*22. 7. 1882, Nyack/New York), US-amerikanischer Maler und Grafiker.

17. Mainz: Frank Wisbar, eigentl. Wysbar (*9. 12. 1899, Tilsit), deutscher Filmregisseur.

20. Innsbruck: Ludwig von Ficker (*13. 4. 1880, München), deutscher Schriftsteller und Verleger.

25. Zürich: Johannes Itten (*11. 11. 1888, Thun), schweizerischer Maler und Kunstpädagoge.

29. Berchtesgaden: Fritz Schäffer (*12. 5. 1888, München), deutscher BVP- bzw. CSU-Politiker.

31. Moskau: Rodion J. Malinowski (*23. 11. 1898, Odessa), sowjetischer Marschall.

Playboy-Herausgeber Hugh Hefner als Titelbild des US-amerikanischen Nachrichtenmagazins »Time« vom 3. März 1967

Sozialenzyklika von Papst Paul VI.

26. März. Papst Paul VI. veröffentlicht seine fünfte Enzyklika, die Sozialenzyklika »Populorum Progressio« – was aus dem Lateinischen übersetzt etwa »Der Fortschritt der Völker« heißt.

Diese Enzyklika ist in einer volkstümlichen und verständlichen Sprache abgefaßt und beruft sich entgegen aller Tradition in den Anmerkungen nicht allein auf kirchliche Texte – Bibel, Kirchentexte, Enzykliken usw. –, sondern erstmalig auch auf moderne Theologen und Philosophen.

Papst Paul VI. fordert die Menschheit zur Solidarität mit den Benachteiligten im Kampf gegen Hunger und Unwissenheit auf. Insbesondere den Staatsmännern wird die »Pflicht zur weltweiten Solidarität« auferlegt; sie sollen die Völker zu notwendigen Abstrichen an Luxus und Vergeudung veranlassen im Sinne einer »wahrhaft universalen Gemeinschaft«.

Nach Ansicht des Papstes darf die Welt nicht dem »Spiel der Kräfte« überlassen bleiben, denn dessen Mechanismus verschärft das Mißverhältnis zwischen armen und reichen Ländern. Die Gefahren seien offenkundig: Gewalttaten, Aufstände, totalitäre Ideologien.

Auch die »Spielregeln der freien Marktwirtschaft« läßt Paul VI. nicht gelten und stellt das Prinzip des Wirtschafts-Liberalismus in Frage.

In der Sowjetunion vor allem wird die Enzyklika mit Wohlwollen aufgenommen. So schreibt die Nachrichtenorganisation Nowosti: »Die Enzyklika . . . enthält die schärfsten Worte gegen den Kapitalismus, seit Jesus die Geldwechsler und Wucherer aus dem Tempel vertrieb. Paul VI. verurteilt den kapitalistischen Gewinn als Hauptmotiv des wirtschaftlichen Fortschritts. Er wendet sich gegen die Konkurrenz als oberstes Gesetz der Wirtschaft und das Privateigentum an Produktionsmitteln als eine absolute Kategorie, die keine Grenzen kennt . . .«

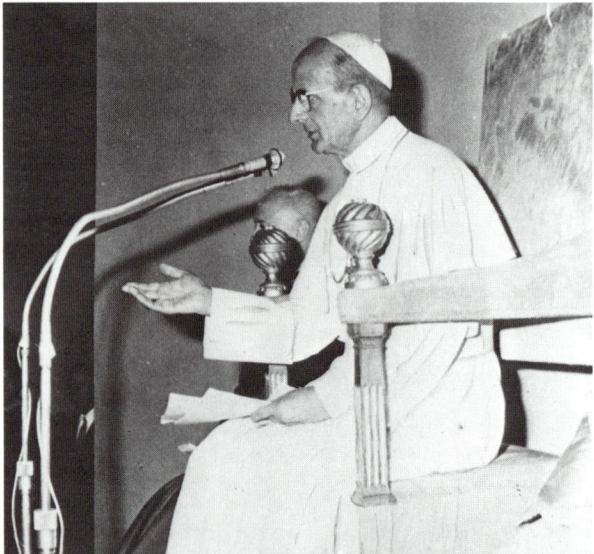

Papst Paul VI. verkündet in Rom die fünfte Enzyklika in seiner Amtszeit seit 1963; in Concesio bei Brescia am 26. September 1897 als Giovanni Battista Montini geboren, trat er 1922 in das päpstliche Staatssekretariat ein; er wurde 1952 Prostaatssekretär, 1954 Erzbischof von Mailand, 1958 Kardinal

Papst Paul VI. segnet in Bogotá die Menge; der Kampf gegen Hunger und Armut ist sein besonderes Anliegen

Indira Gandhi sprach auf ihrer Wahlkampfreise durch Ost-Indien für die Kongreßpartei vor fast 200 000 Menschen in der Stadt Kalkutta

»Für Frankreich mit de Gaulle« wirbt das Wahlplakat der Gaullisten; seit Mitte Februar tobte der Wahlkampf für die Nationalversammlung

Premier Indira Gandhi

13. März. Indira Gandhi wird mit ihrem neuen Unionskabinett nach vorausgegangenen Parlamentswahlen im Februar als Premierministerin Indiens vereidigt.

Bei den Wahlen handelt es sich um die ersten nach dem Tode von Jawaharlal Pandit Nehru (1964), der seit der Unabhängigkeit Indiens 1947 Premierminister war.

Die regierende Kongreßpartei mußte bei den Parlamentswahlen bedeutende Stimmeneinbußen hinnehmen.

Ihre innere Abhängigkeit von dem »Vater des Vaterlandes« Nehru hat es regionalen Kräften ermöglicht, sich zu verselbständigen. Besonders deutlich zeigt das der Wahlsieg der extremen Jan-Sang-Partei in Nordindien. Indira Gandhi muß mit einer geschwächten Partei das von Religions- und Sprachenstreit erschütterte Land regieren (5. 9./S. 144).

Gaullisten verlieren

12. März. Bei den Wahlen zur französischen Nationalversammlung, die in zwei Wahlgängen am 5. und 12. März abgehalten werden, erleiden die regierenden Gaullisten empfindliche Verluste, während die im Wahlkampf vereinte politische Linke des Landes für sich erhebliche Gewinne verzeichnen kann.

Die Gaullisten verlieren 40 Sitze und halten damit gerade die parlamentarische Mehrheit von 244 der insgesamt 486 Sitze der französischen Nationalversammlung. Die Linken ziehen mit 73 statt bisher 41 Sitzen, die Koalition aus Kommunisten und Sozialisten unter François Mitterrand mit 116 Sitzen ins Parlament ein. Die Disziplin dieses Wahlbündnisses ist von den französischen Wählern unverhofft stark belohnt worden, wenngleich ein Ende der Fünften Republik damit noch nicht abzusehen ist.

Syrischer Erdölkrieg beigelegt

1. März. Die Einigung zwischen der syrischen Regierung und der Iraq Petrol Company (IPC) läßt wieder nordirakisches Öl durch die über syrisches Gebiet führenden Erdölpipelines zum Mittelmeer fließen.

Die IPC zahlt rund 50% höhere Gebühren an Syrien und leistet die geforderte Nachzahlung von Gebühren für das Jahr 1966 in Höhe von 4,9 Millionen Pfund Sterling (rund 20 Millionen DM). Dafür hebt die syrische Regierung die am 8. Dezember 1966 einseitig verfügte Beschlagnahmung aller Vermögenswerte der IPC in Syrien wieder auf.

Mit diesem Kompromiß ist die für die irakische Wirtschaft tödliche Gefahr einer langanhaltenden Drosselung des irakischen Erdölexports abgewandt. Beobachter vermuten ein politisches Interesse, das Syrien mit der Sperrung der Pipelines verfolgte. Der Irak sollte damit zu einer Verstaatlichung seiner Erdölwirtschaft gezwungen werden. Unterhändler mehrerer kommunistischer Staaten hatten sich in Bagdad eingefunden und für den Fall einer Verstaatlichung Angebote für die Abnahme des Erdöls unterbreitet.

Pipelines pumpen das Öl von den Raffinerien direkt in die Supertanker

Anti-französische Demonstrationen

4. März. In Saigon kommt es innerhalb einer Woche zur fünften anti-französischen Kundgebung, die von Studenten initiiert wird. Rund 5000 Demonstranten verbrennen ein Bild des französischen Staatspräsidenten Charles de Gaulle. Etwa 100 Lehrer fahren durch die Straßen der Innenstadt und verbreiten anti-französische Parolen.

Viele Einwohner von Saigon betrachten die neutralistische Haltung Frankreichs im Vietnamkrieg als gegen Südvietnam gerichtet, und die Erbitterung steigerte sich, als bekannt wurde, daß in Paris eine südvietnamesische Exilregierung gebildet worden sei. Die Polizei kann verhindern, daß die Studenten in das französische Konsulat eindringen. Spruchbänder fordern: »Nieder mit de Gaulle und Ho Chi Minh!«

Ein sich ständig weiter verbreitender Ölteppich umgibt die »Torrey Canyon«, der Tanker ist auf ein Riff vor der südenglischen Küste aufgelaufen

Nach der Havarie droht die »Torrey Canyon« auseinanderzubrechen

Offiziere der Aspida verurteilt

16. März. Am 100. Verhandlungstag verkündet das Ständige Athener Militärgericht die Urteile in dem am 14. November 1966 begonnenen Hochverratsprozeß in der Aspida-Angelegenheit: 15 der angeklagten 28 Offiziere werden mit Freiheitsstrafen bis zu 18 Jahren verurteilt, 13 werden freigesprochen.

Der Prozeß und die Strafen weisen Ungereimtheiten auf. Den Angeklagten waren einige Grundrechte vorenthalten worden, ein wirklicher Versuch, die Monarchie zu stürzen, hätte andererseits noch schwerere Urteile verdient. Die Öffentlichkeit bleibt unzufrieden (→ 21. 4./S. 60).

Ölpest vor der britischen Küste

26. März. In der Nähe von Cornwall nordwestlich der Scilly-Inseln läuft der 61 263 BRT große, unter liberianischer Flagge fahrende Öltanker »Torrey Canyon« auf das gefahrvolle »Seven-Stone«-Riff auf und wird leckgeschlagen. Der Supertanker hat eine Ladung von 118 000 t Rohöl an Bord, die sich zu zwei Dritteln in den Atlantik ergießt. Die Havarie entwickelt sich zur »größten europäischen Naturkatastrophe«. Die britische Küste ist auf einer Strecke von mehr als 100 km verpestet, die Strände der Badeorte werden für lange Zeit verseucht; der Ärmelkanal bis zur Themsemündung, also die gesamte Südküste Großbritanniens und die Nordküste Frankreichs sind von der Ölpest bedroht.

Das aus dem Rumpf des Schiffes auslaufende Öl verkrustet im Salzwasser und ruft in der Folge schwere Schädigungen oder die Abtötung der Meeresfauna und -flora hervor. Das Öl verklebt auch das Gefieder der Seevögel, die dadurch flugunfähig werden und langsam verenden.

Dem ersten großen Tankerunglück nach der Aufnahme der Großtanker-Schiffahrt stehen die Rettungsmannschaften fast hilflos gegenüber. Der schwimmende Ölteppich wird mit Divergentien – chemischen Zersetzungsmitteln – besprengt, die wegen ihrer Giftigkeit allerdings auch Fische vernichten. Um das Austreten der verbleibenden 40 000 t Öl zu verhindern, wird die »Torrey Canyon« schließlich von der britischen Luftwaffe bombardiert und in Brand gesetzt.

Das mögliche Risiko der Tankschiffahrt wird nach dieser Havarie mehr und mehr diskutiert. Es bestehen zwar in der Tankschiffahrt bereits freiwillige Vereinbarungen, aufgrund derer für die bis zu 20 m tiefgehenden Supertanker besonders sichere Routen benutzt werden. Aber vor allem Tanker unter »billiger Flagge« schließen sich nur selten diesen Vereinbarungen an. Auch die »Torrey Canyon« steuerte auf einer »verbotenen Fahrrinne«. Der Ruf nach einer internationalen Seeverkehrsordnung zur Verhinderung eines größeren Unglücks wird lauter.

Vogelsterben nach Tankerunglück

An der Südwestküste Großbritanniens, zwischen Lands End und Kap Lizards, bietet sich eine Woche nach der Havarie des liberianischen Öltankers »Torrey Canyon« ein trauriger Anblick: Tausende von Seevögeln sind von der Ölpest erfaßt. Ihr Gefieder verklebt, was ihren langsamen und qualvollen Tod bedeutet. Da sich die Katastrophe gerade zur Brutzeit vieler Vögel ereignet, sind manche Arten in ihrem Bestand bedroht (Foto: Freiwillige Helfer beim Abschöpfen des Öls).

Italiener verrät Spionagering

13. März. Mit dem umfassenden Geständnis des 38jährigen Fallschirmspringers Giorgio Rinaldi, Spionage für die Sowjetunion betrieben zu haben, gelingt es der italienischen Polizei von Turin und Rom, ein Spionagenetz aufzudecken, das ganz Europa, insbesondere den Mittelmeerraum, überzieht. Aufgrund von Rinaldis Aussage werden 300 Spione verhaftet.

Als As des zivilen Fallschirmsports bekannt und dank seiner Tätigkeit als Ausbilder war es für Rinaldi leicht, zu fremden militärischen Stützpunkten Zugang zu erhalten.

Der Fallschirmspringer Giorgio Rinaldi verrät 300 Sowjet-Spione

30 000 Bauern fordern mehr Geld für Milch und Getreide

7. März. *Mehr als 30 000 Bauern und Bäuerinnen kommen zu einem außerordentlichen Bauerntag ihres Verbandes in Dortmund zusammen.*

Die Landwirte unterstreichen ihre Forderungen nach wirksamen Preiserhöhungen für Milch und alle Milchprodukte, einer Erhöhung der Getreidepreise und einem völligen Einfuhrstopp für ausländische Hölzer. In der völlig überfüllten Dortmunder Westfalenhalle richtet der Präsident des Bauernverbandes, Edmund Rehwinkel, heftige Angriffe gegen die Agrarpolitik der

Bundesregierung und die Kürzungen im Haushalt des Bundesernährungsministeriums 1967: Hier wurden insgesamt nur 4,769 Milliarden DM – im Vorjahr waren es 4,742 Milliarden DM – angesetzt, was nach Meinung der Landwirte nicht den Verhältnissen entspricht. Bei der Erwähnung der Namen des zuständigen Ministers Hermann Höcherl und des früheren Landwirtschaftsministers Heinrich Lübke reagieren die Bauern mit anhaltenden Pfiffen und Pfuirufen (Foto: Bauern-Demonstration gegen Höcherl).

KZ-Kommandant wird verhaftet

3. März. Franz Paul Stangl, der von März bis August 1942 als SS-Hauptmann Kommandant der Konzentrationslager Treblinka und Sobibor war, wird in São Paulo verhaftet.

Die Bundesrepublik Deutschland und Österreich stellen bei den brasilianischen Behörden Anträge auf Auslieferung für einen Mann, der wahrscheinlich für den Tod von mindestens 700 000 Menschen verantwortlich ist.

Der heute 59jährige Stangl geriet schon frühzeitig in die Gefangenschaft der US-Amerikaner. Die österreichischen Behörden, denen er übergeben wurde, konnten nicht verhindern, daß er sich 1948 mit seiner Familie über Nordafrika nach Südamerika absetzte. Seit 1960 liegt gegen ihn ein Haftbefehl bei der Düsseldorfer Staatsanwaltschaft vor, die seit Jahren in dem gesamten Treblinka-Komplex ermittelt.

Stangl lebt in der Erinnerung vieler ehemaliger KZ-Häftlinge als der »feine Herr mit der Reitpeitsche«, der die nahezu täglichen Exzesse in den beiden Lagern wohl duldete, sich selbst aber kaum daran beteiligt haben soll.

Fraktionsvorsitz an Helmut Schmidt

14. März. Helmut Schmidt wird als Nachfolger von Fritz Erler zum Vorsitzenden der SPD-Bundestagsfraktion gewählt.

Helmut Schmidt

Der scharfzüngige Redner ist 1953 zum ersten Mal in den Bundestag gewählt worden, wurde bald der Verkehrs-, später der Militärexperte der SPD-Fraktion und kehrte 1961 in seine Geburtsstadt Hamburg als Innensenator zurück. Durch sein energisches Eingreifen während der Hochwasserkatastrophe 1962 machte er sich einen Namen als Krisenmanager. 1965 zog er wieder in den Bundestag ein. Seine Arbeits- und Urteilskraft haben ihm nun den Fraktionsvorsitz eingetragen.

Stimmenverluste für die Berliner SPD

12. März. Aus den Wahlen zum Abgeordnetenhaus von Berlin (West) geht die SPD mit 56,9% der abgegebenen Stimmen als Sieger hervor. Die CDU kann 32,9% der Stimmen auf sich vereinigen, die FDP 7,1%. SPD und FDP bilden wieder eine Regierungskoalition unter Bürgermeister Heinrich Albertz.

Heinrich Albertz

Die Wahlbeteiligung ist die niedrigste seit 1948. Bemerkenswert ist der hohe Verlust der SPD von rund 132 000 Stimmen, was in Kommentaren auf die Abnutzungserscheinungen der Partei nach 20jähriger Herrschaft zurückgeführt wird. Die CDU kann einen Stimmenzuwachs von 4,1% verzeichnen.

Schollwer-Papier sorgt für Wirbel

3. März. Das Bekanntwerden einer Studie aus der Parteizentrale der Freien Demokraten entfacht in Bonn einen Wirbel um die Deutschlandpolitik der FDP und wirft zugleich ein Schlaglicht auf die innerparteilichen Spannungen der Oppositionspartei.

W. Schollwer

In dem Arbeitspapier, dessen Autor der FDP-Sprecher Wolfgang Schollwer ist, wird die Aufgabe des Alleinvertretungsanspruchs der Bundesrepublik empfohlen, außerdem der Verzicht auf die Ostgebiete jenseits der Oder-Neiße-Linie. Bundesrepublik und DDR sollten sich gegenseitig dort diplomatisch vertreten, wo der eine Staat noch keine Botschaft hat.

Wahlrecht soll reformiert werden

9. März. Ein von Bundesinnenminister Paul Lücke (CDU) berufener wissenschaftlicher Beirat soll eine mögliche Wahlrechtsreform prüfen, die das gegenwärtig gültige Verhältniswahlrecht durch das relative Mehrheitswahlrecht ersetzen würde.

Paul Lücke

Bei der Mehrheitswahl hängt die Zahl der Parlamentssitze einer Partei davon ab, wie viele Kandidaten in den einzelnen Wahlkreisen die relative Stimmenmehrheit erreichen. Dieses System der Alternative würde einerseits eine Konzentration der politischen Kräfte fördern, jedoch Kandidaten kleinerer Parteien den Zugang zum Bundestag verschließen.

Krupp wird Aktiengesellschaft

7. März. Die Bundesregierung gewährt eine Bürgschaft in Höhe von 300 Millionen DM an den Krupp-Konzern in Essen. Damit kann ein Zusammenbruch der Firma Friedrich Krupp, die mit einer Verschuldung von rund zwei Milliarden DM an Banken und Versicherungsgesellschaften in eine akute Liquiditätskrise geraten ist, verhindert werden, und mehr als 100 000 Arbeitsplätze werden erhalten.

Die Bundesbürgschaft ist nach langen Gesprächen mit der Vorstandsleitung des Konzerns in Essen an eine Reihe genau spezifizierter Bedingungen geknüpft und bis zum 31. Dezember 1968 befristet; sie kann nicht wiederholt werden. Erste Bedingung ist die Umorganisation des Krupp-Konzerns, der bisher in der Form einer Einzelfirma unter Alfried Krupp von Bohlen und Halbach als Alleininhaber geführt wird, in eine Kapitalgesellschaft.

Als Beginn dieser Umwandlung ist an die Auslagerung des Exportgeschäfts von Krupp in eine Export-Gesellschaft m. b. H. gedacht, die zunächst den Bereich des Auslandsgeschäfts mit einem Jahresumsatz von etwa einer Milliarde DM überschaubar machen und zugleich sicherstellen soll, daß die staatlich verbürgten Kredite bestimmungsgemäß für die Exportfinanzierung verwandt werden.

In dem Vertrag zwischen den beteiligten Banken und der Firma Krupp, der wesentlicher Bestandteil der Bürgschaftsgewährung ist, werden Krupp einschneidende Maßnahmen auferlegt. Alfried Krupp von Bohlen und Halbach muß als Eigentümer bis zum 15. April einen Verwaltungsrat berufen, dessen Rechte und Pflichten denen eines Aufsichtsrats entsprechen sollen. Dieser Verwaltungsrat wird die Durchführung einer Reihe von Änderungen kontrollieren, denen sich der Konzern zur Sicherung der Rentabilität und zur Straffung der Verwaltungsführung zu unterziehen hat.

Als Gegenleistung für die von Krupp zugestandenen Bedingungen verlängern die Banken ihre Kredite bis zum 31. Dezember 1968 und stocken darüber hinaus die laufenden Exportkredite um einen Betrag bis zu 400 Millionen DM auf.

Die Firma Krupp schließlich verpflichtet sich in dem Abkommen, rechtzeitig vor Ausschöpfung des Bürgschaftsrahmens das Geschäftsvolumen im In- und Ausland den vorhandenen Finanzierungsmöglichkeiten anzupassen.

Konzernherr Alfried Krupp von Bohlen und Halbach zahlt den höchsten Preis: Er wird Rentier. Damit gibt es keine Firma vergleichbarer Größe mehr, die einer einzelnen Person gehört (→30. 7./S. 117).

In einer Front direkt am Rhein stehen die neuen Hochöfen der Krupp-Hüttenwerke Rheinhausen, die jährlich 2,4 Millionen t Rohstahl produzieren

Berthold Beitz, seit 1953 Generalbevollmächtigter der Firma Krupp

Alfried Krupp von Bohlen und Halbach, Sohn von Krupp-Erbin Bertha Krupp und Gustav Krupp von Bohlen und Halbach, der 1950 starb

Stationen des Krupp-Konzerns

1811: Friedrich Krupp gründet in Essen eine »Fabrik zur Verfertigung des englischen Gußstahls«.

Friedr. Krupp

1826: Sein Sohn Alfred baut sie zur größten Gußstahlfabrik der Welt aus und wird als »Kanonenkönig« berühmt. Daneben begründet er auch ein Sozialwerk in einer Zeit, als gesetzliche Vorschriften zur sozialen Sicherung der Arbeiter unbekannt waren.

1903: Unter Alfred Krupps Sohn Friedrich Alfred wird die Firma mit einem Grundkapital von 160 Millionen RM in eine Familien-AG umgewandelt.

F. A. Krupp

1909: Alfreds Schwiegersohn Gustav von Bohlen und Halbach, dem von Wilhelm II. das Recht verliehen wurde, den Namen Krupp seinem Familiennamen voranzustellen, übernimmt das Unternehmen. Während des Ersten Weltkriegs erlebt die Firma einen gewaltigen Aufschwung als Rüstungsunternehmen. Nach der Krise der 20er Jahre und der Wiederaufrüstung beträgt 1938/39 der Anteil von Kriegsmaterial am Gesamtumsatz rund 10%.

Gustav Krupp

1943: Alfried Krupp von Bohlen und Halbach übernimmt die Einzelfirma von seinem Vater als Alleininhaber.

1953: Nach der Entflechtung des Konzerns und nach seiner Freilassung übernimmt Alfried Krupp wieder den Betrieb.

Contergan – Anklage erhoben

13. März. Die Oberstaatsanwaltschaft Aachen teilt mit, daß nach Abschluß des Ermittlungsverfahrens wegen des Arzneimittels Contergan Anklage gegen neun Mitarbeiter der Firma Chemie-Grünenthal bei der Ersten Großen Strafkammer erhoben worden ist. Diese neun Personen werden der zunächst fahrlässigen, später vorsätzlichen Körperverletzung angeklagt. Durch das Schlaf- und Beruhigungsmittel »Contergan« werden bei Erwachsenen Nervenschäden verursacht. Bei schwangeren Frauen kam es zu Schädigungen der ungeborenen Kinder, zu Mißbildungen, die in manchen Fällen zum Tod des Kindes führten. Thalidomidhaltige Präparate, wie z. B. Contergan, befanden sich vom 1. Oktober 1957 bis zum 26. November 1961 im Handel. Die Ermittlungen wurden am 18. Dezember 1961 eingeleitet und erstreckten sich bis zum November 1965. Die Akten umfassen etwa 60 000 Blatt. In der Anklageschrift werden 29 Sachverständige und 352 Zeugen benannt. Die Anklage hat Mißbildungen bei 50 Kindern und Nervenschäden bei 60 Erwachsenen berücksichtigt, die nur als Beispiel für mehr als 5000 Schadensfälle dienen. Als Nebenkläger haben sich bis jetzt erst 400 betroffene Personen angemeldet. Strafrechtlich ist es für die Anklage dabei unerheblich, ob die Einnahmen von Contergan nur zum Teil Ursache von Körperschäden ist oder ob auch andere Faktoren vorhanden sein müssen, um Schäden und Mißbildungen auszulösen. Wesentlich ist für die Anklageerhebung schon der Umstand, daß ohne Contergan solche Körperschäden nicht aufgetreten sind.

Für die Oberstaatsanwaltschaft in Aachen ist »Contergan . . . ein Einzelfall, in Umfang und Ausmaß einmalig in der Geschichte der deutschen Justiz«.

Das Material der Staatsanwaltschaft in Aachen für den Contergan-Prozeß füllt zahlreiche Ordner; angeklagt sind leitende Angestellte von Chemie-Grünenthal, deren Schlafmittel bei Ungeborenen Mißbildungen hervorrief

Minenräumboote in der Nordsee

Das schnelle Minensuchboot der Bundeswehr, »Sirius«, im Einsatz

20. März. Von Cuxhaven aus stechen Minensucher der Bundesmarine mit 27 Booten mit hochtechnisierter Ausrüstung in See. Ihre Aufgabe ist es, bis zum Herbst 1968 den Weg zwischen den Feuerschiffen »Elbe 1« und »Terschelling« zu räumen. Zwei jeweils 5,5 km breite Strecken sollen entmint werden. Eine 3,7 km breite, nicht zu befahrende Sicherheitszone soll beide Fahrtrassen voneinander trennen.

Im Zweiten Weltkrieg wurden von Großbritannien und dem Deutschen Reich insgesamt 64 915 Minen verschiedener Konstruktion in der Nordsee ausgelegt. Die Entfernung der Grund- und Fernzündungsminen, deren Batteriezünder selbst heute noch reagieren, bleibt nach Kriegsende ein Problem. Deshalb konnten nur wenige enge Zugangswege durch die minenverseuchte Nordsee gebahnt werden. Der Hauptverbindungsweg zwischen Hamburg und dem Ärmelkanal ist 218,6 km lang, aber nur 5,5 km breit. Auf diesem minenfreien »Borkum-Terschelling-Weg« drängen sich rund um die Uhr durchschnittlich 350 bis 400 Schiffe. Sie befahren die Wasserstraße in beiden Richtungen, die Mitte ist durch eine Kette numerierter Tonnen markiert. Von 1959 bis zum Jahr 1964 kollidierten hier allein 1552 Schiffe.

Kreditkarten auf dem Vormarsch

70 Jahre nach der Erfindung der Kreditkarten in den Vereinigten Staaten setzt sich auch in der Bundesrepublik die bargeldlose Zahlungsweise auf Pump per Karte durch: Gegenwärtig besitzen etwa 15 000 Bundesbürger diese »Zauberkarte«, noch 1963 waren es nur 3500.

Auf die Karte von »Diner's Club« beispielsweise geben rund 200 000 Unternehmen in aller Welt Kredit, im Bundesgebiet um die 3600, darunter alle Fluggesellschaften, große Reisebüros und Hotels sowie renommierte Restaurants und exklusive Fachgeschäfte.

Zigarettenpreise nur wenig erhöht

1. März. Das Inkrafttreten der Erhöhung der Tabaksteuer veranlaßt die Zigarettenindustrie, ihre Preis- und Sortimentsgestaltung weiter zu differenzieren.

Bei dem Vergleich der alten mit den neuen Preisen fällt auf, daß einige Marken gar nicht teurer werden. Eine wichtige Neuerung besteht darin, daß der Kauf größerer Packungen mit günstigeren Preisen honoriert wird. Für die neue Ein-DM-Packung in der neuen Preislage muß ein Stückpreis von 9,09 Pfennig bezahlt werden; wer 21 Zigaretten kauft, zahlt für die Packung 1,90 DM und damit nur 9,04 Pfennig pro Zigarette. Außerdem erscheint eine neue Marke »Stern« auf dem Markt, die wie »Overstolz« pro Packung für 1,80 DM zu kaufen ist.

Finanzminister F. J. Strauß, verantwortlich für die Steuererhöhung

Bildungswesen 1967:
Bundesländer reformieren Schulwesen

Versuche, das Schulwesen zu reformieren, charakterisieren die bundesdeutsche Bildungspolitik des Jahres 1967.

Das beherrschende Thema des Jahres ist die Umwandlung der staatlichen Bekenntnisschulen in nicht konfessionsgebundene Gemeinschaftsschulen.

Schulpolitik und Bildungswesen sind Sache der Länder, nicht des Bundes. Entsprechend regional unterschiedlich ist der Schulcharakter. In Baden-Württemberg, Rheinland-Pfalz und Nordrhein-Westfalen erhält die Gemeinschaftsschule im Laufe dieses Jahres den Vorrang vor den Bekenntnisschulen, was zu

Protesten vor allem von seiten der katholischen Kirche führt.

Auch in Bayern wird Anfang November 1967 ein von der SPD und FDP gemeinsam angestrengtes Volksbegehren »Christliche Gemeinschaftsschule« erfolgreich abgeschlossen. Dafür trat besonders engagiert die Bildungspolitikerin Hildegard Hamm-Brücher (FDP) ein. Das Ergebnis stimmt mit Meinungsumfragen bundesdeutscher demoskopischer Institute überein, nach denen mehr als drei Viertel der Bevölkerung die Gemeinschaftsschule befürworten.

Insgesamt besuchen 2,9 Millionen Kinder zwischen sechs und 15 Jah-

ren Gemeinschaftsschulen und 2,7 Millionen Schüler staatliche Konfessionsschulen – davon mehr als die Hälfte katholische Kinder. Rund 108 000 Kinder besuchen eine Konfessionsschule der jeweils anderen Konfession. In Bundesländern mit überwiegend katholischer Bevölkerung, so in Bayern, Nordrhein-Westfalen, Rheinland-Pfalz und dem Saarland, ist die katholische Konfessionsschule der dominierende Schultyp, während in den übrigen sieben Bundesländern die Gemeinschaftsschule Regelschule oder einzige Schulart ist.

Die katholische Kirche reagiert heftig auf die Überführung ihrer Schu-

len in Gemeinschaftsschulen. Sie beruft sich auf das Reichskonkordat von 1933, das in Artikel 23 der katholischen Kirche »die Beibehaltung und Neueinrichtung katholischer Bekenntnisschulen in Deutschland« garantiert.

Um eine Verbesserung der weiterführenden Schulen bemüht, richtet Rheinland-Pfalz erstmalig im Bundesgebiet an seinen Gymnasien und Realschulen eine »Eingangsstufe« ein, die die fünfte und sechste Klasse zu einer pädagogischen Einheit zusammenfaßt. Ohne Versetzungsdruck können sich die Schüler zwei Jahre lang auf die Arbeitsweise der neuen Schule einrichten. Erst dann entscheidet sich das Schicksal der Kinder.

Um die »Schule der Zukunft« bemüht sich Berlin (West), das zunächst experimentell eine »Gesamtschule« realisiert, die – an skandinavischen Vorbildern orientiert – alle bisherigen Schultypen zu einem modernen, einheitlichen Schulsystem zusammenfaßt. Darüber hinaus bietet die Gesamtschule noch andere Neuerungen: Das sog. Betriebspraktikum, in dem der Schüler einen ersten Kontakt zum Berufsleben knüpfen kann, sowie den festangestellten Schulpsychologen, der bei Schwierigkeiten der Schüler mit Eltern, Mitschülern und Lehrern qualifiziert unter Einbeziehung aller Beteiligten Hilfe leistet.

Hildegard Hamm-Brücher

Schüler einer Vorschulklasse (im Hintergrund Eltern) in Duisburg

Katholische Volksschule in St. Veit in Bayern

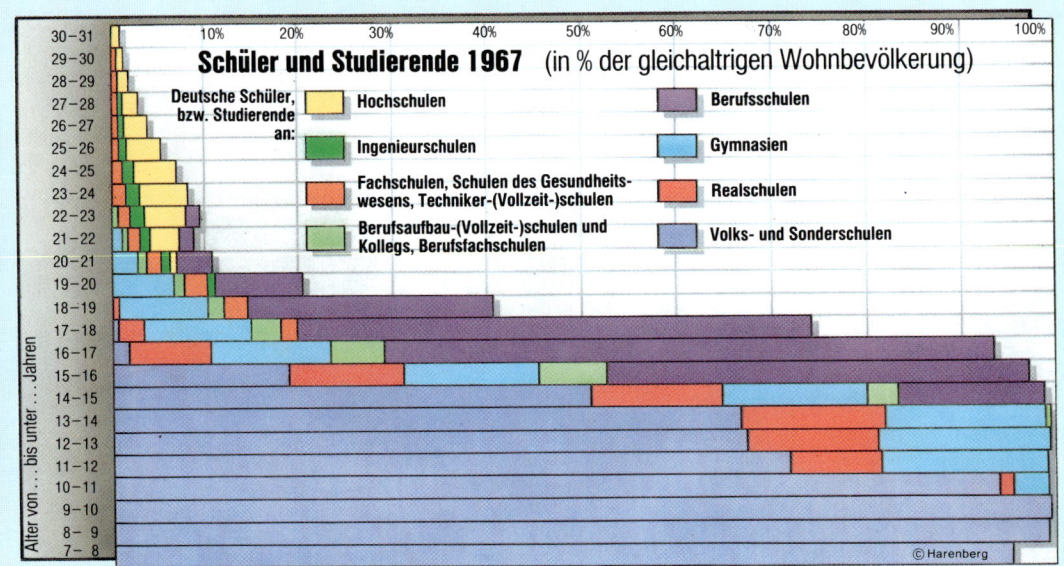

Schüler und Studierende 1967 (in % der gleichaltrigen Wohnbevölkerung)

Deutsche Schüler, bzw. Studierende an:

- Hochschulen
- Ingenieurschulen
- Fachschulen, Schulen des Gesundheitswesens, Techniker-(Vollzeit-)schulen
- Berufsaufbau-(Vollzeit-)schulen und Kollegs, Berufsfachschulen
- Berufsschulen
- Gymnasien
- Realschulen
- Volks- und Sonderschulen

© Harenberg

»Sängerkrieg auf der Wartburg« (Wandbild von Josef Aigner, 1881; Arbeitszimmer in Schloß Neuschwanstein)

900 Jahre deutsche Geschichte

26. März. Auf der Wartburg bei Eisenach in der DDR wird das 900jährige Jubiläum dieses bedeutenden Baudenkmals begangen.

Um 1067 errichtet, 1080 zuerst erwähnt, hat die Burg seither wichtige Etappen deutscher Kunst und Geistesgeschichte, aber auch politischer Entwicklung miterlebt.

Zu Beginn des 13. Jahrhunderts lebte hier Heinrich I. von Thüringen, der in einer Gedichtsammlung, dem »Sängerkrieg auf der Wartburg« (um 1260 entstanden) u. a. von Walther von der Vogelweide (»Fürstenlob«) und Wolfram von Eschenbach gefeiert wird. Das Motiv des Sängerkriegs lebt in vielen Werken fort, darunter im »Tannhäuser« von Richard Wagner (Uraufführung 1845) und in Gemälden von Moritz von Schwind, mit denen die Räume der Burg geschmückt sind (1854/55).

1235 wurde Elisabeth von Thüringen, der auf dem Weg von der Wartburg Brot in Rosen verwandelt werden, heiliggesprochen.

1521/22 hielt sich der Reformator Martin Luther in der Wartburg auf und schuf durch die Übersetzung des Neuen Testaments einen entscheidenden Beitrag zur deutschen Schriftsprache und zur Verbreitung der Bibel im Volk.

Am 18. Oktober 1817 fand auf der Burg das »Wartburgfest der deutschen Studenten« statt. Die Zusammenkunft von 500 Studenten aus elf deutschen Universitäten, ursprünglich zur Erinnerung an das Reformationsjahr 1517 und die Leipziger Völkerschlacht 1813 gedacht, wurde durch die Verbrennung reaktionärer Schriften zur Demonstration der fortschrittlichen Kräfte der Zeit.

Jubiläumsfeiern für die Wartburg

26. März. *Während der Osterfeiertage wird das 900jährige Bestehen der geschichtsträchtigen Wartburg bei Eisenach in Thüringen (Foto) begangen. Zu den Feierlichkeiten sind Gäste aus 15 europäischen Ländern von der DDR eingeladen worden. Auf den Festveranstaltungen wird die Bedeutung der Wartburg als Denkmal deutscher Kultur und Geschichte seit ihrer Errichtung um das Jahr 1067, über die Reformation bis zu den Freiheitsbewegungen des 19. Jahrhunderts hervorgehoben.*

Schulkompromiß in Rheinland-Pfalz

14. März. In der letzten Sitzung des Landtages von Rheinland-Pfalz vor den Neuwahlen (→ 23. 4./S. 63) wird der sog. Schulkompromiß über die Neuordnung des Volksschulwesens angenommen.

Danach sind die öffentlichen Grund- und Hauptschulen entweder christliche Gemeinschafts- oder Bekenntnisschulen. Die rheinland-pfälzischen Volksschulen unterteilen sich künftig in Grund- und Hauptschulen. Hauptschulen (ab der fünften Klasse) sind mindestens zweizügig zu errichten. Die Eltern sollen vor der Bildung von Hauptschulen über den Schulcharakter entscheiden. Sind nicht wenigstens zwei Drittel der Eltern für eine Bekenntnisschule, entsteht eine christliche Gemeinschaftsschule.

Sprachlabore bieten mehr Praxis

Mehr und mehr Schulen in der Bundesrepublik nutzen für ihren Fremdsprachenunterricht eine neue Methode: das Sprachlabor.

Laut Statistik spricht ein Schüler beim herkömmlichen Fremdsprachenunterricht nur etwa drei Minuten pro Woche, das sind auf das ganze Jahr verteilt rund zwei Stunden. So lernt er zwar die fremde Sprache verstehen, kann sie aber nicht aktiv benutzen.

Das Sprachlabor intensiviert die praktische Sprachübung, indem es dem einzelnen Schüler die Möglichkeit bietet, soviel wie möglich nachzusprechen und sich selbst – ohne die Kommentare seiner Mitschüler – zu korrigieren.

Auf einem Tonband werden den Schülern, die in Einzelkabinen mit Kopfhörern sitzen, Übungen vorgespielt, die sich in vier Phasen gliedern: Der Schüler hört die Frage oder einen vorgesprochenen Satz von seinem Band – er spricht die Antwort auf das Band – er hört die korrekte Antwort – er spricht noch einmal die Antwort nach.

Der Lehrer kann sich unbemerkt einschalten, mithören und Hilfen geben. Die komplizierten Anlagen kosten für 20 Schüler etwa 45 000 DM. Vor allem jüngere Lehrer befürworten dieses neue Hilfsmittel.

Ein schweizerischer Jodelchor vermittelt der Stalintochter Swetlana Allilujewa (l.) im Luftkurort Bürgenstock am Vierwaldstätter See einen ersten Eindruck von der Folklore ihres Gastlandes, das sie am 12. März erreichte

Stalintochter flieht aus der UdSSR

12. März. Weltweites Aufsehen erregt die Botschaft von der Flucht der Tochter des früheren sowjetischen Diktators Josef W. Stalin, Swetlana Allilujewa, in die Schweiz.

Mit einer Sondermaschine der italienischen Fluggesellschaft »Alitalia« trifft Swetlana Allilujewa auf dem Genfer Flughafen ein. Mit einem Touristenvisum darf sie vorerst in der Schweiz bleiben, nachdem sie erklärt hat, daß sie nicht wieder in ihre Heimat zurückkehren will.

Swetlana Allilujewa entstammt der zweiten Ehe Stalins. Der 40jährige Diktator heiratete 1919 ihre Mutter, die 17 Jahre alte Nadjeschda Allilujewa, die am 8. November 1932 unter mysteriösen Umständen ums Leben kam. Offiziell starb sie an einer akuten Blinddarmentzündung.

Swetlana Allilujewa war – wie ihr Vater – dreimal verheiratet, zuletzt mit dem indischen Kommunisten Brijesch Singh, der im Oktober 1966 aufgrund eines schweren Lungenleidens starb. Im Januar dieses Jahres erhielt die Witwe Swetlana Singh ein Ausreisevisum nach Indien, um ihren Ehemann in der Heimat zu bestatten. In Neu-Delhi bat sie in der US-Botschaft um ein Einreisevisum in die Vereinigten Staaten. Über Rom flog sie schließlich in die Schweiz, da ihr die US-Behörden zu verstehen gegeben hatten, daß ein Asylantrag wegen der angespannten Beziehungen zwischen den Vereinigten Staaten und der Sowjetunion nicht opportun sei.

Seit ihrer Ankunft in der Schweiz soll sich die Stalintochter im Berner Oberland aufhalten. Hunderte von Journalisten bemühen sich, sie zu finden, um ihr ihre Memoiren abzukaufen. Von ihr hofft man, alles über Stalin, sein Privatleben, seine Schwächen und menschlichen Seiten zu erfahren.

In der Sowjetunion bemüht man sich seit geraumer Zeit, das Image von Stalin zu verbessern. Angesichts der Jubiläumsfeiern zum 50. Jahrestag der Oktoberrevolution (→ 3. 11./S. 185) wird der wegen seiner »Säuberungen« und seines Terrors gefürchtete Diktator rehabilitiert. Bilder von Swetlana Allilujewa mit ihrem Vater und Briefe des Vaters an seine Tochter bezeugen, daß Stalin sehr an seiner Tochter hing. »Ohne Dich«, so schrieb er einmal, »bin ich sehr allein.«

Als Grund für ihre Flucht aus der Sowjetunion gibt Frau Allilujewa, die fließend Englisch spricht und in Philologie promoviert hat, den Wunsch an, sich schriftstellerisch zu betätigen. Das ist nach ihren Aussagen in ihrer Heimat nicht möglich. Am 22. März erhält sie unerwartet ein Einreisevisum für die USA, das sie auch annimmt. Ihr Sohn Josef blieb in Moskau zurück.

Ein schweizerischer Polizist hindert neugierige Journalisten am Betreten der Maschine, mit der Swetlana Allilujewa in Genf angekommen ist

Frankreich baut erstes Atom-U-Boot

29. März. Der französische Staatspräsident Charles de Gaulle löst mit einem Knopfdruck im Hafen von Cherbourg den Stapellauf des ersten französischen Atom-Unterseebootes aus.

Die »Redoutable« (»Der Gefürchtete«) ist mit 5200 t Gewicht und einer Wasserverdrängung von 8500 t das größte U-Boot, das je in Frankreich gebaut wurde. Es wird von einem Atomreaktor mit angereichertem Uran betrieben. Erst 1970 soll es seinen Dienst aufnehmen, da die Ausrüstung und Bewaffnung mit 16 Atomsprengköpfen noch drei Jahre in Anspruch nehmen werden.

Dezimalsystem für britische Währung

24. März. Mit 261 zu 169 Stimmen spricht sich das britische Unterhaus in London für die Umstellung der britischen Währung auf das Dezimalsystem aus.

Damit wird einer wochenlangen Auseinandersetzung um das Für und Wider einer Umstellung des britischen Pfund Sterling ein vorläufiges Ende gesetzt. Hauptargument der Gegner dieser Lösung ist die Befürchtung, daß das Pfund als Weltwährung mit der Umstellung an Ansehen verlieren könnte.

Erst im Jahr 1971 soll die Umstellung erfolgen. Nach Angaben von

Umstellung betrifft andere Länder

Verschiedene Länder, deren Währung mit dem britischen Pfund Sterling in einer gemeinsamen Währungs- und Devisenpolitik verbunden sind und die ihre Währungsreserven zentral in London halten, sind von der zukünftigen Umstellung des Pfund Sterling auf das Dezimalsystem betroffen. Zu diesen Ländern gehören Ägypten, Libyen, der Sudan, Syrien und die Türkei.

Schatzmeister James Callaghan müssen rund neun Millionen Münzen neu geprägt werden. Derzeit teilt sich ein Pfund Sterling in 20 Shilling oder 240 Pence auf, ab 1971 in 100 New Pence.

Fünfter Erfolg für Sowjetunion

28. März. Die sowjetische Eishokkey-Mannschaft steht bereits zwei Tage vor Beendigung der Wettbewerbe um die Weltmeisterschaft als Titelträger fest. Sie schlägt Kanada vor 13 000 Zuschauern im Wiener Eisstadion 2:1 (0:1, 1:0, 1:0) und ist damit trotz einer noch ausstehenden Begegnung nicht mehr vom ersten Platz zu verdrängen.

Nach einem glänzenden Start der Kanadier setzten sich die spieltechnisch überlegenen Sowjets im zweiten Drittel durch. Die Sowjetunion wird damit zum fünften Mal in ununterbrochener Reihenfolge Eishockey-Weltmeister.

Schloßhotel im Taunus abgebrannt

8. März. Durch einen Brand wird das Schloßhotel Kronberg im Taunus fast vollständig zerstört.

Menschen kommen nicht zu Schaden, obwohl das Feuer in den frühen Morgenstunden ausbricht, als die meisten Gäste und Angestellten noch schlafen. Trotz des Einsatzes zahlreicher Feuerwehrleute aus der Umgebung brennt das renommierte Hotel, das 1888 als »Palais Friedrichshof« von Prinzessin Victoria von Großbritannien in englischem Tudor-Stil erbaut wurde, bis auf die Grundmauern nieder. Ein Teil der Kunstschätze ist geborgen worden.

Feuerwehr bei Löscharbeiten am Schloßhotel Kronberg im Taunus

Weltmeister im Eiskunstlauf werden zum zweiten Mal Ludmilla Belousowa und Oleg Protopopow

Das Weltmeisterpaar aus der Sowjetunion beeindruckt vor allem durch seine artistischen Einlagen

Siegeszug des Sowjetpaars

3. März. Bei den Eiskunstlauf-Weltmeisterschaften in Wien verteidigt das sowjetische Ehepaar Ludmilla Belousowa und Oleg Protopopow erfolgreich seinen Titel im Paarlauf vom Vorjahr.

Die Olympiasieger von Innsbruck gewinnen mit deutlichem Vorsprung vor dem bundesdeutschen Paar Margot Gluckshuber und Wolfgang Danne aus Garmisch-Partenkirchen.

Nach dem Pflichtlauf am Vortag stand das sowjetische Paar als neuer Eiskunstlauf-Weltmeister praktisch bereits fest. Vor nur 700 Zuschauern laufen sie bei strömendem Regen fehlerfrei.

Das sowjetische Ehepaar tritt nicht nur einen Siegeszug auf dem Eis an, sondern gewinnt auch zunehmend die Sympathien der Zuschauer. Nach dem deutschen Traumpaar Marika Kilius und Hans-Jürgen Bäumler beginnt das Publikum nun das sowjetische Paar zu favorisieren.

Ludmilla Belousowa und Oleg Protopopow verstehen es, die westlichen Medien und das Interesse des westlichen Publikums zu nutzen. So verkündet die zierliche, blonde Ludmilla nach den Meisterschaften vor Reportern, daß sie mit ihrem Mann erst nach den Olympischen Spielen ihren Kinderwunsch erfüllen wolle. Oleg Protopopow weist jedoch darauf hin, daß man sich noch nicht ganz einig sei, wel-

Die US-Amerikanerin Peggy Fleming holt sich den Weltmeistertitel im Eiskunstlauf der Damen

Der Österreicher Emmerich Danzer sichert sich in Wien den Weltmeistertitel bei den Herren

che Olympischen Spiele das Ende ihrer Karriere bedeuten werden.

Der hochgewachsene, ernste Protopopow wirkt selten zufrieden auf dem Eis. Getreu seinem Vorsatz, immer schwierigere Paarlauffiguren zu zeigen, forscht er nach immer neuen Kombinationen. Seiner Meinung nach bietet das Paarlaufen »unerschöpfliche Möglichkeiten«, wie beispielsweise die sog. Todesspirale nach eigenem Muster. Daß Protopopow, wie er selbst sagt, »Epoche machen will«, scheint bei seinem Willen zum Erfolg außer Zweifel. Nachdem er die staatliche Pianisten-Prüfung

nicht bestanden hatte, begann er seine Karriere als Eiskunstläufer. Ohne Trainer arbeitete er mit der Ballett-Schülerin Belousowa in Leningrad, bevor er 1962 erstmals Sowjet-Meister wurde. Wie kein anderes Paar harmonieren die beiden Sowjetrussen mit ihrem Programm zur Musik.

Nicht nur durch ihre sportlichen Leistungen erkämpfen Ludmilla Belousowa und Oleg Protopopow der Sowjetunion internationales Prestige, sondern auch durch ihr Verhalten, das sie für die westlichen Zuschauer zu »normalen« Menschen macht.

April 1967

Mo	Di	Mi	Do	Fr	Sa	So
					1	2
3	4	5	6	7	8	9
10	11	12	13	14	15	16
17	18	19	20	21	22	23
24	25	26	27	28	29	30

1. April, Sonnabend

Der Zentralbankrat der Deutschen Bundesbank gibt nach 36 Jahren die Zinsverordnung frei. Die Maßnahme bedeutet das Ende der staatlichen Zinsreglementierung und die völlige Freigabe der Einlagezinsen sowie der Kreditkosten. →S. 66

30% der in der Bundesrepublik geschlossenen Ehen sind konfessionell gemischt. 1959 waren noch in 73,8% aller neugeschlossenen Ehen beide Partner entweder evangelisch oder katholisch oder freireligiös.

Die »Beatles« treten mit einer neuen Langspielplatte an die Öffentlichkeit, »Sergeant Pepper's Lonely Hearts Club Band«. Die neue Platte bringt in einer Reihe von Nummern die Beschäftigung der britischen Popgruppe mit fernöstlicher Musik und Meditation zur Geltung. →S. 72

2. April, Sonntag

Die Vereinten Nationen (UN) in New York veröffentlichen einen Bericht über die Umwandlung von Meerwasser in Trinkwasser, die vor allem in Entwicklungsländern und in Israel immer mehr an Bedeutung gewinnt. Gegenwärtig werden nahezu 45 Millionen l Trinkwasser pro Tag mit dieser Methode gewonnen. →S. 68

Mitglieder, Freunde und Sympathisierende der in Mannheim beheimateten »Gesellschaft der Freunde der Volksrepublik China« erhalten aus Peking die Mitteilung, daß das »Rote Büchlein der chinesischen Rote Garde – Die Worte des Vorsitzenden Mao Tse-tungs«, jetzt auch in deutscher Sprache erhältlich ist. →S. 71

Eine für diese Jahreszeit ungewöhnlich hohe Temperatur von 27° Celsius wird in New York gemessen.

3. April, Montag

In Berlin (West) schließen sich SPD und FDP zu einem Koalitionssenat unter Bürgermeister Heinrich Albertz zusammen (→12. 3./S. 47).

Bis zum 5. April veranstaltet die FDP ihren XVIII. Bundesparteitag in Hannover, der sich vor allem mit Fragen der Deutschlandpolitik beschäftigt (→3. 3./S. 47).

Die US-amerikanische Regierung verzichtet auf den seit 1950 bestehenden Registrierzwang, dem Funktionäre und Mitglieder der Kommunistischen Partei unterstellt waren.

Der Generalsekretär der Vereinten Nationen (UN), Sithu U Tant, fordert die USA auf, in Vietnam einseitig die Kriegshandlungen einzustellen, um in Friedensverhandlungen mit Nordvietnam einzutreten.

Zum ersten Mal wird eine Frau zur Strafrichterin im Schweizer Kanton Basel-Stadt gewählt. Sie verdankt ihre überwältigende Mehrheit vermutlich den Frauen, die erstmalig stimmberechtigt waren. →S. 62

4. April, Dienstag

Der Apostolische Nuntius Corrado Bafile erklärt in einem Schreiben an Außenminister Willy Brandt seine Sorge über die Regelung der Schulfrage in Nordrhein-Westfalen, Baden-Württemberg und Rheinland-Pfalz, die das Reichskonkordat von 1933 verletze (→S. 50).

Nach einer fast siebenwöchigen Regierungskrise in den Niederlanden gelingt es dem Katholiken Piet de Jong, ein neues Kabinett zu bilden. →S. 60

Unter erheblichen Sicherheitsvorkehrungen wird zum ersten Mal in der Bundesrepublik Atommüll eingelagert. 80 Spezialfässer von 100 l bis 200 l Inhalt aus dem Kernforschungszentrum Karlsruhe werden im Schacht des früheren Salzbergwerks Asse bei Wolfenbüttel in 750 m Tiefe gelagert. →S. 66

Die polizeiliche Kriminalstatistik weist aus, daß in der Bundesrepublik im vergangenen Jahr 1 917 445 Verbrechen und Vergehen gegen die Strafgesetze begangen wurden. Davon wurden 53% aufgeklärt. →S. 66

5. April, Mittwoch

Die US-amerikanische Regierung ersucht den Kongreß in Washington um Bewilligung von 20 Millionen US-Dollar (rund 80 Millionen DM) für die Produktion von Antikonzeptionsmitteln zur Unterstützung von Programmen der Geburtenregelung in Entwicklungsländern.

Anstelle des US-amerikanischen Generals Lyman L. Lemnitzer übernimmt sein Landsmann General Earl G. Wheeler den Oberbefehl über alle Streitkräfte des Nordatlantikpakts (NATO).

Das neue Fernsehspiel von Dieter Meichsner »Das Arrangement« macht den Anfang einer Reihe, die das Zweite Deutsche Fernsehen als »Das Fernsehspiel der Gegenwart« ausstrahlt. Die neue Serie wird aus Stücken mit aktueller Problematik bestehen. →S. 73

6. April, Donnerstag

US-Vizepräsident Hubert Humphrey besucht Berlin (West) und erneuert vor dem Abgeordnetenhaus die US-amerikanischen Garantien für die Stadt. →S. 63

Die politische Polizei von Berlin (West) verhaftet elf Personen, vorwiegend Mitglieder der Kommune I, die angeblich einen Anschlag auf den US-amerikanischen Politiker Hubert Humphrey planten.

Die Nukleare Planungsgruppe (EUR-ATOM), die auf der Ministerratstagung des Nordatlantikpaktes (NATO) vom Dezember 1966 geschaffen wurde, tritt zu ihrer ersten Sitzung in Brüssel zusammen.

Polen und Bulgarien unterzeichnen in Sofia einen Freundschafts- und Beistandspakt.

Der Münchner Landesbischof Hermann Dietzfelbinger wird mit 129 von 140 Stimmen von der Synode der Evangelischen Kirche Deutschlands (EKD) zum neuen Ratsvorsitzenden der EKD gewählt (→7. 4./S. 64).

7. April, Freitag

Der französische Ministerpräsident Georges Pompidou stellt sein neues Kabinett vor.

Der Bundestag beschließt mit Zustimmung des Bundesrats die sehr umstrittene Notstandsverfassung (→9. 11./S. 180).

Die Synode der Evangelischen Kirche in Deutschland (EKD), die seit dem 1. April getrennt in Spandau/Berlin (West) und Fürstenwalde (DDR) tagte, verabschiedet eine gemeinsame Schlußerklärung, in der sie sich zur Einheit bekennt. →S. 64

Die finnische Sauna erfreut sich unter den Bundesbürgern immer größerer Beliebtheit. 2,5 Millionen gesundheitsbewußte Saunierende werden geschätzt, obwohl man zwischen 2800 DM und 10 000 DM ausgeben muß, um sich eine eigene Sauna im Keller oder Garten aufzustellen.

8. April, Sonnabend

In Paris kommt es anläßlich des zweitägigen Besuchs von US-Vizepräsident Hubert Humphrey zu antiamerikanischen Demonstrationen.

Die längste Seilbahn Österreichs mit einer Gesamtlänge von 6200 m wird eröffnet. Sie beginnt bei Kaprun und führt auf das Kitzsteinhorn. Dabei überwindet sie einen Höhenunterschied von 2101 m. →S. 68

Die Bundesrepublik gewinnt in Dortmund ein Fußball-Länderspiel gegen Albanien 6:0.

9. April, Sonntag

Bei dem Besuch des US-Vizepräsidenten Hubert Humphrey in Brüssel bewerfen Demonstranten das Auto des Politikers mit Steinen, Eiern, Tomaten und kleinen Mehltüten.

Der Verwaltungsangestellte Jürgen Hochlehnert aus Edingen bei Heidelberg erhält von US-Präsident Lyndon B. Johnson telegrafisch eine Prämie von 6000 DM, da er als Steuerfachmann der US-Armee in Frankfurt am Main in den letzten zwei Jahren 430 000 US-Dollar (1,7 Millionen DM) einsparen half.

Die britische Beat-Sängerin Sandie Shaw ersingt sich mit dem Lied »Puppet on a String« (Puppe am Faden) den »Grand Prix de la Chanson« in der Wiener Hofburg.

10. April, Montag

Der Kabinettsausschuß für mittelfristige Finanzplanung tritt unter Vorsitz von Bundeskanzler Kurt Georg Kiesinger zu seiner konstituierenden Sitzung zusammen. Aufgabe des Ausschusses ist, Vorschläge zu unterbreiten, wie Fehlbeträge der Bundeshaushalte beseitigt werden können.

Die Labour Party verliert bei den Grafschaftswahlen in Großbritannien erstmals seit 33 Jahren die Mehrheit in Großlondon. →S. 60

Schwere Verletzungen erleiden 150 schwarze und weiße Bürgerrechtler in Louisville (Kentucky), als sie in einem vorwiegend von Weißen bewohnten Stadtteil für das Recht auf freie Wohnungswahl für Farbige demonstrieren. Sie werden von den Einwohnern mit Steinen, Tomaten und Feuerwerkskörpern beworfen.

In Hollywood werden die Oscars, Auszeichnungen für filmische Leistungen, vergeben. →S. 73

11. April, Dienstag

Als neuer Ministerpräsident von Jamaika wird der 44jährige bisherige Außenminister Hugh Shearer vereidigt. Er ist Nachfolger des am 10. April verstorbenen Ministerpräsidenten Sir Donald B. Sangster.

Zum »Welttouristenjahr 1967« beschließt Rumänien die Aufhebung des Visumzwangs. Für die Ein- und Ausreise genügen künftig Reisepaß oder Personalausweis, wenn der Tourist nachweisen kann, wo er seinen Ferienaufenthalt gebucht hat.

12. April, Mittwoch

Bundespräsident Heinrich Lübke ernennt offiziell die ersten Parlamentarischen Staatssekretäre der Bundesrepublik. →S. 63

Bundeskanzler Kurt Georg Kiesinger gibt anläßlich des bevorstehenden Parteitags der SED am 17. April eine Erklärung zur Deutschlandpolitik der Bundesregierung ab.

Die spanische Regierung verhängt ein Flugverbot für britische Militär- und Zivilflugzeuge über den 40 Meilen (61 km) langen Küstenstreifen von Tarifa bis nordöstlich von Gibraltar.

13. April, Donnerstag

In Genf geht die zweitägige Gedenktagung der Wirtschaftskommission für Europa (ECE) anläßlich ihres 20jährigen Bestehens zu Ende.

Die Deutsche Bundesbank senkt zum dritten Mal in diesem Jahr zur Konjunkturbelebung den Diskontsatz um 0,5%. Er beträgt jetzt 3,5%.

Österreich und die Vereinten Nationen (UN) unterzeichnen ein Abkommen, wonach Wien Sitz der Industriellen Entwicklungsorganisation der UN (UNIDO) wird.

Die Tageszeitung »Frankfurter Allgemeine« widmet am 20. April dem am Vortage verstorbenen Konrad Adenauer ihre Titelseite

Frankfurter Allgemeine
ZEITUNG FÜR DEUTSCHLAND

S-Ausgabe / Donnerstag, 20. April 1967 — Herausgegeben von Nikolas Benckiser, Bruno Dechamps, Jürgen Eick, Karl Korn, Jürgen Tern, Erich Welter — 40 Pfennig / Nr. 92 — D 2955 A

Konrad Adenauer gestorben

Der erste Bundeskanzler am Mittwochnachmittag im Alter von 91 Jahren in Rhöndorf verschieden / Staatsbegräbnis angeordnet / Trauer und Dank

R. BONN, 19. April. In seinem zweiundneunzigsten Lebensjahr ist Konrad Adenauer, der erste Bundeskanzler, am Mittwoch nach einwöchiger Krankheit in seinem Haus in Rhöndorf gestorben. Während die Flaggen in Bonn auf halbmast sanken, gab Bundestagspräsident Gerstenmaier vor dem Bundeskabinett und dem Bundestag bekannt, daß das älteste Mitglied des Hauses, der frühere Präsident des Parlamentarischen Rats und langjährige Bundeskanzler der Bundesrepublik Deutschland, verschieden sei. Er sprach den Angehörigen und der christlich-demokratischen Bundestagsfraktion seine Anteilnahme aus. Das Bundestag wird am Dienstag um 10.00 Uhr in einem Staatsakt Abschied von Adenauer nehmen. Der Bundespräsident hat ein Staatsbegräbnis angeordnet. Die Trauerfeier wird, ebenfalls am Dienstag, im Kölner Dom stattfinden.

Bundespräsident Lübke, der gegenwärtig seine Geschäfte von seinem Berliner Amtssitz aus wahrnimmt, hat in einem Beileidstelegramm der Familie Adenauers der Anteilnahme des ganzen deutschen Volkes versichert. Es gebe wohl kaum einen Menschen in Deutschland, heißt es, den Adenauers Tod nicht berührt und ergriffen hätte. Adenauer habe mehr als nur eine Epoche unserer jüngsten Geschichte verkörpert. Als erster Bundeskanzler habe er jene Kontinuität demokratischen, rechtsstaatlichen Denkens und europäischer Gesinnung wiederhergestellt, die von den Nationalsozialisten unterbrochen worden war. In den vierzehn Jahren seiner Kanzlerschaft sei Adenauer vergönnt gewesen, im freien Teil des Vaterlandes den Menschen Wege in eine bessere und gesicherte Zukunft zu ebnen. „In Konrad Adenauer verlieren wir einen großen Staatsmann, der unserem Vaterland mit beispielhafter Hingabe gedient hat", schreibt Lübke weiter. Europa dagegen verliere einen Politiker, der sich redlich um eine Einigung bemüht habe. Lübke und Bundestagspräsident Gerstenmaier würdigten Adenauer am Abend auch über Rundfunk und Fernsehen.

Auch aus dem Ausland gingen unmittelbar nach Bekanntwerden der Todesnachricht zahlreiche Kondolenzschreiben und Beileidserklärungen ein, unter anderen von dem amerikanischen Präsidenten Johnson, Königin Elisabeth von England und Premierminister Wilson, Italiens Staatspräsident Saragat, Schwedens Ministerpräsident Erlander, Norwegens Ministerpräsident Borten, Dänemarks Ministerpräsident Krag, den Außenministern der USA, Rusk, und Belgiens, Harmel. Der französische Präsident de Gaulle ließ durch seinen Botschafter in Bonn seine Beileid übermitteln. Präsident de Gaulle wird zur Beisetzung kommen. Aus Washington wird Präsident Johnson, aus London Premierminister Wilson kommen. Mit seinem Namen ist der Wiederaufstieg des Bundesrepublik Deutschland untrennbar verbunden. Als er 1963 aus dem Amt schied, war es wieder ein Land, auf das die Gemeinschaft freier Völker zählen kann und das in der Welt wieder Vertrauen und Ansehen erlangt hat. Konrad Adenauers unermüdliches Eintreten für die Freiheit sowohl in der Politik, in der Wirtschaft wie in dem Bemühen um die Treue und Zuverlässigkeit der Deutschen. Was uns zusammenbrachte und zusammenschließen ließ, war unser im gemeinsames Ziel gewesen.

Der Begründer

J. T. Seit Bismarck hat keiner den Staat der Deutschen so lange, so entschlossen und so selbstlos, mit so viel Glück und Erfolg regiert wie Konrad Adenauer einmal, beinahe nebensächlich, über sich selbst: Ich habe den Wunsch, daß später einmal, wenn die Menschen über den Nebel und Staub dieser Zeit hinwegsehen, von mir gesagt werden kann, daß ich meine Pflicht getan habe. Konrad Adenauer hat mehr als seine Pflicht getan.

Erhard: Das deutsche Volk hat einen großen Sohn verloren

Konrad Adenauer ist am Mittwoch um 13.21 Uhr gestorben. Seine Ärzte hatten schon am Vormittag mitgeteilt, daß sich sein Krankheitszustand verschlechtert habe und Anlaß zu ernster Besorgnis sei. Das letzte von Adenauers Hausärztin, Dr. Beßber-Buch, Professor Scheede und Privatdozent Hilger um 11.30 Uhr herausgegebene ärztliche Bulletin hatte folgenden Wortlaut: „Der Krankheitszustand hat sich verschlechtert und gibt zu ernster Besorgnis Anlaß."

Gegen 13 Uhr 40 teilte dann der Sprecher der CDU/CSU-Bundestagsfraktion, Ackermann, mit, daß der 91jährige Altbundeskanzler ruhig entschlafen sei. Weitere Einzelheiten wurden am Mittwoch nicht mehr bekanntgegeben. Am Haus Adenauers in Rhöndorf wurde nach seinem Tode die Fahne auf halbmast gezogen. Später zog ein Doppelposten der Polizei als Ehrenwache auf.

Die Todesnachricht verbreitete sich mit Windeseile. Alle Rundfunkstationen unterbrachen ihr Programm. Mehrere Tage später erhielt.

Extra-Blätter berichteten. In Rhöndorf läuteten die Kirchenglocken zum Gedenken an die Toten. Bundespräsident Lübke, der sich zur Zeit in Berlin aufhält, wurde sofort vom Tode Adenauers unterrichtet.

Adenauer erlag den Folgen eines grippalen Infekts in Verbindung mit einer Bronchitis, die Kreislauf und Herztätigkeit so sehr schwächten, daß die Widerstandskraft des 91jährigen nach und nach erlahmte. Die Krankheit war offenbar die Folge einer sich ausdehnenden Erkältung, die sich Adenauer Anfang dieses Jahres zugezogen hatte. Ohne sein zu schonen, war er noch im Februar nach Spanien und Paris gereist. Auch nach seiner Rückkehr gönnte er sich keine Pause. Intensiv arbeitete er an dritten Band seiner Memoiren, dessen Manuskript Ende Mai vorliegen sollte. Seit Ostern hatte er sein Büro im Rhöndorfer Haus nicht mehr betreten. Als Bundeskanzler Kiesinger am 91jährigen Anfang April besuchte, war Adenauer schon deutlich von der Krankheit gezeichnet. Wenige Tage später verbreitete.

Gesundheitszustand besorgt. Von diesem Augenblick an wuchs die Sorge um den früheren Bundeskanzler von Stunde zu Stunde. Seine Kinder hielten am Krankenbett abwechselnd Wache.

Ludwig Erhard, Adenauers Nachfolger als Bundeskanzler und CDU-Vorsitzender, erhielt im Deutschland-Union-Dienst: „Das deutsche Volk hat einen großen Sohn verloren. Mit seinem Namen ist der Wiederaufstieg des Bundesrepublik Deutschland untrennbar verbunden.

„Er starb mit Sorgen"

„In unserem Volk", fuhr Barzel fort, „leben viele Adenauer-Bilder. Dieses ist allen gemeinsam: Wie er, stehend und ungebrochen, den Präsidenten Abschiedsrede vom Leben Adenauers vor dem Deutschen Bundestag anhörte und dann vom Stuhl des Kanzlers auf den Abgeordneten eintritt — in seiner Würde, gelassen, ohne Zaudern und stetig. Er war, was er sein wollte: ein Christ und ein Demokrat."

„Er starb mit Sorgen", fühlte Barzel fort. „Seine Unruhe für Europa trieb ihn bis zuletzt." Barzel schloß: „... danken wir ihm und bitten wir für ihn. Er bleibt der Erste von uns." (Fortsetzung und Berichte der Auslandskorrespondenten auf Seite 4. Dazu Aufsätze auf Seite 2 und 3.)

Für die Franzosen das Sinnbild der Verständigung am Rhein

Adenauer bedeutete den Schlußstrich unter die Vergangenheit / Die Freundschaft mit de Gaulle

J. R. PARIS, 19. April. Die Nachricht vom Ableben Altbundeskanzler Adenauers hat in Paris spontane Trauer ausgelöst. Alle französischen Rundfunksender brachten ausführliche Kommentare über das Leben Adenauers. Präsident de Gaulle wurde durch seinen persönlichen Referenten sogleich vom Eintreten der Todesnachricht unterrichtet. In Paris gilt es sicher, daß der General seinem verstorbenen Freund durch Teilnahme am Staatsbegräbnis die letzte Ehre erweisen wird. In den Meldungen der französischen Nationalversammlung, wo am Mittwoch die Debatte über die Regierungserklärung fortgesetzt wurde, verbreitete sich die Nachricht mit Windeseile. Viele der Abgeordneten, die Adenauer seit Kriegsende begegnet waren, drückten ihr Beileid aus.

In einem Beileidstelegramm de Gaulles an Bundespräsident Lübke heißt es: „Frankreich nimmt Anteil an der Trauer Deutschlands. In seinem Namen verbeuge ich mich mit Respekt vor demjenigen, der einer der großen Staatsmänner dieser Zeit war. Im Anschluß an einen schrecklichen Krieg hat der Kanzler Adenauer sein Land erneuert. Er hat unermüdlich für die Schaffung Europas gearbeitet. Er ist zum Vorkämpfer der Aussöhnung Frankreichs und Deutschlands geworden."

de Gaulle hat Adenauer immer als „meinen großen Freund" bezeichnet. Die Trauer für die Alt-Bundesrepublik Adenauers des deutsch-französischen Vertrages von 1963, den der Altbundeskanzler, wie in Frankreich immer gesagt wurde, als Krönung seiner politischen Laufbahn ansah. Daß der Vertrag in französischer Sicht durch die vorrangige Verbindung Bonns mit der amerikanischen Politik nicht zu zum Tragen kam, wie de Gaulle es wünschte, daß daran nicht der bestimmende Faktor europäischer Politik werden. Vor de Gaulles Rückkehr an die Spitze der Regierung im Jahre 1958 war Adenauer der Bundesrepublik. Unter ihm die Kontinuität deutsch-französischer Vertrage geschaffen. Als 1954 der Radikalsozialist Mendès-France Ministerpräsident wurde, stand Adenauer vor den ersten großen Schwierigkeiten.

(Fortsetzung auf Seite 4)

Staatsakt im Bundestag

g-n. BONN, 19. April. Der Bundeskanzleramt ist am Mittwochnachmittag im Arbeitsstab für die Vorbereitung der Trauerfeierlichkeiten für Konrad Adenauer gebildet worden, dem Beamte des Bundespräsidialamtes angehören. Staatsakt und Staatsbegräbnis, die Bundespräsident Lübke angeordnet hat, werden aus nahmsweise nicht vom Bundespräsidialamt vorbereitet. Einzelheiten wurden am Samstagvormittag wird der tote ehemalige Kanzler von Rhöndorf nach Bonn durch Einheiten des Grenzschutzes übergeführt.

Wilson nach der schwarzen Woche
Von Heinz Höpfl

Allein schon die unbestreitbare Tatsache, daß buchstäblich niemand auch nur annähernd das Ausmaß des Debakels vorausgesehen hat, von dem die Labour Party in den Grafschaftswahlen von England und Wales heimgesucht worden ist, zwingt Sieger wie Verlierer zur illusionsfreien Überprüfung der entstandenen Lage. Die in der Eroberung Groß-Londons gipfelnden Triumphe der Konservativen und das politische Klima verändert. Sie waren so eindeutig hoch und so gleichmäßig, daß eine Interpretation der sozialistischen Niederlage aus lokalen Ursachen völlig abwegig wäre.

Kühn gegen größere Öleinfuhr

L. B. DÜSSELDORF, 19. April. Der nordrhein-westfälische Ministerpräsident Kühn hat am Mittwoch die Bundesregierung aufgefordert, jeder Ausweitung der Mineralöleinfuhr in die Bundesrepublik entgegenzutreten. Zu wahrnehmen von drei bis fünf Prozent, wie sie zur Zeit im Bundeswirtschaftsministerium diskutiert würde.

Verhöhnung der Königin auf dem Trafalgar-Platz

hö. LONDON, 19. April. Trotz einer Warnung durch Scotland Yard wurden auf einer sozialistischen Kundgebung gegen den Krieg in Vietnam auf dem Trafalgar-Platz am 30. April die Königin, ihre Gatte und Außenminister Brown von Schauspielern und Laien dargestellt werden und.

Differenzen in der Seato

haw. WASHINGTON, 19. April. Vor der an diesem Donnerstag und zu Ende gehenden zwölften Tagung der Ministerrats der Südostpaktorganisation (Seato) werden keine weitreichenden Entscheidungen erwartet.

Mihajlov verurteilt

Rm. BELGRAD, 19. April. Nach zweitägigem Prozeß ist der Belgrader Stadtgericht am Mittwoch der oppositionellen Schriftsteller / Universitätsdozenten Mihajlo Mihajlov zu einem Jahr und sechs Monaten Gefängnis verurteilt worden.

Peking: Verräter

PEKING, 19. April (dpa). Vor der sowjetischen Botschaft in Peking sind in der Nacht zum Mittwoch zum erneut seit der Belagerung durch Rotgardisten.

Thomson erläutert Prag die deutsche Ostpolitik

hö. LONDON, 19. April. Staatsminister Thomson vom britischen Foreign Office wird bei seinem zweitägigen Besuch in Prag im Sinne der britischen Zusicherung an Bundesaußenminister Brandt zu dessen jüngstem Gespräch in London für den deutschen Standpunkt in der Frage der Ost-West-Entspannung.

April 1967

In München wird Europas modernste Verkehrsleit- und -kontrollzentrale, die mit einem elektronischen Rechenzentrum kombiniert ist, in Betrieb genommen. →S. 70

14. April, Freitag

Eine Audienz bei der Königin von Großbritannien, Elisabeth II., beendet den dreitägigen Staatsbesuch von Bundesaußenminister Willy Brandt in London.

Die Präsidenten von 17 amerikanischen Staaten beschließen nach zweitägigen Verhandlungen in Punta del Este, ab 1970 innerhalb von 15 Jahren einen gemeinsamen Markt zu schaffen. US-Präsident Lyndon B. Johnson sagt die Unterstützung der Vereinigten Staaten zu. →S. 61

Rumänien unterzeichnet in Bukarest als erster sozialistischer Staat einen Vertrag mit Israel über die Ausweitung des gegenseitigen Handels sowie über die Verstärkung der technischen und wissenschaftlichen Zusammenarbeit beider Staaten.

Der togolesische Generalstabschef Oberst Etienne Eyadema, der am 13. Januar in einem unblutigen Staatsstreich die Macht übernommen hat, gibt die Zusammensetzung der neuen Regierung bekannt.

15. April, Sonnabend

125 000 US-Amerikaner demonstrieren unter Führung von Martin Luther King in New York gegen den Vietnamkrieg. →S. 61

Die Vereinigten Staaten erteilen zur Förderung des Fremdenverkehrs den Bürgern von 24 Ländern, darunter auch der Bundesrepublik, Einreisevisa auf Lebenszeit.

16. April, Sonntag

Der Iran und die Sowjetunion unterzeichnen in Moskau ein langfristiges Öllieferungsabkommen.

Die Bodelschwinghschen Anstalten in Bethel, die körperlich und geistig Behinderte betreuen, feiern unter Anteilnahme der Öffentlichkeit ihr 100jähriges Bestehen. →S. 70

In Zürich kommt es bei einem Konzert der Beatgruppe »The Rolling Stones« zu Saalschlachten zwischen Fans und der Polizei.

17. April, Montag

Der VII. Parteitag der Sozialistischen Einheitspartei Deutschlands (SED), der bis zum 22. April dauert, beginnt in Berlin (Ost) in Anwesenheit des sowjetischen Parteichefs Leonid Breschnew. →S. 64

Die britische Regierung gibt bekannt, daß sie fünf Inseln im Indischen Ozean für 1 013 200 Pfund Sterling (rund 10,5 Millionen DM) gekauft hat. Auf ihnen sollen angloamerikanische Satelliten-Beobachtungsstationen sowie Militärflugplätze eingerichtet werden.

Auf Kap Kennedy wird der Mondsatellit »Surveyor 3« gestartet, der mit einer Schaufel und Fernsehkamera ausgerüstet das Meer der Stürme auf dem Erdtrabanten erforschen soll (→19. 4./S. 67).

18. April, Dienstag

Eine Spende der Bundesrepublik von 219 t Reis und 5000 Kisten Trockenfisch für Südvietnam wird in Saigon übergeben.

Die bundesdeutsche Sektion der Gefangenen-Hilfsorganisation Amnesty International schätzt die Zahl der politischen Häftlinge in der DDR auf 6000 bis 8000.

19. April, Mittwoch

Nach zweitägigem Prozeß wird der 32jährige oppositionelle Universitätsdozent und Schriftsteller Mihailo Mihailov vom Belgrader Stadtgericht zu viereinhalb Jahren Gefängnis verurteilt. Ihm wird weiter auferlegt, sich nach Strafverbüßung jeder publizistischen Tätigkeit zu enthalten. Mihailov ist der feindseligen Propaganda gegen Jugoslawien angeklagt.

Der deutsche Spielfilm »Mord und Totschlag« von Volker Schlöndorff mit Anita Pallenberg in der Hauptrolle läuft in bundesdeutschen Kinos an. Der Film wird bei den Filmfestspielen in Berlin (West) mit dem Filmband in Silber ausgezeichnet.

Die US-amerikanische Sonde »Surveyor 3« landet weich auf dem Mond und stellt durch Schürfversuche die Dichte des Mondbodens fest; außerdem übermittelt sie 6315 Bilder zur Erde. →S. 67

20. April, Donnerstag

Bei einem Flugzeugabsturz nahe Nikosia (Zypern) kommen 124 Insassen ums Leben, darunter auch 71 bundesdeutsche Touristen. →S. 66

Der Prototyp der französischen Atomrakete M-112, die von einem U-Boot aus abgefeuert werden kann, wird vor der Ile de Levante im Mittelmeer erfolgreich erprobt.

21. April, Freitag

In Griechenland ergreift in einem rechtsgerichteten Militärputsch die Armee die Macht. →S. 60

Die Regierung der indischen Provinz Bihar erklärt weite Teile des Landes zu Hungernotstandsgebieten. In den betreffenden Landesteilen leben 12,7 Millionen Menschen. →S. 62

22. April, Sonnabend

Die »Südwestdeutsche Allgemeine Zeitung« in Saarbrücken, die eine tägliche Auflage von 15 000 Exemplaren hat, stellt aufgrund wachsender finanzieller Schwierigkeiten ihr Erscheinen ein.

Der US-Amerikaner Randy Matson stellt in College Station (Texas) einen neuen Weltrekord im Kugelstoßen mit 21,87 m auf.

23. April, Sonntag

23. April, Sonntag

In Schleswig-Holstein und Rheinland-Pfalz finden Wahlen zum Landtag statt. →S. 63

Die neue griechische Militärregierung wird mit der Vereidigung von zwölf Ministern und Staatssekretären vervollständigt (→21. 4./S. 60).

Schwere Wirbelstürme im mittleren Westen der Vereinigten Staaten fordern 60 Tote und rund 1500 Verletzte.

24. April, Montag

In Karlsbad in der Tschechoslowakei treten Delegationen von 24 europäischen kommunistischen Parteien zu einer dreitägigen Konferenz zusammen. Hauptthema ist die Sicherheit in Europa in Verbindung mit der völkerrechtlichen Anerkennung der DDR.

Auf den Staatspräsidenten der Republik Togo, Etienne Eyadema, wird ein Attentat versucht, das mißlingt.

Nach der Rückkehr aus dem Weltraum zerschellt der sowjetische Kosmonaut Wladimir M. Komarow mit seinem Raumschiff »Sojus 1« auf der Erde. →S. 67

25. April, Dienstag

Am Rande der Begräbnisfeierlichkeiten für den am 19. April verstorbenen Ex-Bundeskanzler Konrad Adenauer kommt es zu einem Gipfelgespräch zwischen US-Präsident Lyndon B. Johnson, dem britischen Premierminister Harold Wilson und dem französischen Staatspräsidenten Charles de Gaulle. →S. 59

26. April, Mittwoch

Der Deutsche Bundestag verabschiedet die heftig umstrittene Umsatzsteuerreform, das sog. Mehrwertsteuergesetz, das am 1. Januar 1968 in Kraft treten soll. →S. 65

Eine Repräsentativbefragung des Frankfurter Markt-Daten-Instituts ergibt, daß Kinder zwischen sechs und zwölf Jahren in der Bundesrepublik jährlich 312 Millionen DM Taschengeld ausgeben. Durchschnittlich erhält jedes Kind 6,40 DM Taschengeld pro Monat. 2% der Eltern stellen ihren Kindern 30 DM monatlich zur Verfügung.

Erstmalig wird von einer schwimmenden Plattform vor der Küste Kenias Italiens Satellit »San Marco 2« mit einer US-amerikanischen Rakete gestartet.

27. April, Donnerstag

Die griechische Militärregierung gibt die Verhaftung von 25 Oppositionellen und 5000 »gefährlichen Kommunisten« bekannt (→21. 4./S. 60).

Die britische Regierung verkündet den Abzug von rund 20 000 Personen militärischen und zivilen Status aus Malaysia und Singapur bis Ende April 1968. →S. 62

Die niederländische Kronprinzessin

Beatrix wird in Utrecht von ihrem ersten Kind, dem ersten männlichen Thronerben in den Niederlanden seit 100 Jahren, entbunden. →S. 70

1722 katholische Priester der Niederlande leiten Papst Paul VI. ein Dokument zu, in dem die Aufhebung der Bestimmungen des Zölibats gefordert wird (→26. 6./S. 103).

28. April, Freitag

Die Vereinigten Staaten, Großbritannien und die Bundesrepublik einigen sich in London über Truppenstationierung und Devisenausgleich: Die USA und Großbritannien ziehen 35 000 Soldaten aus dem Bundesgebiet ab. →S. 64

Cassius Clay alias Muhammad Ali verweigert den Eid auf die US-amerikanische Fahne, als er zum Wehrdienst eingezogen wird. →S. 73

Die Weltausstellung »Expo 67« wird in der kanadischen Stadt Montreal eröffnet. Sie dauert bis zum 27. Oktober. →S. 68

29. April, Sonnabend

Bundeswirtschaftsminister Karl F. Schiller eröffnet die Hannover-Messe, Europas größte Industrieschau. Sie dauert bis zum 7. Mai.

50 bundesdeutsche Brauereien wollen das Bierflaschenpfand abschaffen. In einer großen Werbeaktion »Ex und Hopp« propagieren sie eine Flasche aus dünnerem Glas, die nach Entleerung sofort in den Müll kommt. →S. 66

In New York wird das Pop- und Rockmusical »Hair« von Galt McDermont uraufgeführt. →S. 71

30. April, Sonntag

In Düsseldorf wird die neue Kunsthalle feierlich eingeweiht. →S. 68

In Moskau wird der 537 m hohe Fernsehturm vollendet, der damit das höchste Gebäude der Welt ist.

Im Wagenbach-Verlag in Berlin (West) erscheint Erich Frieds Gedichtband »und Vietnam und«.

Gestorben:

5. Indianapolis: Hermann Joseph Muller (*21. 12. 1890, New York), US-amerikanischer Biologe, Medizin-Nobelpreisträger 1946.

15. Rom: Totò, eigentlich Fürst Antonio De Curtis (*15. 2. 1901, Neapel), italienischer Schauspieler.

19. Bad Honnef: Konrad Adenauer (*5. 1. 1876, Köln), deutscher Zentrums- bzw. CDU-Politiker. →S. 58

24. Bei Orenburg: Wladimir Michailowitsch Komarow (*16. 3. 1927, Moskau), sowjetischer Flugzeugingenieur und Kosmonaut. →S. 67

28. München: Friedrich Heiler (*30. 1. 1892, München), deutscher Theologe und Religionswissenschaftler.

Die freiere Sexualmoral der Jugend des Jahres 1967 als Titelreportage der satirisch-politischen Zeitschrift »konkret«, April 1967

April 67 DM 1,50

konkret

unabhängige zeitschrift für kultur und politik nr. 4 postverlagsort hamburg / C 4289 E

EXKLUSIV

Das FDP-Papier

Die Pille unter der Schulbank

Sex und Liebe an deutschen Oberschulen

Titelfoto: Klaus Vogel

Uwe Herms:
Die neue Beatles-Platte
(mit Text)

Neu: Enno Patalas' Film-Magazin

Eine sechsköpfige Ehrengarde der Bundeswehr hält im Kölner Dom die Totenwache am Sarg des ersten deutschen Bundeskanzlers Konrad Adenauer

Trauer um Ex-Kanzler Adenauer

19. April. In seinem Haus in Rhöndorf stirbt Altbundeskanzler Konrad Adenauer im Alter von 91 Jahren an den Folgen einer Grippe.

Der Tod Adenauers markiert dreieinhalb Jahre nach seinem Rücktritt das Ende einer Ära der Bundesrepublik, die er entscheidend mitgeprägt hat. Als erster Bundeskanzler nach dem Zweiten Weltkrieg hat er 1949 den Wiederaufstieg der Bundesrepublik eingeleitet, ihre politische, moralische und wirtschaftliche Integration in Westeuropa erreicht. Er etablierte die Bundesrepublik als gleichberechtigten Partner im westlichen Militärbündnis, nachdem er gegen den Willen der Mehrheit der Bevölkerung die Wiederbewaffnung durchführte. Sein Durchsetzungsvermögen schuf das Schlagwort der »Kanzlerdemokratie«.

Ein hohes außenpolitisches Verdienst ist die von ihm betriebene Aussöhnung mit Frankreich, die im Deutsch-Französischen Vertrag von 1963 institutionalisiert wurde. Innenpolitisch waren der Erfolg der sozialen Marktwirtschaft und die antikommunistische Frontstellung zur DDR entscheidend. Die immer stärkere Konfrontation der Großmächte unterstützte seine Politik.

Totenrede für Konrad Adenauer

25. April. Während des Staatsaktes für Konrad Adenauer im Deutschen Bundestag in Bonn würdigt Bundespräsident Heinrich Lübke den verstorbenen Politiker (Auszüge):

»Konrad Adenauer hat unseren Weg zurück in die Gemeinschaft der freien Völker vorgezeichnet und geebnet. Nicht taktische Erwägungen, geboren aus der Not des Augenblicks, bestimmten ihn dazu, die künftigen Geschicke unseres Vaterlandes eng mit denen der großen traditionsreichen Demokratien zu verbinden. Er wußte, daß unser durch die nationalsozialistische Gewaltherrschaft zerstörtes Selbstbewußtsein nur dann wieder gesunden konnte, wenn es in rechtsstaatlichem und freiheitlichem Ideengut Wurzel fassen konnte. Leidenschaftlich hat er sich deshalb für die Gründung übernationaler Organisationen eingesetzt. ... So geht auch Konrad Adenauer ein in das Bewußtsein anderer Völker als ein großer Europäer.«

Trauergottesdienst: Neben den hochkarätigen deutschen Politikern sind auch die Mächtigen der Welt anwesend, u. a. US-Präsident Johnson (1. Reihe 3. v. l.) und der französische Staatspräsident de Gaulle (1. Reihe 2. v. l.)

Treffen am Rande der Trauerfeiern

25. April. An den Beisetzungsfeierlichkeiten für Konrad Adenauer in Köln und Bonn nehmen Vertreter aus 54 Staaten und 14 internationale Delegationen teil. Neben den Staatsoberhäuptern aus den Vereinigten Staaten und Frankreich, Lyndon B. Johnson und Charles de Gaulle, sind die Regierungschefs aus zwölf Ländern gekommen.

Am Rande der Trauerfeierlichkeiten kommt es zu zahlreichen Begegnungen zwischen den Politikern. So treffen US-Präsident Lyndon B. Johnson und der französische Staatspräsident Charles de Gaulle zusammen, die sich das letzte Mal bei der Beisetzung des US-Präsidenten John F. Kennedy 1963 persönlich sprachen. Durch den politischen Kurs de Gaulles, der Abkehr von den USA, war es in der Vergangenheit zu Spannungen zwischen beiden Staaten gekommen. Das Gespräch dauert zwar nur zehn Minuten, schafft aber doch eine atmosphärische Verbesserung. Die beiden Politiker laden sich gegenseitig zu Besuchen ein.

Höflichkeitsbesuche statten auch der italienische Ministerpräsident Aldo Moro und der britische Premierminister Harold Wilson bei dem US-amerikanischen Präsidenten ab. Dabei geht es hauptsächlich um Fragen zu dem geplanten Atomsperrvertrag (→ 7. 2./S. 35) und zur wirtschaftlichen Einheit Europas.

Alle Politiker betonen, daß das Zusammentreffen in Bonn zwar nützlich sei, die Ehrung des verstorbenen Konrad Adenauer jedoch im Vordergrund stehe.

V. l.: Charles de Gaulle, Heinrich Lübke und Lyndon B. Johnson

Stationen der politischen Laufbahn Konrad Adenauers

Konrad Adenauer wird am 5. Januar 1876 als Sohn des Kanzleirats Johann Conrad Adenauer und dessen Frau Helene in Köln geboren. Nach dem Besuch des Gymnasiums und dem Studium der Volkswirtschaft und der Rechte arbeitet Konrad Adenauer als Gerichtsassessor der Staatsanwaltschaft und als Vertreter eines Rechtsanwalts in seiner Heimatstadt. 1906 tritt er als Beigeordneter in den Dienst der Stadt Köln.

1917–1933: *Als Oberbürgermeister von Köln (Abb.: Der Kölner Generalanzeiger berichtet über seine Wahl) macht Adenauer sich um die Entwicklung der Stadt verdient. Während seiner 16jährigen Amtszeit wird z. B. die Universität in Köln gegründet.*

5. März 1946: *Adenauer wird Vorsitzender der CDU in der britischen Besatzungszone und Mitglied des nordrhein-westfälischen Landtags. Als Mitglied des Parlamentarischen Rats (Foto) ist er 1948/49 entscheidend an der Formulierung des Grundgesetzes beteiligt.*

14. September 1949: *Mit nur einer Stimme Mehrheit wird Konrad Adenauer zum ersten Bundeskanzler der Bundesrepublik Deutschland gewählt (bei der Vereidigung).*

15. März 1951: *Adenauer (mit Winston Churchill in London) übernimmt bis 1955 zusätzlich die Leitung des Außenministeriums und verstärkt die Westintegration*

14. September 1955: *In Moskau erreicht Adenauer (mit N. A. Bulganin) die Rückführung der letzten Kriegsgefangenen und die Aufnahme diplomatischer Beziehungen.*

22. Januar 1963: *Die Unterzeichnung des Deutsch-Französischen Vertrags durch Charles de Gaulle und Adenauer (im Elysée-Palast in Paris) ist der Höhepunkt in den Bemühungen um eine Aussöhnung mit Frankreich – Adenauers größter persönlicher Erfolg.*

11. Oktober 1963: *Gemäß einer Ankündigung bei den Wahlen zum Deutschen Bundestag 1961 tritt Adenauer in der Mitte der Legislaturperiode als Bundeskanzler zurück. Nachfolger wird Wirtschaftsminister L. Erhard (Abschiedsdefilee bei der Bundeswehr).*

Putsch des Militärs in Griechenland

Neue Regierung in den Niederlanden

21. April. In den frühen Morgenstunden übernimmt die Armee die Macht in Griechenland.

Alle strategisch wichtigen Punkte des Landes werden von Panzereinheiten besetzt, eine Verhaftungsaktion beginnt, die sich zunächst auf führende Politiker und Gewerkschaftler konzentriert, elf Artikel

Griechenland nach 1945

September 1946: Georg II. kehrt aus seinem Londoner Exil nach Athen zurück.

1. April 1947: Paul I. wird König.

9. Oktober 1949: Kommunisten, die noch weite Teile Griechenlands unter Kontrolle hatten, geben den bewaffneten Kampf auf.

1952: Marschall Alexandros Papagos gelingt die politische Einigung, nachdem sich in rascher Folge Kabinette der Demokratischen Union und der Liberalen abgelöst hatten.

Oktober 1955: Der königstreue Konstandinos Karamanlis wird Nachfolger von Papagos.

Juni 1963: Karamanlis tritt aufgrund einer langanhaltenden Regierungskrise zurück.

16. Februar 1964: Aus den Parlamentswahlen geht die neugegründete Zentrumsunion unter Jeorjios Papandreu als neue Regierungspartei hervor.

6. März 1964: Konstantin II. wird neuer König.

Juli 1965: Die Aufdeckung einer antiroyalistischen Verschwörung innerhalb des Offizierskorps führt zum Rücktritt der Regierung Papandreu.

Rechte Militärs kommen an die Macht (v. l.): Efstratios Ziotakis (Oberbefehlshaber des III. Armeekorps), Stilianos Pattakos (Innenminister), Jeorjios Papadopulos (Informationsminister, ab 13. 12. Ministerpräsident)

der griechischen Verfassung werden aufgehoben und die totale Zensur wird verhängt.

Noch am gleichen Abend wird die neue Regierung vorgestellt. Ministerpräsident wird Staatsanwalt Konstantin Kollias, Innenminister General Stilianos Pattakos, Informationsminister Oberst Jeorjios Papadopulos.

Der Militärputsch setzt einer langen innenpolitischen Krise ein Ende. Seit König Konstantin am 15. Juli 1965 das eher rhetorisch gemeinte Rücktrittsangebot des Ministerpräsidenten und Zentrumführers Jeorjios Papandreu annahm, wechselten die Regierungen in kürzesten Zeitabständen, da ihnen der parlamentarische Rückhalt fehlte. König Konstantin gelang es, die Zentrumsunion zu spalten, indem er den untereinander zerstrittenen Führern nacheinander die Regierung übertrug. Der König wollte unbedingt Neuwahlen vermeiden, da ein Wahl-

sieg des Ex-Ministerpräsidenten Papandreu, der als monarchiefeindlich gilt, gewiß schien.

In dieser krisenhaften Situation ernannte Konstantin am 3. April den Führer der Rechtsradikalen, Panjiotis Kanellopulos, zum neuen Premier und überträgt ihm das Recht, das Parlament aufzulösen und Neuwahlen auszuschreiben. Davon macht Kanellopulos am 14. April Gebrauch und schrieb für den 28. Mai Neuwahlen aus.

Der Putsch der Generale setzt dem demokratischen Leben in Griechenland ein Ende (21. 6./S. 99).

4. April. Erst sieben Wochen nach den Parlamentswahlen in den Niederlanden, die am 15. Februar stattfanden, gelingt es dem katholischen Politiker Piet de Jong, eine Koalitionsregierung zu bilden. Er legt Königin Juliana von den Niederlanden die Liste des neuen Kabinetts vor.

Piet de Jong

Die Regierungsbildung gestaltete sich so schwierig, weil die Parlamentswahlen keine eindeutigen Mehrheitsverhältnisse gebracht haben. Die Regierung wird von der Katholischen Volkspartei, der Antirevolutionären Partei, der Christlich-Historischen Union und der Liberalen Volkspartei für Freiheit und Demokratie getragen. Außenminister bleibt Joseph Luns von der Katholischen Volkspartei.

Wahlniederlage für Labour Party

10. April. Bei den Grafschaftswahlen in England sowie in Wales verzeichnen die Konservativen auf Kosten der regierenden Labour Party hohe Gewinne.

Bei einer Wahlbeteiligung von 41,1% verliert die Labour Party das erste Mal seit 33 Jahren die Herrschaft über Großlondon, wo sich die Machtverhältnisse umkehren. Die Labour Party hatte bisher 64 von den 100 Sitzen des Großlondo-

Edward Heath

ner Stadtparlaments inne; die Wahlen verbannen sie mit nur 18 Sitzen zu einer Minderheit im Parlament. Die Konservativen unter ihrem Parteiführer Edward Heath triumphieren auch in den Grafschaften. 18 Grafschaften werden konservativ, zwei mit Unterstützung Konservativer regiert und nur noch drei statt bisher 18 durch die Labour Party.

König Konstantin (Mitte) stellt in der griechischen Hauptstadt das neue diktatorische Kabinett vor, rechts von ihm Ministerpräsident Konstantin Kollias, ganz links Oberst Jeorjios Papadopulus, später Ministerpräsident

Tausende von Gegnern des Kriegs in Vietnam formieren sich zur größten Demonstration seit 1963 in New York

Protest gegen den Vietnamkrieg

15. April. In New York formieren sich Tausende von Gegnern des Vietnamkrieges zu dem größten Protestmarsch seit vier Jahren, der vor dem Gelände der Vereinten Nationen (UN) endet. Hier spricht neben Vertretern anderer Verbände der Negerführer Martin Luther King zu einer Viertelmillion Zuhörern.

Der farbige Theologe und Bürgerrechtler verweist in seiner Rede auf die moralische Anfechtung für die Vereinigten Staaten, die die Kriegführung in Vietnam bedeute. Niemals in der Geschichte der USA habe es »eine so monumentale Kritik an einem Krieg« gegeben.

Der Veranstalter dieses Massenprotestes, der Frühjahrsmobilisierungsausschuß zur Beendigung des Krieges in Vietnam, hat Menschen unterschiedlichster politischer und sozialer Herkunft aktiviert. Auf dem friedlichen Marsch durch New York findet sich eine breite Skala des politischen Protests: Neben Plakaten, auf denen der sofortige Bombenstopp von US-Präsident Lyndon B. Johnson gefordert wird, tragen viele Demonstrationsteilnehmer große Fotos verbrannter Kinder und weinender Frauen. Ein mit Spiegeln verkleideter Lastwagen trägt die Aufschrift: »Dies ist das Bild der Leute, die Frauen und Kinder verbrennen lassen« (→ 5. 11./S. 184). Manche haben sich wie Tote geschminkt.

Für den gewaltfreien Widerstand

Martin Luther King ist für viele Menschen weltweit und vor allem in den Vereinigten Staaten eine Symbolfigur für den gewaltfreien Widerstand. Der 38jährige farbige Theologe setzte sich schon seit seiner frühesten Jugend für die Gewaltfreiheit und den Frieden unter den Menschen ein.

Etwa seit Mitte der 50er Jahre tritt King vor allem als Kämpfer für die Bürgerrechte der Neger in den Vereinigten Staaten hervor. Im Sinne von Mahatma Gandhi, dem Führer der indischen Unabhängigkeitsbewegung, leitete er eine Kampagne zur friedlichen Verletzung der Rassentrennungsgesetze. 1964 wurde ihm der Friedensnobelpreis verliehen. Sein Einfluß nimmt mit zunehmender Radikalisierung der Schwarzen ab.

Symbolfigur für den gewaltfreien Widerstand: Martin Luther King

Gipfelkonferenz in Punta del Este

14. April. Nach zweitägiger Konferenz geht das amerikanische Präsidententreffen in Punta del Este in Uruguay zu Ende. In einer gemeinsam verabschiedeten Charta fassen die 17 Präsidenten die Ergebnisse ihrer Tagung zusammen.

Der wichtigste Punkt der Charta ist der Beschluß, einen Gemeinsamen Markt für ganz Lateinamerika von 1970 an innerhalb von 15 Jahren zu schaffen. Die wirtschaftliche Integration und die industrielle Entwicklung sollen durch die Verwirklichung multinationaler Projekte vorangetrieben werden.

US-Präsident Lyndon B. Johnson hat am Vortag in einer Rede vor der

US-Präsident Lyndon B. Johnson bei einer Rede in Punta del Este

Konferenz zugesagt, dem Kongreß in Washington »einen wesentlichen Beitrag für einen Fonds« vorzuschlagen, um den Übergang zu einem wirtschaftlich integrierten Lateinamerika zu erleichtern. Johnson weist jedoch darauf hin, daß der Erfolg jeder Hilfsaktion in erster Linie von den eigenen Kraftanstrengungen jedes Landes abhänge.

Weitere gemeinsame Beschlüsse der Delegationen betreffen koordinierte Aktionen zur Erhöhung der landwirtschaftlichen Produktivität und den Ausbau des Erziehungswesens. Die multinationalen Arbeiten zum Ausbau des Transportsystems und der Erschließung des Landesinneren sollen beschleunigt werden.

Erste Schweizer Strafrichterin

3. April. Aus dem Wahlkampf im Schweizer Kanton Basel-Stadt um das Amt eines Strafrichters geht erstmalig eine Frau siegreich hervor: Agnes Metzener, die von der Liberaldemokratischen Bürgerpartei aufgestellt wurde, schlägt ihre beiden männlichen Konkurrenten mit großem Abstand. Bei 34 822 abgegebenen Stimmen vereinigt Frau Metzener 22 372 auf sich.

Es ist das erste Mal, daß zu Richterwahlen auch Frauen zugelassen wurden. Basel kennt bereits seit längerer Zeit das Frauenstimm- und -wahlrecht in Angelegenheiten der Gemeinde. Aber erst im vergangenen Jahr wurde den Frauen auch das aktive Wahlrecht in kantonalen Angelegenheiten nach einem Volksreferendum eingeräumt.

Die bei der Wahl abgegebenen Stimmen werden nach Frauen- und Männerstimmen ausgewertet. Danach sind es vor allem die Frauen gewesen, die den Ausschlag für Agnes Metzener gegeben haben.

Auschwitz-Mahnmal

Mahnmal für vier Millionen Opfer der Nazis auf dem Platz des Konzentrationslagers Auschwitz

16. April. In Auschwitz-Birkenau wird in Anwesenheit von 120 000 Menschen ein Mahnmal enthüllt, das dem Gedenken der in den Gaskammern dieses größten nationalsozialistischen Konzentrationslagers ermordeten vier Millionen Menschen gewidmet ist. Die Initiative zu dem Denkmal wurde vor zehn Jahren von ehemaligen KZ-Häftlingen ergriffen.

Das monumentale Mahnmal besteht aus 300 gewaltigen Granitsteinen, die eine symbolische Gräberstraße bilden. In der Mitte ragt ein großer Steinkoloß aus schwarzem Marmor in den Himmel, der an die Krematoriumsschornsteine erinnern soll.

Der italienische Bildhauer »Cascella«, der polnische Architekt Josef Januskiewisz und der polnische Grafiker »Palka« haben das Mahnmal entworfen und ausgeführt.

Der April ist in Polen zum »Monat des nationalen Gedenkens an das Märtyrium der Polen im Zweiten Weltkrieg« erklärt worden.

Britische Truppen werden reduziert

27. April. Der britische Verteidigungsminister Denis Healy gibt in der malaysischen Hauptstadt Kuala Lumpur bekannt, daß Großbritannien bis Ende April 1968 rund 20 000 Militär- und Zivilpersonen aus Malaysia und Singapur abziehen wird. Geplant ist, die britischen Truppen bis Mitte der 70er Jahre ganz abzuziehen und statt dessen in Großbritannien selbst eine strategische Reserve aus Einheiten aller drei Waffengattungen für den Fernen Osten zu bilden.

Großbritannien war 1964/65 dem mit dem Commonwealth assoziierten Malaysia militärisch zu Hilfe gekommen, als Indonesiens feindliche Politik in militärische Aktionen überging.

Mit dem Abzug von rund 10 000 Mann aus Basis- und Kampftruppen und weiteren rund 10 000 Personen zivilen Status wird die Gesamtstärke der Truppen 1968 30 000 Mann betragen, genauso viel wie vor der Konfrontation mit Indonesien.

Hunger, Durst und Krankheit – Notstand über indische Provinz Bihar verhängt

21. April. Die Staatsregierung von Bihar erklärt nach lang anhaltender Dürre Teile der indischen Provinz zu Hungernotstandsgebieten. Die 12,73 Millionen Einwohner von Bihar leiden seit Wochen unter Hunger und Durst. Rund 500 Menschen sind nach amtlichen Angaben verhungert. Das Ernährungsministerium von Bihar forderte schon Anfang des Monats mindestens 300 000 t Getreidelieferungen monatlich von der Zentralregierung in Neu-Delhi, um ein Massensterben zu verhindern. Um eine wirklich angemessene Ernährung für die Bevölkerung zu gewährleisten, wären allerdings Lieferungen von 400 000 t pro Monat erforderlich. Aber auch andere Provinzen des Landes sind von der Dürre schwer betroffen, so daß die Hilfslieferungen nicht ausreichen.

Mit der Ausrufung des Landes zum Hungernotstandsgebiet zieht die Regierung von Bihar eine Art Notbremse. Nach indischer Gesetzgebung wird die Landessteuer für Hungernotstandsgebiete automatisch erlassen und ausstehende Kredite an den Staat werden gestundet. Die lokalen Behörden sind überdies ermächtigt, der Bevölkerung Gelegenheit zu geben, ihren täglichen Reis zu erarbeiten. Krankheiten bleiben – wie bei allen Hunger- und Durstkatastrophen – nicht aus. Erwachsene und Kinder werden von einer epidemisch auftretenden Ruhr heimgesucht.

Verzweifelt beten Inder für den Regen; die anhaltende Dürre bedeutet Hunger, Durst und Krankheit

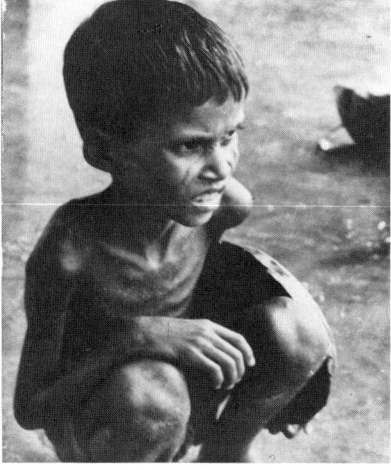

Ein vom Hunger gezeichneter Junge wartet auf seine knappe Reisration

Die indische Mutter kann ihren Kindern nichts zu essen geben, sie sind bis zum Skelett abgemagert

US-Vizepräsident Hubert Humphrey (r.) und Bundeskanzler Kurt Georg Kiesinger vor Ehrenkompanie

Bundeskanzler Kurt Georg Kiesinger begrüßt US-Vizepräsident Hubert Humphrey (l.) im Palais Schaumburg

Puddinganschlag auf Humphrey

6. April. Der US-amerikanische Vizepräsident Hubert H. Humphrey trifft zu einem zweitägigen Besuch in Berlin (West) ein, der siebenten Station seiner Europareise, in deren Verlauf er acht Städte in sieben Ländern besucht. Er wird von dem Regierenden Bürgermeister Heinrich Albertz empfangen.

Der Besuch des US-Vizepräsidenten wird von einer eher peinlichen Affäre begleitet, die von der Polizei in Berlin (West) verursacht wird.

Am Vorabend des Humphrey-Besuches wurden sechs Personen in einem Waldstück von Berlin (West) und fünf weitere in Friedenau gleichzeitig festgenommen. Laut Polizeibericht seien sie »unter verschwörerischen Umständen zusammengekommen« und hätten »Anschläge gegen das Leben oder die Gesundheit des US-Vizepräsidenten« geplant.

Die elf verhafteten Attentäter stammen vorwiegend aus der »Kommune I«, einer Wohn- und Lebensgemeinschaft junger Maoisten, die aus dem Sozialistischen Deutschen Studentenbund entstanden ist. Diese »Horror-Kommune« – wie sie von der Boulevardpresse betitelt wird – hat schon öfter mit witzigen Polit-Happenings von sich reden gemacht. Auch dieses Mal wollten sie öffentlich wirken und gegen die US-amerikanische Vietnam-Politik demonstrieren. Ihre »Granaten« werden von Feuerwerks-Experten als Pudding- und Rauchbomben analy-

siert. Im Berliner Grunewald probten sie die Wurfeigenschaften der mit Pudding gefüllten Beutel. Mangels Tatverdachts werden die elf »Attentäter« am Ankunftstag des

US-Vizepräsidenten auf freien Fuß gesetzt. 5000 Polizisten, 80 Männer des US-Geheimdienstes und ein US-Hubschrauber werden zu Humphreys Schutz aufgeboten.

US-Vizepräsident Hubert Humphrey

Seit 1964 ist der demokratische Politiker Hubert H. Humphrey (Foto: Im Berliner Parlament) Vizepräsident der Vereinigten Staaten. Am 27. Mai 1911 wurde er in Wallace in Dakota geboren. Unter schwierigsten finanziellen Bedingungen studierte er politische Wissenschaften an der Universität von Minnesota. Nachdem er drei Jahre das Amt des Bürgermeisters von Minneapolis bekleidet hatte, gelang ihm 1949 als Demokrat der Sprung in den Senat nach Washington. 1960 unterlag er John F. Kennedy bei den Wahlen zur Präsidentschaftskandidatur.

Die NPD in zwei Landesparlamenten

23. April. In Rheinland-Pfalz und in Schleswig-Holstein finden Wahlen zum Landtag statt. In beiden Bundesländern kann die CDU Wahlerfolge im Vergleich zu den letzten Wahlen für sich verzeichnen, während sowohl die SPD als auch die FDP, die die Regierungspolitik als Koalitionspartner der CDU mitbestimmte, Stimmen verlieren.

Eine Koalition von CDU und FDP wird in Schleswig-Holstein unter Helmut Lemke (CDU), in Rheinland-Pfalz unter Peter Altmeier (CDU) die Regierung übernehmen.

Das am meisten debattierte Ereignis dieser Wahlen ist das unerwartet schlechte Abschneiden der NPD. Sie zieht zwar erstmalig in Kiel und Mainz in das Landesparlament mit jeweils vier Sitzen ein, ihre Ergebnisse von 6,9% in Schleswig-Holstein und 5,8% in Rheinland-Pfalz bestätigen jedoch nicht die Prognosen der Meinungsforschungsinstitute, die bis zu 15% der Stimmen für die NPD vorhersagten.

Parlamentarische Staatssekretäre

12. April. Bundespräsident Heinrich Lübke ernennt feierlich zum ersten Mal in der Geschichte der Bundesrepublik sieben Parlamentarische Staatssekretäre.

Ihre Aufgabe ist es, die häufig überlasteten Minister großer Bundesressorts von Verpflichtungen, insbesondere repräsentativer Art, zu entlasten. Außerdem sollen sie die Verbindung zu den Fraktionen, Parteien und Bundestagsausschüssen pflegen. Der Parlamentarische Staatssekretär muß selbst Mitglied des Bundestags sein. Sein Amt ist aber dann beendet, wenn der für ihn zuständige Minister ausscheidet.

Staatssekretäre Börner (l.), Benda

USA und Briten ziehen Truppen ab

28. April. Die seit Oktober 1966 laufenden Dreiergespräche zwischen den Regierungen der Bundesrepublik, Großbritanniens und der Vereinigten Staaten über die im Bundesgebiet stationierten britischen und US-amerikanischen Truppen werden in London beendet. Das Abschlußprotokoll enthält Regelungen zur Devisenhilfe zwischen den drei Staaten, die den Regierungen der USA und Großbritanniens die Stationierung ihrer Streitkräfte auf bundesdeutschem Boden erleichtern. Außerdem wird eine Reduzierung der in der Bundesrepublik stationierten Truppen vereinbart.

Großbritannien und die Vereinigten Staaten ziehen im Laufe der nächsten zwölf Monate insgesamt etwa 35 000 Soldaten aus der Bundesrepublik ab. Einheiten der britischen Rheinarmee, etwa 5000 Offiziere und Mannschaften, werden nach dem 1. Januar 1968 nach Großbritannien zurückverlegt, wobei sie allerdings dem Nordatlantischen Bündnis (NATO) unterstellt werden und im Falle eine Krise kurzfristig in die Bundesrepublik zurückgebracht werden können.

Die Bundesregierung vergibt an Großbritannien Devisenausgleichsaufträge in Höhe von 550 Millionen DM. Die Deutsche Bundesbank verpflichtet sich, bis Juni 1968 etwa 2 Milliaden DM in US-amerikanischen Staatspapieren anzulegen.

Hermann Dietzfelbinger, Landesbischof von Bayern und neuer Vorsitzender des Rates der Evangelischen Kirche in Deutschland (EKD)

EKD betont die Einheit

Kurt Scharf

7. April. Mit einem Bekenntnis zur Einheit der deutschen Kirche geht die Synode der Evangelischen Kirche in Deutschland (EKD), die seit dem 1. April getrennt in Berlin (West) und Fürstenwalde (DDR) tagte, zu Ende. In der gemeinsam herausgegebenen Schlußresolution heißt es u. a.: »Gott möge uns auch im geteilten Volk den gemeinsamen Weg gehen lassen, der uns im Gehorsam des Glaubens gewiesen ist.«

Ein Höhepunkt der Synode ist die Wahl des neuen Ratsvorsitzenden am 6. April. Mit überwältigender Mehrheit wird der bayerische Landesbischof Hermann Dietzfelbinger zum neuen Vorsitzenden des Rates der EKD gewählt. Bischof Kurt Scharf (Berlin-Brandenburg), der bisher Ratsvorsitzender war, wird stellvertretender Vorsitzender. Dietzfelbinger wird sich in seiner Arbeit auf den föderativen Charakter der EKD konzentrieren.

Parteitag der SED in Berlin (Ost)

7. April. Mit einer vierstündigen Rede des Parteichefs Walter Ulbricht wird in der Werner-Seelenbinder-Halle in Berlin (Ost) der VII. Parteitag der Sozialistischen Einheitspartei Deutschlands (SED) eröffnet. An dem Parteitag, der bis zum 22. April dauert, nehmen Delegationen von 67 kommunistischen Bruderparteien teil. An der Spitze steht der sowjetische Parteivorsitzende Leonid Breschnew.

Neben Fragen der gesellschaftlichen und wirtschaftlichen Entwicklung der DDR seit dem letzten Parteitag 1963 nehmen die Beziehungen der DDR zur Bundesrepublik in der Eröffnungsrede von Ulbricht – wie auch während des ganzen Parteitags

L. Breschnew, Generalsekretär der KPdSU, vor der SED in Berlin (Ost)

– großen Raum ein. Ulbricht erneuert die heftigen Vorwürfe gegen die Bundesregierung, die nach wie vor den »unverschämten Alleinvertretungsanspruch« habe. Er verlangt im einzelnen Vereinbarungen über normale Beziehungen zwischen beiden deutschen Staaten, die Halbierung der Rüstungsausgaben und den Verzicht auf Atomwaffen sowie die Beteiligung an einer atomwaffenfreien Zone in Europa.

Aber auch der SPD wird eine scharfe Absage erteilt. Mit ihrem Eintritt in die Koalitionsregierung mit der CDU/CSU sei deutlich geworden, wie sehr sich die rechten SPD-Führer auf eine Gemeinsamkeit mit den Vertretern des Kapitals einließen.

Mehrwertsteuer bringt Vorteile

26. April. Der Deutsche Bundestag in Bonn verabschiedet einstimmig den Gesetzentwurf zur Umsatzsteuerreform, die zum 1. Januar 1968 in Kraft treten soll.

Mit dieser Reform, die das größte steuerpolitische Gesetzeswerk seit dem Bestehen der Bundesrepublik darstellt, wird das geltende System der kumulativen Brutto-Allphasen-Umsatzsteuer durch das System der Mehrwertsteuer ersetzt. Nicht mehr der Umsatz, also der Wert einer abgesetzten Ware, wird besteuert, sondern der Mehrwert, den das Unternehmen einer Ware durch Be- oder Verarbeitung zufügt. Die Steuer geht also nicht mehr in die Preise ein, sondern muß dem Unternehmern gesondert in Rechnung gestellt werden und wird mit dem gleichen Satz auf jeder Stufe des Produktions- und Absatzweges erhoben.

Für den Endverbraucher wird die Preisgestaltung gleichzeitig durchsichtiger. Gegenwärtig weiß der Käufer einer Ware nicht, wieviel Umsatzsteuer er bezahlt, während die Mehrwertsteuer einheitlich 10% beträgt. Nahrungsmittel sowie viele Dienstleistungen werden mit einer Steuer von 5% belegt.

Ein weiterer Vorteil der Mehrwertsteuer ist ihre wettbewerbsneutrale Wirkung zwischen inländischen wie auch gegenüber ausländischen Produzenten. Da alle Waren, unabhängig davon, wie viele Unternehmen an dem Be- oder Verarbeitungsprozeß beteiligt waren, gleich belastet sind, entfällt der steuerliche Anreiz zur Unternehmenskonzentration.

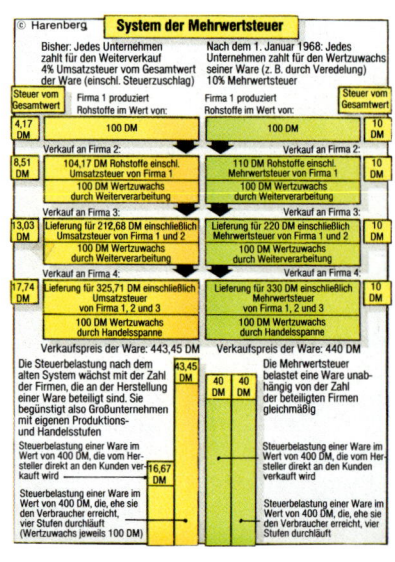

Zur letzten Schicht fahren die Bergleute in das oberbayrische Pechkohlebergwerk Hausam ein

Die steigende Technisierung und Mechanisierung in der Landwirtschaft erhöht die Effektivität, führt aber auch langfristig zu einer Überproduktion: Ein Bauer im Einsatz mit Sämaschine

Wirtschaft 1967:
Im Zeichen einer Rezession

Nach fast 20 Jahren kontinuierlichen Wachstums ist die Bundesrepublik Deutschland 1967 zum ersten Mal von einer größeren Rezession betroffen. Bundeswirtschaftsminister Karl F. Schiller initiiert eine Konzertierte Aktion von Arbeitnehmer- und Arbeitgebervertretern, um die beginnende Wirtschaftskrise zu bekämpfen (→14. 2./S. 34). Am →10. Mai (S. 83) verabschiedet der Bundestag außerdem das Stabilitätsgesetz, mit dem die öffentliche Haushaltspolitik koordiniert und die Konjunktur beeinflußt werden soll. Auch die Agrarpolitik hat unter der Rezession zu leiden. Die Haushaltsmittel des Landwirtschaftsministeriums werden erheblich gekürzt.

Nach 18 Jahren wird die bisherige Subventionspolitik durch zweckgebundene Finanzhilfen ersetzt. Schwerpunkt der agrarpolitischen Bemühungen bleiben Maßnahmen zur Verbesserung der Agrarstruktur. Die Durchschnittsgröße eines Hofes in der Bundesrepublik wuchs seit 1956 nur von sieben auf neun Hektar. Die in diesen Zwerghöfen gebundenen Nutzflächen – zwei Drittel der Landwirte bewirtschaften nur ein Viertel der Böden – machten es größeren Betrieben unmöglich, zu gesunden. Deshalb werden insbesondere die Flurbereinigung, die Aussiedlung und die Althofsanierung mit 1,528 Milliar-

den DM (im Vergleich zu 1,4 Milliarden DM 1966) bezuschußt.

Ein zweiter Schwerpunkt der Agrarpolitik liegt in der Förderung der Marktstruktur. 110 Millionen DM Investitionshilfe soll den landwirtschaftlichen Betrieben die Anpassung an den Gemeinsamen Markt der Europäischen Wirtschaftsgemeinschaft erleichtern. So nimmt die Ausfuhr bundesdeutscher Agrarerzeugnisse trotz des verschärften Wettbewerbs innerhalb der EWG erheblich zu. Etwa 20% mehr als im Vorjahr kann

1967 ausgeführt werden. Damit exportiert die Bundesrepublik erstmals für weit mehr als zwei Milliarden DM agrar- und ernährungswirtschaftliche Erzeugnisse. Seit 1956 liegen die Verdienste in der Landwirtschaft jedoch um etwa 35% unter dem vergleichbaren Industrielohn. Der Bauernverband verlangt deshalb von der Regierung höhere Subventionen. Wirtschaftsexperten hingegen fordern von den bundesdeutschen Bauern ein Umdenken in Richtung marktorientierter Agrarerzeugung.

Hermann Höcherl, Bundesminister für Landwirtschaft und Forsten

Hühnerfarm: 125 000 Hennen legen hier Eier »am laufenden Band«

Hühnerhochhaus in Berlin (West)

Zinsreglement vom Staat freigegeben

1. April. Mit der Freigabe der Zinsverordnung durch die Deutsche Bundesbank wird nach 36 Jahren eine Regelung beendet, wonach der Staat über die Höhe der Habenzinsen bestimmt. Bisher legte die Deutsche Bundesbank die Höhe der Zinsen fest, die der Sparer für sein Guthaben bekommt.

Durch die Freigabe fällt zum einen die Koppelung der Zinshöhe an den sich auf und ab bewegenden Diskontsatz weg, zum anderen werden die Geldinstitute untereinander in Konkurrenz treten. Künftig werden die Sparer ihr Geldinstitut danach auswählen können, welche Zinsbedingungen die jeweilige Bank zu bieten hat. So kann der Sparer mit einem Mindestzinssatz rechnen.

Vorläufig halten sich die Banken jedoch an die Empfehlung des Zentralverbandes der Kreditinstitute, die einen Zinssatz von 4% für marktgerecht halten. Die Hypothekenzinsen sind schon von 7,5% auf 7% gesenkt worden.

»Ex und Hopp« – die Einwegflasche

29. April. Mit einer Werbekampagne unter dem Slogan »Ex und Hopp« propagieren die größten Brauereien der Bundesrepublik die Einwegflasche aus dünnerem Glas für Bier.

Werbeplakat

Dem Biertrinker wird in dieser Aktion der Genuß ohne Anstrengung nahegelegt: Wie sonst nur Filmhelden trinkt er sein Bier und wirft die geleerte Flasche lässig über die Schulter. Das ist das Bild des modernen Biertrinkers, der sich nicht mehr um leere Flaschen kümmern muß.

Die neue Einwegflasche kostet den Verbraucher nur rund ein Drittel des Preises, den die Dose beim Dosenbier erfordert, und angeblich auch nicht mehr als die Leihflasche mit Pfandrückgabe.

Steigende Tendenz zur Kriminalität

4. April. Laut Kriminalstatistik sind im vergangenen Jahr 1 917 445 Verbrechen und Vergehen in der Bundesrepublik begangen worden, womit die Straftaten im Vergleich zu 1965 um 7,2% zunahmen. Verkehrs- und Staatsschutzdelikte sind dabei nicht berücksichtigt.

Die Statistik registriert, daß in den Stadtstaaten die Verbrechensquote höher liegt als in den Bundesländern. Hamburg führt mit 5759 Verbrechensfällen auf 100 000 Einwohner vor Bremen mit 5514 und Berlin (West) mit 5321. Die geringste Kriminalitätsrate unter den Bundesländern weist das Saarland mit 2301 Fällen auf 100 000 Einwohner auf.

Die häufigsten Delikte gegen die bundesdeutschen Strafgesetze sind Einbruch und Diebstahl, dann folgen Betrugsdelikte. Alarmierend ist die Zunahme der Jugendkriminalität von 8,4% (1963) auf 10,7% (1966). Jugendliche werden zumeist beim Autodiebstahl oder bei Automatenplünderung überführt.

Gestapelte Fässer mit Atommüll im ehemaligen Salzbergwerk Asse

Radioaktiver Müll in Salzstöcken

4. April. Atommüll wird zum ersten Mal in der Bundesrepublik entsorgt. Im früheren Salzbergwerk Asse bei Remlingen im Landkreis Wolfenbüttel werden 80 Spezialfässer von 100 bis 200 l Inhalt mit radioaktiven Rückständen in 750 m Tiefe eingelagert. Die Fässer sind mit Beton oder Bitumen ausgekleidet.

Unter erheblichen Sicherheitsvorkehrungen sind die Fässer aus dem Kernforschungszentrum Karlsruhe nach Wolfenbüttel transportiert worden.

Familienfreizeit vor dem Fernseher

Eine soziologische Untersuchung zum Fernsehverhalten von Kindern stellt fest, daß jedes Kind im sog. Spielalter zwischen sechs und zwölf Jahren durchschnittlich zwei Stunden täglich vor dem Fernseher sitzt. Kinder, deren Eltern keinen Fernsehapparat besitzen, schauen nur 30 Minuten täglich »in die Röhre«.

In der Repräsentativbefragung von 17 383 Schülern wird der Fernsehkonsum von den Kindern selbst in Abhängigkeit zu dem Verhalten ihrer Eltern gesetzt. Bieten diese keine Ausflüge oder gemeinsamen Spiele an, sondern setzen sich nach der Arbeit oder am Wochenende vor den Bildschirm, bleibt auch für die Kinder häufig nur das Fernsehen.

Zyperns Erzbischof Makarios III. bei den Trümmern des abgestürzten Flugzeugs, in dem 124 Urlauber starben

124 Menschen sterben bei Flugzeugunglück auf Zypern

20. April. Unweit von Nikosia auf der Insel Zypern stürzt eine viermotorige Turbopropmaschine einer Schweizer Chartergesellschaft ab. 124 der 128 Passagiere kommen bei dem Unglück, einem der schwersten in der Geschichte der zivilen Luftfahrt, ums Leben.

Ein Großteil der Insassen waren bundesdeutsche und schweizerische Touristen auf dem Flug von Bangkok in Thailand nach Basel. Nach einer Zwischenlandung in Bombay war der Maschine eine zweite geplante Zwischenlandung in Kairo wegen schlechten Wetters untersagt worden. Als Ausweichflughafen wurde dem Piloten Nikosia genannt. Die Maschine befand sich zum Zeitpunkt des Unglücks im Landeanflug, als der Pilot meldete, ein Blitz habe eingeschlagen. Das Flugzeug zerschellte an der Hügelkette vor Nikosia. Zwei Tage später muß erneut ein Flugzeug vom gleichen Typ in Nikosia notlanden.

Raumfahrtunglück in der Sowjetunion

24. April. Der 40jährige Kosmonaut Wladimir M. Komarow, der am 22. April mit dem bisher größten sowjetischen Raumschiff »Sojus I« zu seinem zweiten Raumflug gestartet war, verunglückt tödlich bei der Landung. Die Kapsel ist noch störungsfrei in die Erdatmosphäre eingetreten. In der Schlußphase der Landung

W. M. Komarow

versagte jedoch das Fallschirmsystem, so daß die Kapsel mit großer Geschwindigkeit auf der Erde aufschlägt. Komarow wird an der Kreml-Mauer beigesetzt.

Träume von Ikarus werden Realität

In den Vereinigten Staaten fliegt zum ersten Mal ein Mensch mit Hilfe eines Geräts, das er wie einen Rucksack auf dem Rücken trägt.
Der Flieger trägt Stahlflaschen mit Wasserstoff-Peroxyd in einem Tornister, vor sich hat er Griffe zur Regulierung von Schubkraft und Richtung. Durch Verwandlung des Peroxyds in Dampf wird der nach oben gerichtete Schub erzeugt. So kann der »moderne Ikarus« bis zu 24 m hoch, 240 m weit und bis zu 97 km/h schnell fliegen.

Bis zu 24 m hoch kann man mit dem Tornister-Fluggerät fliegen

Sonde »Surveyor 3« untersucht den Boden des Mondes

19. April. *Die unbemannte US-amerikanische Mondsonde »Surveyor 3« setzt um 1.03 Uhr wie vorausberechnet im Meer der Stürme weich auf.*
Drei Tage später erst führt das Raumschiff seine eigentliche Mission durch, die Untersuchung des Mondbodens. Vier schwenkbare Stahlschaufeln scharren den Mondboden etwa 15 cm tief auf. Bilder von dem Schaufelversuch, die direkt zur Erde übermittelt wer-

den, lassen die Wissenschaftler vermuten, daß der Mondboden in der oberen Schicht etwa die gleiche Struktur wie der Erdboden aufweist. (Das Foto zeigt den Landefuß im Mondstaub.)
Insgesamt werden 6315 Bilder zur Erde gefunkt, die dem US-Fernsehpublikum direkt übertragen werden. Mit der erfolgreichen Landung der Sonde ist ein weiterer Schritt zum bemannten Mondflug getan.

Schneller als der Schall

Die bundesdeutsche Lufthansa-Fluggesellschaft gibt den Kauf von drei Überschall-Flugzeugen des Typs Concorde bekannt.
Die Concorde ist eine französisch-britische Gemeinschaftsproduktion, die 2300 km/h erreichen und 136 Passagieren Platz bieten soll.
Noch ist das Überschallflugzeug in der Entwicklung. Der Termin für den Jungfernflug ist auf den 28. Februar 1968 festgelegt. Entfernungen schrumpfen in zweifacher Schallgeschwindigkeit zusammen, ungelöst ist aber das Problem des Überschallkanals der Flugzeuge.
Einige Mängel des ursprünglichen Entwurfs sollen bis zum Beginn der Serienproduktion, die 1971 anlaufen soll, ausgeräumt werden. Ein Nachteil der Concorde besteht noch in ihrer kurzen Reichweite. Ein Flug von London nach New York ist möglich, während die Strecke Frankfurt am

Main–New York noch nicht nonstop zurückgelegt werden könnte.
Die erste Concorde zu einem Kaufpreis von rund 80 Millionen DM soll erst 1973 an die Lufthansa ausgeliefert werden. In drei Stunden werden dann die Fluggäste den Atlantik überqueren und durch die Zeitverschiebung sogar drei Stunden vor ihrem Start in den Vereinigten Staaten ankommen. Wer die Concorde benutzt, fliegt nach dem Frühstück um 9 Uhr mitteleuropäischer Zeit in Frankfurt am Main ab, kommt vor dem Frühstück um 6 Uhr Ortszeit in New York an und kann rechtzeitig zum Abendessen nach einem Einkaufsbummel im heimatlichen Frankfurt landen.
In den Vereinigten Staaten werden die ersten Überschallflugzeuge erst später in Serie gebaut werden. Die US-Luftfahrtindustrie ist mit Aufträgen für den Vietnamkrieg ausge-

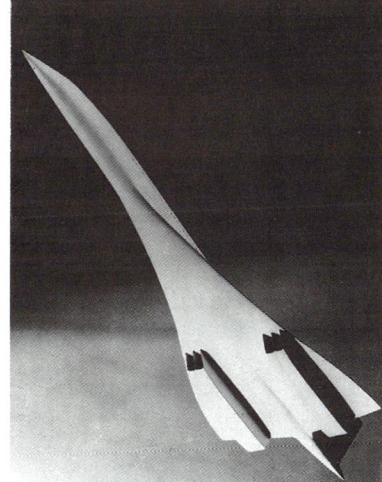

Modellzeichnung des geplanten Überschallflugzeugs »Concorde«

lastet. Zudem fließen die staatlichen Zuschüsse für die Entwicklung eines Überschallflugzeuges aus diesem Grund spärlicher. In der Sowjetunion soll ebenfalls 1968 ein Überschallflugzeug mit der Bezeichnung TU-144 starten.

71 Nationen auf der Weltausstellung 1967 in Montreal

28. April. *In Montreal, der größten Stadt Kanadas, wird die »Expo 67«, die bisher größte Weltausstellung ihrer Art, feierlich eröffnet. Der kanadische Ministerpräsident Lester Pearson entzündet im Beisein von 7000 geladenen Gästen auf dem »Platz der Nationen« eine Flamme, die für die Dauer der Ausstellung bis zum 28. Oktober brennen wird.*

Auf zwei künstlichen Inseln im Sankt-Lorenz-Strom wurde die Weltausstellung aufgebaut. Etwa drei Milliarden DM – viermal soviel wie für die Weltausstellung in Brüssel 1958 – haben Kanada und die dort vertretenen Länder aufgewendet. Insgesamt 71 Nationen präsentieren sich in ihren Pavillons in den Bereichen Wissenschaft und Technik, Geschichte und Kultur. Thema der »Expo 67« ist: »Der Mensch und seine Welt«. Der bundesdeutsche Pavillon (Foto), der von den Architektur-Professoren Frei Otto und Rolf Gutbrod entworfen wurde, erregt mit seiner kostensparenden Leichtbauweise und Mobilität viel Beifall. Die avantgardistische Konstruktion aus Stahl und Plastik wird von acht Hochmasten getragen und überspannt eine Fläche von 10 000 m².

Seilbahn bei Kaprun

8. April. Der österreichische Bundespräsident Franz Jonas eröffnet die neue Seilbahn von Kaprun auf das Kitzsteinhorn. Mit einer Gesamtlänge von 6250 m ist sie Österreichs längste Kabinenseilbahn.
Rund 2100 m Höhenunterschied überwindet sie auf ihrem Weg vom Tal zum Gipfel. In über 2000 m Höhe erschließt sie ein Skigelände im Gletschergebiet des Schmiedinger Kees, wo Ski-Fahrer unter verschiedenen Abfahrten – sommers wie winters – wählen können.

Österreichs längste Kabinenseilbahn erschließt den Kaprun-Gletscher

Meerwasser wird trinkbar gemacht

2. April. Die Vereinten Nationen in New York veröffentlichen ihre Untersuchungsergebnisse über Meerwasser-Entsalzungsanlagen.
Im letzten Jahr sind 14 neue Anlagen zur Umwandlung von Meerwasser in Trinkwasser u. a. in Israel, Kuwait, Peru und Großbritannien erstellt worden. Damit erhöht sich die Gesamtzahl der Anlagen in aller Welt auf 57, die täglich 418 Millionen l Trinkwasser liefern.
Diese Methode kann nach Ansicht der UN-Experten vor allem in Entwicklungsländern an Bedeutung gewinnen, für die sich die Problematik des Wassermangels mit der Bevölkerungszunahme und der wachsenden Industrialisierung verschärft.
Die Kosten der Entsalzung sind noch hoch: Die Anlagen werden mit Erdöl und Gas betrieben.

Düsseldorf erhält neue Kunsthalle

30. April. In Düsseldorf wird die neue Kunsthalle feierlich ihrer Bestimmung übergeben. Sie ist nicht nur in ihrer Architektur, sondern auch als Institution ohne Vorbild.
Die Kunsthalle am Grabbeplatz am Rande der Düsseldorfer Altstadt soll keine ständigen Kunstsammlungen beherbergen, sondern wird wechselnden Ausstellungen weiträumig Platz bieten. Die städtischen Kunstschätze sind im Kunstmuseum und im Schloß Jägerhof im Hofgarten untergebracht.
Zum Leiter der Düsseldorfer Kunsthalle wurde schon vor zwei Jahren Karl Ruhrberg berufen, dem ein Jahresetat von 280 000 DM und eine Ausstellungsfläche von 2000 m² zur Verfügung stehen. Er möchte versuchen, Zusammenhänge zwischen Kunst, Theater, Musik und dem Denken der Zeit aufzuzeigen.
Die Eröffnungsausstellung zeigt Kunst des 20. Jahrhunderts aus westfälischem Privatbesitz: Werke von Henri Matisse, Pablo Picasso, Max Ernst, Paul Klee, Hans Hartung, Henry Moore und George Segal bis zu den experimentierenden Modernen sind vertreten.
Die Architektur des Neubaus löste bei vielen Düsseldorfern heftige Kritik aus. Die glatte, schmucklose steinerne Fassade läßt eher ein Parkhaus vermuten als ein Museum.

Die Kunsthalle am Grabbeplatz

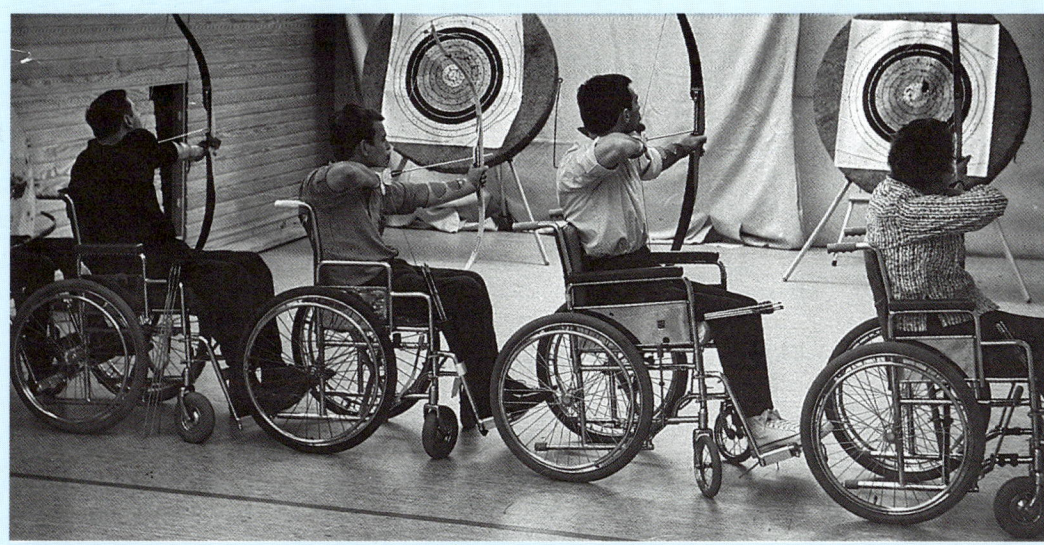

Wieder Vertrauen in den eigenen Körper gewinnen: Im Rehabilitationszentrum für Querschnittsverletzte der Orthopädischen Universitätsklinik Heidelberg trainieren Rehabilitanten Bogenschießen

Beschäftigungstherapeutische Übungen dienen der Wiederherstellung der Körperfunktionen

Die Werbung verschweigt die Gefährdung durch das Rauchen

Immer mehr Bürger greifen bei jeder Gelegenheit zum Alkohol

Gesundheit 1967:

Vorbeugen durch Aufklärung

Schutz und Förderung der Gesundheit gewinnen 1967 zunehmend an Bedeutung in der bundesdeutschen Gesundheitspolitik.

Das Zentralinstitut für Gesundheitserziehung in Köln wird durch einen Erlaß der Bundesgesundheitsministerin Käthe Strobel im Juli 1967 in die Bundeszentrale für gesundheitliche Aufklärung umgewandelt. Probleme der Vorsorge, der Gesundheitshilfe nach langen Krankenhausaufenthalten und der Rehabilitation stehen hier im Mittelpunkt. Gleiches gilt für Fragen der Mütter- und Säuglingssterblichkeit, der Hilfe für Behinderte und der Krebsvorsorge, in der nach Ansicht der Ärzte noch immer die größten Chancen für eine dauerhafte Heilung der Krankheit zu sehen ist und nicht in zweifelhaften Wunderdrogen (→ 22. 5./S. 84).

Außerdem setzt sich die Bundeszentrale mit der Herstellung und Förderung von pädagogischen Filmen für die sexuelle Aufklärung ein. Aus ihrer Produktion stammen die auf verschiedene Altersstufen abgestimmten Filme »Er – Sie – Es« und »Wir wollen es«.

Ein weiterer Schwerpunkt der Gesundheitspolitik liegt in der Aufklärung über die gesundheitsschädigenden Folgen des Genußmittelmißbrauchs. Von 1950 bis 1967 ist der Tabakkonsum in der Bundesrepublik auf das Vierfache angestiegen. Durchschnittlich raucht jeder Bundesdeutsche über 15 Jahren 2214 Zigaretten und 71 Zigarren im Jahr. Frauen greifen wesentlich seltener zum Nikotin. Eine der Folgen: Allein an Lungen- und Kehlkopfkrebs sterben in diesem Jahr 15 683 Männer und 2731 Frauen, das sind viermal soviel wie im Jahr 1937. Krankenkassen und Ärzte drängen deswegen auf den gesetzlich vorgeschriebenen Hinweis auf Zigarettenpackungen, wie er beispielsweise in den Vereinigten Staaten oder Großbritannien besteht, daß das Rauchen die Gesundheit schädige.

Für ebenso alarmierend halten Ärzte den steigenden Alkoholkonsum der Bundesdeutschen. Mehr als 500 Millionen Flaschen Spirituosen sind 1966 getrunken worden. Rund 3,6 Millionen DM geben die Bundesbürger im Jahr 1967 für alkoholische Getränke aus, sechsmal soviel wie 1938.

Bundesgesundheitsministerin Käthe Strobel (r.) läßt sich auf dem Bundesärztetag in Nürnberg vom 8. bis 10. Dezember sachkundig beraten

Münchner Verkehr per Computer

13. April. In München nimmt Bürgermeister Georg Brauchle die modernste Verkehrsleit- und -Kontrollzentrale der Bundesrepublik durch Knopfdruck in Betrieb.

In nur knapp zwei Jahren wurde die Anlage, die 2,7 Millionen DM kostet, erstellt. Durch das angewandte Baukastensystem kann sie auch künftigen Verkehrsentwicklungen problemlos angepaßt werden.

Wichtigstes Element der Verkehrsleitzentrale für die Münchner Innenstadt ist ein Computer, der dafür sorgt, daß der Verkehr die Ampeln steuert, und nicht umgekehrt. Drei Anwendungsstufen sind möglich:

▷ Die sog. verkehrsabhängige Programmwahl; hierbei sucht der Rechner aus einer Serie von Signalschaltplänen den Plan heraus, der am ehesten der augenblicklichen Verkehrslage entspricht

▷ In der zweiten Stufe werden die Grünzeiten der Ampeln innerhalb einzelner Straßenzüge dem Bedarf angepaßt, wobei der

Die zentrale Schaltanlage für die Verkehrsampeln in der Landeshauptstadt München, der Monitor (l.) zeigt den momentanen Verkehrsfluß

Computer seine Informationen durch Detektoren und Sonden an den Kreuzungen erhält

▷ In der dritten Stufe ermittelt der Computer aus den Informationen der Sonden vollautomatisch die Verkehrslage und liefert das optimale Signalprogramm

450 Signalanlagen sind an die Leitstelle angeschlossen.

Seit 100 Jahren Hilfe für Kranke in den Betheler Anstalten

16. April. In Dortmund werden die Jubiläumsfeierlichkeiten zum 100jährigen Bestehen der Bodelschwinghschen Anstalten von Bethel bei Bielefeld eröffnet.

Pastor Friedrich von Bodelschwingh, Leiter der bekanntesten diakonischen Einrichtung des deutschen Protestantismus und Nachfahre des Gründers, spricht in der Westfalenhalle vor 20 000 Menschen.

Bethel ist 1867 aus der Erwekkungsbewegung des Ravensberger Landes entstanden. Einige Bielefelder Bürger erwarben einen Bauernhof, um dort epileptisch Kranke, denen medizinisch damals niemand helfen konnte, unterzubringen. Sie baten 1872 Pastor Friedrich von Bodelschwingh, das Haus zu leiten. Er entwickelte die noch heute gültigen Ziele der Anstalt: Linderung des Leidens durch Arbeit, Gemeinschaft von Gesunden und Kranken sowie die Heranziehung auch der Schwächsten zur Mitarbeit. Viele Mittel der modernen Hilfe für Kranke sind in Bethel gefunden worden.

△ *Das alte Pförtnerhäuschen der Bodelschwinghschen Anstalten*
◁ *Friedrich von Bodelschwingh (1831–1910); der evangelische Theologe war anfangs Landwirt, wurde 1858 Hilfsprediger der deutschen Gemeinde in Paris und 1864 Pastor in Dellwig in Westfalen; 1872 übernahm er die Leitung der Anstalt in Bethel und entwickelte sie zum größten Hilfswerk der Inneren Mission. 1882 gründete er die erste Arbeiterkolonie »Brüder der Landstraße«*

Stammhalter für den Oranierthron

27. April. Die 29 Jahre alte niederländische Prinzessin Beatrix, die seit dem 10. März 1966 mit dem früheren bundesdeutschen Diplomaten Claus von Amsberg verheiratet ist, wird um 19.13 Uhr in der Universitätsklinik von Utrecht von einem gesunden, 3850 Gramm schweren Sohn entbunden.

Der kleine Prinz mit Namen Willem Alexander ist der erste männliche Thronfolger der Oranier seit über 100 Jahren. Nach sechs Töchtern im niederländischen Königshaus ist er der erste Sohn seit drei Generationen. Der letzte männliche Anwärter auf den Oranierthron war 1851 als ältester Sohn König Wilhelms III. geboren worden. Er starb jedoch – ebenso wie seine beiden Brüder – noch vor seinem Vater.

Nach der offiziellen Mitteilung der glücklichen Geburt bricht die Menge, die den ganzen Tag vor dem Utrechter Krankenhaus gewartet hatte, in Hochrufe auf die Prinzessin aus. In den niederländischen Städten kommt es zu spontanen Straßenfesten, im ganzen Land herrscht Karnevalsstimmung.

Die königliche Familie stößt nach alter Tradition auf dem Amsterdamer Schloß auf die Geburt des Stammhalters mit dem sog. Kandeel an, einem Getränk aus Rheinwein, Eierschaum, Zucker und Gewürzen. 101 Salutschüsse werden über der Stadt abgegeben.

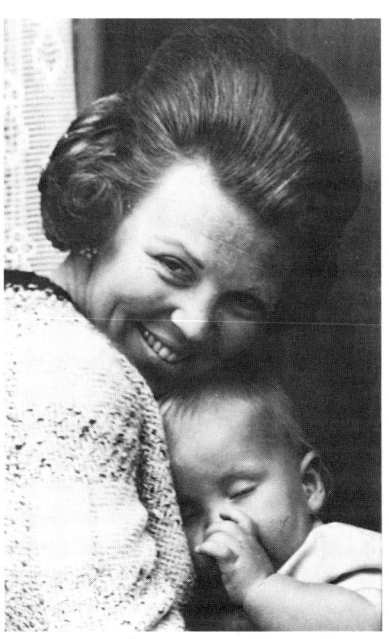

Prinzessin Beatrix mit ihrem Sohn

Ein Musical erobert die Jugend

29. April. In New York wird das Pop- und Rock-Musical »Hair« des US-amerikanischen Komponisten Galt McDermont uraufgeführt. Die Presse reagiert auf das Werk zunächst empört, von den Jugendlichen in aller Welt wird es innerhalb kürzester Zeit zu einem Kultstück erhoben, in dem sie ihre Träume, Hoffnungen und ein Stück ihres Lebens wiederfinden.

Das Musical zeigt in einer lockeren Szenenfolge das Leben einer Hippie-Gemeinschaft, die zur Zeit des Vietnamkriegs das Wassermann-Zeitalter erwartet, das eine glücklichere Zeit verspricht. Der Song »Aquarius« wird auch über das Musical hinaus bekannt. Ein junger Mann aus der Gemeinschaft fällt als US-Soldat in Vietnam.

Das Werk versteht sich als ein heftiger Protest gegen das US-amerikanische Bürgertum, gegen die Rassendiskriminierung und gegen den Vietnamkrieg und zeigt gleichzeitig die Welt der »Flower-Power«, der sog. Blumenkinder, mit ihren gänzlich anderen Werten als die ihrer Eltern: Beat-Musik, Haschisch und Erotik. In Musik und Text spiegelt sich das Lebensgefühl der jungen Generation, die zwischen Protest und Anpassung nach neuen Lebensvorstellungen sucht. Was bei den Eltern in aller Welt mehr als Unwillen hervorruft, wird in dem Musical bejubelt: »Hair« (»Haare«), genauer die langen Haare der Hippies.

Szene aus dem US-amerikanischen Musical »Hair« von Galt McDermont

Szene: Ein Mann aus der Hippie-Bewegung ist in Vietnam gefallen

Die nackten, langhaarigen Hippies in »Hair« rufen bei der Erstaufführung in New York Empörung hervor

Die »Mao-Bibel« wird Bestseller

2. April. Der Gesellschaft der Freunde der Volksrepublik China wird von dem Verlag für fremdsprachige Literatur in Peking die deutschsprachige Ausgabe der »Aussprüche des Parteivorsitzenden Mao Tse-tung« zugesandt. Damit setzt in der Bundesrepublik als drittem westlichen Land – im Januar 1967 erscheinen in Frankreich die ersten Ausgaben, im Februar folgen italienische Übersetzungen – die Verbreitung der sog. Mao-Bibel ein.

In einer Zusammenstellung von 425 Aussprüchen wird das Denken und Handeln des Vorsitzenden der Kommunistischen Partei Chinas knapp und eindringlich dargeboten. Während der 1966 begonnenen Kulturrevolution in China soll das »Rote Buch« mit seiner Ge-

Rotgardist

samtauflage von 800 Millionen Exemplaren die politischen Vorstellungen von Mao Tse-tung verbreiten.

Das kleine Buch ist in einem leuchtend roten Einband aus Kunstleder eingeschlagen. Die erste Seite trägt nur den kurzen Aufruf: »Arbeiter (nicht Proletarier, wie es bei Karl Marx und Friedrich Engels heißt) aller Länder, vereinigt Euch!« Auf der zweiten Seite erscheint ein Bild Maos in jüngeren Jahren, auf der dritten Seite das Faksimile des Geleitworts von Lin Piao, Maos langjährigem Parteifreund und Kampfgefährten.

Das »Rote Buch« erlebt innerhalb eines Jahres in der Bundesrepublik einen beispiellosen Boom. Nach einer Umfrage der Deutschen Presseagentur am 3. Dezember sind mindestens 100 000 Exemplare vorwiegend in den Universitätsstädten verkauft worden. Eine Münchner Buchhandlung verzeichnet teilweise einen Tagesumsatz von 80 bis 100 »Mao-Bibeln«.

»Rolling Stones« mit Goldener Schallplatte: (hinten v. l.) Mick Jagger, Charlie Watts, Keith Richard, (vorn v. l.) Brian Jones, Bill Wyman

Letzte Aufnahme für den neuen Beatles-Film »Magical Mystery Tour« in einer echten Striptease-Bar; Darsteller und Regisseure: »The Beatles«

Unterhaltung 1967:
Schlager oder Beat

Roy Black erhält den »Goldenen Löwen« von Radio Luxemburg

Bezüglich des Musikgeschmacks teilen sich 1967 die Vorlieben der Bundesbürger – je nach Alter – in den deutschsprachigen melodiösen Schlager und der aus den Vereinigten Staaten und Großbritannien importierten Beatmusik.

Erfolge feiert das aus Israel stammende Schlagerpaar Esther und Abi Ofarim bei seiner 46-Städte-Tournee durch die Bundesrepublik. Ebenso wie Hildegard Knef, Udo Jürgens oder Roy Black besingen sie die Liebe und die Sehnsucht: Hildegard Knefs Langspielplatte »Halt mich fest« wird in drei Mona-

ten 35 000mal verkauft, Roy Black erhält für sein Lied »Frag nur Dein Herz« den »Goldenen Löwen« von Radio Luxemburg.

Die überwiegend jugendlichen Fans der Beat- und Rockmusik kaufen lieber Platten von den »Beach Boys«, den »Beatles« oder den »Rolling Stones«.

Die wohl berühmteste Gruppe, die »Beatles«, bringt mit gewohntem Erfolg ihre neue Langspielplatte »Sergeant Pepper's Lonely Hearts Club Band« heraus, das erste Album, das nach einem durchgehenden Konzept gestaltet ist.

Paul McCartney, George Harrison, Ringo Star, John Lennon (v. l.)

Udo Jürgens bei Probe zur ersten Farbfernseh-Sendung am 25. 8.

Hildegard Knef und Freddy Quinn in der Fernseh-Livesendung der ARD in Berlin (West) »Gala-Abend der Schallplatte« am 26. August

Erfolg mit folkloristisch-humoristischen Schlagern: Die Ofarims

Vergabe der Oscars in Hollywood

10. April. In Santa Monica in Kalifornien findet die alljährliche Verleihung der Oscars für beste Leistungen im Film statt. Alle US-amerikanischen Filmgrößen und Stars sowie Millionen von Fernsehzuschauern wohnen der Preisvergabe durch die US-amerikanische Filmakademie, Academy of Motion Picture Arts and Sciences, in Hollywood bei.
Elizabeth Taylor erhält für ihre Leistungen in dem US-amerikanischen Film »Wer hat Angst vor Virginia Woolf« die begehrte Filmstatuette. Dem britischen Schauspieler Paul Scofield wird für seine Rolle in dem britischen Spielfilm »Ein Mann zu jeder Jahreszeit« ein Oscar als bester männlicher Hauptdarsteller zuerkannt. Dieser nach dem gleichnamigen Bühnenstück von Robert Bolt über das Leben von Thomas More gedrehte Film erhält noch fünf weitere Oscars: Als bester Farbfilm des Jahres, für die Regie Fred Zinnemann, für das Drehbuch Robert Bolt, für die Farbfotografie sowie für die besten Kostüme.

Elizabeth Taylor mit dem Oscar, den sie für ihre hervorragende Leistung in dem britischen Spielfilm »Wer hat Angst vor Virginia Woolf« erhält

»Wer hat Angst vor Virginia Woolf« wird mit insgesamt fünf Oscars ausgezeichnet: Für die Hauptdarstellerin Elizabeth Taylor, für die beste weibliche Nebenrolle Sandy Denis, für die künstlerische Gestaltung des Schwarz-Weiß-Films, für die Fotografie und die Kostüme.
Walter Matthau bekommt den Oscar als bester Nebenrollendarsteller in dem Spielfilm »Der Glückspilz« von Billy Wilder.

Clay verweigert den Wehrdienst

28. April. Der 25jährige Cassius Marcellus Clay (Muhammad Ali), gegenwärtig Boxweltmeister aller Klassen, weigert sich, seiner Wehrpflicht in der US-amerikanischen Armee nachzukommen.
Im texanischen Houston lehnt es der vielumjubelte Boxstar vor den Offizieren der Erfassungskommission ab, den Eid auf die US-amerikanische Fahne abzulegen. Die Kommission und das zuständige Gericht in Houston befinden, daß Clay mit seiner Wehrdienstverweigerung gegen das Gesetz verstoßen habe. Eine Kaution von 20 000 DM bewahrt ihn vor der Untersuchungshaft.
Damit demonstriert der farbige Boxer öffentlich seine Mißachtung für die US-amerikanische Gesellschaft, der er bereits 1965 symbolisch den Rücken kehrte: Er wurde gläubiges Mitglied der »Black Muslim«, die jeden Krieg, der nicht im Namen Allahs geführt wird, ablehnen. Gleichzeitig benannte er sich in Muhammad Ali um.
Muhammad Ali bezeichnet sich selbst als Geistlicher. Damit kann er aus Gewissensgründen den Dienst mit der Waffe verweigern. Seine Anwälte schicken zur Untermauerung Erklärungen von 3810 US-Bürgern an die Einberufungskommission, die bestätigen, daß sich Clay als Prediger betätigt. Vor der Kommission erscheint er mit dem Koran.

Muhammad Ali wird jedoch wegen seiner Kriegsdienstverweigerung verurteilt, sein Titel als Boxweltmeister wird ihm am 9. Mai aberkannt. Damit verliert er, nach eigenen Schätzungen, zehn Millionen US-Dollar (rund 30 Millionen DM).

Cassius Marcellus Clay alias Muhammad Ali, Boxweltmeister aller Klassen, verweigert aus Gewissensgründen den Wehrdienst in der US-amerikanischen Armee; er ist zum moslemischen Glauben übergetreten

Fernsehspiel der Gegenwart im ZDF

5. April. Um 21 Uhr strahlt das Zweite Deutsche Fernsehen (ZDF) das Fernsehspiel »Das Arrangement« von Dieter Meichsner aus. Diese neue Produktion eröffnet eine Reihe von Fernsehspielen mit aktueller Problematik, die das ZDF unter dem Namen »Das Fernsehspiel der Gegenwart« zusammenfaßt.
Diese neue Serie soll unregelmäßig aber stetig im Programm erscheinen. Es handelt sich bei den einzelnen Produktionen zum größten Teil um Auftragsarbeiten. Dem zuständigen Ressortleiter im ZDF, Gerhard Prager, schweben Beiträge vor, welche die Funktion des Fernsehspiels als ein Mittel zur Provokation, als Denkanstoß, erkennen lassen.
Im Laufe der nächsten Monate sollen u. a. »Gottes zweite Garnitur« von Nikolaus Richter nach dem Roman von Will Heinrich, sowie zum 25. Jahrestag der Vernichtung des Warschauer Ghettos das Stück »Warschauer Karwoche« von Jerzy Andrzejewski gesendet werden.

Werbefeldzug für Damen-Zigarillos

In Norddeutschland erscheinen die ersten Großinserate eines US-amerikanischen Zigarren- und Zigarilloherstellers, mit denen gezielt die bundesdeutschen Frauen zum »Tiparillo«-Rauchen animiert werden sollen.
»Tiparillos« – eigens für die Frau entworfen – sind kleine Zigarillos mit einem Mundstück; in den Vereinigten Staaten ist diese Neuheit schon ein voller Erfolg geworden.
Um in der Bundesrepublik den neuen Rauchgenuß an die Frau zu bringen, haben die US-Werbespezialisten ihr Konzept verändert. Hieß es in den USA auf den Plakaten noch: »Sollte ein Gentleman einer Dame eine Tiparillo anbieten?«, zeigen die bundesdeutschen Inserate die Dame nur von hinten, allerdings reizvoll schulterfrei. Damit soll das Bild eines Frauengesichts mit einem »männlich« wirkenden Zigarillo vermieden werden. Der Anfangserfolg der »Tiparillos« in der Bundesrepublik zeigt, wie genau die Werbepsychologen den Geschmack des Käufers getroffen haben.

Mai 1967

Mo	Di	Mi	Do	Fr	Sa	So
1	2	3	4	5	6	7
8	9	10	11	12	13	14
15	16	17	18	19	20	21
22	23	24	25	26	27	28
29	30	31				

1. Mai, Maifeiertag

In China stehen die Maifeiern ganz im Zeichen der »proletarischen Kulturrevolution«. →S. 81

Die spanischen Maidemonstrationen werden in allen größeren Städten durch Polizei gewaltsam erstickt.

In Moskau wird die Verteilung der internationalen Lenin-Friedenspreise bekanntgegeben. An erster Stelle steht auf der Liste der Preisträger der evangelische Theologe Martin Niemöller. →S. 87

2. Mai, Dienstag

Kambodschas Staatspräsident Norodom Sihanuk setzt für die kommenden drei Monate das parlamentarische Staatssystem außer Kraft, um mit Hilfe eines Notstandskabinetts unter seiner Führung die Gefährdung des Staates durch kommunistische Guerilla abzuwenden. →S. 79

Swasiland erlangt nach 77 Jahren britischer Herrschaft die innere Unabhängigkeit. →S. 80

Führende Vertreter der bundesdeutschen Mineralölindustrie vereinbaren angesichts der verschärften Absatzkrise im Steinkohlebergbau, den Absatzzuwachs bei schwerem Heizöl auf 3%, bei leichtem Heizöl auf 4% zu beschränken (→24. 5./S. 82).

In Stockholm findet die erste öffentliche Sitzung des von dem britischen Philosophen und Nobelpreisträger Bertrand Russell ins Leben gerufenen Tribunals statt. Es befaßt sich in diesem Jahr mit dem US-amerikanischen Vorgehen in Vietnam. →S. 79

Die Weltgesundheitsorganisation (WHO) in Genf gibt bekannt, daß nach ihrer Schätzung auf der Welt jährlich mehr als 700 000 Menschen Selbstmord begehen. Mehr als drei Millionen unternehmen einen Selbstmordversuch, weitere 15 Millionen drohen wiederholt damit, sich das Leben zu nehmen. →S. 84

Das Rockidol Elvis Presley heiratet in Las Vegas seine langjährige Freundin Priscilla Beaulieu. →S. 90

3. Mai, Mittwoch

Bei den Präsidentschaftswahlen in Südkorea erhält der bisherige Präsident Park Chung Hee mit 51,4% der abgegebenen Stimmen die erforderliche Mehrheit.

Unbekannte Täter erbeuten bei einem Überfall auf einen Geldtransport in der Londoner Innenstadt umgerechnet 8,4 Millionen DM.

Die Bundesrepublik verliert ein Fußball-Länderspiel gegen Jugoslawien in Belgrad 0 : 1.

4. Mai, Christi Himmelfahrt

Die griechische Militärregierung in Athen verfügt ein Verbot von 260 gewerkschaftlichen, kulturellen und sportlichen Organisationen, die als prokommunistisch bezeichnet werden (→21. 6./S. 99).

In Accra (Ghana) unterzeichnen die Delegationen aus zwölf westafrikanischen Staaten ein Abkommen über die Errichtung eines Gemeinsamen Marktes. →S. 80

Die Vereinigten Staaten starten von Kap Kennedy aus mit einer Atlas-Agena-Rakete eine neue Mondsonde »Lunar Orbiter 4«, die 90% der Mondoberfläche fotografieren soll.

5. Mai, Freitag

Die New Yorker Tageszeitung »World Journal Tribune« stellt ihr Erscheinen ein, da das Blatt eine Defizitrate in einer Jahreshöhe von 8,4 Millionen US-Dollar (rd. 33 Millionen DM) aufweist. →S. 89

29% der bundesdeutschen Bevölkerung haben – laut einer Repräsentativbefragung des Instituts für angewandte Sozialwissenschaften (INFAS) in Bad Godesberg – die Auswirkungen der nachlassenden Konjunktur am eigenen Leib verspürt. Am deutlichsten wirkt sich die Rezession im Bergbau und in der Stahl- und Eisenindustrie aus.

6. Mai, Sonnabend

Äthiopiens Kaiser Haile Selassie I. trifft in Bonn zu einem informellen Arbeitsbesuch ein.

Zakir Husain wird als erster Moslem zum Staatspräsidenten von Indien gewählt. →S. 81

Für die Weltrechte außerhalb der USA an den Memoiren der Tochter des sowjetischen Diktators Josef W. Stalin, Swetlana Allilujewa, bietet der italienische Verleger Giorgio Mondadori umgerechnet 3,4 Millionen DM (→12. 3./S. 52).

Bei den Wahlen zu einer neuen verfassunggebenden Versammlung in Paraguay siegt die Regierungspartei der »Colorados« über die drei Oppositionsparteien.

Der Würzburger Dom wird 22 Jahre nach seiner Zerstörung im Zweiten Weltkrieg von Julius Kardinal Döpfner wieder geweiht.

Auf dem Gelände des ehemaligen Konzentrationslagers Dachau bei München wird eine jüdische Gedenkstätte eingeweiht. Von den jüdischen Gemeinden in Bayern wurden dafür 300 000 DM aufgebracht, das Land Bayern und die Stadt München spenden je 30 000 DM. →S. 83

7. Mai, Sonntag

Die beiden berühmtesten Passagier-schiffe der Welt, die »Queen Mary« (81 237 BRT) und die »Queen Elizabeth« (83 673 BRT), die der britischen Cunard-Reederei gehören, werden aus dem Verkehr gezogen, weil sie unrentabel sind.

8. Mai, Montag

Das Außenministerium der DDR erleichtert überraschend die Visa-Formalitäten für Gruppenreisen, die von Berlin (West) aus über den Flughafen Schönefeld in Berlin (Ost) angetreten werden. →S. 87

Das neu errichtete Ehrenmal des Unbekannten Soldaten in Moskau wird feierlich eingeweiht. Parteichef Leonid Breschnew entzündet die Ewige Flamme, die über der Grabplatte zu Füßen der Kremlmauer leuchtet.

Die Zahl der fehlenden Studienräte in der Bundesrepublik wird sich nach Berechnungen des Deutschen Philologenverbands bis 1970 auf etwa 25 000 bis 30 000 erhöhen.

9. Mai, Dienstag

Die Verteidigungsminister von 14 im Nordatlantischen Pakt (NATO) verbündeten Staaten tagen in Paris. Sie verabschieden neue politische, strategische und wirtschaftliche Direktiven an die Militärs. →S. 78

In Berlin (West) verschärfen sich die Auseinandersetzungen an der Freien Universität zwischen akademischen Amtsträgern und der Studentenverwaltung, nachdem Demonstrationen gegen den Besuch von US-Vizepräsident Hubert H. Humphrey am → 6. April (S. 63) zu Disziplinarstrafen gegen Studenten geführt hatten.

Während eines neuntägigen Staatsbesuchs von König Faisal Ibn Abd Al Asis Ibn Saud von Saudi-Arabien findet im Londoner Hyde-Park zu Ehren des Monarchen eine Pferdegalopp-Parade statt, wie sie zuletzt 1873 vorgeführt wurde. →S. 87

Die US-amerikanischen Boxverbände World Boxing Association (WBA) und World Boxing Council (WBC) erkennen Muhammad Ali (Cassius Clay) den Weltmeistertitel wegen seiner Wehrdienstverweigerung ab (→28. 4./S. 73).

10. Mai, Mittwoch

Der irakische Staatspräsident Abd ar-Rahman Arif beendet die seit dem 5. Mai andauernde innenpolitische Krise, indem er das vakante Amt des Ministerpräsidenten übernimmt und ein neues Kabinett vereidigt.

Der deutsche Bundestag verabschiedet ein Gesetz zur Förderung der Stabilität und des Wachstums in der Wirtschaft. →S. 83

Der Bundesvorsitzende der Nationalen Partei Deutschlands (NPD) Fritz Thielen, gründet nach Streitigkeiten mit seinem Stellvertreter Adolf von Thadden in Bremen die Nationale Volkspartei (NVP). →S. 83

11. Mai, Donnerstag

Bundeskanzler Kurt Georg Kiesinger erhält ein Schreiben des Ministerratsvorsitzenden der DDR, Willi Stoph (→13. 6./S. 101).

Großbritannien übergibt seinen zweiten Antrag nach 1961 auf Aufnahme in die Europäische Wirtschaftsgemeinschaft dem Ministerrat in Brüssel. Dänemark und Irland schließen sich dem Beitrittsgesuch an. →S. 82

In München legt Bundesbauminister Lauritz Lauritzen den Grundstein für die Entlastungsstadt München-Perlach, mit 25 000 Wohnungen für über 80 000 Menschen das größte geschlossene Wohnungsbauvorhaben Europas.

Der britische Spielfilm »Blow up« von Michelangelo Antonioni mit Vanessa Redgrave und David Hemmings in den Hauptrollen läuft in der Bundesrepublik an. Der Film erhält bei den Filmfestspielen in Cannes die Goldene Palme. →S. 88

Die »Rolling Stones« müssen sich in Chichester (Sussex) wegen Vergehens gegen das Rauschgiftgesetz verantworten.

12. Mai, Freitag

Die Sowjetunion und Bulgarien schließen einen Freundschafts- und Beistandspakt.

Der indonesische Staatspräsident Kenuso Suharto ordnet an, daß sein Vorgänger Achmed Sukarno seine Residenz im Präsidentenpalast Merdeka (»Freiheit«) verlassen muß. Außerdem werden Sukarno alle Ehrentitel aberkannt (→22. 2./S. 33).

Die Territorialversammlung von Französisch-Somaliland beschließt mit 21 gegen 11 Stimmen, das Land künftig »Französisches Territorium des Afar-Volkes« zu nennen. →S. 80

Die Deutsche Bundesbank senkt den Diskontsatz auf 3%.

»August, August, August« von Pavel Kohout wird in Prag uraufgeführt.

13. Mai, Sonnabend

Der türkische Ministerpräsident Süleyman Demirel beendet seinen viertägigen Staatsbesuch in der Bundesrepublik. In einem gemeinsamen Schlußkommuniqué wird eine engere wirtschaftliche und technische Zusammenarbeit zwischen beiden Ländern beschlossen.

Papst Paul VI. besucht Fatima (Portugal) wo Maria als Himmelsgöttin sechsmal von Mai bis Oktober 1917 Hirtenkindern erschienen sein soll. →S. 86

14. Mai, Pfingstsonntag

Kurt Bendlin stellt in Heidelberg mit 8319 Punkten einen neuen Weltrekord im Zehnkampf auf. →S. 91

Rolle und Selbstverständnis schwarzer US-Soldaten in Vietnam als Leitartikel des US-amerikanischen Nachrichtenmagazins »Time« vom 26. Mai 1967

ATLANTIC EDITION

MAY 26, 1967

THE NEGRO IN VIET NAM

TIME

SGT. CLIDE BROWN JR.

ROBERT ELLISON—EMPIRE

(REG. U.S. PAT. OFF.)

Mai 1967

15. Mai, Pfingstmontag

Nach jahrelangen zähen Verhandlungen gehen die internationalen Gespräche über den weltweiten Abbau von Zollschranken, die sog. Kennedyrunde, zu Ende. →S. 82

Bei den diesjährigen Weltmeisterschaften im Pflügen, die in der neuseeländischen Stadt Christchurch ausgetragen werden, gehen die Skandinavier als Sieger hervor. Der bayerische Landwirt Josef Schmid aus Oberfranken kann sich unter 25 Konkurrenten aus 15 Ländern auf dem achten Platz behaupten.

16. Mai, Dienstag

Ägypten und Syrien versetzen wegen der sich verschärfenden Spannungen mit Israel ihre Truppen in Alarmzustand und fordern den unverzüglichen Abzug der UN-Streitmacht aus dem Gasa-Streifen. →S. 78

Vor dem Landgericht in Berlin (West) wird der Prozeß gegen den 44 Jahre alten Walther Günther eröffnet, der ohne Medizinstudium als Arzt tätig war, einige Zeit sogar als Chefarzt des Städtischen Hospitals in Berlin-Neukölln (→3. 6./S. 104).

17. Mai, Mittwoch

Ein Generalstreik in Frankreich legt den öffentlichen Verkehr lahm. Der Streik ist ein scharfer Protest gegen die von Staatspräsident Charles de Gaulle beantragten Sondervollmachten für Sozialfragen. →S. 81

18. Mai, Donnerstag

Der Generalsekretär der Vereinten Nationen, Sithu U Thant, willigt in die Evakuierung der UN-Friedenstruppen im Gasa-Streifen ein. Auch Jordanien und der Irak versetzen ihre Truppen in Alarmzustand (→16. 5./S. 78).

Ungarn und die DDR unterzeichnen in Budapest einen Freundschafts- und Beistandspakt.

Südvietnamesische Truppen dringen mit Unterstützung von US-amerikanischer Marineinfanterie in den entmilitarisierten Streifen zwischen Nord- und Südvietnam ein. →S. 79

In Peking und Hongkong kommt es zu anti-britischen Demonstrationen und Krawallen. →S. 79

19. Mai, Freitag

Bundesaußenminister Willy Brandt beendet seinen seit 9. Mai dauernden Besuch in Tokio, wo er sich gegen eine Behinderung der friedlichen Nutzung der Kernenergie ausgesprochen und in vier Thesen europäische Entspannungspolitik skizziert hat. →S. 78

Der 52jährige Juri W. Andropow wird zum Vorsitzenden des Komitees für Staatssicherheit beim Ministerrat der UdSSR ernannt.

Fast einstimmig wählen die Kammern des jugoslawischen Parlaments Josip Broz Tito zum fünften Mal zum Präsidenten. →S. 81

20. Mai, Sonnabend

Der Deutsche Gewerkschaftsbund (DGB) erreicht eine Sonderregelung für griechische Gastarbeiter, die wegen der derzeit angespannten politischen Lage in ihrem Land nach Ablauf ihres Arbeitsvertrags nicht ausgewiesen werden.

Königin Annemarie von Griechenland wird von einem Jungen entbunden, der anstelle der am 10. Juli 1965 geborenen Prinzessin Alexia Thronerbe wird. →S. 90

21. Mai, Sonntag

Die französische Nationalversammlung in Paris erteilt nach dreitägiger Debatte der Regierung die geforderten Sondervollmachten zur Einleitung bestimmter Maßnahmen auf wirtschaftlichem und sozialem Gebiet. →S. 81

Die Staatslegislative des US-Bundesstaates Tennessee zieht ein Gesetz zurück, das die Evolutionstheorie von Charles Darwin aus den staatlichen Schulen verbannt hat. Die Behauptung, der Mensch stamme vom Affen ab, widersprach nach Ansicht der Gesetzgeber der menschlichen Würde und der göttlichen Lehre.

22. Mai, Montag

Ägypten sperrt den Golf von Akaba für israelische Schiffe sowie für die Transporte strategischer Güter nach Israel (→16. 5./S. 78).

Die beiden internationalen Ausgaben der »New York Times« und der »New York Herald Tribune« fusionieren zu einem neuen Blatt, das sich »The International Herald Tribune« nennt.

Eine Brandkatastrophe in dem Brüsseler Warenhaus »A l'innovation« fordert 322 Todesopfer. →S. 86

Der Deutsche Ärztetag in Garmisch-Partenkirchen kritisiert die illustrierte Presse wegen ihrer Berichterstattung über angebliche Heilungen von Krebskranken. Das wecke nur falsche Hoffnungen. →S. 84

23. Mai, Dienstag

Bundeskanzler Kurt Georg Kiesinger wird vom XV. Bundesparteitag der CDU in Braunschweig mit 423 gegen 16 Stimmen zum neuen Parteivorsitzenden gewählt.

24. Mai, Mittwoch

Das Bundeskabinett billigt den Gesetzentwurf zur Anpassung und Gesundung des Steinkohlebergbaus. →S. 82

Die Vereinigten Staaten starten einen weiteren Satelliten der Explorer-Serie, »Explorer 34«, dessen Hauptaufgabe die Messung von kosmischer Strahlung der Sonne und des Milchstraßensystems ist.

25. Mai, Donnerstag

In Rumänien wird das System der direkten Verteilung von Lebensmitteln durch die zentrale Verwaltung aufgehoben und durch direkte Kontakte zwischen Produzent und Konsument ersetzt, indem Läden der staatlichen Landwirtschaftsunternehmen in den Städten eingerichtet werden.

Auf die Frage, wer »eigentlich schuld an der konjunkturellen Krise« sei, antworten im Mai die befragten Bundesbürger wie folgt: Regierung 67%, Gewerkschaften 25%, Unternehmer 15%. Auf die gleiche Frage der Delta-Marketing-Forschung antworteten im November 1966 die Befragten: Regierung 59%, Gewerkschaften 15%, Unternehmer 26%.

Celtic Glasgow gewinnt den Europacup der Landesmeister durch 2 : 1 gegen Inter Mailand.

26. Mai, Freitag

Papst Paul VI. ernennt die Generalvikare für vier polnische Kirchenbezirke zu Apostolischen Administratoren »ad nutum Sanctae Sedis«, unmittelbar dem Heiligen Stuhl unterstellt und nicht mehr wie bisher dem Primas von Polen.

Ein 22 Jahre alter sowjetischer Oberstleutnant der Luftwaffe landet bei Dillingen mit einer MIG-17. Die Maschine war 180 km weit in den Luftraum der Bundesrepublik eingedrungen. →S. 83

27. Mai, Sonnabend

Der Schah von Persien, Mohammad Resa Pahlawi, trifft mit Kaiserin Farah zu einem neuntägigen Staatsbesuch in Bonn ein (→2. 6./S. 100).

US-Präsident Lyndon B. Johnson wohnt in Newport News (Virginia) dem Stapellauf eines Flugzeugträgers bei, der auf den Namen des 1963 ermordeten Präsidenten John F. Kennedy getauft wird.

Francis Chichester trifft nach seiner erfolgreichen Weltumsegelung, die er am 27. August 1966 begonnen hatte, in Plymouth ein. →S. 87

28. Mai, Sonntag

Der ägyptische Staatspräsident Gamal Abd el Nasser droht mit der Sperrung des Sueskanals im Falle einer westlichen Intervention im Nahost-Konflikt (→16. 5./S. 78).

In der französischen Überseebesitzung Guadeloupe kommt es zu blutigen Unruhen, bei denen zehn Menschen getötet und etwa 100 verletzt werden. →S. 80

Durch Verfügung des Polizeipräsidenten von Berlin (West) wird die Aufenthaltserlaubnis des US-amerikanischen Schriftstellers Reinhard Lettau um vier Monate gekürzt. Der Schriftsteller habe auf einer Studentenkundgebung gegen den Vietnamkrieg am 19. April versucht, »die dort versammelten Studenten gegen die Polizei aufzuhetzen«.

29. Mai, Montag

Die Bundesregierung weist Vorwürfe des ägyptischen Staatspräsidenten Gamal Abd el Nasser wegen angeblicher deutscher Waffenlieferungen an Israel zurück.

Nach vier Jahren verschiedener Militärregierungen wird in Ecuador der interimistische Staatspräsident Otto Arosemana Gómez zusammen mit dem Parlament auf eine neue Verfassung vereidigt.

30. Mai, Dienstag

Die Ostregion Nigerias ruft unter General Chukwuemeka O. Ojukwu die Unabhängigkeit unter der Bezeichnung Biafra aus (→6. 7./S. 113).

Der jordanische König Husain unterzeichnet einen Vertrag mit Ägypten, der sich gegen Israel richtet.

Aus Anlaß des zehnjährigen Bestehens der Europäischen Wirtschaftsgemeinschaft (EWG) findet in Rom eine zweitägige Konferenz der Staats- und Regierungschefs der sechs EWG-Länder statt.

31. Mai, Mittwoch

Die Bundesrepublik Deutschland wird auf einer Konferenz des Ausschusses für Entwicklungshilfe der Organisation für wirtschaftliche Zusammenarbeit und Entwicklung (OECD) wegen zu niedriger Entwicklungshilfeleistung getadelt. →S. 82

Der Ministerrat der Europäischen Wirtschaftsgemeinschaft (EWG) in Brüssel billigt auf seiner seit 29. Mai dauernden Tagung eine gemeinsame Marktordnung für Getreide, Schweinefleisch, Eier und Geflügel.

Die Passierscheinstelle für dringliche Familienangelegenheiten in Berlin (West) hat im vergangenen Monat etwa 4500 Personen einen Besuch in Berlin (Ost) ermöglicht. 271 Anträge sind von den Behörden der DDR abgelehnt worden.

Bei 30 878 Verkehrsunfällen mit Personenschaden sind im Mai im Bundesgebiet 1423 Menschen ums Leben gekommen.

Bayern München gewinnt gegen Glasgow Rangers in Nürnberg nach Verlängerung 1 : 0 im Europacup der Pokalsieger. →S. 91

Gestorben:

12. Abington/Berkshire: John Masefield (* 1. 6. 1878, Ledbury/Hereford), britischer Schriftsteller.

22. New York: Langston Hughes (* 1. 2. 1902, Joplin/Missouri), US-amerikanischer Negerdichter.

23. Berlin (West): Ernst Niekisch (* 23. 5. 1889, Trebniz/Niederschlesien), deutscher Politiker und Publizist.

27. Kettwig: Paul Henckels (* 9. 10. 1885, Hürth), deutscher Schauspieler.

29. Wien: Georg Wilhelm Pabst (* 27. 8. 1885, Raudnitz an der Elbe), österreichischer Filmregisseur.

Das US-amerikani-
sche Fotomagazin
»Camera« zeigt in der
Mai-Ausgabe ein
ebenso ansprechendes
wie appetitanregendes
Titelbild

camera

NATO-Verteidigungskonzept neu

9. Mai. Die Verteidigungsminister der 14 im Nordatlantischen Bündnis (NATO) vertretenen Staaten, die in Paris zusammentreten, einigen sich über die wirtschaftlichen, politischen und militärischen Direktiven für das strategische Konzept des Bündnisses und der Verteidigungsplanung bis 1972.

Unter der Prämisse, durch Abschreckung jede Form von Aggression zu verhindern, lehnen die Minister die 1956 vom Atlantikrat beschlossene Strategie der »massiven Vergeltung« mit nuklearem Gegenschlag auf den Angreifer für die Zukunft ab. Anstelle dieser Doktrin tritt nun die seit fünf Jahren von den Vereinigten Staaten verfochtene Direktive der »flexible response« – der »Flexiblen Abwehr«. Gemäß dieser Strategie wird jeder Aggression mit den jeweils der Angriffsart und Stärke angemessenen Mitteln begegnet. Diese Eskalationsstrategie sieht vor, nicht sofort und in jedem Fall nukleare Waffen einzusetzen. Statt dessen wird ein begrenzter konventioneller Angriff zunächst in einer konventionellen Kampfphase abgewehrt. Wann diese in eine nukleare Auseinandersetzung umschlägt, soll für den Angreifer unkalkulierbar bleiben.

Es kann als sicher gelten, daß jede bewaffnete Auseinandersetzung in Mitteleuropa die Bundesrepublik

US-Verteidigungsminister Robert S. McNamara (M.) und Denis Healy, britischer Staatssekretär für Verteidigung (2. v. l.) bei der NATO-Konferenz

betreffen würde. Der sofortige Einsatz nuklearer Waffen, wie es die Doktrin der »massiven Vergeltung« verlangt, und die daraus folgende Reaktion des Aggressors würde angesichts des zur Verfügung stehenden nuklearen Potentials der Weltmächte sicher zur totalen Vernichtung der Bundesrepublik Deutschland führen. Diese Gefahr scheint mit der neuen Konzeption des Nordatlantischen Bündnisses zumindest eingedämmt zu sein.

Nukleare Träger-Kapazitäten in der Bundesrepublik sollen erweitert werden.

Brandt skizziert die Entspannung

19. Mai. Nach einem zehntägigen Staatsbesuch in Japan fliegt Bundesaußenminister Willy Brandt aus Tokio ab. Er wird von den Parlamentarischen Staatssekretären Rolf Lahr und Klaus Schütz begleitet.

In Brandts Konsultationen mit dem japanischen Außenministerium standen die Situation in Asien und die Probleme Europas im Vordergrund. Gemeinsam wurden Fragen der gegenwärtigen Weltlage, die gemeinsame Interessen berühren, erörtert. Dabei trat eine Reihe von Punkten hervor:

▷ Jeder Konflikt in Asien wirkt sich auch auf die Entspannung in Europa aus

▷ Die Konsolidierung der politischen Verhältnisse in Asien ist deswegen auch von unmittelba-

rem Interesse für die Bundesrepublik Deutschland

In einem Vortrag vor dem »Foreign Correspondent Club« am 11. Mai faßte Brandt in vier Thesen die Möglichkeit einer weltweiten Entspannungspolitik zusammen und setzte sie in bezug zur Haltung der Bundesrepublik gegenüber der DDR. Brandt wies darauf hin, daß bei vielen Streitfragen die theoretische Möglichkeit besteht, sie entweder einer gewaltsamen Lösung zuzuführen oder sie auf friedlichem Wege zu lösen. Völkerrechtlich verbindlichen Erklärungen über den Verzicht auf Gewalt messe die Bundesregierung besondere Bedeutung zu.

Zum zweiten setze, nach Brandt, wirkliche Entspannungspolitik den Willen aller Beteiligten voraus, ei-

nen Modus vivendi zu finden. Sie dürfe nicht dazu dienen, einseitige Ziele durchzusetzen. Hinsichtlich der DDR unterstrich Brandt die Bereitschaft der Bundesregierung zu einem Verzicht auf Gewalt.

Sein letzter Vorschlag zur Stabilisierung eines dauerhaften Friedens in der Welt war der Ausbau eines »Netzes von Gewaltverzichten«. Die Staaten der sich in Europa gegenüberstehenden Bündnisse sollten Gewaltverzichtserklärungen austauschen und jeweils ihre Verbündeten miteinbeziehen. Auf diese Weise würde sich ein Netz von Bündnissen über Europa legen. An die DDR gerichtet betonte Brandt, daß die Bundesregierung »ein geregeltes Nebeneinander der unterschiedlichen politischen Ordnungen« anstrebe.

16. Mai. Ägypten alarmiert seine Truppen, um sich auf eine kriegerische Auseinandersetzung zwischen seinem Verbündeten Syrien und Israel vorzubereiten. Gleichzeitig fordert der ägyptische Staatspräsident Gamal Abd el Nasser die UN-Friedenstruppen aus Sicherheitsgründen zum Rückzug aus dem Gasa-Streifen auf.

Eine bewaffnete Auseinandersetzung zwischen Israel und seinen arabischen Nachbarn wird nach zahlreichen Feuerzwischenfällen an der israelisch-syrischen Grenze durch einen neueren größeren Konflikt am 7. April immer wahrscheinlicher: Israelische Jagdbomber schossen über Syrien sechs syrische Jagdbomber vom Typ MIG 21 ab. Daraufhin ver-

Sithu U Thant

G. Abd el Nasser

pflichteten sich Ägypten, Jordanien, Syrien, der Irak, der Libanon und Kuwait zur Unterstützung Syriens gegen Israel.

Sowohl Israel als auch Ägypten ziehen ab Mitte Mai Truppenkontingente an der Grenze zusammen und treffen Vorbereitungen für militärische Aktionen. Ägypten verlegt Teile seiner Armee auf die Halbinsel Sinai und versetzt sie in Alarmbereitschaft. UNO-Generalsekretär Sithu U Thant willigt am 18. Mai schließlich in den Abzug der 3400 Mann starken UN-Truppen ein, nachdem die ägyptische Regierung den UN-Beobachtungstruppen das Stationierungsrecht aufgekündigt hat.

Am 22. Mai sperrt Nasser den Golf von Akaba für israelische Schiffe und für Kriegsmaterial, das für Israel bestimmt ist. Er gibt am 28. Mai bekannt, daß Ägypten jeden als Feind betrachten werde, der Israel Unterstützung zukommen läßt. Einem Staat, der zugunsten Israels interveniere, werde der Sueskanal gesperrt (→ 5. 6./S. 96).

US-Einmarsch in die Pufferzone

Kambodscha will neutral bleiben

18. Mai. US-amerikanische Marineinfanteristen und südvietnamesische Regierungstruppen rücken in die entmilitarisierte Zone entlang des 17. Breitengrads zwischen Nord- und Südvietnam ein. Dieser Übergriff auf die Demarkationslinie wird vom US-Verteidigungsministerium in Washington als reine Devensivmaßnahme bezeichnet. Die Pufferzone sei von kommunistischen Vietcong für Aktionen gegen Südvietnam benutzt worden.

Die Stärke der einmarschierten Truppen unter dem Oberbefehl von US-Generalmajor Bruno Hochmuth wird auf 10 000 Mann beziffert. Nur halb so viele nordvietnamesische Soldaten sollen in dieser Zone stationiert sein, die sich auf einer Länge von 65 km und einer Breite von 10 km zwischen Nord- und Südvietnam erstreckt.

Gleichzeitig setzen US-amerikanische Flugzeuge ihre Angriffe auf Nordvietnam mit unverminderter Stärke fort. Schwer betroffen von den Kämpfen ist die Zivilbevölkerung, mit deren Evakuierung erst

US-Soldaten an einem Artillerie-Geschütz, gemeinsam mit südvietnamesischen Soldaten rücken sie in die entmilitarisierte Zone ein

nach der US-Invasion begonnen wird. Ein Dorf in der Pufferzone wird durch US-amerikanische Luftangriffe vollständig zerstört. Auf US-amerikanischer Seite fallen bis zum 30. Mai 103 Soldaten und rund 700 werden schwer verwundet.

US-Präsident Lyndon B. Johnson weist in einer kurzfristig einberufenen Pressekonferenz in Washington darauf hin, daß die USA sich nach wie vor auf einen langen Krieg in Südostasien einrichten müßten (→ 3. 8./S. 128).

2. Mai. Nach subversiven Aktionen der kommunistischen kambodschanischen Guerilla-Organisation Rote Khmer setzt Kambodschas Staatspräsident Norodom Sihanuk – zunächst auf drei Monate befristet – das parlamentarische System außer Kraft und bildet unter seiner Führung ein Notstandskabinett.

In der nordwestlichen, an Thailand grenzenden Provinz Battamnang haben Säuberungsaktionen der kambodschanischen Armee riesige Reislager zutage gefördert, die von den Guerillas als Proviant für die USA-feindliche vietnamesische Vietcong-Bewegung angelegt wurden. Battamnang ist die bevölkerungsreichste Provinz Kambodschas und produziert pro Hektar doppelt so viel Reis wie jede andere der neun Provinzen.

Sihanuk bemüht sich zwar, sein Land aus dem Krieg im benachbarten Vietnam herauszuhalten, kann aber kaum verhindern, daß die Vietcong das Land als Stützpunkt nutzen und ihren Einfluß verstärken.

Briten sollen aus Hongkong abziehen

18. Mai. In der britischen Kronkolonie Hongkong kommt es zu anti-britischen Demonstrationen, in deren Folge die Polizei mit Tränengas gegen die vorwiegend chinesischen Demonstranten vorgeht. Mehr als 100 Personen werden verhaftet und ein nächtliches Ausgehverbot über die Chinesenstadt verhängt.

Die Volksrepublik China fordert von Großbritannien, Hongkong endlich freizugeben und die Kulturrevolution zuzulassen.

Chinesen demonstrieren in Hongkong für die Kulturrevolution

Russell-Tribunal verurteilt den Einsatz der USA in Vietnam

2. Mai. Im Volkshaus in Stockholm wird vor 250 geladenen Gästen und rund 200 Journalisten das »Internationale Kriegsverbrechertribunal« eröffnet, das sich bis zum 10. Mai mit dem US-amerikanischen Militäreinsatz in Vietnam befaßt.

Der Philosoph und Friedensnobelpreisträger Bertrand Russell, der das Tribunal ins Leben gerufen hat und als Generalsekretär fungiert, betont in einer Botschaft, es sei höchste Zeit, daß die Machtlosen über jene urteilten, die die Macht ausüben. Die Welt sei entsetzt über die »anmaßende Brutalität der amerikanischen Regierung«, die im Begriff sei, in Vietnam Völkermord zu begehen.

Den Vorsitz des Tribunals führt in Stockholm der französische Schriftsteller und Philosoph Jean-Paul Sartre. Er betont bei der Eröffnung, daß die elf Mitglieder sich selbst als »Geschworene, nicht als Richter« fühlen. So werde es kein Urteil geben. Die Völker der Welt würden nach Ergebnissen urteilen,

die das Tribunal erziele. Es sei machtlos und universal und würde gerade deshalb garantieren, daß seine Mitglieder unabhängig seien und die Freiheit besäßen, ihrem Gewissen zu folgen.

Der Gerichtshof untersucht folgende drei Fragen:

▷ Hat die Regierung der Vereinigten Staaten (und mit ihr die Regierungen von Australien, Neuseeland und Südkorea) Akte der Aggression gegen Vietnam im Sinne der Regeln des Völkerrechts begangen?

▷ Haben Bombardierungen rein ziviler Ziele, zum Beispiel von Krankenhäusern, Schulen, medizinischen Einrichtungen, Staudämmen usw. stattgefunden, und wenn ja, in welchem Ausmaß?

▷ Sind die Regierungen von Australien, Neuseeland, Südkorea Mittäter der Vereinigten Staaten in ihrer Aggression gegen Vietnam unter Bruch des Völkerrechts?

Nach neuntägiger sorgfältiger Un-

tersuchung von offiziellen US-amerikanischen Dokumenten, nach Anhörung von Zeugenaussagen und Sichtung von nordvietnamesischen Angaben fällt das Tribunal einstimmig den »Schuldspruch«. Jede Frage muß nach Ansicht der Mitglieder mit »Ja« beantwortet werden. Alle vorliegenden Dokumente und Protokolle werden veröffentlicht.

Die Vereinigten Staaten werden insbesondere beschuldigt, durch ihre Gewaltanwendung das Genfer Abkommen von 1954 verletzt zu haben. Sie haben überdies systematisch und bewußt Waffen gegen die Zivilbevölkerung eingesetzt, die durch internationale Abmachungen verboten seien. Dazu gehören z. B. Splitterbomben. Eine weitere Friedensbedrohung schaffen die USA durch »subversive« und »aggressive« Akte gegen Kambodscha und Laos.

In den Medien der Bundesrepublik finden weder der Verlauf der Verhandlungen noch der Schuldspruch Beachtung.

Innere Autonomie für Swasiland

2. Mai. König Sobhusa II. von Swasiland legt in der Landeshauptstadt Mbabane den Eid auf die neue Verfassung ab. Damit ist der erste Schritt für das ehemals britische Protektorat im Nordosten der Südafrikanischen Union in seine volle Unabhängigkeit getan, die London am 9. September 1968 gewährt.

Großbritannien, sei 1890 Kolonialmacht von Swasiland, bleibt bis 1968 Schutzmacht und behält sich die Leitung der Außenpolitik vor. Bis dahin erhält Swasiland Zuschüsse von der britischen Regierung, für 1967 sind es allein umgerechnet 14 Millionen DM. Die wirtschaftliche Lage bildet die schlechte Basis für die Unabhängigkeit des Landes. Wie auch in anderen afrikanischen Staaten ist der Haushalt von Swasiland defizitär.

Sobhusa II. von Swasiland ist noch von Großbritannien abhängig

Königin Elisabeth II. von Großbritannien verliert eine ihrer Kolonien

Eisen-, Gold- und Asbestminen sind zu wenig ausgebaut, um als Fundament für eine Industrialisierung zu dienen. Auch Zucker, Zitrusfrüchte, Ananas und Bananen werden im Überfluß produziert. 50% des Landes sind jedoch im Besitz von aus-

ländischen Firmen, Missionen oder europäischen Privatpersonen.

Ministerpräsident Prinz Makhosini Dlamini konserviert zudem mit seiner Politik die bewährte Verbindung zwischen schwarzem Stammesfürstentum und weißer Oberschicht.

Wirtschaftsunion in Westafrika

4. Mai. Die Delegationen aus zwölf westafrikanischen Staaten beschließen zum Abschluß einer Konferenz in Accra (Ghana), die seit dem 27. April tagte, die Errichtung eines Gemeinsamen Marktes.

Das von allen Beteiligten unterzeichnete Abkommen sieht vor, den Waren- und Dienstleistungsaustausch zwischen Dahomey, Ghana, der Elfenbeinküste, Liberia, Mali, Mauretanien, Niger, Nigeria, Senegal, Sierra Leone, Togo und Ober-Volta zu fördern und die bestehende Zollschranken zwischen diesen Ländern aufzuheben.

Mit der Ausarbeitung eines endgültigen Vertrages wird von der Konferenz ein interministerieller Rat beauftragt, der auch alle notwendigen Unterorgane schaffen soll.

Somaliland bleibt französisch

12. Mai. Französisch-Somaliland wird auf Beschluß der Territorialversammlung in der Landeshauptstadt Dschibuti künftig »Territorium des Afar-Volkes« heißen.

Diese Maßnahme deutet auf die Zerrissenheit des kleinen Landes zwischen Äthiopien und Somalia am Golf von Aden hin, das einerseits die Unabhängigkeit von seinem Kolonialherrn Frankreich wünscht und andererseits auf die jährlichen Zuschüsse aus Paris in wirtschaftlicher Hinsicht nicht verzichten kann. Die

finanzielle Zuwendung von umgerechnet 120 Millionen DM für 1967 ist ausschlaggebend für den Ausgang der Volksabstimmung am 19. März, bei der sich die Mehrheit der Bevölkerung für den Verbleib im Verband der Französischen Republik ausgesprochen hat.

Als der französische Staatspräsident Charles de Gaulle im Herbst letzten Jahres Frankreichs Überseebesitzungen bereiste, kam es in der Hauptstadt von Französisch-Somaliland, Dschibuti, wie schon bei den

vorangegangenen Stationen der 24000-km-Tour, zu Autonomiekundgebungen. Farbige entrollten Spruchbänder mit der Losung: »Es lebe die Unabhängigkeit!« Polizei und Fremdenlegionäre gingen gewaltsam gegen die Demonstranten vor, so daß nach zwei Tagen 50 Todesopfer und rund 100 Verletzte zu beklagen waren.

Obwohl Französisch-Somaliland sich beschränkt selbstverwaltet, wird die Forderung nach vollständiger Autonomie stärker.

Guadeloupe will die Souveränität

28. Mai. Am Wochenende kommt es wiederholt zu blutigen Unruhen in der französischen Übersee-Besitzung Guadeloupe, bei denen zehn Menschen getötet und über 100 schwer verletzt werden.

Die französische Regierung entsendet Gendarmerie- und Truppeneinheiten auf die Inselgruppe in der Karibischen See, um die Sicherheitskräfte zu verstärken. In Basse-Terre fordern Demonstranten die Unabhängigkeit von Frankreich.

Polizei geht gegen Farbige vor, die am 19. März für die Unabhängigkeit von Somaliland demonstrieren

Französische Truppen und Farbige liefern sich am Tag der Volksabstimmung in Dschibuti Straßenkämpfe

Staatspräsident Charles de Gaulle entsendet Truppen

Eine Massendemonstration vor dem Tor des himmlischen Friedens in Peking eröffnet die Maifeiern

Knapp eine Stunde dauert das Riesenfeuerwerk über Peking, das traditionell die Feiern zum 1. Mai beschließt

Chinas Maifeiern zu Ehren Maos

1. Mai. In Peking stehen die Maifeiern ganz im Zeichen der Kulturrevolution und der Verherrlichung des KP-Vorsitzenden Mao Tse-tung. Millionen von Chinesen besuchen die vier großen Massenkundgebungen in der Hauptstadt. Der 74jährige Mao zeigt sich anscheinend bei bester Gesundheit der Öffentlichkeit im Park der Verbotenen Stadt. Er durchfährt mit seinem designierten Nachfolger Lin Piao die Menschenmenge, gefolgt von Ministerpräsident Chou En-lai und Maos Frau Chiang Ch'ing. Porträts von Mao, Karl Marx, Friedrich Engels und Wladimir I. Lenin sowie Papierlaternen in Rot, der chinesischen Farbe des Glücks, schmücken die Stadt. Anläßlich der Maifeiern erscheinen Gedenkmarken mit den Konterfeis von Mao und Lin Piao.

Abends empfängt der Parteivorsitzende die Botschafter der in der Volksrepublik China vertretenen Länder auf der Tribüne des Tores zum himmlischen Frieden in der verbotenen Stadt in Peking. Sie sollen nicht nur dem abschließenden Feuerwerk beiwohnen, sondern auch Maos guten Gesundheitszustand bestätigen.

Ein Meer von roten Fahnen wogt durch die Straßen der chinesischen Hauptstadt, unterbrochen von Plakaten mit Zitaten von Mao Tse-tung

Ein Moslem wird Indiens Präsident

6. Mai. Der Kandidat der regierenden Kongreßpartei, der 70jährige Zakir Husain, wird zum neuen indischen Staatspräsidenten gewählt. Mit Zakir Husain wird zum ersten Mal ein Moslem das Staatsoberhaupt von Indien.
Husain repräsentiert innerhalb der indischen Bevölkerung die Minderheit der Moslems. Rund 85% der Inder gehören der Hindu-Religionsgemeinschaft an. Zakir Husains Wahlsieg über den Hindu Koha Suha Rao wird als ein Fortschritt in Indiens Bemühen um Religionsneutralität gewertet. (→ 15. 8./S. 129).

Indiens neuer Staatspräsident Zakir Husain (l.) und sein Vize V. Giri

Generalstreik gegen de Gaulle

17. Mai. Dem Aufruf der drei größten französischen Gewerkschaften zum Generalstreik folgen in ganz Frankreich Millionen von Arbeitern der öffentlichen Verkehrs- und Versorgungseinrichtungen, der staatlichen Industriebetriebe und der Privatwirtschaft. Der Streik ist aus Protest gegen die Forderungen des Staatspräsidenten Charles de Gaulle nach Sondervollmachten auf dem Gebiet der Sozialpolitik (→ 21. 5./S. 81) ausgerufen worden.
Das Leben in Frankreich wird empfindlich gestört, der gesamte öffentliche Verkehr kommt zum Erliegen.

Vertrauensbeweis für Josip B. Tito

19. Mai. Mit 642 Stimmen wählen die Abgeordneten des jugoslawischen Zentralparlaments und der Regionalparlamente bei zwei ungültigen Stimmen Josip Broz Tito zum fünften Mal auf weitere vier Jahre zum Staatspräsidenten. Der 75jährige, der nach wie vor meist in Uniform vor die Öffentlichkeit tritt, war der einzige Kandidat für das höchste Staatsamt, das er schon seit 1953 innehat.
Als eine Zentralfigur von Partei und Staat bleibt seine Person von dem seit 1963 gültigen Prinzip der Ämterrotation einzig ausgenommen. Trotz

Josip B. Tito

seines hohen Alters verfügt Tito über hohe Spannkraft. Seiner Autorität zollen auch viele Nicht-Kommunisten im Ausland Anerkennung.
Die meisten anderen Regierungsämter sind mit neuen Männern besetzt worden. Neuer Parlamentspräsident wird Milentje Popovic, Chef der Bundesregierung der Kroaten Miha Spiljak.
Nach einem sorgsam berechneten Schlüssel sind alle größeren Nationalitäten und alle sechs Bundesländer mit Vertretern in den Zentralinstanzen bedacht worden, um eine Balance zwischen Staat und Einzelstaat zu halten.

De Gaulle erhält Sondervollmachten

21. Mai. Die französische Nationalversammlung erteilt nach dreitägiger Debatte der Regierung von Charles de Gaulle die von ihr geforderten Sondervollmachten zur Durchführung von sozialen und wirtschaftlichen Maßnahmen.
Damit ist Staatspräsident Charles de Gaulle in der Lage, bis spätestens 31. Oktober auf dem Verordnungsweg, also ohne parlamentarische Zustimmung, entscheidende Reformmaßnahmen auf dem Gebiet der Beschäftigungspolitik, des Sozialversicherungswesens sowie der Mitbestimmung einzuleiten.

Liberalisierung des Welthandels

15. Mai. In Genf werden die Hauptverhandlungen der Kennedy-Runde über den weltweiten Abbau von Zöllen und Handelsbeschränkungen abgeschlossen.

Die Kennedy-Runde, die 1962 von US-Präsident John F. Kennedy initiiert wurde, ist das bislang umfassendste und ehrgeizigste Projekt zur Liberalisierung des Welthandels.

Rund 50 Industrienationen und Entwicklungsländer, die etwa 80% des gesamten Welthandels bestreiten, haben an den Verhandlungen teilgenommen.

Im Industriebereich haben sich die Teilnehmerstaaten auf bedeutende Zollsenkungen geeinigt. Im Durchschnitt werden die Zölle – über mehrere Jahre gestaffelt – um 30 bis 40% abgebaut.

Zu den Zollreduktionen kommen Abkommen über den Welthandel mit Weizen und die Getreidehilfe für Entwicklungsländer. Sie erhalten jährlich von den Industrienationen 4,5 Millionen t Weizen als Nahrungsmittelhilfe. Die Gesamtheit der ausgehandelten Konzessionen erstreckt sich auf ein Handelsvolumen von 40 Milliarden US-Dollar (rund 160 Milliarden DM).

Der erfolgreiche Abschluß der Hauptverhandlungen, gilt als das wichtigste handelspolitische Ereignis dieses Jahres.

Der bundesdeutsche Botschafter Rupprecht von Keller bei der Unterzeichnung des Vertrags, der die Kennedy-Runde in Genf erfolgreich abschließt

Kumpel unter Tage; bei Arbeitslosigkeit erhält er Abfindungsgeld

Hilfsmaßnahmen für Kohlebergbau

24. Mai. Das Bundeskabinett in Bonn verabschiedet den von Bundeswirtschaftsminister Karl F. Schiller vorgelegten Gesetzentwurf zur Anpassung und Gesundung des krisengeschüttelten deutschen Steinkohlebergbaus.

Das neue Gesetz sieht die Auszahlung eines Abfindungsgelds für ausscheidende Bergarbeiter vor, das sich je nach Alter des Beschäftigten und Dauer der Betriebszugehörigkeit staffelt und im Höchstfall 5000 DM beträgt. Nachhol- und Feierschichten werden durch den Bund finanziert, ebenso die zusätzliche Bergmannsprämie.

Mit Hilfe des Kohleanpassungsgesetzes soll die Förderkapazität des Steinkohlebergbaus von jetzt etwa 120 Millionen t jährlich auf 90 Millionen Jahrestonnen bis 1970 verringert und die allgemeine Wirtschaftsstruktur in den Bergbaugebieten, im besonderen Maße im Ruhrgebiet, verbessert werden.

Als eine flankierende Maßnahme bietet die Mineralölindustrie am 2. Mai eine Selbstbeschränkung der Zuwachsraten für Heizöl an: Sie sollen im laufenden Jahr nicht über 3% bei leichtem und nicht über 4% bei schwerem Heizöl ansteigen. Die Einhaltung dieser Beschränkung soll künftig strenger und vor allen Dingen individueller auf die einzelnen Betriebe bezogen nach jedem Quartal überwacht werden (→17. 1./ S. 16; 7. 11./S. 182).

Weitere Länder wollen in die EWG

11. Mai. Die britische Regierung stellt zum zweiten Mal nach 1961 den formellen Antrag zur Aufnahme als Mitglied in die Europäische Wirtschaftsgemeinschaft (EWG), die Europäische Gemeinschaft für Kohle und Stahl (EGKS) und die Europäische Atomgemeinschaft (EURATOM).

Der britische Botschafter James Marjoribanks übergibt das Beitrittsgesuch dem amtierenden Präsidenten des EWG-Ministerrats, Renaat van Esklade, in Brüssel.

Am Vortag hat das britische Unterhaus mit überwältigender Mehrheit nach dreitägiger Debatte der Regierung die Zustimmung zum Gesuch um einen Beitritt in die EWG erteilt: 488 Abgeordnete stimmten für, nur 62 gegen die Regierung. Hauptsorge der Beitrittsgegner im eigenen Land ist, daß ein Anschluß an die EWG nur mit großen Konzessionen an Frankreich erkauft werden kann, das schon wiederholt seine Bedenken geäußert hat (→15. 1./S. 19).

Dänemark und Irland schließen sich dem britischen Ersuchen um Beitrittsverhandlungen in die EWG an (→1. 7./S. 115).

OECD kritisiert Bonn

31. Mai. Auf einer Konferenz des Ausschusses für Entwicklungshilfe der Organisation für wirtschaftliche Zusammenarbeit und Entwicklung (OECD) in Genf zeigt man sich beunruhigt über den Rückgang der bundesdeutschen Entwicklungshilfeleistungen im vergangenen Jahr. 2953 Millionen DM erbrachte die Bundesrepublik an Entwicklungshilfe, das entspricht einem Anteil von nur 0,81% am gesamten Volks-

einkommen. 1965 hatte er sich noch auf 0,85% belaufen. Die Mitglieder der OECD hatten es sich zum Ziel gesetzt, 1% des Volkseinkommens für Entwicklungshilfe aufzuwenden. Die Bundesrepublik bringt relativ weniger Mittel auf als andere große Industrieländer. Der OECD-Ausschuß würdigt aber besonders das breite Instrumentarium der bundesdeutschen Hilfe und die Bemühungen um Rationalisierung.

Bundesdeutscher Entwicklungshelfer in einer äthiopischen Ausbildungsstätte für Dorfberater, die der Landbevölkerung helfen sollen, Landwirtschaft, Hygiene und Infrastruktur zu verbessern. Langfristige Maßnahmen sollen dem Land mehr Selbständigkeit geben

Gesetz soll die Stabilität sichern

10. Mai. Der deutsche Bundestag in Bonn verabschiedet das Gesetz zur Förderung der Stabilität und des Wachstums der Wirtschaft und die damit verbundene Änderung des Grundgesetzes, Art. 109, um die Koordination der Haushaltspolitik von Bund, Ländern und Gemeinden zu ermöglichen.

Diese gesetzgeberische Maßnahme folgt dem informellen Versuch der Bundesregierung, mit der Konzertierten Aktion (→ 14. 2./S. 34) die angespannte Konjunkturlage in allen Wirtschaftszweigen zu beleben.

Das Stabilitätsgesetz bildet ein modernes Instrumentarium der staatlichen Wirtschaftspolitik zur Beeinflussung der Konjunktur und des Wirtschaftsablaufs, indem es die öffentlichen Haushalte und die Währungspolitik koordiniert.

Der Rahmen des Stabilitätsgesetzes ist die marktwirtschaftliche Ordnung. In ihr sind wirtschafts- und finanzpolitische Maßnahmen so zu

Bundeswirtschaftsminister Karl F. Schiller kurbelt die Konjunktur an

treffen, daß sie den Erfordernissen des gesamtwirtschaftlichen Gleichgewichts Rechnung tragen. Darauf hat auch die Deutsche Bundesbank ihre Politik auszurichten. Erstmals ist die Wirtschaftspolitik also dazu verpflichtet, gleichermaßen das sog. magische Viereck der Konjunkturpolitik – Wachstum, Preisstabilität, Vollbeschäftigung und außenwirtschaftliches Gleichgewicht – optimal zu verwirklichen. Eine einseitige Orientierung an einem Teilziel ist damit gesetzeswidrig.

Das Gesetz verpflichtet die Bundesregierung, im Januar jeden Jahres einen Jahreswirtschaftsbericht herauszugeben, der u. a. Orientierungsdaten für eine Konzertierte Aktion enthält. Außerdem wird der sog. Konjunkturrat als beratendes Gremium geschaffen, der die Ausgaben von Bund, Ländern und Gemeinden koordiniert.

Ein Ziel des Gesetzes ist, die Investitionsquote des Staates und der privaten Unternehmen anzuheben. Andererseits ermächtigt das Gesetz die Regierung, die Inanspruchnahme von Sonderabschreibungen auszuschließen.

Der NPD-Landesvorsitzende von Niedersachsen, Adolf von Thadden

NPD-Vorsitzender legt Amt nieder

10. Mai. Der Bundesvorsitzende der Nationaldemokratischen Partei Deutschlands (NPD), Fritz Thielen, gibt den Austritt aus der Partei und die Neugründung der »Nationalen Volkspartei« (NVP) in Bremen bekannt. Thielen hofft, daß mehrere Landtagsabgeordnete sowie mindestens 4000 Mitglieder in seine neue Partei eintreten werden (→ 28. 1./S. 18).

Die Gründung der NVP besiegelt die Spaltung der NPD in zwei

Fritz Thielen

Gruppen, die sich seit Anfang des Jahres zunehmend abzeichnet: Eine Gruppe um Fritz Thielen und eine um seinen Stellvertreter Adolf von Thadden.

Der Machtkampf zwischen den Vertretern der beiden Gruppen entzündet sich an der Wahl von Thaddens zum neuen Landesvorsitzenden von Niedersachsen am 5. Februar. Um den steigenden Einfluß von Thaddens Einhalt zu gebieten, klagt Thielen erfolgreich vor dem Landgericht Bremen und schließt Thadden aus der NPD aus. Die Ausschlußverfügung wird jedoch vom Bundesvorstand der NPD in Frankfurt am Main wieder aufgehoben, gegen Thielen gleichzeitig ein Parteiausschlußverfahren eingeleitet.

Jüdisches Mahnmal in Dachau enthüllt

6. Mai. In Anwesenheit des israelischen Botschafters in der Bundesrepublik, Ascher Ben-Nata, wird auf dem Gelände des ehemaligen Konzentrationslagers Dachau das jüdische Mahnmal als dritte konfessionelle Gedenkstätte für NS-Opfer feierlich enthüllt.

Sie soll an Zehntausende von Juden erinnern, die wegen ihrer Religionszugehörigkeit bis 1945 hier ermordet wurden.

Der stellvertretende bayerische Ministerpräsident Alois Hundhammer, der selbst Insasse dieses KZ war, ruft vor über 3000 Anwesenden zur Wachsamkeit gegenüber »Leuten aus den Hitler-Reihen« auf, die versuchten, sich wieder ein politisches Gewicht zu verschaffen.

Rund 1000 Menschen bewegen sich im Anschluß an die jüdische Gedenkfeier in einem Schweigemarsch vom Krematorium zum Appellplatz des Lagers. Dort wird eine Urne mit der Asche eines unbekannten toten Häftlings des Konzentrationslagers Dachau einzementiert. Hier will das Internationale Komitee der ehemaligen KZ-Häftlinge ein 100 × 40 m großes Denkmal errichten.

Das Radar unterflogen

26. Mai. Ein sowjetischer Düsenjäger vom Typ MIG-17 landet im Donauried bei Dillingen. Der 25jährige Oberstleutnant der Luftwaffe wird auf eigenen Wunsch den US-amerikanischen Behörden übergeben, bei denen er um Asyl ersucht. Das Flugzeug wird wieder an die Sowjetunion zurückgegeben.

Für Aufregung sorgt die Tatsache, daß die Düsenmaschine über 180 km in den Luftraum der Bundesrepublik eindringen konnte, ohne von den Radarstationen erfaßt zu werden. Der junge Pilot, der über ausgezeichnete Flugfähigkeiten verfügt, ist in Baumwipfelhöhe geflogen, so daß er das Radar unterflogen hat.

Der bei Dillingen notgelandete MIG-17 Düsenjäger löst in NATO-Kreisen Beunruhigung aus, weil er vom Abwehrsystem nicht bemerkt wurde

Das Geschäft mit der Krebsfurcht

22. Mai. Der Deutsche Ärztetag nimmt auf seiner alljährlichen Tagung in Garmisch-Partenkirchen u. a. Stellung zu Berichten über angebliche Krebsheilmethoden, die vorwiegend von der illustrierten Presse groß aufgemacht werden. Die Interessenvertretung der approbierten Ärzte verurteilt die Berichterstattung als verantwortungslos, da damit bei Millionen von kranken Menschen falsche Hoffnungen geweckt werden.

Seit Jahren gehören die Wundermedikamente gegen Krebs zu den zugkräftigsten Themen in der bundesdeutschen Regenbogenpresse, da sie die Auflagenhöhe der betreffenden Blätter sprunghaft anwachsen lassen. Gegenwärtig propagieren diverse Illustrierten die Heilerfolge eines neuen Wundermittels »CH 23«, das Menschen gerettet haben soll, die als unheilbar galten.

Eine Lücke in der bundesdeutschen Gesetzgebung macht es möglich, daß die »Wunderdroge« an kranke Menschen verabreicht werden darf: Die Hersteller berufen sich darauf, daß ihr Präparat noch in der »klinischen Erprobung« sei.

Im Gegensatz zu Kanada oder den Vereinigten Staaten, wo ein medizinisches Präparat erst dann Menschen verabreicht werden darf, wenn es die staatliche Arzneimittelbehörde nach umfangreichen Tier- und Laborversuchen zur klinischen Erprobung freigegeben hat, existiert in der Bundesrepublik derzeit keine verbindliche Gesetzesgrundlage. Die Fachärzte für Innere Medizin haben zwar entsprechende Richtlinien herausgegeben, an die sich Medikamenten-Hersteller jedoch nicht halten müssen.

Der Deutsche Ärztetag weist ausdrücklich darauf hin, daß kein wirksames Medikament den Patienten vorenthalten würde.

Ärzte wollen Freiheit behalten

Warnung vor „Krebs-Wundermitteln" — Kongreß raucht nicht

Nachrichtendienst der WELT

Garmisch-Partenkirchen, 22. Mai

Eindringlich warnte der Deutsche Ärztetag in Garmisch-Partenkirchen davor, die Rechtsstellung der Ärzte als Angehörige eines freien Berufes anzutasten.

Zu ihren Arbeits- und Existenzbedingungen gehöre die Freiheit, zwischen dem Arzt und seinen Patienten ebenso wie zwischen den kassenärztlichen Vereinigungen und den Krankenkassen die Honorare durch Vertrag zu regeln. Diese Vertragsfreiheit dürfe weder ausgehöhlt noch gar beseitigt werden. Die Warnung richtet sich gegen die Befürworter bundele nicht im Sinne der sozialen Gerechtigkeit.

Einen gesetzlichen Zwang, der alle Ärzte verpflichtet, körperlich und geistig Behinderte den Gesundheitsämtern zu melden, lehnte der Deutsche Ärztetag entschieden ab.

Mit scharfen Worten wandte sich der Deutsche Ärztetag dagegen, daß oft sen-

Bericht »Der Welt« zum Deutschen Ärztetag in Garmisch-Partenkirchen

Fernsehtelefon in naher Zukunft

8. Mai. Die am 30. April begonnene Hannover-Messe, auf der die Firma Siemens das sog. Fernsehtelefon vorstellte, geht zu Ende.

Um künftig mit seinem Telefonpartner auch in Augenkontakt treten zu können, nimmt eine Fernsehkamera am Sendeort aus einem Meter Abstand das Brustbild des Gesprächspartners auf.

Die Schwierigkeit der gleichzeitigen Bildübertragung beim Sprechen liegt darin, daß bei normaler Fernsehbild-Technik die Übertragung mehr Frequenz benötigt als tausend Ferngespräche. Deshalb hat Siemens das Bildformat auf 8,5 × 11,5 cm verkleinert und die Zeilenzahl auf 225 verringert. Die Bildqualität wird dabei nicht beeinträchtigt. Das Frequenzband für die Übertragung kann damit auf 400 kHz beschränkt werden. So können derzeit 3 km entfernte Anschlüsse mit normalen Fernsprechkabeln überbrückt werden. Der erste Schritt zur totalen Kommunikation ist mit dem Prototyp des »Telephons der Zukunft« – so die Siemenswerbung – getan.

Mehr Selbstmorde

2. Mai. Auf einer Tagung in Genf, zu der die Weltgesundheitsorganisation (WHO) geladen hat, beraten Ärzte und Wissenschaftler über die erschreckende Selbstmordstatistik der vergangenen Jahre.

Mindestens 700 000 Menschen gelingt jährlich der Selbstmord, mehr als drei Millionen begehen einen Selbstmordversuch und weitere 15 Millionen drohen damit, sich selbst das Leben zu nehmen.

Die WHO stellt dabei fest, daß die Zahl der Selbsttötungen in Industrieländern höher liegt als in Entwicklungsländern. In zunehmendem Maß wählen auch junge Menschen in scheinbar ausweisloser Situation den Freitod – jeder dritte Student, der zu Grabe getragen wird, ist ein Selbstmörder.

Von 21 Industrieländern hat Ungarn mit 33,9 auf 100 000 Einwohnern die höchste Selbstmordquote, es folgen Finnland mit 29, Österreich mit 28,2, die Tschechoslowakei mit 27,1, die Schweiz mit 25,3 und die Bundesrepublik mit 24,1 Selbstmorden je 100 000 Einwohnern.

Die Experten können die Ursachen der Selbsttötungen nicht in eine eindeutige Relation zu regionalen und gesellschaftlichen Verhältnissen bringen, empfehlen jedoch, sich vor dem alten Vorurteil zu hüten, nach dem niemand Selbstmord begeht, der damit wiederholt droht.

Sterblichkeit in der Bundesrepublik 1966 nach Todesursachen *(Auswahl)* (Gestorbene auf 100 000 Einw.)

Todesursache	gesamt	männlich	weiblich
Tuberkulose	12,0	19,0	5,6
Krebs	217,6	225,7	210,2
Gehirnblutung	147,6	134,3	159,7
Krankheiten des Kreislaufsystems	310,4	340,2	283,4
Unfälle und Vergiftungen	60,5	78,4	44,2
Selbstmord, Selbstmordversuch	20,5	27,5	14,1

© Harenberg

Noch immer entstehen »Schlafstädte« wie hier in München

Einzig die Fenster- und Balkonreihen gliedern die Fassade

Bank-Gebäude des Japaners Arata Isozaki in Oita

Innenansicht des bundesdeutschen Ausstellungs-Pavillons in Montreal, dessen ungewöhnliche Dachkonstruktion von Frei Otto entworfen wurde

Zukunftsweisende Architektur: Habitat 67 von Moshe Safdie auf der Weltausstellung »Expo 67« in der kanadischen Stadt Montreal

Architektur 1967:

Praktische Wohnlichkeit und Ästhetik

In den bundesdeutschen Großstädten entstehen auch 1967 trostlose Wohnblocks, deren schmucklose Fassaden in gleichförmige Fenster- und Balkonreihen zerschnitten sind, während am Stadtrand Eigenheimkolonien und Reihenhäuser gebaut werden.

Rund 20 Millionen Wohnungen gibt es 1967 in der Bundesrepublik, am 24. November wird die zehnmillionste Wohnung, die nach dem Zweiten Weltkrieg fertiggestellt wird, in Kiel-Mettendorf übergeben. Der Wohnungsbedarf reduziert sich jedoch zunehmend, das Verlangen nach mehr Wohnqualität wächst proportional. 1967 steigt die durchschnittliche Wohnfläche von 80,5 m² pro Wohnung im Vorjahr auf 82 m². In einer Wohnung leben durchschnittlich drei Personen, 1950 waren es noch 4,8.

Das Bedürfnis der Menschen nach mehr Lebensqualität im Wohnbereich setzt sich in bezug auf Stadtplanung und Architektur durch. Wie in den Vereinigten Staaten ist eine Tendenz der Stadtplaner zu verzeichnen, die Innenstädte wieder mehr als Wohnraum zu nutzen, sie damit kulturell zu beleben und den Menschen lange Anfahrtswege zu ihrem Arbeitsplatz ersparen. Beispiele für dieses Bemühen um eine städtebauliche, in sich geschlossene Einheit sind die Entlastungsstadt München-Perlach und das Alster-

Zentrum in Hamburg. Hier wird sowohl dem Wohnungsbedarf – in Perlach entstehen 20 000 Wohnungen für 80 000 Menschen – als auch der neuen Wohnkonzeption Rechnung getragen.

Auch architektonisch bemüht man sich um die Synthese von Bedarf und Qualität. Als zukunftsweisend wird das Wohnprojekt des israelisch-kanadischen Architekten Moshe Safdie bezeichnet, der auf der Weltausstellung »Expo 67« in Montreal (→ 28. 4./S. 67) sein Bauwerk Habitat 67 vorstellt. Die pyramidenförmig hochgetürmte Wohnsiedlung gleicht einem pittoresken Gestade am Mittelmeer. Der 29jährige Architekt nimmt das Prinzip der Vorfabrikation des französisch-schweizerischen Architekten Le Corbusier auf, d. h., das Haus wird im Baukastensystem aus Fertigteilen zusammengesetzt. Habitat 67 ist aus 354 genormten Betonboxen konstruiert und schafft 158 Wohn-

einheiten von unterschiedlichster Größe. Außer kompletten Kücheneinrichtungen enthalten die Wohnungen Einbauschränke und werden auf Wunsch per Klimaanlage das ganze Jahr belüftet.

Auch die bundesdeutschen Architekten Frei Otto und Rolf Gutbrod bemühen sich um ästhetische Bauweise. Mit dem von ihnen entwickelten Stahlnetz-Zelt, das ebenfalls in Montreal zu sehen ist, geben sie neue Impulse.

Nach dreijähriger Bauzeit wird das geschichtswissenschaftliche Institut der Universität Cambridge eröffnet, James Stirling zitiert sowohl den Konstruktivismus der 20er Jahre als die Industriearchitektur des 19. Jh.

Papst Paul VI. zelebriert in Fatima (Portugal) die Messe; vor 50 Jahren erschien die heilige Maria drei Kindern

Papst würdigt Fatima-Madonna

13. Mai. Als »büßender Pilger« unternimmt Papst Paul VI. eine Wallfahrt zur Gottesmutter Maria nach Fatima im portugiesischen Estremadura, wo am 13. Mai 1917 zum ersten Mal drei Hirtenkindern die Heilige Maria erschienen ist.

Mehr als eineinhalb Millionen Menschen säumen in mehreren Reihen die Straßen vom Flugplatz Monte Real, wo das päpstliche Flugzeug aus Rom ankommt, nach Fatima. Allein auf dem Vorhof der Kirche in Fatima versammeln sich rund eine Million Gläubige und warten dort trotz Regenschauer auf das Oberhaupt der katholischen Kirche.

Die Feier für das 50jährige Jubiläum der Marienerscheinungen gibt Papst Paul VI. den Anlaß für die Reise, deren allgemeines Ziel die Festigung des Friedens in der Kirche und in der Welt ist. Der Papst zelebriert selbst die Messe vor dem Gotteshaus im portugiesischen Fatima. Auf das Evangelium folgt die Predigt, in der er die von den Beschlüssen des 2. Vatikanischen Konzils ausgehenden Impulse positiv hervorhebt, aber davor warnt, die beschlossenen Reformen willkürlich auszulegen.

Eindringlich geht er auf die drohende Kriegsgefahr in aller Welt ein. Waffen mit schrecklicher Vernichtungsgewalt stünden der Welt zur Verfügung; im moralischen Bereich seien die Menschen weniger fortgeschritten als auf wissenschaftlichem und technischem Gebiet. Gott allein schenke den Frieden.

Vor allen Gläubigen erfolgt eine Begegnung mit der Karmeliterin Lucia, die für diesen Tag ihre Klausur verlassen hat. Sie ist eines der Kinder, den vor 50 Jahren die Himmelsgöttin in Fatima erschienen ist. Papst Paul VI. erteilt ihr und ihrer Familie die Kommunion. Zu den Füßen der Madonna von Fatima legt er einen Rosenkranz nieder.

Diesen Besuch nutzt Paul VI. auch zur Veröffentlichung der päpstlichen Empfehlung Adhortatio Apostolica »Signum Sanctum« an alle Bischöfe. Darin unterstreicht er, daß die Marienverehrung mit der Lehre des Evangeliums in Einklang steht und bekräftigt den Marienkult.

Die Marienerscheinung von Fatima

Die heilige Jungfrau Maria soll mit dem Jesuskind auf dem Arm am 13. Mai 1917 portugiesischen Hirtenkindern erschienen sein, dem neunjährigen Francisco Marto und seiner sieben Jahre alten Schwester Jacinta sowie ihrer zehnjährigen Kusine Lucia de Jesus dos Santos. Die Heilige bat die Kinder, jeweils am 13. jedes Monats bis zum Oktober jene Stelle nahe bei Fatima aufzusuchen. Da den Kindern niemand glaubte, bat Lucia die Jungfrau um ein Wunder, das ihr für den 13. Oktober 1917 versprochen wurde. An diesem Tag versammelten sich rund 70 000 Menschen. Sie sahen weder die Erscheinung noch vernahmen sie die Prophezeiungen Marias, aber ein plötzliches Aufreißen der Wolkendecke und »eine Sonnenscheibe wie aus Perlmutt« bestätigten das Wunder.

Lucia schrieb die Prophezeiungen der Heiligen auf und übermittelte sie dem Vatikan. Die ersten beiden Teile bestehen aus einer Vision der Hölle sowie der Aufforderung Marias, ihrem unbefleckten Herzen Rußland zu weihen. Andernfalls würde Rußland fürchterliche Kriege auslösen, in denen Nationen verschwänden. Der dritte Teil sollte nicht vor 1960 veröffentlicht werden, wurde aber bis jetzt nicht bekannt gemacht. Ein Sprecher des Vatikans äußert größte Bedenken: »Die Bekanntgabe würde eine weltweite Panik hervorrufen.«

Kaufhausbrand als Antikriegsaktion?

22. Mai. In einem der größten Brüsseler Warenhäuser, »A l'Innovation«, in der Einkaufsstraße Rue Neuve, bricht in den frühen Nachmittagsstunden Feuer aus, das sich innerhalb kürzester Zeit ausbreitet. In den Verkaufsetagen drängen sich mindestens 3000 Kunden und rund 1000 Angestellte. Unter den Menschen bricht eine Panik aus, bei der viele zertrampelt werden. Einige Besucher versuchen, sich durch einen Sprung vom Fenstersims zu retten und kommen dabei ums Leben. Die Feuerwehr wird durch die engen Straßen behindert.

Mehr als 300 Menschen kommen bei der seit Jahren größten Brandkatastrophe Belgiens ums Leben.

In dem Kaufhaus fand seit einer Woche eine Sonderausstellung US-amerikanischer Waren statt, die zu kleineren Demonstrationen gegen die US-Politik in Vietnam geführt hat, so daß die belgische Polizei Brandstiftung nicht mit letzter Sicherheit ausschließt.

»Ein brennendes Kaufhaus mit brennenden Menschen vermittelt zum erstenmal in einer europäischen Großstadt jenes knisternde Vietnamgefühl [dabeizusein und mitzubrennen]...«, meint dazu die in Berlin (West) lebende Kommune I (→ 1. 1./S. 18)., angesichts der Leiden der Zivilbevölkerung im Vietnamkrieg (→ 2. 5./S. 79).

Über ganz Brüssel hängen die Rauchwolken des Kaufhausbrands

DDR erleichtert Visa-Formalitäten

8. Mai. Das Außenministerium der DDR erleichtert die Visa-Formalitäten für Gruppenreisen, die von Berlin (West) aus über den Flughafen Schönefeld in Berlin (Ost) angetreten werden.

Künftig werden die Reisenden lediglich unmittelbar vor dem Abflug eine Karte mit ihren Personalien ausfüllen, die sie bei der Paßkontrolle den DDR-Grenzpolizisten abgeben. Bisher mußten die Sammelvisa für Gruppenreisen von Reisebüros mit großem Aufwand an Zeit und Kosten lange vor dem Reisetermin bei den zuständigen DDR-Behörden beantragt werden. Die neue Regelung gilt für alle Charterflüge, die von Reiseunternehmen der Bundesrepublik und Berlin (West) über Schönefeld abgewickelt werden.

Lenin-Preis für Martin Niemöller

1. Mai. Dem evangelischen Theologen und Vizepräsidenten des Weltkirchenrats, Martin Niemöller, wird der von der Sowjetunion gestiftete Lenin-Friedenspreis verliehen. Die Auszeichnung, die alljährlich am 1. Mai bekanntgegeben wird, bildet das sowjetische Gegenstück zum schwedischen Friedensnobelpreis und ist mit einer hohen Geldsumme verbunden.

M. Niemöller

Dem 75jährigen Pastor Niemöller wird als erstem Bundesbürger der Preis zugesprochen. In der Begründung des Preiskomitees heißt es, daß der evangelische Theologe in den finsteren Jahren der Hitlerzeit jene Organisation geschaffen habe, die gegen die Unterdrückung der Kirche aufgetreten sei. Nach der Befreiung habe er sich energisch gegen die Teilnahme der Bundesrepublik am Nordatlantischen Bündnis (NATO) und gegen die Ausrüstung der Bundeswehr mit Atomwaffen gewandt.

Der »Friedenspastor« – wie Niemöller in der Bundesrepublik genannt wird – nimmt den Preis an.

König Faisal von Saudi-Arabien schreitet bei seiner Ankunft in London die Ehrengarde von Königin Elisabeth II. ab, der arabische Staatsmann wird während seines Besuchs mit aller Ehrerbietung empfangen

Galopp-Revue für König Faisal

9. Mai. Zum Auftakt eines neuntägigen Staatsbesuchs von König Faisal Ibn Abd Al Asis Ibn Saud von Saudi-Arabien findet zu Ehren des Gastes im Londoner Hyde Park eine Parade der königlichen Kavallerie statt, die von Königin Elisabeth II. und dem arabischen Monarchen abgenommen wird. Die letzte Truppenrevue dieser Art ist im Sommer 1873 aufgeboten worden, als die britische Königin Victoria Nasir ad-Din, den Schah von Persien, zu Gast hatte. Die britische Hauptstadt gibt sich für den Empfang des hohen arabischen Staatsmannes festlich: Zwischen Trafalgar Square und Buckingham Palace werden überall die britischen und saudi-arabischen Fahnen gehißt. Hunderte von Londonern säumen den Weg.

Die Briten feiern den Weltumsegler Francis Chichester

27. Mai. Der 65jährige Francis Chichester trifft nach seiner erfolgreichen Weltumsegelung in der britischen Hafenstadt Plymouth ein.

Mit seiner 18 m langen Jacht »Gipsy Mouth IV« hatte er am 27. August 1966 in Plymouth abgelegt. 226 Tage lang war er allein unterwegs. Rund 46 000 km lang war seine Reise über Sydney (Australien) und Kap Hoorn (Amerika). Mehr als 100 000 Menschen drängen sich seit Tagen in der britischen Hafenstadt, um den Seehelden zu empfangen. Der alte Mann weckt bei vielen Sympathien. Vor fünf Jahren haben ihm die Ärzte wegen seines Lungenkrebs' einen baldigen Tod vorhergesagt. Chichester, der sich selbst als Rebell und Außenseiter bezeichnet, sieht in der Weltumsegelung seine vielleicht letzte Chance, »in der Welt des Konformismus sein Leben zu leben«. Typisch englisch ist auch sein Hang zur Untertreibung. Das schlimmste, was man von ihm hören kann, ist der Satz: »Es ist etwas ungemütlich hier.«

In Großbritannien bricht mit seiner Ankunft ein Chichester-Rummel aus: Chichester-Handtücher, -Aschenbecher, -Briefmarken und -Hemden finden reißenden Absatz. Am 13. Juni adelt ihn Königin Elisabeth II. in London.

Eine Armada von Booten empfängt F. Chichester

Der Weltumsegler wird von den Briten gefeiert

Helga Anders spielt in »Mädchen, Mädchen« von Roger Fritz

Szene aus »Tätowierung« des Regisseurs Johannes Schaaf mit Helga Anders und Christoph Wackernagel

Anita Pallenberg, von der Illustrierten »Twen« als Kunstobjekt auf der Zugspitze präsentiert

Film 1967:

Neuer Deutscher Film beendet Dauerkrise

Die Entwicklung des Neuen Deutschen Films ist seit rund eineinhalb Jahren nicht mehr aufzuhalten. Rund zwei Dutzend junger Regisseure – alle um die 30 Jahre alt – verhelfen mit ihren neuen Produktionen dem seit zwei Jahrzehnten in Mißkredit geratenen bundesdeutschen Film zu internationaler Anerkennung.

Zu den Hauptvertretern dieser neuen Filmkunst gehören u. a. Hansjürgen Pohland, Regisseur des nach der gleichnamigen Novelle von Günter Grass gedrehten Films »Katz und Maus« sowie Edgar Reitz, Regisseur von »Mahlzeiten«, Christian Rischert mit »Kopfstand, Madame!«, Johannes Schaaf mit »Tätowierung« und Volker Schlöndorff mit »Mord und Totschlag«. Sie drehen kritische Filme über bundesrepublikanische Wirklichkeit. Nach den Filmen der 50er Jahre über Förster- und Bergsteiger-Schicksale, die auf Wirklichkeitsflucht und Sentimentalität abzielten, wird jetzt die Gegenwart mit ihren Widersprüchen auf Film gebannt. Die Bundesrepublik vollzieht damit eine Entwicklung nach, wie sie in Frankreich, Polen, Großbritannien und der Tschechoslowakei bereits stattgefunden hat.

Die Bandbreite von Stil und Technik ist groß. Ausgeklügelte Montagen und ungewohnte Schnitte von Dokumentar- und Spielszenen schaffen einen eigenen Stil. Gemeinsam ist allen neueren Filmen, daß sie auch Sexualität und Körperlichkeit als Bestandteile des täglichen Lebens nicht mehr ausklammern. Die Heldinnen des Neuen Deutschen Films bestechen weniger durch eine glamourhafte und »glatte« Schönheit, sondern durch »Gesichter mit Widerhaken«.

Die Filme der jungen Generation kosten mit rund 700 000 DM nur halb so viel wie übliche kommerzielle Filme, da man oft mit Laiendarstellern und ohne Atelier arbeitet. Gefilmt wird in den Wohnungen der Darsteller oder Regisseure. Requisiten stellen die Schauspieler. Zudem schreiben die Regisseure ihre Drehbücher selbst, das Autorenkino ist geboren.

»Goldene Palme« in Cannes für Film »Blow up« von Antonioni

11. Mai. Bei den diesjährigen 20. Filmfestspielen von Cannes wird dem britischen Spielfilm »Blow up« von Michelangelo Antonioni die »Goldene Palme« des Festivals an der Côte d'Azur zuerkannt.

Der Film des 54jährigen italienischen Meisterregisseurs beruht auf Motiven einer Erzählung von Julio Cortazár. Der Starfotograf Thomas, gespielt von David Hemmings, macht in einem Londoner Park Aufnahmen von einem Liebespaar. Als die Frau – dargestellt von Vanessa Redgrave – auf ihn aufmerksam wird, will sie unbedingt den Film haben. Sie folgt Thomas in seine Wohnung und bietet Geld für die Herausgabe des Films. Thomas wird mißtrauisch. Er erfüllt ihr scheinbar den Wunsch, gibt ihr aber den falschen Film und entwickelt den richtigen. Bei der Vergrößerung – englisch: »Blow up« – glaubt er, einen Mord zu entdecken.

Antonioni läßt offen, ob es ein Opfer gegeben hat. Aber mehr als die Entdeckung eines vermeintlichen Mordes trifft Thomas die Einsicht in das Wesen seiner Arbeit. Thomas ist »Opfer« seiner Bilder und ist auch »Täter«, denn er raubt seinen Modellen mit dem Fotografieren ihre Identität. Antonioni setzt kunstvoll die Begriffe »jemanden fotografieren« und »ihm das Lebendige nehmen« gleich. Daneben ist »Blow up« auch ein Film über das Leben der Beatgeneration in ihrer Metropole London.

David Hemmings und Veruschka von Lehndorff in »Blow up«, Michelangelo Antonioni erhält für seinen faszinierenden Film die »Goldene Palme«

Zeitungssterben in New York

Heidi Stroh und Peter Hohberger in »Mahlzeiten« von Edgar Reitz

Sidney Poitier (M.) im US-Thriller »In der Hitze der Nacht«

5. Mai. Eine der letzten großen Tageszeitungen New Yorks, die »World Journal Tribune«, gibt bekannt, daß sie sich wegen finanzieller Schwierigkeiten gezwungen sieht, ihr Erscheinen einzustellen. Das Blatt hat mit einer Auflage von 700 000 Exemplaren wochentags und 900 000 Exemplaren sonntags einen Verlust von 700 000 US-Dollar (rund 2,8 Millionen DM) pro Monat erwirtschaftet.

In den 46 großformatigen Seiten der letzten Nummer des Blattes wird der Beschluß zur Aufgabe mit keinem Wort erwähnt. Die Ankündigung durch den Präsidenten und Generaldirektor Matt Meyer kommt für die Mehrheit der 2500 Beschäftigten jedoch nur bedingt überraschend, da man um die finanziellen Schwierigkeiten des Blattes schon seit langem wußte.

Das Ende der »World Journal Tribune« bedeutet nur eine Station des New Yorker Zeitungssterbens. Mitte der 20er Jahre gab es in New York noch mehr als 20 Tageszeitungen. Mit dem schärfer werdenden Konkurrenzkampf, mit dem Abwandern der Inserenten in andere Medien wie dem Fernsehen wurden die Blätter gezwungen, mit ehemaligen Konkurrenten zu fusionieren oder ihr Erscheinen einzustellen. Dem Leser der Acht-Millionen-Stadt stehen in Zukunft nur noch die »New York Post«, die »New York Times« und »Daily News« zur Verfügung.

Titelseite der in Paris erscheinenden Ausgabe der arrivierten US-amerikanischen Tageszeitung »The New York Times« vom 4. Mai 1967

Untersuchung zur Pressefreiheit

Das Institut »Freedom of Information« an der Universität von Missouri veröffentlicht seinen Jahresbericht, der die Länder der Welt nach dem Grad der in ihnen herrschenden Pressefreiheit aufteilt.

Die Untersuchung stützt sich auf die Angaben von 430 Journalisten aus vielen Ländern, die die Pressefreiheit nach 23 vorgegebenen Kriterien beurteilten.

Ein Höchstmaß an Pressefreiheit herrscht danach u. a. in Australien, den USA und Kanada. Die Bundesrepublik wird wie Italien und Österreich unter die Länder mit »gemäßigten Kontrollen« eingereiht.

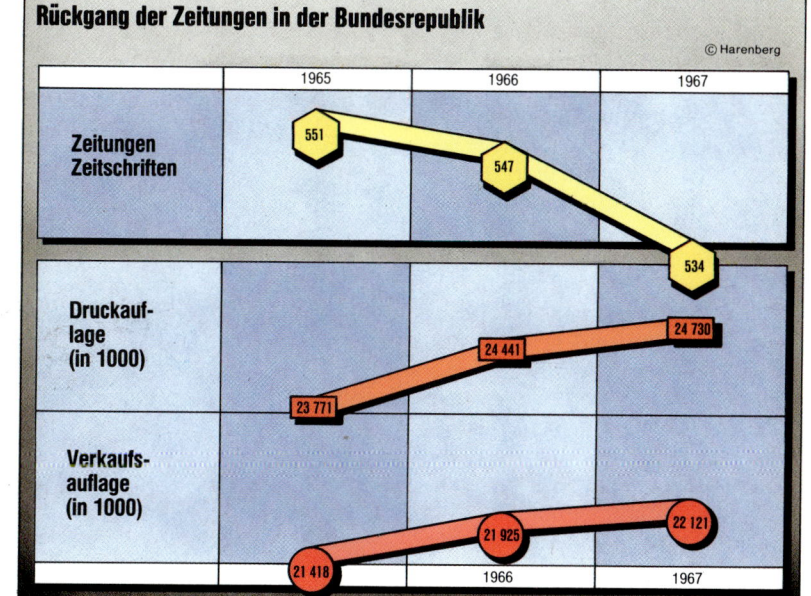

Rückgang der Zeitungen in der Bundesrepublik
© Harenberg

	1965	1966	1967
Zeitungen Zeitschriften	551	547	534
Druckauflage (in 1000)	23 771	24 441	24 730
Verkaufsauflage (in 1000)	21 418	21 925	22 121

Alain Delon in »Der eiskalte Engel« von Jean Pierre Melville

Der US-amerikanische Schlagersänger Elvis Presley heiratet seine langjährige Freundin Priscilla Beaulieu

Rock-Idol Elvis Presley heiratet

2. Mai. Das 32jährige Rock- und Popidol Elvis Presley ist nicht mehr frei: In Las Vegas heiratet er seine um elf Jahre jüngere Freundin Priscilla Beaulieu.

Der US-amerikanische Schlagersänger lernte seine spätere Frau schon 1959 während seiner Militärdienstzeit in Wiesbaden kennen. Auf dem Höhepunkt seiner Popularität war der »König des Rock 'n' Roll« von März 1959 bis Frühjahr 1960 US-Soldat, 17 Monate davon war er in der Bundesrepublik stationiert.

Der ehemalige Lastwagenfahrer aus Memphis/Tennessee hat mit seinem Rock 'n' Roll schon 40 goldene Schallplatten ersungen. In den 50er Jahren entwickelte er seinen eigenen Rockstil und eine unnachahmliche Rhythm-and-Blues-Stimme. Seine jugendlichen Fans brechen regelmäßig in hysterische Begeisterung bei seinen Konzerten aus, während er für die ältere Generation, insbesondere für die weißen US-Amerikaner, wegen seiner lasziven Posen, seiner kreisenden Hüften (Elvis the pelvis–Elvis, das Becken) ein Alptraum ist. Seine übertriebene Emotionalität, seine oft feminin anmutende Kleidung sowie die Schmachtlocke wurden zu seinem Markenzeichen.

In Las Vegas geben sich der 32 Jahre alte Elvis Presley und die 21jährige Priscilla Beaulieu (Abb. u.) das Ja-Wort; für Tausende seiner weiblichen Fans zerbricht damit ein Wunsch-Traum; ihr Idol ist nicht mehr frei; die Hochzeit ist wohl deshalb nicht von übertrieben viel Rummel begleitet; eher zurückgezogen – für seine Verhältnisse – feiert Presley mit seiner Braut und wenigen Freunden; daß die Feierlichkeiten trotzdem nicht bescheiden sind, versteht sich bei dem extravaganten Sänger fast von selbst (Abb. o.)

Was US-Hausfrauen nicht verdienen

20. Mai. Die in New York erstmals erscheinende Zeitschrift »Envoy« veröffentlicht eine von ihr durchgeführte Untersuchung über den »Wert« einer US-Hausfrau: Die Durchschnittshausfrau arbeitet 99,6 Stunden in der Woche und sollte – gemessen an den derzeit gültigen Lohntarifen – 8300 US-Dollar (rund 33 200 DM) jährlich verdienen. 44,5 Stunden arbeitet sie wöchentlich als Kinderschwester, 17,3 Stunden als Haushälterin, 13,1 Stunden als Köchin, den Rest als Tellerwäscherin, Näherin, Chauffeurin usw.

Ein kleiner Prinz für Griechenland

20. Mai. Königin Annemarie von Griechenland wird in Athen von einem Sohn entbunden. Der kleine Prinz ist das zweite Kind des 26jährigen Königs Konstantin II. und seiner aus dänischem Königshaus stammenden Frau. Er wird nach seinem Großvater den Namen Paul tragen. Prinzessin Alexia, die am 10. Juli 1965 geboren wurde, tritt damit an die zweite Stelle in der Thronfolge. Mit 101 Salutschüssen aus den Kanonen auf dem Lykabettos wird die Geburt des Thronfolgers verkündet. Zu großen Freudenkundgebungen kommt es angesichts der politischen Lage (→ 21. 4./S. 60) nicht.

Rennfahrer Bandini stirbt nach Unfall

10. Mai. Der bekannte italienische Automobilrennfahrer Lorenzo Bandini erliegt drei Tage nach seinem spektakulären Unfall beim Großen Preis von Monte Carlo seinen Verletzungen im Krankenhaus.
Sein Formel-I-Ferrari ist in der 83. Runde des zweiten Laufs zur Automobil-Weltmeisterschaft in der berüchtigten Hafengeraden des Stadtkurses mit der Fahrbahnbegrenzung kollidiert. Sein Auto fing sofort Feuer, und die Helfer konnten den 31jährigen Rennfahrer nicht schnell genug aus dem Wrack retten. Er erlitt Verbrennungen dritten Grades. Bandini ist verheiratet, seine Frau erwartet ein Kind.

Bendlin – Zehnkampf-Weltrekord

Die Geschichte des Zehnkampfs

14. Mai. Der 24jährige Kurt Bendlin stellt als erster Bundesdeutscher mit 8319 Punkten in Heidelberg einen neuen Weltrekord im Zehnkampf auf. Damit liegt der Kölner Sportstudent, der für Bayer Leverkusen startete, 89 Punkte über der Marke des US-Amerikaners Russ Hodge aus dem Juli 1966 in Los Angeles.

Den zweiten Platz in Heidelberg belegt ebenfalls ein Bundesdeutscher, der Wolfsburger Horst Beyer.

Die neue Weltbestleistung zeichnete sich schon am Vortag nach Absolvierung der ersten fünf Disziplinen ab, bei denen Bendlin schon 4214 Punkte erreichte.

Für Bendlin bedeutet seine Leistung in Heidelberg auch einen großen persönlichen Erfolg. Seine sportliche Laufbahn begann Bendlin als Speerwerfer. 1962 trat der damals

Kurt Bendlin beim Stabhochsprung. Die Latte bleibt bei 4,10 m liegen

Auch der Weitsprung gehört zu Bendlins Stärken: Er erreicht 7,55 m

19jährige zu seinem ersten Zehnkampf an. Seine sportliche Karriere wurde immer wieder von Verletzungen unterbrochen. Sie schien vor einem Jahr beendet, als er sich einer Meniskusoperation unterziehen mußte. Auch in diesen Kampf ging

der 86 kg schwere Kölner Sportler mit einer leichten Rückenverletzung. Bei glühender Hitze von 36°C absolviert Bendlin fast mühelos die zweitägigen Wettkämpfe, die für den Länderkampf mit den Vereinigten Staaten im Juni qualifizieren.

In den Vereinigten Staaten wird seit 1884 das »All-round-championship« regelmäßig ausgetragen, das zehn leichtathletische Übungen vorsieht.

1912 wurde der Zehnkampf mit den bis heute gültigen Disziplinen in das Programm der Olympischen Spiele aufgenommen. Er besteht aus Läufen über 100 m, 400 m und 1500 m sowie dem 110-m-Hürdenlauf, Hochsprung, Weitsprung, Stabhochsprung, Diskus- und Speerwurf sowie Kugelstoßen. Der Kampf wird an zwei Tagen ausgetragen. Die Punktewertung von 1912 wurde mehrmals verändert (1920, 1934, 1950, 1964), so daß ein Vergleich kaum möglich ist.

Rekordleistungen von Bendlin

Kurt Bendlin erreichte folgende Ergebnisse:

100 m:	10,6 sec
400 m:	47,9 sec
1500 m:	4:19,4 min
110 m Hürden:	14,8 sec
Weitsprung:	7,55 m
Hochsprung:	1,84 m
Stabhochsprung:	4,10 m
Kugelstoßen:	14,50 m
Diskuswerfen:	46,31 m
Speerwerfen:	74,85 m

Der »König der Leichtathleten«

Zehnkämpfer Bendlin beim Zieleinlauf nach 100 m Sprint in 10,6 sec

Europacup für Bayern

31. Mai. In Nürnberg gewinnt Bayern München das Finale um den Europacup der Pokalsieger gegen Glasgow Rangers vor 70 000 Zuschauern 1:0 nach Verlängerung.

Erst zwei Stunden vor Spielbeginn hat es zu regnen aufgehört. Das typisch »schottische Wetter« war als gutes Vorzeichen für die Glasgow Rangers gewertet worden.

Das Spiel verläuft vor den begeisterten Zuschauern mit unerbittlicher Härte, wenn auch nicht unfair. Immer wieder gibt es – insbesondere in der ersten Halbzeit – Torchancen für die Glasgow Rangers, die jedoch dank der bayerischen Abwehr und nicht zuletzt des souveränen Torhüters des FC Bayern, Sepp Maier,

nicht verwandelt werden können. In der zweiten Spielhälfte dominieren dann zwar die Bayern, trotz ihres hervorragenden Spiels bleibt das krönende Tor jedoch aus.

Erst in der Verlängerung, in der 109. Spielminute, gelingt Franz Roth der entscheidende Schuß zum Sieg über die Schotten. Rainer Ohlhauser sieht Roth im Strafraum der Schotten. Er riskiert einen hohen Steilpaß. Im Fallen erwischt Roth den Ball und kickt ihn vor dem etwas weit vor der Torlinie stehenden schottischen Torhüter ins Netz.

Beeindruckend ist auch das Spiel von Franz Beckenbauer im Mittelfeld, der die Abwehr zu einer Einheit zusammenfügt.

Der Torwart von Glasgow wehrt einen Schuß von Gerd Müller (l.) ab

Juni 1967

Mo	Di	Mi	Do	Fr	Sa	So
			1	2	3	4
5	6	7	8	9	10	11
12	13	14	15	16	17	18
19	20	21	22	23	24	25
26	27	28	29	30		

1. Juni, Donnerstag

Die DDR sagt den Arabern im Falle eines Krieges mit Israel solidarische Hilfe zu. Die Sowjetunion verstärkt ihren Flottenverband im Mittelmeer (→5. 6./S. 96).

Moshe Dayan wird zum israelischen Außenminister ernannt.

Der südkoreanische Komponist Isang Yun, der seit 1964 in Berlin (West) lebt und arbeitet, wird mit anderen in der Bundesrepublik lebenden Südkoreanern in sein Heimatland verschleppt (→3. 7./S. 117).

Das Bundesarbeitsministerium in Bonn schätzt die Zahl der Arbeitnehmer, die 1966 die Vergünstigungen des Zweiten Gesetzes zur Förderung der Vermögensbildung, kurz 312-Mark-Gesetz, in Anspruch genommen haben, auf 3,2 Millionen.

Der 26jährige Klaus Lehnert gesteht die Entführung und Ermordung des damals siebenjährigen Timo Rinnelt am 13. Februar 1963. →S. 104

2. Juni, Freitag

Demonstrationen gegen den persischen Schah Mohammad Resa Pahlawi in Berlin (West) führen zu heftigen Auseinandersetzungen zwischen Polizei und Demonstranten. Dabei werden 60 Personen teilweise schwer verletzt, der Student Benno Ohnesorg wird erschossen. →S. 100

Dem Verleger Axel Springer wird in Berlin (West) das Große Verdienstkreuz mit Stern überreicht.

Ein gemeinsames Kommuniqué beschließt die zweite Phase der Konzertierten Aktion von Vertretern der Regierung, der Gewerkschaften und der Arbeitgeberverbände. Gemeinsam hat man in Bonn über eine Belebung der bundesdeutschen Konjunktur beraten (→14. 2./S. 34).

3. Juni, Sonnabend

Das Landgericht von Berlin (West) verurteilt den angeblichen Arzt Walter Günther zu 1½ Jahren Gefängnis wegen Betrugs. →S. 104

Eintracht Braunschweig ist nach Abschluß der vierten Bundesligasaison Deutscher Fußballmeister. →S. 107

4. Juni, Sonntag

Bei den Landtagswahlen in Niedersachsen erreicht die NPD zehn Mandate. →S. 102

In Frankreich wird der Preis für Brot erhöht. Die als Baguettes bekannten Weißbrote kosten statt bisher 44 Centimes (0,35 DM) nun 46 Centimes (0,37 DM). Der Preis für ein Kilogramm Brot beträgt 86 Centimes (0,69 DM).

Bei Perpignan in den Pyrenäen stürzt eine britische Chartermaschine vom Typ DC 4 mit 63 Spanien-Urlaubern ab. Keiner der Insassen überlebt das Unglück. 72 Menschen kommen beim Absturz einer gecharterten DC 4 in der Nähe von Manchester ums Leben. →S. 104

5. Juni, Montag

In den frühen Morgenstunden beginnt der dritte Krieg zwischen Israel und den arabischen Staaten, der sog. Sechstagekrieg. →S. 96

In Paris geht der Prozeß gegen die mutmaßlichen Mörder des marokkanischen Oppositionspolitikers Mehdi Ben Barka zu Ende, dessen mysteriöser Tod Anfang 1966 zeitweilig das damalige Kabinett unter Charles de Gaulle zu bedrohen schien.

Spanien unterzeichnet als erstes nichtamerikanisches Land ein Zusammenarbeitsabkommen über technische Hilfe mit der Organisation Amerikanischer Staaten (OAS).

Im Negerviertel von Boston dauern die Rassenunruhen den dritten Tag an. Die Polizei geht mit Maschinenpistolen und Gewehren gegen die Demonstranten vor (→15. 7./S. 114).

Im Schweizer Kanton Basel-Land sollen die Frauen das Stimm- und Wahlrecht erhalten. Mit 8500 Ja-Stimmen gegen 4810 Nein-Stimmen billigen die Männer des Kantons bei nur 29% Wahlbeteiligung diesen neuen Artikel in der Kantonsverfassung. Ein gleicher Versuch war eine Woche zuvor im Kanton Schaffhausen fehlgeschlagen. →S. 104

6. Juni, Dienstag

Die Bundesrepublik und Frankreich unterzeichnen in Paris ein Abkommen über die Zusammenarbeit beider Länder beim Bau, Start und Betrieb des experimentellen Fernsehsatelliten »Symphonie«.

Frankreich unternimmt im Pazifik die erste Sprengung im Rahmen einer neuen Kernwaffentestserie, wobei ein Kernsatz von geringer Sprengkraft über dem Mururoa-Atoll gezündet wird. Japan protestiert.

Die Staatschefs der drei ostafrikanischen Staaten Kenia, Tansania und Uganda unterzeichnen in Kampala einen Vertrag über die Schaffung eines Gemeinsamen Marktes.

7. Juni, Mittwoch

Der saarländische Landtag verabschiedet ein neues Rundfunkgesetz, durch welches im Gegensatz zur sonstigen öffentlich-rechtlichen Form von Rundfunk- und Fernsehanstalten in der Bundesrepublik im Saarland die Eröffnung rein kommerzieller Unternehmen dieser Art ermöglicht wird. →S. 102

Der argentinische Präsident Juan Carlos Onganía bildet ein Propagandaministerium, das mit Vollmachten zur Zensur versehen ist.

Der bolivanische Staatspräsident René Jarrientos Ortuño ruft den Belagerungszustand für das ganze Land aus, da kommunistische Guerillas Arbeiter und Studenten zur Rebellion aufrufen.

Zur Enthüllung einer Plakette zum Gedenken an die Großmutter der jetzigen Königin von Großbritannien, Königin Mary, lädt Elisabeth II. zum ersten Mal das Herzogspaar von Windsor ein. Damit wird die Herzogin von Windsor das erste Mal seit 1936, als sie als Bürgerliche für sie zurückgetretenen König Eduard VIII. heiratete, wieder britischen Boden betreten.

8. Juni, Donnerstag

In Nordkorea finden Wahlen in die Nationalversammlung statt, aus denen die regierende Demokratisch-Republikanische Partei als klarer Sieger hervorgeht.

In Berlin (West) kommt bis zum 11. Juni der VIII. Europäische Gemeindetag zusammen. Das Motto des Treffens lautet »Freie Gemeinden in einem bundesstaatlichen Europa«.

9. Juni, Freitag

Bundespräsident Heinrich Lübke fliegt für eine Woche nach Kanada.

Der französisch-schwedische Spielfilm »Masculin-feminin« von Jean-Luc Godard mit Marlene Jobert und Jean-Pierre Léaud kommt zum ersten Mal in die bundesdeutschen Kinos.

10. Juni, Sonnabend

Der dritte israelisch-arabische Krieg endet nach 132 Stunden und 30 Minuten (→5. 6./S. 96).

Die Sowjetunion bezichtigt Israel der Aggression gegen die arabischen Staaten und bricht die diplomatischen Beziehungen zu Israel ab.

Die dänische Prinzessin Margrethe heiratet in Kopenhagen den französischen Grafen Henri de Laborde de Montpezat. →S. 105

11. Juni, Sonntag

Aus den Parlamentswahlen in Island geht die Regierungskoalition aus Konservativer Unabhängigkeitspartei und Sozialdemokraten als Sieger hervor. Die beiden Parteien verfügen über 33 Sitze im Parlament, die radikale Bauernpartei, die Fortschrittspartei, über 18, die »Allianz der Arbeit« aus Linkssozialisten und Kommunisten über acht Sitze.

Die Nationalversammlung von Somalia wählt Abd ar-Raschid Ali Shermake zum neuen Staatspräsidenten. Er wird am 1. Juli sein Amt antreten.

Das 24-Stunden-Rennen von Le Mans gewinnt vor über 250 000 Zuschauern der US-Amerikaner Dan Guerney auf Ford.

Der Italiener Felice Gimondi gewinnt den 50. Giro d'Italia. →S. 107

12. Juni, Montag

Papst Paul VI. stellt 200 000 DM als Hilfe für die Kriegsopfer im Nahen Osten zur Verfügung.

In der Gedenkstätte des tschechoslowakischen Dorfes Lidice wird in einer Trauerkundgebung der Ermordung seiner Einwohner und der völligen Vernichtung des Ortes vor 25 Jahren durch Einheiten der SS gedacht.

13. Juni, Dienstag

Bundeskanzler Kurt Georg Kiesinger antwortet dem DDR-Ministerpräsidenten Willi Stoph auf dessen Brief vom 10. Mai. →S. 101

Eine Welle von Geldspenden und Hilfsangeboten für die israelische und arabische Zivilbevölkerung kommt in der Bundesrepublik in Gang.

Das Oberste Bundesgericht der Vereinigten Staaten entscheidet in einem Grundsatzurteil, daß Ehen zwischen Farbigen und Weißen nicht strafrechtlich verfolgt werden dürfen.

Die Bundesregierung erklärt sich bereit, im gesamtdeutschen Sportverkehr die Flagge der DDR zu dulden.

14. Juni, Mittwoch

Eine Regierungserklärung zur Deutschlandfrage beschäftigt den Deutschen Bundestag. →S. 101

In Ungarn und der Tschechoslowakei findet eine fünftägige Übung der Stäbe der Streitkräfte Ungarns, der ČSSR und der UdSSR statt.

15. Juni, Donnerstag

Die türkische Botschaft in Bonn gibt bekannt, daß die Bundesrepublik der Türkei im Rahmen ihrer Militärhilfe für NATO-Verteidigungszwecke militärische Ausrüstung im Wert von 50 Millionen DM liefert.

Bulgarien wird als letztes Land des Rats für Gegenseitige Wirtschaftshilfe (COMECON) an das Energieverbundnetz angeschlossen. Eine Stromleitung von Boitschinowzi nach Krajowa wird ihrer Bestimmung übergeben.

16. Juni, Freitag

Die Presse-Rundfunk-AG Saarbrücken konstituiert sich als private Rundfunk- und Fernsehgesellschaft und beantragt im Saarland Konzessionen für Radio- und Fernsehsendungen (→7. 6./S. 102).

In Frankreich treten die wirtschaftlichen und sozialen Sondergesetze, die spezielle Vollmachten für die Regierung von Charles de Gaulle enthalten, in Kraft (→21. 5./S. 81).

Im britischen Ascot kämpfen Jockeis um sportlichen, die Damen um modischen Lorbeer.

Printed in West Germany

QUICK jetzt schon ab Freitag

Q
QUICK

Nr. **24** · JAHRGANG 20 · MÜNCHEN, 7. JUNI 1967 · 90 PF. bei Hauslieferung zuzügl. ortsübl. Zustellgebühr · C 5730 C

Timo Rinnelt ist tot!

QUICK jagt die Entführer Erste Verhaftung wegen Mordverdachts

Erster Bildbericht vom Schah-Besuch in Deutschland

Juni 1967

17. Juni, Tag der deutschen Einheit

China gibt die erfolgreiche Zündung seiner ersten Wasserstoffbombe über den westlichen Gebieten des Landes bekannt. →S. 99

In einem Interview behauptet der Sohn des Mitbegründers der Tschechischen Kommunistischen Partei, der Schriftsteller Ludvik Vaculik, die Macht werde immer mehr die Angelegenheit von charakterlosen und unqualifizierten Leuten.

Die 4 × 400-Yards-Staffel der Universität California läuft in Provo, US-Bundesstaat Utah, einen neuen Weltrekord in 38,6 Sek. und unterbietet als erste Staffel der Welt die 39-Sekunden-Grenze. →S. 107

18. Juni, Sonntag

Bundesaußenminister Willy Brandt bekundet anläßlich der Eröffnung der Kieler Woche das Interesse der Bundesregierung an verstärkten Beziehungen zu Skandinavien.

Das dreitägige Monterey-Pop-Festival in Kalifornien, das 50 000 Menschen besuchten und das den Veranstaltern 400 000 US-Dollar (rund 1,2 Millionen DM) Gewinn bringt, wird beendet.

19. Juni, Montag

Indonesien erkennt die Sicherheitskontrollen der Internationalen Atomenergiebehörde (IAEO) an. Gemeinsam mit den USA unterzeichnet es ein Abkommen, das der IAEO Kontrollen über die indonesische Kerntechnologie zugesteht.

Die Vereinigten Staaten und Italien unterzeichnen ein Abkommen über gemeinsame wissenschaftliche Forschung. Austausch und Zusammenarbeit der Wissenschaftler beider Länder sollen verstärkt werden.

20. Juni, Dienstag

Bundesaußenminister Willy Brandt bereist für sechs Tage Skandinavien.

In Hannover wird der 13. Evangelische Kirchentag unter dem Motto »Der Frieden ist unter uns« eröffnet. Er dauert bis zum 25. Juni. →S. 102

In Gent demonstrieren die Textilarbeiter gegen den Niedergang ihres Wirtschaftszweigs. Sie fordern von der belgischen Regierung Schutzmaßnahmen gegen die Konkurrenz der ostasiatischen und kommunistischen Staaten. →S. 98

21. Juni, Mittwoch

Studenten der Freien Universität Berlin (West) treten in einen Hungerstreik, um gegen die Untersuchungshaft des Kommunarden Fritz Teufel zu protestieren. Dieser ist bei den Demonstrationen gegen den Schah von Persien, Mohammad Resa Pahlawi, am 2. Juni festgenommen worden (→22. 12./S. 199).

Der Chef der sowjetischen Staatssicherheit, Juri W. Andropow, wird vom Zentralkomitee (ZK) der Kommunistischen Partei (KPdSU) von diesem Amt entbunden und zum Kandidaten des Politbüros gewählt.

Das Europaparlament in Straßburg verabschiedet den bisherigen Präsidenten der Kommission der Europäischen Wirtschaftsgemeinschaft (EWG), Walter Hallstein. →S. 99

Melina Mercouri, als Filmschauspielerin in der Bundesrepublik durch den Spielfilm »Sonntags nie« bekannt, wird wegen Äußerungen, die sie in einer Fernsehsendung über die neue griechische Militärregierung (→21. 4./S. 60) gemacht hat, die griechische Staatsbürgerschaft aberkannt. →S. 99

Die Staatliche Münze in Karlsruhe bringt eine neue Medaille heraus, auf der die drei Bundeskanzler Konrad Adenauer, Ludwig Erhard und Kurt Georg Kiesinger abgebildet sind.

22. Juni, Donnerstag

Mit einem Subskriptionspreis von 1840 DM, der bis zum 26. August gilt, unterbietet die Firma Neckermann die Preise für Farbfernseher um fast 25%. Die Preise der anderen Hersteller für ein gleichwertiges Gerät liegen bei 2400 DM (25. 8./S. 133).

Das peruanische Abgeordnetenhaus verfügt die sofortige Verstaatlichung der Erdölfelder von La Brea und Parinas im Norden des Landes. Diese Ölquellen wurden bisher von der US-amerikanischen Ölgesellschaft Standard Oil ausgebeutet. →S. 99

23. Juni, Freitag

US-Präsident Lyndon B. Johnson und der sowjetische Ministerpräsident Alexei Kossygin treffen in Glasboro (New Jersey) zusammen. Thema der Gespräche ist die Lage in Vietnam und im Nahen Osten. →S. 98

Die kommunistische Pathet-Lao-Bewegung und die Royalisten bilden in Laos eine Koalitionsregierung unter Suvanna Phuma.

Franz Paul Stangl, der des Massenmords beschuldigte KZ-Kommandant, wird von Brasilien an die Bundesrepublik Deutschland ausgeliefert (→3. 3./S. 47).

24. Juni, Sonnabend

Einheiten der bolivianischen Armee besetzen drei der wichtigsten Minenbezirke des Landes, wo es zu Terroraktionen der Guerilla gekommen ist.

Papst Paul VI. veröffentlicht in Rom die Enzyklika »Sacerdotalis caelibatus« über das priesterliche Zölibat. →S. 103

Die Vereinigten Staaten sagen Indien weitere 1,5 Millionen t Getreide und 50 000 t Pflanzenöl zur Überwindung seiner Hungersnot zu.

Rapid Wien wird aufgrund des besseren Torverhältnisses österreichischer Fußballmeister vor der Mannschaft von Wacker Innsbruck.

Der exklusive Sportsmen's Club überreicht Max Schmeling, Ex-Weltmeister im Schwergewichtsboxen und populärer deutscher Sportler, in Los Angeles den World Award in der Kategorie Boxen. In US-Sportlerkreisen vergleicht man diese Auszeichnung mit dem Oscar des Films.

Die Felbertauernstraße mit dem 5,7 km langen Tunnel zwischen Matrei in Osttirol und Mittersill wird für den Verkehr freigegeben.

25. Juni, Sonntag

In der italienischen Provinz Bellemo an der österreichischen Grenze werden vier italienische Soldaten durch Tretminen getötet. Die italienische Öffentlichkeit fordert von der Regierung eine klare Linie in der Südtirol-Frage.

Ein schwerer Wirbelsturm über Nordfrankreich fordert sieben Tote und 40 Verletzte, während Bayern unter einer großen Hitzewelle mit Temperaturen über 35°C leidet. In München sterben elf Menschen infolge der Hitze.

150 000 Schlesier kommen in München zu ihrem alljährlichen Treffen zusammen.

Muhammad Ali (Cassius Clay) wird von einem Gericht in Houston (Texas) wegen Kriegsdienstverweigerung zu fünf Jahren Gefängnis verurteilt (→28. 4./S. 73).

Der italienische Radrennfahrer Gianni Motta gewinnt überlegen die Tour de Suisse.

26. Juni, Montag

In Stockholm konstituiert sich eine neue kommunistische Partei mit der Bezeichnung Kommunistischer Bund – die Marxisten-Leninisten.

Papst Paul VI. beruft 27 neue Kardinäle, darunter Karol Wojtyla, Erzbischof von Krakau, und Alfred Bengsch, Erzbischof von Berlin. Damit erhöht sich die Zahl der Kardinäle auf 118. →S. 103

27. Juni, Dienstag

In einem offenen Brief an die Mitglieder der CDU und der CSU bezeichnet das Zentralkomitee der Sozialistischen Einheitspartei Deutschlands (SED) den Anspruch der Bundesregierung auf Alleinvertretung von Deutschland als eine »Weigerung, die Realitäten in Deutschland und Europa anzuerkennen«.

Der nordrhein-westfälische Landtag billigt den sog. Schulkompromiß, die Verfassungsänderung zur Volksschulreform, die Parteien und Bischöfe gleichermaßen billigen.

28. Juni, Mittwoch

Der Bundestag in Bonn verabschiedet das Parteiengesetz, das die verfassungsrechtliche Stellung der Parteien, die Erstattung der Wahlkampfkosten und die Rechenschaftsregelung über die Einnahmen regelt. →S. 102

Der Bundestag beschließt die Auflösung des Personalgutachterausschusses, dessen Aufgabe die Überprüfung von Offizieren bei der Übernahme in die Bundeswehr ist.

In der birmesischen Hauptstadt Rangun kommt es zu schweren antichinesischen Ausschreitungen. Fast alle Geschäfte und Wohnungen im Chinesenviertel der Stadt werden geplündert und zerstört.

Vom chilenischen Parlament in Santiago wird ein Gesetz verabschiedet, das eine Enteignung des Großgrundbesitzes, jedoch nicht die Verstaatlichung dieser Ländereien vorsieht. →S. 98

In der britischen Kronkolonie Aden kann eine Militärpatrouille eine Exekution von 15 Mitgliedern der Befreiungsorganisation für das besetzte Südjemen, FLOSY, verhindern. →S. 98

Mehr als 6500 Freimaurer aus aller Welt nehmen an der Feier des 250. Jahrestags der englischen Freimaurer-Bewegung in London teil. →S. 103

29. Juni, Donnerstag

Der deutsche Bundestag in Bonn befaßt sich mit den ersten Entwürfen einer Notstandsverfassung und eines Gesetzes zur Beschränkung des Brief-, Post- und Fernmeldegeheimnisses (→9. 11./S. 180).

Auf dem IV. Kongreß des tschechischen Schriftstellerverbands in Prag nehmen einige Teilnehmer kritisch zur Nahost- und Kulturpolitik ihrer Regierung Stellung.

30. Juni, Freitag

Die Botschafter der sechs Mitgliedsstaaten der Europäischen Gemeinschaft ernennen den belgischen Politiker Jean Rey zum neuen Präsidenten einer gemeinsamen Kommission (→1. 7./S. 115).

Der Kongo-Politiker Moise Tschombé wird mit einem Flugzeug nach Algerien entführt. →S. 99

Nach 18 Stunden kann ein Großbrand im Hauptbahnhof von Rom, »Stazione Termini«, unter Kontrolle gebracht werden. Mehr als 1000 Feuerwehrleute und freiwillige Helfer waren im Einsatz. Menschen sind nicht zu Schaden gekommen.

Gestorben:

11. Lebanon/New Hampshire: Wolfgang Köhler (*21. 1. 1887, Reval), US-amerikanischer Psychologe.

21. Hamburg: Paul Sethe (*12. 12. 1901, Bochum), deutscher Publizist.

28. New York: Oskar Maria Graf (*22. 7. 1894, Berg/Starnberg), deutscher Schriftsteller. →S. 104

29. New Orleans: Jayne Mansfield (*19. 4. 1932, Bryn Mawr, Pennsylvania/USA), US-amerikanische Filmschauspielerin. →S. 104

Der Sechstagekrieg zwischen Israel und den arabischen Staaten beherrscht die Nachrichten der Tageszeitung »Frankfurter Allgemeine« vom 6. Juni 1967

Frankfurter Allgemeine
ZEITUNG FÜR DEUTSCHLAND

S-Ausgabe / Dienstag, 6. Juni 1967 — Herausgegeben von Nikolas Benckiser, Bruno Dechamps, Jürgen Eick, Karl Korn, Jürgen Tern, Erich Welter — 40 Pfennig / Nr. 128 — D 2955 A

Krieg zwischen den Arabern und Israel

Bombenangriffe, Artillerieduelle und Panzerkämpfe / Keiner will zuerst geschossen haben / Washington: Wir bleiben neutral / Moskau erklärt sich für Nasser

F.A.Z. FRANKFURT, 5. Juni. Ungeachtet aller beschwörenden Appelle und diplomatischen Bemühungen ist am Montag im Nahen Osten der Krieg zwischen den arabischen Staaten und Israel ausgebrochen. Nur der Libanon ist noch neutral. Darüber, wie es zum Ausbruch der Kämpfe kam, liegen keine übereinstimmenden Nachrichten vor. Beide Seiten beschuldigen sich gegenseitig, den ersten Schritt getan zu haben. Seit Montag sieben Uhr Mitteleuropäischer Zeit sind die Kämpfe im Gange. Israelische Streitkräfte stehen zahlenmäßig weit überlegenen Truppen der arabischen Staaten gegenüber. Auf der Halbinsel Sinai ist es zu schweren Artillerie-Duellen und einer Panzerschlacht gekommen. Arabische Flugzeuge sollen Militärstellungen, Versorgungslager, Siedlungen und den Flughafen von Lydda in Israel angegriffen haben. Israelische Maschinen sollen die Flughäfen von Kairo, Damaskus und Amman angegriffen haben. Der Ausbruch der Feindseligkeiten im Nahen Osten hat in den Hauptstädten der Welt zu starker diplomatischer Aktivität geführt. Auf Verlangen Israels tagte am Montag um 14.30 Uhr der Sicherheitsrat in New York. Die

Die erste Meldung über den ausgebrochenen Konflikt wurde am Montag morgen um 7.48 Uhr von AP verbreitet und hieß: „An der israelisch-ägyptischen Grenze sind nach Mitteilung eines israelischen Sprechers am Montag morgen schwere Kämpfe ausgebrochen. Der israelische Armeesprecher gab bekannt, ägyptische Luftstreitkräfte und Panzer seien auf israelisches Hoheitsgebiet vorgedrungen. Israelische Streitkräfte seien daraufhin zum Gegenangriff angetreten." Auch die Nachrichten-Agenturen UPI und dpa brachten um 7.50 Uhr und 7.59 Uhr Meldungen über den Ausbruch der Kämpfe.

Um 8.18 Uhr gibt AP die Meldung, daß nach einem in London abgefaßten Bericht von Radio Kairo israelische Streitkräfte in Ägypten einmarschiert sind, die um 8.29 Uhr durch eine Meldung aus Beirut ergänzt wird, nach der israelische Flugzeuge mit der Bombar-

Sitzung vertagte sich aber, ohne sich auf einen gemeinsamen Appell geeinigt zu haben; zuvor hatten die Vertreter Israels und Ägyptens ihre Standpunkte dargelegt. In Washington hat Präsident Johnson einen Aufruf zur sofortigen Feuereinstellung erlassen. Zugleich hat der Präsident vor den tragischen Konsequenzen eines Krieges gewarnt. Nach einer Kabinettsitzung erklärte ein amerikanischer Sprecher in Washington: „Wir sind neutral in Gedanken, Wort und Tat." Er fügte hinzu, daß die amerikanische Regierung versuchen werde, diese neutrale Haltung auch in den künftigen Auseinandersetzungen zu bewahren. Staatssekretär Rostow vom amerikanischen Außenministerium hatte zuvor den Botschafter der arabischen Staaten in Washington das Ersuchen der Vereinigten Staaten übermittelt, zur Annahme eines Waffenstillstandes den Frieden im Nahen Osten wieder herzustellen. Nach einer Meldung der französischen Nachrichtenagentur Agence France Presse hat Moskau sich der französischen Regierung beschlossen, die Lieferung von militärischem Material an die seit Montag früh in den isra-

elisch-arabischen Konflikt verwickelten Staaten auszusetzen. Dieses Lieferverbot für französische Waffen und Ausrüstungen betrifft Israel, dessen Luftwaffe ausschließlich aus französischen Werken stammt, besonders hart. Die israelische Luftwaffe ist zweifellos dringend auf fortlaufende französische Lieferungen angewiesen. Das Lieferverbot gilt weiter für Ägypten, Syrien, den Libanon, Jordanien, Kuweit, für den Irak und Saudiarabien. General de Gaulle hat aus Sorge über die sich zuspitzende Krise im Nahen Osten seine Reise nach Warschau abgebrochen. Der britische Außenminister Brown hat am Montag sofort die Initiative zu diplomatischen Konsultationen ergriffen. In London ist Brown eine Konferenz der vier Großmächte einberufen möchte. Die sowjetische Regierung hat am Montagabend offiziell den arabischen Ländern ihre „entschiedene" Unterstützung zugesichert und Israel einseitig zur Feuereinstellung aufgefordert. In einer amtlichen Erklärung betonte der Sudan kündigen noch für den gleichen Tag Truppensendungen nach Ägypten an.

Der Ausbruch der Feindseligkeiten

dierung Kairos „und aller anderen Orten in der Vereinigten Arabischen Republik" begonnen hätten. Ähnliche Meldungen verbreitete auch die anderen Agenturen. Nach einer Meldung von UPI, die um 9.09 Uhr veröffentlicht wird, haben die Ägypter 23 israelische Flugzeuge abgeschossen. Die ägyptischen Streitkräfte hätten an allen Fronten den Kampf begonnen. Die Streitkräfte der Vereinigten Arabischen Republik seien „an allen Fronten vorgegangen". Die Meldungen, welche Seite mit den Kämpfen begonnen habe, blieben widersprüchlich.

Nach israelischer Darstellung eröffneten die Ägypter mit einem Panzerangriff auf die israelische Grenze in der Negev-Wüste den Kampf. Als Antwort darauf hätte die israelische Luftwaffe einen schweren Schlag gegen die Luftstreitkräfte Ägyptens geführt. Dabei seien 117 Flugzeuge vernichtet worden.

Nach ägyptischer Darstellung wurden bei israelischen Luftangriffen auf Militär-Flughäfen im Gebiet von Kairo sowie auf Sinai und der Suezkanalzone 100 israelische Maschinen in Luftkämpfen und durch die Bodenabwehr abgeschossen. Die Israelis hätten zum Angriff bereits die Städte Tiran, dem Zugang zum Golf von Akaba bombardiert. Israelische Stellen seien energisch ägyptische Radiomeldungen entgegen, wonach ägyptische Städte angegriffen worden sein sollen.

In der ägyptischen Hauptstadt waren bereits in den letzten Tagen Luftschutzvorbereitungen getroffen worden.

In einer Meldung von Radio Damaskus hieß es am Nachmittag, syrische Flugzeuge bombardierten israelische Städte. Später trafen israelische Berichte ein, daß israelische Geschütze den israelischen Teil Jerusalems sowie einige der in der Nähe gelegenen israe-

Strikte Neutralität der Bundesrepublik

Bereitschaft zu humanitärer Hilfeleistung / Bitte Jordaniens um Gasmasken wird geprüft

O. D. BONN, 5. Juni. Bundeskanzler Kiesinger hat am Montagmittag die Minister Schröder, Brandt, Heck, Lücke und Wehner sowie die Staatssekretäre Schütz und Jahn zur Erörterung der kriegerischen Entwicklung im Nahen Osten zu sich gebeten. Flottilienadmiral Poser vom Bundesverteidigungsministerium gab den Kabinettsmitgliedern einen ausführlichen militärischen Lagebericht.

Das gesamte Bundeskabinett wird sich am Dienstag mit der Situation befassen. Der stellvertretende Regierungssprecher, Ahlers, drückte die Hoffnung aus, daß die Kampfhandlungen bald beendet werden könnten. Er erwies noch einmal darauf hin, daß die Bundesrepublik unabhängig vom humanitärer Hilfeleistung strikte Neutralität üben werde. Dieser Standpunkt ist auch dem Leiter des Bonner Büros der Arabischen Liga, Kabani, und dem israelischen Botschafter in Bonn, Ben-Natan, die beide am Montag das Auswärtige Amt aufsuchten, vorgetragen worden. Die Arabische Liga hat dabei die Bun-

desregierung zur Aufrechterhaltung ihrer Neutralität im Nahen-Konflikt aufgefordert und zugleich, kein Material „von strategischem Wert" nach Israel zu liefern. Nach einer Mitteilung der Vertretung der arabischen Liga in Bonn hat Kabani im Auswärtigen Amt die Zusicherung erhalten, daß sich die Bundesregierung nach wie vor neutral verhalten werde.

Bundesaußenminister Brandt bekräftigte am Montagabend im Fernsehen die Absicht der Bundesregierung, den Handelsverkehr mit den nahöstlichen Konfliktsraum weiterzuführen. Er gab die Erklärung auf eine Frage, ob es zutreffe, daß Israel nach der Lieferung von 20 000 Gasmasken auch an Laskraftwagen aus der Bundesrepublik interessiert sei. Über diese Lieferung von Gasmasken sagte der Amerikaner in Gesprächen, daß man Lkw nicht zum Kriegsmaterial rechnen könne.

Der Sprecher des Amerikaner in Deutschland bestätigte, daß auch Jordanien um die Lie-

ferung deutscher Gasmasken gebeten habe. Die Bundesregierung wolle die Anfrage Jordaniens wohlwollend prüfen. Das Auswärtige Amt steht mit der Deutschen Botschaft in Israel in ständigem Funkkontakt; das Amt hatte eigens einen Funker an die Botschaft entsandt.

Mit großer Sorge verfolgt die Bundesregierung die kriegerische Entwicklung im Nahen Osten. Die interministerielle Krisenstab, der unter Federführung des Auswärtigen Amtes arbeitet, hat unmittelbar nach Bekanntwerden der Kampfhandlungen am Montagvormittag die Möglichkeiten zum Schutz der Deutschen in den Vereinigten Arabischen Republik und in Israel besprochen. Die deutschen Staatsangehörigen in Israel wurden auf dem Luftwege und auf dem Seewege aus Land verlassen. Die Kriegsschiff „Gumdar", das einen weiteren die drehundert Deutschen aufnehmen könnte. (Fortsetzung Seite 5.)

(Fortsetzung Seite 5.)

Weltspannung

Dpa. Im Nahen Osten mag mancher sich von der quälenden Spannung des Ratens zur Tat erlöst fühlen. Aber daß man dort hat — schlechtem — Rat zur Tat geschritten ist, gerät die Welt in den spannungsvollen Zustand des Ratens. Wird das Feuer zu löschen, wird es sich wenigstens erst einmal eindämmen lassen? Was ist zu tun, damit es nicht außer Kontrolle gerät?

Das Ausmaß der Kämpfe zwischen Israel und seinen arabischen Nachbarn war am Montag nicht genau zu überblicken. Beide Seiten sprachen immer von Siegen und von Niederlagen die Nachricht von diesem schwarzen Montagmorgen folgte. In London kleidete man das Schweigen in die Formel, ein Kommentator müsse abgelehnt werden, solange nicht ganz klar sei, welche Seite mit den Schießen angefangen habe. Gar solange wird man nicht warten können. Wer weiß, ob je diese Lande sich nach den entschieden.

Daß die Methode des Zeitgewinnens in den vergangenen Wochen die Krise eher verschärft hat hält zwar nicht, daß sie jetzt noch nützlich sein könnte. Sie bietet sich zunächst freilich

Es wird geschossen

Von Nikolas Benckiser

Es wird geschossen. Ein Krieg hat begonnen, wie gewöhnlich in unserer Epoche, ohne vorangegangene Kriegserklärung, wenn auch, freilich nicht, ohne daß eine sich steigernde — darwischen wieder abbebende — Spannung das schreckliche Ereignis angekündigt hätte. Es ist eine Binsenwahrheit, daß den Anfang kennt, daß man aber auch mit schärfster Logik und mit aller Fakten des Augenblicks nicht voraussagen kann, wohin der Gewalt führt. Gerade das gehört zum Furchtbaren des Krieges, daß man nichts mehr sicher sein kann, daß es in den Bahnen der Vernunft verlaufe. Denen, die dabei stehen und nicht unmittelbar verwickelt sind, kommt er bald wie ein Naturereignis vor, vor dem man nie mit Gewißheit sagen kann, ob er nach und nach sein eigenes Haus erreichen wird.

Welche Haltung kann und soll die Bundesrepublik in diesem Konflikt einnehmen? Es kann nach Abwägung aller Möglichkeiten und Interessen nur die der Neutralität sein. Unabhängig von Sympathie und Antipathien wird von der Situation der Bundesrepublik diktiert. Denn, wenn auch der Ausgang des Kampfes nicht ohne Rückwirkungen auf Deutschland bleiben kann, und kann unmittelbaren Interessen von uns berührt werden, die alle die Olwerte betreffen wurden. So gab die Motiv für Royal Dutch in Frankfurt um fast 10 Punkte auf 75,2 Prozent auf 132,50 DM nach. An der Londoner Mittagsbörse machten die Werte des Industriezeiten in Vergangenheit bewertet, mehr als irgendein Land der Arbeitern ausgesetzt ist. Es wäre absurd, wenn die Besinnung auf die moralische Verpflichtung zu neutralem Verhalten, die vor zwei Jahren zur Einstellung von Waffenlieferungen an Israel führte, beiseitegeschoben würde im Augenblick, in dem Rüstungsgüter nicht einmal mehr so damals der Hoffnung auf Vermeidung eines Krieges bedeuten können, sondern den aktiven Gebrauch von Mitteln der Vernichtung. Es wäre ebenso widersinnig, wenn Bonn die zeitweilige Drängen der Vereinigten Staaten, mehr Solidarität in dem Ausbau von Vietnam zu bekunden, widerstanden hätte, jetzt aber, an einem anderen Brandherd der Welt sich, sei es auch nur indirekt, einzumischen.

Man könnte einwenden, daß auch war eines der Argumente, die im Falle von Vietnam ins Feld geführt wurden, — daß das Schicksal der westlichen Welt auf engste Spiele und und daß Deutschland, um als Teil an der Nato teilzunehmen, seine Solidarität bekunden müsse. Aber der nahöstliche Konflikt stellt nicht nur keinen Bündnisfall dar, ist im Nato einen west-östlichen Konfliktsfall mit einem west-östlichen Bündnisfall dar, mit einem west-östlichen Konfliktsfall, das richtig ist, und wir haben das an dieser Stelle verschiedentlich hervorgehoben, daß hinter den Protagonisten der Auseinandersetzung die

Weiter Berichte

Fortsetzung Seite 3. Weitere Berichte zu diesem Thema veröffentlichen wir auf den Seiten 3 und 4, außerdem auf der Seite „Deutschland und die Welt" und im Wirtschaftsteil. Eine Dokumentation über die Entwicklung der Nahost-Krise findet sich auf der Seite „Die Gegenwart".

Fortsetzung Seite 3. Weitere Berichte zu diesem Thema veröffentlichen wir auf den Seiten 3 und 4, außerdem auf der Seite „Deutschland und die Welt" und im Wirtschaftsteil.

de Gaulle sagt Reise nach Polen ab

J. R. PARIS, 5. Juni. Angesichts der Entwicklung der Nahost-Krise hat General de Gaulle seine Reise nach Polen, die am Mittwoch beginnen sollte, auf unbestimmte Zeit verschoben. Der Privatsekretär des Generals, Burin des Roziers, empfing am Montagmittag den polnischen Geschäftsträger in Paris, Druto, wie bereits am Sonntagnachmittag den Generals bekanntlegeben. Der polnische Botschafter in Paris, Druto, wie bereits am Wochenende angekommen, und empfing de Gaulles vorzubereiten.

Starke Kursverluste

öb. FRANKFURT, 5. Juni. Nach dem Beginn der Kampfhandlungen im Nahen Osten gab es an allen Aktienbörsen in Westeuropa starke Kursverluste, von denen allerdings die Olwerte betroffen wurden. So gab die Motiv für Royal Dutch in Frankfurt um fast 10 Punkte auf 75,2 Prozent auf 132,50 DM nach. An der Londoner Mittagsbörse machten die Werte des Industriezeiten in Vergangenheit bewertet, mehr als irgendein Land der Industriezeiten um einen Schilling zu, Erdölwerte fielen stärker zurück.

Bonn beantragt „Kohlekrise"

LUXEMBURG, 5. Juni (AP). In der Sitzung des Montanunion-Ministerrats der Europäischen Gemeinschaft für Kohle und Stahl hat Bundeswirtschaftsminister Schiller am Montagabend beantragt, daß die Erklärung der offensichtliche Kohlekrise nach Artikel 58 des Montanvertrages erklärt. Dieser Artikel sieht die Einführung von Produktionsquoten für die einzelnen Kohlenunternehmen des Gemeinschaft vor.

Schiller gegen Ölkontingentierung

L. B. DÜSSELDORF, 5. Juni. Bundeswirtschaftsminister Schiller ist entgegen den Wünschen der nordrhein-westfälischen SPD vor Zeit nicht zu einer Kontingentierung des Mineralölimports im Mai um 42 942 oder 8,5 Prozent auf 458 461 zurückgegangen. Während sich bereit. Schiller ist am Montag seinen Kohleanpassungsplan des Düsseldorfer SPD-Landtagsfraktion vorgetragen. Er äußerte sich danach vor Journalisten zurückhaltend. Er hob hervor, wenn er als festlegen müsse er allerdings „flankierende Maßnahmen" ergreifen. Die Stillegungen von Zechen, soweit sie bisher nicht geplant seien, müßten in jedem Fall mit der Schaffung neuer Arbeitsplätze an der Ruhr synchronisiert werden.

Rey wird Präsident der neuen EWG-Kommission

Gz. BRÜSSEL. Wenn auch am Abend noch kein formeller Beschluß der Regierungskonferenz der sechs EWG-Mitgliedstaaten vorlag, so hat doch sicher, daß der Belgier Jean Rey Präsident der neuen vierzehnköpfigen EWG-Kommission werden wird. Vizepräsidenten werden dem Deutschen Hellwig wohl der Franzose Chatenet und der Italiener Levi Sandri. Die neue Kommission soll am 1. Juli 1967 ihr Amt antreten. Der formelle Beschluß ist deshalb noch nicht gefaßt worden, weil Italien selten jetzt einen Beschluß verlangt hat, wonach der nächste Begehren in Italiener sein soll. Dieses Begehren haben die anderen Mitgliedstaaten zunächst abgelehnt. Nun wird nach einer Kompromißformel gesucht.

Am 12. Juni über Englands Beitritt

Gz. BRÜSSEL. Der EWG-Ministerrat will am 12. Juni in Luxemburg die eventuell einen Beitritt von Großbritannien zusammenhängenden Sachfragen erörtern; am 13. und 14. findet in Luxemburg die Nato-Konferenz statt, die voraussichtlich alle

Außenminister anwesend sein werden. Der Ministerrat hat am Montag zunächst lediglich die Texte der Antworten abzuschreiben an die Regierungen von Großbritannien, Irland und Dänemark beschlossen. In diesen kurzen, formal gehaltenen Briefen wird lediglich der Empfang der Beitrittsgesuche bestätigt.

Wilson warnt Johnson vor Ausdehnung des Vietnamkriegs

rjh. LONDON, 5. Juni. Der britische Premierminister ist wie nach der Rückkehr Wilsons von Washington verlautete, über die Vietnam-Frage nach dem Norden geworden. Die bisherige britische Unterstützung der amerikanischen Vietnampolitik wird, wenn das Vietnam würde nach Ansicht dieser Kreise in Frage gestellt, wenn amerikanische Truppen den Ben-Hoa-Fluß überqueren und damit nordvietnamesisches Gebiet betreten. Nach britischer Auffassung werde eine Ausdehnung eines Bürgerkrieges, welcher die jetzigen Operationen zumindest theoretisch noch immer darstellen, auf den südvietnamesischen Regierung und den Vietcong zu einem Krieg zwischen den Vereinigten Staaten und Nordvietnam geschehen, mit der auch der Eintritt

Dlimi freigesprochen

PARIS, 5. Juni (dpa). Im Prozeß um die Entführung von Marokkanischen Oppositionsführers Ben Barka hat das Pariser Schwurgericht am Montag den stellvertretenden marokkanischen Sicherheitschef Dlimi von der Anklage der Beteiligung an der Entführung und stellvertretenden militärischen Mitbeteiligung freigesprochen. Der Staatsanwalt hatte gegen Dlimi zwanzig Jahre Freiheitsentzug beantragt.

Noch diese Woche Antwort an Stoph

O. D. BONN, 5. Juni. Präsidium und Vorstand der Fraktion der CDU/CSU haben sich am Montag in getrennten Sitzungen mit dem Brief des Ostberliner Ministerpräsidenten Stoph befaßt. Dem Präsidium trug der Bundeskanzler eine Antwort vor, den Brief Stophs direkt zu beantworten und einen Beauftragten der Bundesregierung für Besprechungen mit Ost-Berlin über Erleichterungen im innerdeutschen Verkehr zu benennen. Man sprach im Präsidium auch davon, diesen Auftrag in Frage kommen. Man will es dem Bundeskanzler überlassen, wen er entscheidet. Zur Meinungsbildung trug auch eine für dem Montagabend einberufene Zusammenkunft mit Mitgliedern der CDU/CSU und landsmannschaftlichen Kontingentverträgen bei. Die Antwortbrief Kiesingers dürfte, falls nicht die Nahost-Krise stärker in die deutsche Politik übergreift, noch in dieser Woche abgeschrieben werden.

Weniger Arbeitslose

rr. NÜRNBERG, 5. Juni. Die Zahl der Arbeitslosen in der Bundesrepublik ist im Mai um 42 942 oder 8,5 Prozent auf 458 461 zurückgegangen. Während sich die Zahl der Arbeitslosen um 42 942 oder 8,5 Prozent auf 215 000 vermindert hat, liegt sie noch um 350 700 über dem Vorjahr. Die Zahl der Kurzarbeiter hat sich nur leicht verringert. Ende Februar um Mitte April bis Mitte Mai um 73 000 auf 173 600 abgenommen. Die Zahl der offenen Stellen erhöhte sich demgegenüber um 12 900

auf 308 600. Der Präsident der Bundesanstalt für Arbeitslosenvermittlung und Arbeitslosenversicherung, Sabel, äußerte dazu, trotz eines gemäßigten Optimismus sei in den nächsten Monaten mit größeren Schwierigkeiten und dem Arbeitsmarkt zu rechnen.

Rückhalt stand, den jeder bei einer der Supermächte zu haben glaubte, auch, daß Kriegsschiffe dieser beiden Supermächte schon demonstrative Bewegungen gegeneinander unternommen hätten. Dazu verfügte über die erste Augenblick fieberten vergessen können, wäre Augenblick exponiert wir sind. Neutralität ist im Gebot der Selbsterhaltung.

Wenn wir nun im engeren Umkreis Auge fassen, so ist zu sagen, daß es das Bestreben der deutschen Politik war, nach beiden Seiten hin korrekte und nach Möglichkeit gute Beziehungen zu unterhalten. Das ist eine ebenso ausgedrückt, nicht immer geglückt. Aber als Tendenz ist es etablierte Prinzip der Politik der Bundesrepublik, die sich dabei manchmal über eigene Empfindlichkeiten gegenüber Zurückweisungen oder polemischen Angriffe hinwegzusetzen hatte. Das gegenwärtige Fehlen diplomatischer Beziehungen bei den meisten arabischen Staaten ändert an dieser Einstellung nichts.

Die erklärte konsequent und politisch konsequent befolgte Haltung eines Staates ist eine Sache, die Sympathien, die seine Bürger hegen, eine andere. Zwar sind die Bürger stimmberechtigt, aber selbst wenn sie in die gegebenen Augenblick zu wählen hätten, könnte eine nicht zu zustande gekommene Regierung nicht nach ihren Gefühlen gehen, sondern müßte kühl die Interessen der staatlichen Gemeinschaft abwägen. Der einzelne aber ist in seinem Gefühl frei, innerhalb der Menschlichkeit muß natürlich ausdrücken, was immer er fühlt. Wir glauben nicht ganz zu irren in der Annahme, daß sie überwiegend auf der Seite des Volkes ist, das nach dem erklärten Ziel Nassers in seinem staatlichen Existenz vernichtet werden soll, einer Existenz, die es sich vor noch nicht zwei Jahrzehnten mühsam errang. Solche Zuneigung, die die Deutschen doch ganz bestimmten Umstände entspringt, vermag sich in Worten und Gesten der Menschlichkeit auszudrücken und zu betätigen. Das ist wenig. Aber weiter reichende Aktionen, die auf Gefühlen und an der Welt der harten Tatsachen ihre Rechtfertigung zu haben, wären mindestens weiter als Donquichotterie

Israel beginnt Sechstagekrieg gegen Araber

5. Juni. Nachdem alle Bemühungen zur Entschärfung des israelisch-arabischen Konflikts in den ersten Juni-Tagen scheitern, beginnt in den frühen Morgenstunden der dritte israelisch-arabische Krieg seit der Gründung des Staates Israel im Jahr 1948. Am 10. Juni abends, nach sechs Tagen, wird er offiziell beendet.

Der Krieg im Nahen Osten kommt nicht unvermutet. In den vergangenen Monaten hat der ägyptische Staatspräsident Gamal Abd el Nasser zur völligen »Vernichtung des Staates Israel« und zum »Heiligen Krieg« der Moslems gegen das Land der Juden aufgerufen (→ 16. 5./S. 78). Daß Israel aber den Krieg beginnt, überrascht doch zunächst die Weltöffentlichkeit. Die Offensive ist auf die ungünstige geographische Lage des Landes zurückzuführen, das an seiner schmalsten Stelle nur 14 km breit ist, aber eine Landgrenze von 951 km und eine Küste von 251 km zu verteidigen hat. Um zu verhindern, daß die an den Grenzen aufmarschierten arabischen Armeen gleichzeitig angreifen und damit das Land in mehrere Teile schneiden, befürwortet der frühere Oberbefehlshaber der israelischen Armee, Moshe Dayan, den Angriff. Unter der strategischen Leitung von Dayan, der erst am 2. Juni im Rahmen einer Kabinettserweiterung auf Drängen der oppositionellen Rafi-

Partei von Ministerpräsident Levi Eschkohl zum Verteidigungsminister ernannt worden ist, können Israels Truppen schon in den ersten Tagen erhebliche Landgewinne verzeichnen. Mit dem Ende des sog. Sechstagekriegs kontrollieren israelische Truppen vom Jordan bis zum Sueskanal ein Territorium, das viermal so groß ist wie Israel.

Daß die zahlenmäßig weit unterlegenen israelischen Soldaten den Drei-Fronten-Krieg gegen Ägypten, Syrien und Jordanien gewinnen, liegt im wesentlichen an drei Umständen:

▷ Der israelische Generalstab plante minutiös den Angriff vor-

aus, was den Israelis schon am ersten Kriegstag die Luftherrschaft sichert

▷ Die israelischen Soldaten sind im Gegensatz zu den arabischen hervorragend an den modernen Waffensystemen ausgebildet worden

▷ Israels Armee verfügt über eine schlagkräftige Panzertruppe

Für die Vereinigten Arabischen Republiken (VAR) bedeutet der Krieg hohe Verluste an Menschenleben (rund 8000 Soldaten sind gefallen oder verwundet) und an Kriegsmaterial. Den Israelis fallen Hunderte von Sowjetpanzern in die Hände.

Der ägyptische Staatschef Nasser

General Moshe Dayan, israelischer Verteidigungsminister seit 2. Juni

Israels Ministerpräsident Levi Eschkol (Mitte) im Gespräch mit Offizieren an der Grenze zu Syrien nach einem Angriff auf syrische Stellungen

Der Verlauf des Blitzkriegs

5. Juni: Um 9 Uhr Ortszeit (7.00 Uhr MEZ) brechen schwere Kämpfe an der israelisch-ägyptischen Grenze aus. Israelische Mirage- und Mystère-Jagdbomber starten von Flugplätzen bei Tel Aviv aus und fliegen in 150 m Höhe über das Mittelmeer auf ägyptisches Gebiet ein; sie bleiben dabei unterhalb der Radarkontrolle. Mit leichten Spezialbomben zerstören sie am Boden stehende ägyptische Flugzeuge sowjetischer Herkunft. Gegen Syrien und Jordanien werden ebenfalls Luftangriffe geflogen.

6. Juni: Israelische Panzer sind im Vormarsch. Am Morgen fallen Jenin in Jordanien, ebenso die Festung Latrun. Am frühen Nachmittag werden Gasa und Bir-Lah-Fam eingenommen. In der Wüste Negev rücken zwei Panzerkolonnen nach Nitzana und Kuntilla vor. Nach der Einnahme von El-Arish biegt eine der Kolonnen in Richtung Abu Aweigla ab. Die schweren ägyptischen Panzer werden vernichtet.

7. Juni: Die israelischen Truppen nehmen kampflos Sharm El Sheik und nähern sich dem Sueskanal auf 40 km. Jericho wird besetzt. Um 20.00 Uhr MEZ stellt Jordanien die Kämpfe ein.

8. Juni: Trotz ägyptischen Widerstands erreichen die Israels am Abend den Sueskanal. Gleichzeitig heben sie die Sperre des Golfs von Akaba auf. Die Vereinigten Arabischen Republiken (VAR) erklären den Waffenstillstand, der jedoch von Syrien gebrochen wird.

9. Juni: Auf der Halbinsel Sinai wird weiter gekämpft. Abends sind israelische Verbände etwa 12 km weit in die Ebene von Galiläa eingedrungen.

10. Juni: Israels Truppen dringen 20 km tief in syrisches Gebiet ein. Um 19.45 Uhr kommt es zur Einstellung der Gefechte an allen Fronten.

Letzte Truppenparade der UN-Soldaten an der ägyptisch-israelischen Grenze

General Moshe Dayan (Mitte) in der Altstadt von Jerusalem

Siegreiche israelische Truppen in El Arish in Ägypten

Blick auf kämpfende israelische Truppen während des Angriffs auf den Sueskanal

Soldaten der ägyptischen Armee kommen in israelische Kriegsgefangenschaft

Arabische Flüchtlinge aus dem von Israel besetzten Westjordanien stehen in einem Flüchtlingslager nördlich der jordanischen Hauptstadt Amman nach Lebensmitteln an; das Zeltlager beherbergt 10 000 Araber

Der sowjetische Ministerpräsident Alexei N. Kossygin (l.) im Gespräch mit US-Präsident Lyndon B. Johnson

Treffen Johnsons mit Kossygin

23. Juni. US-Präsident Lyndon B. Johnson und der sowjetische Ministerpräsident Alexei N. Kossygin treffen sich in Glasboro im US-Bundesstaat New Jersey zur gemeinsamen Erörterung der weltpolitischen Lage, wobei die Kriege im Nahen Osten (→ 5. 6./S. 96) und in Vietnam im Mittelpunkt der Gespräche stehen. Am 27. Juni folgt ein zweites Gipfeltreffen.

Wie bei allen vorangegangenen Konferenzen zwischen den Führern der beiden mächtigsten Nationen der Welt ist es auch diesmal ein Konflikt – der sog. Sechstagekrieg –, der die Interessensphären der beiden Weltmächte berührt und zu einer gemeinsamen Tagung führt.
Rund zehn Stunden beraten Johnson und Kossygin hinter den verschlossenen Türen der Villa »Holly-

bush« in der Kleinstadt Glasboro in New Jersey.
Das Treffen wird mit Erklärungen beendet, die deutlich zeigen, daß man in keiner entscheidenden Frage auch nur zu einer Annäherung der verschiedenen Positionen gekommen ist. Johnson erklärt, man habe in »nützlichen Besprechungen« gegenseitig das Denken des anderen »besser verstehen gelernt«, und beschlossen, den Kontakt durch die Außenminister, die Botschafter und auch direkt über den »heißen Draht« aufrechtzuerhalten. Kossygin seinerseits bekräftigt, daß man die anstehenden Fragen »verglichen« habe, was nützlich sei.
In der Nahost-Frage insistiert Kossygin, daß sich die Israelis hinter die vor dem 4. Juni bestehenden Linien zurückziehen müssen. Bezüglich des Vietnamkrieges bekräftigt er ausdrücklich, die Aussprache mit Johnson habe die tiefen Meinungsverschiedenheiten bestätigt.
In der Sache ist das Treffen nicht erfolgreich gewesen. Aber beide Weltmächte haben damit zu verstehen gegeben, daß sie trotz der tiefen ideologischen Kluft alles daran setzen, um zu verhindern, daß sich regionale Konflikte zu einem Weltkrieg ausweiten. Das bringt für die Öffentlichkeit zumindest eine momentane Erleichterung.

Kalender der Gipfeltreffen nach 1945

17. bis 23. Juli 1955: US-Präsident Dwight D. Eisenhower, der sowjetische Ministerpräsident Nikolai Bulganin und sein Parteichef Nikita S. Chruschtschow sowie der britische Premierminister Anthony Eden und der französische Ministerpräsident Edgar Faure treffen in Genf zusammen.
15./25./27. September 1959: Eisenhower und der sowjetische Staatschef Chruschtschow kommen in Washington und Camp David zusammen.
16. Mai 1960: Eisenhower, Chruschtschow, der britische Premierminister Harold Macmillan und der französische Staatspräsident Charles de Gaulle verhandeln in Camp David. Das Treffen der

Staatsmänner wird abgebrochen.
3./4. Juni 1961: US-Präsident John F. Kennedy und Chruschtschow treffen sich in Wien.

Kennedy und Chruschtschow bei ihrem Treffen in Wien 1961

Machtkampf der Befreiungsgruppen

28. Juni. Eine britische Militärpatrouille kann in letzter Minute eine Hinrichtung von 15 Mitgliedern der »Front der Befreiungsorganisation des besetzten Südjemens« (FLOSY) in dem Araberviertel der Stadt Aden verhindern.
In Aden, das Großbritannien im Januar 1968 freigeben will, kommt es immer wieder zu blutigen Unruhen durch Machtkämpfe zwischen der Nationalen Befreiungsfront NLF, die von arabischen Scheichtümern unterstützt wird, und der FLOSY, die von Ägypten beeinflußt wird.

Krise in Belgiens Textilindustrie

20. Juni. Im belgischen Gent gehen 20 000 Arbeiter und selbst Direktionsangehörige von Textilbetrieben auf die Straße, um gegen den Niedergang ihres Wirtschaftszweigs zu demonstrieren.
Seit 1945 haben in der traditionsreichen flämischen Textilstadt 62 Betriebe mit 15 000 Arbeitern geschlossen. Die demonstrierenden Arbeiter führen diese Krise hauptsächlich auf die Konkurrenz Ostasiens und Osteuropas zurück. Sie fordern von der belgischen Regierung energische Schutzmaßnahmen, etwa eine Erhöhung der Einfuhrzölle auf Stoffe.

Chile enteignet Großgrundbesitzer

28. Juni. Das chilenische Parlament verabschiedet ein Gesetz über die Landreform, das eine Enteignung der Großgrundbesitzer vorsieht, was jedoch keiner Verstaatlichung der Ländereien gleichkommt.
Das Gesetz ist Teil der Reformprogramme des Staatspräsidenten Eduardo Frei. In Chile befinden sich 56% der gesamten landwirtschaftlichen Fläche in den Händen von 0,3% der Landbesitzer. Diese können nun nur noch bis zu 173 Hektar selbst behalten. Die bislang landlosen Bauern, die in Bewirtschaftung und Verwaltung noch unerfahren sind, werden zunächst einer staatlichen Organisation für landwirtschaftliche Güter unterstellt.

Tschombé nach Algerien entführt

30. Juni. Der frühere kongolesische Ministerpräsident Moise Tschombé wird auf einem Flug von Ibiza nach Mallorca nach Algier entführt.

Die Entführung des im Madrider Exil lebenden Politikers scheint von dem amtierenden Staats- und Ministerpräsidenten Joseph D. Mobutu initiiert worden zu sein. Die kongolesische Regierung stellt in Algier für den populären Oppositionspolitiker sofort einen Auslieferungsantrag, dessen Erfüllung de facto einem Todesurteil gleichkäme: Tschombé ist schon am 13. März in Abwesenheit wegen Hochverrats zum Tode verurteilt worden. Ihm wird die Beteiligung an der Ermordung des ersten Staatspräsidenten des Kongo, Patrice Lumumba, zur Last gelegt.

Schon 1962 wählte Tschombé das Exil in Madrid, als die Vereinten Nationen die von ihm betriebene Sezession der Provinz Katanga vom Kongo beendet hatten.

Als der Kongo erneut von Staatskrisen geschüttelt wurde, holte ihn der damalige Staatspräsident Joseph Kasawubu zurück. Tschombé wurde am 10. September 1964 Ministerpräsident und stellte mit Hilfe von weißen Söldnern wieder Ordung her.

Nach einer Krise der Führungsspitze wurde Tschombé am 13. September 1965 entlassen. Seitdem warb er in Madrid Söldner an und bereitete seine Rückkehr zur Macht vor.

Der 47jährige Kongo-Politiker Moise Tschombé nach seiner Entführung im Gefängnishof von Algier

Die griechische Schauspielerin Melina Mercouri in »Sonntags nie«

Kultur-»Säuberung«

21. Juni. Der in den Vereinigten Staaten lebenden Filmschauspielerin Melina Mercouri wird wegen »antinationaler Tätigkeit im Ausland« die griechische Staatsbürgerschaft durch die neue griechische Militärregierung (→ 21. 4./S. 60) aberkannt, ihr Vermögen in Griechenland wird beschlagnahmt.

Die politisch engagierte Künstlerin, die in der Bundesrepublik durch den Spielfilm »Sonntags nie« bekannt wurde, hat vor US-Journalisten scharfe Kritik an den gegenwärtigen politischen Verhältnissen in ihrem Heimatland geübt.

Das griechische Regime, das noch am Tag der Machtübernahme die Pressezensur einführte, beschneidet die freie Meinungsäußerung systematisch. In einer Säuberungswelle wird kritischen Künstlern die Lebensgrundlage entzogen. So werden u. a. die Musik des Komponisten Mikis Theodorakis, die Gedichte von Tassos Vournas und Vassilas Rotas verboten. In- und ausländische Spielfilme werden zensiert, wenn sie von der Zensur als zu »vulgär, zu realistisch und propagandaträchtig« beurteilt werden. Selbst griechische Tragödien von Aischylos, Euripides und Sophokles werden für das griechische Theater verboten.

Wahlkampf mit Erdöl

22. Juni. Das peruanische Abgeordnetenhaus in Lima billigt einstimmig eine Gesetzesvorlage, die die sofortige Verstaatlichung der Erdölfelder von La Brea und Parinas im nördlichen Küstengebiet des Landes vorsieht. Diese Erdölvorkommen werden gegenwärtig von der »International Petroleum Company«, einer Tochtergesellschaft der US-amerikanischen Firma »Standard Oil of New Jersey«, ausgebeutet.

Beobachter vermuten in der Maßnahme nur einen wahltaktischen Schachzug von Staatspräsident Fernando Belaunde Terry und der mit ihm verbündeten christdemokratischen Partei im Hinblick auf die bevorstehenden Wahlen Ende August. Schon seit Jahren ziehen die Peruaner die Rechtsgültigkeit der Konzession der US-amerikanischen Gesellschaft in Zweifel. Dieser Konflikt wird von allen Parteien des Landes als Wahlkampfthema aufgegriffen. Die beiden Oppositionsparteien, die APRA unter dem Arbeiterführer Haya de la Torre und die rechtsstehende »Union National Odriista« des ehemaligen Präsidenten General Manuel A. Odria Amoretti, agitieren ebenfalls gegen den »ausländischen Imperialismus«.

Viele Peruaner wünschen sich, daß ihre Reichtümer nicht ins Ausland abfließen. Der Konflikt um die Enteignung der Erdölfelder führt im Oktober 1968 schließlich zu einer heftigen Regierungskrise und zum Sturz des Präsidenten Belaunde.

China zündet erste Wasserstoffbombe

17. Juni. Die Volksrepublik China gibt die erfolgreiche Zündung ihrer ersten Wasserstoffbombe über den westlichen Gebieten des Landes bekannt. US-Wissenschaftler vermuten, daß die Explosion in einer Stärke zwischen zwei und sieben Megatonnen in der Nähe von Lop Nor erfolgt ist. Damit verfügt China als viertes Land der Erde über Atom- und Wasserstoffbomben.

In Peking wird offiziell mitgeteilt, daß China zu keinem Zeitpunkt und unter keinen Umständen als erstes Land Kernwaffen einsetzen wird.

Hallstein nimmt Abschied von EWG

21. Juni. Das Parlament der Europäischen Wirtschaftsgemeinschaft verabschiedet in Straßburg den bisherigen Präsidenten der EWG-Kommission, Walter Hallstein.

Hallsteins Abschiedsrede bringt Rückblick und Ausblick auf das europäische Einigungswerk, das er seit dem 7. Januar 1958 entscheidend mitbestimmte. Die Wirtschaftsgemeinschaft in Europa biete, so Hallstein, die Basis einer vollen politischen Integration.

Auf allen Bänken spendet man Hallstein stehend minutenlang Beifall (→ 1. 7./S. 115).

Walter Hallstein tritt nach knapp zehnjähriger Amtszeit als Präsident der EWG-Kommission zurück

Studenten, »Jubelperser« und die Berliner Polizei geraten vor dem Schöneberger Rathaus aneinander

Der Tod des Studenten Ohnesorg

2. Juni. In Berlin (West) wird bei einem Polizeieinsatz gegen Anti-Schah-Demonstranten der Student Benno Ohnesorg tödlich von einer Kugel in den Hinterkopf getroffen. Der 40jährige Polizeiobermeister Karl Heinz Kurras behauptet, daß er »in Notwehr von der Schußwaffe Gebrauch gemacht« habe.

Seit dem 27. Mai halten sich der Schah von Persien, Mohammad Resa Pahlawi, und seine Frau Farah Diba zu einem Staatsbesuch in der Bundesrepublik auf.

Zu einer ersten schweren Auseinandersetzung zwischen Anti-Schah-Demonstranten, kaisertreuen »Jubelpersern« und der Polizei kommt es am Mittag vor dem Schöneberger Rathaus, als der Schah zu einer Visite erscheint. Die Perser, von denen ein Teil dem Geheimdienst angehört, schlagen mit Stahlruten und Holzlatten unter den Augen der Polizei auf die Demonstranten ein.

Diese Persergruppe findet sich auch am Abend vor der Deutschen Oper ein, wo das Kaiserpaar einer Festaufführung beiwohnt. Rund 800 Demonstranten geben ihrem Protest gegen das diktatorische Regime des Schahs bei der abendlichen Auffahrt der Prominenz Ausdruck. Als sich die Türen der Oper um 19.57 Uhr schließen, wird draußen von Polizeipräsident Erich Duensing der

Heinrich Albertz (r.), Regierender Bürgermeister, und Resa Pahlawi

Befehl »Knüppel frei, räumen!« erteilt. Ohne Warnung beginnen die Polizisten wahllos auf Demonstranten und Schaulustige einzuschlagen. Nach zehn Minuten gibt es die ersten Verletzten.

Nach der falschen Lautsprecherdurchsage, ein Polizist sei getötet worden, bricht eine Panik aus, in der Benno Ohnesorg in einen Hinterhof nahe der Oper flieht. Als Kurras schießt, hängt Ohnesorg – von Polizeiknüppeln verletzt – passiv und wehrlos in einer Traube von Polizisten. Er stirbt im Krankenhaus Berlin-Moabit.

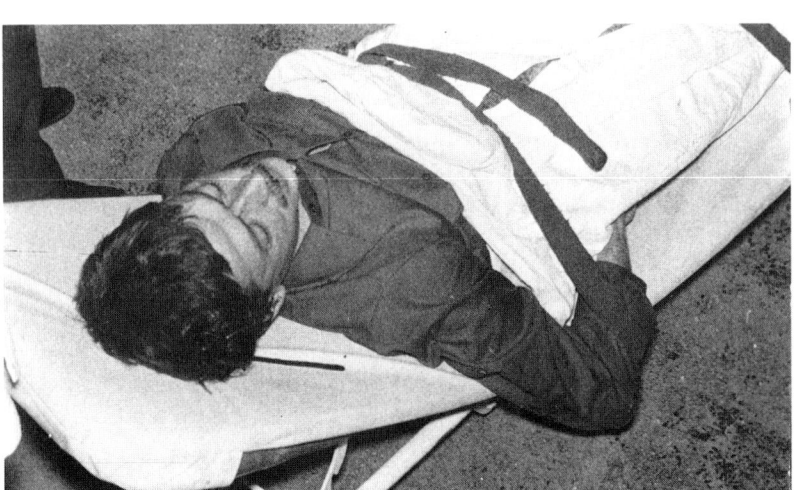

Für den Studenten Benno Ohnesorg kommt jede Hilfe zu spät; er wurde bei Anti-Schah-Demonstrationen von einem Polizisten erschossen

Konsequenzen des 2. Juni 1967

Der Tod von Benno Ohnesorg löst bei den meisten seiner Kommilitonen und Sympathisanten des Sozialistischen Studentenbundes (SDS) verzweifelte Wut aus. Jeder andere hätte an seiner Stelle sein können. Ohnesorg war nur einer von Tausenden von Studenten, die das Zustandekommen der Großen Koalition und die geplanten Notstandsgesetze beunruhigt.

Der 26jährige Student der Germanistik war seit fünf Wochen verheiratet, gehörte keiner politischen Gruppe an, geschweige denn war er ein »Rädelsführer«. Er besuchte nur hin und wieder Veranstaltungen der Evangelischen Studentengemeinde. Er verabscheute Gewalt. Die Anti-Schah-Demonstration am Abend des 2. Juni war seine erste Demonstration, an der er teilgenommen hat, weil er wenige Wochen zuvor Berichte über die grausamen Folterungen des persischen Geheimdienstes SAVAK gelesen hatte.

Über 100 000 Studenten demonstrieren in der ersten Juniwoche in der ganzen Bundesrepublik. Die Studentenschaft wird von einer unvergleichlichen Solidarisierungswelle ergriffen. Ohnesorg wird zu ihrer Identifikationsfigur und zu einem Märtyrer stilisiert, während die Politiker nicht ein Wort der Kritik an dem Verhalten der Polizei in Berlin (West) oder der Trauer über den Tod des Studenten fallen lassen.

Der Tod von Benno Ohnesorg ist für viele ein Symbol für die politische Inhumanität dieser Tage. Das Datum wird zu einem historischen Wendepunkt. Das gesamte politische Spektrum der Studentenbewegung verschiebt sich nach links. Buchstäblich über Nacht werden aus Gleichgültigen politisch Interessierte, aus Liberalen Radikaldemokraten. Eine kleine Gruppe des SDS und der Außerparlamentarischen Opposition (APO) entwickelt sich zu den Terroristen der späteren »Roten Armee Fraktion« (RAF) und der »Bewegung 2. Juni«.

Briefwechsel über Deutschland-Frage

13. Juni. Nach mehr als einem Monat Überlegung antwortet Bundeskanzler Kurt Georg Kiesinger persönlich auf ein Schreiben des DDR-Ministerpräsidenten Willi Stoph zur Deutschland-Frage.

Am 10. Mai hat Stoph in einem vier Seiten langen Brief direkte Verhandlungen zwischen den Regierenden in Bonn und Berlin (Ost) vorgeschlagen, die zu normalen Beziehungen zwischen beiden deutschen Staaten und zu folgenden Vereinbarungen führen sollen:
▷ Die Anerkennung der gegenwärtig in Deutschland und Europa bestehenden Grenzen
▷ Verzicht beider Staaten auf atomare Waffen
▷ Die Herabsetzung der Rüstungsausgaben auf die Hälfte

Allein die Annahme dieses Briefes durch das Bundeskanzleramt, die offizielle Kenntnisnahme eines Schreibens der DDR-Regierung, ist ein Novum in der bundesdeutschen Ostpolitik, ebenso der Umstand, daß Kiesinger persönlich antwortet. In seinem knapp zwei Seiten umfassenden Brief hält Kiesinger den DDR-Forderungen entgegen, daß ein »Alles oder Nichts«-Prinzip nicht weiterführe. Er schlägt vor, daß beide Seiten Bevollmächtigte ernennen, die über beiderseits interessierende Fragen beraten sollen. Kiesinger weicht damit einem direkten Zusammentreffen mit Stoph aus.

Briefe Stophs und Kiesingers

10. Mai. Der Ministerpräsident der DDR, Willi Stoph, richtet ein Schreiben an Bundeskanzler Kurt Georg Kiesinger, das in der Bundesrepublik veröffentlicht wird:

Willi Stoph

». . . schlage ich Ihnen vor, in direkte Verhandlungen einzutreten mit dem Ziel, ordnungsgemäße Vereinbarungen herbeizuführen über die Aufnahme normaler Beziehungen zwischen beiden deutschen Staaten, den Verzicht beider deutscher Staaten auf die Anwendung von Gewalt in den gegenseitigen Beziehungen, die Anerkennung der gegenwärtig bestehenden Grenzen in Europa, insbesondere der Grenzen zwischen beiden deutschen Staaten, die Herabsetzung der Rüstungsausgaben beider deutscher Staaten um jeweils die Hälfte, den Verzicht beider deutscher Staaten auf Besitz, Verfügungsgewalt oder Beteiligung an der Verfügungsgewalt über Kernwaffen in jeglicher Form sowie über ihre Bereitschaft zur Teilnahme an einer atomwaffenfreien Zone in Mitteleuropa, das Eintreten der Regierung der Bundesrepublik für normale Beziehungen beider deutscher Staa-

ten zu den anderen europäischen Staaten und für die Herstellung diplomatischer Beziehungen aller europäischer Staaten zu beiden deutschen Staaten. . . . Zur Aufnahme entsprechender Verhandlungen, die von den Außenministern beider deutscher Staaten vorbereitet werden könnten, lade ich Sie zu einem noch zu vereinbarenden Termin in den Amtssitz der Regierung der DDR ein. Ich wäre auch bereit, mich mit Ihnen in Ihrem Amtssitz in Bonn zu treffen.«

13. Juni. Bundeskanzler Kurt Georg Kiesinger antwortet:

». . . solange grundlegende Meinungsverschiedenheiten eine gerechte Lösung der deutschen Frage verhindern, muß im Interesse des Friedens unseres Volkes und der Entspannung in Europa nach innerdeutschen Regelungen gesucht werden, welche die menschlichen, wirtschaftlichen und geistigen Beziehungen zwischen den Deutschen in Ost und West soweit wie möglich fördern. Sie hingegen sagen: Alles oder Nichts! Sie erheben Forderungen nach der politischen und völkerrechtlichen Anerkennung einer Spaltung Deutschlands, die dem Willen der Menschen in beiden Teilen unseres Vaterlandes widerspricht. Sie machen die Erfüllung dieser Ihrer Forde-

K. G. Kiesinger

rungen zur Voraussetzung von Gesprächen. Wollte ich wie Sie verfahren, so müßte ich eine unverzügliche, geheime und international kontrollierte Volksabstimmung fordern. In der gegenwärtigen Lage führt uns eine solche Konfrontation nicht weiter. Dagegen halte ich es für geboten, darüber zu sprechen, wie wir verhindern können, daß die Deutschen in der Zeit der erzwungenen Teilung sich menschlich auseinanderleben. Das darf um so weniger in einer Epoche geschehen, in der sogar lange verfeindete Völker immer näher zusammenrücken! Das Leben im geteilten Deutschland muß erträglich werden. Es ist die Pflicht aller Verantwortlichen, nach besten Kräften dazu beizutragen. Das Wohl unseres Volkes gebietet, die Spannungen in Deutschland nicht zu vermehren, sondern zu mindern. Mit unserer Rechtsauffassung, an der wir uneingeschränkt festhalten, beabsichtigen wir alles andere als die Bevormundung der Menschen im anderen Teil Deutschlands . . .«

Rede zum Stoph-Brief

14. Juni. Bundeskanzler Kurt Georg Kiesinger gibt vor dem Deutschen Bundestag in Bonn eine Regierungserklärung ab, die seine Antwort auf das Schreiben des DDR-Ministerpräsidenten Willi Stoph interpretiert (→13. 6./S. 101).

In seinen einleitenden Worten bekräftigt Kiesinger – an die Adresse der Sowjetunion gerichtet –, daß sich sowohl die Ost- als auch die Deutschlandpolitik der Bundesregierung auf die Überwindung des europäischen Antagonismus richte. Er führt weiter aus, daß dies nur durch die Überwindung der deutschen Spaltung möglich sein werde. In der Regierungserklärung erinnert er, daß diese Spaltung gegen den Willen

des deutschen Volkes 1945 für die Zwecke der militärischen Besetzung vollzogen worden ist. Da es nicht klar ist, wann und auf welchem Weg die Einheit Deutschlands wiederhergestellt werden kann, wird sich die Bundesregierung weiter um eine Politik der Entspannung und Verständigung in Europa bemühen, wobei eine Anerkennung dieses anderen Teiles Deutschlands nicht in Betracht gezogen werden könne.

Kiesingers Antwort auf das DDR-Schreiben stößt vor allem auf erheblichen Widerstand von Teilen der CDU/CSU, die eine Aufwertung der DDR befürchten. Die SPD hält es für nützlich, die Notwendigkeit zur Entspannung zu unterstreichen.

Regierungsmitglieder mit Bundespräsident H. Lübke (l.) in Bonn

Weniger Vertrauen in Große Koalition

Einen breiten Rückgang der Zustimmung der Bundesdeutschen zur Politik der Großen Koalition zeigt eine Berechnung des Instituts für Meinungsforschung in Allensbach. Die Zustimmung, die noch vor sechs Wochen überdurchschnittlich hoch war, ging um ein Viertel zurück.

Wer früher diese Koalition zu 75% bejahte, ist derzeit nur noch zur Hälfte mit ihr einverstanden. 22% der Bevölkerung fühlen sich von der Rezession betroffen, darunter fallen vor allem die Bezieher niedriger Einkommen von 400 bis 650 DM pro Monat, die als Folge der weit verbreiteten Kurzarbeit über 190 DM weniger verdienen.

NPD im Landtag in Niedersachsen

4. Juni. Als den Gewinner der sechsten niedersächsischen Landtagswahlen kann man die NPD bezeichnen, die 7% der abgegebenen Stimmen auf sich vereinigen kann und damit drittstärkste Partei im Landesparlament wird. Die NPD ist in fünf Länderparlamenten vertreten: Außer in Niedersachsen in Bayern, Hessen, Rheinland-Pfalz und Schleswig-Holstein. Ihr Stimmenanteil wird sich in Hannover mit zehn Mandaten niederschlagen. Beträchtliche Stimmengewinne kann

Wahlplakate

auch die CDU für sich verzeichnen. Sie verbessert sich von 37,7% im Jahr 1963 auf 41,7%. Die FDP büßt Stimmen ein: Ihr Anteil sinkt von 8,8% (1963) auf 6,9%. Die SPD kann mit 43,1% der Stimmen ihre Position als stärkste Partei behaupten. Bei den letzten Landtagswahlen 1963 vereinte die SPD noch 44,9% auf sich.

Ministerpräsident Georg Diederichs (SPD) setzt die große Koalition in Hannover fort.

13. Evangelischer Kirchentag — Laientreffen in Hannover

20. Juni. »*Der Frieden ist unter uns*« *ist die Losung des 13. Evangelischen Kirchentags, der bis zum 25. Juni wie der erste 1949 in Hannover stattfindet (Abb.: Eröffnungsveranstaltung im Niedersachsenstadion).*

Mehr als 30 000 Menschen versammeln sich in der niedersächsischen Landeshauptstadt anläßlich des Kirchentages, an dem jedoch zum dritten Mal die Protestanten der DDR nicht teilnehmen können.

Die Kirchentage werden mehr und mehr als eine Möglichkeit zur Kommunikation zwischen evangelischen Laien und Theologen genutzt. Auf dem Messegelände

beginnt frühmorgens die Bibelarbeit, dann folgen Vorträge zu politischen und kirchlichen Themen, die am frühen Nachmittag, nach dem gemeinsamen Eintopfessen, in kleinen Gruppen diskutiert werden. Um 17 Uhr steht eine Vorlesungsreihe zum Frieden fest auf dem Programm, um 20 Uhr folgen in der Stadthalle nochmals Vorträge. Starkes Interesse finden die Arbeitsgruppe »Bibel und Gemeinde«, die der Frage nach dem Verhältnis von biblischem Bericht und historischer Wirklichkeit nachgeht, und die Gruppe »Kriegsdienst mit und ohne Waffen«.

Parteienfinanzierung

28. Juni. Der Deutsche Bundestag verabschiedet mit 20 Gegenstimmen das Parteiengesetz, das bereits im Artikel 21 des Grundgesetzes vorgesehen war und jetzt mit 18jähriger Verzögerung verwirklicht wird. Das Bundesverfassungsgericht in Karlsruhe hatte am 19. Juli 1966 die bisherige globale Parteienfinanzierung unterbunden. Das Ausbleiben staatlichen Geldes nach diesem höchsten Richterspruch zwingt die Parteien dazu, rechtliche Grundlagen für eine Wahlkampffinanzierung zu schaffen.

Gemäß des Gebots aus Karlsruhe, nur noch »die notwendigen Kosten eines angemessenen Wahlkampfs« mit Steuergeldern zu bestreiten, sieht das neue Gesetz eine Erstattung von 2,50 DM pro Wahlberechtigten vor. Das sind bei 38 Millionen wahlberechtigten Bundesbürgern

rund 96 Millionen DM, die sich über die vier Jahre einer Legislaturperiode verteilen. Vor dem 19. Juli vergangenen Jahres hatten die Parteien für den gleichen Zeitraum 152 Millionen DM zur Verfügung. Um einen Anspruch auf Erstattung geltend machen zu können, müssen die Parteien mindestens 2,5% der Wählerstimmen auf sich vereinigen. Diese Regelung gilt sowohl für Bundestags- als auch für Landtagswahlen.

Unbestritten ist die Bestimmung, daß Spenden und Beiträge in Höhe von 600 DM steuerlich absetzbar sind. Der SPD-Abgeordnete Adolf Arndt sieht in dieser Bestimmung einen Verstoß gegen den Grundsatz der formalen Gleichheit. Die Namen von Spendern müssen bei natürlichen Personen ab 20 000 DM, bei juristischen Personen ab 200 000 DM bekannt gemacht werden.

Privat-TV an der Saar

Im Landtagsgebäude in Saarbrücken wird das Gesetz verabschiedet, das Privatfernsehen ermöglicht

7. Juni. Der saarländische Landtag verabschiedet ein neues Rundfunkgesetz, das die Eröffnung rein kommerzieller Rundfunk- und Fernsehanstalten ermöglicht. Im übrigen Bundesgebiet gibt es dagegen nur öffentlich-rechtliche Sendeanstalten. CDU, SPD und FDP im Saarland und in Rheinland-Pfalz, zwei Banken, der französische Sender »Europe I« und einige pfälzische Verlage bringen gemeinsam das Grundkapital von sechs Millionen DM sowie zwölf bis 15 Millionen DM Betriebsmittelbedarf für eine private Fernsehanstalt auf. Die Initiatoren wollen eine Anstalt schaffen, in deren Programm wie bei öffentlich-rechtlichen Anstalten gesellschaftlich relevante Kräfte zu Wort kommen.

Die beteiligten Parteien wollen über die Werbeeinnahmen ihre Finanzen konsolidieren.

Zölibat muß bleiben

24. Juni. In Rom wird die Enzyklika über den priesterlichen Zölibat, die Ehelosigkeit der katholischen Priester, mit dem Titel »Sacerdotalis caelibatus« veröffentlicht.

Sie bestätigt das bisher in der römischen Kirche geltende Gesetz der Ehelosigkeit der Priester ohne jede Einschränkung. Damit wird die in der katholischen Kirche des Westens aufkeimende Debatte um den Nutzen dieses Gesetzes kategorisch beendet.

In der Einleitung der Enzyklika zählt Papst Paul VI. die Einwände theologischer, psychologischer und soziologischer Natur auf, die gegen die Beibehaltung des Zölibats vorgebracht werden. Der verheiratete Priester, so wird von Kritikern geltend gemacht, sei mit den alltäglichen Problemen besser vertraut, die oft belastende Einsamkeit werde aufgehoben.

Papst Paul VI. stellt dem entgegen, daß der Zölibat den Priester stützen muß »in seiner exklusiven, dauernden und vollkommenen Wahl der einen und höchsten Liebe Christi … [Der Zölibat] muß seinen Lebensstandard sowohl in der Gemeinschaft als auch der profanen Welt kennzeichnen.«

Im zweiten Teil seiner Enzyklika empfiehlt Papst Paul VI., den Problemen des Zölibats ausreichend bei der Priesterausbildung Rechnung zu tragen und dem Priesteramtskandidaten eine ausreichende Probezeit vor der Weihe zu gewähren.

27 Kardinäle ernannt

26. Juni. Papst Paul VI. überreicht feierlich in Rom die Ernennungsurkunden für 27 neue Kardinäle.

Kardinal Karol Wojtyla, ab 1964 Erzbischof von Krakau (Polen)

Alfred Bengsch, Erzbischof von Berlin (ab 1961), empfängt von Papst Paul VI. den roten Kardinals-Hut

Die Vergabe des Kardinalpurpurs dient dem Papst u. a. zur Stärkung oder Neutralisierung politischer Kräfte. Mit der Ernennung des Erzbischofs von Krakau, Karol Wojtyla, zum Kardinal führt Paul VI. die Neuorientierung des Vatikans gegenüber den Ostblockstaaten, deren Grundstein sein Vorgänger Johannes XXIII. gelegt hat, fort. Paul VI. bemüht sich um direktere Gespräche zwischen den kommunistischen Regierungen und der

Der Kardinal in seiner Funktion

Kardinäle sind nach dem Papst die höchsten Würdenträger in der katholischen Kirche. Sie sind die engsten Mitarbeiter des Papstes in der Leitung der Gesamtkirche und bilden den Senat des Papstes. Sie werden vom Papst ernannt und erhalten auch aus seiner Hand die Symbole ihres Amtes, den roten breitkrempigen Hut und das rote Gewand.
Seit 1179 haben Kardinäle das ausschließliche Recht der Papstwahl. Die Kardinäle bilden das Heilige Kollegium.

römischen Kurie, ein Ziel, das er auch in seiner Ansprache während der Feier unterstreicht. Zum zweiten pflegt er auch die Beziehungen zu Entwicklungsländern, was sich in der Ernennung des Erzbischofs von Sunarang in Indonesien, Justinus Darmayuwana, widerspiegelt.

Am 25. Mai gab Papst Paul VI. die Erweiterung des Kardinalskollegiums auf 118 Mitglieder bekannt, das damit die höchste Mitgliederzahl in der Kirchengeschichte hat.

Freimaurer feiern 250. Jahrestag

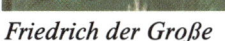

Friedrich der Große

Gotthold E. Lessing

Johann W. v. Goethe

Wolfgang A. Mozart

Kaiser Friedrich III.

König Eduard VII.

Kurt Tucholsky

Hermann Gmeiner

Karlheinz Böhm

28. Juni. Mehr als 6500 Freimaurer nehmen an der Feier des 250. Jahrestags der Gründung der vereinten Großloge von London, der Mutterloge der weltweiten Freimaurerbewegung, in der Londoner Albert Hall teil.

Höhepunkt der Feier ist die Einführung des Herzogs Edward von Kent in das Amt des Großmeisters. Der 32jährige Vetter der Königin Elisabeth II. von Großbritannien setzt damit die langjährige Verbindung des britischen Königshauses mit der Freimaurerbewegung fort: Prinz Philip und Herzog Eduard von Windsor sind Freimaurer, der verstorbene König Georg VI. war als Herzog von York Großmeister von Schottland. Diese Verbindung bringt

eine starke Unterstützung der Freimaurer durch die englische Staatskirche mit sich. Der frühere Erzbischof von Canterbury, Lord Geoffrey Francis Fisher, ist Freimaurer, ebenso weitere 20 Bischöfe und rund 500 Geistliche. Die Katholiken verhalten sich – gemäß der von der römischen Kirche 1738 ausgesprochenen Verurteilung der Bewegung – ablehnend.

Die erste Freimaurer-Großloge entstand 1717 in London durch den Zusammenschluß von vier Logen. Zehn Jahre später fand die Freimaurerei auch auf dem europäischen Kontinent Verbreitung.

Die Freimaurerei setzt sich für Toleranz und freie Persönlichkeitsentwicklung ein.

Frauenwahlrecht in Basel-Land

5. Juni. Im Schweizer Kanton Basel-Land wird im Volksentscheid der Verfassungsartikel über die Ermöglichung der stufenweisen Einführung des Frauenstimmrechts auf dem Gesetzgebungsweg angenommen. 8506 Männer des Kantons sprechen sich für die Beteiligung der Frau bei Wahlentscheidungen aus, 4810 dagegen. Das entspricht einer Stimmbeteiligung von nur 28,55%.
Außer in Basel-Land dürfen Frauen in den Kantonen Basel-Stadt, Genf, Waadt und Neuenburg wählen. In den übrigen Schweizer Kantonen gilt nach wie vor, daß das Wahlrecht ausschließlich Männern zusteht. Im Kanton Schaffhausen entschieden sich die stimmberechtigten Männer erst am letzten Wochenende in einem Volksentscheid gegen eine Änderung der Kantonsverfassung zugunsten der Frauen.

Mordgeständnis

1. Juni. *Der 26jährige Klaus Lehnert (Foto) gesteht, am 13. Februar 1963 den sieben Jahre alten Timo Rinnelt entführt und ermordet zu haben.*

Flug in den Tod für 150 Urlauber

4. Juni. Die britische Zivilluftfahrt verzeichnet an diesem Wochenende zwei schwere Flugzeugunglücke, bei denen 150 Menschen ums Leben kommen.
Eine britische Chartermaschine vom Typ DC-4 prallt in der Nacht zum Sonntag wenige Minuten vor der beabsichtigten Landung auf dem Flugplatz von Perpignan in 1200 m Höhe gegen das Gebirgsmassiv Mont Canigon, das von den Piloten als »verfluchtes Dreieck« bezeichnet wird.
Am Sonntagmorgen um 8.00 Uhr stürzt eine viermotorige Maschine vom Typ DC-4 im Landeanflug auf Manchester ab und schlägt brennend in der Nähe des Stadtzentrums von Stockport auf. Unter Einsatz ihres Lebens können Anwohner noch elf der 83 Insassen, die von Mallorca kamen, aus dem brennenden Flugzeug retten.

Berliner Chefarzt – ohne Studium

3. Juni. Das Landgericht von Berlin (West) verurteilt den angeblichen Arzt Walther Günther zu eineinhalb Jahren Gefängnis. Ihm werden wissentlicher Betrug und Falschbeurkundung zur Last gelegt.
Dieser Strafprozeß bewegt wie kaum ein anderer die Gemüter der Berliner. Bis zum Oktober 1965 gehörte Günther zu den angesehensten

Walther Günther

Persönlichkeiten der Stadt. Der Arzt ohne Medizinstudium war als Chefarzt des Neuköllner Hospitals tätig. Kranke rühmten seine diagnostischen Fähigkeiten und sein Bemühen um das Wohl der Patienten.

Jayne Mansfield – tot durch Unfall

29. Juni. Die 34jährige Schauspielerin Jayne Mansfield kommt bei einem Autounfall in New Orleans im US-Bundesstaat Louisiana ums Leben. Ihr von einem Chauffeur gesteuerter Chevrolet prallt nachts mit hoher Geschwindigkeit auf einen langsam fahrenden Sattelschlepper auf. Jayne Mansfield und ihr Rechtsanwalt und künftiger (dritter) Ehemann Sam Brody, von dem sie ein Kind erwartet, sind auf der Stelle tot. Drei ihrer fünf Kinder, die im Fond des Wagens sitzen, erleiden nur leichte Verletzungen.
Der prominente Hollywood-Star galt mit der Oberweite von 115 cm als Busenwunder und als das Sexidol nach Marilyn Monroe. Wann immer ein Bild von ihr aufgenommen wurde, es entstand ein Brustbild, das in vielen Spinden der US-Soldaten in Vietnam hängt.
Während sie mit rührseligen und trivialen Filmen wie »Es geschah in einer Nacht«, »In jedem Hafen eine Braut« oder »Heimweh nach St. Pauli« berühmt wurde, schwärmte sie davon, wie Asta Nielsen einmal Shakespeares »Hamlet« spielen zu dürfen.

Die US-amerikanische Schauspielerin Jayne Mansfield, mit Hilfe einer plumpen Nachahmung Marilyn Monroes als Sexidol vermarktet

Oskar Maria Graf stirbt im US-Exil

22. Juni. Der deutsche Schriftsteller Oskar Maria Graf stirbt im Alter von 72 Jahren im New Yorker Mount Sinai Hospital.
Der Sohn eines Bäckers und einer bayerischen Bauerntochter hatte sich nach dem Ersten Weltkrieg der revolutionären Gruppe um Kurt Eisner in München angeschlossen. Diese Zeit beschreibt Graf in seiner aggressiven Autobiographie von 1927, »Wir sind alle Gefangene«, mit der er seinen literarischen Ruhm begründete.
1933 emigrierte er nach Österreich. Als ihm die

O. M. Graf

deutsche Staatsbürgerschaft von den Nationalsozialisten aberkannt wurde, wanderte er über die Tschechoslowakei und die Sowjetunion in die Vereinigten Staaten aus, dort lebte er seit 1938.
In seinen sozialkritischen Werken spiegeln sich das bäuerliche Leben seiner Heimat (»Das bayrische Dekameron«) und historische Ereignisse (»Anton Sittinger«) wider.

Dänenprinzessin heiratet Grafen

10. Juni. Die »Hochzeit des Jahres« wird in Kopenhagen gefeiert. Die 27jährige dänische Kronprinzessin Margrethe heiratet den französischen Grafen Henri Laborde de Montpezat.

Die Trauung findet in der Holmenkirche statt, der Traditionskirche der dänischen Marine. Husaren in roten Jacken, mit schimmernden Federbüschen und silbernen Tressen begleiten das frischvermählte Paar nach der Trauungszeremonie bei seiner Rundfahrt in offener Karosse durch das flaggengeschmückte Kopenhagen. Mit Sonnenschein, Kapellen, etwa 150 000 winkenden und jubelnden Menschen sind alle Attribute einer fürstlichen Hochzeit erfüllt.

Die Hochzeitsfeier findet auf Schloß Amalienborg statt. Ein Zelt nimmt die 400 Gäste auf. Geladen ist fast der gesamte europäische Hochadel: Die Könige von Schweden, Norwegen und Belgien, die Königinnen der Niederlande und Belgiens, die Präsidenten Finnlands und Islands sowie 14 Prinzen und 12 Prinzessinnen.

Das junge Paar tritt am 11. Juni von Helsingor aus auf der königlichen Jacht »Danebrog« seine Hochzeitsreise an.

△ *Die dänische Kronprinzessin Margrethe und der französische Graf Henri Laborde de Montpezat nach der Trauung in der Holmenkirche in Kopenhagen; die Braut trägt ein eierschalfarbenes Kleid aus Duchesse mit einem Schleier aus irischer Seidenklöppelspitze*
▷ *Das Brautpaar (M.) mit Gästen, hinter Margrethe die niederländische Kronprinzessin Beatrix*

Erich Fried (*1921)

Hans M. Enzensberger (*1929)

Peter Bichsel (*1935)

Peter Rühmkorf (*1929)

Heinrich Böll (*1917)

Alfred Andersch (*1914)

Heinz Piontek (*1925)

Eric Malpass (*1910)

Literatur 1967:
Auseinandersetzung mit Zeitgeschichte

Eine starke Liberalisierung des politisch-kulturellen Lebens schafft für die Literatur der Bundesrepublik Raum und Möglichkeiten für neue Impulse. Eine neue literarische Epoche, die durch die Lust am Verändern, durch Kritik und Phantasie gekennzeichnet ist, beginnt. Ausgangspunkt der sog. Tendenzwende ist die Studentenbewegung, die 1967 mit ihren Ideen immer mehr an Boden gewinnt. Mit ihrem Fortschreiten erlebt auch die politische Lyrik eine unerwartete Konjunktur ebenso wie marxistische, soziologische und sozialpsychologische Literatur. Angesichts der politischen Probleme des Vietnamkrieges, der Auseinandersetzungen im Nahen Osten usw. stellt sich für viele Autoren allerdings die Frage nach dem Sinn von Lyrik. Das »Kursbuch 10« wertet Literatur und Ästhetik sogar als überflüssig und gesellschaftspolitisch wirkungslos ab.

Die meisten Poeten und Autoren schreiben jedoch weiter, wenngleich sie sich in starkem Maße mit der gesellschaftlichen und politischen Situation der Bundesrepublik auseinandersetzen oder aktu-

elle weltpolitische Probleme, wie z. B. den Krieg in Vietnam, die Lage in der Dritten Welt oder die fortdauernde Rassendiskriminierung in den Vereinigten Staaten, aufgreifen. Erich Fried z. B. beschäftigt sich in seinem Gedichtband ». . . und Vietnam und« ausschließlich mit dem Vietnamkrieg, seinen Folgen und seiner Vorgeschichte.

Günter Grass (*1927)

Neben Erich Fried sind Hans Magnus Enzensberger, Yaak Karsunke und Peter Rühmkorf als Vertreter einer politischen Lyrik zu nennen.

Rolf Dieter Brinkmann, der in seine Gedichte nur Material aufnimmt, »was wirklich alltäglich abfällt«, experimentiert in seinem ersten Gedichtband (»Was fraglich ist wofür«) mit neuen Formen, die an fotografische Mittel erinnern.

Was die Struktur des Gedichts betrifft, gehen die Meinungen unter den Autoren weit auseinander. Metrum, Strophe und Reim müssen jedoch im allgemeinen einer spröden und trockenen Ausdrucksweise weichen.

Die zumeist kurzen Gedichte scheinen nicht mehr für die Ewigkeit geschrieben zu sein – sie spiegeln in Momentaufnahmen Ausschnitte aus der Wirklichkeit wider.

Die persönliche Erfahrung wird bei Schriftstellern wie Poeten immer mehr als einzig gültiger Maßstab an die Texte angelegt.

Unter den Neuerscheinungen an deutschsprachigen Romanen und Erzählungen in diesem Jahr, kann der Roman »Efraim« von Alfred

Andersch beispielhaft für viele stehen. Andersch verbindet hier meisterhaft eine Rückschau auf die Zeit des Nationalsozialismus mit der gegenwärtigen Realität. Sein Held Efraim ist in Deutschland geboren, wohin er erst als Erwachsener während der Kuba-Krise 1962 zurückkehrt. In Berlin muß er politische und soziale Mißstände registrieren, ebenso den latent vorhandenen Antisemitismus.

Eine andere Problematik behandelt Heinz Piontek. In seinem ersten Roman »Die mittleren Jahre« schildert er die Geschichte eines Mannes nach sieben Jahren Einsamkeit, Krankheit und Depression. Der bisher vor allem als Lyriker hervorgetretene Autor verzichtet auf einen durchgehenden Handlungsstrang zugunsten des assoziativen Erinnerns.

Der Wunsch des Lesepublikums nach einer sicheren und heilen Welt angesichts der politischen und wirtschaftlichen Krisen schlägt sich in der Bücher-Bestsellerliste nieder. Auf Platz eins steht der heiterbesinnliche Familienroman von Eric Malpass »Morgens um 7 ist die Welt noch in Ordnung«.

Braunschweig ist Fußballmeister

3. Juni. Eintracht Braunschweig beendet die erfolgreichste Fußballsaison seiner Vereinsgeschichte mit einem 4:1-Sieg über den 1. FC Nürnberg. Schon vor dem letzten Spieltag der Bundesliga 1966/67 stand die Mannschaft aus Braunschweig als Deutscher Fußballmeister fest.

Vor heimischem Publikum (fast 36 000 Zuschauer) zeigen die Schützlinge von Trainer Helmut Johannsen mit einem temporeichen Spiel gegen die auf Platz acht der Bundesliga-Tabelle plazierten Nürnberger, daß sie den Meistertitel verdient gewonnen haben.

Seit Beginn der Bundesliga 1963 bezog noch nie eine Mannschaft so wenig Gegentore (27) wie Eintracht Braunschweig. Allerdings wurde seit 1963 auch noch keine Mannschaft mit einem so knappen Vorsprung (zwei Punkte) Deutscher Fußballmeister.

Joachim Bäse (Mitte), Braunschweigs Kapitän, mit der Meisterschale

Weltrekord über 4 × 110 Yards

17. Juni. Mit einem sensationellen Weltrekord über 4 × 110 Yards (4 × 100,54 m) enden die US-amerikanischen Hochschulmeisterschaften in Provo (Utah). Die Sprinterstaffel der Universität von Südkalifornien – Earl Mc Cullouch, Fred Culler, O. J. Simpson und Lennox Müller – legt die 440 Yards in 38,6 Sekunden zurück.

Die vier Studenten verbessern mit dieser Zeit ihren eigenen, erst acht Tage alten Weltrekord um vier Zehntelsekunden und unterbieten damit als erste Staffel der Welt die magische 39-Sekunden-Grenze. Am letzten Wochenende waren sie in San Diego die Zeit von 39,0 Sekunden gelaufen.

Der Staffelweltrekord der Südkalifornier ist Höhepunkt der dreitägigen Veranstaltung im Brigham-Young-Universitätsstadion.

Gimondi gewinnt Jubiläumsgiro

Felice Gimondi

11. Juni. Der italienische Radrennfahrer Felice Gimondi – vor zwei Jahren Überraschungssieger der Tour de France – gewinnt den 50. Giro d'Italia vor seinem Landsmann Franco Balmamion. Dritter wird der Franzose Jacques Anquetil, der als Favorit in das traditionsreiche Rennen gegangen war.

Die letzte Etappe des Jubiläumsgiro von Tirano nach Mailand lockt Hunderttausende begeisterter Zuschauer auf die Straßen. Gimondi, der schon seit der 20. Etappe das Rosa Trikot des Spitzenreiters trägt, wird in Mailand stürmisch gefeiert.

Die vorletzte Tagesstrecke des diesjährigen Giro wurde von 220 km auf 153 km verkürzt, weil die Gavia und das Stilfserjoch wegen Schnee- und Graupelschauern gesperrt werden mußten. Hier brachen viele der Teilnehmer, so auch der bundesdeutsche Radrennfahrer Rudi Altig aus Köln, das Rennen ab. Bisher konnten nur vier ausländische Radprofis den Giro d'Italia gewinnen.

Der italienische Radrennfahrer Felice Gimondi bei einem Ausreißversuch während der Italienrundfahrt; er gewinnt den 50. Giro d'Italia überlegen

Sieger des Giro

1909:	Luigi Ganna (Italien)
1910:	Carlo Galetti (Italien)
1911:	Carlo Galetti (Italien)
1912:	»Atala«, eine Firmenmannschaft
1913:	Carlo Oriani (Italien)
1914:	Alfonso Calzolari (Italien)
1919:	Costante Giardengo (Italien)
1920:	Gaetano Belloni (Italien)
1921:	Giovanni Brunero (Italien)
1922:	Giovanni Brunero (Italien)
1923:	Costante Giardengo (Italien)
1924:	Giuseppe Enrici (Italien)
1925:	Alfredo Binda (Italien)
1926:	Giovanni Brunero (Italien)
1927:	Alfredo Binda (Italien)
1928:	Alfredo Binda (Italien)
1929:	Alfredo Binda (Italien)
1930:	Luigi Marchisio (Italien)
1931:	Francesco Camusso (Italien)
1932:	Antonio Pesenti (Italien)
1933:	Alfredo Binda (Italien)
1934:	Learco Guerra (Italien)
1935:	Vasco Bergamaschi (Italien)
1936:	Gino Bartali (Italien)
1937:	Gino Bartali (Italien)
1938:	Giovanni Valetti (Italien)
1939:	Giovanni Valetti (Italien)
1940:	Fausto Coppi (Italien)
1946:	Gino Bartali (Italien)
1947:	Fausto Coppi (Italien)
1948:	Fiorenzo Magni (Italien)
1949:	Fausto Coppi (Italien)
1950:	Hugo Koblet (Schweiz)
1951:	Fiorenzo Magni (Italien)
1952:	Fausto Coppi (Italien)
1953:	Fausto Coppi (Italien)
1954:	Carlo Clerici (Schweiz)
1955:	Fiorenzo Magni (Italien)
1956:	Charly Gaul (Luxemburg)
1957:	Gastone Nencini (Italien)
1958:	Ercole Baldini (Italien)
1959:	Charly Gaul (Luxemburg)
1960:	Jacques Anquetil (Frankreich)
1961:	Arnaldo Pambianco (Italien)
1962:	Franco Balmamion (Italien)
1963:	Franco Balmamion (Italien)
1964:	Jacques Anquetil (Frankreich)
1965:	Vittorio Adorni (Italien)
1966:	Gianni Motta (Italien)

Juli 1967

Mo	Di	Mi	Do	Fr	Sa	So
					1	2
3	4	5	6	7	8	9
10	11	12	13	14	15	16
17	18	19	20	21	22	23
24	25	26	27	28	29	30
31						

1. Juli, Sonnabend

Die Europäische Wirtschaftsgemeinschaft (EWG), die Europäische Atomgemeinschaft (EURATOM) und die Europäische Gemeinschaft für Kohle und Stahl (EGKS) werden zur Europäischen Gemeinschaft (EG) mit gemeinsamem Ministerrat und gemeinsamer Kommission mit Sitz in Brüssel vereinigt. →S. 15

In der Sowjetunion werden die ersten 390 landwirtschaftlichen Staatsbetriebe, die sog. Sowchosen, mit mehr Selbständigkeit ausgestattet.

Die deutsche Post ist seit 100 Jahren ein Staatsunternehmen. →S. 118

Kanada feiert den 100. Jahrestag seiner Unabhängigkeit mit Salutschüssen über Ottawa, Gartengesellschaften, Festessen und Bällen. →S. 113

2. Juli, Sonntag

In der DDR finden Wahlen zur Volkskammer und für die Stadtverordnetenversammlung von Berlin (Ost) statt.

In der Schweiz wird eine sozialistische Initiative zur Beseitigung von Bodenspekulation bei einer Wahlbeteiligung von 37% mit Zweidrittelmehrheit abgelehnt. →S. 115

Mit Alwin Schockemöhle auf Pesgoe gewinnt nach Jahren wieder ein bundesdeutscher Reiter das Meisterspringen des Internationalen Aachener Reitturniers. →S. 123

3. Juli, Montag

Rund 50 000 neue Rekruten rücken in die Kasernen der Bundeswehr ein. Die Bundeswehr zählt damit gegenwärtig 456 000 Soldaten.

Aus Heidelberg wird ein 33jähriger Südkoreaner, der dort seit sechs Jahren Germanistik studiert, vom südkoreanischen Geheimdienst in sein Heimatland entführt. →S. 117

Eine Söldnertruppe von Moise Tschombé revoltiert im Kongo gegen den Ministerpräsidenten Joseph D. Mobutu. →S. 112

4. Juli, Dienstag

Die Handelsvertretung der Bundesrepublik in Bukarest wird in eine Botschaft umgewandelt.

Nach einer stürmischen Debatte im britischen Unterhaus wird die Reform des Gesetzes gegen Homosexualität gebilligt. So sollen freiwillige homosexuelle Handlungen unter Erwachsenen straffrei sein. →S. 115

Die bundesdeutsche Mannschaft siegt im Grand Prix des offiziellen internationalen Dressurwettbewerbs des internationalen Reiterverbandes in Aachen knapp mit 20 Punkten vor der Mannschaft der Sowjetunion.

5. Juli, Mittwoch

Der neue niedersächsische Landtag in Hannover wählt den bisherigen Präsidenten Georg Diederichs erneut zum Vorsitzenden der großen Koalition (→ 4. 6./S. 102).

Der Oberbürgermeister von Berlin (Ost), Friedrich Ebert, tritt aus Gesundheitsgründen von seinem Amt zurück. Nachfolger wird Herbert Fechner. →S. 118

Frankreich kündigt Großbritannien seine Mitarbeit bei der gemeinsamen Entwicklung eines Schwenkflügel-Jagdbombers auf.

Der französische Staatspräsident Charles de Gaulle und der nigerianische Staatspräsident Hamani Diori unterzeichnen in Paris ein Abkommen über die Ausbeutung nigerianischer Uranerzlager.

Der deutsche Spielfilm »Alle Jahre wieder« von Peter Schamoni wird zum ersten Mal aufgeführt. Die Hauptrollen sind mit Sabine Sinjen und Dieter Schwarze besetzt. Bei der Verleihung des Bundesfilmpreises 1967 erhält der Streifen das Filmband in Silber.

6. Juli, Donnerstag

Die Bundesregierung in Bonn protestiert bei dem Botschafter Südkoreas gegen die Verschleppung von 17 südkoreanischen Staatsbürgern aus der Bundesrepublik und drei aus Berlin (West) (→ 3. 7./S. 117).

Die Bundesrepublik sagt Indonesien Finanzhilfen in Höhe von 12 Millionen DM und 50 Millionen DM zur Stabilisierung und zum Aufbau der indonesischen Wirtschaft zu.

König Hasan II. von Marokko ernennt erstmalig seit 1965 wieder einen Premierminister, den bisherigen Minister für öffentliche Arbeiten, Mohammed Benkima.

Mit der militärischen Intervention seitens Nigerias gegen die Rebellion der Ostregion beginnt der Bürgerkrieg zwischen Nigeria und der neuen Republik Biafra. →S. 113

Das Bundeskabinett in Bonn beschließt die mittelfristige Finanzplanung und ein zweites Konjunktur- und Strukturprogramm.

Ein Zugunglück bei Langenweddingen (DDR) fordert 94 Todesopfer.

7. Juli, Freitag

Marschall Iwan Jakubowski wird zum neuen Befehlshaber aller Streitkräfte, die im Warschauer Pakt zusammengeschlossen sind.

Der in Frankreich lebende russische

Maler Marc Chagall feiert seinen 80. Geburtstag. Seine beiden letzten großen Werke sind Gemälde in der Eingangshalle der Metropolitan Opera in New York. →S. 120

John Newcombe (Australien) wird Wimbledon-Sieger durch 6:3, 6:1, 6:1 über den Düsseldorfer Wilhelm Bungert. →S. 122

8. Juli, Sonnabend

Der französische Ministerpräsident Georges Pompidou kehrt von seinem fünftägigen Staatsbesuch in der Sowjetunion nach Paris zurück.

Die Vereinigten Staaten protestieren gegen den Plan der Bundesregierung, die Bundeswehr um 60 000 Mann zu verringern, um den Gesamtetat zu schonen.

Billie Jean King (USA) wird Wimbledon-Siegerin durch 6:3, 6:4 über Ann Jones (Großbritannien).

Jim Ryun (USA) läuft in Los Angeles einen neuen Weltrekord über 1500 m in 3:33,1 Minuten. →S. 123

9. Juli, Sonntag

In Neuseeland wird die Dezimalwährung mit der Ausgabe entsprechender neuer Münzen und Noten sowie Briefmarken eingeführt.

Schneefälle im Hochgebirge sowie Gewitter, Regen und ein Temperatursturz von rund 15°C charakterisieren das Wetter im Bundesgebiet.

10. Juli, Montag

Belgien schließt einen Vertrag mit der Bundesrepublik über den Kauf von 334 bundesdeutschen Kampfpanzern »Leopard«.

Eine Flottille der sowjetischen Marine läuft in den Hafen von Port Said, weitere vier in den Hafen von Alexandria ein.

Der Weltsicherheitsrat der Vereinten Nationen in New York beschließt die Entsendung von 32 UN-Beobachtern an den Suezkanal, wo es immer wieder zu heftigen Kämpfen zwischen israelischen und ägyptischen Truppen kommt (→17. 7./S. 112).

Schwere Schäden richtet der Taifun »Billie« in Japan an. 300 Menschen kommen ums Leben.

11. Juli, Dienstag

Österreich verlegt Einheiten seines Bundesheeres an die italienische Grenze, um das Grenzgebiet gegen Terroristen zu sichern.

Jugoslawien beschließt die Zulassung ausländischen Kapitals zur Stärkung seiner Wirtschaft.

Das Zweite Deutsche Fernsehen entläßt den Niederländer Lou van Burg wegen »seines belebten Privatlebens«. Lou van Burg war Showmaster der beliebten musikalischen Unterhaltungssendung »Der goldene Schuß«. →S. 120

12. Juli, Mittwoch

Der französische Staatspräsident Charles de Gaulle weilt mit Mitgliedern seiner Regierung für zwei Tage in Bonn.

Der Präsident der Republik Elfenbeinküste, Félix Houphouet-Boigny, beendet seinen seit 5. Juli dauernden Staatsbesuch in der Bundesrepublik.

Bei einem Seegefecht zwischen israelischen und ägyptischen Einheiten vor der Sinai-Küste werden zwei ägyptische Schnellboote versenkt.

13. Juli, Donnerstag

Die Volkskammer und der Ministerrat der DDR treten zu ihren konstituierenden Sitzungen zusammen und wählen die Vorsitzenden.

Die Vereinigten Staaten erhöhen ihre Truppenstärke in Vietnam auf 480 000 Mann.

Unter Bundeswirtschaftsminister Karl F. Schiller tritt in Bonn der Konjunkturrat zu seiner konstituierenden Sitzung zusammen. →S. 118

14. Juli, Freitag

Der Leiter des Bundespresseamtes, Karl-Günther von Hase, wird zum Intendanten der »Deutschen Welle« in Köln gewählt.

Der deutsche Spielfilm »Tätowierung« von Johannes Schaaf mit Helga Anders und Christoph Wackernagel läuft in den deutschen Kinos an.

Der britische Radrennfahrer Tom Simpson stirbt auf der 13. Etappe der Tour de France. Polizeiliche Ermittlungen ergeben, daß Simpson gedopt war. →S. 123

15. Juli, Sonnabend

Das Moskauer Zentralamt für Statistik veröffentlicht die offiziellen Zahlen über die sowjetische Wirtschaftslage im ersten Halbjahr 1967, wonach der laufende Volkswirtschaftsplan für die wichtigsten Erzeugnisse übererfüllt sei. Die Durchschnittslöhne für Arbeiter und Angestellte erhöhen sich um 3,5%.

Die Sondersession der UN-Vollversammlung verabschiedet in New York eine Jerusalem-Resolution, in der Israel aufgefordert wird, den jordanischen Teil Jerusalems wieder zu räumen. →S. 112

In Newark an der US-amerikanischen Ostküste kommt es zu bürgerkriegsartigen Auseinandersetzungen zwischen Schwarzen und Weißen. 21 Menschen kommen ums Leben, rund 1000 werden verletzt. →S. 114

Das britische Unterhaus verabschiedet ein neues Gesetz über den Schwangerschaftsabbruch. Künftig soll eine Unterbrechung der Schwangerschaft dann möglich sein, wenn zwei Ärzte sie aufgrund des körperlichen oder seelischen Zustands der Mutter oder der Familie für notwendig halten. →S. 115

Die Hippies – Philoso-phie einer Subkultur, Titelreportage des US-amerikanischen Ma-gazins »Time« vom 7. Juli 1967

Juli 1967

16. Juli, Sonntag

Die erste Telefonverbindung zwischen den USA und China eröffnet die US-amerikanische Telefongesellschaft »Pacific Phone«. Die Verbindung ist zunächst täglich nur eine Stunde geöffnet.

Großbritanniens Hippies versammeln sich zu einem »Love-in« im Londoner Hyde-Park. → S. 119

17. Juli, Montag

Die Alliierte Kommandantur in Berlin (West) ordnet an, daß Reisende aus den Ostblockstaaten keine Sichtvermerke zum Besuch von Berlin (West) benötigen, wenn ihre Aufenthaltsdauer 31 Tage nicht übersteigt.

Der Deutsche Gewerkschaftsbund (DGB) lehnt auf einer Sondersitzung in Düsseldorf den Entwurf der Bundesregierung in Bonn für eine neue Notstandsgesetzgebung ab (→ 9. 11./S. 180).

Die ersten militärischen Beobachter der Vereinten Nationen nehmen ihre Tätigkeit am Sueskanal auf. → S. 112

In den Vereinigten Staaten ist der schwerste Eisenbahnerstreik seit 20 Jahren ausgebrochen, wodurch auch Waffen- und Nachschubtransporte für die Kriegsführung in Vietnam stark behindert werden.

18. Juli, Dienstag

Die Bundesrepublik und Pakistan unterzeichnen in Bonn ein Hilfsabkommen, das einen Kredit in Höhe von 120 Millionen DM für das asiatische Land vorsieht.

Die britische Regierung kündigt die Aufgabe ihres militärischen Stützpunktes Singapur und den Abzug der britischen Truppen aus Südostasien bis Mitte der 70er Jahre an.

19. Juli, Mittwoch

Das Bundeskabinett verabschiedet ein Finanzreformprogramm und legt die Richtlinien für Verhandlungen des Bundes mit den Ländern fest.

Das staatliche Komitee für Atomenergienutzung der UdSSR und die europäische Organisation für Kernforschung unterzeichnen in Moskau ein Abkommen über wissenschaftlich-technische Zusammenarbeit an dem in Serpuchow im Bau befindlichen größten Protonenbeschleuniger der Welt.

20. Juli, Donnerstag

Eine Delegation des Auswärtigen Amts führt wirtschaftspolitische Verhandlungen in Prag.

Vor der Basilika San Lorenzo in Rom wird im Beisein Papst Pauls VI. ein Denkmal für Papst Pius XII. enthüllt. Es ist das erste Standbild, das einem Papst auf einem öffentlichen Platz errichtet wird.

In der Nähe von Hendersonville kollidiert eine US-amerikanische Boeing-727-Düsenmaschine mit einer zwei-motorigen Cessna. 120 Menschen kommen ums Leben.

21. Juli, Freitag

Die neo-nationalsozialistische »Deutsche National-Zeitung und Soldaten-Zeitung« erscheint mit israel-feindlichen Überschriften. In der Öffentlichkeit schließt sich eine heftige Diskussion über die Möglichkeit eines Verbots dieser Zeitung an. → S. 118

Die Bayreuther Richard-Wagner-Festspiele beginnen mit der Oper »Lohengrin« in einer Neuinszenierung von Wolfgang Wagner, der nach dem Tod seines Bruders Wieland die alleinige Leitung der Festspiele übernommen hat. Insgesamt sind 30 Aufführungen bis zum 24. August vorgesehen. → S. 121

22. Juli, Sonnabend

In Rom zeigen die italienischen Modeschöpfer die Herbstmode 1967.

23. Juli, Sonntag

In einer Volksabstimmung entscheiden sich die Einwohner Puerto Ricos für die Beibehaltung der seit 15 Jahren bestehenden Assoziierung der Insel mit den Vereinigten Staaten.

In Newark (USA) endet eine viertägige Konferenz radikaler Negerführer. Sie fordern die Bildung einer schwarzen Nation an der Seite der Weißen sowie eine paramilitärische Ausbildung für alle jungen Schwarzen. → S. 114

Die kongolesische Währung wird umgestellt. Anstelle des bisherigen Kongo-Francs tritt die Währungseinheit Zaïre.

Das schwerste Unglück seit 31 Jahren ereignet sich an der Eigernordwand. Vier junge Männer aus der Bundesrepublik werden von einer Gesteinslawine 400 m in die Tiefe gerissen.

In Braunschweig besiegt der Kölner Ingo Buding den Heidelberger Lothar Pawlik mit 6:3, 6:4, 7:5 und wird Deutscher Tennismeister. Im Finale der Damen entthront die Berlinerin Helga Schultze die Essener Vorjahresmeisterin Helga Niessen mit 4:6, 9:7, 6:3.

Der Franzose Roger Pingeon gewinnt die Tour de France (→ 14. 7./S. 123).

24. Juli, Montag

Norwegen beantragt den Beitritt zur Europäischen Gemeinschaft.

Aus dem Malaysian-Dollar, der seit 60 Jahren seinen Wert beibehalten hat und zu den stabilsten Währungen in Ostasien gehört, werden drei verschiedene Währungen. Die Föderation von Malaysia, die Republik Singapur und das unter britischem Schutz stehende Sultanat Brunei erhalten ihre eigenen Währungen.

In der US-amerikanischen Stadt Detroit kommt es zu schweren Rassenunruhen. 8000 Angehörige der Nationalgarde werden in die Stadt beordert

und der Ausnahmezustand wird verhängt (→ 15. 7./S. 114).

Seit dem 1. Juli sind rund 49 500 Rentner aus der DDR mit einer Besuchergenehmigung für vier Wochen in die Bundesrepublik eingereist. Insgesamt sind seit Anfang des Jahres etwa 267 000 Rentner aus der DDR zu Besuch gekommen, das sind 12 000 mehr als im gleichen Zeitraum des Vorjahrs. → S. 118

In der Londoner Tageszeitung »The Times« erscheint ein von vielen Prominenten unterzeichneter Aufruf, der die Aufhebung des Verbots von Marihuana fordert. → S. 119

25. Juli, Dienstag

Vier der prominentesten Negerführer in den Vereinigten Staaten, Martin Luther King, Philip Randolph, Roy Wilkins und Withney M. Young, rufen zur Beendigung der Rassenunruhen auf und unterstützen die von US-Präsident Lyndon B. Johnson getroffenen Maßnahmen zur Wiederherstellung der Ordnung in den betroffenen Gebieten (→ 15. 7./S. 114).

Ecuador bricht die diplomatischen Beziehungen zu Haiti ab, um damit gegen die schweren Verstöße gegen die Menschenrechte der Regierung unter Präsident François Duvalier zu protestieren.

26. Juli, Mittwoch

Der französische Staatspräsident Charles de Gaulle bricht seinen Staatsbesuch in Kanada ab. → S. 113

27. Juli, Donnerstag

Die östliche Türkei wird von einem schweren Erdbeben heimgesucht, das 104 Tote fordert. Die Katastrophe ist die zweite innerhalb von vier Tagen in der Türkei. Am Wochenende hatten bei Erdbeben 80 Menschen den Tod gefunden.

28. Juli, Freitag

Der US-amerikanische Präsident Lyndon B. Johnson ruft in einer Fernseh- und Rundfunkansprache zur Versöhnung der Rassen auf und gibt die Einsetzung einer Sonderkommission zur Untersuchung der Rassenunruhen bekannt (→ 15. 7./S. 114).

Papst Paul VI. beendet seine dreitägige Reise in die Türkei und zum Patriarchen Athenagoras. → S. 115

Schweden beantragt in Brüssel offiziell die Aufnahme in die Europäische Gemeinschaft (EG).

Die Arbeitsgemeinschaft der Verbraucherverbände in Bonn protestiert gegen die Vernichtung von einer halben Million Köpfe Blumenkohl in Belgien und einer Million kg Tomaten in Südfrankreich, während in der Bundesrepublik die Verbraucherpreise für das Gemüse hoch seien.

29. Juli, Sonnabend

Eine Explosion des US-Flugzeugträgers »Forrestal« im Golf von Tonking fordert 131 Todesopfer. → S. 119

Der Sowjetfrachter »Nowoworonesch« tritt von Hamburg aus eine Reise nach Ostasien durch das Polarmeer an und eröffnet damit eine neue internationale Schiffahrtslinie, die die Passage des Sueskanals ersetzt.

30. Juli, Sonntag

Prinz Hans-Adam von Liechtenstein, Thronfolger des Fürstentums, heiratet Gräfin Marie Kinsky.

Autobahnen und Bundesstraßen im Bundesgebiet sind zwei Tage lang wegen der einsetzenden Sommerferien in Richtung Süden verstopft. Es kommt zu zahlreichen Massenkarambolagen.

31. Juli, Montag

Die Volksrepublik China spendet den in der britischen Kronkolonie Hongkong streikenden Chinesen 10 Millionen Hongkong-Dollar (rund 6,8 Millionen DM), um den chinesischen Arbeitern damit zu ermöglichen, »das große rote Banner Mao Tse-tungs im Kampf gegen die britischen Imperialisten« hochzuhalten (→ 18. 5./S. 79).

Die Bundesanstalt für Arbeit in Nürnberg teilt mit, daß 1 023 000 ausländische Arbeitnehmer in der Bundesrepublik beschäftigt sind. Das sind rund 300 000 weniger als zur gleichen Zeit des Vorjahres.

Mit Ablauf der Bewerbungsfrist für das Studium der Medizin und Zahnmedizin für das Wintersemester 1967/68 sind bei der Zentralen Registrierstelle der Hochschulen der Bundesrepublik in Hamburg 7776 Bewerber gemeldet. An den 21 Fakultäten stehen jedoch nur 3111 Studienplätze für Erstsemester zur Verfügung.

Die Modeschöpfer Yves Saint-Laurent, Emmanuel Ungaro und Pierre Cardin zeigen auf den Modenschauen in Paris, daß sie den Minirock auch für ihre Herbstkollektion favorisieren. → S. 119

Gestorben:

8. London: Vivien Leigh (eigentl. Vivian Mary Hartley, * 5. 11. 1913, Darjeeling/Indien), britische Schauspielerin. → S. 120

12. Berlin (Ost): Otto Nagel (* 27. 9. 1894, Berlin), deutscher Maler.

19. Berlin: Karl Hartung (* 2. 5. 1908, Hamburg), deutscher Bildhauer.

21. Streitberg: Thomas Dehler (* 14. 12. 1897, Lichtenfels), deutscher FDP-Politiker.

27. Berlin (West): Hans Schomburgk (* 28. 10. 1880, Hamburg), deutscher Afrika-Forscher und Reiseschriftsteller.

30. Essen: Alfried Krupp von Bohlen und Halbach (* 13. 8. 1907, Essen), deutscher Industrieller. → S. 177

31. Heidelberg: Richard Kuhn (* 3. 12. 1900, Wien), deutsch-österreichischer Chemiker, Nobelpreisträger 1938.

Die Tageszeitung »Die Welt« berichtet am 6. Juli 1967 über die Haushaltsdebatte im Bundestag und den Bürgerkrieg im Kongo

Ein Jahr Universität Konstanz (Seite 5)

heute
DIE WELT DER LITERATUR
Umfang 16 Seiten

DIE WELT

UNABHÄNGIGE TAGESZEITUNG FÜR DEUTSCHLAND

Monatsabonnement 6,00 D-Mark zuzüglich 1,80 D-Mark anteilige Zustell- und Versandgebühren bei Zustellung durch die Post oder durch Träger. Auslandsabonnement 15,00 D-Mark einschließlich Porto. Der Preis des Luftpostabonnements wird auf Anfrage mitgeteilt. Die Abonnementsgebühren sind im voraus zahlbar.

Donnerstag, 6. Juli 1967 Ausgabe D 1 H 7109 A Nr. 154 - Preis 40 Pf

Beschluß in Bonn: Zwei Milliarden weniger für die Verteidigung

Kriegsopfer sollen freiwillig auf Grundrente verzichten

Von unseren Korrespondenten

-ves./Mü. **Bonn, 5. Juli**

Bei den Ausgaben für die Verteidigung müssen insgesamt zwei Milliarden DM eingespart werden. Diesen Grundsatzbeschluß hat das Bundeskabinett am Mittwoch in den Beratungen über die mittelfristige Finanzplanung gefaßt. Am gleichen Tage wurde in Bonn bekannt, daß die Bundesregierung mit Zustimmung der Kriegsopferverbände an die Kriegsbeschädigten appellieren will, nach Möglichkeit freiwillig auf die Grundrente zu verzichten, wenn sie wegen ihres sonstigen Einkommens auf die Rente nicht angewiesen sind.

Auch am Mittwoch waren die Minister schon morgens um acht Uhr im Palais Schaumburg zu den Kabinettsberatungen unter Vorsitz des Bundeskanzlers erschienen. Mittags wurden die Beratungen unterbrochen. Der Kanzler eilte im Hubschrauber mit mehreren Kabinettsmitgliedern zum Flugplatz Köln-Wahn, um den Staatspräsidenten der Elfenbeinküste zu empfangen. Am Nachmittag gingen die Beratungen hinter verschlossenen Türen weiter.

Im Zusammenhang mit der künftigen Entwicklung der Verteidigungsausgaben wurde vereinbart, daß Verteidigungsminister Gerhard Schröder zunächst selbst Vorschläge darüber ausarbeitet, wie im einzelnen für das Jahr 1968 sichergestellt werden kann, daß die Ausgaben für die Bundeswehr um 1,4 Milliarden DM weniger steigen, als nach dem bisherigen Verteidigungskonzept vorgesehen war. Die Ausgaben im Bereich der zivilen Verteidigung sollen um 600 Millionen DM weniger steigen als geplant.

Mit den Beratungen über die künftige Entwicklung der Ausgaben des Bundes in den Bereichen Verteidigung, Verkehr und Landwirtschaft war das Bundeskabinett am Mittwoch nach den Worten von Staatssekretär von Hase „über den Berg".

Der Verzicht auf Ausgabensteigerungen zwingt, wie es in Bonn heißt, zu einer geringeren Zahl von Bundeswehrsoldaten und zu einer Überprüfung der Rüstungskäufe. Diese Konsequenzen wurden im Kabinett „sehr ausführlich" erörtert. Von Hase verwies darauf, daß die Konsequenzen für den Verteidigungsbereich auch innerhalb des NATO-Bündnisses erörtert werden müßten.

Kein „Flickenteppich von Kürzungen werde das Ergebnis der Beratungen des Kabinetts sein", versicherte von Hase, „sondern ein neues Konzept für den Ausgleich und die Ordnung der Bundesfinanzen für mehrere Jahre, das zugleich die angestrebte Belebung der Wirtschaft berücksichtige".

Über wichtige konjunkturpolitische Maßnahmen werde das Kabinett am Donnerstag beraten. Die zahlenmäßigen Vorstellungen des Finanzkabinetts über die Ordnung der Bundesfinanzen seien vom Gesamtkabinett übernommen worden. Es habe auch keine „Fronten" im Kabinett gegeben, sondern ein gemeinsames Ringen um die Neuordnung. Das gesamte Zahlenwerk und die steuerlichen Fragen werden erst am Donnerstag vom Kabinett formell abgestimmt.

Die Vorstände der Fraktionen der CDU/CSU und der SPD werden am Donnerstagabend informiert. Am Freitag sollen die Fraktionen und die Öffentlichkeit im einzelnen über den Finanzplan unterrichtet werden.

Einzelheiten des Aufrufs, den die Bundesregierung an die Kriegsopfer richten will, stehen noch nicht fest. Bundeskanzler Kurt Georg Kiesinger hat darüber jedoch schon mit Vertretern der Kriegsopferverbände beraten. Auf jeden Fall soll die Entscheidung über den Verzicht auf die Grundrente in das Ermessen des Empfängers gestellt werden. In dem Appell der Regierung soll aber, wie verlautet, eindringlich auf die Fehlbeträge im Bundeshaushalt hingewiesen und der Grundsatz unterstrichen werden, daß jeder Staatsbürger im Rahmen seiner Möglichkeiten zur Überwindung der Finanzschwierigkeiten beitragen sollte.

Das Kabinett hat am Mittwoch auch entschieden: Mindestens 1968 ist keine Erhöhung der Einkommen- und Körperschaftsteuer zu befürchten. Höhere Steuertarife werden von der Regierung als konjunkturpolitisch nicht vertretbar angesehen. Über die vorgeschlagene Erhöhung der neuen Umsatzsteuer von zehn auf elf Prozent, die die Verbraucher zusätzlich belasten würde, hat das Bundeskabinett das letzte Wort noch nicht gesprochen. Mit dieser Maßnahme wird in Bonn gerechnet.

Die Beratungen über die künftige Entwicklung im Haushalt des Bundesernährungsministeriums und über die Ausgaben im Verkehrsbereich verliefen, wie es heißt, vergleichsweise reibungslos. Die Hilfen für die Landwirtschaft sollen so umgebaut werden, daß nur noch wettbewerbsfähige Betriebe vom Bund gefördert werden. Dadurch ließen sich, wie es in Bonn heißt, jährlich Ausgaben in Höhe von rund 700 Millionen D-Mark vermeiden.

Die Ausgaben im Verkehrsbereich sollen, entsprechend den Vorschlägen des Finanzkabinetts, in den nächsten vier Jahren noch jeweils um 7,7 Prozent steigen. Damit würden die Verkehrsausgaben immer noch stärker zunehmen als der Bundeshaushalt insgesamt.

Seite 3: Rentenrecht

Unter den schattenspendenden Bäumen im Park des Palais Schaumburg ließ Bundeskanzler Kiesinger am Mittwochnachmittag angesichts des warmen Sommerwetters den ovalen Tisch aus dem Kabinettssaal aufstellen. Kiesinger erwies sich damit einmal mehr als geschickter Taktiker. Die ungewohnte Schattenatmosphäre — das Kabinett tagte zum erstenmal seit Bestehen der Bundesrepublik im Freien — erwies sich offenbar als durchaus förderlich während der „heißen" Finanzdebatte. Die Minister leisteten bei der Kürzung ihrer Etats weniger Widerstand als erwartet. Faxfoto: DIE WELT / AP

Arbeitsmarktlage kaum verändert

Zwei Prozent ohne Beschäftigung

Eigenbericht der WELT

P. S. **Nürnberg, 5. Juli**

Eine so ungewöhnlich günstige Situation auf dem Arbeitsmarkt wie in den Jahren 1965 und 1966 wird sich in den nächsten Jahren nicht wiederholen. Diese Auffassung vertrat der Präsident der Bundesanstalt für Arbeitslosenvermittlung und Arbeitslosenversicherung, Anton Sabel, am Mittwoch auf einer Pressekonferenz.

Sabel bezweifelt, daß die Arbeitslosenzahl in absehbarer Zeit unter 100 000 sinken wird. Ende Juni betrug sie, wie die letzte Auszählung ergab, 400 800 (279 600 Männer und 121 200 Frauen). Das seien zwar 75 400 Arbeitslose weniger als im Monat zuvor, aber die Arbeitslosenquote liege nach wie vor bei rund zwei Prozent; Ende Juni 1966 hatte sie 0,4 Prozent betragen.

Auch die Kurzarbeit in verschiedenen Industriezweigen (im Bekleidungsgewerbe waren davon Mitte Juni 30 100 Arbeitnehmer betroffen, in der Automobilindustrie 32 900 und in der Textilindustrie 23 800) zeigt nach Sabels Ansicht, daß die Schwierigkeiten noch lange nicht behoben sind.

Wetter heiter bis wolkig und niederschlagsfrei

Nachrichtendienst der WELT

Essen, 5. Juli

Das Wetter wird nach Ansicht der Meteorologen an diesem Donnerstag in der gesamten Bundesrepublik heiter bis wolkig und niederschlagsfrei sein. Es wird von einem Hoch beeinflußt, das über Mitteleuropa liegt und sich nur langsam nach Osten verlagert.

Wien bemüht sich weiter um Italien

Gespräch Toncics mit der WELT

Von unserem Korrespondenten

UBM. **Wien, 5. Juli**

Die österreichische Bundesregierung bleibt fest entschlossen, trotz der Verhärtung der Fronten, die durch die jüngsten Zwischenfälle an der italienischen Grenze eingetreten ist, ihre Bemühungen um eine dauerhafte Lösung des Südtirolproblems in direkten Verhandlungen mit Italien fortzusetzen. Das erklärte Außenminister Lujo Toncic-Sorinj in einem Gespräch mit der WELT.

Nur durch ein zwischenstaatliches Übereinkommen kann nach Ansicht des österreichischen Außenministers den Terroristen und Extremisten beiderseits der Brenner-Grenze der Boden entzogen werden.

Man habe in Wien zwar durchaus Verständnis für die gefühlsmäßige Erregung in Italien über die zunehmende Zahl an Menschenopfern im Grenzgebiet, aber leider gäben die italienischen Emotionen gerade jenen Kreisen Auftrieb, die sich offensichtlich gegen eine vernünftige Lösung der Probleme innerhalb der deutschsprachigen Minderheit verschworen hätten, sagte Toncic.

Außenminister Toncic erinnerte daran, daß die österreichische Regierung wiederholt jede Art von Terror schärfstens verurteilt habe. Bei den sogenannten „Südtirol-Aktivisten" handele es sich, wie er sagte, zweifellos nicht um die einstigen Führer der Südtiroler, sondern um eine Gruppe radikaler Abenteurer und Außenseiter, die offensichtlich jede Einigung zwischen Österreich und Italien verhindern wollten.

Seite 4: Wien gibt Hoffnung nicht auf

Enttäuschung über UNO-Niederlage

Scharfe sowjetische Kritik

Nachrichtendienst der WELT

Hamburg, 5. Juli

Das Ergebnis der Abstimmung der UNO-Vollversammlung, die alle Resolutionsentwürfe zur Verurteilung Israels und einer Zurückziehung seiner Truppen aus den besetzten Gebieten abgelehnt hat, rief auf sowjetischer und arabischer Seite heftige Kritik hervor.

Wenige Stunden nach der Abstimmungsniederlage der von der Sowjetunion unterstützten Resolution forderte der sowjetische Parteichef Breschnjew wiederum die Verurteilung Israels. Die sowjetische Nachrichtenagentur TASS schrieb, die USA hätten massiven Druck ausgeübt, um die Abstimmung zu beeinflussen.

Rundfunk und Presse in Ägypten und Syrien reagierten mit offener Enttäuschung auf die Niederlage. Achmed Schukeiri, der Führer der Palästina-Befreiungsorganisation, forderte die arabischen Staaten zum Auszug aus der Weltorganisation auf.

Der israelische Ministerpräsident Eschkol dankte Außenminister Ebba Eban telegrafisch für dessen Bemühungen in der UNO-Sondersitzung. Die Entscheidung der Vollversammlung bezeichnete er als „Sieg des gesunden Menschenverstandes". Aus israelischen Kreisen in New York verlautet, Israel werde die Resolution nicht anerkennen, in der die Eingliederung Alt-Jerusalems für ungültig erklärt wird.

Seite 4: Nahost-Konflikt

Diederichs mit großer Mehrheit wiedergewählt

Von unserem Korrespondenten

R. S. **Hannover,** 5. Juli

Der niedersächsische Landtag hat am Mittwoch in Hannover Georg Diederichs (SPD) mit 119 der 143 abgegebenen Stimmen wieder zum Ministerpräsidenten des Landes gewählt. Gegen Diederichs stimmten 21 Abgeordnete. Zwei Abgeordnete enthielten sich der Stimme; eine Stimme war ungültig.

Nach seiner Wiederwahl berief Diederichs die acht Mitglieder seines SPD/CDU-Koalitionskabinetts. Anschließend wurde das neue Kabinett vereidigt.

Die Minister Lehners (früher Landtagspräsident) und Hellmann sind neu im Kabinett.

Seite 6: Harte Jahre

Kämpfe um zwei Städte im Ostkongo Mobutu verhängt den Ausnahmezustand

Kinshasa: Ausländische Aggression — Rebellion für Tshombé?

Kinshasa/Washington, 5. Juli (dpa-AP-UPI-AFP)

Der Kongo ist nach Angaben von Präsident Mobutu am Mittwoch durch einen „Überraschungsangriff ausländischer Söldner und Siedler" auf die Städte Kisangani und Bukavu erneut in Kriegswirren gestürzt worden.

General Mobutu hat über das gesamte Land den Ausnahmezustand verhängt und den Weltsicherheitsrat sowie das Generalsekretariat der „Organisation der Afrikanischen Einheit" von der „ausländischen Aggression" informiert. Die Lage im Osten des Landes nannte er „sehr gespannt".

Über den Rundfunk der kongolesischen Hauptstadt Kinshasa gab Mobutu am Mittag bekannt, zwei nicht identifizierte Flugzeuge hätten um 6.30 Uhr Ortszeit „ausländische Kommandotruppen" über Kisangani, der Hauptstadt der Ostprovinz, abgesetzt. Der Flugplatz des früheren Stanleyville sei in der Hand der Fallschirmjäger. In Bukavu, der Hauptstadt der Provinz Kivu im Norden des Tanganjikasees, hätten ausländische Siedler gleichzeitig eine Miliz gebildet und die Garnison der Nationalarmee angegriffen.

Nach in Washington einlaufenden diplomatischen Berichten sind die Kämpfe in Kisangani und Bukavu allerdings durch eine Revolte von kongolesischen Soldaten ausgelöst worden, die aus Katanga stammen und dem zum Tode verurteilten früheren Katanga-Präsidenten und Expremier des Kongo, Moise Tshombé, ergeben sind.

Politische Beobachter vermuten daher, die neuen Kämpfe im Kongo seien eine Reaktion auf die Entführung Tshombés nach Algier und auf seine von Präsident Mobutu beantragte Auslieferung nach Kinshasa.

Die amtliche algerische Nachrichtenagentur bezeichnete die angebliche ausländische Intervention im Kongo als einen Versuch des amerikanischen Geheimdienstes zur Rettung Tshombés. In einigen westlichen Kreisen Londons neigt man zu der Auffassung, daß Mobutu mit der Bekanntgabe einer angeblichen ausländischen Intervention beabsichtige, in Algerien Stimmung für die Auslieferung Tshombés an den Kongo zu machen.

Seite 6: Madrid ist beunruhigt

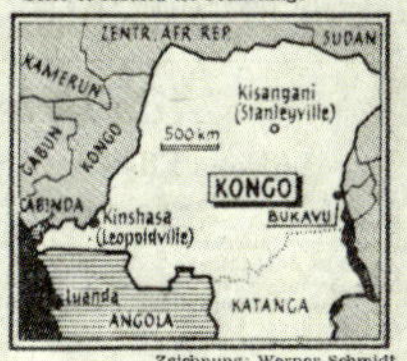

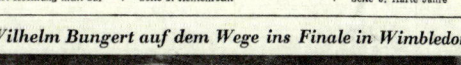

Zeichnung: Werner Schmidt

Bonn verlangt volle Klarheit

Mit der Darstellung der koreanischen Botschaft nicht zufrieden

Nachrichtendienst der WELT

Bonn, 5. Juli

In äußerst scharfer Form hat die Bundesregierung am Mittwoch auf das mysteriöse Verschwinden von Südkoreanern aus der Bundesrepublik reagiert. Sie forderte die koreanische Botschaft in Bonn noch einmal energisch auf, Auskunft über die Vorfälle zu geben. Gleichzeitig leitete sie umfangreiche Ermittlungen durch das Bundeskriminalamt ein.

Auch am Mittwoch war noch nicht geklärt, wie viele Südkoreaner verschwunden sind. Der Erste Sekretär der südkoreanischen Botschaft legte am Mittwochnachmittag eine Liste mit den Namen von 16 Koreanern und einem Kind vor, die „freiwillig" in die Heimat zurückgekehrt seien.

Ein Sprecher der Botschaft sagte, seine Landsleute seien nach Kontakten mit Angehörigen des südkoreanischen Geheimdienstes zurückgereist. Gegen sie liefen Verfahren, weil sie die Sicherheit des Staates gefährdet haben sollten. Sie seien ohne eine Anwendung von Gewalt abgereist, um sich in der Heimat zu rechtfertigen. In Bonner Regierungskreisen ist diese Darstellung als „völlig unbefriedigend" bezeichnet worden.

Bundesinnenminister Paul Lücke hat sich am Mittwoch in die Affäre eingeschaltet. Er beauftragte das Wiesbadener Bundeskriminalamt, strafbare Handlungen zu verfolgen, die mit dem ungeklärten Verschwinden der Südkoreaner zusammenhängen könnten.

Der Botschafter der Republik Südkorea, General Duk Shin Choi, hat dem Auswärtigen Amt in Bonn versichert, daß „in Zukunft für die koreanischen Staatsangehörigen in der Bundesrepublik kein Grund zu einer Beunruhigung bestehen werde". Das wurde am Mittwoch in Bonn mitgeteilt.

Möglicherweise wird der deutsche Botschafter in Seoul, Franz Ferring, zur Berichterstattung nach Bonn beordert werden, das verlautete aus zuständigen Kreisen der Bundeshauptstadt. Falls Angehörigen der südkoreanischen Botschaft strafbare Handlungen nachgewiesen werden sollten, wurde gesagt, könnten sie damit rechnen, als „unerwünschte Person" zum Verlassen des Landes aufgefordert zu werden.

In dieser Ausgabe

Bonn hat Auftrieb in Washington
Von Heinz Barth
Leitartikel Seite 2

Norwegische Kulturtage in Dortmund
Von E. Plunien und H. Krellmann
Feuilleton Seite 9

Deutsche Computer sollen den Wettbewerb steuern
Von Hermann Bößenecker
Wirtschaft Seite 11

*

Leserbriefe . . . . Seiten 2 und 8
Sport . . . . Seite 7
Luther und seine Zeit . . Seite 10

DIE WELT DER LITERATUR

Der Irrtum des Kardinals: Viktor Reimanns Buch über Theodor Innitzer / Von Oskar Köhler

Der Mittagsgedanke des Albert Camus — Zum zweiten Band seiner Tagebücher / Von Günter Zehm

Macht und Medizin — Michael Freunds Buch über Krankheit und Tod Friedrichs III. / Von Iris Hamel

Von Furien gehetzt, zum Leben verurteilt: Eine neue Edition von Briefen Dostojewskijs / Von Jürgen Rühle

Ausflüge aus der Unbeweglichkeit — Zum dritten Teil der Schoenberner-Memoiren / Von Hans Wolffheim

Wilhelm Bungert auf dem Wege ins Finale in Wimbledon

Nachrichtendienst der WELT

London, 5. Juli

Wilhelm Bungert hat das Finale der All-England-Tennismeisterschaften von Wimbledon erreicht. In dramatischem Fünfsatzkampf schlug der 28jährige Düsseldorfer seinen englischen Gegner Roger Taylor mit 6:4, 6:8, 2:6, 6:4, 6:4. Zum erstenmal seit 29 Jahren hat sich damit ein deutscher Tennisspieler für das Endspiel der inoffiziellen Weltmeisterschaften qualifiziert. Zuletzt hatte Gottfried von Cramm 1938 dieses Ziel erreicht.

Vor den mit 15 000 Zuschauern ausverkauften Rängen des Center Court spielte Bungert gegen den aufschlagstarken Engländer seine überlegene Technik aus. In der streckenweise nervösen Partie — man zählte insgesamt 27 Doppelfehler — hatte Wilhelm Bungert den besseren Start, geriet dann mit 1:2 in Satzrückstand und behauptete sich dank seines rationelleren Spieles. In den beiden Schlußsätzen fehlte Roger Taylor die Kraft. Bungert dagegen zeigte bis zum Ende des Matches kaum Ermüdung, obwohl es für den Düsseldorfer im sechsten Wimbledonspiel dieses Jahres das dritte Spiel über fünf Sätze war.

Bungert, der vor dem Turnier nicht gesetzt worden war, trifft im Finale auf John Newcombe (Australien), der den Jugoslawen Pilic 9:7, 4:6, 6:3, 6:4 schlug.

Foto: AP-fotofax

Höchstpreis für einen Canaletto in London

London, 5. Juli (SAD)

Rund 1,1 Millionen Mark zahlte ein anonymer Käufer am Mittwoch auf einer Versteigerung des Londoner Kunsthauses Sotheby für ein Gemälde von Canaletto (1697 bis 1768), das eine Regatta auf dem Canale Grande seiner Heimatstadt Venedig darstellt. Es ist der höchste Preis, der je für ein Werk des italienischen Malers gezahlt wurde. Auch der Verkäufer des Bildes blieb anonym.

Für 1 045 000 Mark erstand ein Privatkäufer Sandro Botticellis Porträt einer jungen Dame im roten Kleid mit Spitzen.

Frankreich stellt Mitarbeit an Flugzeugprojekt ein

Von unserem Korrespondenten

H. M. **London,** 5. Juli

Frankreich hat seine Mitarbeit an dem britisch-französischen Gemeinschaftsprojekt eines Schlachtflugzeugs mit verstellbaren Flügeln aufgekündigt, und zwar, wie Verteidigungsminister Denis Healey am Mittwoch vor dem Unterhaus erklärte, aus „rein finanziellen Gründen". Healey, der den Entschluß der Franzosen „zutiefst" bedauerte, erklärte, daß sich die Regierung Alternativen überlegen müsse. Das schließe die mögliche Zusammenarbeit mit anderen Ländern ein.

Wirtschaft: An die Stelle Frankreichs?

Söldner revoltieren

3. Juli. Drei Tage nach der Entführung des oppositionellen Kongo-Politikers Moise Tschombé (→ 30. 6./S. 99), der im spanischen Exil einen Schlag gegen die gegenwärtige Regierung unter Staats- und Ministerpräsident Joseph D. Mobutu geplant haben soll, nach Algerien, ordnet Mobutu die Entwaffnung der sog. Söldnertruppe 10 an, die sich daraufhin gegen die kongolesische Regierung erhebt.

J. D. Mobutu

Das Kommando 10 ist 1960, als der Kongo seine Unabhängigkeit erhielt, von dem gebürtigen Belgier Jean Schramme gegründet worden. Nachdem Anhänger der kongolesischen Zentralregierung seine Plantagen verwüstet hatten, trat er in den Dienst von Tschombé, der die Unabhängigkeit der rohstoffreichen Provinz Katanga proklamiert hatte. Nach dessen Sturz wurde die Truppe, die aus rund 160 weißen Söldnern, denen sich 850 ehemalige Katanga-Gendarmen Tschombés angeschlossen haben, von Mobutu übernommen und besoldet.

Auf die Anordnung Mobutus, der offensichtlich eine Racheaktion auf die Entführung Tschombés befürchtet hat, die Söldner zu entwaffnen, kommt es zur offenen Revolte. Das Kommando 10 erobert zunächst die Stadt Bukavu und stößt dann weiter nach Kisangani vor. Hier schließen sich Teile des Söldnerkommandos mit weißen Siedlern und Kaufleuten zusammen.

Schramme, der auch kurz »Schwarzer Hans« genannt wird, zieht daraufhin in das Gebiet von Punia. Von dort legt er mit 45 Lastwagen die

Kongos Staats- und Ministerpräsident Joseph D. Mobutu zeigt auf einer Landkarte den Weg der revoltierenden Söldner unter Jean Schramme

500 km lange Fahrt durch den Urwald nach Bukavu zurück, das er bis zum Ende des Monats als Festung ausgebaut hat und zu seinem Hauptquartier erklärt. Schramme gelingt es, mit seiner winzigen Streitmacht die 33 000 Mann starke Armee Mobutus in Schach zu halten. Bei den Kämpfen mit der kongolesischen Armee fallen nur 21 Mitglieder des Kommandos 10, aber rund 1000 Kongolesen. (→ 21. 8./S. 128).

Konsequenzen des Sechstagekriegs in Nahost

Die Situation im Nahen Osten beschäftigt auch im Juli in unverändert starkem Maße die Weltöffentlichkeit. Die Frage der Grenzziehung nach dem israelisch-arabischen Krieg (→ 5. 6./S. 96) läßt die Spannungen zwischen den beiden Weltmächten, den Vereinigten Staaten und der Sowjetunion, wieder klar zutage treten. Nach wie vor kommt es im Krisengebiet zu Gefechten zwischen Israel und den Vereinigten Arabischen Republiken.

Protest gegen Jerusalem-Politik

15. Juli. Die Sondersession der Vereinten Nationen (UN) in New York verabschiedet ohne Gegenstimmen eine Jerusalem-Resolution, die gegen die administrative Wiedervereinigung der Stadt durch Israel protestiert. Der israelische Außenminister Abba Eban erklärt sofort, daß Jerusalem trotz dieser Resolution weiter von Israel als kommunale Einheit verwaltet werde.

Die Eroberung des jordanischen Teils von Jerusalem gehört zu den wichtigsten Erfolgen des Feldzugs (→ 5. 6./S. 96). Eine der ersten Maßnahmen der Israelis ist die Ausweisung der etwa 2000 Araber, die im ehemaligen jüdischen Viertel gegenüber der Klagemauer lebten. Ihre Häuser werden abgerissen, denn die Klagemauer ist das Ziel von vielen frommen Juden. Seit der Teilung der Stadt vor 19 Jahren war diesen der Zugang zu einem ihrer zentralen Heiligtümer verwehrt gewesen.

Ein ungewohnter Anblick des Sueskanals: Keine Schiffe sind zu sehen

UN überwacht Waffenstillstand

17. Juli. Die ersten acht von 32 militärischen Beobachtern der Vereinten Nationen (UN) nehmen ihre Tätigkeit in Ismalia und Kantara – auf beiden Seiten des Sueskanals – auf. Nach der Feuereinstellung am 10. Juni kam es insbesondere am Sueskanal wiederholt zu schweren militärischen Auseinandersetzungen zwischen Israel und Ägypten, für die sich jeweils beide Seiten verantwortlich machten. Das veranlaßte den UN-Sicherheitsrat in New York, in dieses Krisengebiet militärische Beobachter zu entsenden, die über die Einhaltung des Waffenstillstands wachen, ohne daß damit die Souveränität der beiden Staaten verletzt wird. Sowohl Israel als auch Ägypten stimmten der Stationierung zu.

Weniger Erdöl für Westmächte

Für die Westmächte sind die wirtschaftlichen Folgen des sog. Sechstagekriegs noch spürbar. Bereits am 5. Juni sperrt Ägyptens Staatspräsident Gamal Abd el Nasser den für die internationale Schiffahrt bedeutsamen Sueskanal und macht ihn unpassierbar.

Gleichzeitig beschließen die arabischen Erdölförderländer, allen Staaten kein Öl mehr zu liefern, die Israel in irgendeiner Form unterstützt haben. Das betrifft insbesondere Großbritannien und die Vereinigten Staaten; aber auch in der Bundesrepublik, das 76% des Rohöls aus den arabischen Ländern importiert, kommt es zum ersten »Ölschock«. Die bundesdeutschen Erdölkonzerne beschließen daraufhin, einen Krisenvorrat zu lagern. Auch der Normalverbraucher spürt die Energieverknappung unmittelbar: Die Preise für Benzin werden um einen Pfennig je Liter erhöht.

Der Bürgerkrieg in Biafra beginnt

6. Juli. Die nigerianische Armeeregierung unter Oberst Yakubo Gowon beginnt mit einer militärischen Intervention gegen die Rebellion der Ostregion, deren Selbständigkeitserklärung als Republik von Biafra am 30. Mai Gowon als illegal bezeichnet hatte. Der Generalgouverneur der abgefallenen Ostregion, Oberst Odumegwu Ojukuwu, ruft zur Verteidigung der neuen Republik Biafra auf. Damit beginnt der blutige Bürgerkrieg in Nigeria.

Nigeria – von Großbritannien 1960 in die Unabhängigkeit entlassen – ist als Föderation eine kolonialpolitische und somit künstliche Konstruktion, die mehrere Volksstämme zusammenzwingt. Sowohl in der Verfassung als auch in der Verwaltung des Staates wird der in der Ostregion beheimatete große Stamm der Ibos benachteiligt.

Die unterschiedliche politische Machtverteilung der Stämme führte immer wieder zu Regierungskrisen. Seit dem Militärputsch (Januar 1966) von General Johnson Ironsi, der dem Ibo-Stamm angehört, ist das Land nicht mehr zur Ruhe gekommen. Sein Bemühen, Nigeria von einer Föderation in einen Einheitsstaat umzuwandeln und außerdem alle Stammesorganisationen aufzulösen, führte schon bald zu seinem Sturz durch Oberst Gowon.

Johnson Ironsi, nach seinem Sturz als Machthaber 1966 getötet

Unter Gowon steigerte sich auch der Konflikt unter den Stämmen im Oktober 1966 schließlich zu einer militärischen Auseinandersetzung. Bis zu 100 000 Angehörige der Ibos wurden im Norden des Landes getötet oder flüchteten in die heimatliche Ostregion.

Der Abfall der Ostregion von Nigeria ist auch aus wirtschaftlichen Gründen von der Zentralregierung in Lagos nicht zu verkraften, da diese Region über gewaltige Erdgas- und Erdölvorkommen verfügt. Gowon versuchte, Oberst Ojukuwu durch einen Wirtschaftsboykott auf die Knie zu zwingen, was ihm aber nicht gelungen ist.

Besonders Angehörige des Ibo-Stammes flüchten aus Angst vor grausamen Ausschreitungen vor den anrückenden nigerianischen Regierungstruppen

Frankreichs Staatspräsident Charles de Gaulle brüskiert Kanada

De Gaulle feiert das freie Quebec

26. Juli. Für einen in der internationalen Öffentlichkeit einmaligen Eklat sorgt der französische Staatspräsident Charles de Gaulle anläßlich eines Staatsbesuchs in Kanada.

De Gaulle unternimmt diese Reise, um den »Französischen Tag« auf der Weltausstellung in Montreal zu begehen, und Frankreich aus Anlaß des 100jährigen Zusammenschlusses Kanadas aus ehemaligen französischen und britischen Kolonien zu repräsentieren.

Erste Station seiner Reise ist die französischsprachige Provinz Quebec. In einer Ansprache ermutigt de Gaulle die Separatisten, indem er ihre gallische Herkunft betont. Die kanadische Regierung tadelt offen die Einmischung des französischen Staatspräsidenten in die inneren Angelegenheiten Kanadas. De Gaulle seinerseits bricht die Reise vorzeitig ab, ohne mit der Regierung in Ottawa konferiert zu haben.

Kanada begeht das Jubiläum seiner Unabhängigkeit 1867

1. Juli. Kanada feiert das 100. Jubiläum seiner Unabhängigkeit. Tausende von Kanadiern begrüßen jubelnd die britische Königin Elisabeth II. und Prinz Philip, die zu den Feierlichkeiten nach Ottawa gekommen sind. Ein Salut von 100 Schuß ertönt am Mittag über der Stadt. Überall in Kanada wird der Tag mit Gartengesellschaften, Bällen und Paraden gefeiert.

Doch die Festlichkeiten können nicht darüber hinwegtäuschen, daß Kanada Schwierigkeiten hat, als Nation aufzutreten. Es erhielt seine Unabhängigkeit nicht vollständig vor 100 Jahren, sondern graduell und fast unmerklich: Die Verfassung Kanadas ist ein Gesetz, das vom britischen Parlament beschlossen wurde und legal nur von diesem abgewandelt werden kann. Erst in den 20er Jahren schickte Kanada eigene Diplomaten ins Ausland und noch 1940 vertraten britische Botschaften kanadische Interessen in vielen wichtigen Staaten. Das Oberhaus in London war noch nach dem Zweiten Weltkrieg die oberste Instanz in der kanadischen Rechtsprechung. Hinzu kommt, daß es innerhalb dieser einen Nation Kanada mindestens zwei sehr unterschiedliche Kulturgruppen – eine britische und eine französische – gibt, deren Zusammenleben sich noch immer schwierig gestaltet.

Die britische Königin Elisabeth II. und Prinz Philip (2. v. r.) besuchen die Weltausstellung »Expo 67« im kanadischen Montreal

Der kanadische Ministerpräsident Lester Pearson zeigt sich empört über das Verhalten von de Gaulle

Vier Tage und vier Nächte kämpfen in Newark Polizei und Nationalgarde gegen Farbige

Die Straßen von Newark gleichen einem Schlachtfeld; überall wird geplündert oder zerstört

Der farbige Soldat der Nationalgarde muß auf seine demonstrierenden Brüder schießen

Blutige Rassenkrawalle in den USA

15. Juli. In Newark an der US-amerikanischen Ostküste brechen blutige Rassenkrawalle aus. Nach viertägigen, bürgerkriegsähnlichen Auseinandersetzungen zwischen Farbigen und der Polizei sowie der aufgebotenen Nationalgarde, gleicht der 450 000 zählende Industrievorort von New York einem Schlachtfeld: Zahlreiche Häuserviertel sind ausgebrannt, viele Läden geplündert, Autowracks zeugen von heftigen Straßenkämpfen. 28 Menschen kommen während des »heißen Wochenendes von Newark« ums Leben, rund 1500, vorwiegend jugendliche Schwarze, werden verhaftet, etwa 2000 teilweise schwer verletzt.

Newark ist nur der Anfang der schwersten Rassenunruhen in der Geschichte der Vereinigten Staaten. In allen Industriezentren der Nordstaaten – in Detroit, Cambridge, Rochester, New York, Tuscon – rebellieren die Farbigen, nicht gegen verweigerte Bürgerrechte, sondern gegen ihre Armut und soziale Not. Anlaß für die Krawalle sind überall geringfügige Vorfälle. So auch in Newark, wo sich die Verhaftung eines farbigen Taxifahrers wie ein Lauffeuer durch die Stadt verbreitete. Mehrere tausend Menschen belagerten sofort das Polizeirevier, in dem der Farbige festgehalten wurde.

Ursache dieser gewalttätigen Unruhen ist das ungelöste Problem der Arbeitslosigkeit unter der schwarzen Bevölkerung. In den Industriestädten des Nordens hat sich der Anteil der Farbigen an der Gesamtbevölkerung seit 1950 von rund 17% auf bis zu 50% erhöht. Viele Farbige sind aus dem Süden in den Norden der Vereinigten Staaten gekommen, weil sie hier auf bessere Arbeitsmöglichkeiten hofften. Doch die Zahl der Arbeitsplätze für ungelernte Arbeiter in Industrie und Gewerbe nimmt durch zunehmende Automatisierung ab. Viele leben deshalb unter dem Existenzminimum, in die Ghettos und Slums der Städte abgedrängt; die zunehmenden Zweifel an einer Verbesserung der Lage entladen sich in den Rassenunruhen.

Die geteilte schwarze Bewegung

Der Anführer der schwarzen Bürgerrechtsbewegung, Martin Luther King, mahnt angesichts der Rassenkrawalle in Newark zur Gewaltlosigkeit

23. Juli. Eine viertägige Konferenz radikaler Negerführer in Newark endet mit der Annahme einer Resolution, die die Bildung einer schwarzen Nation an der Seite der Weißen in den Vereinigten Staaten fordert. Außerdem sollen alle jungen Schwarzen nach einer paramilitärischen Ausbildung in einer schwarzen Miliz die schwarze Nation schützen. Das Schlagwort dieser neuen Bewegung unter dem Farbigen Stokley Carmichael heißt »Black Power« – Schwarze Macht.

Am 26. Juli dagegen rufen die vier prominentesten Negerführer, unter ihnen Martin Luther King, zum gewaltfreien Kampf für die Rechte der Farbigen auf: Terror sei stets schädlich für die farbige Bevölkerung.

Stationen der Diskriminierung

1765: In den Südstaaten Amerikas besteht ein detailliertes Gesetzsystem, das die Sklaverei institutionalisiert.

1. Januar 1863: US-Präsident Abraham Lincoln verleiht den Sklaven in ganz Amerika die Freiheit. Insbesondere in den Südstaaten entwickelt sich jedoch ein neues System der Unterdrückung der Farbigen: Die Rassentrennung. Aber auch in den Städten der Nordstaaten bleiben die Rechte der Schwarzen eingeschränkt.

2. Juli 1964: US-Präsident Lyndon B. Johnson erläßt die Bürgerrechte, die die Diskriminierung formal aufheben.

US-Präsident Lyndon B. Johnson erläßt die Bürgerrechte

Fusion: EWG, EURATOM und EGKS

1. Juli. Der Vertrag über die Fusion der europäischen Exekutiven wird in Rom ratifiziert. Die Urkunde wird durch den italienischen Außenminister Amintore Fanfani und die Botschafter der Bundesrepublik, Frankreichs und der Beneluxländer in Rom unterzeichnet. Durch den Fusionsvertrag werden die Kommissionen der Europäischen Wirtschaftsgemeinschaft (EWG), die europäische Atomkommission EURATOM und die Behörde der Montanunion (EGKS) zu einer einheitlichen Kommission, kurz Europäische Gemeinschaft (EG) genannt, verschmolzen. Die EG stellt also die Exekutive aller drei Gemeinschaften dar, ihr Sitz ist Brüssel.

Präsident dieser neuen EG-Kommission ist der Belgier Jean Rey, der bisher in der EWG-Kommission für Außenbeziehungen der Gemeinschaft zuständig war. Vizepräsident wird der Franzose Raymond Barre. Am 6. Juli findet die erste Sitzung der neuen Einheitskommission in Brüssel statt. In seiner Antrittsrede vor den 13 Mitgliedern der EG betont Rey, daß er die Kommission ebenso wie sein Vorgänger Walter Hallstein (→ 21. 6./S. 99) als Motor, als »Ani-

mator« des Gemeinschaftsfortschritts und Repräsentanten des übergeordneten europäischen Interesses versteht. Zu den Aufgaben der neuen Kommission gehören die Erarbeitung von Vorschlägen für die Sanierung des Kohlebergbaus und die Prüfung der Beitrittsgesuche von Großbritannien, Dänemark und Irland (→ 11. 5./S. 82).

Daten der europäischen Einigung

9. Mai 1950: Der französische Außenminister Robert Schuman schlägt eine europäische Gemeinschaft für Kohle und Stahl vor.
18. April 1951: In Paris unterzeichnen die Außenminister von Belgien, Luxemburg, Italien, Frankreich, der Bundesrepublik und der Niederlande das Abkommen über die Montanunion der sechs Staaten.
25. März 1957: In Rom werden von den Regierungschefs der sechs Mitgliedsstaaten der Montanunion die Gründungsverträge zur Europäischen Wirtschaftsgemeinschaft (EWG) und der europäischen Atombehörde (EURATOM) unterzeichnet. Grundlagen und Ziele der Gemeinschaft sind:
▷ Freier Warenverkehr durch eine weitreichende Zollunion

bzw. einen gemeinsamen einheitlichen Zolltarif
▷ Freier Personen-, Dienstleistungs- und Kapitalverkehr
▷ Gemeinsame Wettbewerbsregeln und Angleichung der Rechtsvorschriften
Aufgabe der Gemeinschaft ist es, durch die Errichtung eines Gemeinsamen Marktes eine harmonische Entwicklung innerhalb der Gemeinschaft, eine beständige Wirtschaftsausweitung, eine erhöhte Stabilität und engere politische Beziehungen zwischen den Staaten zu fördern.
1. Januar 1958: Walter Hallstein wird Präsident der EWG-Kommission in Brüssel.
14. Januar 1962: Der EWG-Ministerrat beschließt den Gemeinsamen Agrarmarkt.

Roy Jenkins plädiert für die Reform des Gesetzes gegen Homosexualität

Straffreiheit für Homosexuelle

4. Juli. Nach einer langen Nachtsitzung im britischen Unterhaus, die erst um 6 Uhr zu Ende ging, wird mit einer Mehrheit von 85 Stimmen die Reform des Gesetzes gegen die Homosexualität gebilligt.

Die Labour-Abgeordneten – vom Parteizwang entbunden – haben schon wiederholt in den letzten Jahren dafür gestimmt, daß freiwillige sexuelle Handlungen unter Erwachsenen dem bisherigen Verbot entzogen werden. Die britische Regierung hat in der heftigen Unterhausdebatte eine neutrale Haltung gezeigt, Innenminister Roy Jenkins bezeichnet nach erfolgter Abstimmung die Reform als eine »zivilisationsfördernde Entscheidung«.

Bodeninitiative wird abgelehnt

2. Juli. In einer eidgenössischen Volksabstimmung wird die sog. sozialistische Bodeninitiative bei einer Wahlbeteiligung von 37% mit Zweidrittelmehrheit abgelehnt: 192 998 Ja-Stimmen stehen 397 080 Nein-Stimmen gegenüber. Nur Genf weist als einziger Kanton in der Schweiz eine annehmende Mehrheit auf.

Die Sozialdemokratische Partei und der Schweizer Gewerkschaftsbund wollten mit dieser Volksabstimmung eine Änderung der Bundesverfassung erwirken. Diese Änderung sollte der weitverbreiteten Bodenspekulation in der Schweiz Einhalt gebieten, indem dem Staat bei Grundstücksverkäufen grundsätzlich ein Vorkaufsrecht eingeräumt wird oder sogar die Möglichkeit, bei notwendiger Bebauung die Grundstücke uneingeschränkt zu enteignen. Vor allem der letzte Punkt ist von den Schweizern als unannehmbar empfunden worden.

Papst bereist Türkei

28. Juli. Papst Paul VI. beendet seine drei Tage dauernde Reise in die Türkei, deren Höhepunkt ein Treffen mit dem griechisch-orthodoxen Patriarchen von Konstantinopel, dem Ehrenprimas der morgenländischen

Papst Paul VI. in Rom vor seinem Abflug nach Istanbul, wo er mit Athenagoras I. zusammentrifft

Kirche, Athenagoras I., am 27. Juli in Istanbul gewesen ist.

In Istanbul, dem alten Byzanz, tauschten Papst Paul VI. und Athenagoras I. zum zweiten Mal den Bruderkuß aus. Wie schon vor drei Jahren in Jerusalem, wollten die beiden Kirchenfürsten damit der christlichen Ökumene, der Wiederannäherung der voneinander getrennten Kirchen in Ost und West dienen.

Als eine Provokation empfanden allerdings viele Türken ein Gebet des römischen Papstes in der Hagia Sophia. In der prächtigen und so umstrittenen Kirche – wo Papst Leo IX. 1054 den päpstlichen Bann gegen den oströmischen Patriarchen Michael Kerrularios deponierte, die Mohammed der Eroberer 1453 in eine Moschee umwandelte, und die schließlich von Kemal Atatürk 1935 säkularisiert wurde, kniete Papst Paul VI. vor dem Altar kurz nieder. Zum Abschied seiner Reise besuchte Paul VI. Ephesus.

Abtreibungen in Großbritannien

15. Juli. Nach 14stündiger Debatte verabschiedet das britische Unterhaus in London ein Gesetz, das die operative Unterbrechung einer Schwangerschaft gestattet, wenn diese die körperliche oder seelische Gesundheit der Mutter gefährdet oder wenn nach dem Gutachten zweier Ärzte eine wesentliche Gefahr besteht, daß das Kind mit geistigen oder körperlichen Fehlern zur Welt kommt. Außerdem ist eine Abtreibung gestattet, wenn die Mutter unter 16 Jahre alt ist.

Tips für Italienreisende

Sie brauchen für die Autofahrt:	Sie brauchen für die Bahnreise:
Grüne Versicherungskarte	Fahrkarten
Auslandsschutzbrief	
Carta Carburante	
Benzingutscheine	
Kurz-Kaskoversicherung	
Insassenversicherung	
Straßenkarten	
D-Schild	
Warnlampe u. Dreieck	
Auto-Apotheke	
Abschleppseil	
Reservekanister	
Ersatzbirnen u. Sicherungen	
Reserve-Keilriemen	
Komplettes Werkzeug	
Überprüfung des Fahrzeugs	

Fahr lieber mit der Bundesbahn

Sonne, Strand und Meer finden bundesdeutsche Urlauber in Rimini an der italienischen Adria

Werbung für Bahnreisen nach Italien

Urlaub 1967:
Wirtschaftsflaute dämpft die Reiselust

Reisebüros und Kurverwaltungen, Verkehrsvereine und Hoteliers verzeichnen zum ersten Mal seit einem Jahrzehnt einen Rückgang der Touristen im Reisejahr 1967.

Der bundesdeutschen Reiselust setzt nach Meinung der Tourismusindustrie in erster Linie die anhaltende wirtschaftliche Flaute Grenzen. Im Gegensatz zu den vergangenen Jahren, in denen die Zahl der Urlauber von Jahr zu Jahr sprunghaft angestiegen ist, muß man vielerorts eine Stagnation im Vergleich zum Vorjahr hinnehmen. Starke Einbußen verzeichnen die bundesdeutschen Heilbäder, die über einen Rückgang der Sozialkurgäste klagen. Viele scheinen aus Angst um ihren Arbeitsplatz auf eine Kur zu verzichten.

Vor zehn Jahren machten nur 11,5 Millionen Bundesbürger über 14 Jahre, also rund 28% der Gesamtbevölkerung, eine Urlaubsreise. Davon verbrachten 8,5 Millionen ihre Ferien im Inland, von den restlichen drei Millionen fuhren allein 1,3 Millionen nach Österreich und 800 000 nach Italien. 1967 verreisten rund 40% der erwachsenen Bevölkerung der Bundesrepublik, von denen nur mehr rund die Hälfte im Inland bleibt. Oberbayern ist dabei als Ferienziel Spitzenreiter im inländischen Reiseverkehr. Die bundesdeutschen Auslandsurlauber streben, wie schon vor zehn Jahren – am liebsten nach Österreich und Italien, aber auch Spanien, Frankreich und die Schweiz, Jugoslawien, Griechenland und die Niederlande erfreuen sich großer Beliebtheit.

Als Verkehrsmittel, das für die Urlaubsreise benützt wird, liegt das Auto an der Spitze. 57% der Urlauber treten ihre Fahrt im Pkw an, während die Eisenbahn immer mehr an Beliebtheit einbüßt. Vor zehn Jahren reisten noch 51% auf der Schiene, 1967 sind es nur noch 27%, innerhalb des Bundesgebietes 17% weniger als im Vorjahr, bei Reisen ins Ausland sogar 27% weniger. Rekordzahlen präsentiert dagegen die Flugtouristik. Die großen Reiseunternehmen verzeichnen ein Plus von 45% gegenüber dem Vorjahr. Während sich die Italienfahrten per Liegewagen der Deutschen Bundesbahn um 12% vermindern, klettern die Buchungen für Flugreisen dorthin um 71%. 1967 verzeichnen die Touristikunternehmen insgesamt 750 000 Flugpassagiere, ein Drittel mehr als im Jahr 1966.

300 Sonnentage pro Jahr...

... zählt man in den meisten der bekannten spanischen Feriengebieten, z. B. auf den Kanarischen Inseln können, zu jeder Jahreszeit der Sonne nachzureisen. Es ist ja auch von besonderem Reiz, dem Wetter ein Schnippchen zu schlagen: in 4 Stunden mit einer der superschnellen 4-strahligen DC-8 Turbofan von Frankfurt nach den Kanarischen Inseln zu fliegen. Oder mit einer VI-R Caravelle in nur etwas über

2 Stunden nach Mallorka. Die IBERIA, Spaniens Luftlinie, die in Zusammenarbeit mit der Lufthansa diese Strecke bedienen, setzen ausschließlich diese modernen, komfortablen Maschinen ein. Dabei sind die Flugpreise bei Inanspruchnahme des 30-Tage-Tarifes besonders vorteilhaft. Überhaupt ist das spanische Preisniveau vergleichsweise immer noch außerordentlich günstig, und alle großen Reiseveranstalter bieten Gesellschaftsreisen zu erstaunlich niedrigen Preisen an. Alle weiteren Informationen erhalten Sie bei Ihrem Reisebüro. Allgemeine Auskünfte erteilen auch die Staatlichen Spanischen Verkehrsbüros in Frankfurt/Main, Beth-

mannstraße 50-54; Hamburg, Ferdinandstraße 64-68; München, Herzog-Wilhelm-Straße 18-20; Genf, 1, Rue de Berne; Zürich, Claridenstraße 25 sowie das Spanische Fremdenverkehrsamt in Wien, Maysedergasse 4. – Ebenso die Delegationen der IBERIA in Frankfurt/Main, Kaiserstraße 61; Düsseldorf, Graf-Adolf-Straße 81; Berlin, Budapester Straße 20a; München, Karlsplatz 5; Hamburg 1, Glockengiesserwall 14; Genf, 13, Rue de Chantepoulet; Zürich, Talstraße 62; Wien, Rotenturmstraße 8.

Die Fotos zeigen (v. links oben u. rechts unten): Flamenco, Iberia – Spaniens Luftlinie, Ibiza, Costa Brava.

Immer mehr Bundesbürger fliegen an ihren Urlaubsort, Reiseunternehmen bieten zum Sommer Billig-Flüge an

Griechenland

Wer nach Griechenland reist, den werden die Götter verwöhnen

Viel Sonne und ein verhältnismäßig günstiges Preisniveau verleiten zum Urlaub in Griechenland

Großindustrieller Krupp gestorben

30. Juli. Alfried Krupp von Bohlen und Halbach erliegt im Alter von 59 Jahren in seinem Haus in Essen einem Bronchialkrebs. Mit dem Alleininhaber des Krupp-Konzerns geht auch eine Epoche der deutschen Industrie- und Wirtschaftsgeschichte zu Ende, die von der 150jährigen Familiendynastie mitgeprägt wurde.

Seit 1943 leitete Alfried Krupp als alleiniger Inhaber das Unternehmen. Wie schon im Ersten Weltkrieg, stand auch während des Zweiten Weltkriegs die Rüstungsproduktion an erster Stelle. Am 31. Juli 1948 wurde Krupp in Nürnberg anstelle seines haftunfähigen Vaters wegen »Plünderung und Förderung der Sklavenarbeit« zu zwölf Jahren Haft verurteilt.

Bei seiner Entlassung aus der Haft 1951 wurde auch die Konfiskation seines Besitzes wieder aufgehoben. In Berthold Beitz fand der eher stille und introvertierte Krupp den Mann, der das angeschlagene Unternehmen wieder zu einem Weltkonzern machte. Die Rezession des letzten Jahres brachte das Unternehmen allerdings in eine Liquiditätskrise, die die Bundesregierung mit einer 300-Millionen-Bürgschaft behebt (→ 7. 3./S. 48).

Mit dem Tod von Alfried Krupp von Bohlen und Halbach geht der Konzern in den Besitz einer Stiftung über, deren Kuratoriumsvorsitzender Beitz ist.

Alfried Krupp von Bohlen und Halbach an seinem Schreibtisch in der Hauptverwaltung seines Konzerns in Essen; am 13. 8. 1907 wurde er als Sohn von Bertha Krupp, die Erbin des Unternehmens, und dem Diplomaten Gustav von Bohlen und Halbach geboren; seit 1943 leitete Alfried Krupp den Familien-Konzern

Alfried Krupp von Bohlen und Halbach (l.) mit Manager Bertold Beitz (r.)

In zahlreichen Nachrufen und Ehrungen wird die Persönlichkeit des Alfried Krupp von Bohlen und Halbach gewürdigt. Bundestagspräsident Eugen Gerstenmaier: »Alfried Krupp strebte nach Frieden und nach den Werken des Friedens – wo auch immer. Er dachte so, weil er ein Mann von Welt war.« (Gemeinsamer Nachruf der Bundesvereinigung der deutschen Arbeitgeberverbände und des Bundesverbandes der Deutschen Industrie): »Das deutsche Unternehmertum verneigt sich in Trauer vor der Persönlichkeit Krupps, der bis zuletzt bemüht gewesen ist, im Sinne der Geschichte seines Hauses unternehmerische Verantwortung zu verkörpern.« (Heinz Kühn, Ministerpräsident von Nordrhein-Westfalen): ». . . ich gestehe, daß mir der Zugang zu Alfried Krupp nicht leicht gemacht worden ist. . . . Ich nehme von einem noblen Menschen Abschied, die Menschen an Rhein und Ruhr werden Alfried Krupp in ihrer guten Erinnerung behalten.« (Frankfurter Allgemeine Zeitung, 1. August 1967): »Dem schwierigen Naturell war die Gabe versagt, die Ungerechtigkeit . . . zu verwinden.«

Südkoreaner entführt

3. Juli. Ein 33jähriger Südkoreaner wird durch den südkoreanischen Geheimdienst aus Heidelberg in sein Heimatland verschleppt. Wie dieser Student, der seit sechs Jahren an der Universität Heidelberg Germanistik studierte, verschwinden im Juni und Juli insgesamt 17 koreanische Staatsbürger auf undurchsichtige Weise aus dem Bundesgebiet und drei weitere aus Berlin (West).

Die Bundesregierung fordert daraufhin am 6. Juli den südkoreanischen Botschafter in Bonn, General Choi Duk Shin, auf, umgehend dafür zu sorgen, daß die von der Botschaft zugegebenen Aktionen des südkoreanischen Geheimdienstes eingestellt werden und verlangt vollste Aufklärung über den Verbleib der verschwundenen Personen.

Südkoreanische Sprecher behaupten, die Personen seien freiwillig in ihre Heimat zurückgekehrt, um sich dort wegen Spionage für Nordkorea vor einem Gericht zu verantworten. Tatsächlich berichten südkoreanische Zeitungen, daß ein großer Spionagering zerschlagen worden sei, dessen Kontrollstelle die nordkoreanische Botschaft in Berlin (West) gewesen sei.

Die Entführungen lösen in der Öffentlichkeit starke Beunruhigung aus, da auch das Wirken des iranischen Geheimdienstes an der Eskalation während des Schah-Besuchs (→ 2. 6./S. 100) noch ungeklärt ist.

Choi Duk Shin, Südkoreas Botschafter in Bonn, hüllt sich über die Entführungen in Schweigen

Regimetreue persische Studenten begrüßen Schah Resa Pahlawi bei dessen Besuch in München

Nazi-Zeitung darf weiter erscheinen

21. Juli. Die neo-nationalsozialistische »Deutsche National-Zeitung und Soldaten-Zeitung« erscheint als Nr. 30, der »1. Ausgabe nach Beschlagnahme«, in München wieder mit israelfeindlichen Überschriften. Ihr Herausgeber Gerhard Frey umgeht in dieser Nummer geschickt den § 96a des Strafgesetzbuches, aufgrund dessen das Münchner Amtsgericht die Ausgabe vom 21. Juli beschlagnahmen ließ.

Ein Bild von Adolf Hitler, der Stein des Anstoßes, verschwindet von der Titelseite des Blattes, Schlagzeile und Inhalt des Leitartikels bleiben jedoch gegenüber der beanstandeten Ausgabe unverändert israelfeindlich.

Ebert – Rücktritt als Bürgermeister

5. Juli. Der bisherige Bürgermeister von Berlin (Ost), der 73jährige Friedrich Ebert, erklärt vor der Stadtverordnetenversammlung seinen Rücktritt aus Krankheitsgründen.

Ebert ist der Sohn des ersten Reichspräsidenten der Weimarer Republik, Friedrich Ebert, und ehemaliger Sozialdemokrat.

1946 war er Mitbegründer der Sozialistischen Einheitspartei (SED), seit 1948 bekleidet er das Amt des Bürgermeisters von Berlin (Ost). Zudem ist Ebert seit 1960 Mitglied des Staatsrates der DDR. Sein Nachfolger wird Herbert Fechner, ebenfalls früherer Sozialdemokrat.

Herbert Fechner (r.), neuer Bürgermeister der Stadt Berlin (Ost)

Silberpokal »Dem Königlichen Administrator der Fürstlich Thurn und Taxis'schen Posten« vom 30. Juni 1867

Posthausschild des Norddeutschen Bundes mit Krone und Posthorn; an den Seiten sog. wilde Männer

Die Post feiert den 100. Jahrestag

1. Juli. Die deutsche Post feiert den 100. Jahrestag als Staatsunternehmen. Am 1. Juli 1867 ging die Oberpostdirektion der Fürsten Thurn und Taxis in Frankfurt am Main an den preußischen Staat über.

Bundespostminister Werner Dollinger befaßt sich in seiner Ansprache auf der offiziellen Jubiläumsfeier in Frankfurt am Main weniger mit dem Rückblick auf die rasante Entwicklung und die Leistungen des großen Unternehmens bei der Nachrichtenvermittlung, als vielmehr mit einer Vorschau auf Möglichkeiten und Projekte.

Dollinger erwartet, daß die Zahl der Telefonanschlüsse sich von derzeit zehn Millionen auf nahezu 14 Millionen innerhalb der nächsten vier Jahre steigern werde. Nach Angaben des Ministers werden in der Bundesrepublik jährlich 2,1 Milliarden Ferngespräche und 4,8 Milliarden Ortsgespräche geführt.

Bis zum Jahr 2000, so spekuliert Dollinger, wird das Einkaufen und Auswählen von Waren über ein Fernsehtelefon eine Selbstverständlichkeit sein.

Rentnerflut aus DDR

24. Juli. Die Zahl der Rentner, die aus der DDR in die Bundesrepublik einreisen, steigt beständig an. Einen besonders starken Zustrom verzeichnen die zuständigen Dienststellen in Braunschweig in den letzten drei Wochen: Allein seit dem 1. Juli haben rund 49 500 Rentner die Zonengrenze an den Übergängen Bebra, Herleshausen, Helmstedt und Wolfsburg auf der Fahrt in die Bundesrepublik passiert.

Die Besuchsgenehmigungen werden an Frauen über 60 Jahre, an Männer über 65 Jahre erteilt und gelten für einen Zeitraum von maximal 30 Tagen.

Insgesamt sind seit Anfang dieses Jahres rund 267 000 Rentner aus der DDR zu Besuch gekommen, das sind 12 000 mehr als im gleichen Zeitraum des Vorjahrs.

In erster Linie ist das Ansteigen der DDR-Besucher auf die Erleichterung der Formalitäten der DDR zurückzuführen. Ein Antrag auf Ausreise für einen Besuch bei Verwandten in der Bundesrepublik Deutschland wird seit Anfang des Jahres deutlich schneller bearbeitet.

Der Konjunkturrat tritt zusammen

13. Juli. In Bonn tritt der Konjunkturrat unter Vorsitz von Bundeswirtschaftsminister Karl F. Schiller zu seiner konstituierenden Sitzung zusammen.

Dieses beratende Gremium ist Teil des sog. Stabilitätsgesetzes (→ 10. 5./S. 83). Die Teilnehmer – Bundesfinanzminister Franz Josef Strauß, ein Vertreter der Bundesbank, je ein Ländervertreter und vier Sprecher der Gemeinden – steuern die Beanspruchung des Kapitalmarktes durch die öffentliche Hand.

Prominenz für Marihuana-Genuß

24. Juli. In der Ausgabe der Londoner Tageszeitung »The Times« erscheint die wohl ungewöhnlichste Anzeige in der Geschichte des seriösen Blattes. In einer großformatigen Anzeige wird das Verbot von Marihuana als »im Prinzip unmoralisch und in der Praxis unanwendbar« bezeichnet.

Insgesamt 64 Personen haben diese Anzeige unterschrieben, darunter zwei Abgeordnete der regierenden Labour Party, Tom Driberg und Brian Walden, sowie der Direktor der »Royal Shakespeare Company«, Peter Brooks, und der Schriftsteller Graham Greene.

Die Unterzeichner dieses Aufrufs sind davon überzeugt, daß Marihuana harmloser als Alkohol oder Tabak ist. Sie stützen sich dabei auf Artikel in Ärzteblättern. Nach Ansicht der Appellanten wird Marihuana vor allem »von normalen Personen zur Steigerung der Bewußtseinswahrnehmung« genommen. Dem Heroin dagegen verfielen nur »schwache Menschen«.

Ein Londoner Polizeihauptmeister im Gespräch mit Hippies im Hyde-Park; die langhaarigen Jugendlichen bieten der Staatsgewalt Blumen an

Hippies treffen sich im Hyde-Park

16. Juli. Mit der Aufforderung an ihre Mitmenschen, sich mehr der Liebe zu widmen und ihren Horizont durch die Einnahme von Drogen zu erweitern, machen Großbritanniens Hippies in London von sich reden.

Im Hyde-Park versammeln sich Hunderte der langhaarigen Jugendlichen zu einem großen »Love-in«. Sie werden von der britischen Öffentlichkeit wegen ihrer unkonventionellen, bunten Kleidung teilweise belächelt, teilweise stoßen sie aber auch auf heftige Ablehnung, wenn beispielsweise der Stammvater aller Beatniks, der US-amerikanische Poet Allen Ginsberg, verkündet: »Seid guten Mutes, Geburt, Tod, Veränderung, Schöpfung, Zerstörung und Gunja, Cannabis, Marihuana – der erste Schritt zur Meditation.« Die Eltern vieler Hippies sehen weniger die bewußtseinserweiternde Wirkung der Drogen als die Gefahr der Abhängigkeit.

Katastrophe auf US-Flugzeugträger

29. Juli. Auf dem mit 76 000 Tonnen drittgrößten US-amerikanischen Flugzeugträger »Forrestal« bricht ein Feuer aus, in dem 129 der 4500 Besatzungsmitglieder ums Leben kommen; 78 Personen werden schwer verletzt.

Die »Forrestal« liegt im Golf von Tonking. Als auf dem Flugdeck des Trägers 35 Piloten die Maschinen ihrer Flugzeuge warmlaufen lassen, um einen Einsatz gegen Nordvietnam zu fliegen, entzündet sich durch einen Fehler in der Treibstoffzufuhr in einem der Motoren Kerosin. Die austretende Stichflamme entzündet eine Rakete, die wiederum einen Zusatztank explodieren läßt. Die Kettenreaktion ist nicht mehr aufzuhalten, das Schiff gleicht innerhalb kürzester Zeit einer Flammenhölle. Erst zwölf Stunden später kann das Feuer gelöscht werden.

Die Katastrophe bringt schweren materiellen Verlust: Flugzeuge im Wert von 300 Millionen DM sind vernichtet, die Schäden am Träger liegen bei 500 Millionen DM.

Paris zeigt Mini und Maxi für die kommende Wintersaison

31. Juli. Rund 400 Reporter der größten Damenillustrierten aus aller Welt finden sich in der französischen Modemetropole Paris ein, um der Präsentation von rund 1500 Modellen der berühmten Modeschöpfer beizuwohnen.

Bei 34°C im Schatten zeigen die Mannequins die kommende Wintermode. Die modebestimmenden Herren, so scheint es, können sich in bezug auf die Rocklänge nur schwer entscheiden. Maxiröcke und Mäntel bis zu den Knöcheln sind ebenso vertreten, wie Minis, deren Saum auf halber Oberschenkelhöhe endet.

Pierre Cardin bleibt mit seinen Kreationen unentschieden in Kniehöhe. Manche der Röcke und Kleider enden kurz über dem Knie, andere wieder zwischen Knie und Knöchel. Emmanuel Ungaro favorisiert standhaft den Minirock.

Vorherrschende Farbe der Wintermode ist Schwarz: Schwarze Samtkleider, Kostüme und Strümpfe sind ein »Muß« für die modebewußte und elegante Dame des Winters 1967/68.

Originelle Präsentation: Alle Mannequins tragen Möbelstoffe

Mini-Pelzmantel mit Mosaik

Showmaster van Burg entlassen

11. Juli. Der populäre Showmaster Lou van Burg, von seinen Zuschauern liebevoll »Onkel Lou« genannt, wird vom Zweiten Deutschen Fernsehen wegen seines Privatlebens entlassen. »Onkel Lou« sollte am → 25. August (S. 133), seinem 50. Geburtstag, mit der 25. Unterhaltungssendung »Der goldene Schuß« das Farbfernsehprogramm in der Bundesrepublik eröffnen. Damit hätte »Onkel Lou« auch seine Karriere gekrönt.

Der langjährige Intendant des ZDF, Professor Karl Holzamer, besteht in der Begründung der Entlassung darauf, daß es nicht das Privatleben des Niederländers an sich sei, das zur Entlassung des Showmasters geführt habe, sondern die Publikationen in allen Boulevardblättern.

Tatsächlich löste die langjährige Lebensgefährtin des knapp 50jährigen, Angèle Durand, eine Lawine von Berichten in der Regenbogenpresse aus, als sie Reportern ein Interview gab, nachdem van Burg sie zugunsten einer 29jährigen, verheirateten Rheinländerin verlassen hatte.

Diese Art von Publicity, so die Meinung des 64köpfigen Aufsichtsrats des ZDF, schadet dem Ansehen der öffentlich-rechtlichen Anstalt. Ähnlich hart reagierte das ZDF, als eine der Ansagerinnen bei einer Pyjamaparty im Baby Doll gesehen wurde. Auch sie mußte gehen.

Lou van Burg mit Alice und Ellen Kessler im »Goldenen Schuß«

Skandale beeinträchtigen Fernseh-Karriere von »Onkel Lou«

Der knapp 50jährige Niederländer Lou van Burg, der mit bürgerlichem Namen eigentlich Louis van Weerdenburg heißt, sorgt im ZDF für die bislang größte Affäre in der Geschichte der öffentlich-rechtlichen Anstalt.

Im Frühjahr 1967 verließ der im Nebenberuf als Conférencier im Zirkus Althoff tätige van Burg seine langjährige Lebensgefährtin und Managerin, die 41jährige Belgierin Angèle Durand, zugunsten seiner Assistentin in der Manege. Die 29jährige verheiratete Rheinländerin Marianne Krems lebt seitdem an seiner Seite. Vor drei Jahren wurde Frau Krems von einer Tochter entbunden, die auf den bedeutungsvollen Namen Angèle Lou Marina getauft wurde, Taufpaten waren Lou van Burg und Angèle Durand.

Frau Durand wollte offensichtlich nicht sang- und klanglos von der Seite des Showmasters abtreten und klagte ihr Leid »Bild«- und Illustriertenreportern. Damit kamen der Skandal und Gerüchte überhaupt erst ins Rollen.

Es ist allerdings nicht das erste Mal, daß van Burg in der Regenbogenpresse für Schlagzeilen sorgt und damit seine Fernsehkarriere gefährdet.

Seinen ersten großen Fernseherfolg hatte van Burg in Österreich mit der Sendung »Jede Sekunde einen Schilling«. Seine zweite Serie bei der ARD »Sing mit mir – spiel mit mir« wurde vorzeitig abgebrochen, als eine der Quizkandidatinnen, die Münchner Friseuse Brigitte Frank, deren Tante als Assistentin in den Unterhaltungssendungen mitwirkte, ungewöhnlich erfolgreich die Ratefragen löste. Zu diesem unbewiesenen Verdacht der Mogelei kamen ausführliche Berichte über die Trennung des Showmasters von seiner Frau nach 20jähriger Ehe hinzu.

Nach zögernden Verhandlungen engagierte dann das ZDF den skandalumwitterten und gestürzten Showmaster 1964. Mit der musikalischen Unterhaltungssendung »Der goldene Schuß« rückte van Burg bald auf Platz eins in der Publikumsgunst, und so schien es der Intendanz nur folgerichtig, wenn er am 25. August die 25. Sendung, mit der das Farbfernsehen in der Bundesrepublik eingeläutet werden sollte, moderiert. Der Skandal um seine Privatsphäre beendet nun seine Fernsehkarriere kurz vor ihrem Höhepunkt.

Vor dem Münchner Arbeitsgericht klagt van Burg jetzt auf »Feststellung der Unkündbarkeit im ZDF«.

Lou van Burg mit Brigitte Frank

Vivien Leigh stirbt in London

8. Juli. Die berühmte Schauspielerin Vivien Leigh stirbt in London im Alter von 53 Jahren an den Folgen einer Tuberkulose, an der sie schon seit ihrer frühesten Jugend litt.

Vivien Leigh

In der Rolle der Scarlett O'Hara im Film »Vom Winde verweht« gelang es der damals 25jährigen, fast unbekannten Schauspielerin, die Herzen einer ganzen Generation zu erobern. Für diese Rolle und ihren Part als »Blanche« in der Filmversion von Tennessee Williams' »Endstation Sehnsucht« erhielt sie jeweils einen Oscar. Die Scheidung 1961 von ihrem zweiten Mann, Sir Laurence Olivier, erwies sich privat und auch beruflich als ein schwerer Schlag, den sie nie überwand.

Marc Chagall wird 80 Jahre alt

7. Juli. Der russisch-jüdische Maler Marc Chagall feiert bei bester Gesundheit seinen 80. Geburtstag in Saint-Paul-de-Vence bei Nizza.

Chagall hat sich mit seinen traumhaft-poetischen Bildern, die von tiefer Religiosität geprägt sind, von keiner Stilrichtung vereinnahmen lassen. Ausstellungen seiner Werke finden in vielen großen Städten der westlichen Welt großen Zulauf.

Marc Chagall

Er gehört zu den wenigen Malern, die schon zu Lebzeiten geehrt werden. Doch das läßt ihn nicht ausruhen. 1964 gestaltete er die Decke des Zuschauerraums in der Pariser Oper und die Innenräume des israelischen Parlaments in Jerusalem. Zwei große Wandgemälde Chagalls, »Les Sources de la Musique« und »Le Triomphe de la Musique«, befinden sich in der neuen Metropolitan Opera in New York.

Szene aus »Aufstieg und Fall der Stadt Mahagonny« von Kurt Weill und Bertolt Brecht, Aufführung des Staatstheaters in Stuttgart

Oper/Operette 1967:

Ist die Gattung Oper noch zeitgemäß?

Uraufführungen bedeutender neuer Opern finden 1967 nicht statt. Die Oper als Gattung muß mit ihren sinnlichen und intellektuellen Ausdrucksmitteln neu überdacht werden.

Der renommierte Dirigent und Komponist Pierre Boulez fordert in einem Interview mit dem Hamburger Nachrichtenmagazin »Der Spiegel«, alle Opernhäuser in die Luft zu sprengen, um zu einem grundsätzlich neuen, zeitgemäßen Musiktheater zu kommen.

Die Opernavantgarde strebt eine Art »Gesamtkunstwerk« an, das die Vielfalt aller künstlerischen Ausdrucksmittel – die instrumental und elektronisch erzeugte Musik, die darstellenden und bildenden Künste – in sich vereint. Als ein Vertreter dieser Richtung gilt Dieter Schonbach, dessen Oper »Geschichte vom Feucr« in Kiel aufgeführt wird. Vom absurden Theater beeinflußt ist die Comic-Opera »Strip« von Gerhart Lamperberg mit Texten des österreichischen Schriftstellers H. C. Artmann, die

an der Deutschen Oper in Berlin (West) zu sehen und zu hören ist. Als Höhepunkte der Opernsaison 1967 gelten zum einen Richard

Wagners »Ring« (Inszenierung: Wieland Wagner) in Bayreuth und die auf den Spielplänen von Wuppertal, Wiesbaden, Frankfurt,

Kassel, Stuttgart und Leipzig verzeichnete Oper »Aufstieg und Fall der Stadt Mahagonny« von Kurt Weill und Bert Brecht.

Bayreuth jetzt unter der Leitung von Wolfgang Wagner

21. Juli. Die diesjährigen Richard-Wagner-Festspiele in Bayreuth werden mit der Oper »Lohengrin« in einer Neuinszenierung des 48jährigen Wolfgang Wagner eröffnet, der zugleich erstmalig die alleinige Leitung der Festspiele übernommen hat.

Von 1955 bis 1966 haben Wolfgang und sein Bruder Wieland Wagner den Bayreuther Festspielsommer gemeinsam in Szene gesetzt, wobei Wieland die künstlerische Leitung führte und Wolfgang den gesamten Geschäftsbereich einschließlich der Finanzverwal-

Elsa (Heather Harper) mit dem Chor, kurz nach Erscheinen Lohengrins; die Bayreuther Festspiele 1967 werden mit »Lohengrin« in der Neuinszenierung von Wolfgang Wagner am 21. Juli eröffnet

tung und der Organisation dieser Festspiele innehatte. Wieland Wagner starb am 17. Oktober 1966 in München. Seine Inszenierungen galten oft als umstritten und provokatorisch, er wurde genauso umjubelt wie kritisiert.

Als der Vorhang nach der »Lohengrin«-Vorführung in diesem Jahr fällt, täuscht die positive Publikumsresonanz jedoch nicht über einen Grad von Mittelmäßigkeit hinweg. Den großen Wagner-Darbietungen der letzten Jahre hält diese Aufführung nicht stand.

Eine spektakuläre Krise nach dem Wechsel in der Leitung gibt cs jedoch am Grünen Hügel nicht. Das Publikum ist erlesen wie immer. Die Institution Bayreuth hängt – von Richard Wagner abgesehen – nicht an einem Mann.

Trikotwerbung bei Fußballern

Die Werbung auf den Trikots der Fußballmannschaften hat auch in der Bundesrepublik begonnen.

Den Anfang macht die Elf von Wormatia Worms, deren Spieler bei einem Regionalspiel gegen SV Alsenborn auf ihren Hemden den Namen einer großen US-amerikanischen Baufirma tragen. Dabei steht auf der Rückseite des Trikots der Name der Firma vollständig, auf der Vorderseite und auf den Hosen sind die Abkürzungen und Symbole des Konzerns zu finden.

Der Vorsitzende der Wormatia Worms erklärt, er habe sich beim Pressechef des Deutschen Fußballbunds (DFB), Wilfried Gerhard, erkundigt, ob diese Reklame auch in der Bundesrepublik erlaubt sei. Dieser habe die Frage offengelassen.

Wimbledon-Sieger John Newcombe (l.) zeigt den Siegerpokal seinem Endspielgegner Wilhelm Bungert

Mark Spitz stellt neuen Rekord auf

M. Spitz, Weltrekord-Schwimmer

27. Juli. Der 18jährige US-amerikanische Schwimmer Mark Spitz erzielt bei den Panamerikanischen Spielen in Winnipeg (Kanada) mit 2:06,4 Minuten einen neuen Weltrekord über 200 m Delphin.

Spitz verbessert den Rekord des Australiers Kevin Berry, aufgestellt bei den Olympischen Spielen 1964 in Tokio, um zwei Zehntelsekunden.

Für den Studenten der kalifornischen Universität von Santa Monica ist dies der dritte Weltrekord in einem Monat. Zuvor hatte er sich in den Disziplinen 100 m Delphin und 400 m Freistil an die Spitze der Weltelite gesetzt.

Newcombe siegt über Bungert

7. Juli. Im Finale des Tennisturniers um den begehrten Pokal von Wimbledon spielt der Düsseldorfer Wilhelm Bungert gegen den fünf Jahre jüngeren Australier John Newcombe. Der Australier gewinnt in drei Sätzen überlegen mit 6:3, 6:1, 6:1. 15 000 Zuschauer sehen im Centre-Court ein schnelles und hartes Spiel. Bungert, der als zweiter Deutscher nach Gottfried von Cramm in einem Wimbledon-Finale steht, startet unerwartet selbstsicher und ist dem Australier zunächst im Return überlegen. Doch Newcombe gewinnt bald seine Konzentration wieder zurück. Sein bedingungsloses Angriffsspiel zermürbt Bungert zusehends.

W. Bungert

Für seine Spezialität, die kurzen überzogenen Passierbälle und Lobs, findet Bungert kaum Gelegenheit. Mit jedem Aufschlag rückt Newcombe sofort ans Netz, wo ihm nur selten Fehler unterlaufen. Bungert muß ungewohnt viel laufen und hat in der Folge immer mehr Schwierigkeiten, seinen Aufschlag zu gewinnen.

Im zweiten Satz setzt sich Bungert nur zu Beginn durch; dann zeichnet sich ein rasches Ende ab. Mit immer stärkeren Aufschlägen gewinnt Newcombe souverän 6:1. Im dritten Satz hat der Australier keine Mühe mehr mit dem Düsseldorfer, der klar unterlegen ist. Nach einer Gesamtdauer von 70 Minuten ist das Wimbledon-Finale im Centre-Court entschieden. Newcombe erhält aus der Hand der Herzogin Marina von Kent den Siegerpokal.

Deutsche im Wimbledon-Finale

Nach 30jähriger Pause steht wieder ein Deutscher im Finale der inoffiziellen Tennis-Weltmeisterschaften von Wimbledon.

Der Düsseldorfer Wilhelm Bungert bezwang den 25jährigen Linkshänder Roger Taylor aus Sheffield (Großbritannien) in fünf Sätzen 6:4, 6:8, 6:8, 6:4, 6:4 und qualifizierte sich damit für das Endspiel.

Der »Tennisbaron« Gottfried von Cramm hatte sich 1935, 1936 und 1937 bis ins Endspiel durchgekämpft, scheiterte aber dann an seinen Gegnern.

Der deutsche »Tennisbaron« Gottfried von Cramm in Wimbledon

Rennfahrer stirbt nach Doping

14. Juli. Auf der 13. Etappe der Tour de France, dem bedeutendsten Rennen der Berufs-Radrennfahrer, stirbt der Brite Tom Simpson. Nachdem bei Simpson Medikamente gefunden werden, entsteht der Verdacht auf Doping, der sich nach einer polizeilich angeordneten Autopsie bestätigt.

Als der britische Weltmeister von 1965 beim Anstieg zum Mont Ventoux vom Rad stürzte, soll er die Helfer des britischen Begleitwagens gebeten haben, ihn wieder zu seinem Rad zurückzubringen. Nach einem zweiten Sturz blieb er bewußtlos liegen. Sofort durchgeführte Wiederbelebungsversuche zeigten keinen Erfolg. Als der Hubschrauber vor dem Krankenhaus in Avignon landete, galt der 29jährige Radprofi schon als »klinisch tot«.

Simpson bei der Tour de France

Zunächst meldet die Presse, daß Simpson wohl an einem Hitzschlag gestorben sei, denn auf der baum- und strauchlosen Paßstraße vor der Steinwüste von Ventoux herrschen mindestens 42°C. Die Obduktion ergibt jedoch bald, daß Simpson nach sieben Stunden Fahrt ein Aufputschmittel genommen hatte, das einen Kreislaufkollaps hervorrief.

Seit dem vergangenen Jahr 1966 gilt ein neues französisches Gesetz, das eine Dopingkontrolle für alle Teilnehmer an der Tour vorsieht. Die Fahrer hatten jedoch damals mit einem Protestmarsch gegen diese Kontrollen Widerstand geleistet.

Tom Simpson ist nicht das erste Dopingopfer des Radsports: Schon 1951 starb Serse Coppi bei der Piemont-Rundfahrt nach der Einnahme von Aufputschmitteln.

Jim Ryun läuft neuen Weltrekord

8. Juli. Der 20jährige US-amerikanische Student Jim Ryun läuft über 1500 m einen neuen Weltrekord in 3:33,1 Minuten. Damit verbessert er beim Leichtathletikkampf USA gegen British Commonwealth in Los Angeles die Bestleistung des Australiers Herb Elliot, erzielt bei den Olympischen Spielen 1960 in Rom, um 2,5 Sekunden. Ryun läuft damit nach seinem Sieg über die englische Meile (1609,33 m; 3:51,1 Minuten) seinen zweiten Weltrekord.

Ryun begann schon während seiner Schulzeit mit der Leichtathletik. Nachdem er sich als Talent erwiesen hatte, erhielt er 1965 an der Universität von Kansas in Lawrence ein Stipendium. Er studiert Mathematik und Sport und will 1969 sein Examen machen.

Jim Clark siegt in Silverstone

16. Juli. Der britische Exweltmeister Jim Clark gewinnt in Silverstone den britischen Grand Prix auf seinem Lotus-Ford. Zweiter dieses sechsten Laufs der diesjährigen Automobil-Weltmeisterschaft wird der Neuseeländer Dennis Hulme auf einem Repco-Brabham vor dem Ferrari seines Landsmanns Chris Amon.

Vor 120 000 Zuschauern steht das über 80 Runden führende Rennen auf dem Flugplatzkurs von Anfang an im Zeichen eines Duells der beiden britischen Lotus-Fahrer Jim Clark und Graham Hill. Hill setzt sich in der 25. Runde an die Spitze, muß aber in der 60. Runde mit einer gebrochenen Hinterradaufhängung an die Boxen. Damit ist der Weg für Clark frei. Er legt die 386,24 km in 1:59:26 Stunden zurück, was einer Durchschnittsgeschwindigkeit von 189 km/h entspricht. In der Weltmeisterschaftswertung liegt Clark nun gemeinsam mit dem amtierenden Weltmeister Jack Brabham auf dem zweiten Rang hinter Hulme.

Jim Clark

Schockemöhles Sieg auf Pesgoe

2. Juli. *Der erste große Höhepunkt des Internationalen Aachener Reitturniers endet mit einem bundesdeutschen Erfolg. Alwin Schockemöhle bleibt auf Pesgoe (Foto) im Stechen des Meisterspringens, in dem nur olympische Medaillengewinner, Sieger in Welt- und Europameisterschaften und nationale Titelträger zugelassen sind, als einziger ohne Fehler und wird damit überraschend Sieger.*

Nur sechs der 32 gestarteten Pferde sind vor 10 000 Zuschauern auf dem 590 m langen Parcours, der mit 13 Hindernissen und 16 Sprüngen eine anspruchsvolle Prüfung für Roß und Reiter darstellt, im ersten Umlauf ohne Fehlerpunkte geblieben.

Das Stechen wird nach Fehlern und Zeit entschieden. Alwin Schockemöhle lenkt sein Pferd äußerst konzentriert und sicher. Die Stoppuhren bleiben nach seinem fehlerfreien Ritt bei 59 Sekunden stehen.

Der ehemalige Europameister Graziano Mancinelli auf Turrey erreicht zwar mit 40,5 Sekunden die beste Zeit, ein Abwurf bringt ihn aber mit vier Fehlerpunkten um den Erfolg.

August 1967

Mo	Di	Mi	Do	Fr	Sa	So
	1	2	3	4	5	6
7	8	9	10	11	12	13
14	15	16	17	18	19	20
21	22	23	24	25	26	27
28	29	30	31			

1. August, Dienstag

Mit großem Propagandaaufwand feiert die VR China den 40. Jahrestag der Gründung der »Roten Armee«, die später in »Volksbefreiungsarmee« umgetauft wurde.

Die Rassenunruhen in den Vereinigten Staaten greifen auf Washington über. Nur eine Meile vom Weißen Haus entfernt kommt es zu Demonstrationen, die von der Polizei sofort mit Waffengewalt auseinandergetrieben werden. →S. 129

Die anhaltende Hitze führt in den Obst- und Gemüseanbaugebieten der Bundesrepublik zu einer Zusammenlegung der Erntetermine, so daß der Markt über die Grenzen seiner Aufnahmefähigkeit gesättigt ist. Blaukraut und Wirsing werden deswegen an Tiere verfüttert. →S. 131

»Lunar Orbiter 5« beendet als letzter US-amerikanischer Mondsatellit dieser Serie die Bilderkundung des Erdtrabanten. Durch »Orbiter«-Fotos sind 99% der Mondoberfläche erfaßt.

2. August, Mittwoch

Das Statistische Bundesamt in Wiesbaden hat rund 900 000 uneheliche, minderjährige Kinder registriert. Das entspricht einem Anteil von 5% der Gesamtbevölkerung unter 21 Jahren.

Das stillgelegte US-Schlachtschiff »New Jersey« wird mit einem Aufwand von über 100 Millionen DM wieder gefechtsfähig und soll in Vietnam eingesetzt werden.

Der Weltfußball-Verband FIFA bestimmt, daß eine Fußballmannschaft nicht mehr nur aus elf, sondern aus maximal 16 Spielern bestehen darf, von denen bis zu 13 während eines Treffens eingesetzt werden können: »Im Falle der Verletzung eines Spielers darf ein neuer aufs Feld kommen.« →S. 136

3. August, Donnerstag

Bundesaußenminister Willy Brandt (SPD), der als erster Bundesaußenminister ein kommunistisches Land besucht, unterschreibt in Bukarest ein Abkommen über die wirtschaftlichtechnische Zusammenarbeit zwischen der Bundesrepublik und Rumänien.

US-Präsident Lyndon B. Johnson übermittelt dem Kongreß in Washington eine Botschaft, in der er um dessen Zustimmung zu einem zeitweiligen Zuschlag zur Einkommens- und Körperschaftsteuer ersucht, um die steigenden Kosten der Kriegsführung in Vietnam ausgleichen zu können. Johnson kündigt gleichzeitig der Öffentlichkeit eine Erhöhung der Truppenstärke in Vietnam auf 525 000 Mann an. →S. 128

In der Rekordzeit von neun Stunden wird der Rohbau der neuen Nationalgalerie in Berlin (West) erstellt und das 65 × 65 m große, 2,5 Millionen Pfund schwere Stahldach auf die Eisenkonstruktion gehievt. →S. 137

4. August, Freitag

Im Iran finden allgemeine Wahlen in die Abgeordnetenkammer und in die Konstituierende Versammlung statt.

Der farbige Anwalt Clifford L. Alexander, der drei Jahre lang dem Arbeitsstab im Weißen Haus angehörte, wird als Vorsitzender des Ausschusses für gleiche Beschäftigungsmöglichkeiten von Schwarzen und Weißen in den Vereinigten Staaten vereidigt.

Kurz nach dem geglückten Start stürzt die »Europa 1« über der Simpson-Wüste in Südaustralien ab. Die Rakete wurde von der Europäischen Raketenentwicklungsorganisation ELDO gebaut, an der auch die Bundesrepublik beteiligt ist.

Für fast 20 Millionen DM übernimmt die Siemens AG ein Viertel des Aktienkapitals der Hamburger Werft Blohm & Voss AG. →S. 132

Die 23jährige Schauspielerin Cornelia Froboess, als Kinderschlagerstar durch das Lied ihres Vaters »Pack' die Badehose ein« bekannt geworden, heiratet in Berlin (West) den Intendanten des Braunschweiger Staatstheaters, Helmut Matiasek.

5. August, Sonnabend

Die Botschaft der VR China übermittelt dem Schweizer Bundesrat eine Protestnote gegen die Aufnahme und Betreuung tibetischer Flüchtlinge in der Schweiz.

Die Schweiz entscheidet sich für die Einführung des deutschen PAL-Farbfernsehsystems (→25. 8./S. 133).

6. August, Sonntag

Hiroshima gedenkt des 22. Jahrestages seiner Vernichtung durch die erste in einem Krieg abgeworfene Atombombe.

Die 2278 m lange Salazárbrücke über den Tejo in Lissabon wird dem Verkehr übergeben. Sie ist die gegenwärtig längste Brücke Europas.

Den Großen Preis von Deutschland für Rennwagen der Formel I gewinnt der Neuseeländer Dennis Hulme auf dem Nürburgring.

7. August, Montag

Auf einem Flug von der kolumbianischen Stadt Barranquilla nach der Insel San Andres im Karibischen Meer wird eine Passagiermaschine von vier Piraten gezwungen, nach Havanna auf Kuba zu fliegen.

Das Hamburger Nachrichtenmagazin »Der Spiegel« erhebt schwere Vorwürfe gegen das Verlagshaus Axel Springer. Springer soll zwei Journalisten damit beauftragt haben, Material über die wirtschaftlichen Verhältnisse des Zweiten Deutschen Fernsehens (ZDF) sowie über das Privatleben leitender Angestellter der Fernsehanstalt zu sammeln.

Das Volkswagenwerk in Wolfsburg liefert die neue Serie der VW-Modelle aus, die mit einer Zweikreisbremse und einem flexiblen Zwischenstück im Lenkrad den gestiegenen Sicherheitsanforderungen der Automobil-Käufer gerecht werden sollen.

In Las Vegas heiraten der Schauspieler Paul Hubschmid und seine Kollegin Eva Renzi. →S. 136

8. August, Dienstag

In Bangkok wird durch die Außenminister von Thailand, Malaysia, Indonesien, Singapur und den Philippinen eine Deklaration über die Gründung einer Vereinigung Ostasiatischer Länder (ASEAN) unterzeichnet, die der Festigung der wirtschaftlichen Stabilität der Mitgliederländer dienen soll. →S. 129

Ein Großbrand im Zweigwerk der Farbenfabriken Bayer AG in Antwerpen verursacht einen Sachschaden von 80 Millionen DM.

9. August, Mittwoch

Der französische Ministerrat billigt Verordnungen über die Sanierung der staatlichen Sozialversicherung und über die Beteiligung der Arbeiter am Gewinn bei Betrieben mit mehr als 100 Angestellten. →S. 132

Boliviens Präsident Alfredo Ovando Candía bildet ein neues Kabinett, in welchem Mitglieder von höchst entgegengesetzten Parteien und Interessengruppen vertreten sind. Damit versucht er einer seit März dauernden Regierungskrise, die durch die Anwesenheit von kommunistischen Guerilla-Verbänden im Südosten des Landes ausgelöst wurde, zu beenden.

10. August, Donnerstag

Die Bundesregierung in Bonn beschließt die Finanzplanung des Bundes bis 1971 und die betreffenden Gesetzentwürfe. Außerdem wird das zweite konjunkturpolitische Programm von 5,3 Milliarden DM verabschiedet. →S. 130

In Havanna wird die erste Konferenz, die seit dem 31. Juli tagte, der Organisation Lateinamerikanischer Solidarität (OLAS) beendet, an der 27 Delegationen revolutionärer Bewegungen und kommunistischer Parteien teilnahmen.

Im Kongo erobern weiße Söldner unter dem Kommando des Belgiers Major Jean Schramme die Grenzstadt Bukavu (→21. 8./S. 128).

Der Sicherheitsrat der Vereinten Nationen in New York verurteilt in einem von Nigeria unterbreiteten Resolutionsentwurf jegliche Unterstützung von ausländischen Söldnern in Afrika.

11. August, Freitag

Bundeskanzler Kurt Georg Kiesinger und Verteidigungsminister Gerhard Schröder einigen sich über den künftigen Aufbau und zahlenmäßigen Umfang der Bundeswehr. →S. 130

Die nigerianische Zentralregierung erklärt den »totalen Krieg« gegen Biafra (→6. 7./S. 113).

In Bath (Maine) läuft der erste von drei in den Vereinigten Staaten gebauten Lenkwaffenzerstörer (»Lütjens«) der deutschen Bundesmarine vom Stapel.

12. August, Sonnabend

In Berlin (West) feiert die Kommune I mit einem »Love-in« die Entlassung des Kommunarden Fritz Teufel aus der Untersuchungshaft, wo er sich seit dem 2. Juni nach den Anti-Schah-Demonstrationen befand (→2. 6./S. 100).

42 Kisten mit dem 13 000 Einzelstücke umfassenden Service für die Krönungsfeierlichkeiten des Schahs Mohammad Resa Pahlawi von Persien verlassen den Güterbahnhof der oberfränkischen Porzellanstadt Selb. Der Wert des Porzellans wird mit 668 000 DM beziffert. →S. 136

13. August, Sonntag

Seit dem Bau der Berliner Mauer am 13. August 1961 kamen 160 Menschen bei dem Versuch, aus den Ost- in die Westsektoren der Stadt zu fliehen, ums Leben.

14. August, Montag

Pakistan feiert den 20. Jahrestag seiner Unabhängigkeit.

Laut einer Meinungsumfrage des US-amerikanischen Meinungsforschungsinstituts Gallup billigen 39% der US-Bevölkerung die Politik von US-Präsident Lyndon B. Johnson, 47% mißbilligen sie, 14% der Befragten haben keine Meinung. Auf die gleiche Frage antworteten nach dem sowjetisch-amerikanischen Gipfeltreffen am → 23. Juni (S. 98) in Glasboro 52% der US-amerikanischen Bevölkerung billigend, 35% mißbilligend, 13% unentschieden.

15. August, Dienstag

Bundeskanzler Kurt Georg Kiesinger und Außenminister Willy Brandt weilen für zwei Tage in Washington, wo sie mit US-Präsident Lyndon B. Johnson über Fragen des Nordatlantischen Bündnisses (NATO) und der von der Bundesregierung geplanten Reduzierung des Bundeswehrpersonals verhandeln.

Die Sowjetunion übermittelt dem Auswärtigen Amt in Bonn eine Protestnote gegen eine versuchte Anwerbung eines Sowjetbürgers durch Angehörige des Bundesamtes für Verfassungsschutz.

Bundeswehrreform und Vietnamkrieg in der Tageszeitung »Die Welt« vom 10. August 1967

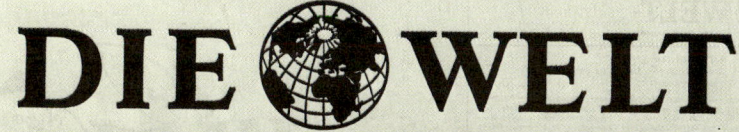

Abgeschoben – von Deutschland nach Deutschland (Seite 5)

DIE WELT

UNABHÄNGIGE TAGESZEITUNG FÜR DEUTSCHLAND

Donnerstag, 10. August 1967   Ausgabe D   1 H 7109 A   Nr. 184 · Preis 40 Pf

Bonn erwartet Kompromiß über die Bundeswehr der Zukunft

Weniger Soldaten – Abstriche auch bei der Bewaffnung

Von unserem Korrespondenten

Drei im Bundesverteidigungsministerium ausgearbeitete Alternativpläne für die kommende Gestaltung der Bundeswehr wird Verteidigungsminister Gerhard Schröder am Freitag Bundeskanzler Kurt Georg Kiesinger übergeben. Politische Voraussetzung aller Pläne ist die Fortführung der NATO auch über das Jahr 1969 hinaus und das Verbleiben militärisch bedeutsamer Formationen der USA in Deutschland.

Der Kanzler wird am kommenden Montag in Washington bei US-Präsident Johnson als erstes auf diese politischen Voraussetzungen aller deutschen militärischen Überlegungen hinweisen. Die Washingtoner Besprechungen und die Bemühungen Kiesingers, im Interesse der deutschen Sicherheit eine Verständigung bei den unumgänglich notwendig gewordenen Sparmaßnahmen mit London zu finden, werden nicht ohne Einfluß auf die Entscheidung bleiben, die von der Bundesregierung im Herbst getroffen werden muß.

Politiker in Bonn sagen voraus, daß sich das Kabinett nicht zuletzt aus außenpolitischen Gründen am 5. September für eine Lösung entscheiden werde, die sowohl eine maßvolle Einschränkung im Truppenbestand als auch eine Einschränkung oder zeitliche Verzögerung bei mehreren Rüstungsprojekten vorsehen werde.

Soweit aus einer SPD-Quelle bekannt wurde, sehen die im Verteidigungsministerium ausgearbeiteten Pläne vor:

1. Alternativplan A bringt eine personelle Einschränkung der 461 000 Mann starken Bundeswehr um 45 000 Mann. Das wird hauptsächlich zu Lasten der Stäbe, der Verwaltung und der rückwärtigen Dienste gehen. Sie sind bis heute auf das Planungsziel einer Bundeswehr von 508 000 Mann ausgerichtet.

2. Alternativplan B geht von der Mannschaftsstärke 461 000 Mann aus. Dementsprechend sind erhebliche Kürzungen im Beschaffungsprogramm oder eine längere Nutzungszeit für einen Teil der gegenwärtigen Waffen vorgesehen.

3. Alternativplan C schlägt einen Kompromiß zwischen diesen beiden Projekten vor. Eine personelle Verringerung um 15 000 bis 20 000 Mann und bescheidenere Abstriche in der Beschaffung von Waffen sind vorgesehen.

Es ist kein Geheimnis, daß der Alternativvorschlag mit dem seit dem vorigen Herbst vom Generalinspekteur der Bundeswehr, General de Maizière, ausgearbeiteten Projekt deckt, das sich...

Bundesverteidigungsminister Schröder zu eigen gemacht hatte. Von allen Seiten, und zwar sowohl vom Bundesverteidigungsministerium wie vom Bundeskanzleramt, wird im jetzigen Zeitpunkt betont, daß man keine vorgefaßten Meinungen habe.

Auch wenn Entscheidungen noch ausstehen, gilt unter militärischen Experten wie unter den Politikern einigermaßen das heute schon als sicher:

a) Eine Verschmelzung von Heer und territorialer Verteidigung wird stattfinden.

b) Eine bessere Nutzung der Reservisten als bisher wird künftig vorgenommen. Das bedeutet mehr Übungen, verbesserte Mobilmachungsordnung, Kaderverbände und im Effekt eine erhöhte Kriegsstärke der Bundeswehr.

c) Eine Vereinfachung der überaus aufgeblähten Verwaltung und eine Straffung in der Kommandostruktur mit Verringerung von Stäben wird praktiziert werden.

Wichtige Entscheidungen, die erst bei den Beratungen im Verteidigungsausschuß fallen werden, gelten den kommenden Waffensystemen. Gleichzeitig muß damit ein Entschluß gefaßt werden, ob die Bundeswehr Mitte der siebziger Jahre wie heute über Atomwaffenträger verfügen soll oder nicht. Eine Umrüstung des Starfighters, der als Träger für Atombomben vorgesehen ist, gilt aber schon jetzt als unausweichlich. Offen ist aber die Entscheidung, ob ein Nachfolge-Flugzeug für den Starfighter, das die gleiche Aufgabe zu erfüllen hat, gekauft werden soll.

Soll man aus kostspieligen deutschamerikanischen Zukunftspanzer der siebziger Jahre weiter planen oder soll man sich für einen besseren „Leopard" entscheiden? Soll künftig das Schwergewicht stärker als bisher auf Jagdpanzer gelegt werden? Für welches Erdkampfflugzeug der siebziger Jahre will man sich entscheiden? Auch das sind Fragen, die in den nächsten zwei bis drei Monaten beantwortet werden müssen.

Die Berliner nehmen Abschied von Paul Löbe   Funkfoto: dpa

An der Stätte seines langen politischen Wirkens, in Berlin, nahm die Bundesregierung am Mittwoch Abschied von dem früheren Reichstagspräsidenten Paul Löbe, Noch der Überführung des Toten von Bonn nach Berlin war der im Alter von 91 Jahren Verstorbene im Reichstagsgebäude aufgebahrt. Mehr als 2000 Berliner hatten Löbe dort die letzte Ehre erwiesen. Am Mittwoch wurden die sterblichen Überreste Löbes zum Rathaus Schöneberg übergeführt. Elf berittene Polizisten begleiteten den offenen Sargwagen, dem sich die militärischen Anstrengungen der USA anschloß. Zwölf mattschwarz gekleidete Berliner waren versammelt, als der Wagen mit Kränzen voranfuhr, auf dem Weg durch die Stadt. Zahlreiche Berliner waren versammelt, als der Wagen mit dem Trommelwirbel der Freitreppe in das Rathaus getragen wurde. Unser Bild zeigt nach dem Trauerakt im Hintergrund (von links) Willy Brandt, Georg Leber, Kurt Georg Kiesinger, Carlo Schmid und Bundespräsident Heinrich Lübke, neben ihm Eugen Gerstenmaier, dahinter Ludwig Rosenberg. Vierter von rechts der Regierende Bürgermeister Heinrich Albertz.   Seite 3: In stürmischer Zeit

Präsident Johnson scharf kritisiert

Demokraten wie Republikaner über Vietnam-Politik besorgt

Von unserem Korrespondenten

Kll. Washington, 9. August

Unter schweren Beschuß ist die amerikanische Vietnam-Politik geraten. Sowohl der Fraktionschef der oppositionellen Republikaner im Repräsentantenhaus, Gerald R. Ford, als auch der Vorsitzende des Außenpolitischen Senatsausschusses, William Fulbright, fordern eine rasche Beendigung des Krieges.

Ford setzte sich kategorisch für die Aufhebung aller Einschränkungen bei der Bombardierung Nordvietnams ein, welche „die militärischen Anstrengungen der USA ausgehöhlt" erscheinen lassen". Solange diese freiwilligen Beschränkungen in Kraft seien, dürfe kein weiterer US-Soldat nach Vietnam entsendet werden.

Nach Mitteilung Fords gibt es Befehle von höchsten Stellen in Washington, die einen großen Teil der nordvietnamesischen Militär-, Erdöl-, Elektrizitäts-, Transport- und Industrieanlagen immun machen. Dem Volk müsse die Wahrheit darüber gesagt werden, fordert Ford, wenn der tote Punkt in Vietnam überwunden werden solle. Der Republikaner wies die Furcht vor einer Eskalation zurück, denn die Welt glaube auf Grund der kommunistischen Propaganda ohnehin, daß die US-Luftwaffe ohne jede Einschränkung bombardiere.

Fulbright verknüpfte den Krieg in Vietnam mit dem Rassenaufruhr in den amerikanischen Städten. Er bezweifelte es, daß sich Amerika finanziell sowohl den Vietnam-Krieg als auch den Kampf gegen die Armut der Neger leisten könne. Hinzu komme, daß sich beide Kriege moralisch verheerend auf das amerikanische Volk auswirkten. Die große Gesellschaft Präsident Johnsons sei in einer Linie auf den militärischen Nachschub gezielt. Die große Gesellschaft Präsident Johnsons sei eine „kranke Gesellschaft" geworden.

Die Verteidigungsministerium gab zu, daß es Beschränkungen bei der Bombardierung Nordvietnams gebe. Das nordvietnamesische Ben wohlüberlegten Zweck, das Leben von Amerikanern zu schonen, der nordvietnamesischen unnötige Opfer an Leben zu ersparen und eine Ausweitung des Krieges zu verhindern. Die Bombardierung sei in erster Linie auf den militärischen Nachschub gezielt.

Militärausschuß gegen Unruhen gebildet

Chinesen demonstrieren vor der mongolischen Botschaft in Peking

Nachrichtendienst der WELT

Tokio/Hongkong, 9. August

Ein neugebildeter Unterausschuß der Militärkommission beim ZK der chinesischen KP soll sich, wie japanische Korrespondenten aus Peking berichten, mit den bewaffneten Zusammenstößen zwischen Anhängern und Gegnern des Parteivorsitzenden Mao Tse-tung befassen.

Leiter des fünfköpfigen „Unterausschusses zur Unterstützung der linksgerichteten revolutionären Massen" ist der Sicherheitsminister Hsieh Fu-tschih, sein Stellvertreter der Leiter der Politischen Abteilung in der Armee, Hsiao Hua. Die neue Organisation habe Macht-befugnisse, Entwicklungen wie die Unruhen in der zentralchinesischen Stadt Wuhan zu verhindern.

In der Provinz Tschekiang ist ein Aufstand der Bauern gegen die Anhänger Maos ausgebrochen, meldet eine chinesische Rundfunkstation. Laut Radio Moskau haben sich 13 000 Arbeiter in Nordtschina unter der Leitung der örtlichen Parteichefs gegen die Maoisten erhoben.

Demonstranten in Peking haben die mongolische Botschaft angegriffen und den Wagen des mongolischen Botschafters in Brand gesteckt, wie die sowjetische Nachrichtenagentur TASS meldet.

Enteignung für Parkplatz möglich

Gemeinde siegt im Rechtsstreit

Von unserem Korrespondenten

Sei. Karlsruhe, 9. August

Eine Gemeinde, die einen öffentlichen Parkplatz anlegen will, der dringend benötigt wird, ist berechtigt, dafür die Privateigentümer der erforderlichen Grundstücke zu enteignen zu lassen.

Diese grundsätzliche Entscheidung fällte der Dritte Zivilsenat des Bundesgerichtshofes in einem Streit zwischen der Stadt Singen-Hohentwiel und mehreren Besitzern eines Grundstücks.

Die Stadtverwaltung kamen in dem Revisionsverfahren zu der Auffassung, daß im Interesse des Allgemeinwohls eine Enteignung eines privaten Geländes für einen öffentlichen Parkplatz zulässig sei...

Brecht-Ensemble kommt nach Westberlin

Gastspiel im Oktober

Von unserem Korrespondenten

hws. Berlin, 9. August

Nach mehreren aus politischen Gründen gescheiterten Anläufen wird das „Berliner Ensemble" aus Ostberlin zum erstenmal Mitte Oktober in Westberlin gastieren. Die Verhandlungen hierüber stehen vor dem Abschluß.

Aktienbörse nervös und schwächer

Aber zum Schluß wieder Rückkäufe

Nachrichtendienst der WELT

Düsseldorf, 9. August

Das Aktiengeschäft verlief an der Mittwochbörse ziemlich nervös. Der Berufshandel fuhr fort, Kursgewinne zu realisieren.

Schlag gegen Kunstdiebe

Rom, 9. August (SAD)

Dem internationalen Handel mit gestohlenen Kunstwerken hat die italienische Polizei in Zusammenarbeit mit schweizerischen Behörden einen empfindlichen Schlag versetzt.

Die Madonna von Cossito

Das auf Holz gemalte Altarbild, das auf Jahren in Cossito in Italien verschwand, ist wiedergefunden worden; es ist beschädigt.   Foto: SAD

Mehr offene Stellen in Nordrhein-Westfalen

Düsseldorf, 9. August (UPI)

In Nordrhein-Westfalen hat sich die Arbeitsmarktlage zum erstenmal leicht gebessert.

Blindenschrift aus dem Computer

Cambridge (Mass.), 9. August (SAD)

Ein Computer, der normale Schriftzeichen in Blindenschrift „übersetzt", ist jetzt in den USA soweit entwickelt worden, daß sein Arbeitstempo 190 Worte je Minute beträgt.

Albertz plant Brief an Abusch

Es geht um Wiederaufnahme der Passierscheingespräche

Von unserem Korrespondenten

Co. Berlin, 9. August

In Westberlin rechnet man damit, daß der Regierende Bürgermeister Heinrich Albertz bis Mitte September dem stellvertretenden Zonenministerpräsidenten Alexander Abusch brieflich eine Wiederaufnahme der Passierscheinverhandlungen vorschlagen wird.

Feuchtwarme Luft aus Süd bis Südwest

Wetter schwül und gewittrig

Nachrichtendienst der WELT

Essen, 9. August

Auf der Ostseite eines Tiefs, das am Mittwoch über Irland lag, strömt vorübergehend feuchte Luft aus Süd bis Südwest nach Deutschland.

In West- und Norddeutschland sind meist stärkere Bewölkung und vereinzelt gewittrige Regenfälle zu erwarten.

Die Temperaturen: im Binnenland überall um 25 Grad, an der See bis 20 Grad.

Strenge Auflagen für Pipeline

Von unserem Korrespondenten

d. München, 9. August

Besonders gründliche Sicherheitsvorkehrungen hat das bayrische Arbeitsministerium zur Auflage für den Betrieb der neuen transalpinen Pipeline von Triest nach Ingolstadt gemacht.

Libanesische Politiker für Beziehungen zu Bonn

Beirut, 9. August (UPI)

In Telegrammen an den libanesischen Präsidenten Charles Helou haben drei einflußreiche Politiker des Libanon die Wiederaufnahme der diplomatischen Beziehungen Beiruts zu Bonn gefordert.

In dieser Ausgabe

August 1967

Indien feiert den 20. Jahrestag seiner Unabhängigkeit →S. 129

16. August, Mittwoch

Die Bundesregierung hebt die 1961 eingeführte Widerrufsklausel im Interzonenverkehr mit der DDR auf, erleichtert außerdem den Zahlungsverkehr und richtet eine bundesdeutsche Informationsstelle auf der Leipziger Muster-Messe ein.

US-Präsident Lyndon B. Johnson fordert im Hinblick auf die schwelenden Rassenunruhen den Kongreß auf, die von ihm empfohlenen Programme zur Sanierung der US-amerikanischen Großstädte zu verabschieden.

Rund 18 Millionen DM haben die Bergbauunternehmen in Nordrhein-Westfalen in den vergangenen 14 Tagen als Härteausgleich für Feierschichten an Bergleute ausgezahlt.

Der spanische Avantgarde-Dichter Fernando Arrabal, der Ende Juli wegen des Vorwurfs der Vaterlandsbeleidigung verhaftet worden ist, wird gegen Kaution freigelassen. Anlaß für die Festnahme war eine Widmung, die der Dichter einem jungen Verehrer in eines seiner Bücher geschrieben hat: »Ich scheiße auf Gott, das Vaterland und alles übrige.«

Die ČSSR bürgert den Schriftsteller Ladislav Mňačko aus, schließt ihn aus der Kommunistischen Partei der Tschechoslowakei aus und erkennt seinen Titel als »Verdienter Künstler« ab. Grund für diese Maßnahmen ist eine Reise des Künstlers nach Israel, mit der er gegen die anti-israelische Politik seines Landes protestieren wollte. →S. 129

17. August, Donnerstag

Rentnerehepaare in der Bundesrepublik verfügen laut dem Statistischen Bundesamt in Wiesbaden im Monatsdurchschnitt über 447 DM. →S. 131

In London kommt der 80minütige Film der universellen Happening-Künstlerin Yoko Ono zur Aufführung, in dem die Japanerin 365 Gesäße auf Zelluloid bannt und dabei Gespräche mit dem jeweiligen Star wiedergibt. →S. 136

Muhammad Ali (Cassius Marcellus Clay) heiratet in zweiter Ehe eine strenggläubige Moslemin und kündigt an, sich als Prediger der Black Muslims in den Vereinigten Staaten betätigen zu wollen.

18. August, Freitag

Nach Angaben des Auswärtigen Amts in Bonn sind derzeit 64 Bundesbürger in verschiedenen Ostblockstaaten inhaftiert.

Anhänger Mao Tse-tungs stürmen in Peking das Gebäude der sowjetischen Botschaft und zertrümmern Teile der Einrichtung (→26. 1./S. 21).

Papst Paul VI. verwirklicht die von ihm angekündigte Reform der römischen Kurie und schafft damit die Voraussetzung für eine Straffung und Demokratisierung dieser zentralen Verwaltung der Kirche. →S. 132

19. August, Sonnabend

36 von der Bundesrepublik freigekaufte DDR-Häftlinge, darunter auch Frauen, werden an den Grenzübergängen Herleshausen und Wartha übergeben.

20. August, Sonntag

Die Deutsche Lufthansa eröffnet nach über 20jähriger Pause den planmäßigen Linienflugverkehr in die osteuropäischen Hauptstädte Belgrad, Budapest und Bukarest.

21. August, Montag

Im Kongo kommt es zu einem Waffenstillstand zwischen der Regierung Joseph Desiré (Sésé) Mobutu und den aufständischen Söldnern. →S. 128

China gibt den Abschuß von zwei Flugzeugen der US-Armee über seinem Territorium bekannt.

Die Adam-Opel-AG wird in ihrem Stammwerk in Rüsselsheim bis zum 26. August Kurzarbeit einlegen. Grund ist der geringe Absatz von Mittelklassewagen während der Urlaubszeit.

22. August, Dienstag

Die Bundesregierung in Bonn gibt auf Anfrage bekannt, daß sie im letzten halben Jahr Ausrüstung für Armee und Polizei an die Regierungen Griechenlands, der Türkei, des Iran, Nigerias, Somalias und Äthiopiens geliefert habe.

Das »Komitee zur Verteidigung der Nationalen Revolution« übernimmt auf Mali die Staatsführung.

Demonstranten stürmen die britische Gesandtschaft in Peking und legen Feuer. Großbritannien verhängt als Gegenmaßnahme über die in Großbritannien weilenden Diplomaten Chinas eine Ausgangssperre.

23. August, Mittwoch

Die DDR fordert vom Bundespostministerium die Zahlung von insgesamt 986 Millionen DM für Leistungen, die von der Post der DDR für die Bundespost erbracht worden sind. →S. 131

24. August, Donnerstag

Die Vereinigten Staaten und die Sowjetunion legen auf der Genfer Abrüstungskonferenz inhaltlich gleiche Entwürfe für den Abschluß eines Atomsperrvertrages vor. In den Entwürfen fehlt jedoch der Kontrollartikel, über den keine Einigung möglich war. →S. 129

25. August, Freitag

In Argentinien tritt ein Gesetz zur Beseitigung und Verhinderung jedes kommunistischen Einflusses im Land in Kraft. So ist ausländischen Kommunisten der Aufenthalt in Argentinien verboten.

Das Zweite Deutsche Fernsehen (ZDF) beginnt mit der Ausstrahlung von Sendungen in Farbe. →S. 133

In London wird ein Vertrag über die Errichtung einer direkten Nachrichtenverbindung, den »Heißen Draht«, zwischen der Residenz des britischen Premierministers und dem Kreml in Moskau unterzeichnet.

Der schwedische Spielfilm »Persona« von Ingmar Bergman kommt in die bundesdeutschen Kinos. Die Hauptrollen spielen Bibi Anderson und Liv Ullmann. Der Streifen wird von der US-Filmkritik zum »Film des Jahres« gewählt. Außerdem wird der britische Film »Ein Mann zu jeder Jahreszeit« des US-amerikanischen Regisseurs Fred Zinnemann in der Bundesrepublik erstaufgeführt.

26. August, Sonnabend

In London findet eine Konferenz der Notenbankpräsidenten statt, die sich mit der Frage der geplanten internationalen Währungsreform befassen.

Der Führer der US-amerikanischen Neo-nazistischen Partei, George Lincoln Rockwell, wird vor einem Waschsalon in Washington von seinem »Propagandaminister« John Pattler erschossen. →S. 129

In Woburn Abbey versammeln sich 5000 britische Hippies zu einem dreitägigen Festival unter dem Motto: »Make Love – not War.«

27. August, Sonntag

In Bulgarien enden die seit dem 21. August dauernden Manöver von Truppen und Stäben Bulgariens, Rumäniens, der UdSSR und Polens.

Mit der Annahme eines Appells zur Beseitigung der Rassendiskriminierung beendet der Weltkirchenrat in Iraklion seine zweiwöchige Tagung.

In Frankfurt am Main wird die Internationale Herbstmesse eröffnet, die bis zum 1. September dauert.

28. August, Montag

Die Fünftagewoche für die Arbeitnehmer der DDR tritt in Kraft.

Der deutsche Bundesratsminister Carlo Schmid (SPD) erhält als erster aktiver Politiker den Goethe-Preis der Stadt Frankfurt am Main. →S. 132

Auf österreichischem Hoheitsgebiet an der tschechisch-deutschen Grenze wird einer von vier Flüchtlingen aus der DDR von tschechoslowakischen Grenzsoldaten erschossen.

Bei einer Kabinettsumbildung in London übernimmt Premierminister Harold Wilson selbst das Amt des Wirtschaftsministers.

Mit einer Tragödie endet ein Massenabsprung US-amerikanischer Fallschirmsportler am Eriesee (Ohio). Statt auf dem vorgesehenen Zielgelände landen 19 der 21 Sportler in dem See und ertrinken.

29. August, Dienstag

Bei heftigen Regenfällen im Norden Japans kommen 33 Menschen ums Leben, neun Städte und Dörfer werden von der Außenwelt abgeschnitten. Etwa 67 000 Menschen werden obdachlos.

30. August, Mittwoch

Algerien verstaatlicht fünf Tochtergesellschaften US-amerikanischer Mineralölgesellschaften einschließlich deren Sachanlagen, Rechten und Beteiligungen an Raffinerien und Vertrieb. Der Gesamtwert der enteigneten Gesellschaften wird auf 27 Millionen US-Dollar (etwa 108 Millionen DM) geschätzt.

Nach vier Jahren und unzähligen Folgen ist Richard Kimble nicht mehr »auf der Flucht«. Die US-Fernsehgesellschaft ABC strahlt die Schlußfolge der auch in der Bundesrepublik so beliebten Fernsehserie aus.

31. August, Donnerstag

Die israelische Verwaltung Westjordaniens meldet die Rückkehr von 14 056 im Sechstagekrieg geflüchteten Jordaniern in ihre Heimatdörfer. →S. 128

Ägypten und Saudi-Arabien einigen sich in Karthum auf einen Friedensplan für den Jemen, der den Abzug der ägyptischen Truppen und die Einstellung der saudi-arabischen Unterstützung für die königstreuen Jemeniten vorsieht. →S. 128

Seit dem 13. März führten die Vereinigten Staaten auf ihrem Versuchsgelände in der Wüste Nevada zwölf Kerntests mit einer Sprengwirkung von etwa 20 000 t Trinitrotoluol (TNT) zu Zwecken der Kernwaffenentwicklung durch.

Brasilien und Indien kündigen auf der Genfer Abrüstungskonferenz an, daß sie den von den Vereinigten Staaten und der Sowjetunion gemeinsam vorgelegten Entwurf eines Atomsperrvertrags nicht unterzeichnen werden, da er die Nichtatommächte diskriminiere (→24. 8./S. 129).

In der Bundesrepublik werden 17,74 Millionen t Getreide geerntet. Das ist das beste Ernteergebnis seit dem Zweiten Weltkrieg. →S. 131

Gestorben:

2. Paris: Henryk Berlewi (*30. 10. 1894, Warschau), polnischer Maler und Grafiker.

3. Bonn: Paul Löbe (*14. 12. 1875, Liegnitz), deutscher Politiker.

15. Brüssel: René Magritte (*21. 11. 1898, Lessines), belgischer Maler. →S. 137

20. New York: Ad Reinhardt (*24. 12. 1913, Buffalo/New York), US-amerikanischer Maler.

31. Nowo-Jerusalem bei Moskau: Ilja G. Ehrenburg (*27. 1. 1891, Kiew), sowjetischer Schriftsteller.

Über schwere Rassenunruhen in den USA berichtet das Nachrichtenmagazin »Der Spiegel« am 7. August 1967

DER SPIEGEL

7. AUGUST 1967 · NR. 33
21. JAHRGANG · 1,50 DM
ERSCHEINT WÖCHENTLICH
IN HAMBURG · C 6380 C

Schwarz gegen Weiß
Amerikas zweiter Bürgerkrieg

Mehr US-Soldaten in Vietnam

3. August. Die Verstrickung der Vereinigten Staaten in den Vietnamkrieg nimmt immer größere Dimensionen an. US-Präsident Lyndon B. Johnson ist entschlossen, die US-Truppen in Vietnam bis Ende Juni nächsten Jahres um weitere 45 000 Soldaten auf 525 000 Mann zu verstärken. Gleichzeitig ersucht er den Kongreß in Washington um die Zustimmung zu einer zeitweiligen Erhöhung der Einkommens- und Körperschaftssteuer um 10%.

Die Steuererhöhung ist Teil eines Finanzplanes, mit dem Johnson den Etat sanieren will. Der Hauptgrund für die Finanzmisere sind die Verteidigungsausgaben, die schon in diesem Jahr die im Januar angegebene Summe von umgerechnet 300 Milliarden DM um 32 Milliarden DM überschritten.

Auf dem Kriegsschauplatz selbst nehmen die Bombardements der US-Luftwaffe immer härtere Formen an. Erstmals fallen Bomben im Zentrum der nordvietnamesischen Hauptstadt Hanoi. Die Kriegführung wird für die Vereinigten Staaten immer verlustreicher. Schon jetzt übertreffen die diesjährigen Verluste diejenigen des gesamten Vorjahres: Bis Anfang August werden 5515 US-Soldaten getötet und 36 187 verwundet, im ganzen Jahr 1966 fielen 5008 US-Soldaten in Vietnam und 30 093 wurden verwundet (→ 8. 9./S. 142).

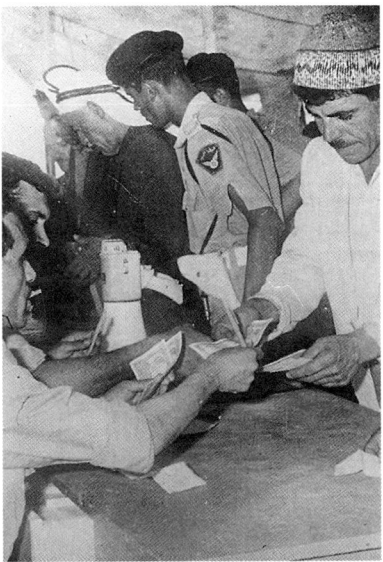

Geld von den Behörden für die Rückkehr nach West-Jordanien

Einwohner der nordvietnamesischen Hauptstadt Hanoi schützen sich durch Luftschutzlöcher vor den Bombenangriffen der US-Amerikaner

Rückkehr an das Westjordanufer

31. August. Die israelische Verwaltung Westjordaniens meldet, daß 14 056 Bewohner des West-Jordanufers, die nach dem Sechstagekrieg (→ 5. 6./S. 96) geflohen waren, wieder in ihre Wohnstätten zurückgekehrt sind. Die Rückkehr der Flüchtlinge wurde durch ein Abkommen zwischen Jordanien und Israel ermöglicht, das die Rückkehr regelt. Die Erwähnung Israels hatte die jordanische Regierung unter König Husain lange davon abgehalten, ein solches Abkommen zu unterzeichnen. Die Übereinkunft ist befristet bis zum 31. August.

König Husain

Unter Aufsicht des Schweizer Roten Kreuzes kehrten seit dem 2. Juli täglich fast 2500 Personen wieder in den von Israel annektierten Teil westlich des Jordans zurück. Mindestens 150 000 bis 200 000 Palästina-Flüchtlinge sind allerdings allein bis Ende Juni aus ihren Wohnstätten und Flüchtlingslagern über die notdürftig reparierte Allenby-Brücke geflohen. Die jordanische Regierung forderte die Flüchtlinge unbedingt zur Rückkehr auf und setzte für jeden Heimkehrer eine Belohnung aus sowie eine garantierte Lebensmittelversorgung für drei Monate.

Friedensplanung für den Jemen

31. August. Während des arabischen Gipfeltreffens in der sudanesischen Hauptstadt Karthum vereinbaren Ägyptens Staats- und Ministerpräsident Gamal Abd el Nasser und König Faisal Ibn Abd al Asis Ibn Saud von Saudi-Arabien, den seit 1962 tobenden, kostspieligen Jemenkrieg zu beenden.

Ägypten soll laut Vereinbarung sein rund 30 000 Mann starkes Expeditionskorps innerhalb von sechs bis acht Monaten aus dem Jemen zurückziehen, während Saudi-Arabien seine Unterstützung der jemenitischen Royalisten einstellt. Diese Regelung entspricht im wesentlichen einem Abkommen, das zwischen den verfeindeten Parteien bereits 1965 in Dschidda abgeschlossen wurde, damals jedoch ohne Wirkung blieb.

Unter Jemens Staatspräsident Abdullah as-Sallal soll eine Übergangsregierung gebildet werden; nach Abzug der ägyptischen Truppen soll dann das jemenitische Volk in einer Volksbefragung über die künftige Staatsform entscheiden.

Feuerpause im Kongo

21. August. Das Hauptquartier von Oberst Jean Schramme, dem Anführer der revoltierenden weißen Söldner (→ 3. 7./S. 112) in der kongolesischen Grenzstadt Bukavu, gibt die Vereinbarung über einen Waffenstillstand zwischen der kongolesischen Nationalarmee und den Söldnern bekannt.

Die Feuereinstellung ermöglicht erste Verhandlungen zwischen Schramme und dem kongolesischen Außenminister Justin Bomboko, der erst wenige Tage zuvor im Nachbarstaat Ruanda sondierte, ob man bereit ist, die Söldner aufzunehmen. Schramme stellt vier Forderungen an die Regierung in Kinshasa:

▷ Garantie des Lebens und der Freiheit aller Söldner
▷ Bewilligung für die Söldner, in ihre Heimat oder in jedes andere Land zurückzukehren
▷ Verzicht Kinshasas auf Auslieferungsbegehren
▷ Schriftliche Garantie einer Amnestie

Dieser Katalog an Forderungen macht deutlich, daß der Aufstand der Söldner nur ein letztes Aufbegehren gegen den Staatspräsidenten des Kongo, Joseph D. Mobutu, war, der seinem Land durch tiefgreifende Reformen zu mehr nationalem Ansehen verholfen hatte und jetzt die weißen Söldner abschieben muß (→ 4. 11./S. 185).

Der Belgier Jean Schramme, Anführer der revoltierenden Söldner

Weltmächte legen Sperrvertrag vor

24. August. Nach langen Verhandlungen legen die Vereinigten Staaten und die Sowjetunion in Genf gleichlautende Vertragsentwürfe über die Nichtverbreitung von Nuklearwaffen vor. Über die Frage der Kontrolle ist keine Einigung erzielt worden, so daß Artikel III, der die Kontrolle betrifft, ausgespart bleibt.

Die Kernwaffenstaaten übernehmen danach die Verpflichtung, keine Nuklearwaffen oder die Verfügungsgewalt über solche an irgendeinen Drittstaat zu übertragen und kernwaffenlosen Staaten nicht behilflich zu sein, solche Waffen herzustellen. Damit treiben die bei-

Vorgespräche in Genf: US-Unterhändler W. Forster (l.), Lord Chalpoet

den Atomgroßmächte faktisch ihren Machtanspruch bis an die Grenzen, wenngleich sie auch die Weltöffentlichkeit für sich gewinnen können, die an einem Schutz vor der unkontrollierten Ausbreitung von Atomwaffen, die durch einen Nuklearkrieg wesentlich wahrscheinlicher würde, interessiert ist.

Zum anderen wird den kernwaffenlosen Staaten das Recht zur friedlichen Nutzung der Kernenergie in vollem Umfang gewährleistet. Weitere Artikel befassen sich mit der Durchführung des Vertrags.

In der Präambel des Vertrags erklären die beiden Atommächte ihre Absicht, möglichst bald das nukleare Wettrüsten einzustellen.

Seit 20 Jahren unabhängiges Indien

15. August. *Vor genau 20 Jahren verkündete Jawaharlal Nehru (l. am Mikrofon), erster Ministerpräsident von Indien, die Unabhängigkeit. Damit verlor Großbritannien seine größte und wertvollste Provinz.*
Der Konflikt um Religionszugehörigkeit und Sprache, der unter kolonialer Herrschaft weitgehend unterdrückt wurde, erschütterte das Land. Infolge von Grenzstreitigkeiten mit Pakistan brachen sofort Unruhen aus, die über eine Million Tote forderten und die Umsiedlung von 8,4 Millionen Menschen nötig machten. Neun Provinzen und 566 Fürstenstaaten bilden derzeit die Republik Indien.

US-Naziführer in Arlington getötet

26. August. George Lincoln Rockwell, Führer der US-amerikanischen nationalsozialistischen Partei, die er 1958 nach seinem Vorbild Adolf Hitler gegründet hatte, wird vor einem Waschsalon in Arlington bei Washington erschossen. Er hatte gerade seine Wäsche in einen Automaten gesteckt und war im Begriff, in sein Hauptquartier zurückzufahren, als ihn die tödliche Kugel traf, abgegeben von John Pattler. Dieser war noch bis zum März 1966 Rockwells »Propagandaminister« und Herausgeber des Parteiorgans »Das Sturmbannführermagazin«.

Die Ziele der Rockwell-Bewegung, die kaum mehr als 100 Anhänger zählt, erscheinen so unbegreiflich, daß sich wiederholt Soziologiestudenten einschlichen, um dort Material über »abweichendes Verhalten« zu gewinnen. Mit imitierten SA-Uniformen und Hakenkreuzfahnen tauchten Rockwell und seine Anhänger auf öffentlichen Veranstaltungen auf, wo sie mit rassistischen Hetzparolen die Rückführung der Neger nach Afrika forderten.

Rassenunruhen auch in Washington

1. August. Von den schweren Rassenunruhen, die seit einem Monat in fast allen großen Städten der Vereinigten Staaten immer wieder aufflammen, bleibt auch die US-Hauptstadt Washington, die zu 65% von Farbigen bewohnt ist, nicht verschont. In der Nähe des Weißen Hauses kommt es zu blutigen Auseinandersetzungen zwischen farbigen Demonstranten und Polizei.

»Black Power« – Demonstration für die Rechte der Farbigen in den USA

Ladislav Mňačko wird kaltgestellt

16. August. Dem Schriftsteller Ladislav Mňačko werden die tschechoslowakische Staatsbürgerschaft, der Ehrentitel eines »Verdienten Künstlers« und alle staatlichen Auszeichnungen aberkannt. Außerdem wird seine Mitgliedschaft in der Kommunistischen Partei der Tschechoslowakei gelöscht.

Mňačko erhielt dieses vierfache Verdikt in Tel Aviv. Der 48jährige Literat hatte während der Nahost-Krise ($\rightarrow$ 5. 6./S. 96) aus Protest gegen die pro-arabische Politik und Propaganda seines Landes die Tschechoslowakei verlassen und war demonstrativ nach Israel gereist.

Mňačko gehört zu den tschechischen Intellektuellen, die bis zum Frühsommer dieses Jahres beträchtliche Freiheit errungen hatten, um konstruktiv politische Wirklichkeit und Ideologie in der ČSSR diskutieren zu können. Mňačko bekennt sich zum Kommunismus. Er tadelt ausschließlich den Amtsmißbrauch der Parteifunktionäre.

Fünf Nationen gründen die ASEAN

8. August. Die Außenminister von Thailand, Malaysia, Indonesien, Singapur und den Philippinen beschließen in Bangkok die Gründung einer Vereinigung Südostasiatischer Nationen (ASEAN).

In der gemeinsam unterschriebenen Gründungsdeklaration wird zum einen die regionale wirtschaftliche Zusammenarbeit der Mitgliedsstaaten besonders hervorgehoben, die zu einer Erhöhung des Lebensstandards und der wirtschaftlichen Stabilisierung führen soll.

Zum anderen wird betont, daß ausländische Militärstützpunkte nur vorübergehend und nur mit ausdrücklicher Zustimmung der betreffenden Länder bestehen. Sie dürfen auf keinen Fall die Souveränität eines Staates beeinflussen. Indonesien hat, im Gegensatz zu den übrigen vier Partnerstaaten, auf deren Territorien sich US- oder britische Stützpunkte befinden, die Anwesenheit ausländischer Militärs stets abgelehnt.

Der ständige Ausschuß der ASEAN hat seinen Sitz in Djakarta.

Bundeswehrreform beschlossen

5,3 Milliarden DM für Investitionen

11. August. Nach dreieinhalbstündiger Beratung im Bonner Kanzleramt einigen sich Bundeskanzler Kurt Georg Kiesinger und Bundesverteidigungsminister Gerhard Schröder über die künftige Gestaltung der Bundeswehr.

Anläßlich der zu erwartenden Ausgabenkürzungen des Verteidigungshaushalts um bis zu 2,5 Milliarden DM ging das Verteidigungsministerium noch im Juli davon aus, daß eine Verminderung der Truppenstärke der Bundeswehr, die gegenwärtig bei 456 200 Mann liegt, um 60 000 Soldaten notwendig werden würde. Diese Überlegungen stießen in den Vereinigten Staaten auf heftige Kritik. Angesichts des bevorstehenden Besuchs von Bundeskanz-

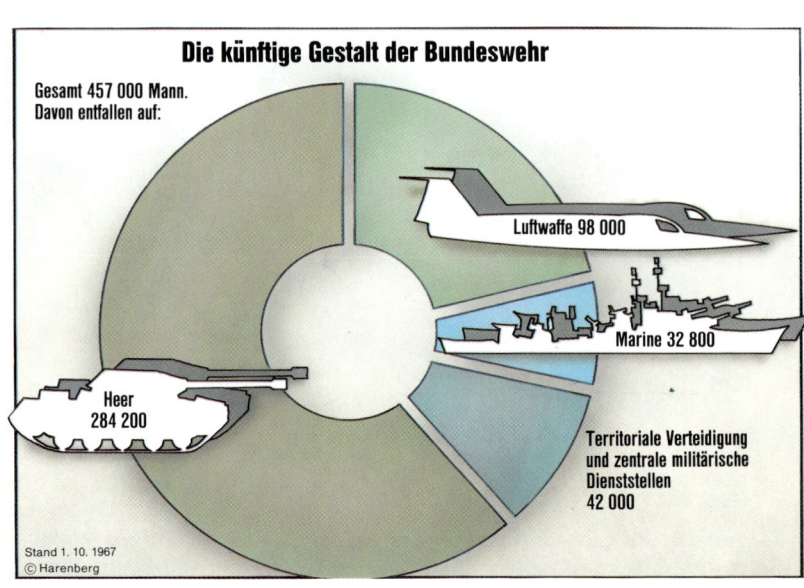

Die künftige Gestalt der Bundeswehr

Gesamt 457 000 Mann.
Davon entfallen auf:

Luftwaffe 98 000

Marine 32 800

Heer 284 200

Territoriale Verteidigung und zentrale militärische Dienststellen 42 000

Stand 1. 10. 1967
© Harenberg

Panzerdivisions-Einheiten der Bundeswehr bei einem Herbst-Manöver in der Lüneburger Heide

Pionier-Fähre der Bundeswehr auf dem Rhein; sie ist in Pontons zerlegbar und per Eisenbahn transportierbar

ler Kiesinger und Außenminister Willy Brandt in Washington am 15. August ist die Frage der Bundeswehrkonzeption vordringlich.

Unter vier von Schröder ausgearbeiteten Alternativplänen ist die Entscheidung für einen Kompromiß gefallen, der sowohl der angespannten Finanzlage des Bundes Rechnung trägt als auch die Kampfkraft der Bundeswehr nicht in einer gegenüber den militärischen Verbündeten unvertretbaren Weise schwächt. Der Personalbestand soll danach um 15 000, maximal 20 000 Mann verringert werden, und zwar besonders zu Lasten des zivilen Personals. Der Schwund der aktiven Soldaten wird künftig durch Reservisten aus-

Der deutsche Bundesverteidigungsminister Gerhard Schröder

geglichen werden, von denen rund 100 000 eine Vier-Wochen-Übung absolvieren können. Damit stünden 10 000 Reservisten Monat für Monat unter Waffen. Diese Soldaten soll das Heer in neugegliederte Kaderverbände einfügen. Gleichzeitig muß das Material länger verwendet werden als ursprünglich vorgesehen. Die Periode einer laufenden Stärkung der Bundeswehr hat damit ihren Abschluß gefunden.

Sowohl der erste Plan Schröders über einen Truppenabbau von 60 000 Mann, wie die drei nachträglich vorgelegten Alternativpläne halten daran fest, daß die Bundeswehr unter allen Umständen über atomare Trägerwaffen verfügen soll.

10. August. Das Bundeskabinett in Bonn verabschiedet neben der langfristigen Finanzplanung des Bundes das bereits im Konjunkturrat (→ 13. 7./S. 118) erörterte zweite Programm für besonders konjunktur- und strukturpolitische Maßnahmen, das zusätzliche Investitionen des Bundes, der Länder und der Gemeinden in Höhe von 5,3 Milliarden DM vorsieht.

Die Bundesregierung betrachtet zwar die Entwicklung der Konjunktur »mit Optimismus und Gelassenheit«, so erläutert Bundeswirtschaftsminister Karl F. Schiller, dennoch hält sie weitere Bemühungen zur Förderung des Wirtschaftsaufschwungs für unerläßlich.

Das Programm gliedert sich in fünf Teile. Danach wird der Bund mit einem Investitionssonderhaushalt und zusätzlichen Kreditmitteln die regionale Wirtschaftsförderung mobilisieren. Teil zwei des Programms sieht die Subventionierung von Gemeinschaftsprojekten von Bund und Ländern vor, wie Hochschulen, Krankenhäuser usw. Der dritte Teil dient der Förderung des Wohnungsbaus, Teil vier betrifft Investitionen der Gemeinden, also Schulen, Verkehrsanlagen u. ä. Der letzte Punkt sieht eine Erhöhung der bisherigen Entlastungsquoten der gesamten Altvorräte vor, um den Unternehmern einen Anreiz zu bieten, ihre Läger wieder aufzufüllen. In allen Teilen soll den sog. Strukturgebieten – Steinkohlenreviere, Zonenrandgebiete, Berlin (West) – der Vorrang gegeben werden.

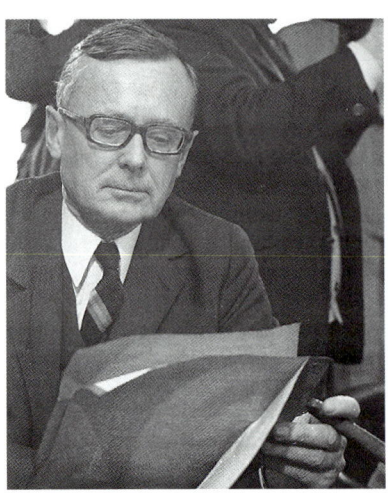

Bundeswirtschaftsminister Karl F. Schiller ist für Investitionen

Bauern bei der Ernte im niedersächsischen Emsland; der heiße Sommer beschert ihnen eine »Jahrhundert-Ernte«

Rekordernte nach heißem Sommer

31. August. Die Getreideernte dieses Jahres bricht alle Rekorde an Menge und Qualität in der Geschichte der Bundesrepublik.

Nach Feststellungen des Bundesernährungsministeriums in Bonn liegt die Erntemenge ohne Körnermais um 27% höher als im Vorjahr und um 21% höher als im Durchschnitt der Jahre 1961 bis 1966. 17,74 Millionen t Getreide wurden geerntet gegenüber 14,7 Millionen t im Vorjahr. Hauptgrund dafür ist das anhaltend gute Wetter des heißen Sommers

1967, das den Feuchtigkeitsgehalt verringerte, Auswuchsschäden auf ein unbedeutsames Maß herabdrückte und Hagelschäden nur vereinzelt auftreten ließ. Der durchschnittliche Hektarertrag stieg deshalb von 29,9 Doppelzentnern im Vorjahr auf 36,3 Doppelzentner.

Aber auch bei Zuckerrüben, Öl- und Hülsenfrüchten sowie Obst werden überdurchschnittliche Ernteergebnisse erzielt.

Diese »Jahrhundernternte« gleicht die Einkommenseinbußen der Land-

wirte aus, die sie durch die Angleichung der in der Europäischen Gemeinschaft (EG) ausgehandelten Getreidepreise am 1. Juli hinnehmen mußten. Der Grundpreis für Weichweizen sank dadurch von 475 DM auf 425 DM je Tonne. Auch bei den übrigen landwirtschaftlichen Produkten gehen die Preise gegenüber dem Vorjahr zurück. Bei pflanzlichen Produkten um 9,1%, was auch auf die gedämpfte Nachfrage in der allgemein angespannten Wirtschaftslage zurückzuführen ist.

Ernte überfordert Marktkapazitäten

1. August. Die anhaltende Hitze bis zu 30° C führt in den Anbaugebieten der Bundesrepublik zu einer Zusammenballung der Erntetermine für viele Obst- und Gemüsearten.

Infolge der subtropischen Wachstumsbedingungen müssen insbesondere Bohnen und viele Kohlarten gleichzeitig geerntet werden. Diese Mengen können jedoch nicht abgesetzt werden. Ein großer Teil des Gemüses wird als Futter verwendet, ein Teil wird an die öffentliche Fürsorge weitergegeben. Viele Bauern pflügen ihr Gemüse einfach unter, um so wenigstens den Aufwand der Ernte zu sparen.

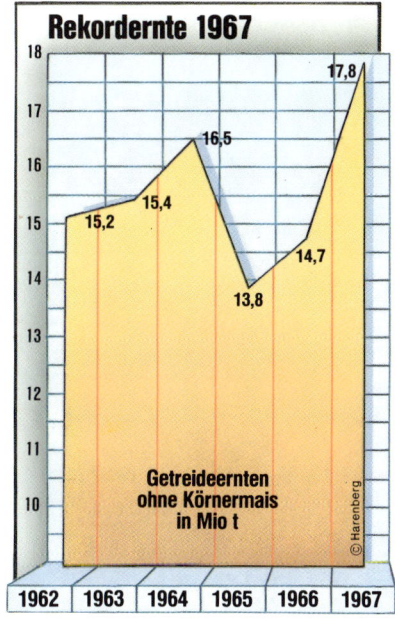

Rekordernte 1967

17,8
16,5
15,4
15,2
13,8
14,7

Getreideernten
ohne Körnermais
in Mio t

© Harenberg

| 1962 | 1963 | 1964 | 1965 | 1966 | 1967 |

Bundespost wird von DDR bedrängt

23. August. Das Ministerium für Post- und Fernmeldewesen der DDR verlangt zum dritten Mal die Bezahlung ihrer für die Bundespost erbrachten Leistungen in Höhe von 996 Millionen DM. Die erste Forderung aus der DDR ging schon im November 1966 bei Bundespostminister Werner Dollinger in Bonn ein, eine zweite folgte am 26. April dieses Jahres.

Fast gleichzeitig gehen auch dem Senat von Berlin (West) Rechnungen über Leistungen der DDR-Post und der Reichsbahn zu. Insgesamt belaufen sich hier die fälligen Ausgleichszahlungen auf 596,6 Millionen DM. Die Bundesregierung zögert mit dem Kostenersatz, da die Gewährung dieser Ausgleichszahlungen an die DDR nach den internationalen Maßstäben des Weltpostvereins und der Internationalen Union der Post und Telegraphie (UIT) völkerrechtliche und staatsrechtliche Konsequenzen nach sich zieht. Die DDR wird, so befürchtet Dollinger, erneut versuchen, in die beiden Gremien aufgenommen zu werden, die Sonderorganisationen der Vereinten Nationen (UN) sind, was einer internationalen Anerkennung der DDR gleichkäme.

Tatsächlich rechnen schon zahlreiche ausländische Post- und Fernmeldeverwaltungen ihre Leistungen direkt mit dem DDR-Postministerium ab und haben davon dem Weltpostverein Mitteilung gemacht.

Für Rentner nur Existenzminimum

17. August. Zwei-Personen-Haushalte von Renten- oder Sozialhilfe-Empfängern verfügen in der Bundesrepublik im Monatsdurchschnitt über 447 DM. Davon werden nach Angaben des Statistischen Bundesamtes in Wiesbaden je Haushalt und Monat 420 DM für den privaten Verbrauch und 11 DM für übrige Aufwendungen ausgegeben. Nur 16 DM bleiben als Rücklage übrig.

Von den Gesamtausgaben entfallen allein 49% auf Nahrungs- und Genußmittel, 17% auf Wohnungsmieten, 7% auf Kleidung und Schuhe und 27% auf andere Ausgabengruppen.

Die Ausgaben für den privaten Verbrauch waren 1966 in diesen Haushalten um 36 DM pro Monat höher als noch im Jahr 1965. Das entspricht einer durchschnittlichen Steigerung von 9,4%. Trotz der Rentenanpassung Anfang dieses Jahres um 8% gehören die Rentner noch immer zu den sozial am schlechtesten gestellten Menschen in der bundesrepublikanischen Gesellschaft.

Der Bruttowochenverdienst eines männlichen Arbeiters z. B. liegt 1967 im Durchschnitt bei 209 DM. Weibliche Arbeitskräfte sind mit einem Bruttowochenlohn von 140 DM weit schlechter gestellt.

Fusionierung von Industriegrößen

4. August. Die Siemens AG kauft sich mit einer Schachtelbeteiligung zu 25% in die Hamburger Werft Blohm & Voss AG ein. Damit fließen Blohm & Voss 19,25 Millionen DM eigene Mittel zu, die zur Entspannung der Liquiditätskrise führen werden. Blohm & Voss selbst hatten 1966 die benachbarte Werft H. C. Stücklen Sohn übernommen, die in Schwierigkeiten geraten war.

Mit der Kapitaltransaktion wird zwischen Siemens und den Werften auch eine Vereinbarung über technische Zusammenarbeit beschlossen, die sich auf die Gebiete der technischen Entwicklung, der Fabrikation und des Vertriebs erstreckt.

Mit der Übernahme des Aktienkapitals faßt Siemens ähnlich wie AEG in der Werftindustrie Fuß. AEG ist schon seit geraumer Zeit an der Deutschen Werft AG beteiligt, die derzeit in Verhandlungen über eine Fusionierung mit der Howaldtswerke AG steht (→ 9. 11./S. 182).

Blick auf ein Dock der Hamburger Werft Blohm & Voss AG, die in eine Liquiditätskrise kam; die Siemens AG kauft sich deshalb mit 25% ein

Gewinnbeteiligung für die Arbeiter

9. August. Der französische Ministerrat billigt in Paris eine Gesetzesvorlage, nach der die Arbeitnehmer am Gewinn der Betriebe beteiligt werden. Die Beteiligung gilt für alle Unternehmen mit mehr als 100 Angestellten, d. h., daß rund fünf Millionen der 13,7 Millionen Arbeitnehmer an den Gewinnen ihrer Firmen teilhaben.

Der versteuerte Gewinn der Betriebe wird zunächst dazu benutzt, das Eigenkapital mit 5% zu verzinsen. Was dann übrigbleibt, gilt als Übergewinn. Von diesem Übergewinn werden bis zu 75% auf Arbeitnehmer und Kapitaleigentümer verteilt. Durch eine komplizierte Formel wird diese Summe mit der Lohnsumme in Relation gebracht. Dadurch soll erreicht werden, daß die Beschäftigten in gewinnintensiven Betrieben mit geringer Belegschaft nicht günstiger gestellt werden als Arbeitnehmer großer Unternehmen mit durchschnittlichem Gewinn.

Papst Paul VI. paßt die römische Kurie der Zeit an

18. August. Papst Paul VI. reorganisiert den wesentlichsten Teil der römischen Kirchenverfassung, die Kurie, die seit 1588 nahezu unverändert bestanden hat.

Die schon 1863 angekündigte Reform ermöglicht eine tiefgehende Rationalisierung und Demokratisierung dieser obersten kirchlichen Behörde. In dem 47 Seiten starken Dokument »De Romana Curia« wird die Kurie den Erfordernissen der Zeit angepaßt und bleibt für künftige Entwicklungen flexibel.

Im wesentlichen sieht Paul VI. folgende Punkte vor:

▷ Der Kardinalstaatssekretär wird mit weitreichenden Vollmachten ausgestattet, die ihn in kirchlichen Angelegenheiten zum zweiten Mann nach dem Papst machen

▷ Das Staatssekretariat wird die Oberbehörde der Kurie, die Kongregationen, mit Ministerien vergleichbar, werden von zwölf auf neun verringert

▷ Die Kurienmitglieder werden auf nur fünf Jahre berufen

▷ Sie sollen aus aller Welt berufen werden, um so die Vorherrschaft der Italiener zu brechen

▷ Latein bleibt zwar offizielle Kirchensprache, doch kann künftig auch jede andere Sprache verwendet werden.

Papst Paul VI. erläßt eine Reform der Kurie

Kardinalstaatssekretär Amleto Giovanni Cicognani

Goethe-Preis für Carlo Schmid (SPD)

28. August. Bundesratsminister Professor Carlo Schmid nimmt in der Frankfurter Paulskirche den Goethe-Preis der Stadt Frankfurt am Main in Empfang.

Den mit 50 000 DM dotierten Preis, der seit 1927 verliehen wird, hatten in früheren Jahren u. a. Ricarda Huch, Sigmund Freud, Carl Jaspers und Albert Schweitzer erhalten. Carlo Schmid ist der erste Politiker unter den Preisträgern.

In der Verleihungsurkunde heißt es, die Stadt Frankfurt ehre in Carlo Schmid einen Schriftsteller und Wissenschaftler, dem Weltoffenheit, Toleranz und Humanität im Geiste Johann Wolfgang von Goethes Werte bedeuteten. Zugleich werde der Politiker ausgezeichnet, der einen maßgeblichen Beitrag zur demokratischen und freiheitlichen Gesellschaft geleistet habe.

Schmid, der seit 1945 der Sozialdemokratischen Partei Deutschlands angehört, war als Mitglied des Parlamentarischen Rats nach dem Zweiten Weltkrieg maßgeblich an der Ausarbeitung des Grundgesetzes der Bundesrepublik beteiligt.

Der Schweizer Showmaster Vico Torriani und Schlagersängerin Manuela im »Goldenen Schuß«, am 25. August, der ersten Farbsendung, die das ZDF von der Funkausstellung in Berlin (West) ausstrahlt

Auftakt für das Farbfernsehen

25. August. Um genau 10.57 Uhr, drei Minuten früher als vorgesehen, drückt Bundesaußenminister Willy Brandt zum Schluß der Eröffnungsfeier der 25. Funkausstellung von Berlin (West) auf einen faustgroßen roten Knopf und schaltet damit die Sender, die bis dahin die Festveranstaltung in Schwarz-Weiß live übertragen haben, auf Farbe um. Im Bruchteil einer Sekunde erstrahlen alle aufgestellten Fernsehschirme in leuchtenden Farben.

Das erste offizielle Farbfernsehbild, das die rund 1000 geladenen Besucher in der Funkausstellung und die Zuschauer mit Farbfernsehgeräten zu Hause sehen, ist ein Diapositiv der Jubiläums-Funkausstellung, in dessen kreisrunden Mittenausschnitt der Daumen von Willy Brandt auf dem roten Startknopf zu sehen ist. Als das farbige Bild erstrahlt, geht ein »Ah« der Besucher durch die Ausstellungshallen.

Der Start ins bundesdeutsche und zugleich europäische Farbfernseh-Zeitalter ist geglückt. Die nächste Kameraeinstellung zeigt die Prominenz der Eröffnung, darunter auch den Erfinder des bundesdeutschen Farbfernsehsystems PAL, Telefunken-Ingenieur Walter Bruch. Am Nachmittag strahlen ARD und ZDF gemeinsam ab 14.30 Uhr den französischen Spielfilm »Cartouche der Bandit« als erste Farbtestsendung aus, bevor das ZDF um 20 Uhr als erste farbige Live-Unterhaltungssendung die 25. Folge »Der Goldene Schuß« mit Vico Torriani (→ 11. 7./S. 120) ausstrahlt. Am nächsten Tag folgt die ARD mit ihrer ersten Live-Sendung in Farbe. Vivi Bach und Dietmar Schönherr präsentieren um 20 Uhr den »Galaabend der Schallplatte«.

Die Bundesrepublik verfügt als erste europäische Nation über das PAL-System, das die meisten Länder übernehmen. Frankreich und die Ostblockstaaten arbeiten mit dem sog. SECAM-System.

In seinem Münchner Labor führte Ingenieur Walter Bruch am 3. Januar 1963 seine Systemvariante PAL mit dem ersten Live-Farbfernsehbild vor

Prinzip des PAL-Systems von Bruch

Die Technik des PAL-Systems (Phase alternation line – zeilenweise Phasenveränderung), das der bundesdeutsche Ingenieur Walter Bruch entwickelt hat, gleicht im Prinzip der Schwarz-Weiß-Fernsehtechnik. Der Unterschied liegt in der Zerlegung des Bildes in der Fernsehkamera, das die Prismen nach den Gesetzen der Farbmetrik in je einen Grün-, Blau- und Rotauszug zerlegt. Aufnahmeröhren tasten die Farbauszüge Punkt für Punkt ab und kodieren die Farbsignale in elektrische Schlüsselsignale. Andernfalls wäre die Schwarz-Weiß-Kompatibilität nicht gegeben. Aus den drei Impulsen stellt ein Mischer ein einheitliches Farbsignal her, ein

Walter Bruch

zweiter Mischer ein gesondertes Helligkeitssignal, das von Schwarz-Weiß-Empfängern direkt als Helligkeitsinformation ausgewertet wird. Ein Sender strahlt Farbton und -sättigung sowie die Helligkeitssignale zusammen aus. Im Farbempfänger werden die verschlüsselten Signale wieder in elektronische Impulse umgewandelt, die auf den Bildschirm projiziert werden.

Konvergenzspulen zu beiden Seiten der Röhre steuern das Zusammenspiel der Elektronenstrahlen, Ablenkspulen steuern die Strahlen Zeile für Zeile auf dem Bildschirm.

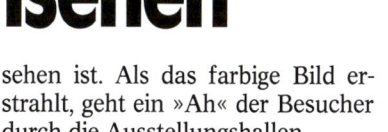

Prinzip des Farbfernsehens (Schema)

In der Farbfernsehkamera zerlegen Prismen (1) das aufgenommene Bild in je einen Grün-, Blau- und Rot-Auszug. Die Aufnahmeröhren (2) tasten die Farbauszüge Punkt für Punkt ab und verwandeln die Farbwerte in elektrische Schlüsselsignale. Aus den drei Impulsen stellt ein »Mischer« ein einheitliches Farbsignal her, ein zweiter »Mischer« ein gesondertes Helligkeitssignal, das beim Bildempfang auf Schwarzweißgeräten ermöglicht. Der Sender (4) strahlt beide Signale zusammen aus.
Im Empfänger wird das Funksignal in seine Farbanteile zerlegt (5) und in elektrische Impulse umgewandelt. Drei Elektronenkanonen (6) projizieren die Farbimpulse auf den Bildschirm. Die Konvergenzspulen (7) steuern das Zusammenspiel der Elektronenstrahlen. Die Ablenkspule (8) steuert die Strahlen Zeile für Zeile über den Bildschirm.

Szene aus der Wildwestfilm-Serie »Pistolen und Petticoats«, die 1967 mit bescheidenem Erfolg im deutschen Fernsehen ausgestrahlt wird

Die US-amerikanische Familienserie »Bonanza« im Vorabendprogramm des ZDF: »Little Joe (l.), Ben Cartwright, Hoss und Adam«

»Komödienstadel« mit (v. l.) Maxl Graf, Michl Lang (sitzend), Ludwig Schmid-Wildy, Claudia Hansmann, Karl Tischlinger, Alfred Pongratz

Fernsehen 1967:
Quiz, Sport, Harmonie

Das Fernsehgerät ist 1967 für die Bundesdeutschen nicht mehr ein Luxusgegenstand, der nur einer Minderheit zugänglich ist. In jedem siebenten Haushalt der Bundesrepublik steht ein Gerät, insgesamt ist die Zahl der Fernsehteilnehmer im Vergleich zum Vorjahr um 8,5% gestiegen.

Herausragendes Ereignis des Jahres 1967 ist der Start in das Farbfernseh-Zeitalter am → 25. August (S. 133). Für die Produzenten der Farbfernsehgeräte ist er nicht so erfolgreich wie erhofft. Im August haben erst 5000 Bundesbürger ein solches Gerät, das ab 1840 DM zu haben ist, gekauft. Viele scheinen die weitere Entwicklung der Farbfernsehgeräte erst noch abwarten zu wollen. 22% wollen sich »bestimmt« einen Farbfernseher anschaffen, 32% »vielleicht« und nur 7% der erwachsenen Bevölkerung werden bis zum Ende dieses Jahres den Kauf getätigt haben.

In Farbe werden die beliebtesten Sendungen der Bundesbürger ausgestrahlt: »Was bin ich« mit Robert Lembke, »Vergißmeinnicht« mit Peter Frankenfeld, »Der goldene Schuß« mit Vico Torriani und »Mit Schirm, Charme und Melone« mit Diana Rigg (Emma Peel) und Patrick McNee (John Steed).

Neben den Quizsendungen, Spielfilmen und Fußball-Übertragungen werden Fernsehserien über das deutsche Familienleben von den Zuschauern mit immer höheren Pluswerten in der Tabelle der Gunst bedacht, sie werden als nette Unterhaltung, als willkommene Entspannung nach einem gehetzten Alltag empfunden.

Gezeigt wird in den Kanälen die Klein-, Groß-, Durchschnitts- und Arztfamilie. Sie wird veralbert in der Serie »Firma Hesselbach«, als eine einzige Idylle stilisiert im »Forellenhof«, sie besteht aus anständigen und vernünftigen Menschen in der Reihe »Alle meine Tiere« oder aus kameradschaftlich helfenden

Richard Kimble (David Janssen) ist »Auf der Flucht«

In der beliebten Quiz-Sendung »Alles oder nichts« läßt sich Mozart-Kennerin Dora Adamietz von Quizmaster Erich Helmensdorfer prüfen

Peter Frankenfeld moderiert das Fernseh-Quiz um Postleitzahlen

und Farbe

Familienmitgliedern in schweren Existenzkrisen in den »Unverbesserlichen«.

Gemeinsam ist allen Familienserien die Tendenz zur Harmonie; Schwierigkeiten gibt es zwar, aber sie werden mit gutem Willen gemeistert und schmieden die Familie noch enger zusammen.

Die Problematik ist eher zeitlos unkritisch. Weder Generationskonflikt und Emanzipation noch das Problem der neu zu definierenden Geschlechterbeziehung werden in den Familienserien des deutschen Fernsehens thematisiert.

Der »Beat-Club« stellt internationale Sänger und Rock-Gruppen vor

ZUM ERSTENMAL IN FARBE 9.30

Oben: Edith Grobleben vom SFB wird die erste Ansagerin »in Farbe« sein. Links: Das Messegelände unterm Funkturm, den die Berliner »Langer Lulatsch« nennen. Rechts: Konstanze Vernon und Winfried Krisch, die Solisten des Ballettprogramms

Links: Berühmtester Gast des heutigen fünfundzwanzigsten Armbrustschießens ist die Schweizer Sopranistin Lisa della Casa, gefeiert in allen großen Musikzentren der Welt

Oben: Vico Torriani tritt heute Onkel Lous Nachfolge als Schieß- und Showmaster an. Unter seiner Leitung soll in mindestens zwölf Sendungen bunt ins Schwarze geschossen werden

20.00 IN FARBE
Der goldene Schuß

MITWIRKENDE:
Lisa della Casa, George London, Manuela, Marquis of Kensington, David Garrick, Frank Sinatra jr., The Angels, The Golden Dancers

Links: Wenn man in Spree-Athen zur Armbrust greift, muß natürlich ein mit Spreewasser getauftes Kind dabei sein: in dem Fall: Schlagersternchen Manuela

Oben: Auch Frank Sinatra jr. singt beim ersten farbigen »Goldenen Schuß«. Frankieboy Nr. 2 tritt seit vier Jahren erfolgreich in die Fußstapfen seines weltberühmten Vaters, dem er verblüffend ähnlich ist

Rechts: Das »Brasiliana Ballett« sollte ursprünglich mitwirken und einige seiner temperamentvollen Tänze zeigen. Nach Druckbeginn des Heftes wurde uns mitgeteilt, daß der Auftritt der brasilianischen Tänzer und Musiker vom Programm gestrichen worden ist

Das Fernsehprogramm des Zweiten Deutschen Fernsehens am Tag der Eröffnung des bundesdeutschen Farbfernsehens am 25. August; die Wochenzeitschrift »HÖR ZU« markiert Farbsendungen mit einem großen »F«

Zwei Filmstars heiraten in USA

7. August. Der 50jährige Schauspieler Paul Hubschmid und der 22jährige angehende Hollywood-Star Eva Renzi heiraten im US-amerikanischen Vergnügungszentrum Las Vegas.

Bei den Dreharbeiten zu dem Film »Playgirl« lernten sich Hubschmid und Eva Renzi 1965 kennen. Die Rolle schrieb ihm vor, seine spätere Frau nackt aus dem Schwimmbassin zu ziehen. Nach den Dreharbeiten lebten sie zwei Jahre in Berlin (West) zusammen, bis sie sich in den Vereinigten Staaten entschlossen, vor einem Standesamt die Beziehung zu legalisieren.

Für Paul Hubschmid ist dies seine zweite Ehe, in die er sicher nicht unbelastet geht. Seine erste Frau Ursula wählte 1963 den Freitod. Auch seine nächste engere Beziehung mit Renate Ewert, einem eher glücklosen bundesdeutschen Starlet, endete tragisch. Auch sie beging 1966 Selbstmord. Eva Renzi erwartet in Kürze ein Kind.

Paul Hubschmid und Eva Renzi nach der Trauung in Las Vegas

Die FIFA erlaubt das Auswechseln

2. August. Die Regelkommission des Weltfußballverbandes (FIFA) bestimmt, daß eine Mannschaft künftig nicht mehr nur aus elf Spielern besteht, sondern aus bis zu 16, von denen bis zu 13 während eines Treffens eingesetzt werden können.

Damit setzt die FIFA dem Nachteil ein Ende, den die Mannschaft durch den Ausfall eines Spielers, vor allem, wenn es sich um den Torwart handelt, zu tragen hatte, und ermöglicht für die gesamten 90 Spielminuten ein Gleichgewicht der Kräfte.

Eine weitere Regeländerung betrifft den Torwart, der nur noch insgesamt vier Schritte mit dem Ball laufen darf und ihn dann abspielen muß. Damit wird das Übel beseitigt, daß der Torwart bei günstigem Spielstand den Ball im Strafraum hält und so das Spiel verzögert.

In der Neuregelung heißt es: »Im Falle der Verletzung eines Spielers kann bis zur 90. Minute ein Ersatzspieler eintreten ... Ob eine Verletzung vorliegt, entscheidet der betreffende Verein.«

Kostbares auf dem Weg nach Teheran

12. August. Insgesamt 42 große Kisten mit dem Galaservice für Mohammad Resa Pahlawi, Schah von Persien, verlassen den Güterbahnhof der oberfränkischen Porzellanstadt Selb. Sie enthalten den größten Teil des 13 000 Einzelstücke umfassenden Services für die Krönungsfeierlichkeiten des Herrscherpaars am → 26. Oktober (S. 162).

Das Dekor des Porzellans, dessen Wert von der Herstellerfirma mit 668 000 DM angegeben wird, besteht aus einem breiten kobaltblauen Rand, der beidseitig von einer Goldkante eingefaßt ist. Auf dem Rand glitzern kleine goldene Sterne und das kaiserliche Wappen. Zu den 42 Kisten mit den vom Schah bestellten Kostbarkeiten sollen in München noch goldenes Tafelbesteck und die Kristallgläser für das Krönungsessen gepackt werden, bevor der Güterwagen seine Reise nach Teheran antritt. So wird auch das bundesdeutsche Handwerk an dem »Jahrhundertereignis der Krönung« Geld verdienen.

365 Heilige der Zeit

17. August. Der »Greater London Council«, eine Art Dachverband aller Londoner Gemeindeverwaltungen mit dem Recht, Beschlüsse der britischen Zensurbehörde aufzuheben, gibt den Film »Yoko Ono Nr. 4« zur Aufführung frei.

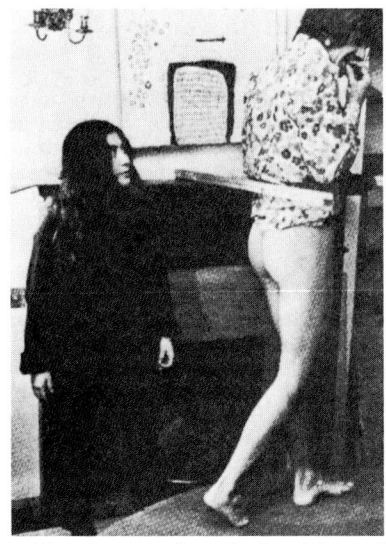

Yoko Ono während der Filmaufnahmen mit einem ihrer Darsteller

Die originelle Happening- und Avantgarde-Künstlerin aus den Vereinigten Staaten zeigt eine Stunde und 20 Minuten lang nichts als die Sicht auf 365 nackte Gesäße, die sich wellenförmig auf der Leinwand bewegen. Unterlegt sind die Bilder mit Gesprächen zwischen den Darstellern und der Künstlerin. »Die 365 Gesäße gehören 365 Heiligen der Zeit«, erläutert Yoko Ono, die schon 1959 musikalische Happenings in New York veranstaltete, an denen Max Ernst, Marcel Duchamp und John Cage teilnahmen. Wie in allen ihren Werken möchte die gebürtige Japanerin auch mit diesem Film für den Weltfrieden kämpfen.

Die Aufregung, die dieser eher monotone Film verursacht, gibt dem Streifen an sich schon eine Existenzberechtigung. Auch wenn der Zusammenhang zwischen nackten Gesäßen und dem Weltfrieden nicht sofort herzustellen ist, so kann Yoko Ono doch ihre Ideen bei dieser Gelegenheit den einmütig empörten Kritikern darlegen und regt die Öffentlichkeit in ihrem Sinne an.

Beatles-Manager stirbt einsam

26. August. Der Beatles-Manager Brian Epstein stirbt in einem Londoner Hotelzimmer. Neben seinem Bett werden Medizinflaschen gefunden, so daß ein Selbstmord nicht ausgeschlossen werden kann.

Brian Epstein

Epstein, der nur 32 Jahre alt wurde, verdanken die Beatles ihren Weltruhm. Er hat die Popgruppe entdeckt, aufgebaut und zusammengehalten. Unter den Popmusikern wurde er deshalb als der »Napoleon des Schaugeschäfts« bezeichnet.

Wie die Beatles war auch Epstein mehrfacher Millionär. Er galt als sehr schüchtern, sensibel und einsam. Er bevorzugte – trotz oder wegen seines Berufes – eher klassische Musik. Auch in seiner Kleidung blieb er eher konventionell.

Die Nationalgalerie Berlin (West) steht vor der Vollendung, sie wurde von L. Mies van der Rohe entworfen

Neues Museum für Berlin (West)

3. August. Innerhalb eines Tages verändert sich die Ansicht auf den Kemperplatz in Berlin (West): In einer neunstündigen Hebeaktion wird das 2,5 Millionen Pfund schwere, 65 × 65 m große Stahldach der neuen Nationalgalerie Millimeter um Millimeter in die Höhe gepumpt und aufgesetzt. Bis zum September nächsten Jahres soll das Museum, das nach den Entwürfen des Architekten Ludwig Mies van der Rohe gebaut wird, fertig sein.

Der technisch vollendete Musentempel soll die bisherige Galerie des 20. Jahrhunderts und die National-

Der Architekt Hans Scharoun

galerie beherbergen; er erhält zunächst jedoch nur wenig reizvolle Werke moderner Kunst. Von Malern wie Pablo Picasso oder Georges Braque existieren in Berlin (West) nur kleine Nebenwerke, Paul Klee ist mit zwei kleinformatigen Werken vertreten.

Die neue Nationalgalerie wird Teil eines großen Komplexes zwischen Tiergarten und Landwehrkanal in der Nähe der Mauer zu Berlin (Ost) sein, der aus der schon 1963 fertiggestellten Philharmonie, der im Bau befindlichen Staatsbibliothek, die weitere Sammlungen abendländischer Kultur beherbergen soll, und der Nationalgalerie besteht und ein neues Kunstforum für Berlin (West) darstellt.

Die Stiftung Preußischer Kulturbesitz – die 1961 als Hüterin des preußischen Kulturnachlasses gegründet wurde – setzte die Standorte ihrer Museen bewußt als Kontrapunkt zur Museumsinsel in Berlin (Ost), wo die am besten bestückten weltberühmten Berliner Museen wiederhergestellt wurden.

Neben der neuen Nationalgalerie wird auch der Neubau der Staatsbibliothek in Angriff genommen, deren Architekt Hans Scharoun auch schon für den ganz in der Nähe stehenden bizarren Bau der Philharmonie verantwortlich zeichnet.

Die Nationalgalerie auf der Museumsinsel in Berlin (Ost) ist Gegenstück zu dem geplanten Kulturforum im Westteil der Stadt

Verblüffender Surrealismus

15. August. Der belgische Maler René Magritte stirbt im Alter von 69 Jahren in Brüssel.

Magritte gilt als einer der bedeutendsten Vertreter des Surrealismus.

René Magritte wurde 1898 in der belgischen Provinz, in Lessines, geboren und hat mit einer kurzen Pariser Unterbrechung sein ganzes Leben in Belgien zugebracht.

Magritte selbst lehnte die tiefenpsychologischen Erklärungen der Kunst ab, und doch scheinen seine Jugenderinnerungen hilfreich oder doch zumindest aufschlußreich für das Verständnis seiner Bilder zu sein: Magritte berichtet von einer Kiste neben seiner Wiege, von Ballonfahrern in Lederkleidung, die auf dem Nachbardach eine Ballonhülle entwirrten, von dem Spiel auf dem Friedhof, wo er einen Maler beobachtete, und schließlich von dem Freitod seiner Mutter, als er zwölf Jahre alt war.

Eine durchgreifende Entwicklung der Thematik oder der Malweise vollzieht Magritte nicht in seinem Werk. In vielen Bildern findet sich ein humoristisches Element, obwohl sie kalt und gefühllos auf den Betrachter wirken.

Magritte ist nicht im Sinne von André Breton Surrealist, der Automatismus und Unterbewußtsein als definierende Elemente postuliert. Magritte schafft etwas Un- oder Überwirkliches, indem er scharf wahrgenommene und naturgetreu wiedergegebene Elemente der Realität in einen neuen, phantastischen Zusammenhang stellt.

Der belgische Maler René Magritte, in seiner Brüsseler Wohnung

September 1967

Mo	Di	Mi	Do	Fr	Sa	So
				1	2	3
4	5	6	7	8	9	10
11	12	13	14	15	16	17
18	19	20	21	22	23	24
25	26	27	28	29	30	

1. September, Freitag

Die Vereinigten Staaten liefern Indien 1 Million t Weizen. Damit hat sich die US-Lebensmittelhilfe für Indien auf 2,5 Millionen t Weizen im Jahr 1967 erhöht.

Die arabischen Staatschefs beschließen offiziell auf einer Gipfelkonferenz in Karthum die Wiederaufnahme der Erdöllieferungen an die USA, Großbritannien und die Bundesrepublik. →S. 144

In Rumänien tritt ein Gesetz in Kraft, das den Staatsbürgern die Möglichkeit bieten soll, gegen illegale Maßnahmen der Administration gerichtlich vorzugehen, ihre Aufhebung einzuklagen und Schadensersatzansprüche anzumelden.

Die Bundesregierung gibt Maßnahmen zur Erleichterung des Interzonenhandels mit der DDR bekannt. Die in die DDR gelieferten Waren werden von der 1968 in Kraft tretenden Mehrwertsteuer freigestellt.

Das beliebte singende Ehepaar aus Israel, Esther und Abi Ofarim, feiert in Hamburg seine vierte »Goldene Schallplatte«.

Die 30jährige Britin Beryl Burton gewinnt in Heerlen den Weltmeistertitel der Frauen im Radsport, ihr Landsmann Graham Webb wird Weltmeister der Radsportamateure.

2. September, Sonnabend

Neuer Straßenweltmeister der Radprofis im niederländischen Heerlen wird der 22jährige Belgier Eddy Merckx nach 265 km. →S. 155

3. September, Sonntag

Aus den Präsidentschafts- und Senatswahlen in Südvietnam geht erwartungsgemäß die Liste der Generale, die von Staatspräsident Nguyen Van Thieu angeführt wird, als klarer Sieger hervor. →S. 143

Um 6.00 Uhr wechselt in Schweden der Straßenverkehr von der linken auf die rechte Seite über. →S. 152

In Berlin (West) schließt die 25. Deutsche Funkausstellung nach zehntägiger Dauer ihre Pforten. Mit über einer halben Million Besuchern übertraf sie alle optimistischen Erwartungen.

4. September, Montag

Ägypten gibt die Verhaftung des ehemaligen Vizepräsidenten und Oberbefehlshabers der Armee, Marschall Abdim Hakim Amer, und weiterer 50 Offiziere wegen Verschwörung gegen die Regierung bekannt.

In Belgrad treffen sich Delegationen der kommunistischen Länder Osteuropas zu einer zweitägigen Konferenz, auf der die langfristige Wirtschaftshilfe für die arabischen Staaten koordiniert wird.

Libyen gibt als drittes arabisches Land nach Saudi-Arabien und Kuwait die Wiederaufnahme der Öllieferungen bekannt. Für die Bundesrepublik ist Libyen der wichtigste Erdöllieferant (→1. 9./S. 144).

Das chinesische Rote Kreuz bricht die Beziehungen zur internationalen Liga der Rot-Kreuz-Gesellschaften ab, da das Rote Kreuz dem »US-Imperialismus geholfen hat, zwei China zu schaffen und die Aggression gegen Vietnam auszulösen«.

Bei den Deutschen Meisterschaften im Sportschießen in Wiesbaden stellt der Rheinfeldener Karl Wenk im Kleinkaliber-liegend-Kampf mit 600 von 600 möglichen Ringen einen Weltrekord auf. →S. 155

5. September, Dienstag

Das Bundeskabinett in Bonn billigt den Gesetzentwurf zur Beseitigung der Diskriminierung unehelicher Kinder. →S. 149

Der indische Außenminister Mohammad Currim Chagla tritt aus Protest gegen die Sprachenpolitik der Regierung zurück. →S. 144

Tansania, Sambia und die Volksrepublik China unterzeichnen in Peking ein Abkommen über den Bau einer Eisenbahnlinie von Tansania nach Sambia unter chinesischer Beteiligung von 280 Millionen US-Dollar (rund 1,1 Milliarden DM). Damit ist das kupferreiche Land Sambia künftig nicht mehr ausschließlich über die von Weißen beherrschten Gebiete Rhodesiens mit dem Welthandel verbunden.

Bundestag und Bundesrat in Bonn billigen in Sondersitzungen die Gesetzentwürfe zur Finanzplanung und zur Konjunkturpolitik.

6. September, Mittwoch

Der französische Staatspräsident Charles de Gaulle stattet als erstes französisches Staatsoberhaupt nach dem Zweiten Weltkrieg Polen einen Staatsbesuch ab, der bis zum 12. September dauert. →S. 145

US-Präsident Lyndon B. Johnson beruft einen farbigen Anwalt zum Leiter der Verwaltung in Washington.

7. September, Donnerstag

Bulgarien und die DDR schließen in Sofia einen Freundschafts- und Beistandspakt ab, Ungarn und die Sowjetunion in Budapest.

In Wien gründen die Bank für Arbeit und Wirtschaft (Wien), die Bank für Gemeinwirtschaft (Frankfurt am Main) und die jugoslawische Bank für Wirtschaft eine Treuhandgesellschaft, die die Kooperation zwischen Industrieunternehmen der drei Staaten fördern soll.

Der Generalsekretär der Vereinten Nationen Sithu U Thant weist in New York anläßlich des »Internationalen Tags der Bildung« darauf hin, daß noch 40% der Weltbevölkerung Analphabeten sind.

Ein Viertel der US-amerikanischen Automobilarbeiter streikt für höhere Sozialleistungen und ein garantiertes Jahreseinkommen.

8. September, Freitag

Walter Scheel (FDP) wird als Nachfolger von Erich Mende (FDP) zum Bundestags-Vizepräsidenten gewählt (→14. 9./S. 147).

US-Verteidigungsminister Robert S. McNamara kündigt die Anlage eines Abwehrstreifens von 65 km Länge entlang der Südgrenze zwischen Nord- und Südvietnam an.

Die August-Thyssen-Hütte-AG und die Hütten-Oberhausen-AG schließen sich im Ruhrgebiet zusammen. Die beiden Firmen produzieren gemeinsam jährlich mehr als 10 Millionen t Stahl. →S. 149

In Darmstadt wird das Europäische Datenzentrum für Weltraumforschung (ESDAC) eingeweiht.

In Frankfurt am Main treffen sich Delegierte des Sozialistischen Deutschen Studentenbunds (SDS) aus allen Universitätsstädten der Bundesrepublik zu einer fünftägigen Konferenz. →S. 148

9. September, Sonnabend

Malta bittet den Ministerrat der Europäischen Gemeinschaft (EG) um Aufnahme von Verhandlungen über Beziehungen mit der EG.

10. September, Sonntag

Der Bundesminister für Gesamtdeutsche Fragen, Herbert Wehner, skizziert auf einer Feier der Landsmannschaft Thüringen in Coburg eine auf Frieden und Verständigung ausgerichtete Europapolitik.

Bei einer Volksabstimmung in Gibraltar sprechen sich 95,8% für die weitere Zugehörigkeit zu Großbritannien aus. →S. 145

Der zweite biologische US-Satellit kehrt nach zweitägigem Flug im Weltraum auf die Erde zurück. An Bord befanden sich Insekten, Bakterien und Pflanzenkeimlinge, um mögliche Auswirkungen längerer Schwerelosigkeit auf den lebenden Organismus zu erforschen.

Seine fünfte Ehe schließt der 75 Jahre alte US-amerikanische Schriftsteller Henry Miller mit der 28jährigen Japanerin Hoki Tokuda in Hollywood. →S. 153

Den Großen Preis der Formel-I-Rennwagen von Italien in Monza gewinnt der Brite John Surtees.

11. September, Montag

Im Sejm, dem polnischen Parlament, setzt sich der französische Staatspräsident Charles de Gaulle für eine gemeinsame Lösung des Deutschlandproblems und für eine Neuordnung Europas ein (→S. 145).

Der Oberste Sowjet der UdSSR rehabilitiert die Krimtataren und spricht sie von dem Verdacht des Vaterlandsverrats im Zweiten Weltkrieg frei.

Der schlechte Kohlenabsatz bringt für 60 250 Bergleute des Steinkohlenbergbaus im Ruhrgebiet, am Niederrhein und im Saarland eine unbezahlte Feierschicht.

Die US-Mondsonde »Surveyor 5« übermittelt nach einer weichen Landung auf dem Mond Bilder von ausgezeichneter Qualität und nimmt Bodenproben von der Mondoberfläche.

12. September, Dienstag

Der isländische Ministerpräsident Bjarni Benediktsson trifft zu einem dreitägigen Staatsbesuch der Bundesrepublik in Bonn ein.

In Kinshasa, der Hauptstadt des Kongo (heute Zaïre) beginnt die vierte Gipfelkonferenz der Organisation für Afrikanische Einheit (OAU), die bis zum 15. September dauert.

Das US-amerikanische Repräsentantenhaus verabschiedet in Washington das Verteidigungsprogramm der Vereinigten Staaten für das kommende Jahr, das Ausgaben in Höhe von 70 Milliarden US-Dollar (rund 280 Milliarden DM) vorsieht.

Das Schauspiel »Hilferufe« von Peter Handke wird vom Ensemble des Theaters Oberhausen in Stockholm uraufgeführt.

13. September, Mittwoch

Das Bundeskabinett in Bonn verabschiedet den Entwurf eines Gesetzes zur Feststellung des Bundeshaushaltsplanes 1968 in Höhe von 80,7 Milliarden DM. Das sind 3,6 Milliarden DM mehr als in diesem Jahr. Außerdem beschließt es die Erhöhung der Sozialrenten zum 1. Januar 1968 um 8,1% und der Unfallrenten um 7,2%.

Die Lebensversicherungsgesellschaften der Vereinigten Staaten stellen eine Milliarde US-Dollar (rund vier Milliarden DM) für den Wohnungsbau in den Elendsvierteln der US-Großstädte zur Verfügung.

14. September, Donnerstag

Der Bundesvorstand der FDP nominiert Walter Scheel als neuen Parteivorsitzenden, da der amtierende Vorsitzende Erich Mende eine erneute Kandidatur ablehnt. →S. 147

Mit einem großen Festball wird die Internationale Automobilausstellung in Frankfurt am Main eröffnet, die bis zum 24. September die neuesten Modelle und Tendenzen der Automobilindustrie vorführt.

Wahlen in Vietnam und Ereignisse in Nahost bestimmen die Titelseite des Berliner »Tagesspiegel« vom 5. September 1967

DER TAGESSPIEGEL

UNABHÄNGIGE BERLINER MORGENZEITUNG

Verlag Der Tagesspiegel GmbH. 1 Berlin 30, Postfach, Potsdamer Straße 87 / Fernsprech-Sammelnummer 13 03 31 / Fernschreiber: 01 83773 / Telegramme: Tagesspiegel Berlin / Bankkonten: Berliner Disconto Bank AG, Berliner Bank AG, Bank für Handel und Industrie AG, Berliner Commerzbank AG / Postscheck-Konto: Berlin West 105 / Bonner Redaktion: 53 Bonn, Pressehaus, Telephon: 2 14 51 / Abonnementspreis bei freier Zustellung durch eigene Boten 6,20 DM, durch die Post 6,70 DM monatlich / Erscheint täglich außer nach Sonn- und Feiertagen / Keine Ersatzansprüche bei Störungen durch höhere Gewalt / Anzeigenpreisliste Nr. 16 / Erfüllungsort und Gerichtsstand Berlin-Tempelhof

RERUM COGNOSCERE CAUSAS

Tel.-Sa.-Nr. 13 03 31. Unsere Geschäftsstellen: Bln. 19 (Charlbg.), Adenauerdamm 7; Bln. 41 (Friedenau), Rheinstr. 62; Bln. 33 (Grunewald), Hohenzollerndamm 84; Bln. 28 (Hermsdf.), Heinsestr. 37; Bln. 46 (Lankwitz), Leonorenstr. 71; Bln. 45 (Lichterfelde), Baseler Str. 12; Bln. 65, Müllerstr. 122 b; Bln. 21 (Moabit), Alt-Moabit 86 b; Bln. 44 (Neukölln), Karl-Marx-Str. 184; Bln. 52 (Reinickdf.), Scharnweberstr. 49; Bln. 30 (Schöneberg), Hohenstaufenstr. 25; Bln. 36, Dresdener Str. 16; Bln. 20 (Spand.), Markt 2/3; Bln. 41 (Steglitz), Schildhornstraße 85 und Albrechtstraße 118; Bln. 42 (Tempelhf.), Te.-Damm 2; Bln. 15, Kurfürstendamm 188; Bln. 30, Tauentzienstr. 1; Bln. 30, Potsd. Str. 87; Bln. 31 (Wilmersdf.), Uhlandstr. 137; Bln. 37 (Zehlendf.), Berl. Str. 2.

Nr. 6684 / 23. JAHRGANG — BERLIN, DIENSTAG, 5. SEPTEMBER 1967 — 25 Pf / Ausw. 30 Pf — A 6622 A

Alliierte erinnern Sowjets an Viermächte-Status

Briefe der westlichen Botschafter an Abrassimow Vorwürfe zur Notstandsregelung zurückgewiesen

Bonn (dpa). Die drei Westmächte haben übereinstimmend eine sowjetische Warnung vor einer Anwendung der Notstandsgesetze in West-Berlin zurückgewiesen. In gleichlautenden Schreiben der drei westlichen Botschafter an den Sowjetbotschafter in Ost-Berlin, Abrassimow, heißt es, Berlin müsse auf Grund des Viermächte-Status „seine eigenen getrennten Vorkehrungen für Krisen" haben. Die Warnung der Sowjets sei gegenstandslos, da die in den Notstandsgesetzen enthaltenen Bestimmungen „weder direkt noch indirekt auf Berlin ausgedehnt werden".

Die westlichen Botschafter wiesen in ihren Schreiben die in einem Brief Abrassimows vom 26. Juli enthaltenen Vorwürfe als „völlig unbegründet" zurück. Sie betonten, die Notstandsgesetze würden in Bonn „im Einklang mit demokratischen parlamentarischen Grundsätzen vom Parlament der Bundesrepublik" behandelt. Die Botschafter erinnern die Sowjetunion an die Rechte und Pflichten, „die sie hinsichtlich Berlins nach den gültigen Viermächte-Abkommen haben". Alle Notstandsplanungen und die praktische Behandlung solcher Notstände in den drei westlichen Sektoren Berlins seien „immer ein wichtiger Teil der Pflichten der Kommandanten in Berlin und gehören zu ihrer Zuständigkeit". Der Senat von Berlin trage „zu solcher Planung insoweit bei, als sie sich auf Angelegenheiten bezieht, über die der Senat die administrative Kontrolle ausübt". Alle derartigen Handlungen des Senats unterlägen „der unmittelbaren Befehlsgewalt und Kontrolle der Kommandanten". Die Beschuldigung in dem Brief Abrassimows, der Senat handele verfassungswidrig, entbehre jeder Grundlage.

In ihren Schreiben betonen die westlichen Botschafter, daß der Viermächte-Status Berlins „für Berlin als Ganzes und nicht nur für die Westsektoren gilt". Im Sowjetsektor der Stadt sei dies ständig ignoriert worden. Den Sowjets wird vorgehalten, sie hätten zugelassen, daß rein militärische Bestimmungen der „ostdeutschen Behörden" — darunter die allgemeine Wehrpflicht — auf den sowjetischen Sektor Berlins ausgedehnt wurden. Es stehe der sowjetischen Regierung, „die ihre Verantwortung in diesen Dingen im Sowjetsektor von Berlin ignoriert hat", schlecht an, Vorgänge in den Westsektoren zu kritisieren. Dennoch könne der sowjetische Botschafter versichert sein, „daß von den drei Mächten getroffene Regelungen für Berlin die geltenden Viermächte-Abkommen und -Entscheidungen in bezug auf ganz Berlin nicht außer acht gelassen und auch künftig nicht außer acht gelassen werden".

Berichte über Äußerungen von König in Moskau dementiert

Zweiter Bericht der deutschen Botschaft und Darstellung eines West-Berliner Geschäftsführers über die umstrittene Pressekonferenz des Senators

Tsp. Berlin. Über die Äußerungen des Berliner Wirtschaftssenators König auf der Internationalen Textil- und Bekleidungsmesse in Moskau ist dem Regierenden Bürgermeister Albertz gestern ein zweiter Bericht der deutschen Botschaft in Moskau zugegangen, wie ein Senatssprecher mitteilte. Nach dem Bericht der Botschaft, so heißt es in einer Erklärung des Senatspresseamtes, „ist es nicht erforderlich, den in der vergangenen Woche abgegebenen Stellungnahmen etwas hinzuzufügen". Am Donnerstag voriger Woche hatte Albertz vor Pressevertretern erklärt, er gehe davon aus, daß König sich unzweideutig gegen einen separaten Handelsvertrag zwischen West-Berlin und der Sowjetunion ausgesprochen habe.

Zu einem Interview in der neuesten Nummer der Hamburger Illustrierten „Stern", der gegenüber König geäußert haben soll, West-Berlin könne wirtschaftlich nur überleben, wenn es auch Aufträge aus dem Osten bekomme, teilte gestern ein Senatssprecher mit, „Senator König hat das nie gesagt, auch in diesem Interview nicht."

Wilitzki berichtet über Moskau

In den Meinungsstreit um die angeblichen Äußerungen von Wirtschaftssenator König in Moskau hat sich jetzt der Geschäftsführer der Berliner Absatz-Organisation (BAO), Wilitzki, nach seiner Rückkehr aus der sowjetischen Hauptstadt eingeschaltet. Wilitzki, der als Vertreter der BAO der Berliner Delegation unter Senator König angehörte, erklärte vor Journalisten, die König zugeschriebene umstrittene Äußerung, „ein Handelsvertrag zwischen West-Berlin und der Sowjetunion sei gegenwärtig nicht möglich", sei in Moskau nicht gefallen. Vielmehr habe der Senator auf der Pressekonferenz wörtlich erklärt: „Ein Vertrag zwischen Berlin und der UdSSR steht überhaupt nicht zur Debatte." Diese Äußerung sei in deutscher Sprache gemacht und korrekt übersetzt worden.

Mitglieder der deutschen Botschaft in Moskau, die an der Pressekonferenz teilgenommen haben, hätten diesen Sachverhalt bestätigt; nach Meinung des Sprechers der BAO werde er sich auch in dieser Form in dem Abschlußbericht des deutschen Wirtschaftsattachés, den dieser an das Auswärtige Amt in Bonn gegeben habe, widerspiegeln. Der Berliner Wirtschaftssenator hatte bereits von Moskau aus scharf gegen anderslautende Presseberichte Stellung genommen.

Die Berichterstattung aus Moskau in der „Frankfurter Allgemeinen Zeitung" ist nach Ansicht Wilitzkis falsch. Zu der gleichlautenden Meldung der amerikanischen Nachrichtenagentur United Press International (UPI) wurde bemerkt, daß der Vertreter dieser Agentur bei der Pressekonferenz des Wirtschaftssenators nicht anwesend war. Offensichtlich habe der Moskau-Korrespondent der FAZ, Dr. Poerzgen, seine Darstellung an UPI weitergegeben. Das sei auch der Grund für den praktisch gleichen Wortlaut in den beiden Veröffentlichungen.

Von „West-Berlin-Tag" überrascht

Wilitzki stellte ferner mit Nachdruck fest, daß zu keiner Zeit seiner Anwesenheit in Moskau eine Berliner Fahne gehißt worden sei. Die Gäste aus West-Berlin seien zuvorkommend und freundlich empfangen worden. Es habe keinen Mißklang gegeben, wenn man einmal davon absehe, daß die Übersetzer auf der Pressekonferenz das Wort „Berlin" automatisch mit „West-Berlin" übersetzt hätten. Der sogenannte „West-Berlin-Tag" war in einem Presse-Bulletin erwähnt worden. Die meisten deutschen Besucher seien überrascht worden, daß ein solcher von der Messeleitung arrangiert wurde. An dem Gespräch zwischen König und dem sowjetischen Außenhandelsminister hat Wilitzki nicht teilgenommen.

Senator König wollte am Montag von Leningrad aus zu einem Privataufenthalt nach Kopenhagen weiterreisen, von wo er sich am Donnerstag nach Travemünde begeben wird. König wird am Sonnabend in Berlin zurückerwartet.

De Gaulle sprach vor Polenreise mit deutschem Botschafter

Paris (dpa). Staatspräsident de Gaulle bat am Montag den deutschen Botschafter in Paris, Klaiber, zu sich, um mit ihm einige Deutschland und Frankreich gemeinsam interessierende Fragen zu erörtern. Zu den Gesprächsthemen gehörte auch die bevorstehende Reise des Generals nach Polen, zu der er am Mittwochnachmittag in Warschau eintrifft.

Moskau deutet Bereitschaft zur Weltraum-Zusammenarbeit an

Moskau (dpa). Die eventuelle Bereitschaft der Sowjetunion zur Zusammenarbeit mit den USA bei künftigen bemannten Raumflügen hat am Montag einer der führenden sowjetischen Weltraum-Wissenschaftler, Professor Sedow, angedeutet. In einem Interview sagte er, für die Verwirklichung eines Fluges zum Mars, für die Schaffung großer wissenschaftlicher Stationen und anderer großer Projekte seien „vereinte Anstrengungen aller Völker" notwendig. Bisher hatte Moskau jeden Vorschlag zu einer Zusammenarbeit in dieser Richtung mit den USA abgelehnt.

Chalfont sondiert in Paris britischen EWG-Beitritt

Paris (dpa). Der mit den Verhandlungen über einen Beitritt Großbritanniens zur EWG beauftragte britische Staatsminister im Außenministerium, Lord Chalfont, ist am Montag zu einem zweitägigen Besuch in Paris eingetroffen. Chalfont will mit der französischen Regierung die Perspektiven des britischen Beitrittsantrages erörtern. Frankreich steht nach wie vor der Vollmitgliedschaft Großbritanniens ablehnend gegenüber. Chalfont wird heute abend in Bonn erwartet.

General Van Thieu zum neuen Präsidenten Südvietnams gewählt

Überraschend hohe Wahlbeteiligung von 83,1 Prozent — Zivile Kandidaten errangen zusammen doppelt so viele Stimmen wie die Militärs

Saigon (dpa/AP/UPI). **Der bisherige südvietnamesische Staatschef General Van Thieu ist als Sieger aus den Präsidenten-Wahlen vom Sonntag hervorgegangen. Er wird zusammen mit dem neugewählten Vizepräsidenten General Ky, dem bisherigen Ministerpräsidenten, erneut an die Spitze des Staates treten. Überraschend hoch war die Wahlbeteiligung, die mit 83,1 Prozent angegeben wurde. Aufsehen hat ferner erregt, daß die zehn zivilen Kandidaten für das Präsidenten-Amt zusammen fast doppelt so viele Stimmen erringen konnten wie die Militärs.**

Nach offizieller Mitteilung aus Sagion erhielt General Van Thieu 1,4 Millionen Stimmen. An zweiter Stelle steht überraschend der buddhistische Rechtsanwalt Dinh Dzu, der vor der Wahl lediglich als Außenseiter gegolten hatte. Er erhielt 669 000 Stimmen, gefolgt von dem früheren Ministerpräsidenten Van Huong (454 000 Stimmen), dem Präsidenten der Verfassunggebenden Versammlung, Khac Suu (365 000 Stimmen) und weiteren sieben zivilen Kandidaten.

Betrug vorgeworfen

Als aussichtsreichster ziviler Kandidat galt vor der Wahl Van Huong, der auf den zweiten Platz zurückgefallen ist. In Saigon allerdings konnte er rund 2000 Stimmen mehr gewinnen als General Van Thieu. Das unerwartet gute Abschneiden von Dinh Dzu hat politische Beobachter erstaunt, weil er das Militärregime am stärksten in seinen Wahlreden attackiert hatte, und weil gegen ihn ein Korruptionsverfahren läuft. Der Erfolg von Dzu widerlegt nach Ansicht politischer Beobachter in Saigon, daß die Militärkandidaten Druck auf die zivilen Kandidaten ausgeübt hätten. Dzu selbst erklärte jedoch noch am Sonntag, es sei Wahlbetrug vorgekommen, und er werde eine Annullierung der Wahl verlangen. Dzu will der Verfassunggebenden Versammlung in den nächsten Tagen den Beweis für seine Behauptungen unterbreiten. Zunächst beschränkte er sich auf die Feststellung, daß in Saigon und im benachbarten Gia Dinh in den frühen Morgenstunden des Wahltags Regierungstruppen in Lastwagen zu den Wahllokalen gebracht worden seien, wo sie alle verfügbaren Stimmzettel aufgebraucht hätten, so daß keine mehr für die Wahl von Zivilkandidaten verfügbar gewesen seien: In anderen Wahllokalen sollen von vornherein nicht genügend Stimmzettel vorhanden gewesen sein.

Die Verfassunggebende Versammlung, die die Präsidentenwahlen vorbereitete, muß binnen 30 Tagen zusammentreten, um die Wahlergebnisse zu bestätigen. Spätestens weitere 30 Tage danach muß der neue Präsident in sein Amt eingeführt werden. Am 22. Oktober folgen allgemeine Wahlen zum Abgeordnetenhaus, dem 137 Mitglieder angehören werden.

49 Opfer des Vietcong-Terrors

Die Vietcong hatten mit zahlreichen Terroraktionen versucht, die Wahl zu stören. Sie verursachten insgesamt 238 Zwischenfälle. Dabei wurden 49 vietnamesische Zivilisten getötet und 218 verwundet. 281 Zivilisten wurden entführt.

Fortsetzung Seite 2, Spalte 3 und 4

Mehrstündiges Gefecht am Suezkanal

UNO-Beobachter stellten Waffenruhe wieder her

Kairo/Tel Aviv (AP/dpa). **Der ägyptisch-israelische Waffenstillstand am Suezkanal ist am Montag durch einen schweren Zwischenfall gebrochen worden, für den beide Seiten einander die Schuld gaben. An dem Feuergefecht am Südausgang der Wasserstraße, das nach ägyptischer Darstellung fast fünf, nach israelischen Angaben sogar nahezu acht Stunden währte, wurden angeblich Land-, Marine- und Luftstreitkräfte eingesetzt. Erst unter Vermittlung der UNO-Beobachter konnte am Nachmittag die Ruhe in dem Kampfgebiet wiederhergestellt werden.**

Die Ägypter geben ihre Verluste mit einem Toten und drei Verwundeten an. Die Israelis meldeten einen Gefallenen und einen Verwundeten.

Die Darstellung des Zwischenfalls durch beide Seiten war widersprüchlich. Nach ägyptischer Darstellung haben die ägyptischen Streitkräfte einen israelischen Versuch verhindert, in den Suezkanal einzufahren. Zur gleichen Zeit, so heißt es in einem ägyptischen Kommuniqué, hätten die Israelis mit Artillerie und Panzern Suez, Port Taufik und das Gebiet von Gezuira el Khadra beschossen. Israel habe auch Flugzeuge eingesetzt, die jedoch von ägyptischen Jägern abgedrängt worden seien, ohne daß es zu Luftgefechten gekommen sei. Bei der Schießerei hätten die israelischen Streitkräfte sieben Panzer, eine Funkstation, Geschütze und ein Landungsboot verloren. Auf ägyptischer Seite sei der Brand einer Öl-Pipeline in der Nähe von Suez sofort gelöscht worden.

Israel meldete die Versenkung eines ägyptischen Torpedobootes bei Port Ibrahim. Die Kampfhandlungen haben nach israelischer Darstellung am Montagmorgen mit der Beschießung zweier israelischer Patrouillenboote bei der „Grünen Insel" südlich von Port Taufik begonnen. Im Laufe des Tages hätten die Ägypter trotz verschiedener Versuche der UNO-Beobachter, die Waffenruhe durchzusetzen, bei Port Taufik und zehn Kilometer nördlich noch sechsmal das Feuer eröffnet.

Kairo bestätigt Festnahme von 50 hohen ägyptischen Offizieren

Marschall Amer wegen „Verschwörung" unter Hausarrest

Kairo (AP). In Kairo sind am Montag die seit einer Woche umlaufenden Berichte bestätigt worden, daß der frühere ägyptische Vizepräsident und Armee-Oberstkommandierende Feldmarschall Amer und etwa 50 ehemalige hohe Offiziere unter Arrest gestellt worden sind. Die offiziöse Kairoer Zeitung „Al Ahram" berichtete, die Offiziere, zu denen auch der frühere Verteidigungsminister General Badran gehören soll, seien wegen „Verschwörung gegen die Regierung" festgenommen worden und würden zu einem späteren Zeitpunkt vor Gericht gestellt werden.

Wie das Blatt schreibt, handelt es sich bei den Festgenommenen um Offiziere, die nach der arabischen Niederlage im Krieg gegen Israel einer Säuberung in der ägyptischen Armee zum Opfer gefallen waren. Ziel der Verschwörung soll die Wiedereinsetzung der entlassenen Offiziere gewesen sein. Der Plan Feldmarschall Amers, schreibt „Al Ahram", hätte am 27. August, zwei Tage vor Präsident Nassers geplanter Abreise zur arabischen Gipfelkonferenz in Khartum, ausgeführt werden sollen. Die Offiziere hätten beabsichtigt, das „Hauptquartier des Armeekommandos Ost" zu besetzen und anschließend Nasser ihre Forderungen zu unterbreiten.

Amer habe zu diesem Zweck sein Haus im Kairoer Vorort Gizeh, in dem er sich gegenwärtig unter Hausarrest befindet, in ein „Waffenarsenal" verwandelt und es zu einem „Zentrum außerhalb der Staatsautorität" gemacht. Die Verschwörung sei aufgedeckt worden, als einige Offiziere, die Amer ebenfalls für den Plan zu gewinnen versuchte, die Regierung unterrichtet hätten.

Neue Sowjet-Flottille eingetroffen

Alexandria (UPI). Sechs sowjetische Kriegsschiffe haben am Sonntagabend den ägyptischen Hafen Alexandria zu einem Freundschaftsbesuch angelaufen. Sowjetische Diplomaten erklärten, die Flottille werde „einige Tage" in Alexandria bleiben. Wenige Stunden vorher hatten die letzten drei einer Gruppe sowjetischer Kriegsschiffe, die am 10. Juli in Port Said eingetroffen war, diesen Hafen verlassen. Andere sowjetische Kriegsschiffe, die zur gleichen Zeit in Alexandria eingetroffen waren, hatten den Hafen bereits am 18. August verlassen.

Im Mittelpunkt der Berichte über den Putschversuch gegen Nasser steht der frühere ägyptische Vizepräsident Hakim Amer.

Unsere Meinung:

Wahlen in Vietnam

Bn. Mit der demokratischen Wahl seines Staatspräsidenten hat Südvietnam einen Schritt auf dem Wege zu einer breiteren Basis der Machtausübung und zu einer zivilen Regierung getan. Der Abbau des Militärregimes begann vor geraumer Zeit mit der Bildung einer Verfassunggebenden Versammlung; die Wahl einer Nationalversammlung und die Nominierung eines zivilen Ministerpräsidenten sollen folgen. Natürlich wäre es naiv, die „Schönheitsfehler" des jetzigen Wahlganges zu übersehen. Die ausübende Gewalt lag in den Händen der Militärs, und die beiden bisher regierenden Generäle Ky und Van Thieu werden mit ihrem Wahlsieg die Macht behalten, wenn sie auch ihre militärischen Stellungen aufgeben müssen. Daß Ky nun hinter Van Thieu lediglich als Vizepräsident rangiert, wird hoffentlich nicht zu einer Wiederaufnahme jener öden Machtkämpfe der Generalscliquen führen, die das innenpolitische Bild Südvietnams in den vergangenen Jahren so unerfreulich gestalteten. Wenn es gelingen sollte, das politische Kräftespiel in demokratische Bahnen zu lenken, wäre schon viel gewonnen — ebenso, wenn die zivilen Politiker endlich ihre Uneinigkeit überwinden würden. Ihre Zersplitterung dürfte den Ausgang der Wahl letztlich entschieden haben, wenn es auch in manchen Gebieten zu Wahlfälschungen gekommen sein mag — sowohl aus Böswilligkeit als auch aus Unkenntnis demokratischer Bräuche. Es wäre kaum angebracht, diese Wahl mit den strengen Maßstäben westeuropäischer Wahlnormen zu messen. Niemand konnte erwarten, daß sich ein rückständiges Entwicklungsland, mitten in einem erbitterten Existenzkampf gegen einen heimtückischen Feind, über Nacht in eine lupenreine Demokratie verwandeln würde. Demokratie ist in Südvietnam ganz gewiß weniger eine Realität als eine in die Zukunft weisende Willenserklärung. Angesichts einer farbigen Welt, in der die hinterlassenen Formen westlicher Demokratie fast überall zusammenbrechen, wäre es dennoch ungerecht, diese Willenserklärung in Südvietnam zu bagatellisieren oder zu verspotten. Der Vietcong jedenfalls hat die Wahlen ernst genommen und sie durch eine gesteigerte Terrorwelle zu stören versucht. Unter solchem Druck gewinnt auch die Tatsache an Bedeutung, daß über 83 Prozent der registrierten Wähler den Gang zur Wahlurne antraten, selbst wenn sie es — wie Zyniker meinen — nur vorgezogen haben solten, sich eher dem Machtgebot der Regierung als dem Vietcong zu beugen.

Mit Fälschung argumentiert

-thes In seiner Rundfunkrede vom Sonntag hat der Regierende Bürgermeister deutliche Worte zur Auseinandersetzung zwischen radikalen Studenten und Bevölkerung gesagt. Er hat klargestellt, daß es kein Faustrecht gegen das Demonstrationsrecht gibt. An die Adresse der Rechtsanwälte Mahler und Schmitz gerichtet, sagte er, wenn der eine dazu auffordere, jede Bindung an die Ordnung abzuschreiben und der andere, Volksjustiz zu üben, hätten beide unrecht. Niemand stehe außerhalb des Gesetzes. Albertz sollte der Zustimmung aller Bürger sicher sein. Der heute veröffentlichte Beitrag der Studentenvertretung der TU in der vom Tagesspiegel zur Verfügung gestellten Rubrik läßt daran zweifeln. Von den Äußerungen des CDU-Abgeordneten Schmitz ausgehend, beschäftigt sich der Artikel polemisch mit einem Leitartikel der „Welt" vom 31. August. Gewiß sieht es der Tagesspiegel nicht als seine Aufgabe an, Meinungsäußerungen in einem Blatt des Springer-Konzerns abzuschirmen. Wir sind es aber unseren Lesern schuldig, nachzuweisen, daß offizielle Vertreter der Studenten mit Methoden argumentieren, die sie manchen Zeitungen vorwerfen. Dem Leitartikel der „Welt" wird (in indirekter Rede) die Formulierung unterschoben: „Sollten die Studenten weiterhin mit Demonstrationen oder Flugblattaktionen auf die Straße gehen, dann sei damit zu rechnen", — und nun erst wird wörtlich zitiert — „daß die Berliner mehr als bisher zur Selbsthilfe greifen werden." Der Leitartikler der „Welt" hat dagegen die wörtlich zitierte Stelle mit dem Satz eingeleitet: „Am letzten Wochenende erzwang die ‚außerparlamentarische Opposition', vor allem im SDS verkörpert, die vorzeitige Schließung zweier Warenhäuser. Die Empörung der Berliner darüber war allgemein ... Hält diese Entwicklung an — und vieles spricht dafür — dann ist damit zu rechnen, daß ..." Und nun erst folgt der zitierte Satz von der Selbsthilfe der Berliner. Keine Rede von „auf die Straße gehen", sondern vom Hausfriedensbruch der Radikalen. Die Studentenvertretung fälschte zugunsten des eigenen Konzepts, in das freilich die Warenhausaktion als Störung um der Störung willen nicht passen wollte. Dafür wird die gesamte Berliner Öffentlichkeit ohne Einschränkung als unmündig und stets beifallklatschend diffamiert. Solche Verallgemeinerungen verstärken den Verdacht, daß es auch der Studentenvertretung der TU nicht darum geht, die Bevölkerung zu überzeugen, sondern sie zu provozieren. Aber auch in diesem Sinne ist die Rubrik eine nützliche Selbstdarstellung der Studentenfunktionäre. Wozu der Regierende Bürgermeister aufforderte, unter Achtung der Gesetze zu demonstrieren und das Demonstrationsrecht zu achten, ist übrigens am Sonntag vor der Waldbühne einwandfrei praktiziert worden.

September 1967

15. September, Freitag

In der Bundesrepublik läuft der Spielfilm »Belle de jour – Schöne des Tages« von Luis Buñuel mit Cathérine Deneuve in der Hauptrolle an. Der Film wird bei der Biennale in Venedig mit dem »Goldenen Löwen« ausgezeichnet. →S. 155

Nach nur vierjähriger Bauzeit wird in Berlin (West) ein staatliches Museum eröffnet, das seine Existenz der Initiative privater Spender verdankt. Das Haus in Dahlem ist der bis 1913 bestehenden Künstlerschaft »Brücke« gewidmet. →S. 155

16. September, Sonnabend

In Frankfurt am Main unterliegt im Qualifikationskampf zur Boxweltmeisterschaft im Schwergewicht der Europameister Karl Mildenberger dem Argentinier Oscar Bonavena klar nach Punkten.

17. September, Sonntag

Wegen einer umstrittenen Torentscheidung bei einem Fußballspiel in der türkischen Stadt Kayseri kommt es zwischen den Anhängern der beiden Mannschaften zu blutigen Auseinandersetzungen, die 44 Todesopfer und über 600 Verletzte fordern. →S. 155

18. September, Montag

DDR-Ministerpräsident Willi Stoph legt in seinem Schreiben an Bundeskanzler Kurt Georg Kiesinger einen Vertragsentwurf über die Normalisierung der Beziehung zur Bundesrepublik bei.

US-Verteidigungsminister Robert S. McNamara gibt den Bau eines auf China gerichteten Raketenabwehrsystems vor Journalisten in Washington bekannt.

19. September, Dienstag

Der rumänische Außenminister Corneliu Manescu wird zum Präsidenten der Vollversammlung der Vereinten Nationen (UNO) in New York gewählt. Er ist der erste Vertreter eines kommunistischen Landes auf diesem Posten. →S. 144

Der Hafen von Neapel wird Sitz des Mittelmeerkommandos der U-Boot-Flotte der im Nordatlantikpakt (NATO) alliierten Streitkräfte.

In den sechs Ländern der Europäischen Gemeinschaft liegt die Getreideernte mit 66,6 Millionen t um 13% über dem Vorjahresergebnis (58,8 Millionen t). Das Statistische Amt der Europäischen Gemeinschaften in Brüssel teilt mit, daß diese Ernte um 5,5 Millionen t über dem Rekordergebnis der Nachkriegszeit im Jahr 1965 liegt.

Die den heiligen Laurentius und Ignatius geweihte 75 Jahre alte Kathedrale von Rotterdam wird in einer öffentlichen Versteigerung von einem US-Amerikaner gekauft. Die immer kleiner werdende Dompfarrei konnte die anfallenden Reparaturkosten nicht mehr bezahlen.

20. September, Mittwoch

Bundesverkehrsminister Georg Leber veröffentlicht sein verkehrspolitisches Programm für 1968 bis 1972.

Der Innensenator von Berlin (West), Wolfgang Büsch (SPD), tritt wegen der Vorwürfe im Zusammenhang mit dem Schah-Besuch am 2. Juni in der Stadt Berlin von seinem Amt zurück (→26. 9./S. 146).

Die Mittelwestregion Nigerias erklärt sich zur unabhängigen Republik Benin. →S. 144

Der »Mittag. Zeitung für Rhein und Ruhr«, der zu 69% der Axel-Springer-Verlags-G.m.b.H. gehört, stellt sein Erscheinen ein. Die Boulevardzeitung kam trotz steigender Auflage nicht aus den roten Zahlen heraus.

Der Hurrikan »Beulah« verwüstet weite Gebiete von Nordmexiko und Texas und fordert 30 Todesopfer. Die Regierungen der Vereinigten Staaten und Mexikos verkünden gemeinsam den Notstand für die am schwersten betroffenen Gebiete. →S. 145

21. September, Donnerstag

Das Bundesverteidigungsministerium kündigt die Neugliederung der Luftwaffe an, die innerhalb eines Jahres anstelle der bisher gemischten Verbände nach taktischen Aufgaben zusammengefaßt werden soll.

Durch die Rekordernte in den europäischen Obst- und Gemüseanbaugebieten sinken die Preise. Die bundesdeutsche Hausfrau zahlt für einen Fünf-Pfund-Beutel Äpfel der Sorte »Goldparmäne« 1,50 DM, für 1 kg griechische Trauben erster Qualität 0,90 DM, für 1 kg Birnen je nach Qualität zwischen 0,30 DM und 0,70 DM (→31. 8./S. 131).

Auf ihren eigenen Namen tauft die britische Königin Elisabeth II. das 58 000 BRT große neue Flaggschiff der britischen Passagierflotte. Vor 30 000 Zuschauern läuft es in Clydebank vom Stapel. →S. 152

22. September, Freitag

Der Polizeipräsident von Berlin (West), Erich Duensing, stellt wegen der Vorfälle am 2. Juni während der Anti-Schah-Demonstrationen sein Amt zur Verfügung und bittet um vorzeitige Entlassung in den Ruhestand (→26. 9./S. 146).

In Washington treten die 21 Außenminister der Organisation Amerikanischer Staaten (OAS) zu einer dreitägigen Konferenz zusammen. →S. 145

Einen »Prämienbonus« für Nichtraucher räumen mehrere US-amerikanische Versicherungsgesellschaften nikotinabstinenten Versicherten in Höhe von 6% ein. →S. 149

Der Rostocker Frachter »Fiete Schulze« erleidet bei einem Wirbelsturm in der Biskaya Havarie. 14 Mann der Besatzung ertrinken, die übrigen 28 können gerettet werden.

23. September, Sonnabend

Die kubanische Regierung gibt bekannt, sie habe 40 000 Funktionäre für acht Monate ihrer Ämter enthoben und zur Arbeit in Fabriken und in die Landwirtschaft geschickt.

Japan unterzeichnet bei den Regierungen von Malaysia und Singapur die sog. »Blutschuld-Verträge«, mit denen Tokio beiden Staaten eine Wiedergutmachung für die unter der japanischen Besatzung im Zweiten Weltkrieg erlittenen Verluste leistet.

24. September, Sonntag

In Washington wird die Außenministerkonferenz der Organisation Amerikanischer Staaten (OAS) mit einer gemeinsamen Resolution beendet, die Sanktionen gegen Kuba festlegt (→22. 9./S. 145).

25. September, Montag

Die in der Bundesrepublik ansässige Exilorganisation Kroatischer Demokratischer Ausschuß wird verboten. →S. 149

Der Preis eines Exemplars der »Bild«-Zeitung erhöht sich um 5 Pfennige auf 20 Pfennige. Der Axel-Springer-Verlag begründet diese Preiserhöhung, von der allein die 600 000 Exemplare der Hamburger Ausgabe betroffen sind, mit einer Abschwächung der Anzeigenkonjunktur.

In Frankfurt am Main beginnt die größte Briefmarkenauktion der Welt. Bis zum 30. September werden Briefmarken und Sammlungen im Schätzwert von rund acht Millionen DM unter den Hammer kommen.

26. September, Dienstag

Der Regierende Bürgermeister von Berlin (West), Heinrich Albertz, tritt wegen der Vorfälle bei der Anti-Schah-Demonstration am 2. Juni von seinem Amt zurück. →S. 146

In Südvietnam entwickelt sich bei einem Gefecht um den US-amerikanischen Stützpunkt Con Thien die bisher größte Materialschlacht des Krieges. →S. 142

Das Zentralkomitee der Tschechischen Kommunistischen Partei (KPČSSR) schließt mehrere Schriftsteller aus der Partei, unterstellt das Organ des tschechischen Schriftstellerverbandes dem staatlichen Informationsministerium und löst außerdem das Präsidium des Verbandes auf (→16. 8./S. 129).

27. September, Mittwoch

Indonesien gibt die Erschießung des früheren Außenministers Sutandrio und drei weiterer Offiziere bekannt.

Die Bundesrepublik gewinnt ein Fußball-Länderspiel gegen Frankreich in Berlin (West) 5 : 1.

Das Zweite Deutsche Fernsehen (ZDF) vereinbart mit dem Österreichischen Fernsehen gemeinsame Produktionen in den Sparten Unterhaltung, Musik, Fernsehspiel und Dokumentation. Damit sparen die beiden Fernsehanstalten beispielsweise bei einer Operetten-Inszenierung bis zu 50 000 DM ein.

Der Rasputin-Mörder, der ehemalige russische Fürst Felix F. Jussupow, stirbt 80jährig in Paris. →S. 153

28. September, Donnerstag

Der 41jährige Klaus Schütz, Staatssekretär im Auswärtigen Amt, erklärt sich bereit, als Nachfolger von Heinrich Albertz nach Berlin (West) zu gehen. →S. 146

Die Vereinigten Staaten starten von Kap Kennedy mit einer Delta-Rakete den kommerziellen Nachrichtensatelliten »Pacific 2«. Dies ist der fünfte Nachrichtensatellit, der im Rahmen eines weltweiten Netzes in Betrieb genommen worden ist.

29. September, Freitag

In der türkischen Hauptstadt Ankara wird die zweitägige Beratung der Nuklearen Planungsgruppe (NPG) des Nordatlantikpakts (NATO) beendet. Die versammelten Minister erörterten u. a. den eventuellen taktischen Einsatz nuklearer Waffen in den Bereichen Mitte und Süd des alliierten Kommandobereichs Europa.

Die vom II. Vatikanischen Konzil (1962–1965) angeregte Bischofssynode kommt zu ihrer ersten Versammlung in Rom zusammen.

Der US-amerikanische Spielfilm »Siebenmal lockt das Weib« von Vittorio de Sica mit Shirley MacLaine und Michael Caine in den Hauptrollen kommt zum ersten Mal in die bundesdeutschen Kinos.

30. September, Sonnabend

Ein Sprengstoffanschlag auf den Alpenexpreß bei Trient fordert zwei Todesopfer. Die italienische Regierung macht für den Anschlag Extremisten aus Südtirol verantwortlich.

Die Statistik des Bundesverwaltungsamtes verzeichnet 20 285 anerkannte Kriegsdienstverweigerer in der Bundesrepublik. 53,7% der Verweigerer gehören der evangelischen Kirche an, 14,4% der römisch-katholischen. 13,9% sind Zeugen Jehovas und 8,6% Anhänger anderer Religionsgemeinschaften. 9,4% bezeichnen sich als konfessionslos. →S. 153

Der farbige US-Amerikaner Emile Griffith besiegt in New York den Italiener Nino Benvenutti nach Punkten und wird damit überraschend Boxweltmeister im Mittelgewicht.

Gestorben:

17. Bonn: Hans-Christoph Seebohm (*4. 8. 1903, Emanuelsegen/Kattowitz), deutscher DP- bzw. CDU-Politiker.

29. Nyack bei New York: Carson McCullers (*19. 2. 1917, Columbus/Georgia), US-amerikanische Schriftstellerin.

Die Beatles ge-hen mit ihrer Musik neue Wege, beobach-tet am 7. Juni 1967 von dem US-amerikani-schen Magazin »Time«

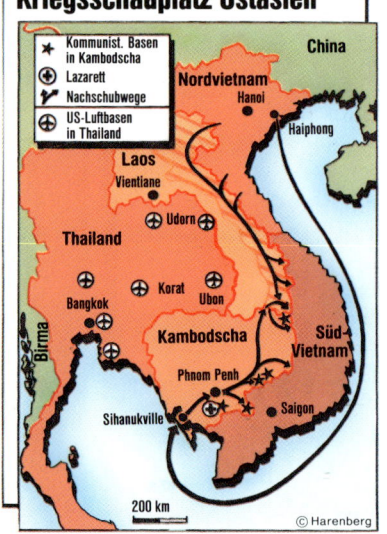

Die größte Materialschlacht in Vietnam beginnt: US-Hubschrauber versorgen Artillerie-Stützpunkte im Dschungel von Südvietnam mit Munition

Schlacht um US-Basis Con Thien

26. September. Mit der größten Massierung von Feuerkraft, die während des ganzen Vietnamkrieges auf ein Ziel an der Grenze zwischen Nord- und Südvietnam gerichtet wurde, versuchen US-amerikanische Streitkräfte, die Geschützstellungen des Vietcong auszuschalten, die seit Tagen den US-amerikanischen Stütz- punkt Con Thien unmittelbar südlich der entmilitarisierten Zone entlang des 17. Breitengrads unter Beschuß nehmen.

US-Fernbomber vom Typ B-52, vor der Küste liegende US-Kriegsschiffe und die Artillerie von Con Thien entladen ein nicht gekanntes Bombardement über die kommunistischen Stellungen, in denen rund 35 000 nordvietnamesische Soldaten vermutet werden. Trotz dieser Intensivierung der Kriegsanstrengungen können die US-Streitkräfte keine nennenswerten Erfolge erzielen. Ihre Angriffe sind außerdem mit hohen Verlusten verbunden. In Con Thien werden weit über 1000 US-Soldaten getötet oder schwer verwundet.

Gleichzeitig wächst in den Vereinigten Staaten der Widerstand gegen das Engagement in Vietnam. Meinungsumfragen des Gallup-Instituts registrieren im September 34% der US-Amerikaner, die sich für einen bedingungslosen Rückzug aus Vietnam aussprechen. Im Juli waren nur 24% dafür eingetreten. Fast zwei Drittel der Befragten sind strikt dagegen, noch mehr Soldaten nach Vietnam zu schicken.

Aber auch innerhalb des Regierungskabinetts von US-Präsident Lyndon B. Johnson wächst die Anzahl derjenigen, die entweder jede weitere Eskalation in Vietnam vermeiden wollen oder sogar für eine möglichst rasche Beendigung eintreten. Selbst US-Verteidigungsmini-

McNamara verbreitet Optimismus

US-Verteidigungsminister Robert S. McNamara nimmt nach Besuchen des Kriegsschauplatzes Stellung zum Vietnamkrieg:

Mai 1962: »Ich glaube nicht, daß wir die Militärhilfe für Südvietnam noch spürbar steigern müssen. An einen Einsatz amerikanischer Kampftruppen ist nicht gedacht.«

Oktober 1963: »Die militärischen Hauptziele werden Ende 1965 erreicht sein.«

Mai 1964: »Es wurden enorme Fortschritte im Kampf gegen die Vietcong erzielt. Es könnte allerdings notwendig sein, noch eine gewisse Zahl von US-Ausbildern . . . zu entsenden.«

Juli 1965: »Die Gesamtsituation bleibt weiterhin ernst. Tatsächlich hat sich die Lage in vielen Aspekten verschlechtert . . .«

Oktober 1966: ». . . und ich sehe auch keine Notwendigkeit einer drastischen Verstärkung unserer Streitkräfte.«

ster Robert S. McNamara, einst entschiedener Befürworter des Vietnamkrieges, äußert Bedenken. Seiner Meinung nach kann Hanoi »nicht an den Verhandlungstisch bombardiert werden«. McNamara plädiert für eine Einschränkung des Krieges, um ihn dann abklingen zu lassen. Die Fraktion der Militärs unter der Führung von General William Westmoreland, dem Oberkommandierenden in Südvietnam, drängt dagegen auf eine Ausweitung des Krieges. (→ 27. 12./S. 197).

Kriegsschauplatz Ostasien

- ★ Kommunist. Basen in Kambodscha
- ⊕ Lazarett
- ⅄ Nachschubwege
- ⊕ US-Luftbasen in Thailand

China
Nordvietnam
Hanoi
Haiphong
Laos
Vientiane
Thailand
Udorn
Birma
Korat
Ubon
Bangkok
Süd-Vietnam
Kambodscha
Phnom Penh
Saigon
Sihanukville

200 km

© Harenberg

Van Thieu gewinnt Wahlen in Saigon

3. September. Aus den südvietnamesischen Präsidentschafts- und Senatswahlen geht erwartungsgemäß die Liste der Generale, die von Staatspräsident Nguyen van Thieu und Vizepräsident Cao Ky angeführt wird, als Sieger hervor.

34,9% der abgegebenen Stimmen entfallen auf General Thieu. Die zehn zivilen Gegenkandidaten erhalten jedoch zwei Drittel der Wählerstimmen.

Einer der unterlegenen Kandidaten, der Buddhistenführer Tri Quang, kündigt an, das Wahlergebnis wegen Wählermanipulation und Stimmbetrug anzufechten. Die Vereinigten Staaten werten das Ergebnis in einer ersten offiziellen Stellungnahme »als einen Schritt vorwärts«, US-amerikanische Beobachter in Vietnam attestieren auch einen einwandfreien Wahlverlauf.

Offiziell beträgt die Wahlbeteiligung 83%. Wahrscheinlich sind es nicht ganz 50%, da in den vom Vietcong besetzten Gebieten nicht gewählt wurde. Gegen diese hohe Wahlbeteiligung spricht schon der Umstand, daß höchstens 70 000 Vietnamesen an Wahlveranstaltungen teilgenommen haben. Zudem sind von den 5,8 Millionen Wahlberechtigten etwa eine Million Analphabeten. Das Bild in den Wahllokalen sah oft so aus, daß die Wähler mit den 59 Stimmzetteln nichts anzufangen wußten und sich deshalb von Beamten beraten ließen.

Einzig das Militär kontrollierte die Wahlbüros und die Auszählung in den Provinzen des Landes. Mit 700 000 Soldaten und Offizieren samt Angehörigen hat die Liste der Generale ohnehin einen großen Stimmanteil sicher.

General Nguyen van Thieu

Eskalation und Selbsthilfe

In den sog. Geheimen Pentagon-Papieren treten die Auseinandersetzungen bezüglich des Vietnamkrieges innerhalb der Regierung von US-Präsident Lyndon B. Johnson deutlich zutage.

Sicherheitsberater McGeorge Bundy ist – im Gegensatz zu anderen Kritikern – nicht gegen die US-amerikanischen Kriegsanstrengungen an sich, sondern lediglich gegen eine weitere Eskalation:

»Es spricht noch ein weiteres Argument gegen eine fühlbare Eskalation in den Jahren 1967 und 1968. Es muß getrennt behandelt werden, da es nach außen hin politischen Zynismus auszudrücken scheint. Hanoi wird nämlich alles in seiner Kraft Stehende tun, um seine Position bis nach unseren Wahlen 1968 zu behaupten. Blickt man auf die Geschichte, so muß Hanoi einen Regierungswechsel in den USA im Jahre 1969 abwarten. Genauso haben sie es mit den Franzosen gemacht, und als Mendès-France an die Macht kam, bekamen sie auch die meisten Wünsche erfüllt. Da sie diesmal schon so lange ausgehalten und nichts zu verlieren haben – verglichen mit der Chance eines Sieges –, dürften sie auch weiter kämpfen. Da sie nur bei Einsatz von Atombomben endgültig geschlagen werden können (mit einer Invasion Nordvietnams ließe sich das in zwei Jahren nicht schaffen, und das kommt natürlich aus anderen Gründen nicht in Frage), kann Hanoi erneut ›beweisen‹, daß eine militärische Eskalation nicht den Frieden bringt – zumindest nicht innerhalb der nächsten zwei Jahre.

... Daraus ergibt sich, daß eine Eskalation vor den Wahlen keinen greifbaren Erfolg über Hanoi erbringen wird. Der Wahlkampf muß daher von der Regierung mit anderen Argumenten geführt werden. Ich glaube, daß diese anderen Argumente klar und wichtig sind, und ich glaube, daß sie nur verschleiert würden, wenn wir weiterhin die Politik eines zunehmenden – noch dazu erfolglosen – militärischen Drucks verfolgen.... Wenn es uns gelingt, eine scheinbar ergebnislose Eskalation zu vermeiden, können wir unser Augenmerk auf das große und wichtige Ereig-

nis der beiden letzten Jahre lenken: Auf die Niederlage, die wir verhindert haben.«

Der stellvertretende US-Außenminister William Bundy stellt in seinem Memorandum einen anderen politischen Aspekt heraus:

»Den springenden Punkt könnte man beinahe in wenigen Sätzen zusammenfassen. Wenn es uns gelingt, in der Regierung Südvietnams eine halbwegs solide politische Struktur zu schaffen und diese Regierung auf allen Ebenen

US-Präsident Lyndon B. Johnson (Mitte) mit den von ihm zu den südvietnamesischen Präsidentschaftswahlen entsandten Beobachtern

zum Funktionieren zu bringen, könnte sich in den nächsten 18 Monaten ein ausgesprochen günstiger Trend herausbilden, der Krieg wäre irgendwann praktisch gewonnen und der nachfolgende Friede gesichert. Können wir andererseits diese Ergebnisse bei der Regierung Südvietnams nicht erzielen, wird es uns auch mit allergrößtem Aufwand nicht gelingen, in Südvietnam unser Grundziel zu erreichen, nämlich eine Rückkehr zu den wichtigsten Bestimmungen des Genfer Abkommens von 1954 und einen halbwegs dauerhaften Frieden für viele Jahre .... Nichts von dem oben Gesagten entscheidet über eine andere Frage, die sich eindeutig aus dem Entwurf des Verteidigungsministeriums ergibt: Was geschieht, wenn ›das Land aufhört, sich selbst zu helfen‹?

Wenn das buchstäblich der Fall ist, wenn Südvietnam so schlecht funktioniert, daß es sich einfach nicht selbst regieren kann, und dem geringsten internationalen Druck nicht standzuhalten vermag, dann sind wir wohl einig darüber, daß wir daran nichts ändern können. Aber die eigentliche Frage lautet doch, bis zu welchem Grad wir Unvollkommenheiten tolerieren können, selbst krasse Unvollkommenheiten, solange die Südvietnamesen noch so hart

zum Funktionieren zu bringen, von Hanoi und der Nationalen Befreiungsfront bedrängt werden? Sollen wir die Südvietnamesen prinzipiell im Stich lassen, nur weil sie das nicht fertiggebracht haben (...): während eines Guerilla-Krieges zu einer wahren Demokratie zu werden.

Mit asiatischen Augen gesehen, ist dieser Kampf ein Testfall, und es stellt sich ihnen alles noch krasser schwarz-weiß dar als uns selbst. Der Aspekt Asiens sieht ganz anders aus als die Selbstzerfleischung in Europa und Amerika. Die Asiaten wären buchstäblich entsetzt – auch in Indien –, wenn wir uns aus Vietnam zurückzögen oder auf einen illusorischen Frieden einließen, der innerhalb kürzester Frist eine Kontrolle Hanois über ganz Vietnam nach sich ziehen würde ...«

Unabhängige Republik von Benin

20. September. Die Mittelwestregion Nigerias erklärt ihren Austritt aus der westafrikanischen Bundesrepublik Nigeria. Der vom ostnigerianischen Rebellenführer Chukwuemeka Ojukwu Anfang August eingesetzte Militärgouverneur, Major Albert Okonkwo, verkündet über Radio Benin die Unabhängigkeit der »Republik Benin«. Das westliche, an den Unterlauf des Nigers grenzende Gebiet ist sowohl von dem östlichen Nachbarn, der Ende Mai ausgerufenen Republik Biafra (→ 6. 7./S. 113) unabhängig als auch von dem 1960 aus britischer Kolonialherrschaft entlassenen Nigeria.

In dieser Region Nigerias wohnen nur 2,5 Millionen Einwohner, davon gehören rund ein Viertel dem Ibo-Stamm an, der Rest ist in kleinere Stämme aufgesplittert. Benin hätte – wie Biafra – durch seine reichen Erdölvorkommen unter einem rein wirtschaftlichen Aspekt durchaus Überlebenschancen. Aus der nigerianischen Mittelwestregion stammt allein ein Drittel des gesamten nigerianischen Erdöls. Außerdem verfügt die Region über so viel Kautschuk, daß Nigeria an achter Stelle der Welt-Gummiproduktion steht.

Seit August befindet sich Mittelwestnigeria in den Händen der Biafra-Truppen, mit denen Oberst Okonkwo zusammenarbeiten will. Doch schon am nächsten Tag drin-

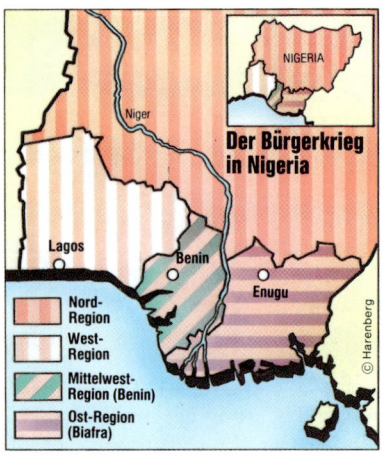

Der Bürgerkrieg in Nigeria

Nord-Region
West-Region
Mittelwest-Region (Benin)
Ost-Region (Biafra)

gen nigerianische Bundestruppen in die Hauptstadt Benin ein und beenden die Sezession von Benin, während sich die Biafra-Soldaten nach Süden absetzen.

Die Ausrufung der Republik Benin ist nur ein kurzer Verzweiflungsakt. In den von der nigerianischen Armee zurückeroberten Gebieten kommt es teilweise zu Metzeleien unter den dort lebenden Ibos.

Der Name Benin (nicht zu verwechseln mit Dahomey, das 1975 den Namen Benin annimmt) knüpft an das Königreich Benin des 15. bis 17. Jahrhunderts an.

Oberst Chukwuemeka O. Ojukwu, Staatschef der Republik Biafra

Soldaten der neuen Republik Biafra, sie unterstützen Benins Kampf

Ostblock-Diplomat als UNO-Präsident

19. September. Der rumänische Außenminister Corneliu Manescu wird in New York zum Präsidenten der neuen Sitzungsperiode der Vollversammlung der Vereinten Nationen (UNO) gewählt. Zum ersten Mal hat damit ein Vertreter eines kommunistischen Landes dieses Amt inne. Manescu wird mit 112 von 120 abgegebenen Stimmen ge-

C. Manescu

wählt. Fünf Delegationen enthalten sich der Stimme, eine Delegation stimmt für den Vertreter Tansanias. Mit der Wahl Manescus wird nach 22 Jahren nun auch symbolisch ausgedrückt, daß die östliche Hälfte Europas ein Teil der etablierten Weltdiplomatie ist.

Manescu selbst verweist indirekt in seiner Eröffnungsansprache vor der Vollversammlung der Vereinten Nationen in New York auf diese Entwicklung und unterstreicht die Notwendigkeit der Selbstbestimmung für alle Staaten.

Für den 52jährigen Politiker ist die Wahl zum Vorsitzenden dieses hochrangigen Gremiums ein vorläufiger Höhepunkt in seiner Karriere.

Indische Sprachenproblematik

5. September. Indiens Staatspräsidentin Indira Gandhi nimmt das Rücktrittsgesuch von Außenminister Mohammad Currim Chagla an und übernimmt selbst dieses Amt.

Als Grund für seinen Rücktritt gibt Chagla die Sprachenpolitik der Regierung an, die innerhalb der nächsten zehn Jahre in allen Schulen einen Wechsel von Englisch zur jeweiligen Nationalsprache durchsetzen will. Chagla befürchtet, daß damit die Einheit Indiens gefährdet wird. Er beschwört einen Alptraum, in dem er Konferenzen auf hoher Ebene sieht, bei welchen Dolmetscher alles übersetzen müßten, was der eine Inder zum anderen sagt. Chagla setzt sich für Hindi als einheitliche Verständigungssprache in Indien ein.

Indiens Staatspräsidentin Indira Gandhi zeigt sich inmitten einer Folklore-Gruppe aus Rajasthan; sie möchte die kulturelle Europäisierung beenden und die jeweiligen Nationalsprachen erhalten; neben den Verkehrssprachen Hindustani, Hindi und Urdu unterscheidet man noch acht Hauptdialekte in Indien

Wiederaufnahme der Öllieferung

1. September. Auf der zweitägigen arabischen Gipfelkonferenz in der sudanesischen Hauptstadt Karthum beschließen Saudi-Arabien, Kuwait und Libyen die Wiederaufnahme der Erdöllieferungen an alle Länder, also auch an die Vereinigten Staaten, Großbritannien und die Bundesrepublik, die wegen des Sechstagekriegs (→ 5. 6./S. 96) unterbrochen worden war.

Damit wird im Grunde eine schon seit Wochen geübte Praxis sanktioniert. Die Bundesrepublik erhält schon seit geraumer Zeit wieder arabisches Öl, allerdings nicht durch den Sueskanal, der seit dem 5. Juni geschlossen ist, sondern über das Kap der Guten Hoffnung, was sehr viel teurer ist.

De Gaulle will ein vereintes Europa

6. September. Der französische Staatspräsident Charles de Gaulle und sein Außenminister Maurice Couve de Murville treffen zu einem sechstägigen offiziellen Staatsbesuch Polens in Warschau ein. Hier führen die beiden französischen Politiker Gespräche mit dem Ersten Sekretär der Polnischen Kommunistischen Partei, Wladyslaw Gomulka, dem Staatspräsidenten Edward Ochab und dem Ministerpräsidenten Józef Cyrankiewicz.

Sowohl in Warschau als auch während seiner Reise nach Schlesien und an die polnische Ostseeküste wird das französische Staatsoberhaupt wie kein anderer westlicher Staatsmann von der Bevölkerung empfangen: Zehntausende von Menschen säumen in dichtem Spalier die Straßen in Warschau, Krakau, Kattowitz, Zabrze, Zopot oder Danzig. Sie jubeln dem Staatsmann zu, der eine europäische Entspannungspolitik in die Tat umzusetzen scheint. Schon im Juni/Juli 1966 hatte Charles de Gaulle die Sowjetunion bereist.

Neben diesem persönlichen Erfolg der Reise bedeutet es auch eine besondere Auszeichnung, als erster westlicher Staatsmann vor dem Sejm in Warschau sprechen zu dürfen. In dieser Rede verdeutlicht de Gaulle das Ziel dieser Reise: Seine Politik ist von der Utopie eines vereinigten Europas »vom Atlantik bis zum Ural« geprägt, für das er, wie schon in der Sowjetunion, auch in Polen wirbt. Nicht aus der Konfrontation zweier Blöcke mit ihren gegeneinandergerichteten Streitkräften und Pakten könne sich, so de Gaulle, die wahre Sicherheit für jeden Staat des Kontinents ergeben. Unter den Problemen, die Europa angehen müsse, sei das wichtigste das Schicksal des deutschen Volkes. Parteisekretär Gomulka hebt jedoch in seiner Antwort auf de Gaulles Rede deutlich hervor, daß eine europäische Entspannungspolitik nur durch die Anerkennung von souveränen Staaten in den bestehenden Grenzen möglich ist. Polen ist »unwiderruflich« mit der Sowjetunion verbunden, wie sich auch Frankreich, trotz aller Bestrebungen nach nationaler Souveränität, nicht vollständig dem westlichen Bündnis entziehen kann.

Charles de Gaulle (M.) wird von der polnischen Bevölkerung empfangen

»Wir bleiben britisch«

10. September. Gibraltar will bei Großbritannien bleiben. In einer Volksbefragung bekennt sich die meist spanischsprechende Bevölkerung des britischen Flottenstützpunktes am Eingang zum Mittelmeer fast einstimmig »zur Beibehaltung der gegenwärtigen Verbindung zu Großbritannien«.

Von 12 237 abgegebenen Stimmen stimmten nur 44 für einen Übergang Gibraltars unter spanische Hoheit. 12 672 Einwohner waren stimmberechtigt; die Wahlbeteiligung betrug 95,8%; 55 Stimmen waren ungültig.

Blick von der Punta de Europa auf die nordafrikanischen Berge

»Beulah« wütet am Rio Grande

20. September. Der Hurrikan »Beulah« verwüstet große Gebiete Nordmexikos und Texas'. Die Regierungen der Vereinigten Staaten und Mexikos verkünden gemeinsam den Notstand für die am schwersten betroffenen Gebiete beiderseits des Rio Grande. Auf Grenzkontrollen soll für unbestimmte Zeit verzichtet werden, um gegenseitige Hilfeleistungen nicht zu behindern.

Der Sturm hinterläßt am Rio Grande eine 260 km lange Zone der Verwüstung. Der Sachschaden allein, der durch die Vernichtung der Ernte am Unterlauf des Grenzflusses entstand, beläuft sich auf umgerechnet mindestens 200 Millionen DM. Weite Gebiete von Texas sind ohne Stromversorgung.

Am schwersten betroffen ist das Gebiet um die US-amerikanische Stadt Bronxville, wo sich das »Auge« – das Zentrum des Hurrikans – befand. In den Unwettern von »Beulah«, der vor 13 Tagen entstanden war, sind insgesamt 30 Menschen ums Leben gekommen – sechs in Mexiko, 18 auf Haiti und sechs in Texas, Hunderte werden verletzt, mehrere Tausend obdachlos.

Journalisten, die die Verwüstungen in Port Isabel kurz nach dem Hurrikan besichtigen, vergleichen die Schäden mit denen nach einem Bombenangriff.

Sanktionen der OAS gegen Kuba

22. September. Die Außenminister der Vereinigten Staaten und von 20 lateinamerikanischen Staaten, die in der Organisation Amerikanischer Staaten (OAS) zusammengeschlossen sind, treten in Washington zu einer dreitägigen Konferenz zusammen, deren Hauptthema die von Kuba unterstützte subversive Guerilla-Tätigkeit in den Ländern Lateinamerikas ist.

Die Tagung ist auf Antrag Venezuelas einberufen worden, das sich bedroht fühlt. Guerilla-Tätigkeiten auf seinem Territorium würden von der kubanischen Regierung in Havanna vorbereitet, organisiert und finanziell unterstützt.

Auch Boliviens Außenminister Walter G. Arze legt der Konferenz dokumentarisches Material vor, das nach Ansicht der Außenministerkonferenz beweist, daß der kubanische Rebellenführer Ernesto »Che« Guevara Serna eine kommunistische

Dean Rusk, Außenminister der Vereinigten Staaten, bei einer Rede

Untergrundbewegung organisiere und leite. Im Südosten des Landes befinden sich nach Schätzung der bolivianischen Regierung rund 800 Guerilleros, von denen vier Fünftel aus Kuba stammen.

US-Präsident Lyndon B. Johnson schlägt der OAS-Konferenz die Bildung regionaler militärischer Bündnisse zur Bekämpfung der kommunistischen Guerilla-Tätigkeit vor.

Die Resolution, die die 21 Außenminister am 24. September verabschieden, sieht jedoch vorwiegend wirtschaftliche Boykottmaßnahmen gegen Kuba vor, die das Land weiter isolieren sollen. Nicht enthalten ist auch der US-amerikanische Vorschlag, über alle Firmen einen Boykott zu verhängen, die mit Havanna Handel treiben.

Heinrich Albertz tritt als Regierender Bürgermeister von Berlin (West) nach einer Senats-Krise zurück

Heinrich Albertz tritt zurück

26. September. Der Regierende Bürgermeister von Berlin (West), Heinrich Albertz, gibt in einem Schreiben an den Präsidenten des Abgeordnetenhauses seinen Rücktritt und den des gesamten Berliner Senats bekannt. Damit erreicht die Krise in der Berliner SPD, die im Parlament über die absolute Mehrheit verfügt, ihren Höhepunkt.

Albertz zieht mit seinem Rücktritt die Konsequenzen aus dem vergeblichen Bemühen, in den zuständigen Gremien der SPD eine Unterstützung für seine Pläne zur Umbildung des Berliner Senats zu finden, die durch den Rücktritt von Innensenator Wolfgang Büsch notwendig geworden war.

Der 38jährige Wolfgang Büsch ist am 20. September von seinem Amt zurückgetreten, nachdem gegen ihn

Studenten demonstrieren auf dem Theodor-Heuss-Platz in Berlin (West)

in dem Bericht des parlamentarischen Untersuchungsausschusses des Berliner Abgeordnetenhauses im Zusammenhang mit den Anti-Schah-Demonstrationen und dem Tod des Studenten Benno Ohnesorg am → 2. Juni (S. 100) schwere Vorwürfe erhoben worden sind. Drei

Tage später erklärt auch der Polizeipräsident von Berlin (West), Erich Duensing, seinen Rücktritt aufgrund der Vorfälle vom 2. Juni.

Die Frage der Neubesetzung im Amt des Innensenators ließ nun seit langem schwelende Flügelkämpfe innerhalb der SPD kulminieren. Schon bei seinem Amtsantritt im Dezember 1966 hatte Albertz mit dem rechten Flügel der Berliner SPD zu kämpfen, der ihm nach dem 2. Juni offen den Kampf erklärte. Entweder sollte Albertz zurücktreten oder den Senat in seine Richtung umstrukturieren. Da sich Albertz nicht für den bisherigen Sozialsenator Kurt Neubauer als Innensenator entscheiden wollte, andererseits aber auch keinen Rückhalt mehr in seiner Partei fand, zog er sein Mandat zurück.

»Warum bin ich zurückgetreten?«

Heinrich Albertz ruft sich knapp 14 Jahre nach seinem Rücktritt die entscheidenden Ereignisse des Jahres 1967 noch einmal in Erinnerung. In seinen Tagebuchaufzeichnungen schildert er aus seiner Sicht die Vorgänge:

»... Warum bin ich eigentlich damals zurückgetreten? Ein Skandal, oder gar mehrere, waren es wohl nicht. Die gängige Meinung sagt, der 2. Juni 1967, also der Tod von Benno Ohnesorg, sei der eigentliche Grund für den Rücktritt gewesen. Ich selbst habe in den letzten Wochen viel darüber nachgedacht, ob das eigentlich stimmt. ... Das Ergebnis: ... Der Stein, auf dem ich lief, oder der mir am Halse hing, war die Berliner SPD.«

Schütz übernimmt Albertz-Nachfolge

28. September. Nur zwei Tage lang drehte sich das Personenkarussell um das vakante Amt des Regierenden Bürgermeisters von Berlin (West), bis sich die Berliner SPD auf den 41jährigen Klaus Schütz, derzeit noch Staatssekretär im Auswärtigen Amt in Bonn, als den Nachfolger von Heinrich Albertz (→ 26. 9./ S. 146) einigt. Mit 25 zu acht Stimmen wird er vom Landesausschuß der Berliner SPD zum einzigen Kandidaten für das höchste Amt im Berliner Senat nominiert, am 15. Oktober auf dem außerordentlichen Parteitag in Berlin (West) mit 82 gegen 38 Stimmen bei drei Enthaltungen gewählt.

Damit erreicht der SPD-Politiker, der als einer der engsten Vertrauten des SPD-Vorsitzenden und Bundesaußenministers Willy Brandt gilt, den vorläufigen Höhepunkt seiner Karriere, wenngleich er keine leichte Aufgabe übernommen hat. In erster Linie gilt es, die politischen Flügel innerhalb der SPD zusammenzufassen und damit der Berliner Bevölkerung wieder eine regierungsfähige Partei zu präsentieren.

Schon 1954 wurde Schütz bereits zum ersten Mal in das Berliner Abgeordnetenhaus gewählt. Anschließend übernahm er ein Mandat im Bundestag. Der damalige Regierende Bürgermeister Brandt berief ihn zum Senator für Bundesangelegenheiten und ließ ihn erst im Dezember 1966 nach Bonn kommen.

Klaus Schütz, neuer Regierender Bürgermeister von Berlin (West)

Walter Scheel, Bundestagsvizepräsident und neuer FDP-Vorsitzender

Scheel übernimmt Vorsitz der FDP

14. September. Der Bundesvorstand der FDP nominiert den 47jährigen Walter Scheel, der erst am 8. September zum Bundestags-Vizepräsidenten gewählt wurde, als neuen Parteivorsitzenden der FDP.

Scheels politischer Werdegang

Walter Scheel wurde am 8. Juli 1919 in Höhscheid bei Solingen geboren. Nach dem Abitur 1938 machte er zunächst eine Ausbildung im Bankfach. Von 1939 bis 1945 war er Soldat in der deutschen Wehrmacht.
Seit 1946 ist Scheel Mitglied in der FDP, war Stadtverordneter in Solingen und von 1950 bis 1953 Mitglied des Landtags von Nordrhein-Westfalen. Seit 1953 gehört er dem Deutschen Bundestag an, ab 1955 vertritt er die Bundesrepublik auch im Europa-Parlament in Straßburg. Im Oktober 1961 übernahm Scheel das neue Ministerium für wirtschaftliche Zusammenarbeit.

Nachdem der bisherige Parteivorsitzende Erich Mende überraschend eine Woche zuvor bekanntgegeben hat, daß er einen Fünfjahresvertrag als Vorsitzender des Verwaltungsrats der deutschen Tochtergesellschaft des IOS (Investors Overseas Services) unterschrieben hat, wollten die Freien Demokraten die offen ausgebrochene Führungskrise möglichst schnell beenden. Mendes Position innerhalb der FDP war seit dem Auseinanderbrechen der Koalition mit der SPD im Oktober 1966 ohnehin stark geschwächt. Seinen Abgang in die Privatwirtschaft wollte Erich Mende zunächst noch mit seinem Amt als Parteivorsitzenden vereinbaren, doch die FDP-Führung lehnte dies ab.

FDP-Vorsitzender Erich Mende: ». . . wie ein Stück Wild«

In seinem 1972 veröffentlichten Buch »Die FDP« schreibt der ehemalige FDP-Vorsitzende Erich Mende unter der Kapitelüberschrift »Die dubiose Rolle Walter Scheels«:

»Nach der Satzung der FDP ist alle zwei Jahre der gesamte Bundesvorstand an der Spitze neu zu wählen. In Hannover standen keine Wahlen an. Sie sollten im folgenden Frühjahr 1968 erfolgen, gewissermaßen als Aufstellung der für den Bundestagswahlkampf 1969 gewünschten Mannschaft. In kleinen Zirkeln trafen sich die in Hannover Unterlegenen abwechselnd in Düsseldorf und Bonn. Zu ihnen gesellte sich auch Walter Scheel, der wegen einer Nierenerkrankung in Hannover nicht erschienen war – wie überhaupt Walter Scheel über einen Terminkalender zu verfügen schien, der ihm erlaubte, in schwierigen Situationen fern zu bleiben, um sich nachher, wenn die Entscheidung getroffen war, an die Spitze einer neuen Mehrheit zu setzen. Hoch über dem Rheintal, auf der Cäcilienhöhe in Bad Godesberg, im italienischen Restaurant Moro, kamen die Rebellen überein, mich als Parteivorsitzenden zu stürzen. Walter Scheel sollte gegen mich kandidieren, nachdem Willi Weyer es abgelehnt hatte. Thomas Dehler übernahm es, in einem Gespräch mit Journalisten für einen Wechsel an der Parteispitze zu werben. Prompt kündigte ›Die Welt‹ am 17. Juli 1967 das Vorhaben für den nächsten Parteitag an, der in Freiburg stattfinden sollte.

Erich Mende tritt als FDP-Vorsitzender zurück und geht zur IOS

Da griff Willi Weyer ein und plädierte für die Fortsetzung meiner Parteiführung. Um Walter Scheels Ehrgeiz zu befriedigen, bot Willi Weyer ihm an, seine Stellvertretung im Bundesvorsitz zu übernehmen. Die beiden größten Landesverbände Nordrhein-Westfalen und Baden-Württemberg einigten sich auf dieser Grundlage. Meine Wiederwahl schien gesichert. Weyers Düsseldorfer Aussage: Erich Mende ist unser bester Mann, erschien als Schlagzeile in vielen Zeitungen.
Ich erklärte nach der Beisetzung Thomas Dehlers, der am 21. Juli plötzlich verstorben und in seinem Heimatort Lichtenfels mit einem Staatsbegräbnis beigesetzt wurde, daß ich meine getroffene Entschei-

dung, noch einmal zu kandidieren, unter den neuen Umständen überprüfen müßte. Meine Entscheidung mußte nach Abwägung aller Umstände negativ ausfallen. In einem Brief an einige Freunde und Vertraute, an ihrer Spitze Dr. Reinhold Maier, erklärte ich Anfang September 1967 die Gründe für meinen Entschluß, auf dem nächsten Bundesparteitag 1968 in Freiburg nicht mehr zu kandidieren. ›Ich hatte gehofft, daß nach dem Parteitag in Hannover die hinterhältigen Angriffe aus den Reihen der eigenen Partei ein Ende nehmen würden. Schließlich hatten wir ein Aktionsprogramm beschlossen und waren zu der Erkentnis gelangt, daß Streit nur den Gegnern nützt, nicht der eigenen Partei. Leider haben sich diese Hoffnungen nicht bestätigt. Es setzte sich vielmehr die Abwertungskampagne weiter fort. ...
Man kann jedoch von mir nicht verlangen, in den Bundestagswahlkampf 1969 zu gehen, ohne eines Mindestmaßes an Loyalität in den eigenen Reihen des Bundesvorstands sicher zu sein. Wenn man jetzt einen Schuldigen sucht, dann soll man nicht den als schuldig abstempeln, der in Hannover und nach Hannover wie ein Stück Wild gehetzt wurde . . .‹
Nachdem Willi Weyer nicht bereit war zu kandidieren, entschied sich der Bundesvorstand für Scheel als neuen Parteivorsitzenden. In Freiburg wurde er gewählt.«

Willi Weyer lehnt das Amt ab

Walter Scheel (Mitte) in seiner Funktion als Bundestagsvizepräsident

Der SDS – uneinig über den Weg

8. September. Rund 70 Delegierte und 300 Mitglieder aus Universitätsstädten der ganzen Bundesrepublik finden sich zur 22. Delegiertenkonferenz des Sozialistischen Deutschen Studentenbundes (SDS) in Frankfurt am Main zu einer fünftägigen Konferenz ein, um den Standpunkt der Organisation zu bestimmen und Beschlüsse über das weitere Vorgehen zu fassen.

Nie waren sich die Delegierten so einig darüber, daß die gesellschaftlichen Verhältnisse in der Bundesrepublik – vor allem nach der Bildung der großen Koalition im Dezember 1966 – sozialistisch umgestaltet werden müssen. Aber auch noch nie prallten die verschiedenen Richtungen innerhalb des SDS so hart aufeinander im Hinblick auf den Weg zu diesem Ziel. Seit der letzten Delegiertenkonferenz 1966 haben sich die Gegensätze innerhalb des SDS entscheidend vertieft. Der Einfluß des Berliner SDS auf den Gesamtverband ist gestiegen. So ist auch der 27jährige Soziologiestudent Rudi Dutschke die beherrschende Figur dieses Kongresses.

»Der Bürgerschreck aus Berlin« ist Wortführer des radikaleren Flügels, der sog. antiautoritären Anarchisten. Sie lehnen es ab – im Gegensatz zu den »Traditionalisten« des SDS –, das geringe finanzielle und organisatorische Potential des Verbandes durch Kontakte mit geistesverwandten Institutionen in den Gewerkschaften oder den Parteien zu stärken. Rudi Dutschke lehnt jede Zusammenarbeit mit den etablierten Mächten ab und propagiert gezielte Aktionen, die eine »Verbreiterung und politisch-menschliche Bewußtwerdung der radikalen Opposition« ermöglichen sollen.

Trotz der Uneinigkeit bezüglich der Vorgehensweise verabschiedet die

In Anlehnung an einen Werbeslogan der Deutschen Bundesbahn präsentiert der Sozialistische Deutsche Studentenbund (SDS) seine geistigen Vorbilder: Karl Marx, Friedrich Engels und Wladimir I., Lenin; der SDS drückt damit auch seine große Unzufriedenheit mit dem in der Bundesrepublik praktizierten Parlamentarismus aus; der SDS versteht sich als außerparlamentarische Opposition gegen die etablierten Parteien und deren Repräsentanten

SDS-Konferenz verschiedene Resolutionen, die sich u. a. gegen das Nordatlantische Militärbündnis (NATO) und die von der Bundesregierung geplanten Notstandsgesetze (→ 9. 11./S. 180) wenden, gegen »Sozialdemokratismus« und Spätkapitalismus, für die Wiederzulassung der KPD.

(→ 9. 11./S. 180)

SDS-Geschichte in vier Phasen

Der Sozialistische Deutsche Studentenbund (SDS) nimmt 1967 eine Sonderstellung ein, da er sich als einzige politische Hochschulgruppe keiner politischen Partei zugehörig fühlt und seine Zielsetzung über die eines Studentenverbandes hinausgeht.

Der SDS wurde 1946 in Hamburg gegründet. Als Studentenverband war er politisch unabhängig, stimmte aber doch in Grundsatzfragen mit der SPD überein und wurde auch organisatorisch und finanziell von ihr unterstützt.

Auf der SDS-Delegiertenkonferenz im Oktober 1958 in Mannheim kam es zu ersten innerverbandlichen Streitigkeiten zwischen Kritikern und Befürwortern des Godesberger Programms der SPD. Die SPD-Kritiker innerhalb des SDS forderten »Kampf gegen den Atomtod« und lehnten kompromißlos einen bundesdeutschen Verteidigungsbeitrag ab (»Für Demokratie – gegen Restauration und Militarismus«). Diese Politik mußte zu Auseinandersetzungen mit der SPD führen.

Mit der Gründung des Sozialdemokratischen Hochschulbundes (SHB) am 9. Mai 1960 wurde die Spaltung zwischen dem SPD-treueren Flügel und dem immer stärker linksorientierten Flügel des SDS vollzogen. Ab 19. Juli 1960 stellte die SPD die finanziellen Zuwendungen an den SDS ein. Am 6. Dezember 1961 erklärte der SPD-Parteivorstand die Mitgliedschaft im SDS für unvereinbar mit der SPD-Mitgliedschaft, womit der Bruch vollständig war.

In der Folgezeit sind auf den Delegiertenkonferenzen des SDS die Deutschland- und Ostpolitik sowie aktuelle Hochschulpolitik Schwerpunkte der Beschlüsse, die radikaldemokratischen Charakter haben.

Mit der Artikulierung des Protests gegen den Vietnamkrieg und die Notstandsgesetzgebung radikalisierte sich der SDS seit 1965 zunehmend.

Der SDS organisiert immer wieder Demonstrationen gegen Europas mächtigsten Verleger Axel Cäsar Springer

Die beherrschende Figur des SDS, der 27jährige Soziologiestudent Rudi Dutschke (r.), kämpft in vorderster Reihe

Uneheliche Kinder anerkannt

Innenminister Paul Lücke verbietet kroatische Exilorganisation

Exilkroatischer Bund verboten

25. September. Das Bundesinnenministerium in Bonn gibt bekannt, daß die in Münster ansässige kroatische Exilorganisation »Kroatischer Demokratischer Ausschuß« verboten ist. Zugleich mit dem Verbot wird auch die Auflösung dieser Vereinigung angeordnet.

Bundesinnenminister Paul Lücke erklärt, daß die Organisation – deren Ziel ein unabhängiger Staat Kroatien ist – in der Bundesrepublik Gewaltmaßnahmen und Terrorakte gegen Jugoslawien vorbereitet habe, was sich gegen den Gedanken der Völkerverständigung richtet.

Krankenscheine im Scheckheft

1. September. Zur Vereinfachung der Verwaltungsarbeit und Kosteneinsparung führen fast alle Krankenkassen der Bundesrepublik sog. Krankenschein-Scheckhefte für ihre Mitglieder ein.

Wer sich einer ärztlichen Untersuchung unterzieht, füllt selbst einen Krankenschein des Scheckhefts mit seinen Personalangaben aus und gibt ihn unterschrieben dem Arzt, der dann wie auf den bisher gebräuchlichen Krankenscheinen die für die Abrechnung mit der Kasse erforderlichen Eintragungen macht. Die Behandlungsscheine gelten für das gesamte Bundesgebiet.

5. September. Einstimmig verabschiedet das Bundeskabinett den Gesetzentwurf zur Reform des Rechts der unehelichen Kinder, wodurch die rechtliche Diskriminierung des unehelichen Kindes und seiner Mutter beseitigt wird.

▷ Ein wesentlicher Punkt des 43 Seiten starken Entwurfs ist die Beseitigung der juristischen Annahme, daß das uneheliche Kind nicht mit seinem Vater verwandt ist. Die Vaterschaft soll künftig immer geklärt werden

▷ Außerdem wird das uneheliche Kind im Unterhaltungsrecht dem ehelichen gleichgestellt.

▷ Weiter wird dem unehelichen Kind ein sog. Erbersatzanspruch zugebilligt. Bisher stand dem unehelichen Kind nicht einmal ein Pflichtteil des väterlichen Vermögens zu

▷ Die elterliche Gewalt steht von vorneherein der Mutter zu. Das Jugendamt ist nicht mehr automatisch Amtsvormund. Das Kind erhält weiterhin den Namen der Mutter. Es behält ihn aber auch dann, wenn die Mutter ihren Namen wechselt.

Wenn Bundesrat und Bundestag die Reform 1969 beschließen, wird nach 50 Jahren endlich eine Forderung erfüllt, die schon 1919 in der Weimarer Verfassung enthalten war.

Justizminister G. Heinemann trieb die Reform des Unehelichenrechts voran

Hochzeit des Stahls

8. September. Die August Thyssen-Hütte AG in Duisburg – der größte Stahlkonzern der Bundesrepublik – und die Hüttenwerke Oberhausen AG (Hoag) fusionieren.

Die Rohstahlkapazität des neuen Thyssen-Hoag-Verbundes wird auf über 11 Millionen t pro Jahr steigen, das sind 28% der bundesdeutschen und etwa 12% der Produktion der Europäischen Gemeinschaft (EG). Die Walzstahlkapazität steigt auf neun Millionen t im Jahr. Das Umsatzvolumen der in Zukunft verbundenen Partner betrug im letzten Jahr knapp acht Milliarden DM. Das neue Unternehmen zählt rund 116 000 Beschäftigte.

Die 20 führenden Unternehmen
(Stand: September 1967)

 1. Volkswagenwerk (Auto)
 2. Siemens (Elektro)
 3. Thyssen-Gruppe (Stahl)
 4. Bayer (Chemie)
 5. Daimler-Gruppe (Auto)
 6. VEBA (Vereinigte Elektrizitäts- und Bergwerks-AG; Energiewirtschaft)
 7. Hoechst (Chemie)
 8. Krupp (Stahl)
 9. AEG (Allgemeine Electricitäts-Gesellschaft; Elektro)
10. BASF (Badische Anilin- und Soda-Fabrik; Chemie)
11. RWE (Rheinisch-Westfälisches Elektrizitätswerk; Stromversorgung)
12. GHH (Gute Hoffnungshütte; Holding)
13. Rheinstahl (Stahl)
14. Mannesmann (Stahl)
15. ESSO (S. O., Standard Oil Co.; Mineralöl)
16. Opel (Auto)
17. Hoesch (Stahl)
18. Reemtsma (Tabak)
19. Salzgitter (Stahl)
20. Metallgesellschaft (Chemie)

Oberhausener Arbeiter protestieren gegen geplante Rationalisierungen

Ein Prämienbonus für Nichtraucher

22. September. Mehrere Versicherungsgesellschaften der Vereinigten Staaten räumen Nichtrauchern einen »Prämienbonus« in Höhe von bis zu 6% ein.

Ausschlaggebend ist für die Assekuranzen ein Anfang September vom US-Gesundheitsamt veröffentlichter Report, der die Ergebnisse von 2000 klinischen, physiologischen, experimentellen und histologischen Forschungsarbeiten zusammenfaßt. Die Resultate bestätigen nach Ansicht der Versicherungen den Kausalzusammenhang zwischen Tabakgenuß und Krankheit. Statistisch bewiesen scheint, daß die Gefahr, bei übermäßigem Nikotingenuß Herz- und Kreislaufkrankheiten sowie bleibende Schäden an der Magenschleimhaut davonzutragen, größer als vermutet ist.

Obwohl seit 1965 in den Vereinigten Staaten gesetzlich vorgeschrieben ist, auf Zigarettenpackungen einen Hinweis auf die gesundheitsschädigende Wirkung des Zigarettenrauchens zu drucken, ist die Zahl der Raucher steigend. Einzig Ärzte greifen immer weniger zu den »Glimmstengeln«.

Die Vorderansicht des BMW 1600 in der TI-Version unterscheidet sich von der Normal-Version durch einen besonders sportlichen Kühlergrill

Der Rallye-Kadett von Opel ist der Traum vieler junger Motorsport-Fans und zeitweilig das meistgefahrene Modell bei Wettbewerben

Zeitungswerbung für den 2 CV Dyane von Citroën (1967)

Der Porsche 911; mit automatischem Getriebe als »Spotomatic«

Auto / Verkehrsmittel 1967:
Sicherheit vor Chrom und PS

Zum ersten Mal nach dem Zweiten Weltkrieg geht die Produktion der Personen- und Lastkraftwagen in der Bundesrepublik aufgrund der wirtschaftlichen Rezession zurück. Die Bundesrepublik kann sich zwar weltweit noch immer auf dem zweiten Platz nach den Vereinigten Staaten auf der Liste der Hauptproduktionsländer für Personenwagen halten, doch rollen 1967 nur noch knapp 2,3 Millionen Autos von den Montagebändern der bundesdeutschen Automobilindustrie, das sind rund 600 000 weniger als 1966. Die Produktion der Lastkraftwagen ging von 1966 214 000 Lkw auf 180 000 Lkw zurück. Damit rutscht die Bundesrepublik vom sechsten auf den siebenten Platz in der weltweiten Lkw-Produktion.

Auch die Käufer üben Zurückhaltung. Im Vergleich zu 1966 werden 10,2 % weniger fabrikneue Personenwagen amtlich angemeldet. Trotz dieser Absatzkrise gibt sich die Automobilindustrie auf ihrer größten Schau, der Internationalen Automobilausstellung (IAA) in Frankfurt am Main vom 14. bis 24. September, optimistisch. Nicht mehr nur äußerer Glanz, Blickfang, Pferdestärken und Chrom bestimmen die Weiterentwicklung der Automobile, vielmehr finden Sicherheitskomfort und technische Ausstattung immer mehr Beachtung. Vollsynchronisierte Gangschaltung

ist schon Standard, Scheibenbremsen, Sicherheitslenksäule und Servolenkung setzen sich bei vielen Marken immer mehr durch.

So konzentrieren sich die Opel-Werke Rüsselsheim bei ihren neuen Modellen auf mehr Kraft, größere Stabilität und innere Sicherheit sowie auf eine Verbesserung des Fahrwerks bei allen Modellen. Der »Olympia« bietet beispielsweise als 60-PS-Kompaktwagen eine neue Sicherheitslenksäule, serienmäßig heizbare Heckscheibe und gepolsterte Lenkradspeichen.

Die Wolfsburger VW-Konstruk-

Alles dreht sich ums Auto: Sonderausgabe des »Stern« zur IAA 1967

teure machen den Wunschtraum vieler Autofahrer wahr. Sie stellen auf der IAA den »Käfer« mit einer sog. Wahlautomatik und den VW 1600 mit einer Automatik nach US-amerikanischem Vorbild vor, die das lästige Schalten vergessen läßt.

Die Bayrischen Motorenwerke AG aus Dingolfing bereichern ihr Programm in diesem Jahr um den 1600 GT-Coupé, die 1600-TI-Limousine und das 1600-Cabriolet. Alle Modelle zeichnen sich durch eine verbesserte Hinterachsenaufhängung und optimale Straßenlage aus.

Für die zunehmende Anhängerschaft des Reisemobils bietet die Daimler-Benz AG ein Mercedes-Reisemobil mit Benzin- oder Dieselmotor an, das mit seinen Maßen – 5,04 m Länge, 2,1 m Breite und 2,7 m Höhe – unabhängiges und bequemes Reisen ermöglicht. Die großzügige Innenausstattung läßt das Mercedes-Modell allerdings mit einem Preis von 22 415 DM zum teuersten unter den »Zimmern mit Motor« werden.

Riesenerfolg auf der IAA hat der Rennwagen-Konstrukteur und Millionär Ferruccio Lamborghini, der seinen Gran Tourismo »Miura« für 50 000 DM Kaufpreis darbietet. Der »Miura« – benannt nach einer andalusischen Kampfstierzüchterei – ist laut Hersteller kein Rennwagen, sondern ein normales Auto, das bis zu 300 km/h fährt.

Der alte »Käfer« mit neuem Automatik-Getriebe; 1,4% mehr VW »Käfer« als im Vorjahr werden im Jahr 1967 polizeilich angemeldet

Aufsehen erregt der RO 80; die Fachwelt ist begeistert von der fünfsitzigen Limousine aus Neckarsulm, die Technik und Komfort vereint

Superstar der IAA 1967: NSU RO 80

Als das ambitionierteste und sensationellste Auto, das nach 1945 vom Montageband eines bundesdeutschen Unternehmens gelaufen ist, wird der NSU RO 80 gefeiert.

Der fünfsitzige RO 80 zeichnet sich durch seine Geräuschlosigkeit aus, die einerseits durch den Wankelmotor bedingt wird, der immer ruhiger

eine Sicherheits-Zahnstangenlenkung mit hydraulischer Lenkhilfe vermittelt dem Fahrer besten Kontakt zur Straße.

Der RO 80 ist für eine anspruchsvolle Käuferschaft konzipiert, die den Preis von 14 150 DM für das gebotene Mehr an Technik und Komfort des RO 80 ausgeben kann.

Technische Daten des »RO 80«

Motor: 2 × 497,5 cm³, 115 DIN-PS
Getriebe: 3 Gänge vollsynchronisiert, Auskuppeln am Ganghebel
Kupplung: Pneumatische Einscheiben-Trockenkupplung mit vorgeschaltetem hydraulischem Drehmomentwandler
Karosserie: Viertürige, fünfsitzige Limousine
Maße: 4,78 m lang, 1,76 m breit, 1,41 m hoch
Radstand: 2,86 m
Tank: 83 l in Sicherheitszone der Hinterachse
Fahrleistung: 180 km/h Spitzengeschwindigkeit; von 0 auf 100 km/h in 12,8 sec
Verbrauch: 11,2 l auf 100 km

Das Design des RO 80 könnte aus italienischen Studios stammen

Der neue VW 1600 mit Fließheck kostet auch in der Luxusausführung 6685 DM; der Wolfsburger Mittelklassewagen wird attraktiver

wird, je höher er dreht; zum anderen werden die Fahrgeräusche durch die tiefgezogene, schnittige Karosserieform auf ein Minimum reduziert, die in Versuchen im Windkanal entwickelt worden ist. Die Konstrukteure aus Neckarsulm rühmen außerdem das ungewöhnlich stabile Verhalten des RO 80 bei Seitenwind durch seine günstige Schwerpunktlage und durch den Frontantrieb. Homokinetische Gelenke zur Kraftübertragung an beiden Enden der Antriebsachsen arbeiten auch bei starkem Lenkeinschlag völlig ruckfrei. Federbeine sichern eine präzise Führung der Vorderräder,

Die Heckpartie des RO 80 erinnert an den britischen Austin 1800

Schweden stellt den Verkehr um

3. September. *In Schweden wird um 5.00 Uhr der gesamte Straßenverkehr von Links- auf Rechtsfahren umgestellt (Abb.: Eine Hauptstraße in Stockholm).*

Das große »H« für »höger« (rechts) wird seit Monaten in einem der letzten europäischen Länder mit Linksverkehr – nur noch in Großbritannien, Irland, Island und Zypern wird auf der linken Straßenseite gefahren – propagiert. In allen Tageszeitungen, im Fernsehen, auf Briefmarken, Milchtüten, T-Shirts und Streichholzschachteln ist das »H« zu finden, mit dem die acht Millionen Schweden auf die Umstellung vorbereitet werden.

Obwohl den Autofahrern die Umstellung relativ leichtfällt, da Schwedens Autos kurioserweise schon immer auf der linken Seite zu steuern sind, belaufen sich die Gesamtkosten für die Umstellung auf mindestens 500 000 DM.

Neuer Ozeanriese läuft vom Stapel

21. September. *Auf ihren eigenen Namen tauft die britische Königin Elisabeth II. das 58 000 BRT große neue Flaggschiff der britischen Handelsflotte, das unter den Hochrufen der etwa 30 000 Zuschauer und dem ohrenbetäubenden Heulen von Dutzenden von Schiffssirenen im schottischen Clydebank vom Stapel läuft (Foto). Auf der »Queen Elizabeth II.« hat man vor allem Wert auf Reisekomfort gelegt, da der neue Ozeanriese nicht nur auf der Transatlantikroute verkehren soll, sondern auch Kreuzfahrten unternehmen soll.*

Die Kosten des Passagierschiffs belaufen sich auf etwa 120 Millionen DM. Ob es sich angesichts der übermächtigen Konkurrenz des transatlantischen Flugverkehrs und der horrenden Betriebskosten bezahlt machen wird, bezweifeln Fachleute. Im Mai 1968 soll die »Queen Elizabeth II.« ihren Dienst aufnehmen. Sie ist die Nachfolgerin der berühmten »Queen Elizabeth«.

Kriegsdienstverweigerer in BRD

Rasputin-Mörder stirbt in Paris

30. September. Laut Statistik des Bundesverwaltungsamtes in Bonn gibt es derzeit in der Bundesrepublik 20 285 anerkannte Kriegsdienstverweigerer.

Als Beweggrund für ihre Ablehnung des Militärdienstes in der Bundeswehr geben viele eine zutiefst pazifistische Geisteshaltung an, die in ihrer Religionszugehörigkeit wurzelt. 53,7% der Verweigerer gehören der evangelischen Kirche an, 14,4% der römisch-katholischen, 13,9% sind Zeugen Jehovas und 8,6% Anhänger anderer Religionsgemeinschaften. 9,4% bezeichnen sich als konfessionslos. Sie verweigern den Dienst an der Waffe angesichts der Greuel im Vietnamkrieg.

Nur 1540 leisten gegenwärtig den vorgeschriebenen 18monatigen Ersatzdienst in Altenheimen, Krankenhäusern, Rehabilitationszentren und anderen sozialen Einrichtungen ab. Etwa 14 000 warten noch auf den »blauen Brief« vom Bundesarbeitsminister Hans Katzer, der für die Wehrersatzdienstleistenden zu-

ständig ist. In den nächsten zwei Jahren werden voraussichtlich nur die unter 25jährigen zum Ersatzdienst eingezogen werden. Wer älter als 25 ist, kann mit einer verkürzten Dienstzeit ab 1969 rechnen. Das Amt, das für den Einsatz der Zivildienstleistenden in Köln zuständig ist, verfügt nämlich nur über 2500 anerkannte Arbeitsstellen.

Nur 3,2% der Kriegsdienstgegner lehnen auch den zu leistenden Ersatzdienst ab. Ihnen droht eine Gefängnisstrafe bis zu 15 Monaten.

Bundesarbeitsminister Hans Katzer, zuständig für Wehrersatzdienst

27. September. Fürst Felix F. Jussupow, zuletzt Modemanager, Gastronom und Schriftsteller, stirbt im Alter von 80 Jahren in Paris. Das Attentat dieses russischen Aristokraten am 30. Dezember 1916 an Grigori J. Rasputin, dem Wundermönch am Hofe des letzten Zaren Nikolaus II., hat wie kaum ein anderer politischer Mord die Phantasie der Menschen in aller Welt beflügelt.

Um Zar Nikolaus II. vor dem Einfluß des sibirischen Mönchs zu befreien und Rußland vor Niederlage und Revolution zu bewahren, beschlossen Fürst Jussupow und der rechtsgerichtete Duma-Abgeordnete Wladimir M. Purischkjewitsch, den »erleuchteten Mönch« zu töten. Dieses Vorhaben gestaltete sich schwieriger als erwartet, denn Rasputin zeigte weder nach – mit Zyankali – vergiftetem Kuchen noch nach vergiftetem Wein irgendeine Wirkung.

Erst nach gezielten Pistolenschüssen starb Rasputin.

Pierre Boulez fordert neue Opern

Viel Aufsehen erregt ein Interview, das der französische Komponist und Dirigent Pierre Boulez dem Hamburger Nachrichtenmagazin »Der Spiegel« gibt.

In diesem Gespräch erklärt der radikale und bedeutende Musikerneuerer, der sich u. a. als Dirigent der Oper »Parsifal« von Richard Wagner internationale Anerkennung verschaffte, daß seit Alban Bergs »Wozzeck« und »Lulu« – also etwa seit Mitte der 30er Jahre unseres Jahrhunderts – keine diskutable Oper mehr geschrieben worden sei.

Dem zeitgenössischen Komponisten Hans Werner Henze, dessen Oper »Der Prinz von Homburg« auch in der Bundesrepublik viel Zustimmung fand, hält Boulez »oberflächlichen Modernismus« vor, dem Intendanten der Hamburger Staatsoper, Rolf Liebermann, der durch Auftragsarbeiten das moderne Musiktheater pflegt, »bürgerlichen Durchschnittsgeschmack«. Als die »eleganteste Lösung« schlägt Boulez provokant vor, die Opernhäuser in die Luft zu sprengen.

Der Schriftsteller Henry Miller heiratet zum fünften Mal

10. September. *In Hollywood heiratet der 75jährige US-amerikanische Schriftsteller und Maler Henry Miller die 28jährige Japanerin Hoki Tokuda. Das frischvermählte Paar geht auf Hochzeitsreise nach Europa (Abb.: Das Paar bei der Ankunft in Paris). Eine Serie von Romanen, die durch ihre blasphemi-* *schen und sexuell freizügigen Schilderungen schokkierten und noch heute in vielen Ländern verboten sind, machte Henry Miller berühmt, der vom Müllkutscher bis zum Konzertpianisten fast jeden Beruf ausgeübt hat. Bunt wie sein Berufsleben ist sein Eheleben: Er heiratete 1917, 1924, 1944 und 1953.*

Krzysztof Penderecki, einer der eigenwilligsten Komponisten

Komponist Olivier Messiaen, Lehrer von Boulez und Stockhausen

K. H. Stockhausen: Experimente mit elektronischen Klängen

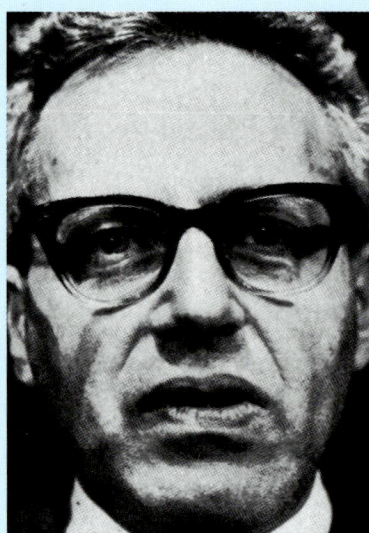

G. Ligeti läßt traditionelle Instrumente ungewöhnlich spielen

Musik 1967:
Die Suche nach ungewöhnlichen Klängen

In den Konzertsälen der Bundesrepublik gibt es 1967 viel Neues zu hören, doch die Zeit der Sensationen, der Provokationen, die die Neue Musik zu bieten hat, ist vorbei.

Das Hauptaugenmerk der zeitgenössischen Komponisten liegt nach wie vor auf dem Ausloten des Klangs als Phänomen. Der ungarische Komponist Györgi Ligeti zeigt in seiner Komposition »Lonzano« für Cembalo, daß selbst traditionelle Instrumente in ungewöhnlicher Spielweise einen außergewöhnlichen Klangreichtum bieten. Die entfremdete Handhabung der Instrumente führt jedoch teilweise zu Protesten der Orchester, die eine Wiederholung der Aufführung verweigern, um ihre Musikinstrumente nicht zu ruinieren.

Auch die Deutschen Gerd Zacher und Ernst Albrecht suchen nach musikalischem Neuland in ihren Orgelkompositionen, die in Bremen zur Aufführung kommen.

Die ungewöhnliche Plazierung der Musizierenden – mehrere Orchester- und Singgruppen musizieren räumlich getrennt voneinander – schafft ebenfalls neue Klangerlebnisse und erweitert das Klangspektrum. Komponist Milko Kelemen aus Jugoslawien setzt diese Idee eindrucksvoll im Rahmen der Donaueschinger Musiktage mit »Composé für zwei Klaviere und Orchestergruppen« um.

Grenzenlose Klangfülle läßt sich durch die Hinzuziehung der elektronischen Technik erzeugen, die häufig die traditionell-instrumental erzeugte Musik ergänzt oder völlig ablöst. Während der Internationalen Ferienkurse für Neue Musik in Darmstadt im August stellt Johannes G. Fritsch seine Komposition »Modulation II« für ein Kammerensemble und Tonband vor, Hermann Hess verzichtet mit seiner Komposition »Variable Musik für vier Magnetophone« auf das gewohnte Instrumentarium. Auch der exponierte Vertreter für experimentelle elektronische Klangerzeugung, Karl Heinz Stockhausen, läßt in Darmstadt zwölf Schüler ein rein elektronisches »Ensemble« produzieren. In Köln, dem Zentrum für elektronische Musik in der Bundesrepublik, wird das erste elektronische Werk des international anerkannten Komponisten Bernd Alois Zimmermann aufgeführt.

Im formalen Bereich fällt die Statik vieler Kompositionen auf, die im Zuhörer das Gefühl der Langeweile und der Monotonie erzeugen. Viele Künstler greifen auf das klassische Formenreservoir – Sinfonie, Messe, Oratorium, Fuge usw. – zurück.

Komponist Karl Heinz Stockhausen (l. o. sitzend) bei den Internationalen Ferienkursen in Darmstadt

Verkaufsschlager: Schallplatte mit Aufnahmen von elektronischen Bearbeitungen klassischer Werke

Massaker beim Fußballspiel

17. September. In den anatolischen Städten Kayseri und Sivas kommt es nach Fußballspielen zu blutigen Unruhen, die sich über zwei Tage hinziehen, so daß der Gouverneur von Anatolien Einheiten der türkischen Armee anfordert, um Ruhe und Ordnung wiederherzustellen.

Grund für die Ausschreitungen ist ein Tumult, der sich nach einem Fußballspiel der zweiten Liga im Stadion von Kayseri entwickelt hat. Als die Mannschaft von Kayseri gegen die Gäste aus Sivas einen Torerfolg erzielt, stürmen Anhänger aus Sivas das Spielfeld. Mit Messern, Knüppeln und Eisenketten kommt es auf dem Platz zu einer blutigen Schlacht unter den Fußball-Fans. In dem mit 26 000 Zuschauern dichtbesetzten Stadion bricht eine Panik aus, in deren Verlauf viele Menschen totgetrampelt werden. Insgesamt kommen 44 Menschen ums Leben, rund 600 werden zum Teil schwer verletzt. Die Polizei wird erst Herr der Lage, als sie mit aufgesetzten Bajonetten gegen die Schläger vorgeht.

Als man in Sivas von dem blutigen Ausgang des Spiels erfährt, rotten sich rund 3000 Bürger zusammen und zerschlagen Fensterscheiben von Geschäften und Häusern, deren Eigentümer aus Kayseri stammen.

Der 22jährige Belgier Eddy Merckx (vorne l.) wird im niederländischen Ort Heerlen zum ersten Mal Straßenweltmeister der Radprofis

Merckx hängt alle ab

2. September. Neuer Straßenweltmeister der Radsportprofis wird im niederländischen Heerlen überraschend und souverän der 22jährige Belgier Eddy Merckx.

Nach 265 km Fahrt geht Merckx im Spurt vor dem favorisierten Niederländer Jan Janssen, dem Spanier Ramon Saez, dem Italiener Gianni Motta und dem Niederländer Jos van der Vleuten ins Ziel.

Um 10 Uhr sind die 70 Berufsfahrer aus elf Ländern gestartet. Die Strecke, die in 20 Runden zu jeweils 13,25 km gefahren wird, hat eine Länge von 265 km.

Merckx, Motta, Saez und van Vleuten reißen schon in der ersten Runde aus. Nur Janssen schafft bald den Anschluß an die Spitzengruppe. Für die gesamte Strecke benötigt der junge Weltmeister 6:44:42 Stunden, was einer Durchschnittsgeschwindigkeit von 39,3 km/h entspricht.

Brücke-Museum in Berlin eröffnet

15. September. Im Grunewald in Berlin (West) wird nach nur einjähriger Bauzeit das sog. Brücke-Museum eröffnet, das Werke der in Dresden 1905 gegründeten Künstlergemeinschaft »Die Brücke« (bis 1913) beherbergt. Initiiert wurde der Bau durch eine Schenkung des Brücke-Malers Karl Schmidt-Rottluff, der 74

Schm.-Rottluff

seiner Werke stiftete. Das Museum selbst ist ein eingeschossiger, aus kubischen Gliedern zusammengesetzter Bau des Architekten Werner Duttmann. Alle Ausstellungs- und Arbeitsräume öffnen sich zu einem kleinen Innenhof hin, nur schmale, verglaste Wandteile lassen den Blick auf das kiefernbestandene Gelände zu. Viel Licht erhalten die Räume durch Oberlicht-Bildnischen, die um die Raummitte angeordnet sind.

Zur Künstlergruppe »Die Brücke« gehörten außer Karl Schmidt-Rottluff u. a. Ernst Ludwig Kirchner, Max Pechstein, Emil Nolde, Erich Heckel und Otto Mueller.

Wenk überbietet Schießweltrekord

4. September. Mit einem Maximum von 600 von 600 möglichen Ringen erzielt Europameister Karl Wenk aus Rheinfelden im Kleinkaliber-liegend-Schießen bei den Deutschen Meisterschaften im Sportschießen in Wiesbaden eine Leistung, die bisher nur im Training erreicht wurde. Der 33jährige Wenk verbessert damit seinen eigenen Rekord um zwei Ringe und bleibt ebenfalls um zwei Ringe über dem offiziellen Weltrekord des US-Amerikaners David Boyd.

Eine Anerkennung als Weltrekordleistung kann trotzdem nicht gewährt werden, da es sich nur um eine nationale Meisterschaft handelt. Als bundesdeutscher Rekordhalter hat sich Wenk allerdings für die vorolympischen Kämpfe in Mexiko City im nächsten Jahr qualifiziert.

Cathérine Deneuve als Dirne in »Belle de jour« von Buñuel

15. September. *Der französische Spielfilm »Belle de jour« (Schöne des Tages) läuft in den bundesdeutschen Kinos an. Der 27. und angeblich letzte Film des spanischen Regisseurs Luis Buñuel erhält bei den Filmfestspielen in Venedig den »Goldenen Löwen von San Marco«. Der Film ist nach dem gleichnamigen Roman von Joseph Kessel aus dem Jahre 1929 gedreht, die Handlung aber in die Gegenwart versetzt. Die 23jährige Schauspielerin Cathérine Deneuve (links ein Porträt als »Séverine«, rechts zusammen mit Michel Piccoli) spielt eine schöne Arztgattin, die jeden Nachmittag drei Stunden in einem Bordell ihren Dienst tut*

Oktober 1967

Mo	Di	Mi	Do	Fr	Sa	So
						1
2	3	4	5	6	7	8
9	10	11	12	13	14	15
16	17	18	19	20	21	22
23	24	25	26	27	28	29
30	31					

1. Oktober, Sonntag

Die SPD erleidet bei den Bremer Bürgerschaftswahlen die größten Verluste seit 1945. →S. 166

In Spanien werden die Mindestlöhne auf Beschluß der Regierung von bisher 84 Peseten (5,60 DM) pro Stunde um 14% auf 96 Peseten (6,40 DM) pro Stunde erhöht.

In Paris und 13 französischen Provinzstädten wird mit der Ausstrahlung des Farbfernsehens begonnen, das mit dem sog. SECAM-System arbeitet.

Das Kernkraftwerk Lingen/Ems nimmt den Probebetrieb auf. Der für 270 Millionen DM gebaute Reaktor wird erst am 1. September 1968 seine volle Leistung von 250 000 kW erreichen. Es ist damit das zweitgrößte bundesdeutsche Kernkraftwerk nach Grundremmingen.

2. Oktober, Montag

Der Deutsche Bundestag nimmt nach dreimonatiger Sommerpause seine Arbeit wieder auf.

Die von der Bundesregierung berufene Kommission, die seit Dezember 1964 die Wettbewerbsgleichheit von Presse, Funk/Fernsehen und Film untersuchte, legt ihren 242 Seiten umfassenden Bericht vor, in dem sie sich gegen ein Verlegerfernsehen ausspricht. →S. 168

Die Generalkonferenz der Internationalen Atomenergie Organisation (IAEO) wird in Wien beendet. Auf der Tagung, die am 26. September zusammentrat, wurde die Anwendung der IAEO-Sicherheitskontrollen bei einem Vertrag über die Nichtverbreitung von Kernwaffen erörtert.

Nach drei Jahren kommt es im Südwesten und Westen Frankreichs wieder zu schweren Auseinandersetzungen zwischen der Polizei und demonstrierenden Bauern, die gegen zu niedrige Agrarpreise protestieren. →S. 164

Die pfälzischen Bauern vernichten 200 000 Köpfe Blumenkohl, da das Gemüse selbst zu einem Stückpreis von 10 Pfennig nicht mehr zu verkaufen ist (→31. 8./S. 131).

3. Oktober, Dienstag

Die Außenminister von neun europäischen Ländern, darunter auch Bulgarien, Jugoslawien und Rumänien, erörtern auf einer Konferenz in New York die Zusammenarbeit in Europa ungeachtet der politischen Systeme in den einzelnen Ländern.

Mehr als eine Milliarde DM haben die Arbeitsämter im Bundesgebiet einschließlich Berlin (West) in den letzten zwölf Monaten ausgezahlt. Der Aufwand für diese Leistung hat sich damit gegenüber dem vergleichbaren Vorjahreszeitraum verdreifacht. Durchschnittlich erhielt jeder Berechtigte zwölf Wochen lang je 78,40 DM Arbeitslosengeld. →S. 167

Eine Repräsentativerhebung in US-amerikanischen Militärlagern in Vietnam ergibt, daß 86% der dort stationierten Soldaten täglich Marihuana rauchen, um der Wirklichkeit des Krieges zu entfliehen.

4. Oktober, Mittwoch

Die regierende Demokratische-Republikanische Partei Südkoreas eröffnet die Parlamentssession ohne darauf zu warten, daß die Neue Demokratische Partei ihren Parlamentsboykott aufgibt; diese wirft der Regierungspartei Wahlfälschung vor.

Ein Zusammenstoß von drei Zügen fordert in der Nähe von Lüttich zehn Todesopfer.

5. Oktober, Donnerstag

Die in der kongolesischen Ostprovinz befindlichen, aufständischen Söldner unter Oberst Jean Schramme erklären sich bereit, den Kongo zu verlassen (→4. 11./S. 185).

In einer Botschaft zum jüdischen Neujahrsfest, das heute und morgen gefeiert wird, bewertet der Zentralrat der Juden in Deutschland die Berichterstattung der Medien über jüdische Aktivitäten in der Bundesrepublik als sehr ausgewogen.

An Unterernährung stirbt eine 18jährige Schwedin aus Halmstad. Sie hatte Anfang des Jahres beschlossen, so lange abzumagern, bis sie die Figur des extrem schlanken Mannequins Twiggy erreicht hätte.

6. Oktober, Freitag

Frankreich überführt sein in Lahr stationiertes taktisches Luftkommando nach Metz und übergibt der kanadischen Luftwaffe die Einrichtung. Damit ist die Verlegung oder Auflösung der im Bundesgebiet stationierten französischen Luftbasen abgeschlossen.

7. Oktober, Sonnabend

»Die Zimmerschlacht« von Martin Walser in einer Inszenierung von Fritz Kortner wird in München an den Kammerspielen uraufgeführt.

Die Bundesrepublik gewinnt das Fußball-Länderspiel gegen Jugoslawien in Hamburg 3:1. →S. 175

8. Oktober, Sonntag

Die griechische Militärregierung hebt die Freiheitsbeschränkung für den ehemaligen Ministerpräsidenten Jeorjios Papandreu und weitere acht Abgeordnete auf. Die Politiker mußten sich zu politischer »Abstinenz« verpflichten.

Die Gruppe 47 trifft sich zu ihrer diesjährigen Tagung in der Fränkischen Schweiz. Die rund 80 Schriftsteller unterzeichnen eine Resolution gegen den Verleger Axel Springer. →S. 173

Der Schlagersänger Roy Black nimmt in der Essener Gruga-Halle den von Radio Luxemburg gestifteten »Goldenen Löwen« für sein Lied »Frag' nur Dein Herz« entgegen.

9. Oktober, Montag

Der kubanische Revolutionär Ernesto »Che« Guevara Serna wird in einem Gefecht mit der bolivianischen Armee getötet. →S. 160

Die ersten Prototypen des deutsch-US-amerikanischen Kampfpanzers 70 werden in Washington und Augsburg gleichzeitig der Öffentlichkeit vorgestellt. Der Panzer kann wahlweise mit einer Hochleistungskanone oder einer Kombination aus Flugkörpern und Granaten bestückt werden.

In Großbritannien tritt eine neue Bestimmung in Kraft, nach der sich Autofahrer strafbar machen, wenn sie mit mehr als 0,8 Promille Alkohol fahren. →S. 169

Das Schauspiel »Die Soldaten« von Rolf Hochhuth wird in einer Inszenierung von Hans Schweikart an der Freien Volksbühne in Berlin (West) uraufgeführt.

10. Oktober, Dienstag

In Spanien gehen die seit dem 28. September dauernden Wahlen zur Neubestellung der Cortes, des spanischen Parlaments, zu Ende.

Die Sowjetunion gibt die Verkürzung der allgemeinen Wehrpflicht um ein Jahr bekannt.

Der Generalsekretär der Vereinten Nationen (UN) Sithu U Thant übermittelt der UN-Vollversammlung in New York einen Bericht über die Folgen der Anwendung von Nuklearwaffen. →S. 167

Ein Waggon mit Bodenseeäpfeln kommt in Bonn für Ernährungsminister Hermann Höcherl an. Die Obstbauern machen darauf aufmerksam, daß als Folge der guten Ernte die Obstpreise den tiefsten Stand seit 1945 erreicht haben. →S. 171

11. Oktober, Mittwoch

Die finnische Regierung beschließt die Abwertung der Finnmark um 30%, sowie einen unmittelbar wirkenden Preisstopp. Die ungünstige Handelsbilanz und die schwachen Währungsreserven des Landes veranlassen die Regierung zu diesen Maßnahmen.

12. Oktober, Donnerstag

Die Sowjetunion antwortet Bundesaußenminister Willy Brandt auf einen informellen 14-Punkte-Vorschlag der Bundesregierung zu Gesprächen über europäische Sicherheit und Truppenabbau. Die Sowjetunion zeigt sich an Gewaltverzichtserklärungen nur dann interessiert, wenn die DDR vollgültiger Partner ist.

US-Außenminister Dean Rusk begründet vor Journalisten in Washington das Engagement der Vereinigten Staaten in Asien u. a. mit der Bedrohung der Völker durch China.

Der Schweizer Tierschutzverband und der Verband der Schweizerischen Pelzindustrie vereinbaren, daß der Schweizer Kürschner auf die Verarbeitung der Felle von jungen Robben (White Coals) aus Kanada verzichten.

13. Oktober, Freitag

Bundesaußenminister Willy Brandt gibt vor dem Deutschen Bundestag in Bonn eine Regierungserklärung ab, in der er für bessere Beziehungen zu Osteuropa plädiert, die Anerkennung der DDR jedoch ablehnt. →S. 166

Der Bundeskongreß der Deutschen Angestellten-Gewerkschaft (DAG) in Berlin (West) verabschiedet mit überwältigender Mehrheit seine Entschließung, in der die geplanten Notstandsgesetze scharf kritisiert werden (→9. 11./S. 180).

Der ungarische Ministerrat beschließt eine Verordnung, daß Staatsbürger bei Naturkatastrophen oder anderen Gefahren für die Interessen des Landes zwangsverpflichtet werden können.

Der belgische Spielfilm »Der Start« von Jerzy Skolimowski mit Jean-Pierre Léaud läuft in den bundesdeutschen Kinos an. Der Film erhält bei den Filmfestspielen in Berlin (West) den »Goldenen Bären«.

14. Oktober, Sonnabend

In Bulgarien schließen sich die Zentralgewerkschaft der Genossenschaften und die Gewerkschaft der Genossenschaftsfarmen zu einer Einheitsgewerkschaft zusammen.

391 Filme aus 26 Ländern sind auf der 16. Internationalen Mannheimer Filmwoche gezeigt worden, die am 9. Oktober begann.

Die größte sowjetische Ausstellung in der Bundesrepublik mit dem Titel »50 Jahre Sowjetstaat« wird in Hamburg eröffnet. Sie wird als Wanderausstellung jeweils noch einen Monat in Köln und München gezeigt werden.

15. Oktober, Sonntag

Von heute ab bis zum 30. April 1968 darf auf bundesdeutschen Straßen mit Spikes-Reifen gefahren werden. Dies gilt für Personenwagen und Fahrzeuge mit einem Gesamtgewicht bis zu 2,8 t. →S. 169

Die wegen Spionage für die Sowjetunion am 13. Oktober verhaftete Sekretärin Leonore Sütterlein erhängt sich in ihrer Zelle des Kölner Untersuchungsgefängnisses. →S. 167

Die Tageszeitung »Die Welt« beschäftigt sich am 27. Oktober 1967 mit Europapolitik und ökumenischen Bestrebungen

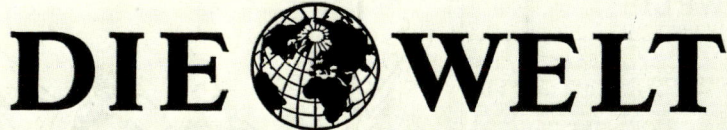

Die Bundesrepublik – auf dem Weltmarkt ein Zwerg (Wirtschaft)

Monatsabonnement 6,00 D-Mark zuzüglich 1,60 D-Mark anteilige Zustell- und Versandgebühren bei Zustellung durch die Post oder durch Träger. Auslandsabonnement 15,00 D-Mark einschließlich Porto. Der Preis des Luftpostabonnements wird auf Anfrage mitgeteilt. Die Abonnementsgebühren sind im voraus zahlbar.

DIE WELT

UNABHÄNGIGE TAGESZEITUNG FÜR DEUTSCHLAND

Verlag DIE WELT, 43 Essen, Sachsenstraße 36, Tel. 24 21, FS 085 73 41, 2 Hamburg 36, Kaiser-Wilhelm-Straße 1, Tel. 04 11/34 10 10, FS 021 11 49, 1 Berlin 61, Kochstraße 50, Telefon 03 11/61 08 1, FS 018 67 99, 6 Frankfurt (Main), Frankenallee 71—81, Telefon 06 11/23 38 85, FS 041 24 49. Gültige Anzeigenpreisliste: Nr. 36 vom 1. Januar 1967.

Freitag, 27. Oktober 1967 Ausgabe D* I H 7109 A Nr. 251 · Preis 40 Pf

Bonn befürchtet Krise in der EWG Kanzler äußert sich sehr besorgt

Ernste Warnung Brandts vor einem Nein zu Englands Beitritt

Von unserem Korrespondenten

Schr. **Bonn, 26. Oktober**

Bundeskanzler Kurt Georg Kiesinger und Außenminister Willy Brandt befürchten im Zusammenhang mit dem britischen EWG-Beitrittsantrag eine ernsthafte Krise innerhalb der Europäischen Wirtschaftsgemeinschaft. Das wurde am Donnerstag im Bundestag deutlich, als Kiesinger und Brandt über die letzten Verhandlungen in London und Luxemburg berichteten. Der Kanzler sagte offen, daß ihm die Haltung Frankreichs zu dem britischen Beitrittsgesuch Sorge mache.

Nach Ansicht des Außenministers würde ein Scheitern der Bemühungen um die Erweiterung der EWG nicht nur „tiefe Enttäuschung" auslösen, sondern auch die weitere Entwicklung der Europäischen Wirtschaftsgemeinschaft „ernstlich beeinträchtigen". Brandt sagte, Bonn hoffe, „eine Krise in der EWG vermeiden helfen zu können".

Kiesinger betonte ausdrücklich, er lehne es ab, „Dramatisierungen mitzumachen", machte aber zugleich klar, daß er die Lage als verwickelt ansehe. „Wir müssen jetzt mit allem Nachdruck und aller Klugheit unseren Gesichtspunkt unter den Sechs zur Geltung bringen." Dabei müsse die Bundesregierung besonders darauf bedacht sein, „keine Krise auszulösen und unsere Beziehungen zu Frankreich nicht zu stören." Er habe den britischen Premierminister Harold Wilson nicht darüber im Zweifel gelassen, daß die Bundesregierung den Beitritt Großbritanniens „auch im Hinblick auf die zu erstrebende politische Union" wolle. Kiesinger sprach die Überzeugung aus, daß der französische Widerstand gegen die Aufnahme Englands und anderer Staaten in die EWG auf die Dauer sinnlos sei; die öffentliche Meinung fordere diesen Schritt.

Während der zweistündigen Debatte, die auf Drängen der Freien Demokraten zustande gekommen war, wurde zwischen Regierung und Opposition mit in der Sache entschiedenen, in der Form maßvollen Worten vor allem über die Frage diskutiert, ob die Bundesregierung wirklich alles tue, um England die Tür zur EWG zu öffnen.

Der FDP-Fraktionsvorsitzende Knut von Kühlmann-Stumm hatte als erster Oppositionssprecher seine Unzufriedenheit mit dem bisherigen Verlauf der Verhandlungen bekundet. Er sagte: „Es ist an der Zeit, die verschwommene deutsche Politik aufzugeben. Wir müssen Frankreich ganz deutlich machen, daß wir kein Verständnis für Verzögerungstaktik haben." Der FDP-Vorsitzende Erich Mende warf dem Kanzler vor, er wolle die Opposition lächerlich machen, indem er von einer „Pflichtübung" gesprochen habe. Das erinnere an Adenauer.

Außenminister Brandt bezeichnete Zweifel daran, daß die Bundesregierung an dem Kurs ihrer Europapolitik festhalte, als nicht berechtigt: „Wir sind für die Erweiterung der EWG. Wir bemühen uns nachdrücklich um diese Erweiterung, ohne daß sie das Bestehende unnötig gefährdet." Brandt meinte, der FDP-Fraktionsvorsitzende sei in offene Türen hineingelaufen. Eine Abweisung demokratischer Staaten, die sich um den Beitritt zur EWG bemühten, stehe im Widerspruch zu den Römischen Verträgen. Deutsche Argumente über die Bedeutung des britischen Beitritts seien deutlich vorgebracht worden.

(Fortsetzung Seite 6, Spalte 6)

Historischer Bruderkuß auf den Stufen von St. Peter

Mehrmals umarmten sich Papst Paul VI. und der Ehrenprimas der orthodoxen Kirchen, Patriarch Athenagoras I., unter dem Jubel der Gläubigen

Foto: AP-fotofax

Begegnung am Petrusgrab

Papst und Patriarch Athenagoras wollen Einheit der Kirchen

Von unserem Korrespondenten

F. M. **Rom, 26. Oktober**

Papst Paul VI. und der Ehrenprimas der orthodoxen Kirchen, Patriarch Athenagoras I., haben am Donnerstag ein Symbol für die christliche Wiedervereinigung gesetzt: Im römischen Petersdom, am Grabe des Apostels Petrus, tauschten sie den Bruderkuß.

Athenagoras ist der erste ökumenische Patriarch seit mehr als fünfhundert Jahren, der den Vatikan betreten hat. Mit dem direkten Dialog zwischen dem Papst und dem Patriarchen am Grabe des Apostels erlebte Rom eine eindrucksvolle Demonstration der Aussöhnung unter den Kirchen.

„Die Märtyrer des Colosseums verpflichten uns, alle Mittel und Wege zu nutzen, um das begonnene heilige Werk, die Union der geteilten Kirche Christi, zu vollenden." Mit diesen stürmisch applaudierten Worten drängte der ökumenische Patriarch von Konstantinopel im römischen Petersdom zur Intensivierung der Wiedervereinigungsbemühungen unter den Christen in aller Welt. Papst Paul VI. antwortete ihm mit der Versicherung: „In der Hoffnung, die größer ist als jedes Hindernis, werden wir im Namen des Herrn voranschreiten."

Diese Demonstration der Aussöhnung unter den christlichen Konfessionen unterstrich das, was Athenagoras unter dem lang anhaltenden Jubel der die Peterskirche füllenden katholischen Gläubigen feststellte: „Das, was uns eint, ist viel stärker als das, was uns trennt."

Der Patriarch, der als Ehrenprimas der Orthodoxie die Gläubigen der Ostkirchen repräsentiert, traf am Donnerstagmorgen, von Zürich kommend, auf dem römischen Flugplatz Fiumichino ein. Er wurde dort vom Dekan des Heiligen Kollegiums, Kardinal Tisserant, und vom Kardinalstaatssekretär Cicognani begrüßt. Sie geleiteten ihn in den Vatikan, wo Athenagoras als persönlicher Gast des Papstes im Johannesturm wohnt.

(Fortsetzung Seite 4, Spalte 6)

Vollendeter Landesverrat im Fall Porst?

Angeblich jahrelang Ostkontakte

Von unseren Korrespondenten

Sei/St. **Karlsruhe/Bonn, 26. Oktober**

Der unter Spionageverdacht verhaftete Nürnberger Fotogroßhändler Hannsheinz Porst und sein festgenommener Angestellter Alfred Pilny sollen schon seit vielen Jahren landesverräterische Beziehungen zum sowjetzonalen Ministerium für Staatssicherheit unterhalten haben.

Das teilte Generalbundesanwalt Ludwig Martin am Donnerstag mit. Er ließ offen, ob Porst und Pilny auf Grund von Angaben verhaftet worden sind, die von dem Sowjetspion Eugen Runge gemacht worden sind. Ebensowenig bestätigte Martin einen Zusammenhang zwischen dem Nürnberger Fall und der Festnahme eines Polizeibeamten in Westberlin. Er sagte nur: „Ich habe nicht gesagt, daß keiner der beiden Fälle mit Runge zusammenhängt." In Bonn heißt es, daß kein Zusammenhang bestehe.

In dem Haftbefehl wird Porst eines Verbrechens nach Paragraph 100e des Strafgesetzbuches (landesverräterischer Nachrichtendienst) beschuldigt. Aus den Worten Martins kann entnommen werden, daß eine Ausdehnung der Anklage auf vollendeten Landesverrat nicht ausgeschlossen ist. Martin sagte, im Falle Porst habe er sorgfältig abgewogen, welche Folgen die Verhaftung für die Reputation des Unternehmens haben könnte. Aber auch ein Mann wie Porst dürfe nicht anders behandelt werden als jeder andere Bürger, gegen den der gleiche Verdacht bestehe.

Einen Antrag auf Eröffnung der Voruntersuchung wegen landesverräterischer Beziehungen hat Martin gegen den 62jährigen Walther Schneider aus Murnau in Oberbayern gestellt.

Seite 3: Verblüffung und Skepsis

Jüdische Organisation soll Hilfe in Polen einstellen

Genf, 26. Oktober (dpa)

Die jüdische Hilfsorganisation „American Joint Distribution Committee" ist von der polnischen Regierung aufgefordert worden, ihre Unterstützung alter und kranker Juden in Polen Ende dieses Jahres einzustellen. Das wurde in Genf bekannt, wo die Organisation ihren außeramerikanischen Verwaltungssitz hat. Für 20 000 in Polen lebende Juden, von denen die Hälfte über 50 Jahre alt ist, wurden 1967 500 000 Dollar (zwei Millionen Mark) zur Verfügung gestellt.

Venenleiden werden zur Volkskrankheit

Essen, 26. Oktober (dpa)

Venenleiden, vor allem Krampfadern und Venenentzündungen, sind in den letzten Jahren in der Bundesrepublik zur Volkskrankheit geworden. Der Essener Mediziner Prof. Norbert Klüken erklärte am Donnerstag zur Eröffnung eines Ärztekongresses in Essen, etwa 15 Prozent der Bevölkerung leiden an diesen Erkrankungen.

An dem dreitägigen Kongreß, bei dem Fragen der Gefäß- und Venenerkrankungen behandelt werden, nehmen etwa 1000 Ärzte und Wissenschaftler aus 20 Ländern teil.

London: Rauschgiftsucht nimmt rapide zu

London, 26. Oktober (dpa)

Die Anzahl der Rauschgiftsüchtigen in Großbritannien hat sich innerhalb von fünf Jahren, in der Zeit von 1961 bis 1966, verdreifacht, die Verbreitung der Heroin-Rauschgiftsucht sogar versiebenfacht.

Im Jahre 1984 werden wahrscheinlich eine Million Rauschgiftsüchtige in Großbritannien zu verzeichnen sein. Diese Fakten enthält ein Bericht, den eine unabhängige Forschungsorganisation, das „Office of Health Economics" (Büro für Gesundheitswirtschaft), am Donnerstag in London veröffentlichte.

Berittene Polizei gegen Studenten

Bei Demonstration in Madrid

Madrid, 26. Oktober (UPI)

Auf dem Gelände der Madrider Universität ist es am Donnerstag zu einem schweren Zusammenstoß zwischen Polizei und Studenten gekommen, die mit einem Marsch zum Erziehungsministerium gegen die Regierung demonstrieren wollten.

Als die Spitze des Protestzuges das Universitätsgelände verließ, preschte eine Gruppe berittener Polizei in vollem Galopp in die Studenten. Die Polizisten waren mit Peitschen ausgerüstet. Ein Teil der etwa 3000 Studenten zog sich steinewerfend in die Fakultätsgebäude zurück. Andere liefen, von Polizisten verfolgt, in die Stadt, wo sie den Verkehr vorübergehend blockierten. Bei der Zerstreuung der Demonstranten setzte die Polizei erstmals Hunde ein.

Chagall schenkt dem Louvre die „Biblische Botschaft"

Paris, 26. Oktober (UPI)

Der französische Maler Marc Chagall hat eines seiner Meisterwerke, „Die biblische Botschaft", dem Louvre gestiftet. Staatspräsident Charles de Gaulle ließ es sich nicht nehmen, das Werk am Donnerstag selber entgegenzunehmen. Anschließend besichtigten de Gaulle und Chagall einen Teil der im Louvre untergebrachten Kunstschätze. Der in Rußland geborene Chagall interpretierte dem Staatspräsidenten seine Ansicht über die Werke.

Neue Runde im Metall-Konflikt

Schleyer ist optimistisch

Von unserem Korrespondenten

uhl. **Stuttgart, 26. Oktober**

„Die Vorarbeit, die bei den zwanzigstündigen Verhandlungen bei Minister Schiller in Bonn geleistet wurde, berechtigt mich zu der Hoffnung, daß wir auch hier zu einem guten Ergebnis kommen werden." Das sagte der Vorsitzende des Verbands Württemberg-Badischer Metallindustrieller, Hanns-Martin Schleyer, am Donnerstag der WELT, bevor sich die Tür des Konferenzraums schloß. Die Beratungen in Stuttgart dauerten bis in die Nacht.

Völlig unerwartet drohten abends gegen 22.00 Uhr die Verhandlungen zu scheitern: Willi Bleicher, der Bezirksleiter der IG Metall, weigerte sich, weiter zu beraten. Er hatte soeben erfahren, daß eine Maschinenfabrik in Oberkochen eine einstweilige Verfügung gegen die Arbeitnehmer erwirkt hatte, die wegen der Entlassung eines Betriebsratsmitglieds die Arbeit verweigerten.

Bestürzung herrschte in den Konferenzräumen. Sollte die Einigung für 400 000 Metallarbeiter an dem Streit in einer einzigen Firma scheitern? Die Arbeitgeber telefonierten mit Oberkochen, beschworen den Firmeninhaber, die Maßnahme gegen die „wild" Streikenden zurückzunehmen — zu spät. Bleicher, überzeugt, daß die Gegenseite den Streit bedauerte und schlichten werde, fand sich schließlich doch bereit, weiter zu verhandeln.

Seite 6: Tarifpartner

Kairo: Israelische Flugzeuge über Suez

Kairo/London, 26. Oktober (dpa-UPI)

Israelische Flugzeuge sollen nach ägyptischer Darstellung am Donnerstag zweimal den Luftraum von Suez verletzt, jedoch von der Luftabwehr vertrieben worden sein. Für die Stadt wurde Fliegeralarm gegeben.

Der Brand in den beiden am Dienstag von israelischer Artillerie beschossenen Ölraffinerien in Suez wurde am Donnerstag unter Kontrolle gebracht. Nach Angaben des Gouverneurs der Stadt sind die Produktionsanlagen lediglich einer der beiden Raffinerien leicht beschädigt worden. Allerdings sollen 37 Öltanks in Flammen gestanden haben.

Der sowjetische Generalstabschef Marschall Sacharow ist nach viertägigem Aufenthalt in Ägypten in die Sowjetunion zurückgeflogen. Zu ihrem angekündigten Freundschaftsbesuch werden nach Mitteilung der Kairoer Zeitung „Al Ahram" drei große sowjetische Kriegsschiffe am Freitag in Port Said, weitere Einheiten in Alexandria eintreffen. Am Donnerstag verließen sowjetische Kriegsschiffe den jugoslawischen Hafen Split mit unbekanntem Ziel.

Großbritannien bemüht sich nach den Worten Premierminister Wilsons „direkt" um die Wiederöffnung des Suezkanals für alle seefahrenden Nationen, darunter auch Israel. Die Schließung koste England 20 Millionen Pfund (224 Millionen DM) im Monat.

Seite 4: Alle Verletzungen verurteilt

Schütz wirbt um Vertrauen für Berlin

Regierungserklärung vor dem Abgeordnetenhaus

Von unserem Korrespondenten

v. C. **Berlin, 26. Oktober**

Frei von Unsicherheit und Zweideutigkeiten ist der Senat nach den Worten des Regierenden Bürgermeisters Klaus Schütz entschlossen, das Vertrauen in Berlin und zu Berlin wiederherzustellen.

In seiner Regierungserklärung vor dem Abgeordnetenhaus nannte Schütz am Donnerstag drei Schwerpunkte seiner künftigen Arbeit: die Sicherung der wirtschaftlichen Stabilität, die Erhaltung der Zugehörigkeit Berlins zum Bund unter alliierter Verantwortung sowie das Vertrauen zwischen der Bevölkerung einschließlich der Studentenschaft und der politischen Führung wieder zu festigen.

Es gebe viele Menschen, die Unsicherheit in die wirtschaftliche Zukunft und über den politischen Standort Berlins empfänden, verbunden mit einem Vertrauensschwund „gegenüber jeder politischen Führung", sagte Schütz. Niemand im Abgeordnetenhaus dürfe meinen, er persönlich oder seine Partei sei davon verschont geblieben.

„Bei den Berlinern ist die Bereitschaft nach wie vor da, neues Vertrauen zu geben — Vertrauen und nochmals Vertrauen ist eine der wichtigsten, wenn nicht die wichtigste Grundlage unserer Arbeit", betonte der Regierende Bürgermeister. „Wir müssen es neu erwerben. Darum geht es jetzt."

(Fortsetzung Seite 6, Spalten 2 und 3)

Lübke gratuliert dem Kaiserpaar

Nachrichtendienst der WELT

Teheran, 26. Oktober

„Ich habe keinen anderen Wunsch als den, die Unabhängigkeit meines Landes zu wahren und den Iran zu einem der fortschrittlichsten Länder der Welt zu machen. Für dieses Ziel werde ich nicht zögern, mein Leben einzusetzen." Das sagte Mohammed Reza Pahlevi in einer kurzen Ansprache, nachdem er sich am Donnerstag im Golestan-Palast zu Teheran zum Kaiser gekrönt und dann seiner 29 Jahre alten Frau Farah die Krone aufs Haupt gesetzt hatte.

Der Schah krönte sich an seinem 48. Geburtstag, 26 Jahre nach der Thronbesteigung. Kaiserin Farah ist in der Geschichte der persischen Monarchie die erste Frau, die gekrönt wurde.

Bundespräsident Heinrich Lübke übersandte dem Kaiserpaar Glückwünsche: „Deutschland blickt an diesem Tage im Geiste der freundschaftlichen Beziehungen zwischen unseren Völkern auf Ihr Land, das unter der Führung Eurer Kaiserlichen Majestät große Leistungen vollbracht hat und einen angesehenen Platz in der Welt einnimmt."

Das Geschenk der Bundesrepublik ist ein bis ins Detail ausgearbeitetes Modell einer Rekonstruktion der historischen Kaiserstadt Persepolis.

Seite 22: Sieben Tage

Schauer sind zu erwarten

Nachrichtendienst der WELT

Essen, 26. Oktober

Das Wetter wird an diesem Samstag vor allem im Norden und Westen der Bundesrepublik veränderlich sein; dort sind bei wechselnder Bewölkung Schauer zu erwarten. Für den Süden dagegen lautet die Prognose: heiter bis wolkig und nur vereinzelt Schauer. Die Temperaturen im Norden und Westen 12 bis 15 Grad, im Süden um 15 Grad.

Seite 7: Die Wetterlage

Der Schah krönt die Kaiserin

Faxfoto: DIE WELT / UPI

„Großunternehmen auch in der Presse notwendig"

Nachrichtendienst der WELT

Hamburg, 26. Oktober

Alle Gründe sprächen dafür, daß es auch in der deutschen Presse zu größeren Unternehmensgebilden kommen müsse, weil anders die große „technische Revolution" bei den Tageszeitungen nicht bewältigt werden könne. Diese Ansicht vertrat der Verleger Axel Springer am Donnerstag vor dem Übersee-Club in Hamburg.

Als erster deutscher Verlag habe sich das Haus Springer dem allgemeinen Trend zu wirtschaftlichen Großformationen angeschlossen. „Tun wir das nicht, werden es ausländische Unternehmen tun, die heute schon mit Macht auf den deutschen Markt drängen", sagte Springer. Dafür gebe es Beispiele.

In vielen Bereichen werde eine Entwicklung zu Großgebilden im übrigen seit langem als notwendig angesehen.

Seite 5: Legitime Ziele

Berlin-Flüge nach Kürzung der Subventionen teurer?

Bonn, 26. Oktober (UPI)

Die Bundesregierung will demnächst mit dem Berliner Senat darüber verhandeln, ob durch die Kürzung der Bundeszuschüsse für Berlin-Flüge um 50 Prozent die Flugpreise steigen müssen. Das erklärte Staatssekretär Albert Leicht am Donnerstag in der Fragestunde des Bundestages.

Aktien kräftig erholt

Nachrichtendienst der WELT

Düsseldorf, 26. Oktober

Die Hoffnung, daß die Auseinandersetzung in der Metallindustrie bald ein Ende finden würde, hat an den Aktienmärkten befreiend gewirkt. Unter Führung der internationalen Papiere des Farben- und Elektromarktes kam es auf fast allen Bereichen zu kräftigen Erholungen, die vielfach bis zu fünf Punkte ausmachten.

Höhere Baupreise drohen im nächsten Jahr

Bonn, 26. Oktober (UPI)

Das Bauen wird im Laufe des nächsten Jahres voraussichtlich wieder teurer. Nach Ansicht der öffentlichen Bausparkassen im Deutschen Sparkassen- und Giroverband wird der heutige Preisrückgang im Wohnungsbau längstens bis zum Frühjahr 1968 anhalten. In den Großstädten seien nur noch wenige Grundstücke zu vertretbaren Preisen vorhanden. In Mittel- und Kleinstädten steige zwar das Angebot an Grundstücken bei fallenden Preisen, aber die Finanzschwäche dieser Städte gestatte meist keine ausreichende Erschließung des Baulandes.

Die Bauträgergesellschaften der öffentlichen Bausparkassen erwarteten zum Frühjahr wegen der Mehrwertsteuer, der Lohnerhöhungen im Baugewerbe und der besseren Auftragslage im Baugewerbe einen Preisanstieg zwischen drei und fünf Prozent.

In dieser Ausgabe

Oktober 1967

Aufgrund einer Einladung des Deutschen Gewerkschaftsbundes (DGB) gastiert das Berliner Ensemble erstmals mit Bertolt Brechts »Der aufhaltsame Aufstieg des Arturo Ui« in Berlin (West).

16. Oktober, Montag

In Brüssel findet die feierliche Einrichtung des neuen politischen Hauptquartiers des Nordatlantikpakts (NATO) statt. →S. 165

Eine Feierschicht müssen in dieser Woche 20100 Ruhrbergleute einlegen. Auf zwölf Schachtanlagen an der Ruhr wird an jeweils einem Tag die Förderung ruhen.

17. Oktober, Dienstag

Bundesaußenminister Willy Brandt kehrt von einem zweitägigen Besuch aus Paris zurück.

In Frankfurt am Main endet die 19. Internationale Buchmesse. Auf dem größten Literaturmarkt der Welt stellten seit dem 12. Oktober 2871 Verlage ihre Neuerscheinungen vor. →S. 174

Die US-amerikanische Folk- und Protestsängerin Joan Baez wird zusammen mit 34 anderen Personen in Oakland festgenommen. Die Sängerin hat mit 800 Wehrdienstverweigerern vor dem Einberufungszentrum der US-Armee gegen den Vietnamkrieg demonstriert.

18. Oktober, Mittwoch

Die sowjetische Raumsonde »Venus 4«, die am 12. Juni gestartet wurde, landet auf der Venus. Eine am Fallschirm niedergehende Instrumentenkapsel übermittelt 94 Minuten lang bis zum Aufsetzen Informationen über Druck, Temperatur und Zusammensetzung des Planeten (→30. 10./S. 169).

Ein Herbststurm über Nord- und Westeuropa fordert 18 Todesopfer, darunter sieben in der Bundesrepublik Deutschland.

19. Oktober, Donnerstag

Klaus Schütz wird als Nachfolger von Heinrich Albertz als Regierender Bürgermeister von Berlin (West) vereidigt (→28. 9./S. 146).

Auf der in Addis Abeba tagenden Konferenz über Flüchtlingsprobleme in Afrika wird bekannt, daß die Zahl der Flüchtlinge in Afrika derzeit etwa 850 000 beträgt. →S. 16

Auf dem Platz der Revolution in Havanna nehmen 500 000 Kubaner Abschied von dem Guerillaführer Ernesto »Che« Guevara Serna. →S. 161

20. Oktober, Freitag

Das Bundeskabinett in Bonn verabschiedet Entwürfe von fünf Notstandsgesetzen (→9. 11./S. 180).

Wilde Streiks der britischen Eisenbahner und Dockarbeiter verursachen in London und Liverpool ein Verkehrschaos. →S. 164

Das Zweite Deutsche Fernsehen (ZDF) strahlt die erste Folge der neuen Sendereihe »XY . . . ungelöst« von und mit Eduard Zimmermann aus. Ein in der Sendung wegen Betrugs gesuchter Mann kann aufgrund von Zuschauerhinweisen noch in der gleichen Nacht verhaftet werden. →S. 175

21. Oktober, Sonnabend

Der israelische Zerstörer »Eilath« wird vor Port Said durch ägyptische Raketen versenkt. →S. 164

Zu einer der größten Protestkundgebungen gegen Zechenschließungen versammeln sich in Dortmund rund 10 000 Menschen. Sie demonstrieren gegen die geplante Schließung von zwei Schachtanlagen, von der etwa 5600 Bergarbeiter betroffen sind.

22. Oktober, Sonntag

Einen Rückschlag erleidet die Regierungspartei Österreichs, die Österreichische Volkspartei (ÖVP), bei den Landtagswahlen in Oberösterreich. →S. 164

Ein neuer Tarifvertrag mit dreijähriger Laufzeit beendet den über sechswöchigen Streik von 161000 Automobilarbeitern der US-amerikanischen Ford-Werke. →S. 169

Auf der Herbsttagung der Deutschen Akademie für Sprache und Dichtung in Darmstadt nimmt der Schriftsteller Heinrich Böll den Georg-Büchner-Preis entgegen. In seiner Ansprache nimmt der Preisträger engagiert Stellung zur bundesdeutschen Gegenwart. →S. 173

Rund 300 000 Gegner der US-amerikanischen Kriegspolitik in Ostasien demonstrieren in Städten der Vereinigten Staaten, Europas und Japans.

Der Neuseeländer Denis Hulme steht nach dem Grand Prix von Mexiko mit Brabham-Repco als Automobil-Weltmeister 1967 fest.

23. Oktober, Montag

Bundeskanzler Kurt Georg Kiesinger stattet Großbritannien einen zweitägigen Staatsbesuch ab. In Gesprächen mit dem britischen Premierminister Harold Wilson werden die Ostpolitik, der Atomsperrvertrag sowie der britische Wunsch, der Europäischen Gemeinschaft beizutreten, erörtert.

Der französische Staatspräsident Charles de Gaulle stattet in seiner Eigenschaft als Ko-Prinz von Andorra diesem Gebirgsland den ersten Besuch eines französischen Ko-Prinzen in der Geschichte ab. →S. 164

Laut Wirtschaftswetterwarte in Bad Kreuznach sind in diesem Sommer auf jeden m² der Bundesrepublik durchschnittlich 55 l Wasser gefallen, 55 mm mehr als normal.

24. Oktober, Dienstag

Bei einem schweren italienisch-ägyptischen Artillerieduell im Gebiet von Sues werden zwei ägyptische Erdölraffinerien in Brand gesetzt (→21. 10./S. 164).

Bei Gesprächen mit Tarifpartnern erreicht Bundeswirtschaftsminister Karl F. Schiller die Verschiebung des für 30. Oktober festgesetzten Streiks in der Metallindustrie und sichert die Bereitschaft zur Weiterverhandlung der Partner.

Der Regierende Bürgermeister von Berlin (West), Klaus Schütz, fordert den Bürgermeister von Berlin (Ost), Herbert Fechner, brieflich zu Gesprächen über dringende menschliche Probleme in der geteilten Stadt auf. Das Schreiben wird von Fechners Sekretariat zurückgesandt, da für Verhandlungen mit dem Berliner Senat die DDR-Regierung zuständig sei.

25. Oktober, Mittwoch

Laut einer Umfrage des Meinungsforschungsinstituts Gallup (Princeton) sind 46% der US-Bevölkerung gegen den Krieg in Vietnam. Damit hat sich die Zahl der Vietnamgegner seit 1965 fast verdoppelt.

In Wien demonstrieren rund 3000 Studenten vor dem Parlamentsgebäude gegen die niedrigen Staatsausgaben für Bildung und Forschung.

26. Oktober, Donnerstag

Schah Mohammad Resa Pahlawi krönt sich und seine Frau Farah Diba in der iranischen Hauptstadt Teheran. →S. 162

Großbritannien erkennt als erste Nuklearmacht den von 21 lateinamerikanischen Staaten unterzeichneten »Vertrag über das Verbot von Nuklearwaffen in Lateinamerika« an.

Der Rat der Europäischen Gemeinschaften (EG) in Brüssel beschließt eine neue Fixierung der gemeinsamen Preise für Getreide, Reis, Rind- und Schweinefleisch sowie für Zucker.

Österreich gedenkt erstmals mit Arbeitsruhe und offiziellen Gedenkstunden der Wiedererlangung seiner Unabhängigkeit vor zwölf Jahren. →S. 165

Patriarch Athenagoras I. von Konstantinopel trifft zu einem zweitägigen Besuch des Vatikans in Rom ein.

In Wittenberg in der DDR beginnen die offiziellen Festveranstaltungen zum 450jährigen Jubiläum der Reformation und der evangelischen Kirche (→31. 10./S. 168).

27. Oktober, Freitag

Einheiten der sowjetischen Flotte laufen in die ägyptischen Häfen Port Said und Alexandria ein.

Die Weltausstellung »Expo 67« in Montreal wird beendet. Sie ist von 50 Millionen Menschen besucht worden (→28. 4./S. 68).

28. Oktober, Sonnabend

US-Präsident Lyndon B. Johnson und der mexikanische Präsident Gustavo Díaz Ordaz unterzeichnen in El Paso ein Dokument über den Grenzverlauf zwischen beiden Staaten. Damit wird ein mehr als 100jähriger Streit zwischen Mexiko und den USA um 333 Hektar Land am Grenzfluß Rio Grande beigelegt. →S. 165

29. Oktober, Sonntag

Mit der bisher größten gemeinsamen Truppenparade von DDR- und sowjetischen Truppen auf dem Marx-Engels-Platz in Berlin (Ost) beginnen die Veranstaltungen zum 50. Jahrestag der russischen Oktoberrevolution. →S. 168

In der Schweiz finden Wahlen in den Nationalrat und in den Ständerat statt. Die Wahlbeteiligung liegt bei 65,9%. →S. 164

30. Oktober, Montag

In der bundesdeutschen Textilwirtschaft wurden in den letzten zwölf Monaten 100 000 Arbeitskräfte entlassen, nach Ansicht der Gewerkschaft Textil/Bekleidung je etwa die Hälfte aus Rationalisierungsgründen und als Folge der Konjunkturabschwächung.

Zwei unbemannte sowjetische Satelliten, »Kosmos 186« und »Kosmos 188«, werden erstmals in der Erdumlaufbahn durch Fernsteuerung zusammengeführt. →S. 169

Die erste Bischofssynode in der Geschichte der katholischen Kirche, die am 30. September in Rom zusammengetreten ist, wird im Vatikan beendet. →S. 171

31. Oktober, Dienstag

Die protestantische Christenheit begeht den 450. Jahrestag der Reformation. →S. 168

Der 25jährige »Rolling-Stones«-Gitarrist Brian Jones wird von einem Londoner Gericht wegen unerlaubten Rauschgiftbesitzes zu neun Monaten Gefängnis verurteilt. →S. 174

Gestorben:

7. London: Norman Lane Angell (*26. 12. 1874, Holbeach/Lincolnshire), britischer Publizist und Schriftsteller.

8. London: Clement Richard Attlee (*3. 1. 1883, London), britischer Labour-Politiker.

9. Bolivien: Ernesto Guevara Serna, genannt Che Guevara (*14. 6. 1928, Rosario/Argentinien), kubanischer Politiker und Revolutionär. →S. 160

9. Neuilly-Sur-Seine: André Maurois (eigentl. Emile Herzog, *26. 7. 1885, Elbeuf/Seine-Maritime), französischer Schriftsteller.

14. Paris: Marcel Aymé (*29. 3. 1902, Joigny/Yonne), französischer Erzähler, Dramatiker, Humorist und Satiriker.

17. Peking: Pu Yi (P'u, *11. 2. 1906), Kaiser von China 1908 bis 1911.

*Der »Stern« vom
29. Oktober 1967
mit einem Bericht
über den Bundes-
bahn-Erpresser
»Roy Clark«*

HEFT Nr. 44 HAMBURG, 29. OKTOBER 1967 · 1,– DM · AUSGABE F: C 8041 C

stern

Sternreport:

Deutschland
deine
Krankenhäuser

Die Jagd
auf den
Attentäter
Roy
Clark

Sind Welterfolge
wiederholbar?
France Anglade
als Caroline Chérie

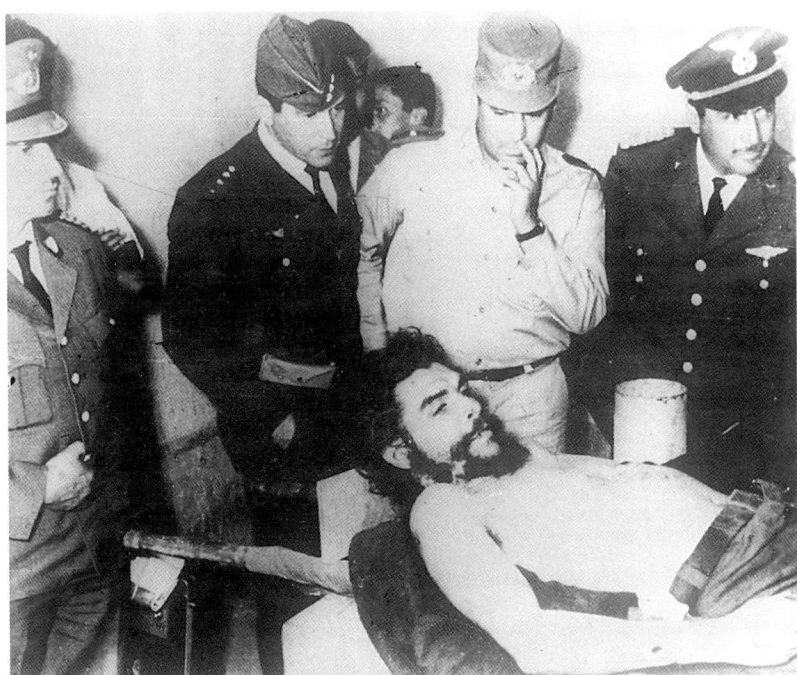

In dem kleinen bolivianischen Ort Vallegrande wird der Leichnam von Ernesto »Che« Guevara Serna Journalisten zur Identifikation vorgeführt

Guevara als Industrieminister von Kuba am 24. 8. 1961 vor der Konferenz der Organisation Amerikanischer Staaten in Punta del Este

Ernesto »Che« Guevara erschossen

Der Weg von »Che« Guevara

9. Oktober. In einem Gefecht zwischen bolivianischen Regierungstruppen und Rebellen wird der 39jährige kubanische Guerilla-Kämpfer Ernesto »Che« Guevara Serna getötet.

Die Umstände seines Todes bleiben mysteriös. Sein Leichnam, der erst am nächsten Tag in dem kleinen Ort Vallegrande Journalisten zur Identifikation vorgeführt wird, ist an Hals, Brust und Lenden von Kugeln durchbohrt, die Beine von einer Maschinengewehrsalve fast vom Rumpf getrennt. Ein bolivianischer Armeeoffizier gibt vor den Reportern die offizielle Version wieder, nach der die tödlichen Kugeln im Kampf abgegeben worden sind. Guevaras letzte Worte seien gewesen: »Ich bin Che, und ich bin gescheitert.« Eine andere Version besagt, Guevara sei zunächst nur gefangengenommen und erst 24 Stunden später von bolivianischen Soldaten erschossen worden.

Guevara ist eine der umstrittensten, bedeutendsten und schillerndsten Persönlichkeiten, die Lateinamerika in diesem Jahrhundert hervorgebracht hat. Der ehemalige Stellvertreter von Kubas Ministerpräsident Fidel Castro lenkte seit März 1965 die Guerilla-Bewegung in Lateinamerika. Er wollte »zwei, drei, viele Vietnams« schaffen, um die Macht der Vereinigten Staaten zu brechen. Schon viermal zuvor war Guevara totgesagt worden.

Ernesto »Che« Guevara, Architektensohn und promovierter Arzt, flüchtete 1953 vor dem Dienst in der argentinischen Armee des Diktators Juan Perón nach Bolivien. In Mexiko lernte er 1955 Fidel Castro kennen, mit dem er gemeinsam 1956 als Guerilla-Führer in Kuba revoltierte. 1965 verließ er Kuba und ging nach Bolivien.

Mit Castro (l.) siegte Guevara in Kuba; er wurde Präsident der Nationalbank, dann Industrieminister

Maiparade in Havanna: Schon zu Lebzeiten war Ernesto »Che« Guevara ein gefeierter Held in Kuba

Guevara (Mitte) mit dem Minister für Außenhandel der ČSSR, Krajoir (r.), 1960 in Prag

Guevara zum Guerillakrieg: »Zwei, drei, viele Vietnam«

Der kubanische Revolutionär Ernesto »Che« Guevara Serna äußert sich in seinen Schriften zu den Bedingungen von revolutionären Bewegungen in Lateinamerika:

»Wir haben den Guerillo als einen Menschen bezeichnet, dessen Ziel es ist, den Willen des Volkes nach Befreiung von seinen Unterdrükkern zu vollstrecken. Wenn die friedlichen Mittel zur Erreichung dieses Zieles erschöpft sind, beginn er seine Aktionen mit dem hohen Ziel, die ungerechte Gesellschaftsordnung zu beseitigen. ... Der Guerillero als der Reformer der Gesellschaft muß nicht nur durch sein persönliches Beispiel allen anderen Vorbild sein, sondern auch ständig unter den Massen ideologisch-erzieherisch arbeiten und ihnen seine während des Guerillakrieges gewonnenen Erfahrungen vermitteln. ... In dem Maße, wie die Guerillas die Interessen der Bewohner des betreffenden Gebiets wahrnehmen, werden sie zu einem Teil ihres eigenen Lebens, und die Bewohner werden ohne Zweifel die Notwendigkeit der demokratischen Umgestaltung viel besser begreifen ...
Der Guerillakrieg – eine Methode:
... Der Krieg muß dorthin gebracht werden, wohin der Feind ihn bringt: In sein Haus, in seine Vergnügungsviertel – der absolute Krieg. Man muß den Feind hindern, auch nur eine Minute Ruhe zu finden, eine Minute Ruhe außerhalb seiner Kasernen und sogar innerhalb. Man muß ihn angreifen,

wo immer er sich befindet. ... Seine Moral wird damit mehr und mehr schwinden. Er wird noch bestialischer werden, aber es mehren sich die Zeichen für das Nachlassen seiner Kräfte. Dann wird sich ein wahrer proletarischer Internationalismus herausbilden: Mit internationalen Armeen, in denen gekämpft wird unter der Fahne der heiligen Sache, der Erlösung der Menschheit. Unter den Feldzeichen von Vietnam, Venezuela, Guatemala, Laos, Guinea, Kolumbien, Bolivien, Brasilien zu sterben – um nur die gegenwärtigen Schauplätze der bewaffneten Auseinandersetzung zu zitieren –, müßte gleich ehrenvoll und wünschenswert für einen Amerikaner, einen Asiaten, einen Afrikaner, ja sogar einen Europäer sein ...
Zwei, drei, viele Vietnam: Wie glänzend und nah wäre die Zukunft, wenn zwei, drei, viele Vietnam auf der Oberfläche des Erdballs entstünden, mit ihrer Todesrate, und ihren ungeheuern Tragödien, mit ihren alltäglichen Heldentaten, mit ihren wiederholten Schlägen gegen den Imperialismus, mit dem Zwang für diesen, seine Kräfte unter dem heftigen Ansturm des zunehmenden Hasses der Völker der Welt zu zersplittern.
Und wenn wir fähig wären, uns zu vereinen, um unsere Schläge fester und gezielter durchführen zu können, um den kämpfenden Völkern

Hilfe jeder Art noch wirksamer leisten zu können, wie groß wäre dann die Zukunft und wie nah. Wenn wir auf einem winzigen Punkt der Weltkarte die Aufgabe erfüllen, die wir vertreten, und wenn wir das wenige, was wir opfern können, unser Leben und unser Leiden, für den Kampf hingeben, an einem beliebigen Ort, ... so sind wir uns der Tragweite unseres Tuns bewußt und halten uns für nichts anderes als für die Menschen in der großen Armee des Proletariats; aber wir sind stolz darauf, von der kubanischen Revolution und von ihrem höchsten Chef die größte Lehre gelernt zu haben, die aus seiner Haltung in diesem Erdteil resultiert: Was bedeuten die Gefahren oder Opfer eines Mannes oder eines Volkes, wenn das Schicksal der Menschheit auf dem Spiele steht.
Unsere ganze Aktion ist eine Kampfansage gegen den Imperialismus und ein Ruf nach der Einheit der Völker gegen den großen Feind des Menschengeschlechts: Die Vereinigten Staaten von Nordamerika. An welchem Ort uns der Tod auch überraschen mag, er sei uns willkommen, wenn unser Kriegsruf nur aufgenommen wird und eine andere Hand nach unseren Waffen greift und andere Menschen bereit sind, die Totenlieder mit Maschinengewehrsalven und neuen Kriegs- und Siegesrufen anzustimmen.«

Porträt des kubanischen Guerilla-Kämpfers Ernesto »Che« Guevara

»Che lebt« auf den Häuserwänden

19. Oktober. Auf dem Platz der Revolution in der kubanischen Hauptstadt nehmen 500 000 Kubaner Abschied von Ernesto »Che« Guevara. Doch nicht nur in Havanna löst der Tod des kubanischen Guerillaführers tiefe Trauer aus.
In den Universitätsstädten von Europa und den Vereinigten Staaten werden an vielen Häuserwänden Aufschriften wie »Che lebt!« aufgesprüht. Der Tod des Revolutionärs, der schon zu Lebzeiten ein Leitbild der Neuen Linken war, macht ihn zum Märtyrer im Kampf gegen den Imperialismus.

Der sowjetische Ministerpräsident Nikita S. Chruschtschow empfängt Ernesto »Che« Guevara in Moskau

Demonstration gegen den Vietnamkrieg auf dem Kurfürstendamm in Berlin (West); die Studenten tragen das Konterfei von »Che« Guevara – ein Leitbild der Neuen Linken in Europa

Der Schah von Persien feiert seine Krönung

26. Oktober. Mohammad Resa Pahlawi, Schah-in-Schah (»König der Könige«) und Aryamehr (»Sonne der Arier«) des Iran, krönt sich zum König und setzt zum ersten Mal seit der Unterwerfung Persiens im Jahre 641 durch den Iran einer Schahbanu, seiner dritten Frau Farah Diba, eine Krone auf.

Die iranische Hauptstadt Teheran steht ganz im Zeichen des historischen Tages. Entlang des 17 km langen Weges von der Residenz des Schahs, dem Marmorpalast, bis hin zum historischen Golestan-Palast, wo die Krönung stattfindet, bilden 15 000 Soldaten Spalier. In einem speziell für diesen Zweck in Wien gefertigten Prunkwagen im Wert von 300 000 DM, der von acht ungarischen Rappenhengsten gezogen wird, erreicht das Kaiserpaar den Palast. In der schwarz-goldenen Uniform des Oberbefehlshabers der Armee empfängt Resa Pahlawi aus den Händen des ältesten Imam Ayatollah Djomeh, dem höchsten moslemischen Würdenträger, den Koran. Drei Generäle überreichen ihm daraufhin die Insignien der kaiserlichen Würde: Zunächst legt sich Mohammad Resa Pahlawi den goldenen Krönungsgürtel an, daraufhin wird ihm der goldene Krönungsmantel umgelegt, den schon sein Vater, Resa Schah der Große, bei seiner Krönung am 25. April 1926 getragen hat. Gleichzeitig ergreift der Schah das Reichsschwert. Der Schah setzt sich selbst behutsam die 14 000 Karat schwere Nadir-Krone mit der schneeweißen Pfauenfeder auf und krönt anschließend seine Frau.

Vom Pfauenthron aus verliest der Schah seine nur zwei Minuten dauernde Thronbesteigungsrede, in der er seiner Hoffnung Ausdruck gibt, die Unabhängigkeit und Souveränität von Persien zu erhalten und dem iranischen Volk den Fortschritt zu bringen. Außerdem ordnet er siebentägige Freudenfeste an.

Anläßlich seiner Krönung erläßt Resa Pahlawi auch eine Amnestie, wodurch nach offiziellen Angaben 4811 wegen Vergehen gegen das gemeine Recht Verurteilte entlassen werden und 2727 weitere – soweit sie wenigstens ein Drittel ihrer Strafe bereits verbüßt haben, teilweise der Strafe enthoben werden. Die Amnestie soll sich auch auf politische Häftlinge erstrecken, von denen nur noch 100 in Haft bleiben.

Die nüchterne Welt des 20. Jahrhunderts scheint in Teheran noch einmal im Märchenglanz zu versinken. Die Regenbogenpresse in aller Welt berichtet ausführlich über die Krönungsfeierlichkeiten. Das Zauberreich aus 1001 Nacht scheint in Persien noch einmal aufzuerstehen. Hinter all dem Prunk treten die Probleme des Landes zurück.

Der Schah von Persien und seine Frau Farah Diba während der Krönungszeremonie im Golestan-Palast von Teheran

Resa Pahlawi auf dem Thron, ▷ Farah Diba (l.), Sohn Resa (r.)

Licht- und Schattenseiten in Persien — der ältesten Monarchie der Welt

Es liegt im persischen Selbstverständnis begründet, daß sich Schah Mohammad Resa Pahlawi erst 26 Jahre nach der Thronbesteigung krönt.

Persien bzw. der Iran ist die älteste noch existierende Monarchie der Welt. Sie wird auf Kyros den Älteren zurückgeführt, der ab 558 v. Chr. das Land zum beherrschenden Staat in Kleinasien machte.

Eine despotische Regierungsform scheint für das Land unumgänglich, das sehr fruchtbar ist, sofern die komplizierten Bewässerungsanlagen geschützt werden können, und das aufgrund seiner geographischen Lage immer wieder von durchmarschierenden Fremdvölkern verwüstet wurde. Die Vielzahl der iranischen Stämme und Völker, die durch eine gemeinsame Sprache und Dichtung geeint sind, machen ebenfalls eine starke Zentralmacht nötig. Nur starke, nach innen und außen erfolgreiche Despoten, die die auseinanderstrebenden Teile des Reiches einen und die außenpolitischen Gefahren beherrschen, konnten sich bislang in Persien halten. So wartete auch Mohammad Resa Pahlawi mit seiner Krönung, bis er durch den Erfolg in den Augen des Volkes legitimiert war – und nachdem seine dritte Frau Farah Diba ihm 1960 einen männlichen Thronfolger gebar.

Tatsächlich hat Resa Pahlawi in seiner Amtszeit eine Reihe von maßgeblichen Reformmaßnahmen gegen den Widerstand der Großgrundbesitzer und der orthodoxen Geistlichen durchgesetzt, wobei es wiederholt zu schweren und blutigen Unruhen im Iran kam. Wesentliche Erfolge erzielte der Schah mit seiner 1963 dekretierten »Weißen Revolution«, d. h. durch eine tiefgreifende Bodenreform, durch Maßnahmen zur Bekämpfung des Analphabetismus sowie durch die »Armee der Gesundheit« zur Verbesserung der Volkshygiene.

Finanziert werden die Reformen aus Persiens Erdölförderung, die 1967 an dritter Stelle in Nahost und an sechster in der Welt steht.

Seit kurzem dürfen Persiens Männer erst dann eine zweite Frau heiraten, wenn die erste einverstanden ist. Sie dürfen ihre Frau auch nicht mehr nach bloßem islamischen Ritual verstoßen.

Zu den Schattenseiten der Monarchie gehörten der allmächtige Geheimdienst »Savak« und der sogenannte Informationsdienst, die mit Folter und unumschränkter Zensur darüber wachen, daß weder Kritik am Schah selbst, den man wie einen Gott zu feiern hat, noch an dessen Regierungspolitik laut wird. Der Senat in Teheran bleibt ein demokratisches Feigenblatt, da die Hälfte der Abgeordneten vom Schah selbst berufen wird. Die kritischen Intellektuellen wählen die innere Emigration oder das Exil, die Revolution von oben kann nur unter Terror bestehen.

Arbeitskämpfe in Großbritannien

20. Oktober. Die Arbeitskämpfe bei den britischen Eisenbahnern sowie den Hafenarbeitern von Liverpool und London verschärfen sich immer mehr. Der Ausstand eines Großteils der 15 000 Bremser der staatlichen Eisenbahnen führt zu einem völligen Zusammenbruch des Schienenverkehrs. Die Direktion der Eisenbahnen lehnte die von den Gewerkschaften für zusätzlich geleistete Arbeit geforderte Schichtzulage von 2,70 DM ab. Um die Arbeiter zur Räson zu bringen, hat sie die Lohnzahlungen mit sofortiger Wirkung für alle Arbeiter gestrichen und mit Aussperrung gedroht.

Großdemonstration der französischen Landwirte in Quimper in der Bretagne gegen die Agrarpolitik von Wirtschaftsminister Edgar Faure

Israels Bomber zerstören ägyptische Raffinerien am Sueskanal

In Andorra Unmut über de Gaulle

23. Oktober. Unmut unter den Einwohnern Andorras löst der Besuch des französischen Staatspräsidenten Charles de Gaulle aus, der den Zwergstaat in den Pyrenäen in seiner Funktion als Ko-Prinz bereist. Aufgrund des Vertrages von 1278 steht Andorra unter der Oberherrschaft von Frankreich und des Bischofs von Seo de Urgel in Spanien. Die Andorraner selbst – Landessprache ist katalanisch – fühlen sich eher Spanien zugehörig und empfinden die Intonation der Marseillaise von de Gaulle als Zumutung.

Bauern gegen Paris

2. Oktober. Nach dreijähriger Pause flammen mit unerwarteter Heftigkeit die Unruhen der französischen Landwirte erneut auf. Im Südwesten und Westen Frankreichs, vor allem in den Departements der Bretagne, kommt es zu schweren Zusammenstößen zwischen Demonstranten und der Polizei, die Wasserwerfer und Tränengas einsetzt. Allein in Quimper gibt es 100 zum Teil schwer Verletzte.

Dieses Mal sind es nicht die Weinbauern oder die auf Getreideanbau spezialisierten Landwirte, die gegen die Agrarpolitik von Landwirt-schaftsminister Edgar Faure auf die Straße gehen. Die optimalen Ernteergebnisse gleichen viele Schwierigkeiten aus. Ihre Existenz gefährdet sehen jedoch die Kleinbauern und Viehzüchter, die hohe Einbußen befürchten, wenn zum 1. Juli 1968 die neuen Regelungen des gemeinsamen europäischen Wirtschaftsmarkts (EG) in Kraft treten. Um dann der Konkurrenz standhalten zu können, sind weitreichende Strukturveränderungen nötig. Dafür soll Paris Subventionen ausschütten und zunächst den Fleischimport beschränken.

Neue Kriegsgefahr im Nahen Osten

21. Oktober. Die Versenkung des isrealischen Zerstörers »Eilath« vor der Nordküste der Halbinsel Sinai durch drei Raketentreffer von ägyptischen Schnellbooten führt zu einer erneuten Verschärfung der Kriegsgefahr im Nahen Osten (→ 5. 6./S. 96). 17 Mitglieder der 202köpfigen israelischen Besatzung der »Eilath« kommen bei dem Angriff ums Leben.

Der Sicherheitsrat der Vereinten Nationen (UN), der Beobachter am Sueskanal stationierte, kann die Umstände der Versenkung der »Eilath«, wie sie von ägyptischer und israelischer Seite geschildert werden, nicht überprüfen. Ägypten behauptet, der israelische Zerstörer sei in seine Hoheitsgewässer nordöstlich von Port Said eingedrungen, was Israel energisch bestreitet.

Bei den ägyptischen Schnellbooten handelt es sich um Schiffe, die in der Sowjetunion gebaut wurden. Bei der Versenkung der »Eilath« handelt es sich um den ersten Fall in der Seekriegsgeschichte, bei dem eine Rakete mit Erfolg gegen ein Seeziel abgeschossen wurde. Dieser Umstand bestärkt Kreise im Kabinett von Israels Ministerpräsident Levi Eschkol, einen weiteren Präventivschlag gegen Ägypten auszuführen.

Am 24. Oktober holt Israel zu einem Vergeltungsschlag aus und zerstört die Ölraffinerien von Sues. Damit werden 80% der arabischen Ölverarbeitung vernichtet.

Kaum Veränderung im Nationalrat

29. Oktober. Die Wahlbeteiligung ist mit nur 65,9% bei den Wahlen zum 200köpfigen Schweizer Nationalrat und dem 44köpfigen Ständerat sehr schwach. Die vier größten Parteien – Sozialdemokraten, Freisinnige, Katholisch-Konservative und die Bauernpartei – bilden im Bundesrat (der Regierung) eine Dauerkoalition. Die Koalitionsmüdigkeit unter den Schweizer Wahlberechtigten schlägt sich in dem guten Abschneiden des von Gottlieb Duttweiler gegründeten Landesrings der Unabhängigen nieder, der in Zürich sogar zur stärksten Partei wird. Seit den letzten Wahlen hat der Landesring mit 16 Sitzen sechs dazugewonnen.

Der von G. Duttweiler († 1962) gegründete Landesring der Unabhängigen hat Erfolg in der Schweiz

ÖVP verliert bei Landtagswahlen

22. Oktober. Als ein Denkzettel für die Bundesregierung in Wien wird die schwere Niederlage der Österreichischen Volkspartei (ÖVP) bei den Landtags- und Gemeinderatswahlen in Oberösterreich gewertet.

Seit den Landtagswahlen 1961 ist der Stimmenanteil der ÖVP von 49% auf 45% zurückgegangen, während die Sozialistische Partei (SPÖ) ihren Stimmenanteil von 40% (1961) auf 46% erhöht. Der politische Erdrutsch der ÖVP im viertgrößten Bundesland spiegelt den starken Popularitätsschwund der Regierungspartei wider. Landeshauptmann wird der ÖVP-Kandidat Heinrich Gleißner.

Das Flüchtlingsproblem in Afrika

Österreich feiert seine Neutralität

19. Oktober. In der äthiopischen Hauptstadt Addis Abeba geht die erste internationale Konferenz über das afrikanische Flüchtlingsproblem zu Ende. Seit dem 9. Oktober beraten Delegierte aus 21 Nationen unter dem Patronat der Organisation für afrikanische Einheit (OAU) und des Hochkommissariats der Vereinten Nationen für Flüchtlinge über die rechtlichen, wirtschaftlichen und sozialen Aspekte der Flüchtlinge in Afrika.

In einer gemeinsam verabschiedeten Schlußresolution werden als Hindernisse zur Lösung des Flüchtlingsproblems insbesondere die rassistischen Regime, die Apartheidpolitik und Minoritätsregierungen gebrandmarkt. Die Zahl der Flüchtlinge wird gegenwärtig auf 850 000 beziffert, wovon sich allein 500 000 im Kongo befinden. Daneben flüchten Menschen aus Burundi, der Zentralafrikanischen Republik, aus Senegal, Tansania, Uganda und Sambia.

Flüchtlinge aus Ruanda finden notdürftig bei einer katholischen Mission Unterkunft; die UNO schätzt die Flüchtlingszahl in Ruanda auf 100 000

Die Konferenz empfiehlt den afrikanischen Soldaten, ihre Flüchtlinge wieder aufzunehmen, nach bilateralen Lösungen zu suchen und die Genfer Konvention von 1951 zu unterschreiben, die den rechtlichen Status der Flüchtlinge festlegt.

Die Teilnehmer unterbreiten gleichzeitig eine Reihe von Vorschlägen, wie z. B. die Schaffung eines Büros für die Ausbildung und Beschäftigung für fachlich geschulte und angelernte Flüchtlinge, um so deren Auswanderung zu verhindern.

26. Oktober. Österreich gedenkt erstmals mit Arbeitsruhe und offiziellen Gedenkstunden der Wiedererlangung der politischen und wirtschaftlichen Unabhängigkeit durch die Unterzeichnung des Staatsvertrags vor zwölf Jahren.

Rot-weiß-rote Fahnen und eine sonntägliche Stimmung kennzeichnen das Bild in den österreichischen Städten. Die österreichische Bundesregierung tritt zu einer Sondersitzung in Wien zusammen.

Am 26. Oktober 1955 hatte der österreichische Nationalrat das sog. Neutralitätsgesetz beschlossen, das die Besatzungszeit durch die vier Alliierten beendete.

Bevor dieser historische Tag zum Nationalfeiertag erhoben werden konnte, hatte man den Widerstand der Unternehmer überwinden müssen: Österreich wird mit 13 gesetzlich bezahlten Feiertagen nur von Italien übertroffen.

Vor dem neuen Hauptquartier in Brüssel: Die Fahnen werden gehißt

Die NATO zieht nach Brüssel um

16. Oktober. Das politische Hauptquartier des nordatlantischen Militärbündnisses (NATO) bezieht in Brüssel-Evers seinen neuen Sitz.

Der Umzug des NATO-Zentrums von Port Dauphin bei Paris nach Belgien war durch den Austritt Frankreichs aus dem Militärbündnis 1965 erforderlich geworden. Auch das Militärkomitee zieht von Washington in das neue Zentrum.

Neue Grenze zwischen Mexiko und den Vereinigten Staaten

28. Oktober. Nach zweitägigen Gesprächen in Washington reisen der mexikanische Präsident Gustavo Díaz Ordaz und US-Präsident Lyndon B. Johnson nach Ciudad Juárez im sog. El-Chamizal-Gebiet, um ein Dokument über den neuen Grenzverlauf zwischen den Vereinigten Staaten und Mexiko mit ihren Unterschriften zu besiegeln.

Ein mehr als 100jähriger Streit zwischen den Vereinigten Staaten und Mexiko um 333 Hektar Land am Grenzfluß Rio Grande geht damit zu Ende. Die feierliche Unterzeichnung durch die höchsten Staatsmänner der beiden Nationen wird von allen mexikanischen Fernsehstationen direkt übertragen.

Der Rio Grande, an dessen Ufer manche Flucht vor US-amerikanischen Ordnungshütern nach Mexiko ein Ende findet, sollte nach Ansicht Mexikos nicht mehr als Grenze zwischen den Staaten angesehen werden.

Das umstrittene Gebiet hatte ursprünglich zu Mexiko gehört, ist aber 1864 an die Vereinigten Staaten gefallen, als der Fluß plötzlich seinen Lauf änderte und in einem weiter südlich gelegenen Bett floß.

L. B. Johnson (l.), G. Díaz Ordaz

Erst 1962 erklärte der damalige US-Präsident John F. Kennedy seine Bereitschaft, das für die Landwirtschaft unergiebige und landschaftlich bizarre Gebiet an den südlichen Nachbarn wieder zurückzuerstatten.

Johnson und Díaz Ordaz enthüllen außerdem in der Nähe der mexikanischen Stadt El Paso einen Gedenkstein, der an die soeben vorgenommene Grenzbereinigung erinnern soll.

US-Präsident Lyndon B. Johnson und der mexikanische Präsident Gustavo Díaz Ordaz inmitten jubelnder Menschen in Ciudad Juárez

Außenpolitik-Debatte

13. Oktober. Bundesaußenminister Willy Brandt (SPD) eröffnet die außenpolitische Debatte im Deutschen Bundestag in Bonn mit einer Regierungserklärung zur Entspannungspolitik und zur Deutschlandfrage. Er bekräftigt den schon im Dezember 1966 in der ersten gemeinsamen Regierungserklärung der Großen Koalition von SPD und CDU/CSU formulierten Willen, die Beziehungen zu allen Staaten Ost- und Südosteuropas zu normalisieren.

Als einen praktischen Schritt in diese Richtung hebt Brandt den Abschluß von Verträgen, Abkommen und Übereinkünften zwischen den Staaten hervor. Diese Fortschritte hängen auch von dem guten Willen der Führungen in den östlichen Machtzentren ab. Mit der Öffnung der Bundesrepublik in wirtschaftlicher und kultureller Hinsicht ebnet Brandt vorsichtig die Politik »der kleinen Schritte« in Richtung einer Entspannung mit Osteuropa, wenngleich eine völkerrechtliche Aner-

kennung der DDR für die Bundesrepublik unmöglich bleibt, genau dies aber von seiten der Sowjetunion und aller mit ihr verbündeten Staaten als Vorbedingung für die »kleinen Schritte« gemacht wird.

Abgesehen von der Einmütigkeit bezüglich der völkerrechtlichen Anerkennung der DDR gibt es jedoch innerhalb der Großen Koalition deutliche Meinungsverschiedenheiten. Brandt, Bundeskanzler Kurt Georg Kiesinger (CDU) und der SPD-Abgeordnete Erhard Eppler versehen den Begriff Anerkennung hinsichtlich der DDR mit jeweils unterschiedlichen Zusätzen.

Brandt spricht ausdrücklich nur von der völkerrechtlichen Anerkennung der DDR, die nicht in Frage komme. Kiesinger hingegen macht am Ende seines Beitrags im Bundestag klar, daß er weder für eine völkerrechtliche noch für eine De-facto-Anerkennung eintreten will. Eppler gebraucht die Formel der Anerkennung der DDR als »Ausland«.

Willy Brandt

Willy Brandt (Foto), 1913 geboren, seit 1930 Mitglied der SPD, emigrierte während des »Dritten Reiches«. 1957 bis 1966 war er Regierender Bürgermeister von Berlin (West), seit 1966 ist er Außenminister und Vizekanzler der Bundesrepublik.

Wahlschlappe für SPD in Bremen

1. Oktober. Aus den Bürgerschaftswahlen von Bremen geht die SPD mit schweren Verlusten hervor. Nur 46% der abgegebenen Stimmen entfallen auf die SPD (8,7% weniger als bei den letzten Wahlen 1963), die damit ihre absolute Mehrheit verliert. Dieser höchste Stimmenverlust seit 1945 wird von Innensenator Hans Koschnick als eine »recht beachtliche Schlappe« für seine Partei gewertet.

Bei einer Wahlbeteiligung von 77% kann die FDP die größten Gewinne verzeichnen. Sie steigert sich von 8,4% im Jahr 1963 auf 10,5%. Die CDU vereinigt 29,5% der Stimmen auf sich und bereitet sich abermals darauf vor, wieder die Opposition zu übernehmen. Zur Opposition zählt auch zum erstenmal die NPD, auf die 8,8% der Stimmen entfallen. SPD und FDP setzen ihre Koalition fort. Koschnick wird am 10. Oktober Erster Bürgermeister als Nachfolger von Willi Dehnkamp.

Keine Anerkennung der DDR vorgesehen — aber eine Politik der kleinen Schritte

13. Oktober. Bundesaußenminister Willy Brandt erörtert vor dem Deutschen Bundestag in Bonn die Osteuropa- und Deutschlandpolitik der Bundesregierung:

»... Keine Propaganda kann die Tatsache aus der Welt schaffen, daß die Bundesrepublik Deutschland bereit ist, mit allen Staaten Ost- und Südosteuropas ihre Beziehungen zu normalisieren, die Beziehungen zur Sowjetunion auszubauen und zu verbessern und die Problematik des geteilten Deutschlands dabei keineswegs auszuklammern. Wir werden ein Stadium erreichen, in dem es noch offensichtlicher sein wird, als es heute schon ist, daß es allein vom guten Willen der Führungen in den östlichen Machtzentren abhängt – und nicht von der Haltung der Bundesregierung –, ob durch praktische Fortschritte, durch Verträge, Abkommen oder Übereinkünfte die

Entspannung in Europa vorangebracht werden kann. Daß die Bundesregierung dazu bereit ist, daß sie bereit ist, sich beim Wort nehmen zu lassen, ist eine Realität, an der man auf die Dauer auch in Ostberlin nicht wird vorbeigehen können. Die Bundesregierung hat allen Grund, an ihrer Politik der konstruktiven Bereitschaft mit Geduld festzuhalten, keinen Illusionen nachzujagen, sich aber auch von keinerlei Störmanöver von dieser Politik abbringen zu lassen. Es wird wichtig sein, wenn der Deutsche Bundestag, so wie dies durch Zustimmung zur Regierungserklärung 1966 geschah, diese Politik in großer Einmütigkeit unterstützt.

Über die Interdependenz in der Ostpolitik und den innerdeutschen Fragen sind wir uns sicherlich im klaren. Die Bundesregierung bleibt

bemüht, das Verhältnis der beiden Teile Deutschlands zueinander und zur Außenwelt mit der allgemeinen, wenn auch schwierigen Entwicklung zur Entspannung in Einklang zu bringen. ... Auch zwischen den beiden Teilen Deutschlands können, wie das im größeren Zusammenhang zwischen Ost und West gilt, nur dann Fortschritte erzielt werden, wenn mögliche Übereinkünfte auf Gebieten gemeinsamer Interessen nicht durch unerfüllbare Vorbedingungen verhindert werden. Die völkerrechtliche Anerkennung der DDR kommt für uns nicht in Frage; sie ist kein Verhandlungs- und Gesprächsgegenstand. Die Bundesregierung ist aber bereit, mit den nun einmal zuständigen Stellen die innerdeutsche Beziehung zu verbessern und jene Hindernisse abzubauen, die sich

dem menschlichen, wirtschaftlichen und kulturellen Austausch generell heute entgegenstellen. Die Bundesregierung wünscht gewiß nicht, daß die Menschen im anderen Teil Deutschlands isoliert werden, sondern sie erstrebt, daß alle Deutschen am Austausch und am Fortschritt teilhaben können. Solange wir die einzige Regierung auf deutschem Boden sind, die vom Volk in freien Wahlen gewählt worden ist, ergeben sich für uns besondere Pflichten. Soweit wir dazu in der Lage sind, haben wir uns um die Einheit der Nation zu kümmern und für das Selbstbestimmungsrecht unseres Volkes einzutreten. Wir haben keinen Anspruch darauf erhoben, gegenüber dem anderen Teil Deutschlands behördliche Macht auszuüben; von uns wird aber auch niemandes Leben bedroht, wer von Deutschland nach Deutschland will. Wir fühlen uns verpflichtet, unseren Landsleuten Hilfe und Beistand zu gewähren, wo sie ihrer bedürfen. Die Beziehungen zur Sowjetunion haben in unseren Überlegungen selbstverständlich einen besonderen Rang.«

Die Zone wird nicht anerkannt

Bonn hält an Entspannungspolitik fest – Einstimmig für EWG-Beitritt Londons

»Die Welt« berichtet in der Ausgabe vom 14. Oktober 1967 über die außenpolitische Debatte in Bonn

Eine Sowjet-Spionin erhängt sich

15. Oktober. Im Kölner Untersuchungsgefängnis erhängt sich Leonore Sütterlein, nachdem sie erfahren hatte, daß ihr Mann Heinz 1958 bei einem Aufenthalt in Berlin (West) vom sowjetischen Geheimdienst (KGB) beauftragt wurde, die Bekanntschaft einer Sekretärin in Bonn zu machen. Mit dem Namen

Sütterlein ist einer der bislang schwersten Spionage-Fälle der Bundesrepublik verbunden.
Erst am 13. Oktober waren die 39jährige, die als Sekretärin in der Unterabteilung des Auswärtigen Amtes eine Vertrauensstellung bekleidet hatte, ihr 43 Jahre alter Ehemann Heinz Sütterlein, der als Foto-

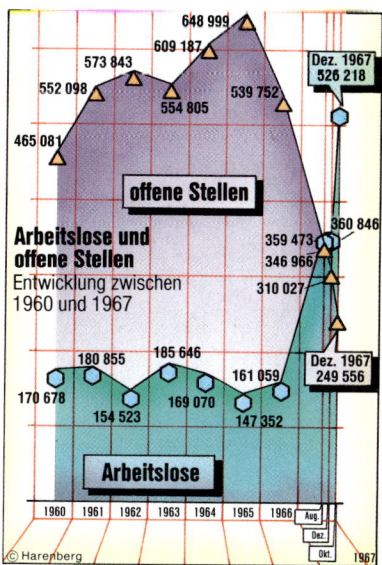

journalist in Bonn arbeitete, der 44 Jahre alte Bürobote Leopold Pieschel, der in der französischen Botschaft in Bonn angestellt war, und dessen Schwager Martin Marggraf, der als Kellner bei Staatsempfängen aushalf, wegen Spionage für die Sowjetunion verhaftet worden. Ein Oberstleutnant des KGB, der zu den US-Amerikanern übergelaufen war, hat den getrennt arbeitenden Spionagerringe Sütterlein/Sütterlein, Marggraf/Pieschel aufgedeckt.
Insbesondere Leonore Sütterlein konnte wichtige Informationen an den KGB weiterleiten. Als eine Art Chefsekretärin in der Personalabteilung, wo sie seit 1959 beschäftigt war, hatte sie Zugang zu den Panzerschränken, in denen geheime Unterlagen von hochstehenden Persönlichkeiten aufbewahrt wurden.
So hat sie wahrscheinlich Dossiers über Angestellte des Auswärtigen Amtes mit nach Hause genommen, wo ihr Mann Heinz diese dann abfotografierte.

Die 39jährige Leonore Sütterlein war seit 1959 in der Personalabteilung des Auswärtigen Amtes in Bonn beschäftigt; in der Mittagspause nahm sie für den KGB brauchbare Unterlagen mit zu sich nach Hause, wo sie ihr Mann Heinz abfotografierte

Arbeitslosengeld greift Kasse an

3. Oktober. Aus der neuesten Erhebung der Bundesanstalt für Arbeitsvermittlung und Arbeitsversicherung in Nürnberg geht hervor, daß im letzten Abrechnungszeitraum insgesamt 1,064 Milliarden DM an Arbeitslose ausgezahlt wurden. Das ist etwa die dreifache Summe des Vorjahrs 1966.
31,9% der Gesamtausgaben entfallen auf Arbeitnehmer, die zuletzt im Bau-, Ausbau- oder Bauhilfsgewerbe gearbeitet haben, 21,1% auf solche, die in der Eisen- oder Metallerzeugung arbeiteten, sowie 17,4% auf Arbeitnehmer, die zuvor im verarbeitenden Gewerbe tätig waren.
Die durchschnittliche Bezugsdauer erhöhte sich von 61 Tagen (1966) auf 71. Der ausbezahlte Wochenbetrag beläuft sich auf 78,40 DM.

Fallstudie zeigt Nuklearfolgen

10. Oktober. Der Generalsekretär der Vereinten Nationen (UNO) in New York, Sithu U Thant, übermittelt der Vollversammlung den Bericht einer von ihm eingesetzten Forschungsgruppe, die die Auswirkungen bei einer möglichen Anwendung von Nuklearwaffen untersuchte.
Die 13 Wissenschaftler aus West und Ost spielen u.a. hypothetisch den Einsatz einer einzigen Nuklearwaffe von einer Megatonne Sprengkraft auf eine fiktive Stadt durch, die eine Bevölkerung von 1,16 Millionen Einwohnern aufweist und sich in allen Richtungen auf 8 bis 10 km erstreckt. Auf der Basis der Erfahrungen in Hiroshima und Nagasaki würde die Explosion dieser Atombombe von einer Megatonne das Zentrum der Stadt praktisch liquidieren. Aufgeschlüsselt ergeben sich folgende Zahlen:
▷ 270 000 Einwohner werden durch das Feuer und die Explosion sofort getötet
▷ 90 000 werden infolge des radioaktiven Ausfalls innerhalb von zwei Tagen getötet
▷ 75 000 werden durch die Explosion schwer verletzt

▷ 15 000 werden durch den radioaktiven Ausfall verletzt
▷ 115 000 bleiben im Gebiet des radioaktiven Ausfalls unverletzt, sind aber der lebensgefährlichen Strahlung ausgesetzt

Atompilz nach der Explosion einer Bombe auf einem US-Testgelände

▷ 596 000 sind ohne Verletzungen und ohne Ausfallfolgen
Das Ausmaß der physischen Vernichtung, so fahren die Wissenschaftler fort, sei so groß, daß es jeder Erfahrungsgrundlage entbehre. Die Stadt würde in ein Meer von Trümmern und Flammen verwandelt. Die Überlebenden verharrten entweder in einem Zustand entsetzlicher Unbeweglichkeit oder irrten ziellos umher. Unter Kriegsverhältnissen, wie sie der Studie zugrunde liegen, wäre es unrealistisch anzunehmen, daß nur eine Stadt getroffen würde. Befände sich der Kriegsschauplatz z.B. in Europa, das eine hohe Bevölkerungsdichte aufweist, könnte der ganze Kontinent völlig zerstört werden.
Klar wird in der Fallstudie auch, daß ein Schutz vor radioaktiver Strahlung in Gebäuden nicht möglich ist. Hinzu käme die langfristige Verseuchung von Nahrungsmitteln und Wasservorräten.
Die Verfügbarkeit von Nuklearwaffen mit Sprengköpfen von Kilotonnen bis zu mehreren Megatonnen, ist derzeit einer der beherrschenden Fakten der Weltpolitik.

Andrang Arbeitsloser auf einem bundesdeutschen Arbeitsamt

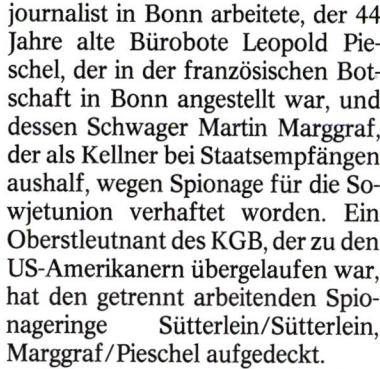

Keine Aussicht auf schulfrei

Seit zehn Jahren wird in der Bundesrepublik damit experimentiert, was in den Vereinigten Staaten, Großbritannien und Frankreich längst üblich ist – die Fünf-Tage-Woche für Schulkinder.

In nur 54 von 35 000 Schulen der Bundesrepublik wird samstags nicht unterrichtet. Seit 1957 können die Pädagogen der Versuchsschulen trotz eindeutiger Erfolge die weitverbreiteten Ressentiments gegen den schulfreien Samstag nicht zerstreuen. Hauptargumente der Gegner sind, daß die Kinder bei nur fünf Schultagen zu wenig lernten oder bei gleichem Pensum überanstrengt würden. Insbesondere die Eltern führen noch zusätzlich an, daß die Kinder das Übermaß an Freizeit nur zu Dummheiten mißbrauchten.

Ein weiteres Hindernis für das Fünf-Tage-Schulmodell liegt in den höheren Kosten für den Mehraufwand an Lehrern und Räumen, da die Kinder ganztags betreut werden.

Große Truppenparade in Berlin (Ost)

29. Oktober. *Am Vorabend zum 50. Jahrestag der russischen Oktoberrevolution findet auf dem Marx-Engels-Platz in Berlin (Ost) die bisher größte gemeinsame Truppenparade von DDR- und sowjetischem Militär statt (→ 2. 11./S. 185). (Foto: Panzerabwehrraketen auf schwimmfähigen Wagen) Wenige Stunden später protestieren die drei alliierten Stadtkommandanten von Berlin (West) bei den sowjetischen Behörden und machen darauf aufmerksam, daß mit der Parade die Viermächtevereinbarung über die Entmilitarisierung Berlins mißachtet wurde.*

Aus für das Verlegerfernsehen

2. Oktober. Gegen ein Verlegerfernsehen sprechen verfassungsrechtliche und wettbewerbspolitische Bedenken nach Ansicht der im Dezember 1964 berufenen Kommission, die den Auftrag hatte, die Wettbewerbsgleichheit von Presse, Funk/Fernsehen und Film zu untersuchen. Die Kommission unter der Leitung von Ministerialdirektor a. D. Elmar Michel leitet jetzt ihre Ergebnisse in einem 242 Seiten starken Bericht der Bundesregierung und dem Bundestag in Bonn zu.

Nach Ansicht der Michel-Kommission ist der Vorschlag des Bundesverbandes der deutschen Zeitungsverleger, das Zweite Deutsche Fernsehen zu übernehmen, abzulehnen, weil er nicht geeignet wäre, eine ausgewogene wirtschaftliche Entwicklung der Medien zu ihrem Verhältnis zueinander zu gewährleisten und dem Verfassungsauftrag beider Medien gerecht zu werden.

Ein von Zeitungsverlegern allein betriebenes Fernsehen wäre mit dem Ziel eines unabhängigen, wirtschaftlich selbständigen Rundfunks und einer ebenfalls unabhängigen, wirtschaftlich selbständigen Presse unvereinbar. In diesem Fall entfiele nicht nur die Kritik zwischen den Medien, die für die gegenseitige Kontrolle durch die Öffentlichkeit unerläßlich sei. Die Zeitungsverleger würden auch eine neue beherrschende Stellung erhalten, die durch die Zusammenfassung des Anzeigengeschäfts dieser Verleger noch erheblich gestärkt werde.

Durch die Steigerung der Werbeeinnahmen zeichnete sich eine günstige wirtschaftliche Entwicklung innerhalb der letzten zehn Jahre bei Rundfunk und Presse ab.

Axel Springer (2. v. l.) auf einer Versammlung der Zeitungsverleger

450. Jubiläum der Reformation

31. Oktober. Die protestantische Christenheit begeht in aller Welt den 450. Jahrestag der Reformation. Der Beginn der Reformation wird allgemein mit dem Anschlag der 95 Thesen gegen den Ablaßhandel der katholischen Kirche durch Martin Luther am 31. Oktober 1517 in Wittenberg datiert. Dieser revolutionäre Widerspruch gegen die Dogmen der katholischen Kirche sprengte endgültig die abendländische Kircheneinheit.

Th. Müntzer

Martin Luther

Im Mittelpunkt der Feierlichkeiten steht Wittenberg in der DDR, wo die evangelische Kirche seit dem 25. Oktober mit Festakten und Gottesdiensten das Reformationsjubiläum begeht. Überschattet werden die Festlichkeiten allerdings von dem Einreiseverbot der DDR-Behörden für eine Reihe führender bundesdeutscher Kirchenvertreter der Evangelischen Kirche in Deutschland (EKD), darunter der Ratsvorsitzende Hermann Dietzfelbinger. Von den 500 eingeladenen Delegierten aus der Bundesrepublik erhielten 50 ein Visum.

In der Schloßkirche von Wittenberg während eines Gottesdienstes

Sowjetunion erobert Weltraum

30. Oktober. Die Sowjetunion vergrößert ihren Vorsprung im Rennen um die Eroberung des Weltraums: Nur elf Tage nach der ersten weichen Landung ihrer Sonde »Venus 4« am 18. Oktober auf der Venus führen die beiden »Kosmos«-Satelliten 186 und 188 in 200 km Höhe erstmals ein automatisches Kopplungsmanöver aus.

Dreieinhalb Stunden fliegen die beiden Kosmos-Satelliten in der Erdumlaufbahn, ehe sie durch Funksignale der Bodenstation wieder getrennt werden.

Diese Technik war erstmals am 16. März 1966 von den US-Amerikanern erprobt worden, als eine bemannte »Gemini 8«-Kapsel mit einer unbemannten Agena-C-Rakete gekoppelt wurde.

Das neueste sowjetische Experiment, das mit bemannten Flugkörpern wiederholt werden soll, beweist, daß jetzt die automatische und ferngelenkte Montage von interplanetarischen Stationen möglich ist, die Raketen als Zwischenhalt auf dem Flug zum Mond und zu anderen Planeten dienen könnten.

Rund zwei Jahre früher als die USA, so schätzen Experten, wird die Sowjetunion ein bemanntes Raumschiff entsenden können.

Nachbildung der erfolgreichen sowjetischen Sonde »Venus 4«

Sieg der US-Autogewerkschaft

22. Oktober. Nach über sechswöchigem Streik von 161 000 Arbeitern ist es zu einer Einigung zwischen dem zweitgrößten Automobilhersteller der Vereinigten Staaten, den Ford-Werken, und der Autoarbeitergewerkschaft »United Auto Workers« (UAW) gekommen. Die beiden Parteien haben nach langen Beratungen einen neuen Tarifvertrag in New York unterzeichnet, der für die nächsten drei Jahre gültig ist.

Obwohl nicht alle Forderungen der UAW erfüllt werden, stellt der Kontrakt doch einen großen Sieg dar, denn er gewährt den Arbeitern die stärksten Lohnerhöhungen und weitestreichenden Verbesserungen der Sozialleistungen, die eine Autogewerkschaft jemals erreicht hat.

Wichtigste Bestimmung des Tarifvertrags ist ein garantiertes Jahreseinkommen im Fall der Arbeitslosigkeit. Für die Dauer eines Jahres wird

Demonstration der US-Automobilgewerkschaft UAW in Detroit

jedem arbeitslos gewordenen Mitarbeiter der Ford-Werke ein Lohnausgleich gewährt, der sich im günstigsten Fall zusammen mit der staatlichen Arbeitslosenunterstützung auf bis zu 95% des letzten Netto-Einkommens beläuft.

Daneben sind in dem Tarifvertrag Lohnerhöhungen und eine Erhöhung der Pensionsleistung festgelegt. Alle Arbeiter erhalten im ersten Jahr 20 Cent (rund 0,80 DM) mehr Lohn je Arbeitsstunde. Zur Zeit erreicht der durchschnittliche Stundenlohn einschließlich der Sozialvergütungen 4,68 US-Dollar (etwa 18 DM). Gelernte Arbeiter erhalten außerdem eine Zulage zum Stundenlohn von 30 Cent (1,20 DM). Im zweiten Jahr sollen die Löhne noch einmal um jeweils 3% erhöht werden. Die Steigerung der Lebenshaltungskosten wird miteinbezogen.

Die Ford-Werke erhalten in dem Vertrag die Zusicherung, von weiteren Arbeitskämpfen und damit von verlustreichen Produktionsausfällen verschont zu werden.

Spikes-Saison beginnt für BRD

15. Oktober. Personenwagen und Fahrzeuge mit einem zulässigen Gesamtgewicht bis zu 2,8 t dürfen von heute an bis zum 30. April 1968 auf allen bundesdeutschen Autobahnen und den Bundesstraßen mit sog. Spikes-Reifen fahren. Die Spezialreifen mit den einvulkanisierten Stahlstiften vermindern bei Schnee- und Eisglätte auf den

Rallye-Spikes

Straßen das gefährliche Rutschen. Nachteilig wirkt sich diese Bereifung aus, wenn kein Schnee auf den Straßen liegt: Die Spitzen graben sich in den Belag der Straßen ein und verursachen so tiefe Spurrillen, und der Benzinverbrauch steigt.

Kampfansage dem Alkohol am Steuer

9. Oktober. In Großbritannien treten Bestimmungen in Kraft, nach denen sich Kraftfahrer strafbar machen, wenn sie sich mit mehr als 0,8 Promille Alkohol im Blut ans Steuer setzen. Gleichzeitig nehmen Verkehrsstreifen in London ihre Arbeit auf, die Autofahrer »in die Röhre« blasen lassen, wenn Verdacht auf übermäßigen Alkoholgenuß besteht. Das Testinstrument zeigt durch eine Verfärbung an, ob die zulässige Alkoholkonzentration überschritten ist, was eine polizeiliche Blutkontrolle zur Folge hat. Auch in der Bundesrepublik – hier besonders in dem Bundesverkehrsministerium unter Georg Leber – wird

Georg Leber

diese Alkoholgrenze für Autofahrer diskutiert. Trunkenheit am Steuer gehört zu den häufigsten Verkehrsstraftaten und Unfallursachen. In diesem Jahr werden 6687 Trunkenheitsfälle mit 222 Toten und fast 2500 Verletzten registriert.

Ernährung 1967:

Mehr Fertigprodukte für die Berufstätigen

In der Bundesrepublik zeichnet sich 1967 zunehmend die Tendenz beim Kauf von Nahrungsmitteln ab, nicht mehr nur deren Sättigungswert zu berücksichtigen; die Qualität der Nahrungsmittel und Getränke tritt immer mehr in den Vordergrund.

Betrachtet man die Rezeptvorschläge der gängigsten Frauenzeitschriften, so fällt auf, daß in keiner Mahlzeit fleischliche Produkte fehlen. Am liebsten wird Schweinefleisch in jeder Zubereitungsform gegessen; dessen Preis ist in diesem Jahr mit 8,09 DM pro Kilogramm um 16,5% im Vergleich zum Vorjahr 1966 gesunken.

Rund ein Drittel des monatlichen Einkommens wird für das Essen ausgegeben, u.a. auch zunehmend für die teureren Fertigprodukte in Konservendosen oder in Pulverform. Sie bedeuten für die über 9,5 Millionen berufstätigen Frauen, immerhin ein Drittel aller Erwerbstätigen, eine starke Zeitersparnis und Erleichterung bei der Zubereitung der Mahlzeiten. Auch der Verbrauch von Tiefkühlkost ist im Ansteigen. Jeder Bundesbürger verzehrt 1967 rund 2,2 kg Nahrungsmittel aus der Gefriertruhe. Damit liegt der Pro-Kopf-Verbrauch zwar noch weit hinter Schweden mit 8 kg und den Vereinigten Staaten mit 30

kg pro Kopf, doch hat sich der Verbrauch seit 1961 damit mehr als vervierfacht. Das Sortiment der Tiefkühlkost wird immer reichhaltiger und mit auserlesenen Delikatessen aufgestockt.

Die Bundesbürger werden auch zunehmend figurbewußter. Zum einen weisen Mediziner auf das erhöhte Risiko eines Herzinfarkts bei Übergewicht hin, zum anderen diktiert die Mode als Ideal das superschlanke britische Mannequin Twiggy. Besonders die Frauen beginnen mit Hilfe von Tabellen die täglich per Nahrung zugeführten Kalorien zu zählen. Anstatt des kalorienhaltigen und ungesunden

Verbraucherpreise einiger Waren

1 kg Roggenbrot	1,18 DM
1 kg helles Mischbrot	1,25 DM
1 kg Weizenmehl	1,10 DM
1 kg Makkaroni	1,98 DM
1 kg Zucker	1,25 DM
1 kg Kartoffeln	0,33 DM
1 kg Tomaten	2,16 DM
1 kg Tafeläpfel	1,23 DM
1 Stück frische Eier	0,22 DM
1 kg Käse, Edamer	5,95 DM
1 l frische Vollmilch	0,68 DM
1 kg Deutsche Markenbutter	7,82 DM
1 kg Margarine	3,04 DM
1 kg Brathähnchen	4,66 DM
1 kg Rindfleisch	9,65 DM
1 kg Schweinfleisch (Kotelett)	8,09 DM
1 kg Kalbfleisch	9,88 DM
1 kg gekochter Schinken	12,72 DM
1 kg Bohnenkaffee	16,78 DM
1 l Flaschenbier	1,30 DM
50 g Tabak	1,48 DM

weißen Industriezuckers verwenden schon 10% aller bundesdeutschen Haushalte künstlichen Süßstoff (in den USA 30%).

Für ein Essen im Restaurant müssen die Bundesdeutschen immer tiefer in die Tasche greifen. Seit 1950 sind die Preise für Speisen in Gaststätten um 115%, für Getränke um 54% gestiegen.

Die Trinkgewohnheiten der Bundesbürger zeichnen sich insbesondere durch ihren – im europäischen Vergleich – überdurchschnittlich hohen Bierkonsum aus: 110 l Bier beträgt der Pro-Kopf-Verbrauch in der Bundesrepublik, während er sich in Schweden auf nur 30 l und in Großbritannien auf 85 l je Einwohner beläuft.

6,5 l hochprozentige Getränke konsumiert jeder Bundesbürger im Jahr

Knackiges Obst auch außerhalb der Erntezeit durch Tiefkühlung

Schmackhafte Fertiggerichte in Konservendosen sparen viel Zeit

Ausstellung der deutschen Landwirtschaft auf der »Grünen Woche 1967« in Berlin; das Motto: »Aus deutschen Landen frisch auf den Tisch«

Bundespräsident Heinrich Lübke (r.) auf der »Grünen Woche 1967«; l. der »Bauer 1967«, Landwirt Karl-Heinz Schlaus aus Kruft in der Eifel

Trauung eines evangelisch-katholischen Paares (links ein evangelischer, rechts ein katholischer Geistlicher)

Synode erleichtert das Eherecht

30. Oktober. Im Vatikan findet die letzte Sitzung der ersten Bischofssynode in der Geschichte der katholischen Kirche statt, die seit dem 30. September in Rom tagt.

Hauptthemen der Bischofssynode waren die Reform des kanonischen, insbesondere des Mischehenrechts, die Liturgiereform und die Glaubenskrise in der katholischen Kirche.

Vor allem die Entscheidung in der Frage der Mischehen wurde von den Christen in aller Welt mit Spannung erwartet. Die 197 Synodalen einigten sich in neun Abstimmungen auf eine elastischere Handhabung der katholischen Mischehengesetzgebung, grundsätzlich bleibt es jedoch bei dem Verbot von Mischehen. Auch die für die Gültigkeit der

Mischehe erforderliche kanonische Eheschließungsform vor einem katholischen Priester bleibt weiter vorgeschrieben, jedoch können künftig auch die Ordinarien davon dispensieren. Vom nichtkatholischen Partner werden weder mündlich noch schriftlich die sog. Kautelen, die Zusicherung der katholischen Kindererziehung, verlangt.

Bodensee-Äpfel für Hermann Höcherl

10. Oktober. Auf einem Freiladegleis in Bonn trifft ein Waggon mit Bodensee-Äpfeln für Ernährungsminister Hermann Höcherl ein, mit dem die Obstbauern aus Tettnang ihrer Enttäuschung Ausdruck geben, daß in den vergangenen zwei Wochen 87 Waggons Tafeläpfel aus Ostblock-Ländern eingeführt worden seien.

In ihrem Begleitbrief machen die Landwirte darauf aufmerksam, daß aufgrund der außerordentlich großen Ernte in diesem Jahr die Obstpreise den tiefsten Stand seit 1945 erreicht hätten, so daß ihre Gestehungskosten nicht einmal zur Hälfte abgedeckt würden.

Bei Einzelhändlern werden zur Zeit in Aktionen 20 kg Äpfel zu 7,90 DM angeboten (→ 31. 8./S. 131).

Strauß wird Pilot

Bundesfinanzminister Franz Josef Strauß (CSU) absolviert in Landshut erfolgreich den ersten Flug

Noch im Oktober will Bundesfinanzminister Franz Josef Strauß (CSU) seinen Pilotenschein machen. In Landshut startet er bei gutem Wetter zu seinem ersten Alleinflug in einer Buchkraft Musketeer 23. Insgesamt sechs Minuten bleibt Strauß mit seiner Maschine oben und dreht in 300 m Höhe seine Runden über dem Flugplatz.

Nach geglückter Landung wird Strauß nach altem Pilotenbrauch geehrt. Erster Teil dieser ungewöhnlichen Zeremonie: Dem Minister wird seine Krawatte abgeschnitten. Zweiter Teil und Höhepunkt der Fliegerfeier ist das sog. Schinkenklopfen, das von Piloten durchgeführt wird. Ehe Strauß den Pilotenschein ausgehändigt bekommt, muß er noch 20 Flugstunden absolvieren.

»Roy Clark« schlägt wieder zu

2. Oktober. Um 22.37 Uhr explodiert auf einer Eisenbahnbrücke bei Bremen unter einem Triebwagen eine primitiv angefertigte Bombe, die einen 43jährigen Postoberschaffner verletzt.

Bei diesem Bombenattentat handelt es sich um den siebenten Anschlag des Bundesbahn-Erpressers »Roy Clark«. Seit dem 15. Oktober 1966 versetzt er die Bundesbahn und die Kriminalpolizei in ständige Aufregung. Zunächst verlangte der Unbekannte in einem Brief, dessen Orthographie bewußt falsch gehalten schien, von der Bundesbahndirektion in Hamburg 50 000 DM. Nachdem man nicht reagierte, wechselten Briefe mit immer höheren Geldforderungen und Attentate, die teilweise jedoch mißlangen, einander ab. Seine letzte Geld-Forderung belief sich auf 300 000 DM.

Die Kriminalpolizei weiß nur eines von dem Erpresser, daß er seit langem Leser der Bild-Zeitung ist. Der Name »Roy Clark« stammt aus dem Thriller »Teufel am Telefon«, den »Bild« vom 23. Februar bis zum 25. März 1959 veröffentlicht hat. Das Roman-Vorbild versetzt die Vereinigten Staaten mit Nitroglyzerin-Bomben in Schrecken. Außerdem wird vermutet, daß »Roy Clark«, laut psychiatrischem Schriftgutachten, um die 45 Jahre alt ist und einmal bei der Bundesbahn gearbeitet hat, da die letzte Bombe aus einem Dieselmotor-Zylinder von Lokomotiven der Bundesbahn gebastelt war.

Faksimile eines Briefes von »Roy Clark«, der mit Bombenattentaten die Bundesbahn in Atem hält

Szene aus »Schweyk im Zweiten Weltkrieg« von Bertolt Brecht in der Inszenierung von Peter Palitzsch mit Hanns Ernst Jäger (l.) als Schweyk

An den Münchner Kammerspielen wird M. Sperrs Stück »Landshuter Erzählungen« am 4. Oktober unter A. Everding uraufgeführt

Theater 1967:

Politisierung des Theaters

»Soldaten« von Rolf Hochhuth an der Freien Volksbühne (Szene)

»Die Wiedertäufer« von Friedrich Dürrenmatt in München (Szene)

Allein 89 staatliche Bühnen laden im ganzen Bundesgebiet 1967 zum Theaterbesuch ein. Die Spielpläne überbieten sich in einem möglichst breitgefächerten Angebot. Neben den bereits bekannten Theaterstücken kommt es 1967 zu 39 Uraufführungen und 45 deutschen Erstaufführungen. Darunter sind natürlich viele Unterhaltungsstücke und »Eintagsfliegen«.

Allgemein zeigt sich auf den Spielplänen aller deutschsprachigen Bühnen ein Trend hin zu Aufführungen der »Moderne«. Antike Dramen, also die sogenannten Klassiker von Aischylos bis Friedrich von Schiller hatten im Zeitraum von 1956 bis 1962 einen Anteil von 41% an der Gesamtzahl der Aufführungen, 1967 sinkt dieser auf 31%. Die Werke von Dramatikern, die um die Jahrhundertwende gelebt haben, scheinen keinerlei Schwankungen in der Publikumsgunst zu unterliegen. Zwischen 1956 und 1962 umfassen sie 15,5% aller Aufführungen, 1967 sind es rund 16%. Innerhalb dieser Gruppe macht sich jedoch eine Verschiebung bemerkbar: Werke von Henrik Ibsen und Gerhart Hauptmann werden 1967 nur noch halb so oft gespielt wie in dem Zeitraum zwischen 1956 und 1962, während sich das Interesse an Stücken von Arthur Schnitzler, Carl Sternheim und Luigi Pirandello immer mehr verstärkt.

Den Löwenanteil der Aufführungen bestreiten jedoch die modernen Dramatiker. Stücke von Bertolt Brecht und Carl Zuckmayer werden immer häufiger gespielt. Das Theater der »Absurden« tritt mehr und mehr in den Hintergrund – mit einer Ausnahme: Samuel Beckett, der 1967 21mal in der Bundesrepublik inszeniert wird.

36 Aufführungen fallen auf neue deutschsprachige Autoren: Peter Weiss, Heinar Kipphardt, Martin Sperr und Peter Handke, um nur die bekanntesten zu nennen. Sie fordern entschieden die Politisierung des Theaters. Peter Weiss betont anläßlich der »Deutsch-Schwedischen Theatertage« in Stockholm die weithin erkannte Vordringlichkeit, politische Fragen auf der Bühne zu dokumentieren. Ein Ziel des politischen Theaters nach den Vorstellungen dieser neuen Dramatiker-Generation ist auch, aus der traditionellen Theaterform auszubrechen, um so das Publikum zu aktivieren, und sei es nur, indem man Widerspruch provoziert. Das Publikum soll nicht nur konsumieren, aufmerksam mitgehen, sondern leidenschaftlich mithandeln.

Zweifellos wirkt sich die von den Studenten in den bundesdeutschen Universitätsstädten initiierte kritische Diskussion der gesellschaftlichen Zustände auf das bundesdeutsche Theater aus, das sich verstärkt auch als ein Ort der politischen Willensbildung sieht.

Als ein hervorstechendes Beispiel dieser »neuen Welle« gilt das Stück »Soldaten« von Rolf Hochhuth, das – am 9. Oktober an der Freien Volksbühne in Berlin unter der Refie von Hans Schweikart uraufgeführt – beim Publikum durchfällt. Das Dokumentarstück spielt während des Zweiten Weltkriegs – ist aber dennoch von zeitgenössischer Brisanz. »Soldaten« trägt den Untertitel »Nekrolog auf Genf« – die Verbindung zum US-Bombenkrieg auf Vietnam ist offensichtlich. Hochhuth selbst erklärt den Rückgriff so: »Historie ist dramatisch – statt museal, ... wo sie die Bedrohung des Menschen durch den Menschen ... heute demonstriert.« Neben den an konkrete Ereignisse geknüpften Stücken tritt Martin Sperr, eines der jungen deutschen Talente, mit seinen »Landshuter Erzählungen« hervor. Martin Walser tritt in seinem jüngsten Stück »Die Zimmerschlacht. Übungsstück für ein Ehepaar« den Rückzug in die private Sphäre an.

In die Reihe der renommierten und vielbeachteten Regisseure Peter Zadek, Peter Palitzsch, Benno Besson und Hansgünther Heyme reiht sich Peter Stein mit seiner ersten Inszenierung von Edward Bonds »Gerettet« (am 14. April an den Münchner Kammerspielen).

Hortense Raky und Werner Hinz in »Die Zimmerschlacht« von M. Walser, am 7. Dezember an den Münchner Kammerspielen uraufgeführt

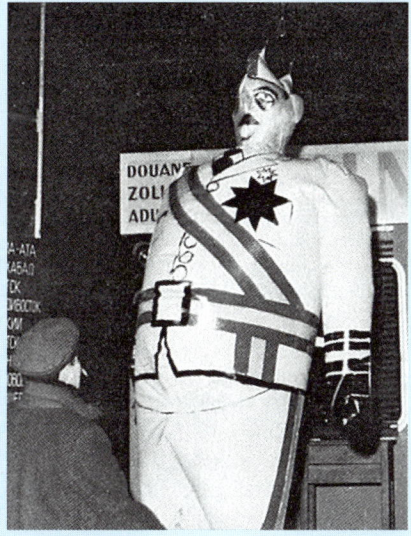

»Goldene Städte« von Arnold Wesker in Mannheim (Szene)

Szenenfoto aus »General Francos Leidenswege« von Armand Gatti

Der renommierte Regisseur Peter Zadek inszeniert »Der Pott« des Dramatikers Sean O'Casey an den Wuppertaler Bühnen (Szene)

Die Gruppe 47 tagt

8. Oktober. Im Gasthof »Pulvermühle« in der fränkischen Schweiz begeht die Gruppe 47, eine lockere Vereinigung von Schriftstellern und Kritikern, ihr 20jähriges Jubiläum. Auf Initiative von Hans Werner Richter und Alfred Andersch bildete sich am 10. September 1947 die Gruppe 47, die sich in jährlichen Herbsttreffen zu gegenseitiger Vorlesung, Kritik und Diskussion mit wechselnden Teilnehmern und Gästen zu einem Kristallisationspunkt für zeitgenössische Literatur entwickelte. Viele Neulinge erhalten hier die Gelegenheit, ihre ersten literarischen Produktionen zu testen.

Die Gruppe 47 betont immer wieder ihre politisch-zeitkritische Funktion und die Verantwortung des Schriftstellers in der Gesellschaft.

So verabschieden nach heftigen Diskussionen 80 Teilnehmer der diesjährigen Tagung, darunter Günter Grass, Reinhard Lettau, Martin Walser und Wolfdietrich Schnurre, eine gemeinsame Resolution gegen den Verleger Axel Springer. Die Gruppe 47 sieht eine zuverlässige Information der Öffentlichkeit durch die Presse-Konzentration des Springer-Verlags gefährdet. Die Unterzeichner verpflichten sich, in keiner Zeitung oder Zeitschrift des Springer-Konzerns mitzuarbeiten oder Werke zu veröffentlichen.

Studenten des Sozialistischen Deutschen Studentenbundes (SDS) bei einer Plakat-Aktion vor der Pulvermühle, wo sich die Gruppe 47 trifft

Büchner-Preis für Böll

22. Oktober. Höhepunkt auf der Herbsttagung der Deutschen Akademie für Sprache und Dichtung in Darmstadt ist die Verleihung des Georg-Büchner-Preises an einen der bedeutendsten Schriftsteller der Nachkriegsliteratur, an den 49jährigen Heinrich Böll.

Wie in den früheren Jahren Günter Grass, Hans Magnus Enzensberger und andere Träger des mit 6000 DM dotierten Literaturpreises nimmt auch Böll in seiner Ansprache – von Georg Büchner ausgehend – leidenschaftlich Stellung zur bundesdeutschen Gegenwart. Er äußert sich kritisch und ein wenig verbittert über die Erschießung des Studenten Benno Ohnesorg (→ 2. 6./S. 100), über Bundeswehr und Kirche und über die Trauerfeiern für Konrad Adenauer (→ 19. 4./S. 58). Zur Großen Koalition sagt Böll: »Die Große Koalition ist selbstherrlich genug. Sie hat nichts mehr zu fürchten, nicht einmal mehr das kleine Wählerkreuzchen, mit dem wir, wenn wir keine andere Wahl mehr haben, nur noch unseren politischen Analphabetismus ausdrücken dürfen.«

Der Prozeß der »Rolling Stones« zieht weite Kreise; Brian Jones (l.) wird zu neun Monaten Haft verurteilt

»Drogenwelle« aus den USA

31. Oktober. Gegen eine Kaution und bei Zahlung von umgerechnet 3000 DM Gerichtskosten wird die neunmonatige Haftstrafe, zu der der 25jährige Gitarrist der Rockband »The Rolling Stones«, Brian Jones, wegen unerlaubten Rauschmittelbesitzes von einem Londoner Strafrichter verurteilt wurde, ausgesetzt. Das Verfahren und die Verurteilung von Jones erregte stark die britische Öffentlichkeit und hat erneut eine heftige Diskussion um das Für und Wider der Legalisierung des Besitzes von bestimmten Drogen entfacht.

Seit Mitte der 60er Jahre greift aus den Vereinigten Staaten der Rauschmittelkonsum als Massenerscheinung auf Westeuropa über. Eine »Drogenwelle« erfaßt besonders Jugendliche, Studenten, Oberschüler und Künstler aus der Jugend- oder Gegenkultur.

In den Vereinigten Staaten stellt sich der Drogenkonsum schon als soziales Problem dar. Gegenwärtig werden nach vorsichtigen Schätzungen allein 675 Millionen Marihuana-Zigaretten im Jahr geraucht. Fast jeder Student auf den Universitäten raucht einmal Marihuana bzw. Haschisch, ebenso jeder achte College-Schüler. 15000 US-Amerikaner werden wegen Rauschmittelvergehens festgenommen, mindestens 250000 US-Bürger schluckten 1966 LSD.

Marihuana bzw. Haschisch wird von seinen Anhängern als »weiche Drogen« im Gegensatz zu Morphium, Heroin oder LSD bezeichnet, da es nicht unbedingt süchtig macht. Marihuana gilt als bewußtseinserweiternd. Das Abschieben dieser Droge in die Illegalität läßt, so die Befürworter einer Legalisierung des Marihuana-Besitzes, überhaupt erst das Drogenproblem entstehen. In vielen Jugend-Gruppen gilt das Haschisch-Rauchen als ein Zeichen der Verweigerung gegenüber der Gesellschaft der Erwachsenen, die auf die Droge Alkohol zurückgreift.

Die gängigsten Rauschmittel und ihre Wirkungsweise auf einen Blick

Haschisch bzw. Marihuana wird aus den weiblichen Blüten des Hanfs gewonnen. Am häufigsten wird es in Pfeifen oder mit Tabak gemischt in Zigaretten geraucht. Der Raucher wird in einen angenehmen Rauschzustand versetzt.
Opium ist der zu einer dunkelbraunen, bitteren Masse eingetrocknete Milchsaft des Schlafmohns. In kleinen Dosen regt es an, bei stärkeren Dosen folgt ein sehr tiefer Schlaf mit Träumen.
Morphin ist ein Derivat des Opiums, das wegen seiner Wasserlöslichkeit unter die Haut gespritzt werden kann und führt zu euphorischen Zuständen.
Heroin ist ein Derivat des Morphins, ruft jedoch stärkere Rauschzustände hervor. Es wird gespritzt oder durch die Nase eingezogen (»geschnüffelt«).
Kokain wird aus Cocablättern pulverisiert. In kleinen Mengen »geschnüffelt«, steigert es die Leistungsfähigkeit.
Lysergsäure Diäthylamid, kurz LSD, ist ein synthetisch hergestelltes Rauschmittel. Seine orale Einnahme in Form von Pillen verursacht häufig zunächst starkes Unwohlsein. Dann kommt es zu traumhaften Halluzinationen.
Amphetamine sind ursprünglich als Appetitzügler entwickelt worden. In Tablettenform eingenommen, verursachen die chemischen Substanzen eine Leistungssteigerung und euphorische Zustände.

Buchmesse endet mit Mißklang

17. Oktober. Mit einem Eklat endet die 19. Internationale Buchmesse, die seit dem 12. Oktober als größter Literaturmarkt der Welt in Frankfurt am Main literarische Neuerscheinungen vorstellt.

Fünf Stunden vor ihrem offiziellen Abschluß wird aufgrund einer amtsrichterlichen Verfügung aus Frankfurt der Stand des Staatsverlages der DDR polizeilich durchsucht, sämtliche Exemplare des »Braunbuches über Kriegs- und Naziverbrecher in der Bundesrepublik« werden beschlagnahmt.

In dem »Braunbuch« wird Bundespräsident Heinrich Lübke als »Kriegsverbrecher« eingestuft, da er »zumindest seit 1940 Vertrauensmann der Gestapo« gewesen sei. Außerdem führt es im Zusammenhang mit nationalsozialistischen Verbrechern noch rund zwei Dutzend weitere Männer aus der Bundesrepublik an, darunter den ehemaligen Bundesminister Ludger Westrick und Bundesbankpräsident Karl Blessing. Doch keiner der in dem Buch aufgeführten Herren erstattete eine Strafanzeige gegen den Staatsverlag der DDR. Ein Amtsrichter aus Frankfurt fühlte sich dazu in letzter Sekunde berufen.

33 Verlage aus dem Westen, darunter der Suhrkamp- und Insel-Verlag, protestierten gegen die Beschlagnahme und verurteilten diesen Schritt der Frankfurter Justiz als eine »formaljuristische« Maßnahme.

Ex-Bundesminister Ludger Westrick ist im DDR-»Braunbuch« als Kriegsverbrecher angeführt

Verbrecherfahndung jetzt per TV

20. Oktober. Das Zweite Deutsche Fernsehen strahlt die erste Folge der neuen Serie »Aktenzeichen XY ungelöst…« im Abendprogramm aus. Eduard Zimmermann, vielen Zuschauern schon aus der Fernsehserie »Vorsicht Falle! Nepper, Schlepper, Bauernfänger« bekannt, präsentiert dem Publikum unaufgeklärte Kriminalfälle und bittet um Mithilfe. Im Hintergrund warten einheitlich bekleidete Damen vor Telefonen darauf, die »Hinweise der Zuschauer« aufzunehmen.

Die Sendung stößt trotz ihres kriminalistischen Erfolgs – in der gleichen Nacht kann noch ein wegen Betrugs gesuchter Mann verhaftet werden – auch auf herbe Kritik. Unbehagen lösen schon die für die einzelnen Fälle je nach Schwere gestaffelten Belohnungen aus. Außerdem befürchten Gegner, daß diese Sendung zu Denunziationen, die nicht wiedergutzumachen sind, verführt.

Eduard Zimmermann moderiert die neue ZDF-Serie »Aktenzeichen XY ungelöst…«; durch Zuschauerhinweise sollen Verbrechen aufgeklärt werden

TV-Moderator Eduard Zimmermann, seit 1962 beim ZDF

Fades Länderspiel gegen Jugoslawien

7. Oktober. Die bundesdeutsche Nationalmannschaft gewinnt im ausverkauften Hamburger Volksparkstadion das Länderspiel gegen Jugoslawien 3:1 (1:0). Durch diesen Sieg hat die bundesdeutsche Elf in der Gruppe 4 der Europameisterschaften mit den Jugoslawen gleichgezogen, der Gruppensieg ist in greifbare Nähe gerückt.

Bei Wind und Regenböen haben beide Mannschaften große Schwierigkeiten, den Ball unter Kontrolle zu halten. Der Rasen im Volksparkstadion ist völlig aufgeweicht. Hinzu kommt, daß dieses Spiel für beide ausschlaggebend für den Gruppensieg ist, so daß es zu einem Kampf um jeden Ball und jeden Fußbreit Boden kommt. Es wird gestoßen, gerempelt und getreten; Kombinationen über mehrere Stationen bekommen die 72 000 Zuschauer im Stadion nur selten zu sehen.

Die drei Tore für die Bundesrepublik fallen in der 11. Spielminute durch den Kölner Hans Löhr, in der 71. Minute durch Uwe Seeler und in der 87. Minute durch Gerd Müller. Der jugoslawische Rechtsaußen Slowan Zambata erzielt in der 46. Minute den Gegentreffer.

In Italien Sperre für bundesdeutsche Fußballerimporte

Für bundesdeutsche Fußballer verschließt sich einstweilen das Fußballparadies Italien: Die italienische Regierung verhängt eine mehrjährige Importsperre für Fußball-Profis, um der Verschuldung der Vereine entgegenzuwirken.

Daß sich die italienischen Fußballvereine die bundesdeutschen Spieler einiges kosten lassen, beweist das Beispiel Helmut Haller, der 1962 für 300 000 DM zum FC Bologna wechselte. Sein Stammverein, der BC Augsburg, erhielt für Haller eine Auslösesumme von 400 000 DM. Über eine Million DM allein an Handgeld hat der Kicker beim FC Bologna kassiert.

Helmut Haller bleibt trotzdem für seinen Verein rentabel. Er zieht die Zuschauer wie ein Magnet ins Stadion. Viele kommen nur, um ihn spielen zu sehen. Ob Haller jemals wieder in einer bundesdeutschen Elf spielen wird, ist angesichts seiner momentanen Auslösesumme von vier Millionen DM fraglich.

Für den deutschen Stürmer Helmut Haller (r.), der die Fußballfans mit seiner artistischen Spielweise beeindruckt, zahlte der FC Bologna 1962 400 000 DM Auslösesumme an den Stammverein BC Augsburg

November 1967

Mo	Di	Mi	Do	Fr	Sa	So
		1	2	3	4	5
6	7	8	9	10	11	12
13	14	15	16	17	18	19
20	21	22	23	24	25	26
27	28	29	30			

1. November, Mittwoch

In der Sowjetunion tritt ein Dekret in Kraft, das den Inhabern hoher militärischer und ziviler Orden wieder Sonderprivilegien einräumt.

Anläßlich des 50. Jahrestages der russischen Oktoberrevolution werden mehrere Tausend Personen im Rahmen einer Amnestie für bestimmte Kategorien von Strafgefangenen, politische Häftlinge ausgenommen, aus der Haft entlassen.

Die Regierung in Rom billigt mit 443 gegen 95 Stimmen eine Regierungsvorlage über die Bildung neuer Verwaltungsregionen in Italien.

Das gemeinsame Volksbegehren von SPD und FDP zur Änderung der bayerischen Verfassung zugunsten einer Gemeinschaftsschule wird erfolgreich abgeschlossen. →S. 181

Eine Anordnung der Luftwaffeninspektion der Bundeswehr tritt in Kraft, nach der Starfighter-Piloten bei ihren Übungsflügen eine Mindestflughöhe von rund 250 m über dem Erdboden statt bisher 160 m einhalten müssen. Damit soll die Belästigung durch Fluglärm gemindert werden. →S. 182

2. November, Donnerstag

Die Bundesregierung billigt das von Verkehrsminister Georg Leber ausgearbeitete Programm für die Verkehrspolitik in den Jahren 1967 bis 1971.

Mit der Enthüllung des Lenin-Denkmals im Kreml beginnen die offiziellen Feiern zum 50. Jahrestag der russischen Oktoberrevolution in Moskau. →S. 185

Eine aus Europäern und Afrikanern bestehende UN-Truppe marschiert in den Kongo ein (→4. 11./S. 185).

Die Turiner Autoschau beschließt den Reigen der Herbst-Autosalons. 580 Hersteller zeigen bis zum 12. November ihre Erzeugnisse. Sensation der Schau ist ein Elektroauto des Argentiniers Alessandro de Tomaso, das 320 km weit mit einer Batterie fahren kann.

3. November, Freitag

Die DDR veröffentlicht eine Erklärung über den geplanten Vertrag zur Nichtweiterverbreitung von Kernwaffen, in der sie der Bundesregierung unterstellt, alles zu tun, um ein Zustandekommen des Vertrags zu verhindern.

Vor dem Landgericht Berlin (West) beginnt der Prozeß gegen den 39jährigen Kriminalobermeister Karl Heinz Kurras, der am 2. Juni während der Anti-Schah-Demonstrationen den Studenten Benno Ohnesorg erschoß (→21. 11./S. 180).

Jeder vierte Erwachsene ist laut einer Untersuchung der Medizinischen Akademie Magdeburg in der DDR übergewichtig. Die Mediziner empfehlen verstärktes Bewegungstraining, etwa durch Mitwirkung an der »Lauf-dich-gesund«-Bewegung.

4. November, Sonnabend

Die kongolesische Nationalarmee erobert den Söldner-Stützpunkt Bukavu zurück und vertreibt die Truppen von Oberst Jean Schramme nach Ruanda. →S. 185

In Barrow (Nordwestengland) läuft das dritte britische Polaris-U-Boot vom Stapel. Mehrere hundert Atomwaffengegner demonstrieren friedlich vor der Werft.

Zwei Unglücksfälle betreffen die internationale Luftfahrt. Bei London stürzt eine Caravelle mit 37 Insassen ab, die alle den Tod finden. In Hongkong fällt eine nach Saigon gestartete Maschine in den Hafen. Alle Insassen bis auf eine Frau können aus dem schwimmenden Flugzeug gerettet werden.

5. November, Sonntag

Die jemenitische Armee übernimmt in Abwesenheit von Präsident Abdullah as-Sallal die Macht in der Arabischen Republik Jemen. Neuer Präsident wird Abdarrahman al-Iriani.

Für den »Frieden in der Welt und in Vietnam« beginnen etwa 1000 Menschen in Mailand den 550-km-Marsch auf Rom, der von dem prominenten Sozialreformer Danilo Dolci angeführt wird. →S. 184

277 Volksschulgebäude mit 415 Klassenräumen und 322 sonstige Räume stehen in Nordrhein-Westfalen leer. Grund dafür ist die am 1. Dezember 1966 begonnene Reform des Volksschulwesens.

Das Schauspiel »General Francos Leidensweg« von Armand Gatti wird in Kassel uraufgeführt.

Liesel Westermann aus Leverkusen wirft als erste Frau der Welt den Diskus über 60 m. Bei den Wettkämpfen in São Paulo in Brasilien erreicht sie eine Weite von 61,26 m. →S. 189

Das Fußball-Länderspiel Österreich gegen Griechenland wird in der 86. Minute in Wien wegen Tumulten abgebrochen.

6. November, Montag

Das rhodesische Parlament verabschiedet ein Gesetz zur Förderung der Rassentrennung. →S. 184

In Rom wird die alle zwei Jahre stattfindende Konferenz der UN-Organisation für Ernährung und Landwirtschaft (FAO) eröffnet (bis 11. 11.).

Ein Eisenbahnunglück in der Nähe von London fordert 53 Todesopfer. 111 Reisende werden verletzt.

7. November, Dienstag

Das Bundeskabinett in Bonn ergänzt den Entwurf für das Kohlenanpassungsgesetz durch einen Sozialplan, der mehrere Hilfsmaßnahmen für die Bergleute vorsieht. →S. 182

US-Verteidigungsminister Robert S. McNamara gibt die Verstärkung der US-Nationalgarde um 12 000 Mann bekannt, damit bei Unruhen innerhalb der Vereinigten Staaten mehr ausgebildete Truppen zur Verfügung stehen. →S. 183

Zum ersten Mal erhält die ägyptische Hauptstadt Kairo Strom von dem Assuan-Kraftwerk. Die Leistung des Kraftwerks an dem neuen Staudamm beträgt vorerst 50 000 KW, soll aber im Dezember auf das Vierfache gesteigert werden. →S. 186

Im Schweizer Kanton Wallis treten 1,5 Millionen l Öl aus dem Tankbehälter einer Firma aus und sickern ins Grundwasser. Einheiten der Schweizer Armee werden aufgeboten, um eine Katastrophe größeren Ausmaßes zu verhindern.

Der deutsche Spielfilm »Kuckucksjahre« von George Moorse mit Franziska Oehme und Rolf Zacher wird zum erstenmal in bundesdeutschen Kinos gezeigt.

8. November, Mittwoch

In den US-amerikanischen Großstädten Cleveland und Gary werden zwei Farbige zu Bürgermeistern gewählt. Die Wahlen in den einzelnen Staaten und Gemeinden werden als Stimmungsbarometer für die Präsidentschaftswahlen im kommenden Jahr gewertet.

Das Jesuiten-Magazin »Civilta Catolica« erklärt in Rom, daß einige Geburtenmittel nicht moralisch verwerflich seien. Jedoch die »Pille für den Morgen danach« sei ein »klares Abtreibungsmittel«.

9. November, Donnerstag

Abgeschirmt durch ein Riesenaufgebot von Polizei beginnt in Bonn das erste »Hearing« über die Fragen zur Notstandsgesetzgebung. →S. 180

Die Aufsichtsräte der Howaldtswerke Hamburg und Deutsche Werft AG stimmen einer Fusionierung der Werften in eine Betriebsgesellschaft zu. →S. 182

Der deutsche Spielfilm »Paarungen« von Michael Verhoeven läuft in den bundesdeutschen Kinos an. Die Hauptrollen sind mit Lilli Palmer, Paul Verhoeven und Karl Michael Vogler besetzt.

Der britische Spielfilm »Das dreckige Dutzend«, der einen »Oscar« für beste Toneffekte erhalten hat, kommt in die bundesdeutschen Kinos. Unter der Regie von Robert Aldrich spielen Lee Marvin, Ernest Borgnine und Charles Bronson.

10. November, Freitag

In Hannover beginnt der dritte Parteitag der NPD, die bis zum 12. November tagt. Die NPD verfügt derzeit über 23 893 zahlende Mitglieder (→10. 5./S. 83).

Die US-amerikanische Sonde »Surveyor 6« landet weich auf der erdzugewandten Seite des Mondes. Sie übermittelt scharfe Fotos ihrer Umgebung. Damit sind alle in Frage kommenden Mondlandeplätze für Astronauten registriert (→11. 11./S. 186).

Um 17% ist die Zahl der wegen Trunkenheit am Steuer entzogenen Führerscheine in diesem Jahr im Vergleich zum Vorjahr gestiegen. Das Kraftfahrtbundesamt in Flensburg hat 57 692 Führerscheine seit dem 1. Januar eingezogen.

Rolf Thieles Spielfilm »Der Lügner und die Nonne« mit Heidelinde Weis, Elisabeth Flickenschildt und Curd Jürgens wird zum ersten Mal in bundesdeutschen Kinos vorgeführt.

11. November, Sonnabend

Der Landtag von Baden-Württemberg bestätigt jedem Schüler nach Vollendung des 14. Lebensjahres das Recht, sich durch einseitige Erklärung vom Religionsunterricht abzumelden. Damit wird ein Antrag der CDU abgelehnt, wonach Schüler nur noch mit schriftlicher Genehmigung der Eltern vom Religionsunterricht befreit werden dürfen.

Ein neues Abtreibungsgesetz tritt im US-Bundesstaat Kalifornien in Kraft, das Eingriffe bei Frauen legalisiert, die vergewaltigt worden sind.

In Kap Kennedy wird erfolgreich die »Saturn V«-Rakete, der Prototyp der künftigen »Apollo«-Serie, getestet. →S. 186

12. November, Sonntag

Rund 800 Mitglieder der SPD versammeln sich für drei Tage in Bad Godesberg, um auf einer internen Arbeitskonferenz über den zukünftigen Kurs der Partei zu beraten. →S. 181

13. November, Montag

Das Bundesernährungsministerium stoppt mit sofortiger Wirkung die Einfuhr von Butter aus der DDR. Im Sonderausschuß der Europäischen Gemeinschaft (EG) ist die Bundesregierung wegen der Buttergeschäfte mit der DDR kritisiert worden.

In vier großen Gummiwerken Hessens streiken etwa 11 500 von insgesamt 20 000 Beschäftigten, um die Forderungen ihrer Gewerkschaft in den bereits seit sieben Monaten andauernden Tarifverhandlungen zu unterstützen.

Nach 29 Tagen geht in Bayern das CSU-Volksbegehren »Christliche Volksschule« erfolgreich zu Ende (→1. 11./S. 181).

Freiheitsbestrebungen der deutschen Jugend spiegeln sich im Novembertitelblatt der satirisch-politischen Zeitschrift »konkret« wider

Rudi Dutschke über Stalinismus   C 4289 E   DM 1,50

November 1967

konkret

Israel nach dem Krieg

Die Augstein-Story

Gesucht: Sturmfreie Bude

Rauschgift in Deutschland

November 1967

14. November, Dienstag

In Paris wird ein Abkommen über einen französischen Kredit von 126 Millionen Francs (rund 102 Millionen DM) an den Libanon unterzeichnet.

Auf einer Uhrenauktion des Londoner Antiquitätenhauses Sotheby's erzielt eine Uhr des Augsburgers David Buschmann aus der Zeit um 1650 einen Preis von 18 000 DM. Die Uhr hat die Form eines Totenschädels.

15. November, Buß- und Bettag

Die Bundesrepublik und Kambodscha nehmen diplomatische Beziehungen auf.

Seit dem Beginn des Wahlkampfes auf den Philippinen sind einer inoffiziellen Schätzung zufolge 117 politische Morde verübt und 108 Menschen verwundet worden. →S. 184

Das Deutsche Studentenwerk in Bonn gibt die monatlichen Ausgaben eines Studenten mit 380 DM an. Der gegenwärtige Höchstsatz an Studienförderung beträgt 290 DM.

16. November, Donnerstag

Der Rechts- und Innenausschuß des Bundestags veranstaltet das zweite »Hearing« zur geplanten Notstandsregelung (→9. 11./S. 180).

Nach achtstündigen Kämpfen zwischen griechischen und türkischen Einheiten auf der Insel Zypern setzen beide Länder ihre Armeen in Alarmbereitschaft. →S. 183

Die erste zielgesteuerte Paketverteileranlage der Bundespost in Braunschweig nimmt den Betrieb auf.

17. November, Freitag

In Dresden geht nach vier Tagen die Beratung leitender Kader der Armeen der Mitgliedsstaaten des Warschauer Paktes zu Ende.

Die Vereinigten Staaten geben einschränkende Richtlinien für Kapitalanlagen von Industrie und Banken im Ausland bekannt, um das Zahlungsdefizit von 1750 Millionen US-Dollar (rund 7 Milliarden DM) der ersten neun Monate dieses Jahres auszugleichen.

In London wird der Titel der »Miss World« der 21jährigen Peruanerin Madelaine Hartog Bel zugesprochen. Die bundesdeutsche Teilnehmerin Ruth Kocher aus Krefeld erreicht den siebenten Platz. →S. 188

18. November, Sonnabend

Das britische Pfund Sterling wird mit Wirkung vom 21.30 Uhr um 14,3% oder ein Siebtel abgewertet. Die britische Regierung erhofft von dieser Maßnahme die Sanierung der Zahlungsbilanz. →S. 186

In London enden die erstmalig seit dem Vorjahr wieder aufgenommenen italienisch-österreichischen Expertengespräche über den Konflikt um Südtirol. →S. 183

19. November, Sonntag

Der erste Testflug des französischen Kampfflugzeugs Mirage G verläuft erfolgreich. Das Schwenkflügelflugzeug der französischen Luftwaffe, das von den französischen Flugzeugwerken in völlig eigener Regie entwickelt und gebaut worden ist, erreicht eine Geschwindigkeit von mehr als 2800 km/h.

20. November, Montag

Die Bevölkerung der Vereinigten Staaten überschreitet die 200-Millionen-Grenze. →S. 188

Auf die Frage, ob sich Österreich wieder an Deutschland anschließen sollte, antworten 9% der befragten Österreicher zustimmend, 73% halten es für falsch und 18% haben gar keine Meinung.

Nach Großbritannien nehmen zehn weitere Länder eine Abwertung ihrer Währung vor: Spanien, Hongkong, Guyana, Malta, die Bermudas, die Fidschi-Inseln und Malawi, Irland, Dänemark und Israel.

Bundesfinanzminister Franz Josef Strauß (CSU) legt in Liechtenau bei Weilheim den Grundstein zur ersten bundesdeutschen Satellitenempfangsstation.

21. November, Dienstag

Die Vereinigten Staaten treten mit der Verabschiedung eines Gesetzes zur Reinhaltung der Luft »Clean Air Bill« als erster Staat dem international alarmierend werdenden Problem der Luftverschmutzung vor allem durch Autoabgase entgegen. →S. 186

Das Landgericht Berlin (West) spricht den Kriminalobermeister Karl Heinz Kurras von der Anklage der fahrlässigen Tötung des Studenten Benno Ohnesorg frei. →S. 180

Das private »Internationale Kriegsverbrechertribunal« tritt für zehn Tage in Roskilde in Dänemark zusammen, um zu untersuchen, ob die Vereinigten Staaten im Vietnamkrieg das Völkerrecht verletzt haben.

Die Nationalelf der Bundesrepublik verliert in Bukarest vor 30 000 Zuschauern das Länderspiel gegen Rumänien 0 : 1.

22. November, Mittwoch

Der Generalsekretär der Vereinten Nationen (UN), Sithu U Thant, ersucht in dringenden Botschaften an die Regierungen in Nikosia, Athen und Ankara darum, alles zu unterlassen, was zu einem Krieg um Zypern führen könnte (→16. 11./S. 183).

Aus einer Untersuchung der Europäischen Gemeinschaft (EG) über Verbrauchsausgaben des Familienbudgets geht hervor, daß die Bürger Luxemburgs den höchsten Lebensstandard in der EG haben. Den niedrigsten Lebensstandard in EG haben die Italiener. Die Bundesbürger und die Franzosen leben auf einem gehobenen Mittelniveau. →S. 186

23. November, Donnerstag

Bei der ersten Nachwahl zum britischen Unterhaus seit der Abwertung des Pfund Sterling muß die regierende Labour Party schwere Stimmverluste hinnehmen. Das bestätigt die Ergebnisse einer Meinungsumfrage, nach der 56% aller Briten die Abwertung auf die schlechte Politik der Labour-Regierung zurückführen.

Auf der »Konferenz der schwarzen Jugend« in Los Angeles beschließen 200 US-amerikanische farbige Sportler, darunter die Weltrekordsprinter Tommie Smith und Lee Evans, die Olympischen Spiele 1968 zu boykottieren, da die farbigen Leichtathleten in den Vereinigten Staaten ausgebeutet würden. →S. 189

24. November, Freitag

Der 24stündige Generalstreik der chilenischen Gewerkschaften gegen die Lohnpolitik der Regierung kostet sieben Menschenleben. In Santiago de Chile kommt es zu blutigen Zusammenstößen zwischen Streikenden und der Polizei.

Der 27jährige Kraftfahrer Karl Wilhelm Howe bezieht zusammen mit seiner Familie in einem elfstöckigen Wohnhaus in Kiel-Mettendorf die zehnmillionste Wohnung, die seit 1949 in der Bundesrepublik fertiggestellt wurde (→S. 187).

25. November, Sonnabend

Kanada schafft die Todesstrafe zunächst für fünf Jahre ab. Nach britischem Vorbild fallen jedoch Morde an Polizisten und Gefängnisaufsehern nicht unter das Gesetz.

Die französischen Streitkräfte erlassen neue Regeln für die Überfliegung französischer Territoriums durch Flugzeuge der im Nordatlantikpakt (NATO) verbündeten Staaten. So müssen u. a. Flüge von Großbritannien nach Zypern künftig um Frankreich herumgeleitet werden.

26. November, Sonntag

Papst Paul VI. richtet einen neuen Appell an die Bevölkerung der Erde, für den Frieden in den Krisenherden der Welt, Vietnam, dem Nahen Osten und Zypern, zu sorgen.

In der Nähe von Lissabon ereignet sich eine Überschwemmungskatastrophe, die 316 Todesopfer fordert und Schäden in Höhe von 150 Millionen DM verursacht. →S. 188

Rund 74 Menschen sterben in der kolumbianischen Stadt Chinquinquira, nachdem sie vergiftetes Brot gegessen haben. Mehr als 600 Vergiftete liegen in Krankenhäusern. Das Mehl, aus dem die Brote gebacken wurden, ist zusammen mit Pflanzenschutzmitteln transportiert worden.

27. November, Montag

Mit Reitern und Wasserwerfern geht die Polizei in Berlin (West) gegen eine Menge von etwa 1000 Demonstranten vor, die am ersten Tag des Prozesses gegen den 24jährigen Fritz Teufel das Kriminalgericht in Moabit umringt (→22. 12./S. 199).

28. November, Dienstag

Der Präsident der Republik Gabun, Léon M'ba, stirbt. Nachfolger wird am 1. Dezember der bisherige Vizepräsident Bernard Albert Bongo.

Bundeskanzler Kurt Georg Kiesinger kehrt von seiner zehntägigen Asienreise zurück, wo er als erster Regierungschef der Bundesrepublik Indien, Birma, Ceylon und Pakistan offiziell besuchte. →S. 181

Vor der Jugendstrafkammer in Wuppertal beginnt der Prozeß gegen Jürgen Bartsch, dem vierfacher Mord und versuchter Mord sowie Kindesentführung zur Last gelegt werden (→15. 12./S. 200).

29. November, Mittwoch

US-Verteidigungsminister Robert S. McNamara wird zum neuen Präsidenten der Weltbank gewählt.

Das mit Atomkraft betriebene US-amerikanische Jagd-U-Boot »Aspro« läuft in Pascagoula vom Stapel. Damit erhöht sich die Zahl der US-Atom-U-Boote auf 81.

Der Bund und das Land Nordrhein-Westfalen verabreden Investitionshilfen zur Ansiedlung neuer Industrien in den Steinkohlenbergbaugebieten.

30. November, Donnerstag

Neben der Arabischen Republik Jemen wird nun der neue Staat Demokratische Volksrepublik Jemen proklamiert. Mit dem Abzug der letzten 900 britischen Soldaten aus Aden geht die 128jährige Herrschaft Großbritanniens über Jemen zu Ende. →S. 184

Die irakischen Kurden treten einen Boykott gegen die Regierung in Bagdad an, um ihren Forderungen nach eigener Verwaltung Nachdruck zu verleihen. →S. 183

Ein schweres Erdbeben in der jugoslawischen Provinz Makedonien fordert zehn Todesopfer und 40 Verletzte. Im Zentrum des Bebens wird die Stadt Debar zu 80% zerstört.

Gestorben:

24. Berlin (West): Fritz Hartung (*12. 1. 1883, Saargemünd), deutscher Historiker.

25. Göttingen: Heinz Hilpert (*1. 3. 1890, Berlin), deutscher Schauspieler, Regisseur und Theaterleiter.

25. Paris: Ossip Zadkine (*14. 7. 1890, Smolensk), russisch-französischer Bildhauer und Grafiker.

30. Baden-Baden: Heinz Tietjen (*24. 6. 1881, Tanger), deutscher Dirigent, Regisseur und Theaterintendant.

Geboren:

22. Leimen: Boris Becker, bundesdeutscher Tennisspieler, Wimbledon-Sieger 1985 und 1986.

Die Diskussion um die Notstandsgesetze bestimmt das politische Leben in der Bundesrepublik, Titelblatt des Nachrichtenmagazins »Der Spiegel« am 6. November 1967

DER SPIEGEL

6. NOVEMBER 1967 · NR. 46
21. JAHRGANG · 1,50 DM
ERSCHEINT WÖCHENTLICH
IN HAMBURG · C 6380 C

VON DER TÜR ZURÜCKTRETEN

Nicht betreten

Notstandsgesetze

Kriegsrecht im Frieden?

Umstrittene Notstandsgesetze

Freispruch für Karl Heinz Kurras

9. November. Im Bundeshaus in Bonn beginnen die seit langem angekündigten öffentlichen »Hearings« über die geplante Notstandsverfassung. 45 Stunden lang werden 18 Sachverständige, darunter entschiedene Gegner der Notstandsplanung, mit dem Innenausschuß über »Notwendigkeit und Umfang einer Grundgesetzänderung für den Notstandsfall« diskutieren.

Zu den entschiedensten Gegnern dieser Notstandsverfassung gehören an erster Stelle die Gewerkschaften (DGB), der Sozialistische Deutsche Studentenbund (SDS), Publizisten und Wissenschaftler. Aber auch die FDP meldet hinsichtlich verschiedener Punkte innerhalb der geplanten Veränderung des Grundgesetzes Bedenken an.

Die geplante Notstandsgesetzgebung sieht im Falle eines inneren Notstands – also bei einem gewaltsamen Umsturzversuch oder bei schweren Katastrophen – vor, daß Streitkräfte als Polizei eingesetzt werden können. Die Außerparlamentarische Opposition sieht darin den Verfassungsgrundsatz der Verhältnismäßigkeit des Einsatzes zweckerreichender Mittel verletzt.

Studenten demonstrieren vor dem Universitätsgebäude in Bonn gegen die geplanten Notstandsgesetze der Bundesregierung mit einem Sit-in

Ablehnend stehen sowohl die FDP-Fraktion als auch der DGB der Unterscheidung zwischen dem »Zustand äußerer Gefahr« und dem Verteidigungsfall gegenüber. In dem von der Regierung vorgeschlagenen »Gemeinsamen Ausschuß« oder »Notparlament« sieht der DGB die Auflösung der Demokratie, da in diesem Verfassungsorgan Bundes- und Landeselemente zusammengefaßt werden. Als völlig »unannehmbar« bezeichnen die Gewerkschaften die Regelung des Streikrechts, das auch im Notfall nicht angetastet werden dürfte. Als ebenso gefährlich stuft der DGB die geplanten Dienstverpflichtungen ein.

21. November. Unbehagen und Empörung löst das Urteil der 14. Großen Strafkammer des Landgerichts Berlin (West) in weiten Teilen der Öffentlichkeit aus, das den Kriminalobermeister Karl Heinz Kurras von der Anklage der fahrlässigen Tötung freispricht. Kurras hatte den Studenten Benno Ohnesorg am Abend des → 2. Juni (S.

K. H. Kurras

100) während der Demonstrationen gegen Schah Mohammad Resa Pahlawi erschossen. Der Staatsanwalt, der acht Monate mit Bewährung gefordert hatte, und die Nebenkläger werden beim Bundesgerichtshof Revision beantragen.

Das eigentliche Geschehen konnte trotz der 58 Zeugenaussagen, die das Gericht hörte, nicht genau rekonstruiert werden. Sowohl die Zeugen als auch Kurras selbst verstrickten sich in ihren Aussagen in Widersprüche. Das Gericht stellt nur fest, daß der Student durch einen Schuß aus der Dienstwaffe von Kurras getötet wurde. Notwehr oder ein irrtümliches Lösen des Schusses kommen nicht in Frage, doch können auch keinerlei Anhaltspunkte für einen vorsätzlichen Mord an Ohnesorg gefunden werden.

Das Grundgesetz soll für den Notfall geändert werden

Für die Änderung des Grundgesetzes liegt folgender Entwurf vor (Auszüge):

»Artikel 91 erhält folgende Fassung: Zur Abwehr einer drohenden Gefahr für den Bestand oder die freiheitlich demokratische Grundordnung des Bundes oder eines Landes sowie zur Bekämpfung einer Naturkatastrophe... kann ein Land Polizeikräfte anderer Länder, Kräfte und Einrichtungen anderer Verwaltungen sowie des Bundesgrenzschutzes einsetzen. ... die Bundesregierung [kann] mit Zustimmung des Bundesrates Streitkräfte als Polizeistreitkräfte einsetzen ...

... Zur Bekämpfung von Gefahren, Naturkatastrophen oder Unglücksfällen im Sinne dieser Vorschrift kann das Grundrecht der Freizügigkeit (Art. 11) durch Gesetz oder aufgrund eines Gesetzes eingeschränkt werden ...

(4) Die Absätze 1 bis 3 finden keine Anwendung auf Arbeitskämpfe, die zur Wahrung und Förderung der Arbeits- und Wirtschaftsbedingungen von Vereinigungen ... geführt werden.

Adenauer verliest Grundgesetz

Artikel 53, Abschnitt IVa: Der Gemeinsame Ausschuß besteht zu ⅔ aus Abgeordneten des Bundestags, zu ⅓ aus Mitgliedern des Bundesrats. Die Abgeordneten werden vom Bundestag mit einer Mehrheit von ⅔ seiner Mitglieder bestimmt; sie dürfen nicht der Bundesregierung angehören. Jedes Land wird durch ein von ihm bestelltes Mitglied des Bundesrats vertreten; diese Mitglieder sind nicht an Weisungen gebunden.

Artikel 12: ... Niemand darf zu einer bestimmten Arbeit gezwungen werden, außer im Rahmen einer herkömmlichen, für alle gleichen öffentlichen Dienstpflicht. ... Für Zwecke der Verteidigung kann im Bereich der öffentlichen Verwaltung, der Streitkräfte und der Versorgung der Bevölkerung und der Streitkräfte durch Gesetz die Freiheit der Ausübung des Berufs oder den Arbeitsplatz aufzugeben, eingeschränkt werden ...«

Kriminalobermeister K. H. Kurras im Landgericht Berlin (West)

SPD überdenkt die Große Koalition

12. November. Rund 800 Funktionäre der SPD aus allen Teilen der Bundesrepublik versammeln sich in Bad Godesberg für drei Tage zu einer internen Arbeitskonferenz, um den künftigen Kurs der Partei abzustecken.

Der Arbeitskonferenz gingen 41 Gebietskonferenzen voraus, in denen 15 000 Vertrauensleute der SPD mit Ministern, Staatssekretären und Abgeordneten diskutierten. Dort zeigte sich teilweise heftige Kritik an der Regierungskoalition mit der CDU/CSU. Nach Ansicht der Parteibasis zeigte das schlechte Abschneiden der SPD bei den Landtagswahlen (→ 23. 4./S. 65; 1. 10./S. 166), daß das schwarz-rote Bündnis in Bonn der SPD geschadet habe.

So nimmt der Bundesaußenminister und Parteivorsitzende Willy Brandt in seiner Eröffnungsrede in Bad Godesberg ausführlich Stellung zu dem Regierungsbündnis, das die SPD aus »praktisch-politischen Erwägungen« auf Zeit, also bis 1969, eingegangen sei.

In Empfehlungen an den Parteivorstand, die das Ergebnis der Diskussion zusammenfassen, sprechen sich die Delegierten für ein besseres Verhältnis zu den Gewerkschaften aus und fordern von der Bundestagsfraktion in Bonn, die Ausweitung der Mitbestimmung voranzutreiben. Die Interessen der Arbeitnehmer sollen künftig mehr in den Vordergrund der SPD-Politik treten.

Ceylons Premierminister Dudley Senanayake empfängt Bundeskanzler Kurt Georg Kiesinger am Flughafen

Kanzler Kiesinger bereist Asien

28. November. Als erster Regierungschef seit bestehen der Bundesrepublik stattet Bundeskanzler Kurt Georg Kiesinger Indien, Birma, Ceylon und Pakistan zwischen dem 20. und 28. November einen offiziellen Besuch ab.

Einladungen aus diesen Ländern an den Bonner Regierungschef liegen schon seit längerer Zeit vor. Die Besuche des Kanzlers noch länger aufzuschieben, wäre unhöflich gewesen. Kiesinger möchte den aufstrebenden Ländern, von denen besonders Indien und Pakistan große finanzielle und technische Hilfe von der Bundesrepublik erhalten haben, das Interesse an der Festigung der guten Beziehungen dokumentieren und die Bundesrepublik neben der in diesen Ländern um Aktivitäten bemühten DDR profilieren.

Angesichts der schwierigen Finanzlage in der Bundesrepublik kann Kiesinger eine Erhöhung der bisherigen finanziellen Zusagen nicht vereinbaren. Indien erhielt seit 1958 vier Milliarden DM, Pakistan 1,73 Milliarden DM, Ceylon wurden 170 Millionen DM zugesagt, von denen zwei Drittel schon ausgezahlt wurden, und Birma bekam bisher Kapitalhilfen in Höhe von 50 Millionen DM. Kiesinger erläutert seinen Gesprächspartnern die Ziele der Bonner Außenpolitik. Im Anschluß an seine Reise bewertet Kiesinger die Gespräche als positiv, da sie die starke Stellung der Bundesrepublik gefestigt haben und periodische Konsultationen mit den Ländern vereinbart werden konnten.

Schulfrage in Bayern

1. November. Das gemeinsame Volksbegehren von SPD und FDP zur Änderung des Schulartikels zugunsten der christlichen Gemeinschaftsschule in der bayerischen Verfassung wird erfolgreich abgeschlossen.

Erst im Januar dieses Jahres scheiterte ein von der FDP eingeleitetes Volksbegehren mit dem gleichen Anliegen knapp an der 10%-Hürde.

863 822 Wähler – oder 12,9% aller Wahlberechtigten – haben sich in den 7124 Gemeinden Bayerns seit dem 3. Oktober in die Listen der SPD und FDP eingetragen und damit dafür votiert, daß die Bekenntnisschule als derzeitige Regelschule durch die christliche Gemeinschaftsschule ersetzt werden sollte.

Gleichzeitig initiiert CSU-Kultusminister Ludwig Huber ein zweites Volksbegehren »Christliche Volksschule«, das am 13. November ebenfalls erfolgreich abschließt. Darin forderte die CSU die Einführung sog. Bekenntnisklassen innerhalb der christlichen Volksschule.

Nun muß sich der Landtag in München mit der Verfassungsänderung befassen und dann wieder die bayerische Bevölkerung per Volksentscheid. Der Gesetzentwurf gilt als angenommen, wenn mehr Ja- als Nein-Stimmen ausgezählt werden.

Bayerns Kultusminister Ludwig Huber (l.) setzt auf die »Christliche Volksschule« (r. der Rektor der Universität Regensburg Franz Mayer)

Bahnhof des Kohlebergbauortes Penzberg/Oberbayern; auch hier macht sich die Kohlekrise deutlich bemerkbar

Kohleanpassungsgesetz gebilligt

7. November. Der Bundestag in Bonn billigt in erster Lesung das von Bundeswirtschaftsminister Karl F. Schiller entworfene Kohleanpassungsgesetz, das der Bundesregierung ein breitgefächertes Instrumentarium bietet, mittelfristig die angespannte Situation des Steinkohlebergbaus an Ruhr und Saar zu entschärfen, und unzumutbare Härten für den Bergmann ausschließt.

Nach Ansicht Schillers werden von den 295 000 derzeit im Bergbau Beschäftigten innerhalb weniger Jahre rund 35 000 die Pensionsgrenze erreichen und 39 000 eine andere Arbeit aufnehmen müssen. Für diejenigen Bergleute, die ihren Beruf wech-

seln müssen, legt Schiller einen Gesamtsozialplan vor, der u. a. ein Abfindungsgeld in Höhe von mindestens 2000 DM vorsieht. Für jedes über zehn Jahre hinausgehende Beschäftigungsjahr im Bergbau wird die Summe um 300 DM erhöht bis zu einer Höchstgrenze von 5000 DM. Außerdem soll der Bund Feier- und Nachholschichten finanziell ausgleichen und einen besonderen Härteausgleich gewähren.

Eine zentrale Pacht- und Betriebsgesellschaft für den Steinkohlebergbau, die alle Zechen bis zum Jahresende auf freiwilliger Grundlage, dann unter staatlichem Zwang zusammenfassen soll, wird die Gruben

mit dem geringsten Leistungsvermögen stillegen. Anfallende Gewinne dieser Gesamtgesellschaft sollen künftig zur Kohlepreissenkung verwendet werden, um die Kohle wettbewerbsfähig zu machen.

Außerdem legt Schiller einen neuen Strukturplan vor, nach dem neue Industrien in den Steinkohlerevieren angesiedelt werden. So soll langfristig ein neues wirtschaftliches Schwergewicht an Ruhr und Saar geschaffen werden.

Abgelehnt werden Vorschläge der FDP, wie eine Verkleinerung der zollfreien Kontingente von Importkohle oder die Erhöhung der Heizölsteuer (→ 17. 1./S. 16).

Größte Werft der Bundesrepublik

9. November. Die Aufsichtsräte der Deutschen Werft AG, Hamburg, der Howaldtswerke Hamburg und der Kieler Howaldtswerke AG stimmen einem Zusammenschluß der Werften in einer Betriebsgesellschaft zu. Dadurch entsteht mit 22 500 Beschäftigten und einem Jahresumsatz zwischen 700 und 800 Millionen DM die viertgrößte Werft der Welt und die größte der Bundesrepublik. Daß es nicht zu einer Fusion der drei Werften, sondern lediglich zur Gründung einer Betriebsgesellschaft kommt, liegt daran, daß sich die Eigentümer nicht über die Bewertung der Anlagen und der Auftragsbestände einigen konnten. Der Kompromiß zeigt sich auch im Firmennamen »Howaldtswerke – Deutsche Werft AG, Hamburg und Kiel« – der Gesellschaftssitz bleibt geteilt.

Die Betriebsgesellschaft pachtet lediglich die drei Werften und führt sie für eigene Rechnung fort. Sie übernimmt das Umlaufvermögen, Schutzrechte, einzelne Beteiligungen sowie Verbindlichkeiten der Werftgesellschaften und tritt in sämtliche Verbindungen und Verträge ein. Das Grundkapital der Gesellschaft wird je zur Hälfte von der Gruppe Deutsche Werft und der Gruppe Salzgitter übernommen. Im Gegenzug erhält der selbst auf schwachen Füßen stehende Bundeskonzern eine hohe Auftragsquote für Stahllieferungen.

Starfighter muß höher fliegen

1. November. Eine Anordnung der Luftwaffeninspektion der Bundeswehr tritt in Kraft, die die Flughöhe der Starfighter der Luftwaffe um 90 m heraufsetzt.

Luftwaffeninspekteur General Johannes Steinhoff gibt damit Beschwerden der Bevölkerung nach, die in der Nähe der Luftwaffenstützpunkte lebt oder in den Flugschneisen der Starfighter. Wenn die Piloten in 160 m Höhe bei ihren Flügen über die Wohngebiete hinwegrasten, entstand für die Bewohner eine unzumutbare Dauerbelastung durch Fluglärm. Die neue Höhengrenze beträgt 250 m über dem Erdboden.

Mit dem Starfighter F-104 absolvieren die Piloten der Bundeswehr ihre Übungsflüge, ab 1. November 1967 dürfen sie eine Mindesthöhe von 250 m über dem Erdboden aus Gründen des Lärmschutzes nicht unterschreiten

Erneuter Konflikt um Zyprioten

16. November. Ein zweiter Krieg nach dem Sechstagekrieg (→ 5. 6./S. 96) droht im Mittelmeerraum auszubrechen. Auf Zypern liefern sich Griechen und Türken ein achtstündiges Gefecht um die beiden Ortschaften Kophinou und Agios Theodoros, das 27 Todesopfer fordert. Die auf der Insel stationierten Friedenstruppen der Vereinten Nationen (UN) können nur mit Mühe die Ruhe wiederherstellen.

Daraufhin versetzen Griechenland und die Türkei ihre Truppen in Alarmbereitschaft und lassen sie an den Landesgrenzen aufmarschieren. Türkische Jagdflugzeuge überfliegen Zypern und Kriegsschiffe

Der Staatspräsident der Insel Zypern, Erzbischof Makarios III.

Die türkische Flotte verläßt den Hafen von Mersin in der Süd-Türkei, dem nächstgelegenen Hafen zu Zypern, nachdem die Zypernkrise ausbrach

nehmen Kurs auf die Insel. Die Hochspannung klingt auch nicht ab, als General Jeorjios Grivas der griechisch-zypriotischen Nationalgarde befahl, sich in ihre Ausgangsstellung zurückzuziehen. Die Regierung in Athen hatte unter dem Druck eines Ultimatums aus Ankara, das nicht zum Nachgeben bereit scheint, dazu den Befehl gegeben.

Zyperns Staatspräsident, Erzbischof Makarios III., hatte gerade Kontakte zwischen Ankara und der türkischen Minderheit auf der Insel geknüpft, um den seit vier Jahren schwelenden Zypern-Konflikt durch eine »unabhängige Lösung« zu beenden, als Grivas, der als ein fanatischer Anhänger der sog. Enosis – des Anschlusses Zyperns an Griechenland – gilt, mit seinen militärischen Einheiten diesen Konflikt provozierte.

Die Türkei verfolgt in der Zypern-Frage eine Politik der Trennung: Ein Teil der Insel soll an die Türkei, einer an Griechenland angeschlossen werden. Als einzige Alternative kommt für Ankara noch die Unabhängigkeit der Insel in Frage. Allerdings nur unter zwei Bedingungen, nämlich daß die Türkei einen militärischen Stützpunkt auf der Insel unterhalten kann und daß den türkischen Zyprioten, die 20% der Gesamtbevölkerung stellen, die Autonomie garantiert wird.

US-Nationalgarde wird verstärkt

7. November. US-Verteidigungsminister Robert S. McNamara gibt in Washington bekannt, daß die Nationalgarde noch bis Ende dieses Jahres um 12 000 Mann aufgestockt werden soll.

Diese Maßnahme wird in erster Linie hinsichtlich der noch immer schwelenden Rassenunruhen in den Großstädten der Vereinigten Staaten getroffen (→ 15. 7./S. 114). Bei der Nationalgarde handelt es sich um eine Bürgerwehr, die ähnlich wie die Polizei den Gouverneuren der einzelnen Bundesstaaten untersteht und die vor allem im Umgang mit Demonstranten gezielt ausgebildet wird. Die Männer in der dunklen Uniform sind in den Vereinigten Staaten wegen ihres harten Vorgehens gefürchtet und verhaßt.

Kurdenboykott im Irak

30. November. Die irakischen Kurden treten in einen Boykott gegen die Regierung in Bagdad, da diese ihre Zusagen nach kurdisch verwalteten Regionen bis jetzt noch nicht verwirklicht hat.

Die Kurden ziehen ihre Minister aus Bagdad zurück und fordern alle Kurden zur Rückkehr in die nördlichen Gebiete des Iraks auf. Außerdem nehmen sie ihren geheimen Rundfunksender wieder in Betrieb. Mitte November kündigte Kurdenführer Mulla Mustafa Al Barsani diese Schritte gegenüber dem irakischen Staatspräsidenten Abd ar-Rahman Arif an, wenn bis zum 30. November das 1966 zwischen den Kurden und der irakischen Regierung abgeschlossene Abkommen nicht erfüllt werde, das ihre Autonomiewünsche berücksichtigt.

Mir Muawia Yezidi (M., stehend), ein Kurdenführer, mit Leibgarde

Nationalistische Parolen finden sich auf vielen Häusern Südtirols

Südtirol-Konflikt scheint beseitigt

18. November. In London beraten wieder erstmalig seit dem Vorjahr österreichische und italienische Experten über den Konflikt in Südtirol. Hauptgesprächsthema ist die Möglichkeit der internationalen Verankerung des sog. Südtirol-Pakets.

Dabei handelt es sich um von der italienischen Regierung in Aussicht gestellte Maßnahmen, die die Landesautonomie neu ordnen und damit einen größeren Schutz der Südtiroler deutschen und ladinischen Minderheit und ein besseres Zusammenleben in der umstrittenen italienischen Region Trentino (Südtirol) bieten sollen, wo erst am 30. September ein Sprengstoffanschlag auf den Alpenexpreß in der Nähe von Trient ausgeübt worden war. Das »Paket« enthält weitreichende Zugeständnisse in der Ausdehnung der Autonomie: Es gewährt den Organen der Provinz administrative, kulturelle und wirtschaftliche Befugnisse.

Der Parteiausschuß der Südtiroler Volkspartei (SVP) hat auf seiner letzten Konferenz vom 8. bis 21. Oktober in Bozen dieses »Paket« grundsätzlich gutgeheißen, obwohl es nicht alle geforderten Befugnisse einer echten Autonomie enthalte. Die SVP beharrt jedoch darauf, daß die italienische und österreichische Regierung eine internationale Verankerung vereinbaren – als eine Voraussetzung für diese Maßnahmen. Italien sieht jedoch genau in diesem Punkt seine Rechte verletzt.

Teilnehmer des Friedensmarsches in Palermo, Sizilien   *Danilo Dolci (Mitte) während der abschließenden Kundgebung vor der US-Botschaft in Rom*

550-km-Marsch nach Rom für den Frieden in Vietnam und auf der ganzen Welt

5. November. Für den »Frieden in der Welt und in Vietnam« beginnen rund 1000 Menschen in Mailand einen 550-km-Marsch, der von dem prominenten Sozialreformer Danilo Dolci angeführt wird. An der Spitze der Kolonne, die am 29. November in Rom ankommen wird, werden die Fahnen Italiens, Nordvietnams, der Nationalen Befreiungsfront Vietnams und die Fahne der Vereinigten Staaten mit der Aufschrift »Es lebe der Widerstand des anderen Amerika« getragen.

Auf den im Zug getragenen Plakaten sind Parolen wie »Besser heute aktiv als morgen radioaktiv« und »Besser heute ein Marsch als morgen eine Bombe« zu lesen. Viele Teilnehmer tragen rote Halstücher mit dem Bild des südamerikanischen Revolutionärs Ernesto »Che« Guevara (→ 9. 10./S. 160). Die Teilnehmer an dem Friedensmarsch verteilen Postkarten mit einem Appell an die italienische Regierung, sich klar von dem US-amerikanischen Vorgehen in Vietnam zu distanzieren. Diese Postkarten sollen direkt an Italiens Ministerpräsident Aldo Moro gesandt werden. Wie schon bei Protesten am 22. Oktober wird gezeigt, daß ein Krieg nicht aufgrund seiner Entfernung vergessen wird.

NLF proklamiert Republik Jemen

30. November. Nach 128 Jahren britischer Kolonialherrschaft proklamiert Staatspräsident Kahtan Mohammed as-Scha'abi die unabhängige Demokratische Volksrepublik Jemen. Der junge Staat umfaßt die Scheichtümer und Sultanate der ehemaligen Südarabischen Föderation, die Hafen- und Industriestadt Aden und das Ostadenprotektorat.
In den letzten Wochen vor der Unabhängigkeit kam es zu heftigen Kämpfen zwischen der Nationalen Befreiungsfront (NLF) und der Befreiungsfront Südjemen (FLOSY), die mehrere Tote gefordert haben. Bei den Kämpfen konnte die NLF schließlich die Oberhand gewinnen. Bis zur Verabschiedung einer endgültigen Verfassung leitet ein Elferkabinett den Südjemen, das sich aus dem Generalkommando der NLF rekrutiert. Die Regierung strebt eine Einbeziehung des Nachbarstaats Arabische Republik Jemen an.

Apartheid in Rhodesien

6. November. Das rhodesische Parlament in Salisbury nimmt mit 46 gegen sieben Stimmen eine Gesetzesvorlage an, die Rassentrennung in Parks, Schwimmbädern und anderen Sportstätten einführt.
Damit wird ein weiteres Gesetz in Rhodesien verabschiedet, das die 4,5 Millionen Schwarzen unterdrückt. Gegen den Widerspruch Großbritanniens, das die Gleichstellung von Schwarzen und Weißen forderte, erklärte am 11. November 1965 der weiße, noch amtierende Ministerpräsident Ian Smith Rhodesien zu einem unabhängigen Staat. Gleichzeitig verhängte Smith den Ausnahmezustand über das Land. Wer die weiße Regierung kritisiert, wird entweder unter Hausarrest gestellt oder – wenn er von schwarzer Hautfarbe ist – in eines der drei Konzentrationslager des Landes eingewiesen. Im Parlament von Salisbury sind 50 der 65 Sitze für Weiße reserviert. Schwarze erhalten nur das Wahlrecht, wenn sie über ein bestimmtes Vermögen verfügen. Es sind nur 6000 schwarze Wähler registriert.

Proteste gegen Rhodesiens Apartheid werden brutal unterdrückt

Politische Morde auf den Philippinen

15. November. Die Senats- und Provinzialwahlen auf den Philippinen werden von der blutigsten innenpolitischen Terrorwelle in der 21jährigen Geschichte der Republik im Malaiischen Ozean begleitet. Seit dem Beginn des Wahlkampfes vor rund zwei Monaten sind einer

F. E. Marcos

inoffiziellen Zählung zufolge 117 politische Morde verübt und 108 Menschen verwundet worden.
In dieser Atmosphäre verlieren trotzdem die Kandidaten der regierenden Nationalistischen Partei in Manila gegen die der liberalen Oppositionspartei. Das ist ein Schlag für Präsident Ferdinando Edralin Marcos, der jedoch Präsident bleibt.

Söldnerrevolte niedergeschlagen

4. November. Drei Monate lang konnten sich die 130 weißen Söldner und die knapp 1000 schwarzen Katanga-Gendarmen, die seit dem → 3. Juli (S. 112), angeblich wegen eines Soldrückstandes, gegen den amtierenden kongolesischen Staats- und Ministerpräsidenten Joseph Désiré Mobutu revoltiert haben, in der Grenzstadt Bukavu halten. Unter den heftigen Attacken der kongolesischen Nationalarmee müssen sich die Aufständischen nun über den Kivu-See in den Nachbarstaat Ruanda zurückziehen.

Mobutu fordert die Auslieferung der Rebellen, die unter der Führung des Belgiers Jean Schramme stehen, der jetzt nur auf freies Geleit für sich und seine Leute hoffen kann.

Schon am → 21. August (S. 128) gab Schramme bekannt, daß er bereit sei, den Kongo zu verlassen.

Sowohl der Sicherheitsrat der Vereinten Nationen (UN) in New York als auch die Organisation für Afrikanische Einheit (OAU) bemühten sich um eine friedliche Beilegung des Söldnerkriegs. Auf Geheiß der OAU verhandelte das Internationale Rote Kreuz mit der kongolesischen Zentralregierung über den friedlichen Abzug der Söldner.

Diese sollten auf die Mittelmeerinsel Malta und von dort aus in ihre jeweiligen Heimatländer gebracht werden; die Katanga-Gendarmen mit ihren 600 Frauen und Kindern sollten nach Sambia evakuiert werden.

Schramme forderte jedoch feste Sicherheitsgarantien für das Leben seiner Söldner von der Regierung in Kinshasa, die nach wie vor ihre Nationalarmee in der Gegend von Bukavu zusammenzog.

Gleichzeitig bemühte sich die kongolesische Regierung unter Mobutu, die Auslieferung des mutmaßlichen Drahtziehers des Söldneraufstands, des früheren Ministerpräsidenten Moise Tschombé, der in Algerien inhaftiert ist, zu erreichen.

Der algerische Staatspräsident Houari Boumedienne fordert jedoch als Gegenleistung für die Auslieferung Tschombés, daß der Kongo die Beziehungen zu den Vereinigten Staaten und vor allem zu Israel lösen soll. Da Joseph Désiré Mobutu auf diese Bedingung nicht eingehen will, scheitert das Auslieferungsbegehren.

Historischer Teil der Parade anläßlich des 50. Jahrestags der Oktoberrevolution auf dem Roten Platz

Oktoberrevolution vor 50 Jahren

2. November. In der festlich dekorierten sowjetischen Hauptstadt Moskau beginnen die Feierlichkeiten zum 50. Jahrestag der Oktoberrevolution mit der Enthüllung eines von insgesamt drei Lenin-Denkmälern im Kreml-Garten. Die gesamten Jubiläumsfeierlichkeiten stehen im Zeichen des großen russischen Revolutionärs Wladimir I. Lenin. Die obersten Würdenträger aus Partei und Staat sind anwesend sowie 90 Vertreter ausländischer kommunistischer Parteien. Die Feier wird direkt vom Fernsehen in alle Ostblockstaaten übertragen.

Festkonferenz der sowjetischen Führungsgremien im Kreml

In der anschließenden Festkonferenz der sowjetischen Führungsgremien blickt der Generalsekretär der Kommunistischen Partei, Leonid Breschnew, in einer fünfstündigen Rede auf die sowjetische Entwicklung zurück. Einen erheblichen Teil seiner Ausführungen widmet Breschnew den Leninschen Prinzipien der sowjetischen Außenpolitik. Lenin habe eine »Politik zur Verteidigung des Friedens« verlangt, sie sei unversöhnlich gegen den Aggressor, aber gleichzeitig elastisch. Da der »Imperialismus sein Gesicht nicht verändert« habe, sei Vorsicht geboten.

Das weltbewegende Jahr 1917

Die russische Oktoberrevolution (6./7. November unserer Zeitrechnung) kennzeichnet den Beginn einer neuen Epoche in der Weltgeschichte. Die Ereignisse von 1917 im chronologischen Verlauf:

10. 3.: Beginn eines Generalstreiks in Petrograd (heute Leningrad)

11./12. 3.: Die Petrograder Garnison verbündet sich in der Februarrevolution mit den Arbeitern

12. 3.: In Petrograd entsteht der »Vereinigte Rat der Arbeiter- und Soldatendeputierten«

15. 3.: Zar Nikolaus II. dankt ab; Georgi Fürst Lwow bildet eine Provisorische Regierung

17. 4.: In den »April-Thesen« fordert Wladimir I. Lenin die Bekämpfung der Provisorischen Regierung

17. 7.: Der von den Bolschewiki nur zögernd unterstützte Juli-Putsch scheitert

21. 7.: Der rechte Sozialrevolutionär Alexandr F. Kerenski wird Ministerpräsident

23. 10.: Auf einer Sitzung der führenden Bolschewiki wird auf Betreiben Lenins der bewaffnete Aufstand beschlossen

7. 11.: In der Oktoberrevolution wird nach dem Sturm auf das Winterpalais in Petrograd die Provisorische Regierung mit Ausnahme Kerenskis gefangengenommen; erstes Anliegen ist die Beendigung des Krieges mit den Deutschen

Kranzniederlegung am Moskauer Lenin-Mausoleum: vorn Walter Ulbricht, (dahinter v. l.) Willi Stoph, Friedrich Ebert und Erich Honnecker

Rettung durch Pfund-Abwertung

18. November. Das britische Pfund Sterling wird um 14,3% von 2,80 US-Dollar (etwa 11,20 DM) auf 2,40 US-Dollar (etwa 9,06 DM) abgewertet.

Nach eingehenden Beratungen entschlossen sich Premierminister Harold Wilson und sein Schatzkanzler James Callaghan am Vorabend in der Londoner Downing Street zu diesem schwerwiegenden Schritt und geben weitere Maßnahmen zur Gesundung der britischen Wirtschaft bekannt, deren Handelsdefizit auf 107 Millionen Pfund angewachsen ist. Die Maßnahmen sollen den Export ankurbeln und den Im-

Makler vor der geschlossenen Börse

Aus den Morgenzeitungen erfahren die Briten von der Pfund-Abwertung

port sowie den binnenländischen Konsum drosseln:

▷ Großbritannien bemüht sich um Kredite in Höhe von drei Milliarden DM, teils beim Internationalen Währungsfond (IMF), teils bei ausländischen Zentralbanken

▷ Der Bonus der selektiven Beschäftigungssteuer wird gestrichen, den bisher Produzenten erhielten, um die Produktivität zu fördern

▷ Der Exportrabatt wird abgeschafft, da britische Ware nach der Abwertung auf dem Weltmarkt billiger ist

▷ Die Körperschaftssteuer wird von 40% auf 42,5% erhöht

▷ Die Dividenden werden künftig strengstens kontrolliert

▷ Der Diskontsatz wird von 6,5% auf 8% erhöht – das ist der höchste Satz seit 1914

▷ Bankkredite werden erschwert

▷ Die öffentlichen Ausgaben in Großbritannien sollen drastisch gekürzt werden.

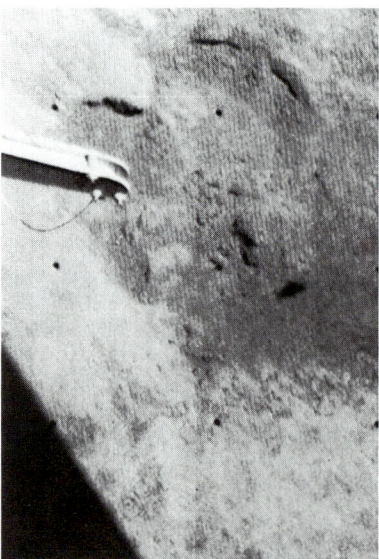

Funkbild der US-Mondsonde »Surveyor« von der Mondoberfläche

US-Erfolg mit der »Saturn V«

11. November. Mit dem geglückten »Saturn V«-Testflug und der weichen Landung der »Surveyor 6« auf dem Mond am 10. November gelingen der US-amerikanischen Raumfahrt zwei bedeutende Erfolge.

Bei der 135 t schweren Trägerrakete »Saturn V« handelt es sich um einen Prototyp des »Apollo«-Raumschiffs, mit dem drei US-Astronauten zum Mond fliegen sollen. Das Experiment verläuft präzise nach Plan: Der Start von Kap Kennedy, die Steuerung und die Zündung der 92 Motoren funktionieren wie vorausberechnet.

»Clean Air Bill« tritt in Kraft

21. November. In den Vereinigten Staaten tritt ein neues Gesetz über die Reinhaltung der Luft, die »Clean Air Bill«, in Kraft, durch das der Luftverschmutzung durch Autoabgase Einhalt geboten werden soll.

Danach bedürfen von 1968 an alle importierten Personen- und leichten Kraftfahrzeuge mit Benzinmotor einer Lizenz des US-Gesundheitsministeriums. Ehe ein neues Modell zugelassen wird, muß ein Serienwagen 80 000 km im Test gelaufen sein, wobei die Konzentration der Autoabgase laufend geprüft wird. Für Autos mit mehr als 2294 ccm Hubraum wird der zulässige Ausstoß von unverbrannten Kohlenwasserstoffen mit 0,275 Promille festgesetzt, während bei Kohlenmonoxid noch durchschnittlich 1,5% erlaubt sind. Für Motoren mit kleinerem Hubraum gelten Werte von 0,375 Promille bzw. 2,4%. Das gegenwärtige Durchschnittsfahrzeug erzeugt Abgase mit 0,8 Promille Kohlenwasserstoffen und 3,5% Kohlenmonoxid. Für kleinere Fahrzeuge gelten weniger strenge Normen.

Lebensstandard in EG

22. November. Laut einer Untersuchung der Europäischen Gemeinschaft (EG) über Verbraucherausgaben haben die Bürger Luxemburgs den höchsten Lebensstandard.

Sowohl in den Arbeitnehmerhaushalten als auch bei den Landwirten des kleinsten EG-Mitgliedsstaates herrscht im Vergleich zu den übrigen EG-Ländern das höchste Lebensniveau. Sie besitzen die meisten langlebigen Verbrauchsgegenstände und haben die größten Wohnflächen zur Verfügung.

Lebenshaltungskosten in der EG

	Belgien	BRD	Frankreich	Italien	Luxemburg	Niederlande
1967	119	114	118	126	115	126
1962 = 100	98	95	92	94	99	96
1960						

Bruttosozialprodukt in der EG*
(in Mrd der Landeswährung)
*Bruttosozialprodukt zu Marktpreisen

	Belgien	BRD	Frankreich	Italien	Luxemburg	Niederlande
1966	906,4	480,7	500,5	38,4 (Bill.)		75,1
1960	572,6	296,8	296,2	21,1 (Bill.)	24,7	42,7

Zusatzwert Italien: 33,8

Assuan-Kraftwerk im Probebetrieb

7. November. Kairo erhält zum erstenmal Strom vom Assuan-Kraftwerk. Die erreichte Leistung des mit sowjetischer Unterstützung erbauten Kraftwerks an dem neuen Assuan-Staudamm beträgt zunächst nur 50 000 Kilowatt, wird aber im Dezember 1967 auf das Vierfache gesteigert.

Der größte Staudamm Afrikas mit einem Stauinhalt von 164 km³ Wasser (die Schwamenauel Rur-Talsperre staut 0,205 km³ Wasser) dient nicht nur der Stromerzeugung, sondern auch der Bewässerung der Felder, wodurch jetzt bis zu drei Ernten pro Jahr möglich werden.

Individuelle Raumgestaltung durch das Wohnzimmer-Anbauprogramm

Stoffaufsätze der Schranktüren und Sitzgruppe aus dem gleichen Stoff

Die Stoffe, Tapeten und Teppichböden in diesem Wohnraum sind aufeinander abgestimmt

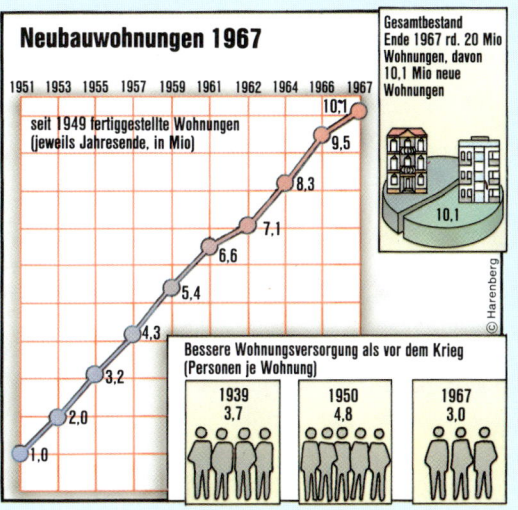

Moderne Anbauküchen mit modernen Einbau-Elektrogeräten sind noch immer relativ teuer

Wohnen 1967:

Leichte Möbel mit klarer Formgebung

Die Situation auf dem Wohnungsmarkt entspannt sich zunehmend. 1967 wird die zehnmillionste Wohnung übergeben, die nach 1949 gebaut worden ist. Die modernen Wohnungseinrichtungen haben ein nüchternes Design, das stark an Funktionalität ausgerichtet ist.

Jede Wohnung verfügt durchschnittlich über 4,1 Räume. Die gesamte zur Verfügung stehende Wohnfläche beträgt rund 82 m². Die Wohnungen in ländlichen Gebieten sind mit durchschnittlich 4,8 Räumen größer als in den Städten mit mehr als 500 000 Einwohnern, wo jede Wohnung im Schnitt aus 3,6 Räumen besteht.

Die Ausstattungen der Wohnungen mit Bad, Küche und WC läßt nach wie vor noch viele Wünsche offen, wobei Eigentumswohnungen im allgemeinen besser ausgestattet sind als Mietwohnungen in Ein- oder Zweifamilienhäusern. In jeder fünften Mietwohnung gibt es weder ein Bad noch ein WC, in 4% der Küchen ist nicht einmal ein Wasseranschluß und/oder ein Ausguß vorhanden. Der Anteil der zentralbeheizten Wohnungen ist 1967 auf 83% gestiegen, im Vorjahr waren nur 75% der Wohnungen zentralbeheizt.

Das Interesse an der geschmackvollen Einrichtung der Wohnung nimmt weiter zu. Die schwerfälligen Möbelstücke machen solchen Platz, die leicht von Gewicht, beweglich, praktisch und klar in der Linie sind. Durch neue Methoden der Verarbeitung von Holz und Metall und durch neue Kunststoffe mit unterschiedlichen Eigenschaften bekommt die Wohnung mehr freien Raum, mehr Farbe und mehr Varianten in den Formen. Da in vielen Häusern feste Einbauten viele Funktionen übernehmen, werden mehr Möbelstücke entbehrlich. So kann beispielsweise eine Schrankwand Bufett, Kommode, Kasten und Truhe ersetzen.

Zunehmend setzen sich sog. Möbelsysteme durch. Die in ihrer Funktion unterschiedlichen Teile sind in Höhe, Breite und Tiefe aufeinander abgestimmt und können so, ganz nach individuellen Wünschen und nach den räumlichen Gegebenheiten, problemlos kombiniert werden. Die Formgebung dieser Systeme bleibt immer klar, sachlich und offen. Viel Weiß wird mit kräftigen Farben kombiniert. Die Stoffe und Bezüge, Gardinen und Teppichböden sind oft einfarbig, Ton in Ton aufeinander abgestimmt, unruhige Muster geradezu verpönt.

Die Suche nach futuristischen Formen und nach einem neuen Wohngefühl treibt jedoch auch kuriose Blüten. So entwickelt der Hanauer Designer Peter Raacke formschöne, wenn auch unbequeme »Wegwerf-Möbel« aus Wellpappe. Sein Stuhl verträgt 1,5 t Druck und hält etwa zwei Jahre, dann wirft man ihn weg.

Der 200millionste Bürger der USA

20. November. Durch die Geburt eines Chinesen mit US-amerikanischer Staatsbürgerschaft erreicht die Bevölkerung der Vereinigten Staaten auf der Bevölkerungszähluhr um 11 Uhr offiziell die 200-Millionen-Grenze.

Rund drei Jahrhunderte brauchten die Vereinigten Staaten, um die 100-Millionen-Grenze zu erreichen. Innerhalb von 52 Jahren hat sich diese Zahl verdoppelt. Im Jahr 2000 sollen die Vereinigten Staaten bereits 300 Millionen Einwohner zählen. Die Bevölkerungsdichte der Vereinigten Staaten, Hawaii und Alaska ausgenommen, beträgt derzeit 65 Einwohner pro Quadratkilometer, in der Bundesrepublik sind es 127,1 Einwohner je Quadratkilometer. Neben den Vereinigten Staaten gehören China, Indien, die Sowjetunion und Indonesien zu den volkreichsten Staaten der Erde.

»Miss World '67« wird ohnmächtig

17. November. *Bei der internationalen Schönheitskonkurrenz in London gewinnt die 21jährige Madelaine Hartog Bel. Die Vertreterin Perus wird im Londoner Lyceum-Theater unter ihren internationalen Mitbewerberinnen als schönste Frau der Welt 1967 ausgewählt und gekrönt (Foto). Nach ihrer Wahl sinkt »Miss World« seufzend in Ohnmacht.*
Die Tochter eines peruanischen Landwirts ist 1,65 m groß und arbeitet als Fotomodell.
Auf den zweiten Platz setzt die Jury in London »Miss Argentinien«, Maria Sabalabska, während »Miss Guyana«, Shokira Baksh, Dritte wird.
Die bundesdeutsche Teilnehmerin Ruth Kocher aus Krefeld erreicht den siebenten Platz.

316 Todesopfer bei Überschwemmung

26. November. Über Nacht verwüsten sintflutartige Regenfälle das Gebiet nördlich von Lissabon in Portugal. 316 Menschen kommen in den Wasser- und Schlammassen ums Leben; die Überschwemmungskatastrophe verursacht Schäden in Höhe von mindestens 150 Millionen DM.

Am schwersten betroffen sind das Elendsviertel von Lissabon, Odivelas, sowie das 30 km von der portugiesischen Hauptstadt entfernte Industriegebiet Villa Franca de Xira und eine Reihe kleinerer Ortschaften im Tejo-Tal. Die Gemeinde Quintas wird buchstäblich von der Landkarte ausgelöscht, 30% der Einwohner finden den Tod. Viele Menschen können nicht einmal das Nötigste ihrer Habe retten. Die Regierung versucht durch eine strenge Nachrichtenzensur das Ausmaß der Katastrophe zu verschleiern.

Spanien erlaubt sich, anläßlich der Krönung in Teheran zu überreichen: Eine vergoldete Garotte, versehen mit der Ziselierung »In medias res«.

*

Das wiedererwachte Griechenland grüßt Persiens Kaiser! Seine Majestät, König Konstantin, erlaubt sich im Rahmen der hellenischen Aktion »Ein Platz unter der Sonne« 1001 Freiplätze für persische Bauernsöhne auf der Gefängnisinsel Jaros anzubieten.

*

US-Telegramm: »Sprudelt wo des Öles Quelle, ist die Freiheit stets zur Stelle!«

*

US-Präsident Lyndon B. Johnson

»Da oben hat sich in den letzten Tagen wieder einiges getan!«

rauft sich verzweifelt die schütteren Haare und fragt die erstaunte Runde: »Um Himmels willen, McNamara hat tatsächlich gesagt, daß Vietnam nicht in Amerika liegt?«

Humor 1967:

Lachen über Politik

Vielen bleibt zwar in diesem Jahr angesichts der welt- und bundespolitischen Situation das Lachen im Halse stecken, Witz und Satire entdecken jedoch in den Problemen das Lächerliche und nehmen den Zeitgeist auf die Schippe.

Neben den altbekannten Ehewitzen florieren 1967 auch wieder Witze über Bundespräsident Heinrich Lübke, der in seiner naiv anmutenden Ehrlichkeit kein Fettnäpfchen auszulassen scheint. Witzthemen sind außerdem die Krönungsfeierlichkeiten für Schah Mohammad Resa Pahlawi von Persien, der schwelende Rassismus in den Vereinigten Staaten, US-Präsident Lyndon B. Johnsons Ratlosigkeit bezüglich des Vietnamkriegs oder der Schlankheitswahn von Twiggy-Anhängerinnen.

Helmut Schmidt, Willy Brandt und Kurt Georg Kiesinger beraten mit ernster Miene. Macht Schmidt Bundeskanzler Kiesinger folgenden Vorschlag: »Wir spielen jetzt Skat. Wenn einer von uns gewinnt, wird Willy Bundeskanzler, und wenn Sie verlieren, werden Sie Nachfolger von Herrn Lübke.«

Bundespräsident Heinrich Lübke auf Staatsbesuch in Indien: »Nein, nein, Frau Gandhi . . . ich war selbst 50 Jahre lang Landwirt . . . wenn es heilige Kühe gibt, müßte ich davon bestimmt wissen.«

Eine Frau liegt auf dem Bauch und sieht durch das große Loch in ihrem Schlafzimmerboden in das Wohnzimmer der darunterliegenden Wohnung: »Ich hab' dir schon immer gesagt, in diesen Sozialbauten darf man einfach nicht mit vollem Schwung ins Ehebett springen!«

»Am Fall Twiggy, lieber Vikar, können Sie sehen, wie die Vorsehung arbeitet. Noch vor ein paar Monaten schien es, als würden wir alle von einer schmutzigen Sexwelle überspült. Da schickt uns der Himmel dieses Mädchen.«

*

Berliner Polizeipräsident vor dem Metzgereistand: »Ein Viertel Studenten, äh, Leberwurst, bitte!«

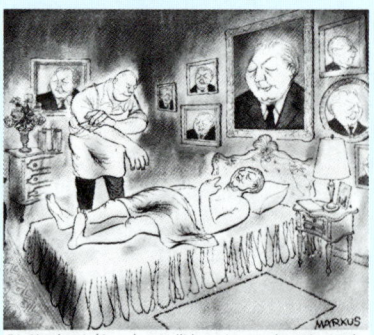

Die Mundpartie bitte sehr gründlich massieren — das gütige Landesvater-Lächeln klappt in der letzten Zeit nicht mehr richtig.

Der ägyptische Staatspräsident Gamal Abd el Nasser nach der Niederlage im Sechstagekrieg gegen Israel: »Allah ist ziemlich groß!«

*

»Meine Güte, Twiggy, weißt du noch, was es im letzten Sommer für eine Aufregung gab wegen der Oben-Ohne-Badeanzüge?«

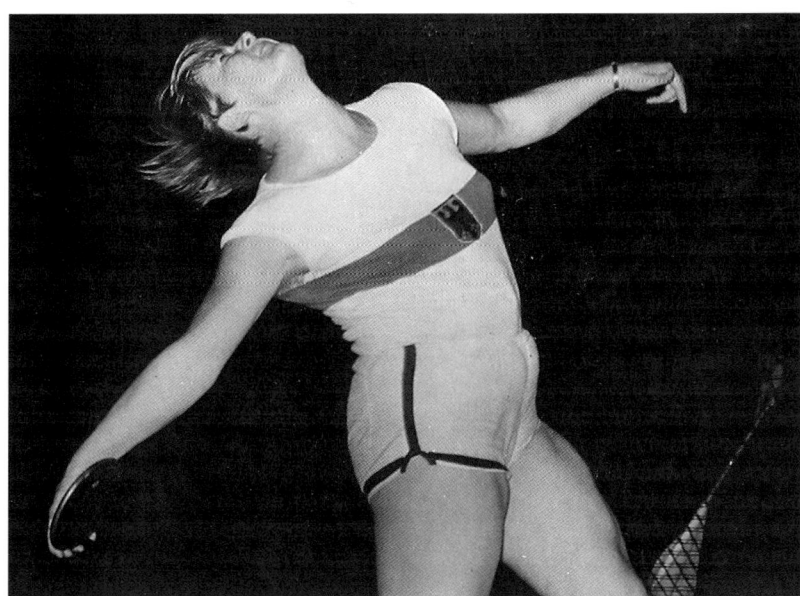

Liesel Westermann gelingt in Sao Paulo ein Weltrekord im Diskuswerfen

Westermann: 61,26 m

5. November. Mit 61,26 m stellt die Hannoveranerin Liesel Westermann bei den Leichthathletikwettkämpfen zwischen der Bundesrepublik und Brasilien in Sao Paulo einen Weltrekord im Diskuswerfen auf.

Schon seit Wochen näherte sich die 23jährige Sportlerin der alten Rekordmarke der sowjetischen Sportlerin Tamara Press (59,70 m) aus dem Jahr 1965. Mit einer Steigerung um mehr als 1,5 m hat jedoch niemand gerechnet: Zum erstenmal wirft eine Frau den Diskus über die 60-m-Marke, und zum erstenmal seit sieben Jahren stellt eine bundesdeutsche Sportlerin einen Weltrekord in einer olympischen Disziplin auf.

Liesel Westermann bereitet sich gerade an der Sporthochschule in Köln auf das Sportlehrerdiplom vor.

Rassenkampf im Sport

23. November. Auf der »Konferenz der schwarzen Jugend« in Los Angeles beschließen 200 US-amerikanische farbige Sportler, darunter die Weltrekordsprinter Tommie Smith und Lee Evans sowie der Basketballstar Lew Alcindor, die Olympischen Spiele 1968 in Mexiko zu boykottieren.

Der Aufruf der farbigen Sportler von Los Angeles ist der bisherige Höhepunkt bei den Versuchen, bekannte und erfolgreiche schwarze Sportler dafür zu gewinnen, auf die permanente Rassendiskriminierung in den Vereinigten Staaten hinzuweisen. Evans und Smith hören beide bei Professor Harry Edwards am San José College, der dieses Treffen organisiert hat und als einer der militantesten Negerführer der Vereinigten Staaten gilt.

Der frühere Olympiasieger Jesse Owens und Weitspringer Ralph Boston hingegen rufen zur Mäßigung auf. Der olympische Ausschuß handelt das Thema mit der bissigen Bemerkung ab, daß die Sportler sich zuerst qualifizieren sollten, bevor sie boykottieren.

Sprinter Lee Evans kämpft gegen Rassendiskriminierung in den USA

Meditation findet weite Verbreitung

Der Hindu-Mönch Maharischi Mahesch Yogi reist von seinem Heimatland Indien nach Europa, wo er u. a. in der ersten Novemberwoche auch die bundesdeutschen Meditationszentren in München, Berlin (West) und Bremen mit seiner leiblichen Gegenwart beehrt. Das Idol aller Hippies in der westlichen Welt, Gründer, Lehrer, Oberhaupt und Unternehmer der »Academic Meditation Society« (AMS), kann seit 1960, als er zum erstenmal die Wälder von Rishikesh am Ganges verließ, immer mehr Anhänger für die »transzendentale Meditation« gewinnen. Allein 8000 Yogi-Jünger meditieren in der Bundesrepublik, Hunderttausende in aller Welt, darunter Berühmtheiten wie die Popgruppe »The Beatles«, die Schauspielerinnen Mia Farrow und Shirley MacLaine.

Seine Botschaft fasziniert die Menschen. Zu »Frieden und Harmonie« sollen diejenigen gelangen, die sich täglich in sich selbst versenken und dabei »unerreichte Tiefen des Denkens« ertasten. Alle westlichen Zivilisationskrankheiten, Schlaflosigkeit, psychosomatische Krankheiten, überhaupt alle negativen Dinge, so verspricht der bärtige Inder, hören einfach auf. Er selbst faßt seine Entspannungsübungen so zusammen: »... die Gedankenwellen werden stärker und führen zu vermehrter Energie.«

Die »Technik der Persönlichkeitsentfaltung« kann »jedermann, gleich, welchen Alters oder Geschlechts, gleich, welcher Religion oder Rasse, gleich, welcher beruflichen oder sozialen Stellung«, für eine einmalige »steuerlich absetzbare« Spende erlernen.

Auch die Mitglieder der Popgruppe »The Beatles« samt Freundinnen und Ehefrauen werden Schüler eines Eremiten aus Indien (Foto), der sich Yogi Maharischi Mahesch nennt; er lehrt den Sängern die »transzendentale Meditation«

Hinten v. l.: McCartney, Lennon, Maharischi Mahesch

Dezember 1967

Mo	Di	Mi	Do	Fr	Sa	So
				1	2	3
4	5	6	7	8	9	10
11	12	13	14	15	16	17
18	19	20	21	22	23	24
25	26	27	28	29	30	31

1. Dezember, Freitag

Die vom Bundesinnenministerium erlassene Anordnung tritt in Kraft, nach der alle Flugpassagiere, die aus dem Ausland kommen, eine Landekarte ausfüllen müssen. →S. 200

Der Bundestag in Bonn verabschiedet das Filmförderungsgesetz mit der umstrittenen »Sittenklausel«, die jene Filme ausschließt, die gegen die Verfassung oder die Gesetze verstoßen oder das sittliche und religiöse Gefühl verletzen.

Kuwait legt den Grundstein zum Bau eines schwimmenden Hafens vor seiner Küste, der es Tankern bis zu 300 000 BRT ermöglicht, kuwaitisches Öl zu laden.

Der Straßentunnel durch den San Bernardino auf der Strecke Splügen–Mesocco im Kanton Graubünden (Schweiz) wird für den Verkehr freigegeben. →S. 201

2. Dezember, Sonnabend

Bundeswehrgeneralmajor Jürgen Bennecke wird Oberbefehlshaber der Alliierten Streitkräfte (AFCENT). Er löst in Brunssum bei Maastricht General Johann Adolf von Kielmannsegg ab.

Das »Rote Buch« mit Worten des chinesischen Parteivorsitzenden Mao Tse-tung ist laut einer Erhebung der Deutschen Presse-Agentur (dpa) in den vergangenen zwölf Monaten 100 000mal verkauft worden.

Der 19jährige Enkel David des früheren US-Präsidenten Dwight D. Eisenhower verlobt sich in Washington mit der 18jährigen Julie, der Tochter des Vizepräsidenten unter Eisenhower, Richard Nixon.

Der 26jährige Lothar Stengel besiegt in Frankfurt am Main den drei Jahre älteren Italiener Piero del Papa mit einem sensationellen K. o.-Sieg in der fünften Runde und wird damit neuer Boxeuropameister im Halbschwergewicht.

3. Dezember, Sonntag

Professor Christiaan N. Barnard führt in Kapstadt (Südafrika) die erste erfolgreiche Herzverpflanzung durch. →S. 194

Die Freie Volksbühne in Berlin (West) verleiht dem Schriftsteller, Lyriker und Dramatiker Peter Handke den mit 6000 DM dotierten Gerhart-Hauptmann-Preis in Anerkennung der neuen Impulse, die Handke mit seinen Sprechstücken den Bühnenschaffenden gegeben habe. →S. 204

Ein 14 km langes Teilstück der Brennerautobahn wird dem Verkehr übergeben. Damit ist die Autobahn vom östlichen Stadtrand von Innsbruck bis Anschlußstelle Matrei/Steinbach befahrbar (→1. 12./S. 201).

4. Dezember, Montag

Der Magistrat von Berlin (Ost) setzt die Durchführungsverordnung zum »Gesetz über die Staatsbürgerschaft der DDR« in Kraft, obwohl Berlin (Ost) aufgrund des für ganz Berlin geltenden Viermächtestatus formell nicht zur DDR gehört.

Entlang der Grenze zwischen der DDR und dem Bundesgebiet beginnen Pioniere der DDR, ganze Waldstücke abzuholzen, um bessere Sichtverhältnisse zwischen dem Doppelzaun und der Demarkationslinie zu schaffen. →S. 201

Der Oberste Gerichtshof der Vereinigten Staaten verurteilt die Regierung des US-Bundesstaates Alabama, sofort alle notwendigen Schritte zu unternehmen, um die Rassentrennung an den Schulen zu beseitigen.

Dutzende von Männern fallen in den bundesdeutschen Kinos bei der Vorführung des Aufklärungsfilms »Helga« in Ohnmacht, wenn zehn Minuten lang alle Phasen einer Geburt gezeigt werden. →S. 204

5. Dezember, Dienstag

Für die Anerkennung der Oder-Neiße-Linie als endgültiger Grenze sprechen sich 53% der Bevölkerung in der Bundesrepublik aus. Wie aus einer Repräsentativumfrage des Demoskopischen Instituts Allensbach hervorgeht, sind nur 33% gegen eine Anerkennung der Oder-Neiße-Grenze, 9% sind unentschieden, 5% haben keine Meinung.

Das Jahresgutachten des Sachverständigenrates zur Begutachtung der gesamtwirtschaftlichen Entwicklung (die sog. Fünf Weisen) beurteilt die eingeschlagene konjunkturelle Entwicklung in der Bundesrepublik überaus optimistisch (→S. 208).

Der US-Spielfilm »Doktor Doolittle« von Richard Fleischer und Rex Harrison kommt zum erstenmal in bundesdeutsche Kinos. Der Filmschlager »Talk to the Animals« hat einen Oscar erhalten.

In der traditionellen Weltumfrage der Internationalen Sport-Korrespondenz (ISK) wird der 20jährige US-Amerikaner Jim Ryun, der 1500 m in 3:31 Minuten lief, zum Weltsportler des Jahres 1967 gewählt. Zweiter ist sein Landsmann, der Schwimmer Mark Spitz. →S. 204

6. Dezember, Mittwoch

Das Bundestagsplenum entscheidet sich für den neuen »14-Tage-Rhythmus«. Die Abgeordneten werden künftig jeweils zwei statt bisher drei Wochen in Bonn arbeiten und dann für eine Woche in ihren Wahlkreis zurückkehren.

Der Staatspräsident von Uruguay, Oscar D. Gestido, stirbt an den Folgen eines Herzanfalles. Der bisherige Vizepräsident, Jorge P. Areco, übernimmt das Präsidenten-Amt.

Aus Protest gegen den Vietnamkrieg macht ein 20jähriger US-Amerikaner vor dem Gebäude der Vereinten Nationen (UN) in New York den Versuch einer Selbstverbrennung, wobei er sich schwer verletzt.

7. Dezember, Donnerstag

Der Deutsche Bundestag beschließt das Finanzänderungsgesetz 1967, das neben einer 3%igen Zusatzsteuer zur Einkommens- und Körperschaftssteuer u. a. auch einen 2%igen Beitrag der Rentner zur Krankenversicherung vorsieht. →S. 200

Der Oberste Gerichtshof Spaniens stellt fest, daß Arbeitsstreiks verboten sind. Damit werden Revisionsanträge von 560 Stahlarbeitern aus Bilbao zurückgewiesen, die wegen Arbeitsstreiks entlassen wurden.

Das US-amerikanische Schatzamt gibt bekannt, daß sich die Golddeckung der Banknoten in der letzten Berichtswoche auf 28,5% vermindert habe, was einen nie erreichten Tiefstand darstelle.

An den Münchener Kammerspielen wird in einer Inszenierung von Fritz Kortner das Schauspiel »Die Zimmerschlacht«. Ein Übungsstück für Ehepaare« von Martin Walser uraufgeführt.

8. Dezember, Freitag

Der Deutsche Bundestag beschließt die Aufhebung der Versicherungspflichtgrenze bei Arbeitnehmern.

Das US-Verteidigungsministerium gibt bekannt, daß bis Ende Dezember aus der atlantischen und pazifischen Flotte der US-Marine 6200 erfahrene Seeleute für den Einsatz in Vietnam abgezogen werden.

Für gute Wintersportmöglichkeiten sorgt starker Schneefall im Bundesgebiet, aber er führt auch in Nordrhein-Westfalen zu so starken Schneeverwehungen, daß mehrere Bundesstraßen für den Verkehr gesperrt werden müssen.

9. Dezember, Sonnabend

Der rumänische KP-Generalsekretär Nicolae Ceausescu wird von der Großen Nationalversammlung in Bukarest zum Vorsitzenden des rumänischen Staatsrates gewählt. →S. 197

Das Bundesinnenministerium teilt mit, daß die Überwachung des Sozialistischen Deutschen Studentenbunds (SDS) durch den Verfassungsschutz rechtmäßig sei, da einflußreiche Männer des SDS sich wiederholt »für die Abschaffung des Parlamentarismus« ausgesprochen hätten.

10. Dezember, Sonntag

Die Jungsozialisten fordern auf ihrem Bundeskongreß in Mainz die Anerkennung von DDR und Oder-Neiße-Grenze und lehnen den Entwurf der Bundesregierung zur Notstandsgesetzgebung ab.

König Gustav VI. Adolf von Schweden überreicht in einem feierlichen Akt in Stockholm die Nobelpreise. →S. 203

Das erste »Museum für islamische Kunst« wird im Schloß Charlottenburg in Berlin (West) eröffnet.

Die älteste Tochter des US-Präsidenten Lyndon B. Johnson, Lynda Bird, heiratet in Washington den 28jährigen Soldaten Charles S. Robb.

11. Dezember, Montag

Frankreich verhindert mit seinem Veto die Aufnahme der Verhandlungen über den Beitritt Großbritanniens und anderer Länder in die Europäische Wirtschaftsgemeinschaft (EWG). →S. 197

Der Generalsekretär der Vereinten Nationen (UN), Sithu U Thant, setzt sich anläßlich des heutigen »Tages der Menschenrechte« für die Geburtenkontrolle ein.

12. Dezember, Dienstag

Der Krieg in Vietnam hat nach einer Statistik der Regierung in Saigon 1967 rund 76 000 Verletzte und 24 000 Tote unter der Zivilbevölkerung gekostet, also mehr als unter den US-amerikanischen und südvietnamesischen Streitkräften zusammen.

Die schwedische Gesundheits- und Veterinärbehörde in Stockholm untersagt den Verkauf von Fischen aus 40 Gewässern, nachdem dort überdurchschnittlich hohe Quecksilberwerte gemessen wurden. →S. 201

13. Dezember, Mittwoch

Das Bundeskabinett in Bonn beschließt die Aufnahme von Verhandlungen mit der jugoslawischen Regierung über die Wiederherstellung diplomatischer Beziehungen.

Mit Todesurteilen, lebenslänglichem Freiheitsentzug und Zuchthausstrafen endet im südkoreanischen Seoul ein Prozeß gegen 34 Koreaner zu Ende, denen Spionage für Nordkorea zur Last gelegt wird. →S. 197

In Washington wird bekannt, daß die US-Streitkräfte in Südvietnam durch die bisher größte militärische Luftbrücke auf 525 000 Mann verstärkt werden (→S. 206).

Nach achtmonatigen Auseinandersetzungen erhält der 1,5 km lange Boulevard in Berlin (West), der am 26. April nach dem verstorbenen früheren Bundeskanzler Konrad Adenauer benannt wurde, wieder seinen alten Namen »Kaiserdamm«.

14. Dezember, Donnerstag

König Konstantin II. von Griechenland flüchtet nach einem gescheiterten Putschversuch gegen die Militärs nach Rom. →S. 196

Die Tageszeitung »Frankfurter Allgemeine« berichtet am 15. Dezember 1967 über den fehlgeschlagenen Putsch König Konstantins von Griechenland

Frankfurter Allgemeine
ZEITUNG FÜR DEUTSCHLAND

S-Ausgabe / Freitag, 15. Dezember 1967 — Herausgegeben von Nikolas Benckiser, Bruno Dechamps, Jürgen Eick, Karl Korn, Jürgen Tern, Erich Welter — 40 Pfennig / Nr. 291 — D 2955 A

Nach König Konstantins Putsch: Militärregime gefestigt
Ein Regent vertritt den Geflüchteten / Papadopoulos jetzt Regierungschef / Pipinelis bleibt Außenminister / Amnestie für Offiziere

ker. ATHEN, 14. Dezember. Selbstsicher lächelnd hat der neue griechische Ministerpräsident Oberst Papadopoulos am Donnerstagvormittag bekanntgegeben, daß die sogenannte Revolutionsregierung vom 21. April den am Mittwoch unternommenen Versuch einer Gegenrevolution des Königs restlos niedergeschlagen habe und im ganzen Lande Herr der Lage sei. Die konstitutionelle Ordnung soll durch die Ernennung eines Regenten nach dem Vorbild einer in der modernen griechischen Geschichte wiederholt geübten Praxis voll gewahrt werden, nachdem der König aus eigenem Entschluß sich seiner Funktionen begeben habe.

Über die Anerkennung seiner Regierung durch westliche Staaten wollte sich Papadopoulos nicht äußern, sondern verwies den Frager an die Regierungen dieser westlichen Länder. Aus diplomatischen Kreisen erfuhr man, daß die Botschafter der USA, Großbritanniens und der Bundesrepublik sowie der französische Geschäftsträger auf die Aufforderung, beim neuen Ministerpräsi-

Nato-Hauptquartier nimmt Truppen-Verminderung hin
Bessere Koordinierung der konventionellen Rüstungsanstrengungen nötig / Mehr Qualität und größere Beweglichkeit

A. W. CASTEAU, 14. Dezember. Das atlantische Hauptquartier Shape sieht als wichtiges Ergebnis der Brüsseler Konferenz des Beschluß der Nato an, die Atomschwelle anzuheben.

Die Fünf wünschen Entscheidung über das Gesuch Londons
Außenminister einig: Entscheidung über Aufnahme der Verhandlungen einstimmig / Couve de Murville informiert

E. K. BRÜSSEL, 14. Dezember. Die Außenminister Italiens, Belgiens, der Niederlande, Luxemburgs und der Bundesrepublik haben sich auf der in Brüssel beschlossen, daß sie auf jeden Fall darauf hinwirken wollen, am 18. und 19. Dezember bei der nächsten Tagung der Sechs eine Stellungnahme über die Aufnahme von Verhandlungen mit England zu erzielen.

Glückloser Monarch

N. B. Das Dunkel über die Ereignissen in Griechenland hat sich rasch gelichtet. Der Versuch des Königs, die Militärjunta aus dem Sattel zu heben, ist ganz offensichtlich mit unzureichenden Kräften, ungenügend Vorbereitung und mit dilettantischen Methoden vorgenommen worden.

F.A.Z.-Korrespondent in Prag ausgewiesen

F.A.Z. FRANKFURT, 14. Dezember. Der Korrespondent der Frankfurter Allgemeinen Zeitung im Prag, Andreas Graf Razumovsky, ist am Donnerstag aus der Tschechoslowakei ausgewiesen worden.

Zurück nach Belgrad
Von Jürgen Tern

Die deutsch-jugoslawischen Beziehungen sind, ziehst man die Vorgeschichten in Betracht, recht gut.

Das Haupt der Griechen
bleibt gesenkt / Bericht aus Athen ... 4
Kaschmir — Pakistans Trauma ... 2
So lebt es sich in Bukarest ... 7
Wie das Geld in die Fußball-kassen klingelt ... 9
Felsenstein neue Freischütz-Inszenierung ... 10
Deutsche Kunst in Amerika ... 11
Dezembertage in London ... 23
Leute, Leute XII ... 28
U-Bahn-Bauer eilen der Zeit voraus ... 31

Jahn berichtet über die Hilfe für Korea

gvl. FRANKFURT, 14. Dezember. Gerhard Jahn, der parlamentarische Staatssekretär im Auswärtigen Amt, hat am Donnerstag dem Auswärtigen- und dem Entwicklungshilfe-Ausschuß des Bundestages über die Südkorea berichtet.

Heute CDU-Aktionsprogramm

g-n. BONN, 14. Dezember. Die CDU will an diesem Freitag in Bonn ihr neues Aktionsprogramm veröffentlichen.

Porst aus der Haft entlassen

hs. KARLSRUHE, 14. Dezember. Der Nürnberger Unternehmer Hannsheinz Porst, der seit dem 24. Oktober wegen des Verdachts landesverräterischer Beziehungen zum Ost-Berliner Staatssicherheitsministerium in Untersu-

Romneys Besuch in Bonn

F.A.Z. BONN, 14. Dezember. Mit einem Besuch bei Bundesminister für samtdeutsche Fragen, Wehner, hat der amerikanische Gouverneur von Michigan, Romney, seinen Informationsbesuch in der Bundeshauptstadt begonnen.

Wieder rund eine Milliarde Mark für Lastenausgleich

F.A.Z. BAD HOMBURG, 14. Dezember. Für den Lastenausgleich werden 1968 wieder rund eine Milliarde Mark zur Verfügung stehen.

Pearson will zurücktreten

OTTAWA, 14. Dezember (dpa). Der kanadische Ministerpräsident Lester Pearson will sein Amt als Chef der Liberalen Partei und als Regierungschef niederlegen.

Prag muß Parteitagung verschieben

F.A.Z. WIEN, 14. Dezember. Die ursprünglich bereits für Mittwoch erwartete Plenartagung des Zentralkomitees der tschechoslowakischen Kommunistischen Partei ist in letzter Minute verschoben worden.

Bekenntnis zur Einheit Deutschlands

E. K. BRÜSSEL, 14. Dezember. Die friedliche Regelung der Deutschland-Probleme auf der Grundlage des Rechtes auf Wiedervereinigung ist in dem am Donnerstag in Brüssel veröffentlichten Nato-Konferenz als wichtige Voraussetzung für die Sicherheit Europas bezeichnet worden.

Dezember 1967

Die Vereinigten Staaten und die Sowjetunion einigen sich in einem neuen Weltraumvertrag über die gegenseitige Hilfe für Astronauten und die Bergung von Weltraumobjekten bei Unfällen.

Gegen Stellung einer Kaution in Höhe von einer Million DM wird der am 24. Oktober wegen Spionageverdachts verhaftete Nürnberger Fotogroßhändler Hannsheinz Porst wieder auf freien Fuß gesetzt. →S. 198

15. Dezember, Freitag

Der Ministerrat der DDR verabschiedet Maßnahmen zur Entwicklung und Unterstützung nicht volkseigener Betriebe. →S. 203

Das dänische Parlament entzieht dem Kabinett unter Ministerpräsident Jens Otto Krag das Vertrauen; die Regierung tritt daraufhin zurück. Neuwahlen werden für den 23. Januar 1968 ausgeschrieben.

Die Jugendkammer des Wuppertaler Landgerichts verurteilt den vierfachen Kindermörder Jürgen Bartsch zu einer lebenslänglichen Zuchthausstrafe. →S. 200

Papst Paul VI. nimmt in einer Botschaft an »alle Menschen guten Willens« gegen Pazifismus und Wehrdienstverweigerung Stellung.

Mexiko ratifiziert als erstes lateinamerikanisches Land das Abkommen über die Schaffung einer kernwaffenfreien Zone Lateinamerikas. →S. 197

Eine 525 m lange, stählerne Brücke über den Ohio stürzt bei Point Pleasant (Virginia) zusammen. 73 Menschen finden bei dem Unglück den Tod. →S. 201

16. Dezember, Sonnabend

Die US-Atomenergiekommission unternimmt in der Wüste von Nevada ihren 27. unterirdischen Atomwaffenversuch in diesem Jahr.

Die Sowjetunion startet ihren 195. Satelliten der Kosmos-Serie.

An der Universität Stanford in Palo Alto, US-Bundesstaat Kalifornien, gelingt zwei Biochemikern die Erzeugung der biologisch aktiven Ursubstanz des Lebens, der Desoxyribonukleinsäure (DNS), im Reagenzglas. Die DNS ist im Kern aller lebenden Zellen enthalten. →S. 200

17. Dezember, Sonntag

Auf einer Klausurtagung des Geschäftsordnungsausschusses des Bundestages in Würzburg beschließen die Delegierten aller Parteien die Verkürzung der Redezeit im Bundestag auf 15 Minuten.

Junge Offiziere stürzen in einem unblutigen Staatsstreich in Dahomey (heute Benin) den Präsidenten Christophe Soglo und bilden einen Revolutionsrat sowie ein provisorisches Kabinett.

Die Bundesrepublik spielt in einem Fußball-Länderspiel gegen Albanien 0:0 und scheidet damit aus dem weiteren Wettbewerb um die Europameisterschaft aus.

18. Dezember, Montag

Über 30 000 Professoren und Studenten unterzeichneten bisher ein »Manifest der Hochschulen gegen die Notstandsgesetze«, mit dem der Allgemeine Studentenausschuß (ASTA) der Universität Frankfurt am Main im Oktober eine Unterschriftenaktion gegen die geplante Notstandsgesetzgebung der Bundesregierung an allen Hochschulen der Bundesrepublik gestartet hat (→9. 11./S. 180).

19. Dezember, Dienstag

In Warschau beginnt eine zweitägige Konferenz der Außenminister Bulgariens, Ungarns, Rumäniens, der DDR, Polens, der Sowjetunion, Jugoslawiens und der ČSSR, die eine Unterstützung der Araber bei gleichzeitiger Anerkennung des Existenzrechts von Israel beschließt.

Der vollautomatische Telefonselbstwählverkehr zwischen der Bundesrepublik und Schweden wird aufgenommen. Die Sprechzeit für eine Gebühreneinheit (0,18 DM) beträgt Tag und Nacht 4,8 Sekunden.

Der US-Spielfilm »Bonnie und Clyde« von Arthur Penn mit Warren Beatty und Faye Dunaway kommt in bundesdeutsche Kinos.

20. Dezember, Mittwoch

Die britische Regierung gibt bekannt, daß sie ihren Aufnahmeantrag in die Europäische Gemeinschaft (EG) trotz des französischen Vetos nicht zurückzieht (→11. 12./S. 197).

556 Sportjournalisten wählen in Baden-Baden die Diskuswerferin Liesel Westermann und den Zehnkämpfer Kurt Bendlin zu den deutschen Sportlern des Jahres. Mannschaft des Jahres wird der FC Bayern München.

21. Dezember, Donnerstag

Mehr als 200 000 Arbeiter aus 284 Betrieben der metallverarbeitenden Industrie erhalten in diesem Jahr wegen der schlechten Konjunkturlage rund 26% weniger Weihnachtsgeld als im Vorjahr.

Der 55jährige Südafrikaner Louis Washkansky, dem am 3. Dezember erfolgreich ein fremdes Herz übertragen worden ist, stirbt an einer Lungenentzündung (→3. 12./S. 194).

Der deutsche Spielfilm »Rheinsberg« von Kurt Hoffmann nach dem Roman von Kurt Tucholsky mit Cornelia Froboess und Christian Wolff läuft im Bundesgebiet an.

22. Dezember, Freitag

Die Bundesrepublik und die Volksrepublik Südjemen vereinbaren die Aufnahme diplomatischer Beziehungen. Südjemen ist der fünfte arabische Staat, der mit Bonn diplomatische Beziehungen unterhält.

Der Student Fritz Teufel wird vom Landgericht Berlin (West) von der Anklage des Landfriedensbruchs freigesprochen. →S. 199

Nach dem erfolgreichen Militärputsch am 17. Dezember wird der ehemalige Armee-Oberbefehlshaber Alphonse Alley zum neuen Präsidenten der afrikanischen Republik Dahomey (heute Benin) ernannt.

Ungarn gibt die Erhöhung seiner Verteidigungsausgaben für 1968 um 17% bekannt.

23. Dezember, Sonnabend

US-Präsident Lyndon B. Johnson wird auf seiner Weltreise von Papst Paul VI. im Vatikan empfangen.

24. Dezember, Sonntag

Die Volksrepublik China führt im Gebiet des Lop Nor ihren siebenten Kernwaffenversuch mit einer Stärke von rund 20 000 t TNT durch.

Rund 300 griechische Häftlinge erlangen aufgrund einer Weihnachtsamnestie der Militärregierung die Freiheit. Mehr als 2000 weitere politische Häftlinge verbleiben jedoch in den Lagern auf den ägäischen Inseln Jaros und Leros.

Auf die indische Ministerpräsidentin Indira Gandhi wird ein Bombenattentat versucht. Nur 30 m von der indischen Staatschefin entfernt explodiert in der westbengalischen Stadt Santivibetan eine kleine Bombe.

25. Dezember, 1. Weihnachtstag

Nur 9000 Pilger versammeln sich zu den Weihnachtsfeiern in Bethlehem. Die verhältnismäßig geringe Zahl wird auf die Furcht vor palästinensischen Guerilla-Aktionen und das kühle Wetter zurückgeführt.

In Berlin (West) und Bonn stören Studenten die Weihnachtsgottesdienste. In der Kaiser-Wilhelm-Gedächtniskirche versuchen sie von der Kanzel ein Plakat, das »Für Frieden in Vietnam« wirbt, zu entrollen.

26. Dezember, 2. Weihnachtstag

Nach 24stündiger Weihnachtswaffenruhe nehmen die US-amerikanischen und südvietnamesischen Boden- und Luftstreitkräfte die Kampfhandlungen wieder auf (S. 206).

Ungewöhnlich milde Temperaturen um 10° Celsius lassen in weiten Teilen der Bundesrepublik die Flüsse über die Ufer treten.

Der Münchener Erhard Keller stellt in Inzell über 500 m mit 39,5 Sekunden einen neuen Weltrekord im Eisschnellauf auf.

27. Dezember, Mittwoch

Das Bundesvertriebenenministerium in Bonn gibt die Zahl der DDR-Flüchtlinge seit dem Bau der Berliner Mauer am 13. August 1961 mit 230 000 an. 163 Menschen starben bei ihrem Fluchtversuch, 81 allein an der Berliner Mauer.

Der Krieg in Vietnam droht sich auszuweiten. Die kambodschanische Regierung erklärt, daß jeder Verletzung ihres Territoriums durch US-Truppen »verzweifelter Widerstand« entgegengesetzt werde. →S. 197

58% der US-amerikanischen Bevölkerung wünscht mit wachsender Ungeduld ein Ende des Kriegs in Vietnam, glaubt aber nicht, daß es durch ein Nachlassen der US-amerikanischen Kriegsanstrengungen erreicht werden kann, sondern wünscht deren Intensivierung. Dies ergibt eine Meinungsumfrage des Instituts Louis Harris in Washington.

28. Dezember, Donnerstag

US-Verteidigungsminister Robert S. McNamara gibt bekannt, daß Angehörige der US-Streitkräfte nur noch in solchen Washingtoner Häusern wohnen dürfen, die auch an Farbige vermietet werden.

Rund 2,7 Millionen Verkehrsteilnehmer in der Bundesrepublik sind in der »Verkehrssünderkartei« des Kraftfahrtbundesamtes in Flensburg verzeichnet.

Zum vierten Mal hintereinander und insgesamt zum 23. Mal gewinnen Australiens Tennisspieler in Brisbane den Davis-Pokal.

29. Dezember, Freitag

Die Aktienkurse, die in der Bundesrepublik in den Tagen vor Weihnachten und nach dem Fest schon kräftig gestiegen sind, erreichen ihren Jahreshöchststand. Er liegt mehr als 50% über dem Tiefstkurs am 18. Januar dieses Jahres. →S. 203

Die katholischen Bischöfe Großbritanniens heben das Verbot des Fleischgenusses am Freitag auf. In Zukunft werden die rund fünf Millionen Katholiken sich in England, Wales und Schottland nur am Aschermittwoch und am Karfreitag des Fleischgenusses enthalten.

30. Dezember, Sonnabend

Vor 7000 Zuschauern verteidigt Karl Mildenberger in Berlin (West) seinen Titel als Schwergewichts-Europameister der Berufsboxer durch einen Punktsieg über den Deutschen Meister Gerhard Zech erfolgreich.

31. Dezember, Sonntag

Laut einer Meinungsumfrage des Tübinger Wickert-Instituts verschläft jeder vierte Bundesbürger Silvester. 40% der Befragte feiern den Jahreswechsel im Kreis der Familie, 33% erwarten das neue Jahr bei Bekannten. Fast 2% sind an Silvester ganz allein.

Gestorben:

2. New York: Francis Joseph Spellman (*4. 5. 1889, Whitman/Massachusetts), US-amerikanischer katholischer Theologe.

3. München: Annette Kolb (*2. 2. 1870, München), deutsche Schriftstellerin. →S. 204

Die erste geglückte Herzverpflanzung durch Christiaan Barnard auf der Titelseite des US-amerikanischen Nachrichtenmagazins »Time« vom 15. Dezember 1967

ATLANTIC EDITION ●   DECEMBER 15, 1967

THE TRANSPLANTED HEART

TIME

THE WEEKLY NEWSMAGAZINE

DR. CHRISTIAAN
BARNARD

Der erste Mensch mit einem fremden Herzen: Der 55jährige Südafrikaner Louis Washkansky nach der Herztransplantation durch Christiaan N. Barnard

Die erste Herztransplantation durch Barnard

3. Dezember. Dem 55jährigen Südafrikaner Louis Washkansky wird als erstem Menschen in der Geschichte der Medizin ein fremdes Herz eingesetzt. Ein Operationsteam unter der Leitung des 44jährigen Herzchirurgen Christiaan N. Barnard verpflanzt in einer fünfstündigen Operation das Herz einer Toten in die Brusthöhle des herzkranken Washkansky.

Als am 3. Dezember das Herz einer tödlich Verunglückten als Spenderherz zur Verfügung steht, schreitet Barnard, der sich schon seit sieben Jahren intensiv mit der Entwicklung einer Herztransplantation beschäftigte, zur Tat. Der Eingriff an sich verläuft ohne Komplikationen, der Patient scheint sich schnell zu erholen. Um die einsetzende Abwehrreaktion des Körpers gegen das fremde Organ zu unterdrücken, erhält Washkansky entsprechende Mittel. Als er sich eine Lungenentzündung zuzieht, kann der Körper nicht mehr genügend Abwehrkräfte mobilisieren. Am 21. Dezember stirbt er. Barnard bereitet dennoch einen weiteren chirurgischen Eingriff dieser Art vor.

Die Herzverpflanzung im Groote-Schuur-Krankenhaus

2. Dezember
16.00 Uhr: Die 25jährige Denise Ann Derwall wird mit schweren Verletzungen, die sie kurz zuvor bei einem Autounfall erlitten hatte, in das Groote-Schuur-Krankenhaus eingeliefert.
21.00 Uhr: Ihr Vater Edward Derwall gibt die Einwilligung zur Entnahme ihres Herzens, nachdem die Wiederbelebungsversuche scheiterten.
22.00 Uhr: Das elfköpfige Operationsteam von Christiaan Barnard wird benachrichtigt.
3. Dezember
1.30 Uhr: Die Narkose wird bei dem schwer herzkranken Louis Washkansky eingeleitet.
2.00 Uhr: Der Pathologe Martinus C. Botha gibt nach eingehender Untersuchung des Gewebes von Denise Derwall bekannt, daß ihr Gewebe und ihr Blut mit dem von Washkansky verträglich sei.
2.32 Uhr: Das Herz der Frau wird freigelegt und an die Herz-Lungen-

Maschine angeschlossen. Dann beginnt das Abkühlen des Blutes.
3.00 Uhr: Als das Herz vom einströmenden Blut genügend abgekühlt ist, wird es aus dem Körper entfernt und von der Herz-Lungen-Maschine abgeklemmt.
Im zweiten Operationssaal wird Washkansky auf die Operation vorbereitet. Sein schwer geschädigtes Herz wird entfernt, wobei Teile der beiden Vorhöfe in ihrer Lage belassen werden; sie dienen als Schäfte, auf denen das neue Herz befestigt werden soll. Während Washkanskys Körper von einer Herz-Lungen-Maschine versorgt wird, wird das Spenderherz in die richtige Lage gebracht und die beiden Herzvorhöfe des Patienten mit dem neuen Herzen verbunden. Nacheinander werden die abgetrennten Enden der Lungenarterien vernäht und die beiden Aorten verbunden. Schließlich wird die Klemme von Washkanskys Aorta genommen und das neue Herz mit

Blut versorgt. Zuletzt beginnt die Wiedererwärmung des Blutes in der Herz-Lungen-Maschine.
5.32 Uhr: Als die erforderliche Temperatur erreicht ist, erhält das neue Herz einen Elektroschock. Das Herz schlägt regelmäßig mit 120 Schlägen pro Minute.
6.07 Uhr: Die Herz-Lungen-Maschine wird abgeschaltet.
6.13 Uhr: Der Brustraum des Patienten wird geschlossen und vernäht.
8.30 Uhr: Washkansky erwacht und wird in einen sterilen Beobachtungsraum gefahren.
4. Dezember
Die künstliche Beatmung wird abgeschaltet, der Zustand Washkanskys verbessert sich ständig.
17. Dezember
Washkansky erkrankt an einer Lungenentzündung.
21. Dezember
6.50 Uhr: Tod Washkanskys durch Atmungsversagen infolge der Lungenentzündung.

Fortschritt oder eine Versuchung

Die Verpflanzung des menschlichen Herzens von einem Körper in den anderen verschiebt die scheinbar endgültige Linie zwischen Leben und Tod.

Die Operation von Christiaan Barnard fordert eine neue Bestimmung des Todes. Galt bisher ein Mensch als tot, wenn er nicht mehr atmete und sein Herz stehenblieb, vertritt Barnard nun die Ansicht, daß einzig der Tod des Gehirns der ausschlaggebende Moment des Todes sei. Damit wird für jeden Arzt die Problematik aufgeworfen, ob er die Wiederbelebungstechnik einsetzen soll bzw. wann er sie ausschalten darf.

Viel bedeutsamer sind die moralischen Probleme. Dieser chirurgische Eingriff rührt wie kein anderer an ein Tabu, das die Menschen in fast allen Kulturen der Welt um das Herz als »pulsierendes Lebenszentrum der Menschen« errichtet haben. Das Herz ist seit Menschengedenken von Magie und Mythen umwoben, es gilt als Sitz der Seele.

Hat die Herzverpflanzung Chancen?
Neben der Technik spielen immunbiologische Fakten die größte Rolle

Von unserem Redaktionsmitglied | In dieser immunbiologischen Ab-

Artikelüberschrift aus der Tageszeitung »Die Welt« vom 4. Dezember 1967

Dramatische Stunden im Groote-Schuur-Hospital

„Himmel, es fängt an zu schlagen"
Erfolgreicher Verlauf der ersten Herzverpflanzung bei einem Menschen — Einheilung des Organs noch fraglich

Nachrichtendienst der WELT

Kapstadt, 4. Dezember

„Jetzt brauche ich eine Tasse Tee." Mit diesen Worten | ßig anderen Chirurgen, Anästhesisten, Technikern und

Am 5. Dezember berichtet »Die Welt« über den Verlauf der Operation

Für die vorchristlichen Römer war es ein Quell der Weissagungen, im Mittelalter stilisierten es die Minnesänger zum Symbol der Liebe. Bei den Naturvölkern war der Glaube verbreitet, daß derjenige, der das Herz eines wilden, starken Tieres aß, dessen Stärke gewinnt. Die Azteken töteten junge Männer auf dem Altar und opferten deren Herzen ihren Göttern. Aber auch in der christlichen Religion nimmt das Herz im »Herzen Jesu« eine besondere Stellung ein. Auf dem Pariser Montmartre erbauten ihm Christen eine Weihestätte mit der Kirche »Sacre cœur«.

Nach Barnards erfolgreicher Herztransplantation taucht die Frage auf, ob dem überlasteten und gehetzten Wohlstandsbürger des 20. Jahrhunderts nur die Möglichkeit bleiben soll, sein Herz, das die Lebensbedingungen nicht mehr verkraftet, einfach auszutauschen. Vielen drängt sich die Vision von einem Menschen auf, der nur noch als Ersatzteillager betrachtet wird. Mit dieser Entwicklung scheint der Unterschied zwischen einem Menschen und einer reparaturbedürftigen Maschine zu verschwinden. Der Mensch scheint damit auch potentiell unsterblich, und andererseits malen selbst fachgebildete Kommentatoren Horrorbilder von Leichen, deren Organe künstlich zur Verpflanzung bereitgehalten werden. Dahinter rückt die Notwendigkeit, die Ursachen der Krankheiten schon im Vorfeld der Lebensbedrohung zu bekämpfen, in den Schatten.

Herz »ein physiologisches Organ«

Das Organ des Vatikans, »L'Osservatore Romano«, äußert sich zu der operativen Herzverpflanzung, die in Kaptstadt gelungen ist:

»Ein Mensch lebt – und wir hoffen, wird leben mit dem Herzen eines anderen. Das wagemutige Abenteuer hat die Gefühle in aller Welt erregt. Das Herz ist ein physiologisches Organ, seine Funktion ist rein mechanisch, auch wenn sie für die physische Existenz Voraussetzung ist. Die Herzverpflanzung bringt uns näher an die Vorstellung heran, daß . . . das Leben nicht aus den Organen stammt. Das 25jährige Mädchen, das auf dem Asphalt starb, ist nicht länger in diesem Herz, das einmal das ihre war und das physiologisch gesehen weiter leben wird – wenn es weiterlebt. Wo dann befindet sich die Persönlichkeit? Unsere Persönlichkeit? Obwohl sie von unserem physikalischen Sein untrennbar ist, besteht unsere Persönlichkeit aus einer inneren und unsichtbaren Kraft: der Seele.«

Christiaan N. Barnard

Christiaan Neethling Barnard wurde am 8. November 1922 in Beaufort-West in der südafrikanischen Kapprovinz als Sohn eines protestantischen Missionars holländischer Abstammung geboren. Sein Vater ermöglichte ihm, ebenso wie zwei anderen seiner drei Brüder, trotz eines schmalen Einkommens den Besuch der Universität in Kapstadt, wo Barnard ab 1940 Medizin studierte. Anschließend arbeitete er als Assistenzarzt im Groote-Schuur-Hospital. 1946 promovierte er. An der Universität von Minnesota absolvierte er 1953 bis 1955 mit einem Stipendium eine chirurgische Ausbildung. In Minneapolis führte er seine erste Herzoperation aus. Kurz nach seiner Rückkehr nach Kapstadt nahm er 1958 die erste Operation am geöffneten Herzen vor und wurde Direktor der chirurgischen Abteilung der Universität Kapstadt.

Dem 44jährigen Christiaan Barnard gelingt als erstem Herzchirurgen die Verpflanzung des menschlichen Herzens von einem Körper in den anderen; diese gelungene Transplantation im Groote-Schuur-Hospital von Kapstadt macht den Südafrikaner über Nacht berühmt

Die Entwicklung im Organersatz

Mit der geglückten Herztransplantation durch Christiaan Barnard wird ein vorläufiger Höhepunkt im Organersatz erreicht, um den sich die Mediziner schon seit 1812 bemühen. Damals stellte Julien-Jean César La Gallois erste Überlegungen zum Herzersatz an. Derzeit sind viele Mediziner der Überzeugung, daß sich alle Organe mit Ausnahme des Gehirns in absehbarer Zeit austauschen lassen. Uneinigkeit herrscht nur darüber, ob der Ersatz durch künstliche Organe (künstliche Lunge, Kunstherz aus Plastik) oder die Transplantation blutfrischer, u. U. sogar tiefgefrorener Ersatzorgane von menschlichen Spendern den größeren Erfolg verspricht.

Im März 1902 berichtete der Chirurg Emmerich Ullmann, er habe einer Ziege die Niere eines Hundes eingepflanzt. Doch das Tier starb wenige Tage später. Über lange Zeit glaubten die Mediziner, daß die Einheilung eingepflanzter Organe von dem Geschick des Operateurs abhänge, bis in den 50er Jahren Biochemiker entdeckten, daß der Körper mit den gleichen Abwehrmechanismen reagiert wie auf Krankheitserreger.

Seitdem vollzog sich eine rasante Entwicklung. 1952 wurde einem Menschen zum erstenmal ein mechanisches Herz eingesetzt, das bei einer Operation 50 Minuten lang das Herz des Patienten ersetzte. Dabei wurde die künstliche Herzklappe entwickelt. Mit der Erfindung der Herz-Lungen-Maschine 1953 wurden Eingriffe am offenen Herzen möglich, 1954 gelang die erste Nierenverpflanzung, 1957 begannen Willem Kollf und Tetsuko Akutsu mit dem Bau eines künstlichen Herzens. 1963 erfolgten die ersten Milz-, Lungen- und Lebertransplantationen. Derzeit können Ärzte dem menschlichen Körper u.a. Blutdruckregler, Lungenarterie, Ellbogengelenk, Hüftgelenk, Arterienstücke, Haut, Kniegelenk, Knochen, Ohrmuschel und Luftröhre einfügen.

Konstantin II. flieht

14. Dezember. Der Versuch von König Konstantin II. von Griechenland, sein Land nach knapp acht Monaten von der Militärregierung zu befreien, scheitert schon im Ansatz. Am Morgen trifft der 27jährige Monarch mit seiner Familie, dem abgesetzten Ministerpräsidenten Konstantin Kollias und Generalen an Bord einer Dakota-Maschine auf

Hochzeitsfoto von König Konstantin II. mit Annemarie von Dänemark in Athen am 18. 9. 1964

dem römischen Militärflugplatz Campino ein.

Am 13. Dezember unternahm Konstantin II. den Versuch, durch einen Gegenputsch die Legalität und Verfassungsmäßigkeit in Griechenland wiederherzustellen, die durch die Machtübernahme der Militärs am → 21. April (S. 60) beseitigt worden waren. Er begab sich gemeinsam mit seiner Familie und Kollias in die makedonische Küstenstadt Kavalla, wo er über einen Kurzwellensender eine Proklamation verlas. Darin bat er das griechische Volk, ihm bei der Wiederherstellung geordneter Verhältnisse zu helfen, damit das Land wieder zur Demokratie zurückfände. Konstantin II. begründete in seinem Aufruf an das Volk auch, warum er in der Folge des 21. April keinen Widerstand gegen das Regime leistete: »Ich war genötigt, die Situation vom April, bei welcher mein Name widerrechtlich verwendet wurde, als vollendete Tatsache zu akzeptieren, um ein Blutvergießen zu vermeiden.« Anlaß zu der jetzigen Widerstandsaktion, so erklärt Konstantin, gab die von der Militärregierung in Aussicht gestellte Revision der Verfassung. Konstantin selbst bemängelt zwar nur, daß es

unklar sei, wann die neue Verfassung in Kraft treten werde. Wesentlicher scheint jedoch, daß der Verfassungsentwurf auch seine Rechte als Monarch einschränken würde.

Die Griechen nahmen von dem Appell des Königs kaum Notiz; die meisten haben ihn wegen der geringen Reichweite des Senders gar nicht gehört.

Die Regierung in Athen, die von dem Putschversuch informiert wurde, ergriff sofort Gegenmaßnahmen. Noch am 13. Dezember wurden alle Nachrichtenverbindungen von Athen nach Nordgriechenland unterbrochen. Die Generäle, die sich auf die Seite des Königs gestellt hatten, wurden teilweise von ihren eigenen Untergebenen verhaftet.

Am Morgen des 14. Dezember gibt Oberst Jeorjios Papadopoulos über Rundfunk bekannt, daß er das Amt des Ministerpräsidenten an der Seite einer umgebildeten Regierung übernommen habe und daß er General Jeorjios E. Zoitakis zum Regenten für den außer Landes befindlichen König ernannt habe.

Die Militärregierung gibt Konstantin zu verstehen, daß er durchaus wieder nach Griechenland zurückkehren könne. Dieser knüpft daran jedoch verschiedene Bedingungen, u. a. die Garantie, daß das griechische Volk seine alten Rechte zur Wahl seiner eigenen Regierung wieder ausüben kann.

Panzer sind nach dem Putsch rechtsgerichteter Offiziere am 21. April 1967 ein gewohnter Anblick in den Straßen der griechischen Hauptstadt Athen; oppositionelle Regungen werden rücksichtslos unterdrückt

Ohne Begeisterung zu zeigen schauen die Griechen einer der vielen Militärparaden in Athen zu, die der Einschüchterung der Bevölkerung dienen

König Konstantin II. von Griechenland mit seiner Frau Annemarie nach ihrer Flucht in Rom

Ceausescu wird Staatsoberhaupt

9. Dezember. In Bukarest wählen die 451 Mitglieder der Großen Nationalversammlung den Vorsitzenden der Kommunistischen Partei, Nicolae Ceausescu, zum Vorsitzenden des Staatsrates. Ceausescu löst in diesem Amt Georghe Stoica ab. Der 49jährige Ceausescu hält vor der Nationalversammlung eine fünfstündige Rede, in der schon als Ziel seiner Politik eine größere Unabhängigkeit Rumäniens von der Sowjetunion anklingt. So warnt er u. a. die Sowjetunion, durch wirtschaftlichen Druck politische Entscheidungen zu erzwingen und betont gleichzeitig die Notwendigkeit der internationalen Zusammenarbeit zur Stabilisierung der Wirtschaft.

Schreckensurteile in Südkorea

13. Dezember. Im Prozeß gegen 34 Südkoreaner, denen Spionage für das kommunistische Nordkorea zur Last gelegt wird, werden in Seoul der früher an der Universität Frankfurt am Main tätige Physiker Chung Kyoo-nung und der Hochschullehrer Cho Yung-soo aus Seoul zum Tode verurteilt. Der Komponist Yun I-sang wird ebenso wie drei weitere Angeklagte zu lebenslänglichem Freiheitsentzug verurteilt. Er und zehn andere Angeklagte sind im Juni bzw. Juli (→ 3. 7./S. 117) vom südkoreanischen Geheimdienst aus der Bundesrepublik entführt worden. Nur drei der Angeklagten werden freigesprochen.

Die »Verbrechen« der Angeklagten bestehen im wesentlichen aus dem bloßen Versuch von Nordkorea, aus der Annahme von Geld nordkoreanischer Stellen, Reisen nach Berlin (Ost) und der Weitergabe von allgemeinen Informationen über in Europa lebende Südkoreaner.

Die südkoreanische Presse verbreitet ausschließlich die offizielle Darstellung, daß ein staatsgefährdender Agentenring zerschlagen worden sei. Die südkoreanische Regierung unter General Park Chung Hee hat den Antikommunismus zum Grundpfeiler ihrer Politik gemacht und erst vor kurzem ein Gesetz erlassen, das den Kontakt mit Nordkorea zum Verbrechen stempelt.

Kein EG-Beitritt für Großbritannien

11. Dezember. Am Veto der französischen Regierung scheitert zum zweiten Mal seit 1963 der Versuch Großbritanniens, in die Europäische Gemeinschaft (EG) aufgenommen zu werden.

Auf der Ministerratstagung der EG in Brüssel geben zwar alle sechs Mitgliedsstaaten ihrer Meinung Ausdruck, daß die Konsolidierung der angegriffenen wirtschaftlichen und monetären Lage Großbritanniens von wesentlicher Bedeutung für die Beitrittsfrage sei. Doch Frankreich macht die Vollendung des Gesundungsprozesses der britischen Wirtschaft zur Vorbedingung für die Aufnahme der Verhandlungen, damit nicht der Markt gelähmt werde.

Sense of humour
„Nicht locker lassen — schließlich ist de Gaulles Unsterblichkeit nur historisch"

Londons Versuch

Die internationale Presse kommentiert die durch das Veto Frankreichs vereitelten Versuche der Briten, in die EG aufgenommen zu werden, mit zahlreichen Karikaturen (Abb.).

Mexiko beschließt: Keine Atomwaffen

15. Dezember. Der sog. Tlateloco-Vertrag, wonach in Lateinamerika der Einsatz von Kernwaffen verboten werden soll, wird in Mexiko durch ein Dekret von Präsident Gustavo Díaz Ordaz in Kraft gesetzt. Mexiko, das mit Brasilien zusammen den Vertragsentwurf ausgearbeitet hat, ist das erste Land, das das Abkommen ratifiziert. Alle lateinamerikanischen Staaten mit Ausnahme von Kuba hatten den Vertrag am → 14. Februar (S. 33) unterzeichnet. Die Schaffung einer kernwaffenfreien Zone in Lateinamerika ist von der Generalversammlung der Vereinten Nationen (UN) in New York anschließend gutgeheißen worden.

Leidende Zivilbevölkerung in Vietnam; allein 1967 hat der Vietnamkrieg 76 000 Verletzte und 24 000 Tote unter der Zivilbevölkerung gefordert; jetzt droht der Krieg auf Laos, Kambodscha und Thailand überzugreifen

Der Vietnamkrieg weitet sich aus

27. Dezember. Die Befürchtungen über eine Ausweitung des Vietnamkriegs auf Laos, Kambodscha und Thailand verstärken sich.

Aus Laos werden schwere Kämpfe zwischen angeblich aus Nordvietnam stammenden kommunistischen Truppen und Regierungssoldaten gemeldet, während die kambodschanische Regierung erklärt, jeder Verletzung kambodschanischen Territoriums durch US-amerikanische oder südvietnamesische Truppen soll »verzweifelter Widerstand« entgegengesetzt werden. Auch Thailand meldet verstärkte Aktivitäten von Untergrundkämpfern.

Kambodschas Präsident Sihanuk

Der südvietnamesische Außenminister Tran van Do erklärte am 26. Dezember auf einer Pressekonferenz in Paris, südvietnamesische Truppen würden die Grenze nach Kambodscha überschreiten, falls dies aus Gründen der Selbstverteidigung notwendig sei. Kambodschas Staatspräsident Norodom Sihanuk reagiert darauf, indem er vor dem Parlament in Phnom Penh bekanntgibt, daß er im Fall einer militärischen Intervention die Sowjetunion und China um Hilfe sowie Nordkorea, China und Kuba um Freiwillige gegen die US-amerikanische Aggression bitten werde.

Porst unter Spionageverdacht

14. Dezember. Der am 24. Oktober unter dem Verdacht landesverräterischer Beziehungen zum Ministerium für Staatssicherheit in Berlin (Ost) festgenommene Nürnberger Fotogroßhändler Hannsheinz Porst wird gegen Stellung einer Kaution von einer Million DM wieder auf freien Fuß gesetzt.

Porst ist zwischen 1947 und 1967 mindestens zehnmal in die DDR gereist. Nach seinen Aussagen hat er entweder die Leipziger Mustermesse besucht oder ist bei seinem in Berlin (Ost) lebenden Onkel, dem DDR-Nationalpreisträger und zeitweiligen Mitarbeiter des Zentralkomitees (ZK), Karl Böhm, gewesen. Diese Reisen, so befürchtet die Bundesanwaltschaft in Karlsruhe, könnte Porst, der seit Jahren Mitglied der FDP ist, dazu mißbraucht haben, der DDR Informationen über den Aufbau der FDP und hohe FDP-Parteifunktionäre zu übermitteln. Ebenfalls verhaftet wurde am 19. Oktober sein Parteifreund Alfred Pilny, der sich jedoch zur Zeit noch in Untersuchungshaft befindet.

Porst wird Haftverschonung unter der Bedingung gewährt, sich nicht zu den laufenden Ermittlungen zu äußern und sich einmal wöchentlich bei der zuständigen Polizeidienststelle in Nürnberg zu melden.

Der Nürnberger Großkaufmann Hannsheinz Porst wird wegen des »Verdachts verräterischer Beziehungen« zur DDR vorläufig verhaftet

Lebensstandard in der DDR steigt

Das »Deutsche Institut für Wirtschaftsforschung« in Berlin (West) stellt in seiner neuesten Untersuchung fest, daß auch in der DDR eine Tendenz zu höherwertigen Industrieartikeln zu verzeichnen ist. Die einst erheblichen Versorgungsschwierigkeiten der DDR sind überwunden, bei einigen Gütern zeigen sich sogar Marktsättigungstendenzen. Der Bestand an Fernsehgeräten wuchs zwischen 1960 und 1966 von 16,7 auf 54 Apparate je 100 Haushalte. In der Bundesrepublik sind es derzeit 59,5 Geräte je 100 Haushalte. Im gleichen Zeitraum verdreifachte sich die Zahl der Pkw: Fast jede zehnte DDR-Familie besitzt ein Auto. Während 1960 nur 6,1% aller DDR-Familien einen Kühlschrank und 6,2% eine Waschmaschine besaßen, standen 1966 Kühlschränke schon in 31 und Waschmaschinen in 33 von 100 Haushalten.

Bilanz nach einem Jahr großer Koalition

1. Dezember. Genau seit einem Jahr regiert in Bonn die Koalition aus Christ- und Sozialdemokraten. Die Bilanz dieses schwarz-roten Bündnisses scheint respektabel. Die Zielvorstellungen der beiden Lager klaffen zwar nach wie vor in vielen Punkten weit auseinander, so daß sich die Koalitionspolitik auf dem schmalen Grad des Kompromisses bewegt hat.

Noch vor einem Jahr, als die Ära unter dem damaligen Bundeskanzler Ludwig Erhard ein vorzeitiges Ende fand, wurde der Bundesrepublik von vielen Experten der drohende Bankrott vorausgesagt. Der Haushalt werde bis 1970 jährlich ein Minus von acht Milliarden DM aufweisen und zum Winter 1966/67 wurden 700 000 Arbeitslose erwartet. Heute ist der Haushalt fast ausgeglichen, die Zahl der Arbeitslosen auf rund 360 000 gesunken, und die Konjunktur im Aufschwung. Die Aktienkurse sind in den letzten zehn Monaten um fast 40% gestiegen (→ 29. 12./S. 203). Unter der schwarz-roten Regierung sind verschiedene Gesetze verabschiedet worden:

▷ Das Stabilitätsgesetz (→ 10. 5./S. 83), das der Regierung ein modernes Instrumentarium zur Globalsteuerung der Wirtschaft in die Hand gibt
▷ Die Finanzplanung des Bundes bis 1971
▷ Die Kohlesanierung

▷ Die neue Verkehrsplanung
Viele Probleme bleiben jedoch unerledigt oder sind auf die lange Bank geschoben worden:
▷ Die versprochene Finanzverfassungsreform
▷ Die Notstandsgesetze
▷ Die Wahlrechtsreform

Das Kabinett der großen Koalition von SPD und CDU/CSU vor der Villa Hammerschmidt in Bonn bei Bundespräsident Heinrich Lübke (Mitte)

Auf dem Gebiet der Außenpolitik sind die Vorstellungen zwischen Christ- und Sozialdemokraten unterschiedlich. Die Regierungserklärung, mit der die große Koalition im Dezember 1966 antrat, hat immerhin zum erstenmal seit dem Zweiten Weltkrieg im Zusammenhang mit der deutschen Ostpolitik auf Wendungen wie freie Wahlen, Selbstbestimmung und die Forderung nach den Grenzen von 1937 verzichtet. Sie wollte »entkrampfen und nicht verhärten, Gräben überwinden und nicht vertiefen«. Bundeskanzler Kurt Georg Kiesinger selbst nahm den Brief von DDR-Ministerpräsident Willi Stoph entgegen, antwortete jedoch nur auf Drängen der SPD, und auch über den Inhalt des Antwortschreibens zeigten sich die deutschen Sozialdemokraten enttäuscht (→ 13. 6./S. 101).

Von den Erfolgen der großen Koalition profitiert zuerst die CDU/CSU, die ihr lädiertes Ansehen in der Öffentlichkeit aufbessern konnte, während die SPD sich als Regierungspartei im Bild der Bevölkerung noch profilieren muß.

Studenten veranstalten aus Freude über die Entlassung von Fritz Teufel ein Happening und eine Demonstration

Freispruch für Student Fritz Teufel

22. Dezember. Die achte große Strafkammer des Landgerichts Berlin (West) spricht den Studenten Fritz Teufel von der Anklage des Landfriedensbruchs frei.

Teufel war beschuldigt worden, am → 2. Juni (S. 100) während der Demonstrationen gegen den Schah von Persien, Resa Pahlawi, vor der Deutschen Oper einen Stein auf Polizisten geworfen und sich als »Rädelsführer« betätigt zu haben. Die Staatsanwaltschaft hatte zuvor zwar ihren Vorwurf des schweren Landfriedensbruchs zurückgenommen, jedoch gefordert, Teufel wegen einfachen Landfriedensbruchs zu

fünf Monaten Gefängnis ohne Bewährung zu verurteilen.

Doch die Verhandlung zeigte, daß Teufel keinen Stein geworfen hatte, auch nicht zu Gewalttätigkeiten aufgefordert, nicht einmal an »einer Zusammenrottung einer Menschenmenge« teilgenommen hatte, »die mit vereinten Kräften gegen Personen oder Sachen Gewalttätigkeiten begehen«. Er hat lediglich, wie andere auch, »Notstandsübung« skandiert.

Für die politische Atmosphäre von Berlin (West) ist der Freispruch günstig, nachdem Kriminalobermeister Karl Heinz Kurras (→ 21. 11./S. 180)

vom Gericht schonend behandelt wurde und Teufel – selbst für unparteiische Beobachter – willkürlich in der Untersuchungshaft ausharren mußte. Insgesamt 148 Tage ist Teufel in Untersuchungshaft geblieben, was er selbst spöttisch kommentiert, daß er »dafür wenigstens mal der Kaiserin ins Ohr« hätte beißen können. Die Gründe für die lange Untersuchungshaft sieht Teufel darin, daß »eher ein Rindvieh durch ein Schlüsselloch geht als ein deutscher Beamter an der Aussage eines deutschen Beamten zweifelt«.

Die von dem Gericht gehörten Polizisten verstrickten sich während der Verhandlung gegen Teufel in solche Widersprüche, daß das Gericht nicht umhin konnte, diese Aussagen nicht zu bewerten.

Das Urteil wird von den zahlreich erschienenen Zuhörern, darunter auch Teufels Mitbewohner aus der sog. Kommune I, mit viel Beifall begrüßt. Zur Urteilsverkündung ist aber auch ein Riesenaufgebot von Reportern erschienen. Minutenlang läßt Teufel das Blitzlichtfeuer der Reporter über sich ergehen. Er trägt an einem orangefarbenen Band ein handtellergroßes Adleremblem – der »Moabiter Pleitegeier«, wie Teufel erklärt.

Währenddessen haben Hunderte seiner Kommilitonen von der Freien Universität Berlin (West) Selbstanzeigen erstattet, in denen sie sich bezichtigen, an unerlaubten Demonstrationen in der Stadt beteiligt gewesen zu sein.

Der 24jährige Teufel (Mitte) und der Führer des Sozialistischen Deutschen Studentenbundes (SDS), Rudi Dutschke (l.); Teufel wird vom Landgericht Berlin (West) von der Anklage des Landfriedensbruchs freigesprochen

Ein Stein in der Justizmühle

15. Dezember. Fritz Teufel schildert in einem von ihm verfaßten Flugblatt Prozeß und Umstände aus seiner Sicht:

»Am 10. August wurde ich aus der Haft entlassen, weil die Proteste gegen meine Freiheitsberaubung zu laut wurden. Am 9. August hatte die K[ommune] I anäßlich eines Staatstraueraktes Justiz und Senat mitbeerdigt. Um den Eindruck zu vermeiden, ich wäre zu Unrecht in Haft gesessen, machte man mir polizeiliche Auflagen. Ich mißachtete diese Auflagen, um von der Justiz ein Geständnis ihres Versagens zu erzwingen. Um ihr scheußliches Gesicht zu wahren, erneuerten die Papier- und Paragraphentiger von Moabit nach einigem Zögern den Haftbefehl ... Am 1. Dezember wurde ich ohne Auflagen aus der Haft entlassen, ... nachdem die Aussagen der Belastungszeugen vor Gericht offenbar nicht mehr so glaubwürdig waren wie in den Gerichtsakten. Lügen tragen Uniformen. Im Wettbewerb der Falschaussagen gaben sich die Beamten ... wenig nach.

Der zweite Teil der Verteidigungskomödie war freilich noch aufschlußreicher für das, was das Gericht unter Unabhängigkeit verstanden wissen wollte. Wegen des Verdachts der Mittäterschaft blieben Demonstranten grundsätzlich unvereidigt.

Ich habe einen Stein geworfen. Aber nicht gegen die uniformierten Männchen der Exekutive, sondern sozusagen in die Mühle der Justiz, indem ich mich dagegen wehrte, mich zum Mehl der Ruhe- und Ordnungsbrötchen vermahlen zu lassen. Die Mühle der Justiz hat Schwierigkeiten beim Mahlen.

... Das Gericht wird mich wegen meiner bloßen Anwesenheit vor der Oper verurteilen und damit einen weiteren Beitrag nach dem Kurras-Freispruch zur Störung der herrschenden Ordnung leisten...

IHRE LAGE IST FATAL? HERR LANDGERICHTSDIREKTOR PAHL!

KOMMUNE I (15. 12. 1967)«

Lebenslänglich für Jürgen Bartsch

15. Dezember. Zu lebenslangem Zuchthaus verurteilt die Wuppertaler Jugendkammer den 21jährigen Metzgergesellen Jürgen Bartsch. Das Gericht hält den Angeklagten als »gefährlichen Gewohnheitsverbrecher« des vierfachen Mordes und eines Mordversuchs in Tateinheit mit Kindesraub und gewalttätiger Unzucht mit Männern und Kindern für schuldig. Die Kammer schließt sich damit dem Strafantrag des Staatsanwalts an.

Jürgen Bartsch hatte gestanden, am 31. März 1962 den achtjährigen Klaus Jung, am 6. August 1965 den 13jährigen Peter Fuchs, am 14. August 1965 den elfjährigen Ulrich Kahlweiß und am 8. Mai 1966 den elfjährigen Manfred Grassmann in einem ehemaligen Luftschutzstollen in der Nähe der elterlichen Wohnung in Langenberg (Rheinland) ermordet zu haben. Seinem letzten Opfer, dem damals 14jährigen Peter Freese, war am 18. Juni 1966 die Flucht aus dem Stollen gelungen. Die Ermittlungen der Polizei führten am 21. Juni vergangenen Jahres zur Verhaftung von Bartsch in der Wohnung seiner Adoptiveltern.

Die Verhaftung des »Kirmesmörders« – Bartsch sprach die Jungen auf der Kirmes an und lockte sie in »seinen Stollen«, wo er sich an ihnen sexuell verging – löste nicht nur in der Bundesrepublik, sondern weltweit große Erregung aus. Die schrecklich verstümmelten Leichen der Kinder ließen die Emotionen

Der 21jährige Jürgen Bartsch (Mitte) auf der Anklagebank in Wuppertal

hochschlagen und haben es auch der Jugendstrafkammer in Wuppertal nicht leicht gemacht, den Tatkomplex neutral zu beurteilen.

In der Urteilsbegründung wird Bartsch als »Rätsel« bezeichnet, da es sich bei ihm keineswegs um eine »eiskalte, absolut gefühlsarme Persönlichkeit« handle, sondern vielmehr um einen Menschen mit ausgeprägter Empfindungswelt. Das Gericht gesteht dem 21jährigen weder verminderte Zurechnungsfähigkeit noch mildernde Umstände zu, die sich aus der Biographie von Bartsch ableiten ließen. Von dem Metzger-

ehepaar in Langenberg adoptiert, wurde er bald hin und her gestoßen. Zu Hause erfuhr er wenig Verständnis und Zuneigung, wurde schließlich in eine Klosterschule abgeschoben, die für den schwächlichen Jungen alptraumhafte Züge annahm. Hier wurde er, so behauptet er zumindest, selbst von einem Priester vergewaltigt. Wieder zu Hause, wurde er von seinen Eltern zur Metzgerlehre gezwungen. Und doch schien die Familie nach außen intakt, bis Bartsch verhaftet wurde. Das Gericht hebt die Erziehung besonders lobend hervor.

Der Kindermörder Jürgen Bartsch wird unter strengster polizeilicher Bewachung in den Gerichtssaal geführt

Nach nur 18tägiger Prozeßdauer wird der Metzgergeselle Bartsch (r.) zu lebenslänglich Zuchthaus verurteilt

Gensubstanz DNS im Reagenzglas

16. Dezember. Unter der Leitung von Nobelpreisträger Athur Kronberg gelingt es einer Gruppe von Wissenschaftlern an der kalifornischen Stanford-Universität nach elfjährigen Forschungen, die genetische Grundsubstanz Desoxyribonukleinsäure (DNS) eines Virus künstlich im Reagenzglas herzustellen.

Diese Substanz erweist sich als vermehrungsfähig. Sie erzeugt identisch gleiche DNS-Moleküle. Daran knüpfen sich Überlegungen, daß man eines Tages »Gene nach Maß« herstellen und neue Wege zur Krebsbekämpfung finden könnte.

Versicherung für Renten geändert

7. Dezember. Der Deutsche Bundestag in Bonn beschließt das Finanzänderungsgesetz 1967, durch das die Ausgaben des Bundes zur Entlastung des Haushalts in den nächsten Jahren um mehrere Millionen DM verringert werden.

Danach sollen die Rentner zum 1. Januar 1968 einen 2%igen Beitrag zur Krankenversicherung leisten. Außerdem werden die Beitragserstattungen der Frauen in der Rentenversicherung beseitigt, die Rentenversicherungspflicht auf alle Angestellten ausgedehnt und der Beitragssatz in der Rentenversicherung von 14% auf 15% erhöht.

Landekarte für Flugpassagiere

1. Dezember. Die vom Bundesinnenminister Paul Lücke erlassene Verordnung tritt in Kraft, nach der alle Flugpassagiere, die aus dem Ausland kommen, eine Landekarte ausfüllen müssen.

Der Erlaß geht auf den Wunsch des Bundesgesundheitsamtes zurück, das damit die Pockengefahr im Bundesgebiet eindämmen will. Erst im August steckte eine Frau aus Augsburg verschiedene Menschen an, da sie nicht rechtzeitig identifiziert und unter Quarantäne gestellt werden konnte. Künftig müssen aus dem Ausland kommende Personen ihre Personalien am Flughafen angeben.

Die ersten Fahrzeuge, die am 1. Dezember von der Schweizer Seite in den St.-Bernhard-Tunnel einfahren

Schnellere Wege über die Alpen

1. Dezember. Der Straßentunnel durch den St. Bernhard wird nach sechsjähriger Bauzeit offiziell dem Verkehr übergeben.

Der 6,6 km lange Tunnel ist ein Teilstück der Schweizer Nationalstraße 13, die von St. Margarethen über Chur durch Graubünden nach Bellinzona im Tessin führt und dort auf die Gotthardstraße trifft. Mit seiner Eröffnung erhalten die Ostschweiz, der Raum Zürich und auch das weitere Einzugsgebiet von Süd- und Südwestdeutschland neben der Tunnelverbindung durch den Gotthard und der Straße Chur–Julier–Maloja eine zusätzliche Verbindung nach dem Süden.

Durchbruch im St. Bernhard: Französische und italienische Arbeiter feiern

Gleichzeitig mit dem Tunnel wird auch das neue Teilstück der N 13 durch die berühmte Via Mala freigegeben. Auch auf der Brenner-autobahn wird am 3. Dezember ein 14 km langes Teilstück freigegeben, so daß die Paßstraße jetzt von Innsbruck bis Matrei befahrbar ist.

Stählerne Brücke bricht zusammen

15. Dezember. Eine 525 m lange Hängebrücke über den Ohio stürzt bei Point Pleasant in Westvirginia zusammen. Dabei werden mehr als 100 Personen- und Lastkraftwagen 33 m in die Tiefe gerissen, 73 Menschen finden den Tod.

Ursache für den Einsturz der Hängebrücke, die vor 39 Jahren gebaut wurde, ist die Überbelastung infolge des Feierabendverkehrs. Nach Augenzeugenberichten schwankte die Brücke »wie üblich« auf und nieder, als die Autoschlangen darüberfuhren. Plötzlich rissen die Stahltrossen. In zwei Tagen sollte die Brücke außer Dienst gestellt werden.

Unter den Stahlträgern begraben liegen noch viele Menschen nach dem Einsturz der Hängebrücke bei Point Pleasant im US-Bundesstaat Virginia

Quecksilber in Schwedens Seen

12. Dezember. Die Quecksilberwerte in 40 Seen, Flüssen und Kanälen Schwedens sind so hoch, daß das schwedische Gesundheits- und Veterinäramt untersagt, die dort gefangenen Fische als Nahrungsmittel zu verkaufen.

Die gegenwärtig gültige Höchstgrenze des Quecksilbergehalts beträgt ein Milligramm je 1000 g Fischfleisch. Diese Menge wird von Medizinern für vertretbar gehalten, wenn man nicht täglich Fisch ißt. In den Seen wurden jedoch Fische mit einem höheren Quecksilbergehalt gefangen. Die erhöhte Aufnahme von Quecksilber führt zu irreparablen Nervenschädigungen und Störungen der Nierenfunktion.

Für die schwedische Binnen- und einen Teil der Küstenfischerei ist das Verkaufsverbot ein schwerer wirtschaftlicher Schlag, weil die Fischer bereits seit vielen Jahren dagegen protestiert haben, daß die quecksilberhaltigen Abwässer der Holzveredelungsindustrie ihre Fangplätze verunreinigen.

DDR verstärkt Staatsgrenze

4. Dezember. Entlang der Grenze zwischen der DDR und dem Bundesgebiet zwischen dem thüringischen Kreis Sonneberg bei Heinersberg und dem oberfränkischen Landkreis Kronach beginnen Pioniereinheiten der Volksarmee ganze Waldstücke abzuholzen, um bessere Sichtverhältnisse zwischen dem Doppelzaun und der Demarkationslinie zu schaffen.

Unmittelbar hinter dem doppelten Sperrzaun werden zusätzlich Holzmasten aufgestellt, deren Scheinwerfer die Grenze in gleißendes Licht tauchen. Zu keiner Tages- und Nachtzeit soll es Flüchtlingen gelingen, die Staatsgrenze der DDR zu überqueren.

Auch in Berlin werden die Grenzbefestigungen und die Mauer selbst verstärkt. Insgesamt 20 km der 64 km langen Berliner Grenzlinie werden neu gemauert. Die neue Mauer ist nicht nur glatter und höher, an ihrem First sind zusätzlich 50 cm dicke Betonröhren befestigt, an denen kein Halt zu finden ist.

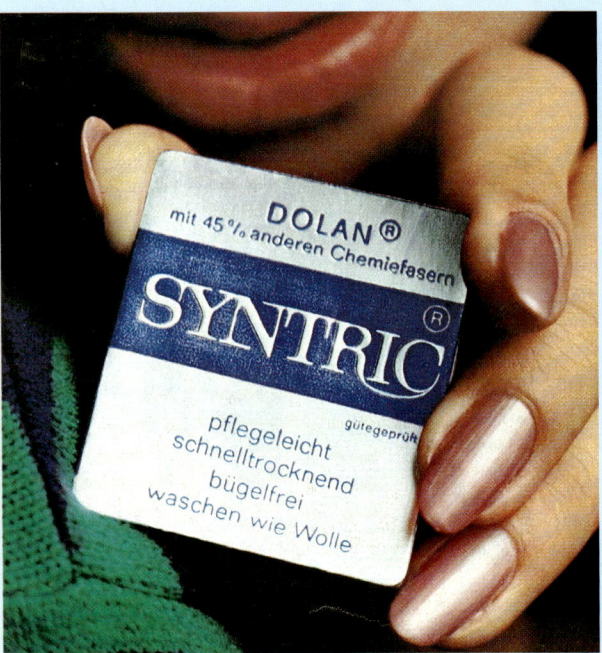

Einprägsamer Werbeslogan der Deutschen Bundesbahn im Winter 1967

Alle Informationen mit einem einzigen Blick zu erfassen – in der Assoziation mit dem Markennamen

Reklame mit Wortspiel: Viel Konkurrenz erfordert viel Fantasie in der Werbung

Werbung 1967:

Die Werbewirtschaft kommt in Bewegung

Symptomatisch für das Werbejahr 1967 ist eine gewisse Unruhe und Unstetigkeit.

Die Auswirkungen der stagnierenden und sinkenden Umsätze aufgrund der angespannten Konjunkturlage bekommen auch die Werbeagenturen in der Bundesrepublik zu spüren. Selbst Firmen, deren Produkte als Markenartikel scheinbar ihren Käuferanteil gesichert haben, klagen über rückläufigen Absatz und fordern von ihren Werbeagenturen mehr Ideen und Fantasie, um diese Entwicklung zu stoppen. Je stärker die Umsatzschwierigkeiten, desto öfter wollen die Firmen etwas Neues in der Werbung ausprobieren. Dafür wechseln sie auch von ihren angestammten Agenturen zu neuen um. Rund 150 bedeutende Etats – knapp 50% mehr als im letzten Jahr – wechseln 1967 zu anderen Werbeagenturen. Darunter finden sich auch große Prestigeaufträge wie der Ford-Etat in Höhe von 25 Millionen DM, die Werbung für Klosterfrau im Wert von acht Millionen DM oder die Benzinmarke »Aral« für fünf Millionen DM.

Ein Beispiel für erfolgreiche Werbung ist die Kampagne für die Markenbanane »Chiquita«. Erst im Frühjahr 1967 beginnt die Kampagne mit dem Slogan »Chiquita – man sieht, daß sie schmeckt« und schon am Jahresende hat der US-amerikanische Konzern United Fruit Company seinen Anteil auf dem bundesdeutschen Bananenmarkt von 35% auf 44% gesteigert. Als Gegenbeispiel muß 1967 die hauseigene Werbeagentur LINTAS des Unilever-Konzerns sich gezwungenermaßen in ihren Strukturen erneuern. Ihre eher konservativen Einfälle – »Das strahlende Weiß« für das Waschmittel Sunil, die »Familie Saubermann« für »OMO« – halten der Konkurrenz nicht mehr stand.

Werbetext in Anlehnung an Nietzsche-Zitat

Nicht die Qualität, sondern das Aussehen ist ausschlaggebend

Nobelpreise von 1967 vergeben

10. Dezember. König Gustav VI. Adolf von Schweden überreicht in einem feierlichen Akt in Stockholm den Nobelpreisträgern von 1967 ihre Auszeichnungen. Ein Friedensnobelpreis wird wie schon im letzten Jahr nicht vergeben.

Den Nobelpreis für Medizin und Physiologie erhalten drei Wissenschaftler für ihre Entdeckungen auf dem Gebiet der chemischen und physiologischen Sehvorgänge im Auge: Der Direktor des Nobelinstituts für Neurophysiologie und Vizepräsident der Königlich-Schwedischen Akademie der Wissenschaften, Professor Ragnar Granit, der US-Amerikaner Haldan K. Hartline von der Rockefeller-Universität in New York und sein Landsmann George Wald von der Harvard-Universität in Cambridge.

Der guatemaltekische Schriftsteller Miguel Ángel Asturias erhält »für seine farbigen literarischen Werke, die in der nationalen Individualität und in den indianischen Traditionen wurzeln«, den diesjährigen Nobelpreis für Literatur.

Der Nobelpreis für Chemie wird in diesem Jahr geteilt. Eine Hälfte wird dem bundesdeutschen Chemiker Manfred Eigen, Direktor der Abteilung für Kinetik am Max-Planck-Institut in Göttingen, zuerkannt, die andere Hälfte teilen sich die beiden Briten Ronald G. W. Norrish von der Universität Cambridge und George Porter von der Royal Institution in London. Die drei Chemiker haben sich durch ihre »Untersuchungen von äußerst schnellen Umsetzungen durch Störung des Reaktionsgleichgewichts mit Energiestößen von kurzer Dauer« verdient gemacht.

Der US-Atomforscher Hans Albrecht Bethe von der Cornwell-Universität in Ithaka nimmt den Nobelpreis für Physik entgegen.

Die Nobelpreisträger 1967 nach der feierlichen Übergabe durch König Gustav Adolf von Schweden in Stockholm: (v. l. n. r. vorne) Ragnar Granit, Haldan K. Hartline, George Wald, Miguel Asturias, (v. l. n. r. hinten) Ronald G. W. Norrish, Manfred Eigen, George Porter, Hans Albrecht Bethe

Aktienkurse auf Jahreshöchststand

29. Dezember. An der Silvester-Börse in Frankfurt am Main werden die höchsten Jahreskurse für Aktien notiert.

Gegenüber dem 1. Januar 1967 sind die bundesdeutschen Aktienkurse damit um rund 43%, gegenüber dem Tiefstkurs des Jahres am 18. Januar dieses Jahres um 50% gestiegen. Die Börsenumsätze haben sich 1967 im Vergleich zu den beiden Vorjahren fast verdoppelt. Die Börse hat mit diesem – seit der Währungsreform – zweitstärksten Aufschwung den erwarteten wirtschaftlichen Auftrieb für 1968 und 1969 vorweggenommen.

Vor allem kleine und mittlere Sparer, die bisher ihre Rücklagen auf Sparkonten angelegt haben, fragen zunehmend bei den Kreditinstituten und Investmentfonds nach Aktien.

In Vorblicken auf das Jahr 1968 haben zahlreiche Banken und Sparkassen an Silvester dem kommenden Börsenjahr »eine sehr gute Note« gegeben. Die positive Beurteilung stützt sich auf die Hoffnung, daß die Industrieumsätze und Unternehmergewinne erheblich steigen werden und die Gewerkschaften in der nächsten Tarifrunde in ihren Lohnforderungen gemäßigt bleiben.

DDR fördert die Privatbetriebe

15. Dezember. Der stellvertretende Finanzminister der DDR, Erich Rost, stellt den Beschluß des Ministerrats »über die Weiterentwicklung der Finanzwirtschaft der nicht volkseigenen Betriebe« der Öffentlichkeit vor.

Danach werden Betriebe der nicht volkseigenen Wirtschaft der DDR finanziell gefördert, damit sie ihre Rentabilität und Produktivität weiter steigern können. Insbesondere Handwerk und Kleinindustrie erhalten einen vollen finanziellen Gewinnausgleich bei gegebenenfalls eintretender Gewinnminderung. Damit sollen die handwerklichen Leistungen für die Bevölkerung sichergestellt werden; allein mit volkseigenen Betrieben (VEB) kann der Bedarf an handwerklichen Leistungen vor allem in ländlichen Gebieten nicht vollständig gedeckt werden.

Japanische Automobile auf dem Vormarsch nach Europa

Dezember. Die japanische Automobilindustrie verdrängt in diesem Jahr erstmals die bundesdeutsche Automobilproduktion vom zweiten auf den dritten Platz in der Rangliste der Weltproduktion.

Führend in der Weltproduktion bleiben die Vereinigten Staaten, die 1967 rund zehn Millionen Autos produzieren; von den Montagebändern japanischer Automobilhersteller rollen in diesem Jahr drei Millionen Autos, in der Bundesrepublik sind es 2,2 Millionen. Da die Japaner immer noch mehr Last- als Personenwagen produzieren, sieht das Bild in der Pkw-Produktion anders aus: Hier lagen die Japaner 1966 an sechster Stelle, die Bundesrepublik an zweiter.

Für ihre Pkw fassen die größten drei japanischen Automobilhersteller Toyota, Nissan und Toya Kogyo auch den europäischen Markt ins Auge. Mehr Kopfzerbrechen als Frachtkosten und Zoll bereitet dabei der Aufbau eines Händler- und Kundendienstnetzes, da dem Autokunden auch der Service mitgeliefert werden muß. In Skandinavien, Finnland, in den Beneluxländern und der Schweiz haben sie schon Fuß gefaßt, im Bundesgebiet schließt Toyota im Dezember einen Importvertrag mit einem großen Krefelder Händler. Der kleinste japanische Automobilhersteller Honda hat in Hamburg schon eine eigene Importgesellschaft eröffnet, die bis zum Frühjahr 1968 300 Händler im Bundesgebiet anwerben soll.

Auftrumpfen wollen die Japaner gegenüber der bundesdeutschen Konkurrenz vor allem mit der hohen Qualität ihrer Autos, die erstklassig verarbeitet, leicht zu bedienen und sachlich ausgestattet sind. Den Schwerpunkt ihrer Verkaufsstrategie legen sie in die Mittelklassewagen. Sie gewähren überdies die längsten Garantiezeiten: Zwei Jahre oder 50 000 km.

Einfacher geht's nicht In Japan machen die Tra direkt neben den Werkh Nissan (Datsun) besitzt die je 1100 Autos laden Sie fahren im Küstenver innerjapanischen Bedarf besorgen auch den Tran

Werkeigenes Transportschiff

Handke erhält den Hauptmann-Preis

3. Dezember. Die Freie Volksbühne in Berlin (West) verleiht dem Erzähler und Dramatiker Peter Handke aus Österreich den Gerhart-Hauptmann-Preis.

Dem Autor wird der Preis in Anerkennung »der neuen Impulse, die er mit seinen Sprechstücken dem Bühnenschaffen gegeben hat«, verliehen. Der Vorsitzende des Gutachterausschus-

Peter Handke

ses, Hermann Gressieker, spricht Handke im Stil seiner »Sprechstücke« als »Anfänger« und »Spielverderber« an.

Hundertwasser zieht sich aus

Dezember. Der österreichische Maler Friedensreich Hundertwasser schockiert das Schwabinger Publikum, das sich zu einem Happening in einer privaten Münchener Galerie eingefunden hat. Vor den versammelten Kunstsinnigen entkleidet er sich vollständig, um damit ein Zeichen der Natürlichkeit gegen die unmenschliche und »verbreche-

Hundertwasser

rische« Zivilisation zu setzen. Hundertwasser fordert Originalität des Menschen. »Konsum, diese Kauferei«, hält er für »witzlos«.

Annette Kolb stirbt in München

3. Dezember. Die Schriftstellerin Annette Kolb stirbt 92jährig in ihrer Geburtsstadt München. Als Tochter eines königlich-bayerischen Gartenbauarchitekten und einer Pariser Pianistin war sie auf »die Fahnen beider Länder vereidigt«. Sie schrieb und lebte in Frankreich und Deutschland. 1933 emigrierte sie nach Paris, 1940 nach New York und

Annette Kolb

kehrte 1945 nach Paris zurück. Ihre Musikliebe fand Niederschlag in sensitiven Biographien über Schubert, Mozart und Wagner.

Sportler des Jahres wird gekürt

5. Dezember. Der US-amerikanische Meilenweltrekordler Jim Ryun (→ 8. 7./S. 123) wird zum zweitenmal nacheinander »Sportler des Jahres«. Zu diesem Ergebnis kommt die Internationale Sportkorrespondenz (ISK) in Stuttgart nach einer Umfrage bei 28 Zeitungen in 28 verschiedenen Ländern.

Auf Ryun entfallen 108 Punkte, so daß der 20jährige Mittelstreckler vor seinem Landsmann, dem Schwimmer Mark Spitz, der 50 Punkte erreicht, und dem französischen Skirennfahrer Jean-Claude Killy (29 Punkte) mit einem großem Vorsprung siegt.

Auf Platz vier folgt mit 27 Punkten die US-Schwimmerin Debbie Meyer.

Sportler des Jahres von 1947 bis 1967

1947	Alex Jany	Frankreich	Schwimmer
1948	Fanny Blankers-Koen	Holland	Leichtathletin
1949	Emil Zatopek	ČSSR	Leichtathlet
1950	Bob Mathias	USA	Leichtathlet
1951	Emil Zatopek	ČSSR	Leichtathlet
1952	Emil Zatopek	ČSSR	Leichtathlet
1953	Fausto Coppi	Italien	Radrennfahrer
1954	Roger Bannister	GB	Leichtathlet
1955	Sandor Iharos	Ungarn	Leichtathlet
1956	Wladimir Kuz	UdSSR	Leichtathlet
1957	Wladimir Kuz	UdSSR	Leichtathlet
1958	Herb Elliot	Australien	Leichtathlet
1959	Wassili Kusenow	UdSSR	Leichtathlet
1960	Wilma Rudolph	USA	Leichtathletin
1961	Valerie Brumel	UdSSR	Leichtathlet
1962	Valerie Brumel	UdSSR	Leichtathlet
1963	Valerie Brumel	UdSSR	Leichtathlet
1964	Don Schollander	USA	Schwimmer
1965	Ron Clark	Australien	Leichtathlet
1966	Jim Ryun	USA	Leichtathlet
1967	Jim Ryun	USA	Leichtathlet

Sexualaufklärung mit »Helga«

4. Dezember. Männer fallen reihenweise in Ohnmacht oder verlassen die Kinos während des Aufklärungsfilms »Helga«, in dem u. a. zehn Minuten lang alle Phasen einer Geburt gezeigt werden.

Bei »Helga« handelt es sich um den ersten abendfüllenden Aufklärungsfilm, der letztes Jahr mit Unterstützung des Zentralinstituts für gesundheitliche Aufklärung in Köln entstanden ist. Seit September 1967 läuft der Farbfilm zu regulären Ein-

trittspreisen in mehreren Großstädten der Bundesrepublik.

Die bundesdeutsche Aufklärungswelle nutzen mit »Helga« der Kinoproduzent Karl-Ludwig Ruppel und sein Regisseur Erich F. Bender aus. Sie wollen sich mit dem 75 Minuten langen Film nach eigenen Angaben an ein »möglichst breites Publikum« wenden: »Heranwachsende Jugend und junge Paare« verfolgen im Kino den Weg einer jungen Frau – Helga, dargestellt von der 27jährigen Ruth

Gassmann – zum Mutterglück. Gezeigt wird das Vorspiel zum Geschlechtsakt, Follikelsprung und Zellteilung, Geburt und Babypflege. Dabei werden zwei Kurzaufklärungsfilme für den Schulgebrauch und gynäkologische Modelle und Präparate mit verwendet, die das Bundesministerium für gesundheitliche Aufklärung zur Verfügung gestellt hat.

Der Film bleibt alles in allem »sauber« und in seiner Fragestellung und Realisation eher kindlich. Selbst die eindrucksvollen mikrobiologischen Dokumentaraufnahmen können nicht den komischen Eindruck von Szenen wie folgenden ausbügeln:

– Die Mutter duscht. Da tollt ihr Sohn ins Badezimmer und sagt: »Was ich habe, das hast du aber nicht!« Die Mutter lacht: »Ach, du meinst dein kleines Glied?«

– Die Mutter näht. Ihre Tochter springt herein und fragt: »Wo kommen die kleinen Kinder her?« Die Mutter erklärt: »Muttis Scheide öffnet sich so weit, daß es herausschlüpfen kann.«

Angesichts solcher Dialoge scheint es fast verständlich, daß die Szenen einer Geburt schockierend wirken, noch dazu, wenn man mit einbezieht, daß 1967 die Anwesenheit des Mannes im Kreißsaal noch völlig undenkbar ist.

Szene aus dem deutschen Aufklärungsfilm »Helga«, der seit September 1967 in den Kinos mehrerer Großstädte im Bundesgebiet gezeigt wird

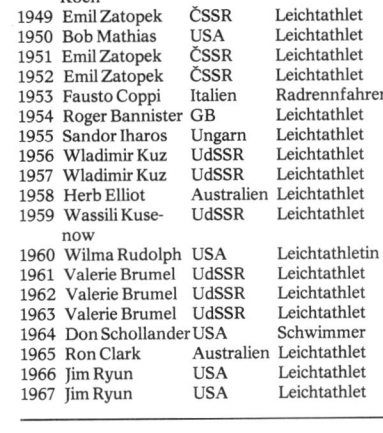

Zum zweiten Mal Sportler des Jahres: Der US-Leichtathlet Jim Ryun

Malerei 1967:
Abstraktion und Neuer Realismus

Eine Vielzahl von Malstilen und künstlerischen Aktivitäten bestimmt das Jahr 1967. Die Öffentlichkeit und die gesellschaftlich arrivierte Schicht nimmt in ungewohntem Ausmaß an der zeitgenössischen Kunst und ihren Künstlern Anteil. Zahlreiche Museums- und Galerieausstellungen und ein Aufblühen der Kunstkritik unterstützen dieses starke Interesse an der bildenden Kunst.

Junge Künstler treten in rascher Folge und in hoher Zahl in Erscheinung, eine Karriere kann über Nacht gemacht werden und ebenso schnell beendet sein. Die um 1930 geborenen Künstler bestimmen nun verstärkt die internationale Kunstszene, emanzipieren sich von ihren Vorbildern und geben jetzt selbst neue Impulse.

Neben der fast marktüberschwemmenden »Pop-art«, deren bedeutendster Vertreter, Andy Warhol, in diesem Jahr seine »Fabrik« in die Union Square 33 in New York verlegt, sind vor allem die Aktivitäten verschiedener abstrakter Expressionisten in den Vereinigten Staaten bedeutsam. Der Bildhauer Richard Diebenkorn (*1922) beginnt 1967 seine ungegenständliche Serie »Ocean Park«, John Chamberlain (*1927) das Projekt »Art and Technology« in Washington, an dem sich auch Dan Flavin (*1933) beteiligt. Chamberlain arbeitet mit Industrieschrott, den er von Autofriedhöfen holt, und konstruiert mehrfarbige Skulpturen aus zusammengedrücktem Stahlblech.

Als entschiedenste Gegenströmung zur abstrakten Kunst entwickelt sich der Neue Realismus, der im sog. Fotorealismus seine größte Verbreitung findet. Durch die überexakte Wirklichkeitswiedergabe, die Unschärfen der Fotografie ausschaltet, wird die Realität manipuliert und verfremdet.

Als eine neue Kunstgattung etablieren u. a. Tom Wesselmann und Victor Vasarély »Multiple Objekte«. Die Multiples-Künstler verzichten auf Rarheit und lassen ihre Werke in Serie – für Konsumenten einer industriellen Massengesellschaft – herstellen.

»Großer Amerikanischer Traum, Akt Nr. 92« von Tom Wesselmann

»Stoffbild rot-rosarot« von Blinky Palermo (eigentlich Peter Heisterkamp) – Präsenz der Farbe

Kriege überschatten Weihnacht

24. Dezember. Während die Christenheit das Fest des Friedens begeht, töten in den Kriegsgebieten der Welt Menschen ihre Mitmenschen. In den Festgottesdiensten gedenkt man der Opfer in Vietnam, im Kongo, in Israel, in Lateinamerika und auf Zypern und betet für den Frieden auf der Welt.

Vietnamkrieg ohne Ende

Der Krieg in Vietnam eskaliert 1967; weltweite Bemühungen um eine Beilegung dieses Krieges scheitern wiederholt, und auch während der Weihnachtsfeiertage kommt es zu Verletzungen des Waffenstillstands, den die Vereinigten Staaten, Südvietnam und Nordvietnam vereinbart haben. Es gibt keine Hoffnung, daß die Weihnachtsfeuerpause wie in den vergangenen Jahren in der Erwartung vertraulicher Friedenskontakte verlängert wird. Schon am 26. Dezember nehmen die US-amerikanischen und südvietnamesischen Boden- und Luftstreitkräfte ihre Kampfhandlungen wieder auf.

Das Land selbst ist völlig verwüstet, und insbesondere die Zivilbevölkerung leidet unter dem Krieg. Zur Bekämpfung des kommunistischen Vietcong wenden die US-amerikanischen Streitkräfte das Prinzip der »verbrannten Erde« an. Nach Flächenbombardements werden weite Strecken Südvietnams zu einer Kraterlandschaft. Chemikalien zur Entlaubung des Dschungels verwandeln die Landschaft in eine leblose Öde. Wenn die US-Amerikaner Vietcong in einem Dorf vermuten, überfallen sie dieses mit Hubschraubern, führen den Großteil der Bevölkerung mit sich weg, um dann, meist nach unmenschlichen Folterungen, nicht mehr als zwei oder drei Vietcong überführen zu können. Allein in diesem Jahr hat der Krieg 76 000 Verletzte und 24 000 Tote unter der Zivilbevölkerung gekostet.

Aber auch die US-amerikanische Bevölkerung begeht eine Kriegsweihnacht. Rund 480 000 US-Amerikaner sind derzeit in Vietnam stationiert. In vielen Familien fehlen die Söhne und Väter. Im nächsten Jahr sollen die US-Streitkräfte in Vietnam auf 525 000 Mann verstärkt werden. Etwa 8000 US-Soldaten sind in diesem Jahr in Vietnam gefallen, 24 521 wurden verwundet.

Gespannte Ruhe auf Zypern

Die militärischen Auseinandersetzungen zwischen griechischen und türkischen Truppen Ende November werfen auch über die Weihnachtsfeiertage ihre Schatten. Der Konflikt konnte noch in letzter Minute beigelegt werden, ehe er zu einem Krieg eskalierte. Durch die Vermittlung von US-Sonderbotschafter Cyrus Vance, dem Sonderbeauftragten der Vereinten Nationen (UN) José Rolz-Bennet und dem Generalsekretär des Nordatlantischen Bündnisses (NATO) Mamilo Brosio, ist ein Übereinkommen zwischen Griechenland und der Türkei zustande gekommen, das

als Grundlage einer dauernden friedlichen Lösung des Zypern-Problems dienen soll. Das Abkommen sieht u. a. vor, daß die griechischen und türkischen Streitkräfte auf der Insel stufenweise innerhalb von zwei Monaten abgezogen werden, und daß beide Länder sich verpflichten, die Souveränität der Insel anzuerkennen.

Blutiger Krieg um Biafra

Der Krieg zwischen Nigeria und der abgefallenen nigerianischen Ostregion Biafra (→ 6. 7./S. 113) schwelt weiter. Seit Ausbruch der Feindseligkeiten gibt es schätzungsweise eine halbe Million Flüchtlinge, die teils bei Verwandten, teils in provisorischen Lagern untergebracht sind. Die Sterblichkeitsquote in diesen Lagern ist

sehr hoch. Nahrungsmittel und Medikamente fehlen, insbesondere Kinder sterben. Zudem werden diese Lager durch Düsenjäger der nigerianischen Föderationsarmee aus großer Höhe bombardiert.

Kongo-Söldner wollen nach Hause

Auch das Schicksal der 121 in Ruanda internierten Kongo-Söldner und mehrerer Tausend Katanga-Soldaten ist noch unentschieden. Der kongolesische Staats- und Ministerpräsident Joseph D. Mobutu verlangt ihre Auslieferung, doch die Söldner sollen mit Hilfe internationaler humanitärer Organisationen evakuiert werden.

Zypriotische Schulkinder bei einer pro- nach der Ankunft türkischer Kriegs

Per Hubschrauber werden US-amerikanische Soldaten in der Nähe von vermuteten Stützpunkten des Vietcong abgesetzt; häufig werden jedoch ganze Dörfer zerstört und viele Vietnamesen getötet, ohne auf Vietcong zu treffen

Soldaten der nigerianischen Föderationsarmee bei einer Leibesvisitation in der Hauptstadt Lagos, mit der sie Biafra-Soldaten aufspüren wollen

Barbie-Puppen und Autorennbahnen auf den Gabentischen

»Kleine Leute ganz groß«, Kindersendung des Zweiten Deutschen Fernsehens an Heiligabend mit Peter Frankenfeld (3. v. l.; Szenefoto)

24. Dezember. Zum Weihnachtsgeschäft klingeln die Kassen der Kaufhäuser und Einzelhändler. Von einer Zurückhaltung der Käufer ist wenig zu spüren.

Nachdem in der konjunkturellen Situation mehr Ruhe eingekehrt ist und nicht so viele Unternehmen wie befürchtet die Weihnachtsgratifikationen gekürzt oder gar gestrichen haben, kommt eine bisher gestaute Nachfrage ins Rollen.

Die Spielwarenbranche freut sich über das gute Weihnachtsgeschäft, obwohl sie die Umsatzverluste des Jahres nicht ganz ausgleichen kann. Gefragt sind insbesondere Sprech- und Laufpuppen, die den kleinen Mädchen unter den Baum gelegt werden. Für die sogenannte Barbie-Puppe ist der Höhepunkt erreicht, wobei die Epigonen der »echten Barbie« nicht ankommen. In der Nachfolge der »Barbies« werden Kleider, Perücken und modische Accessoires gut verkauft, die die »superschlanke Mini-Frau« verwandeln.

Die schon totgesagte Autorennbahn findet auch wieder ihre Liebhaber, es sind zumeist die Väter, die dieses Spielzeug für ihre Söhne einkaufen.

Neben Schmuck, Seidentüchern, Handtaschen und ähnlich »typisch weiblichen« Geschenken, kaufen viele Männer ihren Ehefrauen vermehrt praktische Haushaltsgeräte. Das festliche Abendessen wird in diesem Jahr billiger als im Vorjahr. Weihnachtsgeflügel wie Puten, Gänse und Enten sind bis zu 1,30 DM je Kilogramm preiswerter. Das Kilogramm Weihnachtsgans kostet zwischen 2,40 DM und 2,80 DM, Puter erster Qualität zwischen 2,70 DM und 2,90 DM.

Auch die Spiegelkarpfen finden in diesem Jahr als Festtagsmenü mehr Zuspruch als im vergangenen Jahr. Der Gesamtverbrauch an Karpfen wird 1967 auf 4000 t beziffert. Auch hier sind die Preise gefallen. Rund 10% weniger als im Vorjahr muß die Hausfrau für ein Kilogramm lebenden Karpfen bezahlen (rund 3 DM).

Nur die Preise für Weihnachtsbäume bleiben konstant: Fichten kosten 1 DM pro laufenden Meter. 15 bis 16 Millionen Bäume werden in der Bundesrepublik zum Weihnachtsfest 1967 verkauft.

griechischen Demonstration in Nikosia schiffe in Zyperns Küstengewässern

Angst im Gesicht des alten Vietnamesen vor dem Soldaten

Der kongolesische Staats- und Ministerpräsident Joseph D. Mobutu

Praktisches für den Heimwerker als Weihnachtsgeschenk

Tips für das Weihnachtsessen, Seite der Zeitschrift »für sie«

Das christliche Fest wird mehr und mehr zur reinen Geschenkaktion

Nach schwierigem Jahr wieder Optimismus

1967 war für viele Bundesbürger kein gutes Jahr. Geprägt von einem bislang ungekannten Konjunkturrückgang, absinkender gesamtwirtschaftlicher Aktivität und der relativ hohen Arbeitslosenquote von durchschnittlich 2,1%, fühlen sich viele Menschen in der Bundesrepublik verunsichert. Doch diese negative Entwicklung, die sich schon in der zweiten Jahreshälfte 1966 anbahnte und im Frühjahr dieses Jahres ihren Höhepunkt erreichte, scheint zum Jahreswechsel – dank des Eingreifens der Bundesregierung – gestoppt.

In eine wahre Euphorie verfallen die Experten im Hinblick auf das kommende Jahr: 1968 soll das wirtschaftlich beste Jahr werden, das die Bundesrepublik je erlebt hat. Bundeswirtschaftsminister Karl F. Schiller, rechnet für das kommende Jahr mit einem realen Wirtschaftswachstum von 4% – die Preissteigerung ist dabei schon abgezogen.

Die Deutsche Mark ist als Währung nie so stabil gewesen wie zur Zeit. Die Preissteigerung beträgt gegenüber dem Vorjahr nur 1%. Für 1968 soll die Teuerung höchstens 1,5% bis 2% ausmachen.

Die Löhne und Gehälter sollen 1968 zwischen 4% und 5% angehoben werden, denn die Industrie soll mehr produzieren als in diesem Jahr. Besonders für die Automobilindustrie, die unter dem Konjunkturrückgang in diesem Jahr besonders litt, wird 1968 ein Produktionszuwachs zwischen 10% und 12% vorausgesagt.

56% der Bundesbürger sehen dem Jahr 1968 mit Hoffnungen entgegen, bei 14% überwiegen die Befürchtungen, 19% sind skeptisch und die restlichen 11% wollen sich nicht festlegen. Das ergibt die alljährliche Repräsentativumfrage des Allensbacher Instituts für Demoskopie. Damit ist der »Hoffnungsspegel« gegenüber dem Vorjahr um 4% gestiegen.

Die »Fünf Weisen«, Wilhelm Bauer (Foto) aus Essen, Herbert Giersch und Wolfgang Stützel – beide aus Saarbrücken – sowie der Wirtschaftsexperte Karl Binder und Harald Koch in ihrem Jahresgutachten vom 5. Dezember 1967: »In der Vorausschau auf das erste Halbjahr 1968 sagt der Rat eine günstige Entwicklung, nämlich ein Wachstum des Bruttosozialprodukts um nominal 5,5% voraus ...«

Karl Winnacker, Vorstandsvorsitzender der Farbwerke Hoechst AG, Frankfurt:
»So erhöhte sich in den ersten neun Monaten der Export um 19,6 Prozent. Inzwischen sind auch auf dem Inlandsmarkt schon Anzeichen einer Besserung zu beobachten. Zwar ist schwer zu sagen, ob die ›Talsohle‹ bereits erreicht ist, immerhin ist die Rezession aber stark abgebremst worden.«

Gerhard Tacke, Mitglied des Vorstands der Siemens AG, Berlin und München:
»Der Konjunkturrückgang in der Bundesrepublik ist seit einigen Monaten zum Stillstand gekommen. Eine Wende zur Besserung der Lage zeichnet sich ab. Aus der Industrie hat die Bestelltätigkeit aus dem Inland wieder leicht zugenommen. Das Vertrauen der Unternehmer ... wächst.«

Hans Bühler, Vorsitzender des Vorstands der AEG-Telefunken:
»Das wirtschaftliche Klima ist wieder freundlicher geworden. In der Produktion und im Umsatz der Industrie, die noch in den ersten Monaten dieses Jahres kontinuierlich abgenommen hatten, ist ein Umschwung unverkennbar. Der Auftragseingang hat sich seit Frühsommer deutlich belebt ...«

Max Grundig, Grundig-Werke GmbH, Fürth/Bayern:
»Der Abbau der Lagerbestände hat ein Ausmaß erreicht, das gebieterisch nach einer Normalisierung verlangt. Allein von dieser Seite her sind wesentliche Impulse für einen Aufschwung ... zu erwarten. Unter diesen Umständen sehe ich der Entwicklung im kommenden Jahr optimistisch entgegen.«

Hans-Günther Sohl, Vorstandsvorsitzender der August-Thyssen-Hütte AG, Duisburg-Hamborn:
»Wir haben den tiefsten Punkt der konjunkturellen Talfahrt zwar offensichtlich hinter uns. Bisher scheint es mir aber noch zu früh, um allgemein von einer konjunkturellen Wende sprechen zu können. Die Auftriebskräfte reichten auch für die Stahlindustrie bisher noch nicht aus ...«

Heinz Nordhoff, Generaldirektor der VW-Werke, Wolfsburg:
»Im Laufe von 20 Jahren kann es, wie die Entwicklung in der ganzen Welt immer wieder zeigt, sehr leicht auch einmal zu einer Rezession kommen. Nur wir in der Bundesrepublik kannten das nicht, und unverändert können sich viele Leute nicht vorstellen, daß wir den gleichen Regeln unterliegen ...«

Konrad Henkel, Vorsitzender des Aufsichtsrates der Henkel & Cie GmbH, Düsseldorf:
»Nach meiner Beurteilung der wirtschaftlichen Entwicklung stehen wir am Anfang eines neuen Aufschwungs.«

Neujahrsgruß im »Stern« (24. 12.)

Happy New Year

Neue Postwertzeichen 1967 in der Bundesrepublik Deutschland

  *Wohltätigkeitsausgaben zugunsten der Jugend, Deutsche Bundespost und Berlin*

Wohltätigkeitsausgaben zugunsten der freien Wohlfahrtspflege, Deutsche Bundespost und Berlin

Sonderausgabe Europamarken

 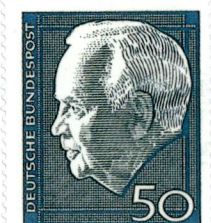

Wiederwahl des Bundespräsidenten Heinrich Lübke, Deutsche Bundespost und Berlin

100 Jahre Anstalt Bethel bei Bielefeld

450 Jahre Thesenanschlag in Wittenberg

„Adveniat" für Lateinamerika

13. Evangelischer Kirchentag

450. Todestag von Franz von Taxis

25. Große Deutsche Funkausstellung, Berlin

Berliner Kunstschätze, Berlin

Anhang

Bundesrepublik Deutschland, Österreich und die Schweiz 1967 in Zahlen

Die Statistiken für die drei deutschsprachigen Länder umfassen eine Auswahl von grundlegenden Daten. Es wurden vor allem Daten aufgenommen, die innerhalb der einzelnen Länder vergleichbar sind. Maßgebend für alle Abgaben waren die amtlichen Statistiken. Die Zahlen beziehen sich auf die jeweiligen Staatsgrenzen von 1967.
Nicht in allen gesellschaftlichen Bereichen finden jährliche Erhebungen statt, so daß mitunter die Daten aus früheren Jahren aufgenommen werden mußten. Das Erhebungsdatum ist jeweils angegeben (unter der Rubrik »Stand«). Die aktuellen Zahlen des Jahres 1967 werden – wo möglich – durch einen Vergleich zum Vorjahr relativiert.
Wichtige Zusatzinformationen zum Verständnis einzelner Daten sind in den Fußnoten enthalten.

Bundesrepublik Deutschland

Erhebungsgegenstand	Wert	Vergleich Vorjahr (%)	Stand
Fläche			
Fläche/km²	248 454,04	± 0,0	1967
Bevölkerung			
Wohnbevölkerung	59 873 000	+ 0,4	1967
– männlich	28 413 000	+ 0,2	1967
– weiblich	31 460 000	+ 0,4	1967
Einwohner je km²	127,1	+ 0,4	1967
Ausländer	1 023 747	− 22,0	Juni 1967
Privathaushalte	21 670 000	+ 0,6	April 1967
– Einpersonenhaushalte	5 411 000	+ 5,1	April 1967
– Dreipersonenhaushalte	4 349 000	− 2,4	April 1967
Lebendgeborene	687 000	− 2,9	1967
Gestorbene	1 019 000	− 0,4	1967
Eheschließungen	483 000	− 0,4	1967
Ehescheidungen	63 000	+ 6,7	1967
Familienstand der Bevölkerung			
– Ledige insgesamt	24 260 000	–	31. 12. 1966[1]
männlich	12 572 000	–	31. 12. 1966[1]
weiblich	11 688 000	–	31. 12. 1966[1]
– Verheiratete	29 654 000	–	31. 12. 1966[1]
– Verwitwete und Geschiedene	5 878 000	–	31. 12. 1966[1]
männlich	1 000 000	–	31. 12. 1966[1]
weiblich	4 878 000	–	31. 12. 1966[1]
Religionszugehörigkeit			
– Christen insgesamt	53 987 586	–	6. 6. 1961[2]
katholisch	24 786 103	–	6. 6. 1961[2]
evangelisch	28 725 615	–	6. 6. 1961[2]
sonstige	475 868	–	6. 6. 1961[2]
– Juden	22 681	–	6. 6. 1961[2]
– andere, ohne Konfession	2 164 569	–	6. 6. 1961[2]
Altersgruppen			
unter 6 Jahren	6 084 400	–	31. 12. 1966[1]
6 bis unter 14 Jahren	6 814 200	–	31. 12. 1966[1]
14 bis unter 18 Jahren	10 222 700	–	31. 12. 1966[1]

[1] Letzte verfügbare Angabe
[2] Letzte verfügbare Angabe (Volkszählung)

Erhebungsgegenstand	Wert	Vergleich Vorjahr (%)	Stand
18 bis unter 20 Jahren	3 858 600	–	31. 12. 1966[1]
20 bis unter 30 Jahren	8 952 200	–	31. 12. 1966[1]
30 bis unter 40 Jahren	8 080 200	–	31. 12. 1966[1]
40 bis unter 50 Jahren	6 793 000	–	31. 12. 1966[1]
50 bis unter 60 Jahren	7 519 600	–	31. 12. 1966[1]
60 bis unter 70 Jahren	6 486 200	–	31. 12. 1966[1]
70 bis unter 80 Jahren	3 353 100	–	31. 12. 1966[1]
80 bis unter 90 Jahren	957 400	–	31. 12. 1966[1]
90 und darüber	65 300	–	31. 12. 1966[1]
Die zehn größten Städte			
– Berlin (West)	2 173 300	− 0,8	30. 6. 1967
– Hamburg	1 839 600	− 0,6	30. 6. 1967
– München	1 242 900	+ 0,9	30. 6. 1967
– Köln	856 800	− 0,5	30. 6. 1967
– Essen	710 100	− 1,5	30. 6. 1967
– Düsseldorf	692 300	− 0,9	30. 6. 1967
– Frankfurt am Main	670 300	− 2,1	30. 6. 1967
– Dortmund	651 400	− 0,9	30. 6. 1967
– Stuttgart	617 600	− 2,0	30. 6. 1967
– Hannover	535 200	+ 2,5	30. 6. 1967
Erwerbstätigkeit			
Erwerbstätige	26 688 000	− 1,7	April 1967
– männlich	17 133 000	− 1,3	April 1967
– weiblich	9 555 000	− 2,4	April 1967
– nach Wirtschaftsbereichen			
Land- und Forstwirtschaft, Tierhaltung und Fischerei	2 675 000	− 2,9	April 1967
Produzierendes Gewerbe	12 653 000	− 3,7	April 1967
Handel und Verkehr	4 714 000	− 0,6	April 1967
Sonstige	6 646 000	+ 1,9	April 1967
Ausländische Arbeitnehmer	1 013 862	− 18,4	1967
Arbeitslose	459 489	+185,2	1967
Arbeitslosenquote (in %)	2,1	–	1967
Betriebe			
– Bergbau	516	− 6,6	1967
– Verarbeitendes Gewerbe	57 615	− 1,4	1967
– Investitionsgüterindustrie	19 853	+ 19,1	1967
– Verbrauchsgüterindustrie	22 088	− 1,1	1967
– Bauhauptgewerbe	66 198	− 0,8	1967
Außenhandel			
– Einfuhr (Mio. DM)	70 138	− 3,4	1967
– Ausfuhr (Mio. DM)	87 045	+ 7,9	1967
– Ausfuhrüberschuß (Mio. DM)	16 862	+111,8	1967
Verkehr			
– Eisenbahnnetz (km)	30 162	− 0,4	1967
Beförderte Personen (in 1000)	1 015 000	− 4,7	1967
Beförderte Güter (in 1000 t)	317 000	− 1,8	1967
– Straßennetz (km)	319 302	–	1. 1. 1968
davon Autobahn (km)	3 617	+ 7,3	1967
– Bestand an Kraftfahrzeugen	13 745 000	+ 4,0	1967
davon Pkw	10 232 000	+ 6,8	1967
davon Lkw	882 000	− 1,0	1967
– Zulassung fabrikneuer Kfz	1 539 702	− 10,2	1967

Statistische Zahlen 1967

Erhebungsgegenstand	Wert	Vergleich Vorjahr (%)	Stand
– Binnenschiffe zum Gütertransport (Tragfähigkeit in t)	4 703 000	– 3,7	1967
Beförderte Güter (1000 t)	214 000	+ 2,8	1967
– Handelsschiffe/Seeschiffahrt (BRT)	6 524 000	+ 8,3	1967
Beförderte Güter (1000 t)	105 000	– 1,8	1967
– Luftverkehr			
Beförderte Personen	9 406 000	+ 10,7	1967
Beförderte Güter (100 kg)	1 660 829	+ 11,9	1967
Bildung			
– Schüler an Volksschulen	5 755 496	+ 28,6	1967
Mittel-/Realschulen	694 494	+ 17,7	1967
Höheren Schulen/Gymnasien	1 194 437	+ 15,1	1967
– Studenten	281 337	+ 3,4	1967
Rundfunk und Fernsehen			
– Hörfunkteilnehmer	18 587 000	+ 1,9	1967
– Fernsehteilnehmer	13 806 000	+ 8,5	1967
Gesundheitswesen			
– Ärzte	88 559	+ 2,1	1967
– Zahnärzte	31 370	+ 0,7	1967
– Krankenhäuser	3 609	– 0,22	1967
Sozialleistungen			
– Mitglieder der gesetzlichen Krankenversicherung	28 698 287	– 0,8	1967
– Rentenbestand Rentenversicherung der Arbeiter	6 364 620	+ 3,7	1967
Rentenversicherung der Angestellten	2 301 178	+ 4,0	1967
Knappschaftliche Rentenversicherung	735 540	+ 1,3	1967
– Empfänger von Arbeitslosengeld und -hilfe	356 021	+ 5,9	1967
Sozialhilfe	1 531 000	+ 5,9	1967
Finanzen und Steuern in Mio. DM			
– Gesamtausgaben des Staates	165 435	+ 6,9	1967
– Gesamteinnahmen des Staates	165 670	+ 8,4	1967
– Schuldenlast des Staates	108 947	+ 16,6	1967
Löhne und Gehälter			
– Wochenarbeitszeit in der Industrie (Stunden)	39,6	– 2,2	1967
– Bruttostundenverdienst männlicher Arbeiter (DM)	5,02	+ 3,7	1967
weiblicher Arbeiter (DM)	3,47	+ 4,2	1967
– Bruttowochenverdienst männlicher Arbeiter (DM)	209,–	+ 1,4	1967
weiblicher Arbeiter (DM)	140,–	+ 2,18	1967
– Index der tariflichen Stundenlöhne in der gewerblichen Wirtschaft (1952 = 100)	138,4	+ 5,2	1967
Preise			
– Index der Einzelhandelspreise (1980 = 100)	61,0	+ 1,5	1967
– Einzelhandelspreise ausgewählter Lebensmittel (DM)			
Butter, 1 kg	7,82	+ 0,1	1967
Weizenmehl, 1 kg	1,10	+ 0,9	1967
Schweinefleisch, 1 kg	8,09	– 16,5	1967
Rindfleisch, 1 kg	9,65	– 2,0	1967
Eier, 1 Stück	0,22	– 4,3	1967
Kartoffeln, 1 kg	0,33	– 20,4	1967
– Index der Lebenshaltungskosten für			
4-Personen-Haushalt von Angestellten und Beamten mit höherem Einkommen (1980 = 100)	56,5	+ 2,1	1967

Erhebungsgegenstand	Wert	Vergleich Vorjahr (%)	Stand
4-Personen-Arbeitnehmer-Haushalt mit mittlerem Einkommen (1980 = 100)	57,8	+ 1,4	1967
2-Personen-Haushalt von Renten- und Sozialhilfeempfängern (1980 = 100)	56,8	+ 1,2	1967
– Bruttosozialprodukt (Mrd. DM)	483,6	+ 0,6	1967

Erhebungsgegenstand	Bremen	Berlin	Kassel	Aachen	Stuttg.	München
Klimatische Verhältnisse						
– Mittl. Lufttemperatur November 1966 (°C)	3,4	3,0	2,8	4,2	3,2	1,3
Dezember 1966	3,2	2,3	3,0	4,1	3,8	1,0
Januar	2,9	0,6	2,7	3,4	2,2	– 0,8
Februar	4,3	3,2	4,2	5,1	4,6	1,7
März	6,4	6,3	6,4	6,6	6,9	4,8
April	7,3	7,4	7,7	7,4	8,6	6,2
Mai	13,0	14,3	13,4	13,0	14,2	12,2
Juni	15,7	15,8	15,8	14,9	16,2	14,2
Juli	18,6	19,5	19,8	19,4	21,0	19,3
August	16,9	16,8	17,2	17,0	18,1	16,9
September	14,3	14,8	14,5	14,6	15,0	13,3
Oktober	11,2	11,3	12,0	12,5	13,4	10,6
– Eistage (Temp. unter 0°)	4	7	5	6	8	19
– Niederschlagsmengen (mm) November–Februar	259	220	242	368	181	212
März–April	109	72	130	110	105	149
Mai	124	60	81	85	65	108
Juni	57	87	104	65	75	128
Juli	76	47	43	58	66	57
August	48	69	109	51	106	76
September–Oktober	159	89	130	121	66	134
Jahr	832	644	839	858	664	914
– Sonnentage (mind. 25° C) Mai–September	17	29	33	28	44	34
März	94	136	125	122	125	122
April	198	145	164	182	171	153
Mai	206	245	208	202	204	215
Juni	210	218	183	174	197	202
Juli	226	279	265	281	288	270
August	162	214	184	199	200	230
September	104	122	115	154	157	152
Oktober	80	112	103	123	156	199

Österreich

Erhebungsgegenstand	Wert	Vergleich Vorjahr (%)	Stand
Fläche			
Fläche (km²)	83 849	± 0	1967
Bevölkerung			
Wohnbevölkerung	7 322 800	+ 0,4	1967
– männlich	3 427 700	+ 0,5	1967
– weiblich	3 895 100	+ 0,3	1967
Einwohner je km²	87	± 0	1967
Ausländer	102 159	–	1961[1]
Privathaushalte	2 305 800	–	1961[1]
– Einpersonenhaushalte	435 500	–	1961[1]
– Mehrpersonenhaushalte	1 852 300	–	1961[1]
Lebendgeborene	127 404	– 0,9	1967
Gestorbene	95 438	+ 4,3	1967
Eheschließungen	56 091	+ 0,4	1967
Ehescheidungen	8 045	–	1961[1]
Familienstand der Bevölkerung			
– Ledige insgesamt	3 151 654	+ 0,5	1967
männlich	1 602 635	+ 0,7	1967
weiblich	1 549 019	+ 0,2	1967
– Verheiratete	3 358 750	+ 0,4	1967
– Verwitwete und Geschiedene	834 558	+ 0,5	1967
davon männlich	159 795	+ 0,4	1967
davon weiblich	674 763	+ 0,5	1967
Religionszugehörigkeit			
– Christen insgesamt	6 766 904	–	1961[1]
katholisch	6 295 075	–	1961[1]
evangelisch	438 663	–	1961[1]
altkatholisch	29 652	–	1961[1]
sonstige	3 514	–	1961[1]
– Juden	9 049	–	1961[1]
– andere, ohne Konfession	297 854	–	1961[1]
Altersgruppen			
unter 6 Jahren	688 406	–	1961[1]
6 bis unter 14 Jahren	791 695	–	1961[1]
14 bis unter 18 Jahren	392 282	–	1961[1]
18 bis unter 20 Jahren	229 133	–	1961[1]
20 bis unter 30 Jahren	925 720	–	1961[1]
30 bis unter 40 Jahren	953 561	–	1961[1]
40 bis unter 50 Jahren	794 996	–	1961[1]
50 bis unter 60 Jahren	997 336	–	1961[1]
60 bis unter 70 Jahren	756 921	–	1961[1]
70 bis unter 80 Jahren	416 078	–	1961[1]
80 bis unter 90 Jahren	119 988	–	1961[1]
90 und darüber	6 853	–	1961[1]
unbekannt	838	–	1961[1]
Die zehn größten Städte			
– Wien	1 627 566	–	1961[1]
– Graz	237 080	–	1961[1]
– Linz	195 978	–	1961[1]
– Salzburg	108 114	–	1961[1]
– Innsbruck	100 695	–	1961[1]
– Klagenfurt	69 218	–	1961[1]
– Wels	41 060	–	1961[1]
– Sankt Pölten	40 112	–	1961[1]
– Steyr	38 306	–	1961[1]
– Leoben	36 257	–	1961[1]

Erhebungsgegenstand	Wert	Vergleich Vorjahr (%)	Stand
Erwerbstätigkeit			
Beschäftigte	2 430 787	–	1967
– männlich	1 521 894	–	1967
– weiblich	908 893	–	1967
– nach Wirtschaftsbereichen			
Land- und Forstwirtschaft, Tierhaltung und Fischerei	767 604	–	1961[1]
Industrie und Gewerbe	1 567 710	–	1961[1]
Handel und Verkehr	553 577	–	1961[1]
Freie Berufe	217 234	–	1961[1]
Öffentlicher Dienst	177 946	–	1961[1]
Sonstige	85 744	–	1961[1]
Vorgemerkte Arbeitssuchende	104 481	+ 17,3	1967
Unterstützte Arbeitslose	67 184	+ 8,7	1967
Betriebe			
– Landwirtschaftliche Betriebe	396 530	–	1960[1]
– Bergbau und verarbeitendes Gewerbe	81 287	–	1967
– Baugewerbe	17 183	–	1967
– Handel, Gastgewerbe, Reiseverkehr	83 332	–	1967
Außenhandel			
– Einfuhr in Mio. öS (DM)	60 045,8 (9 247,1)	– 0,7	1967
– Ausfuhr in Mio. öS (DM)	47 029,4 (7 242,5)	+ 7,8	1967
– Einfuhrüberschuß in Mio. öS (DM)	13 016,4 (2 004,5)	–	1967
Verkehr			
– Eisenbahnnetz (km)	6 913	–	1967
Beförderte Personen	164 788	–	1967
Beförderte Güter (in 1000 t)	42 770	–	1967
– Straßennetz (km)	31 471	–	1967
– Bestand an Kraftfahrzeugen	1 484 947	+ 5,8	1967
davon Pkw	964 929	+ 7,7	1967
davon Lkw	104 019	+ 4,5	1967
– Zulassung fabrikneuer Kfz			
– Binnenschiffe zum Gütertransport (Tragfähigkeit in t)	797 372	–	1967
Beförderte Güter (t)	6 424 000	– 4,7	1967
– Luftverkehr			
Beförderte Personen	606 884	+ 12,1	1967
Beförderte Güter (kg)	4 617 790	+ 22,6	1967
Bildung			
– Schüler an			
Grundschulen	587 960	+ 10,4	1967
Haupt- und Realschulen	224 750	+ 4,7	1967
Gymnasien	93 900	–	1967
– Studenten	55 483	+ 5,9	1967
Rundfunk und Fernsehen			
– Hörfunkteilnehmer	2 145 888	– 1,2	1967
– Fernsehteilnehmer	978 336	+ 14,7	1967
Gesundheitswesen			
– Ärzte	4 621	–	1966[1]
– Zahnärzte	1 464	–	1967
– Krankenhäuser	298	–	1966[1]
Sozialleistungen			
– Mitglieder der gesetzlichen Krankenversicherung	3 613 503	+ 1,1	1967
– Rentenbestand Rentenversicherung der Arbeiter	1 387 400	– 2,7	1967
– Rentenversicherung der Angestellten	694 400	+ 1,6	1967

[1] Letzte verfügbare Angabe

Statistische Zahlen 1967

Erhebungsgegenstand	Wert	Vergleich Vorjahr (%)	Stand
Knappschaftliche Rentenversicherung	25 100	− 8,1	1967
− Empfänger von			
Arbeitslosengeld und -hilfe	67 184	+ 8,7	1967
Sozialhilfe	30 807	− 2,4	1967
Finanzen und Steuern			
− Gesamtausgaben des Staates in Mio. öS (DM)	80 150 (12 343)	−	1967
− Gesamteinnahmen des Staates in Mio. öS. (DM)	72 325 (10 416)	−	1967
Preise			
− Index der Einzelhandelspreise (1964 = 100)	106,7	−	1967
− Einzelhandelspreise ausgewählter Lebensmittel in öS (DM)			
Butter, 1 kg	40,00 (6,16)	−	1967
Weizenmehl, 1 kg	5,77 (0,89)	−	1967
Schweinefleisch, 1 kg	43,60 (6,71)	−	1967
Rindfleisch, 1 kg	40,80 (6,28)	−	1967
Eier, 1 Stück	1,20 (0,18)	−	1967
Kartoffeln, 1 kg	2,09 (0,32)	−	1967
Vollmilch, 1 l	4,00 (0,62)	−	1967
− Index der Lebenshaltungskosten für 4-Personen-Haushalt von Angestellten und Beamten mit höherem Einkommen (1958 = 100)	132,5	−	1967
− Bruttosozialprodukt in Mrd. öS (DM)	170,488 (26,255)	+ 4,0	1966[1]

Erhebungsgegenstand	Wien	Graz	Salzburg	Innsbruck	Klagenfurt	Feldkirch
Klimatische Verhältnisse						
− Mittl. Lufttemperatur Januar (°C)	−0,2	−1,0	−0,7	−2,4	−4,8	−2,7
Februar	3,1	1,7	2,4	1,7	1,2	2,0
März	7,2	6,8	5,5	5,3	5,0	5,8
April	9,9	9,6	7,0	7,4	7,7	7,2
Mai	15,0	15,2	13,0	13,5	14,3	12,7
Juni	17,8	17,6	15,3	15,8	16,7	14,9
Juli	21,6	20,8	19,6	19,5	20,0	19,2
August	19,1	18,5	17,4	17,8	17,9	17,0
September	16,1	15,5	14,1	14,0	14,5	13,4
Oktober	11,9	11,0	11,4	10,6	9,1	10,4
November	4,6	4,6	3,4	4,4	3,1	4,4
Dezember	1,5	−0,4	−0,8	−2,1	−3,4	−2,9
− Niederschlagsmengen Januar (mm)	36	13	84	57	12	77
Februar	31	24	66	22	26	43
März	44	60	92	109	90	102
April	32	38	120	69	70	84
Mai	91	115	141	110	68	107
Juni	26	63	144	130	56	115
Juli	70	119	128	92	88	106
August	44	88	74	68	81	118
September	97	114	108	111	140	140
Oktober	15	63	38	54	76	44
November	22	50	42	54	107	69
Dezember	61	18	60	20	42	63
− Sonnenscheindauer Januar (Std.)	77	81	76	80	105	86
Februar	117	137	122	116	147	109
März	147	157	113	128	177	127
April	178	198	156	172	194	187

Erhebungsgegenstand	Wien	Graz	Salzburg	Innsbruck	Klagenfurt	Feldkirch
Mai	238	215	232	211	258	224
Juni	283	227	202	196	264	227
Juli	307	251	240	224	268	279
August	236	207	226	215	227	226
September	158	152	147	144	147	154
Oktober	154	187	210	218	161	205
November	99	85	66	85	90	49
Dezember	66	90	57	66	62	55

Schweiz

Erhebungsgegenstand	Wert	Vergleich Vorjahr (%)	Stand
Fläche			
Fläche (km²)	41 294,4	±0,0	1967
Bevölkerung			
Wohnbevölkerung	6 071 000	+ 1,2	1967
− männlich	2 663 432	−	1960[1]
− weiblich	2 765 629	−	1960[1]
Einwohner je km²	147,0	+ 1,7	1967
Ausländer	584 739	−	1960[1]
Privathaushalte	1 594 010	−	1960[1]
− Einpersonenhaushalte	224 446	−	1960[1]
− Mehrpersonenhaushalte	1 369 564	−	1960[1]
Lebendgeborene	107 417	− 2,1	1967
Gestorbene	29 019	− 0,26	1967
Eheschließungen	45 269	+ 2,2	1967
Ehescheidungen	5 198	+ 5,1	1967
Familienstand der Bevölkerung			
− Ledige insgesamt	2 607 168	−	1960[1]
männlich	1 332 715	−	1960[1]
weiblich	1 274 453	−	1960[1]
− Verheiratete	2 431 763	−	1960[1]
− Verwitwete und Geschiedene	390 130	−	1960[1]
männlich	97 753	−	1960[1]
weiblich	292 377	−	1960[1]
Religionszugehörigkeit			
− Christen insgesamt	5 354 490	−	1960[1]
römisch-katholisch	2 463 214	−	1960[1]
evangelisch	2 861 522	−	1960[1]
christ-katholisch	29 754	−	1960[1]
− Juden	19 984	−	1960[1]
− andere, ohne Konfession	54 587	−	1960[1]
Altersgruppen			
unter 5 Jahren	439 392	−	1960[1]
5 bis unter 10 Jahren	410 771	−	1960[1]
10 bis unter 15 Jahren	424 853	−	1960[1]
15 bis unter 20 Jahren	427 051	−	1960[1]
20 bis unter 30 Jahren	812 321	−	1960[1]
30 bis unter 40 Jahren	761 743	−	1960[1]
40 bis unter 50 Jahren	668 894	−	1960[1]
50 bis unter 60 Jahren	664 231	−	1960[1]
60 bis unter 70 Jahren	473 975	−	1960[1]
70 bis unter 80 Jahren	261 674	−	1960[1]
80 und darüber	84 156	−	1960[1]

[1] Letzte verfügbare Angabe

Erhebungsgegenstand	Wert	Vergleich Vorjahr (%)	Stand
Die zehn größten Städte			
– Zürich	436 200	− 0,2	1967
– Basel	215 600	− 0,2	1967
– Genf	172 500	− 0,9	1967
– Bern	168 800	+ 0,4	1967
– Lausanne	136 600	+ 0,5	1967
– Winterthur	91 500	+ 1,8	1967
– St. Gallen	79 300	+ 0,3	1967
– Luzern	74 600	− 0,2	1967
– Biel	67 600	± 0,0	1967
– La Chaux-de-Fonds	43 200	+ 0,7	1967
Erwerbstätigkeit			
Erwerbstätige	2 368 264	–	1965[1]
– männlich	1 643 570	–	1965[1]
– weiblich	724 694	–	1965[1]
– nach Wirtschaftsbereichen			
Land- und Forstwirtschaft[2]	353 773	–	1960[1]
Industrie, Handwerk, Baugewerbe usw.	1 293 314	–	1960[1]
Sonstige	1 015 112	–	1960[1]
Ausländische Arbeitnehmer	423 987	–	1960[1]
Arbeitslose	256	− 13,5	1967
Betriebe			
– Landwirtschaftliche Betriebe	182 387	–	1965[1]
– Bergbau und verarbeitendes Gewerbe	80 563	–	1965[1]
– Baugewerbe	23 129	–	1965[1]
– Handel, Gastgewerbe, Reiseverkehr	209 558	–	1965[1]
Außenhandel			
– Einfuhr in Mio. sFr. (DM)	17 786,0 (19 493,5)	+ 4,5	1967
– Ausfuhr in Mio. SFr. (DM)	19 164,8 (17 486,1)	+ 6,7	1967
– Einfuhrüberschuß in Mio. SFr. (DM)	2 621,3 (2 391,7)	− 6,4	1967
Verkehr			
– Eisenbahnnetz (km)	5 058,8	− 0,2	1967
Beförderte Personen (in 1000)	318 793	− 3,9	1967
Beförderte Güter (in 1000 t)	51 662	+ 1,9	1967
– Straßennetz (km)	58 408	+ 0,3	1967
davon Autobahn (km)	459	+ 25,7	1967
– Bestand an Kraftfahrzeugen	1 199 891	+ 7,2	1967
davon Pkw	1 085 869	+ 7,4	1967
davon Lkw	111 812	+ 5,3	1967
– Zulassung fabrikneuer Kfz	166 683	+ 4,1	1967
– Binnenschiffe zum Gütertransport (Tragfähigkeit in t)	467 856	+ 2,2	1967
Beförderte Güter (t)	401 709	− 12,6	1967
– Handelsschiffe/Seeschiffahrt (BRT)	201 334	+ 3,8	1967
Beförderte Güter (t)	117 576	+ 3,9	1967
– Luftverkehr			
Beförderte Personen	2 646 604	+ 11,2	1967
Beförderte Güter (t)	55 501	+ 6,4	1967
Bildung			
– Schüler an			
Primarschulen	577 055	–	1961/62[1]
Sekundar-, Bezirksschulen	118 150	–	1961/62[1]
Gymnasien, Kantonsschulen, Höheren Töchterschulen	24 837	–	1961/62[1]
– Studenten	27 809	+ 7,6	1967/68

[1] Letzte verfügbare Angabe
[2] Mit Teilzeiterwerbstätigen

Erhebungsgegenstand	Wert	Vergleich Vorjahr (%)	Stand
Rundfunk und Fernsehen			
– Hörfunkteilnehmer	1 253 789	+ 3,3	1967
– Fernsehteilnehmer	867 991	+ 15,4	1967
Gesundheitswesen			
– Ärzte	6 262	+ 1,7	1967
– Zahnärzte	2 398	+ 1,4	1967
– Krankenhäuser	430	–	1960[1]
Sozialleistungen			
– Mitglieder der gesetzlichen Krankenversicherung	5 701 000	+ 2,7	1967
Finanzen und Steuern			
– Gesamtausgaben des Staates in Mio. SFr. (DM)	5 873,8 (5 359,3)	+ 3,3	1967
– Gesamteinnahmen des Staates in Mio. SFr. (DM)	5 717,9 (5 207,9)	+ 0,5	1967
– Schuldenlast des Staates in Mio. SFr. (DM)	5 595,1 (5 105,0)	+ 1,6	1967
Preise			
– Index der Einzelhandelspreise (1939 = 100)	234,1	+ 8,0	1967

Erhebungsgegenstand	Zürich	Basel	Bern	Genf	Davos	Lugano
Klimatische Verhältnisse						
– Mittl. Lufttemperatur Januar (°C)	− 1,0	0,2	− 1,1	0,2	− 6,3	2,3
Februar	0,2	1,4	0,3	1,1	− 5,2	3,6
März	4,2	5,2	4,3	4,9	− 1,7	7,3
April	8,0	8,9	8,4	8,7	2,1	11,3
Mai	12,5	13,4	13,0	13,1	6,7	15,5
Juni	15,5	16,6	16,2	16,5	9,9	19,4
Juli	17,2	18,4	18,0	18,0	11,6	21,3
August	16,6	17,6	17,3	17,6	11,1	20,8
September	13,5	14,3	14,0	14,3	8,1	17,5
Oktober	8,4	9,2	8,6	9,1	3,4	12,3
November	3,3	4,3	3,5	4,5	− 1,6	7,1
Dezember	0,2	1,4	0,2	1,5	− 5,0	3,2
– Niederschlagsmengen Januar (mm)	68	46	55	64	72	57
Februar	61	42	53	60	61	67
März	69	49	64	69	57	118
April	88	60	76	64	58	159
Mai	107	77	98	69	78	203
Juni	138	91	118	82	119	186
Juli	139	87	116	74	140	181
August	132	91	114	98	132	192
September	101	77	95	96	89	158
Oktober	80	62	75	86	68	181
November	72	58	71	89	65	133
Dezember	73	50	65	79	68	93
– Sonnenscheindauer Januar (Std.)	46	63	56	54	85	117
Februar	79	80	89	98	99	143
März	149	140	148	167	149	171
April	173	163	173	204	157	186
Mai	207	195	204	236	164	191
Juni	220	214	225	261	169	234
Juli	238	232	248	287	197	268
August	219	209	226	257	181	243
September	166	160	170	189	164	189
Oktober	108	109	115	123	130	147
November	51	60	59	61	92	110
Dezember	37	52	46	42	79	102

Die Regierungen Bundesrepublik Deutschland, DDR, Österreich, Schweiz 1967

Neben den Staatsoberhäuptern der Bundesrepublik Deutschland, der DDR, Österreichs und der Schweiz sind in der Zusammenstellung die einzelnen Kabinette des Jahres 1967 in chronologischer Reihenfolge enthalten. Hinter den Namen der wichtigsten Regierungsmitglieder stehen in Klammern die Parteizugehörigkeit und der Zeitraum ihrer Tätigkeit.

Bundesrepublik Deutschland

Staatsform: Republik
Bundespräsident: Heinrich Lübke (1959–1969)

Kabinett Kiesinger, Koalition von CDU/CSU und SPD (1966–1969):
Bundeskanzler: Kurt Georg Kiesinger (CDU; 1966–1969)
Vizekanzler und Außenminister: Willy Brandt (SPD; 1966–1969, danach Bundeskanzler)
Inneres: Paul Lücke (CDU; 1965–1968)
Finanzen: Franz Josef Strauß (CSU; 1966–1969)
Schatz: Kurt Schmücker (CDU; 1966–1969)
Verteidigung: Gerhard Schröder (CDU; 1966–1969)
Wissenschaftliche Forschung: Gerhard Stoltenberg (CDU; 1965–1969)
Wirtschaft: Karl Schiller (SPD; 1966–1972)
Arbeit und Sozialordnung: Hans Katzer (CDU; 1965–1969)
Justiz: Gustav W. Heinemann (SPD; 1966–1969)
Post und Fernmeldewesen: Werner Dollinger (CSU; 1966–1969)
Verkehr: Georg Leber (SPD; 1966–1972)
Ernährung, Landwirtschaft und Forsten: Hermann Höcherl (CSU; 1965–1969)
Gesundheit: Käte Strobel (SPD; 1966–1972)
Wirtschaftliche Zusammenarbeit: Hans-Jürgen Wischnewski (SPD; 1966–1968)
Gesamtdeutsche Fragen: Herbert Wehner (SPD; 1966–1969)
Vertriebene, Flüchtlinge und Kriegsgeschädigte: Kai-Uwe von Hassel (CDU; 1966–1969)
Wohnungswesen und Städtebau: Lauritz Lauritzen (SPD; 1966–1972)
Angelegenheiten des Bundesrats und der Länder: Carlo Schmid (SPD; 1966–1969)
Familie und Jugend: Bruno Heck (CDU; 1962–1968)

Die Ministerpräsidenten der deutschen Bundesländer:

Baden-Württemberg: Hans Filbinger (CDU; 1966–1978)
Bayern: Alfons Goppel (CSU; 1962–1978)
Bremen: Willi Dehnkamp (SPD; Erster Bürgermeister 1965–10. 10. 1967), Hans Koschnick (SPD; Erster Bürgermeister ab 10. 10. 1967)
Hamburg: Herbert Weichmann (SPD; Erster Bürgermeister 1965–1971)
Hessen: Georg August Zinn (SPD; 1950–1969)
Niedersachsen: Georg Diederichs (SPD; 1961–1970)
Nordrhein-Westfalen: Heinz Kühn (SPD; 1966–1978)
Rheinland-Pfalz: Peter Altmeier (CDU; 1947–1969)

Saarland: Franz Josef Röder (CDU; 1959–1979)
Schleswig-Holstein: Helmut Lemke (CDU; 1963–1971)

Berlin (West): Heinrich Albertz (SPD; Regierender Bürgermeister 1966–26. 9. 1967), Klaus Schütz (SPD; 16. 10. 1967–1977)

Deutsche Demokratische Republik

Staatsform: Republik
Staatsratsvorsitzender: Walter Ulbricht (SED; 1960–1973)

Ministerpräsident: Willi Stoph (SED; 1964–1973)
1. Sekretär der SED: Walter Ulbricht (SED; 1954–1971)

Österreich

Staatsform: Republik
Bundespräsident: Franz Jonas (SPÖ; 1965–1974)

2. Kabinett Klaus, Regierung der ÖVP (1966–1968):
Bundeskanzler: Josef Klaus (ÖVP; 1964–1970)
Vizekanzler: Fritz Bock (ÖVP; 1966–1968)
Äußeres: Lujo Toncić-Sorinj (ÖVP; 1966–1968)
Inneres: Franz Hetzenauer (ÖVP; 1966–1968)
Unterricht: Theodor Piffl-Percević (ÖVP; 1964–1969)
Justiz: Hans Klecatsky (ÖVP; 1966–1970)
Verteidigung: Georg Prader (ÖVP; 1964–1970)
Finanzen: Wolfgang Schmitz (ÖVP; 1964–1968)
Handel und Wiederaufbau: Fritz Bock (ÖVP: 1956–1968)
Soziale Verwaltung: Grete Rehor (ÖVP; 1966–1970)
Verkehr: Ludwig Weiß (ÖVP; 1966–1970)
Land- und Forstwirtschaft: Karl Schleinzer (ÖVP; 1964–1970)
Ohne Geschäftsbereich: Vinzenz Kotzina (ÖVP; 1966–1968)

Schweizerische Eidgenossenschaft

Staatsform: Republik
Bundespräsident: Roger Bonvin (katholisch-konservativ 1967, 1973)

Äußeres: Willy Spühler (SVP; 1966–1970)
Inneres: Hans Peter Tschudi (SVP; 1960–1973)
Justiz und Polizei: Ludwig von Moos (katholisch-konservativ; 1960–1971)
Finanzen und Zölle: Roger Bonvin (katholisch-konservativ; 1962–1967)
Militär: Nello Celio (freisinnig; 1967)
Volkswirtschaft: Hans Schaffner (freisinnig; 1961–1969)
Verkehr und Energiewirtschaft: Rudolf Gnägi (BGB; 1966/67)

Staatsoberhäupter und Regierungen ausgewählter Länder 1967

Die Einträge zu den wichtigsten Ländern des Jahres 1967 informieren über die Staatsform (hinter dem Ländernamen), Titel und Name des Staatsoberhauptes sowie in Klammern dessen Regierungszeit. Es folgen – soweit vorhanden – die Regierungschefs, bei wichtigeren Ländern auch die Außenminister des Jahres 1967; jeweils in Klammern stehen die Zeiträume der Amtsausübung. Eine Kurzdarstellung gibt – wo es sinnvoll erscheint – einen Einblick in die innen- und außenpolitische Situation des Landes (siehe auch S. 221).

Afghanistan: Königreich
König: Mohammed Sahir (1933–1973)
Ministerpräsident: Mohammed Haschim Maiwandwal (1965–11. 10. 1967), Mohammed Nur Ahmad Etemadi (1. 11. 1967–1971)
Das mit sowjetischer Hilfe errichtete größte afghanische Wasserkraftwerk in Naghlu wird in Betrieb genommen (1. 6.).

Ägypten: Republik
Präsident: Gamal Abd el Nasser (1954–1970)
Ministerpräsident: Muhammad Sidqi Sulaiman (1966–19. 6. 1967), Gamal Abd el Nasser (1952–1954, 1954–1956, 1956–1962, 19. 6. 1967–1970)
Außenminister: Mahmud Rijad (1964–1972)
Am 5. Juni beginnt der Sechstagekrieg (siehe Kriege und Krisenherde). – Das sowjetische Staatsoberhaupt Nikolai Podgorny besucht Ägypten (22.–25. 6.). – Ägypten zieht seine Truppen aus Jemen ab (September bis Dezember). – Der Großhandel wird verstaatlicht (15. 10.).

Albanien: Volksrepublik
Präsident: Haxhi Lleschi (1953–1977)
Ministerpräsident: Mehmed Schehu (1954–1981)

Algerien: Volksrepublik
Ministerpräsident: Houari Boumedienne (1965–1978)
Das Gemeindereformgesetz tritt in Kraft (18. 1.). – Die ersten Gemeindewahlen finden statt (5. 2.). – In Algier wird ein internationales Seminar »Sozialismus in der arabischen Welt« durchgeführt (Mai). – Frankreich räumt die Sahara-Stützpunkte Reggane (29. 5.) und Béchar (30. 6.). – Auf der Konferenz der »Gruppe der 77« in Algier wird die friedliche Koexistenzpolitik von USA und UdSSR als Täuschungsmanöver kritisiert, durch das die wirtschaftliche Hegemoniestellung der beiden Staaten verfestigt werden soll (10.–24. 10.). – Der Finanzverkehr mit dem Ausland wird zum Staatsmonopol erklärt (1. 11.). – Ein Putschversuch von Armee-Einheiten unter Oberst Zbiri wird niedergeschlagen (14./15. 12.).

Arabische Republik Jemen: Republik
Präsident: Abdullah as-Sallal (1962–5. 11. 1967), Abdarrahman al-Iriani (5. 11. 1967–1974)

Argentinien: Bundesrepublik
Bundespräsident: Juan Carlos Onganía (1966–1970)
Der Gewerkschaftsbund CGT läßt einen Generalstreik durchführen (1. 3.).

Äthiopien: Kaiserreich
Kaiser: Haile Selassie (1930–1974)
Ministerpräsident: Tsehafe Tezaz Aklilu Habtewold (1961–1974)

Australien: Bundesstaat im britischen Empire
Ministerpräsident: Harold Holt (1966–17. 12. 1967, ertrunken), John MacEwen (19. 12. 1967–1968)
Außenminister: Paul Hasluck (1964–1969)
Britischer Generalgouverneur: Richard Gardiner Baron Casey of Berwick (1965–1969)
Nach einem Volksentscheid erhalten auch die Ureinwohner von Australien das Bürgerrecht (27. 5.).

Barbados:
Unabhängige parlamentarische Monarchie im Commonwealth mit dem britischen Monarchen als Staatsoberhaupt
Premierminister: Errol Walton Barrow (1966–1976)

Belgien: Königreich
König: Baudouin (seit 1951)
Ministerpräsident: Paul Vanden Boeynants (christlich-sozial; 1966–1968)

Benin: Siehe Dahomey

Bhutan: Königreich
König: Jigme Dorji Wangchuk (1952–1972)

Biafra: Republik ab 30. April 1967 (zuvor Ostregion Nigerias)
Präsident: General Chukwuemeka Odumegwu Ojukwu (30. 5. 1967–1970)

Die Unabhängigkeit Biafras wird nur durch Tansania, Sambia, Gabun und die Elfenbeinküste anerkannt. Bis Januar 1970 erobert Nigeria Biafra wieder zurück (siehe Kriege und Krisenherde).

Birma: Unionsrepublik unter Militärherrschaft
Präsident: General Ne Win (1962–1981)
Ministerpräsident: General Ne Win (1958–1960, 1962–1974)

Bolivien: Republik
Präsident: Alfredo Ovando Candía (1965–1969, danach Militärdiktator bis 1970)
Der Guerillaführer Ernesto »Che« Guevara wird ermordet (9. 10.).

Botswana: Republik
Präsident: Seretse Khama (1966–1980)

Brasilien: Bundesrepublik
Präsident: Humberto de Alencar Castelo Branco (1964–15. 3. 1967), Arturo da Costa e Silva (15. 3. 1967–1969)
Das Land erhält die fünfte Verfassung (24. 1.).

Bulgarien: Volksrepublik
Präsident (Präsident des Präsidiums des Nationalrats): Georgi Traikow (1964–1971)
Ministerpräsident: Todor Schiwkow (1962–1971, danach Staatsratsvorsitzender = nominelles Staatsoberhaupt)
Außenminister: Iwan Baschew (1962–1971)
Bulgarien schließt Freundschaftsverträge mit der Volksrepublik Polen (6. 4.), mit der UdSSR (13. 5.), der Mongolischen Volksrepublik (21. 7.) und der DDR (7. 9.).

Burundi: Republik
Präsident: Michel Micombéro (1966–1976)

Ceylon (amtlicher Name ab 1972 Sri Lanka)
Als unabhängige parlamentarische Monarchie Gliedstaat des British Commonwealth of Nations (Republik ab 1972)
Ministerpräsident: Dudley Senanayake (1952/53, 1960, 1965–1970)

Chile: Republik
Präsident: Eduardo Frei Montalva (1964–1970)

China: Volksrepublik (National-China siehe Formosa)
Vorsitzender des Nationalen Volkskongresses (Präsident): Liu Shao-ch'i (1959–1968)
Parteichef: Mao Tse-tung (1945–1976)
Regierungschef: Chou En-lai (1949–1976)
Im Rahmen der 1966 begonnenen Kulturrevolution kommt es zum sog. Januarsturm der radikalen Linken (4. 1.).

Costa Rica: Republik
Präsident: José Joaquín Fernández (1966–1970)

Dahomey (Name ab 1975 Benin): Republik
Präsident: Christophe Soglo (1963/64, 1965–17. 12. 1967), Alphonse Amadou Alley (22. 12. 1967–1968)

Dänemark: Königreich
König: Friedrich IX. (1947–1972)
Ministerpräsident: Jens Otto Krag (1962–1968)

Demokratische Volksrepublik Jemen: Republik ab 30. November 1967
Staatsoberhaupt: Kahtan Mohammed as-Scha'abi (30. 11. 1967–1969)

Dominikanische Republik: Republik
Präsident: Joaquín Videla Balaguer (1960/61, 1966–1978)

Ecuador: Republik
Präsident: Otto Arosemana Gómez (1966–1968)

Elfenbeinküste: Patriarchalische Diktatur
Präsident: Félix Houphouet-Boigny (seit 1960)

El Salvador: Republik
Präsident: Oberst Julio Adalberto Rivera Carballo (1962–30. 6. 1967), Fidel Sánchez Hernández (1. 7. 1967–1972)

Finnland: Republik
Präsident: Urho Kaleva Kekkonen (1956–1981)
Ministerpräsident: Rafael Paasio (1966–1968)

Außenminister: Ahti Karjalainen (1961/62, dann Ministerpräsident bis 1963, erneut Außenminister 1964–1970)

Formosa (National-China, Taiwan): Republik
Präsident: Chiang Kai-shek (1950–1975)

Frankreich: Republik
Präsident: Charles de Gaulle (1944–1946, 1959–1969)
Ministerpräsident: Georges Pompidou (UNR, 1962–1968)
Außenminister: Maurice Couve de Murville (1958–1968)

Gabun: Republik
Präsident: Léon M'ba (1960–1964, 1964–28. 11. 1967), Albert Bernard Bongo = später Omar Bongo (ab 1. 12. 1967)

Gambia:
Unabhängige parlamentarische Monarchie im Commonwealth mit dem britischen Monarchen als Staatsoberhaupt
Ministerpräsident: Dauda Jawara (1963/65–1970, dann Präsident der Republik)

Ghana: Republik
Leiter des Nationalen Befreiungsrates: Joseph Arthur Ankrah (1966–1969)

Griechenland: Konstitutionelle Erbmonarchie / Militärdiktatur
König: Konstantin II. (1964, flieht außer Landes am 14. 12. 1967)
Vizekönig: Jeorjios Zoitakis (14. 12. 1967–1972)
Ministerpräsident: Ioannes Parskevopoulos (1963/64, 1966–30. 3. 1967), Panajiotis Kanellopulos (3.–21. 4. 1967), Konstantin Kollias (21. 4.–13. 12. 1967), Oberst Jeorjios Papadopulos (13. 12. 1967–1971)

Großbritannien: Konstitutionelle Erbmonarchie
Königin: Elisabeth II. (seit 1952)
Premierminister: Harold Wilson (Labour; 1964–1970)
Außenminister: George Brown (1966–1968)
Inneres: Roy Jenkins (1965–29. 11. 1967, danach Schatzkanzler bis 1970), James Callaghan (29. 11. 1967–1970, zuvor Schatzkanzler)
Das Unterhaus beschließt die Verstaatlichung der Stahlindustrie (26. 1.). – USA, UdSSR und Großbritannien unterzeichnen in Washington einen Vertrag über die friedliche Erforschung und Nutzung des Weltraums (27. 1.). – Das Pfund Sterling wird um 14,3% abgewertet.

Guatemala: Republik
Präsident: Julio César Méndez Montenegro (1966–1970)

Guayana:
Unabhängige parlamentarische Monarchie im Commonwealth mit dem britischen Monarchen als Staatsoberhaupt (Republik ab 1970)
Premierminister: Forbes S. Burnham (1966–1980, danach Präsident)

Guinea: Republik
Staatspräsident: Sékou Touré (1961–1984)
Ministerpräsident: Sékou Touré (1958–1984)

Haiti: Diktatur
Präsident: François Duvalier (1957–1971)

Honduras: Republik
Präsident: Osvaldo López Arellano (1963–1971, 1972–1975)

Indien: Bundesrepublik
Präsident: Sarvepalli Radhakrishnan (1962–13. 5. 1967), Zakir Husain (Moslem; 13. 5. 1967–1969)
Ministerpräsident: Indira Gandhi (1966–1977, 1980–1984)

Indonesien: Republik
Präsident: Achmed Sukarno (1945/49–22. 2. 1967), Suharto (ab 12. 3. 1967–27. 3. 1968)

Irak: Republik
Präsident: Abd ar-Rahman Arif (1966–1968)
Ministerpräsident: Nadschi Tablib (1966–7. 5. 1967; erster schiitischer Ministerpräsident des Irak), Abd ar-Rahman Arif (10. 5.–10. 7. 1967), Tahir Jahja (1963–1965, 10. 7. 1967–1968)

Iran: Kaiserreich
Schah: Mohammad Resa Pahlawi (1941–1979)

Irland: Republik
Präsident: Eamon de Valera (1959–1973)
Ministerpräsident: John Lynch, gen. Jack Lynch (1966–1973, 1977–1979)
Außenminister: Frank Aiken (1951–1954, 1957–1969)

Island: Republik
Präsident: Asgeir Asgeirsson (1952–1968)
Ministerpräsident: Bjarni Benediktsson (1963–1970)
Außenminister: Emil Jonsson (1965–1971)

Israel: Republik
Präsident: Salman Schazar (1963–1973)
Ministerpräsident: Levi Eschkol (Mapai; 1963–1969)

Italien: Republik
Präsident: Giuseppe Saragat (1964–1971)
Ministerpräsident: Aldo Moro (Democrazia Cristiana; 1963–1968, 1974–1976)
Außenminister: Amintore Fanfani (1966–1968)

Jamaika:
Unabhängige parlamentarische Monarchie im Commonwealth mit dem britischen Monarchen als Staatsoberhaupt
Premierminister: William Alexander Bustamente (1962–22. 1. 1967), Donald Sangster (22. 2.–11. 4. 1967), Hugh Shearer (11. 4. 1967–1972)

Japan: Kaiserreich
Kaiser (Tenno): Hirohito (seit 1926)
Ministerpräsident: Eisaku Sato (Liberal; 1964–1972)
Außenminister: Takeo Miki (1966–1968)

Jemen: Siehe Arabische Republik bzw. Demokratische Volksrepublik Jemen

Jordanien: Königreich
König: Husain (seit 1952)

Jugoslawien: Volksrepublik
Präsident: Josip Tito (1953–1980)

Kambodscha: Königreich
Staatsoberhaupt: Norodom Sihanuk (1960–1970, zuvor König 1941–1955)
Ministerpräsident: Lon Nol (1966–30. 4. 1967, 1969–1972, danach Präsident 1972–1975), Norodom Sihanuk (1952/53, 1955/56, 1956, 1956/57, 1958–1960, 1961–1963, 2. 5. 1967–1968)

Kamerun: Bundesrepublik
Präsident: Ahmadou Ahidjo (1960–1982)

Kanada: Parlamentarische Monarchie innerhalb des britischen Commonwealth
Premierminister: Lester Pearson (liberal; 1963–1968)
Außenminister: Paul Martin (1963–1968)
Der französische Staatspräsident Charles de Gaulle spricht während eines offiziellen Besuchs den Nationalismus der Frankokandier an; nach Protest von Premierminister Pearson bricht de Gaulle seinen Besuch ab (Juli).

Kenia: Republik
Präsident: Jomo Kenyatta (1964–1978)

Kirchenstaat: Siehe Vatikanstadt

Kolumbien: Republik
Präsident: Carlos Lleras Restrepo (1966–1970)

Kongo (Brazzaville): Republik
Präsident: Alphonse Massemba-Débat (1963–1968, 1968)
Ministerpräsident: Ambroise Noumazalay (1966–1968)

Kongo (Léopoldville; ab 1971 Zaïre): Republik
Präsident: Sese Seko Mobutu (vorher Joseph Désiré Mobutu, seit 1965)

Korea (Nordkorea) Volksrepublik
Präsident: Yong Kun Choi (1952–1972)
Ministerpräsident: Kim Il Sung (1948–1972, danach Staatspräsident ab 1972)

Korea (Südkorea): Republik
Präsident: Park Chung Hee (1962/63–1979)

Kuba: Sozialistische Republik
Präsident: Osvaldo Dórticos Torrado (1959–1976)
Ministerpräsident: Fidel Castro (seit 1959, ab 1976 auch Staatspräsident)

Kuwait: Emirat
Emir: Sabah as-Salim as-Sabah (1965–1977)

Laos: Königreich
König: Savang Vatthana (1959–1975)
Ministerpräsident (neutralistisch): Prinz Suvanna Phuma (1962–1975)

Lesotho: Monarchie
König: Moshoeshoe II. (seit 1966)
Ministerpräsident: Leabua Jonathan (seit 1966)

Libanon: Republik
Präsident: Charles Hélou (1964–1970)
Ministerpräsident: Raschid Karami (1955/56, 1958–1960, 1961–1964, 1965/66, 1966–1968, 1969/70)

Liberia: Republik
Präsident und Ministerpräsident: William Tubman (1943–1971)

Libyen: Königreich
König: Idris I. (1951–1969)
Ministerpräsident: Sajjid Husain Jusuj ibn Maziq (1965–1. 7. 1967), Abd al-Qadir al-Badri (1. 7. 1967–1969)

Liechtenstein: Fürstentum
Fürst: Franz Joseph II. (seit 1938)

Luxemburg: Großherzogtum
Großherzog: Johann (seit 1964)
Ministerpräsident: Christian Pierre Werner (1959–1974)
Außenminister: Pierre Grégoire (4. 1. 1967–1969)

Madagaskar: Republik
Staatspräsident und Ministerpräsident: Philibert Tsiranana (1960–1972)

Malawi: Republik
Präsident: Hastings Banda

Malaysia: Monarchistischer Bundesstaat
Wahlkönig: Ismail Nasir ud-Din (1965–1970)
Ministerpräsident: Tunku Abdul Rahman (1957–1959, 1959–1970)

Mali: Republik
Präsident: Modibo Keita (1960–1968)

Malta:
Unabhängige parlamentarische Monarchie im Commonwealth mit dem britischen Monarchen als Staatsoberhaupt
Gouverneur: Maurice Henry Dorman (1962–1971)
Premierminister: Borg Olivier (1950–1954, 1954/55, 1962–1971)

Marokko: Königreich
König und Leiter des Kabinetts: Hasan II. (seit 1961)

Mauretanien: Republik
Präsident: Moktar Ould Daddah (1961–1978; seit 1960 auch Ministerpräsident)

Mexiko: Bundesrepublik
Präsident: Gustavo Díaz Ordaz (1964–1970)
Außenminister: Antonio Carillo Flores (1964–1970)

Monaco: Fürstentum
Fürst: Rainier III. (seit 1949)

Mongolische Volksrepublik: Volksrepublik
Präsident: Shamtsarangin Sambuu (1954–1972)
Ministerpräsident: Jumschagiin Zedenbal (1952–1974, danach Präsident ab 1974)

Nepal: Königreich
König: Mahendra (1956–1972)

Neuseeland:
Unabhängige parlamentarische Monarchie im Commonwealth mit dem britischen Monarchen als Staatsoberhaupt
Premierminister: Keith Jacka Holyoake (konservativ; 1960–1972)
Britischer Generalgouverneur: Bernard Fergusson (1962–1967), Arthur Porritt (1967–1971)

Nicaragua: Diktatur
Präsident: Lorenzo Guerrero Gutiérrez (1966–30. 4. 1967), Anastasio Somoza Debayle (1. 5. 1967–1972, 1974–1979)

Niederlande: Konstitutionelle Erbmonarchie
Königin: Juliana (1948–1980)
Ministerpräsident: Jelle Zijlstra (Antirevolutionäre Partei; 1966–3. 4. 1967), Piet de Jong (katholisch; 3. 4. 1967–1971)
Außenminister: Joseph Luns (1956–1971, danach NATO-Generalsekretär bis 1984)

Niger: Republik
Staats- und Ministerpräsident: Hamani Diori (1960–1974)

Nigeria: Republik
Präsident: Yakubo Gowon (1966–1975)

Nordirland:
Teil des Vereinigten Königreichs von Großbritannien und Nordirland
Ministerpräsident: Terence O'Neill (1963–1969)

Nordkorea: Siehe Korea (Nordkorea)

Norwegen: Konstitutionelle Erbmonarchie
König: Olaf V. (seit 1957)
Ministerpräsident: Per Borten (1965–1971)

Obervolta: Republik
Präsident: Sangoulé Lamizana (1966–1980)

Oman: Sultanat
Sultan: Said bin Taimur (1932–1970)

Pakistan: Republik
Staats- und Ministerpräsident: Mohammed Ayub Khan (1958–1969)

Panama: Republik
Leiter einer Junta: José María Pinilla (1968–1969)

Papst: Siehe Vatikanstadt

Paraguay: Diktatur
Präsident: Alfredo Stroessner (seit 1954)

Persien: Siehe Iran

Peru: Republik
Präsident: Fernando Belaúnde Terry (1963–1968)

Philippinen: Republik
Präsident: Ferdinando Edralin Marcos (1965–1986)

Polen: Volksrepublik
Präsident: Edward Ochab (1964–1968)
Parteichef: Wladyslaw Gomulka (1943–1948, 1956–1970)
Ministerpräsident: Józef Cyrankiewicz (1947–1952, 1954–1972)
Außenminister: Adam Rapacki (1956–1968)

Portugal: Diktatur
Präsident: Américo Tomás (1958–1974)
Ministerpräsident: António de Oliveira Salazar (1932–1968)
Außenminister: Alberto Franco Nogueira (1961–1969)

Rhodesien:
Von der weißen Minderheit 1965 einseitig proklamierte unabhängige parlamentarische Monarchie im Commonwealth mit dem britischen Monarchen als Staatsoberhaupt
Premierminister: Ian Smith (1964–1979)

Rumänien: Volksrepublik
Staatsoberhaupt: Chivu Stoica (1965–9. 12. 1967), Nicolae Ceaușescu (seit 9. 12. 1967)
Ministerpräsident: Ion Georghe Maurer (1961–1974)
Rumänien nimmt als erster RGW-Staat nach der Sowjetunion die diplomatischen Beziehungen zur Bundesrepublik Deutschland auf (31. 1.).

Rwanda: Republik
Präsident: Grégoire Kayibanda (1962–1973)

Sambia: Republik
Präsident: Kenneth Kaunda (seit 1964)

Samoa: Siehe West-Samoa

Saudi-Arabien: Königreich
König: Faisal Ibn Abd Al Asis Ibn Saud (1964–1975)

Schweden: Konstitutionelle Erbmonarchie
König: Gustav VI. Adolf (1950–1973)
Ministerpräsident: Tage Erlander (Sozialist; 1946–1969)
Außenminister: Torsten Nilsson (1962–1971)

Senegal: Republik
Präsident: Léopold Sédar Senghor (1960–1980)

Siam: Siehe Thailand

Sierra Leone:
Unabhängige parlamentarische Monarchie im Commonwealth mit dem britischen Monarchen als Staatsoberhaupt
Premierminister: Albert Michael Margai (1964–17. 3. 1967), Siaka Stevens (21. 3. 1967), Andrew Yuxon-Smith (27. 3. 1967–1968)

Simbabwe: Siehe Rhodesien

Singapur: Republik, Gliedstaat des Commonwealth
Präsident: Indre Yusuf Bin Ishak (1965–1970)
Ministerpräsident: Lee Kuan Yew (Chinese; seit 1959)

Somalia: Republik
Präsident: Aden Abdullah Othman (1960–30. 6. 1967), Abd ar-Raschid Ali Shermake (1. 7. 1967–1969)

Sowjetunion: Siehe UdSSR

Spanien: Diktatur
Nationaler Staatspräsident und Vorsitzender des Ministeriums: Francisco Franco Bahamonde (1936–1975)
Außenminister: Fernando María Castiella y Maiz (1957–1969)

Sri Lanka: Siehe Ceylon

Südafrikanische Union: Republik
Präsident: Charles Robberts Swart (1961–31. 5. 1967), Theophilus Dönges (31. 5. 1967–1968, tritt sein Amt wegen Krankheit nicht an), Joshua François Naudé (geschäftsführend 1. 7. 1967–1968)
Ministerpräsident: Balthazar Vorster (1966–1978, danach Präsident bis 1979)

Sudan: Diktatur
Ständiger Präsident des als Staatsoberhaupt fungierenden Fünferkomitees: Ismail al-Azhari (1965–1969)

Süd-Jemen: Siehe Demokratische Volksrepublik Jemen

Südkorea: Siehe Korea (Südkorea)

Syrien: Republik
Präsident: Nur ad-Din al-Atasi (1966–1970)

Taiwan: Siehe Formosa

Tansania: Bundesrepublik
Staats- und Ministerpräsident: Julius Kambarage Nyerere (seit 1962)

Thailand: Konstitutionelle Monarchie
König: Rama IX. Bhumiopol (seit 1946)
Ministerpräsident: General Thanom Kittikachorn (1958, 1963–1973)

Tibet: Autonome Region innerhalb der Volksrepublik China
Leiter der Autonomen Regionalregierung (von der chinesischen Regierung anstelle des Dalai-Lama und des Pantschen-Lama eingesetzt): Ngapo Ngawang Dschigme (1965–1968)
14. Dalai-Lama: Tenzin Gjatso (1935 geboren und gefunden, 1939 inthronisiert, im Exil ab 1959)
7. Pantschen-Lama: Tschökji Gjaltsen (seit 1938)

Togo: Republik
Präsident: Nicolas Grunitzky (1963–13. 1. 1967), Etienne Eyadema (ab 13. 1. 1967)

Trinidad und Tobago:
Unabhängige parlamentarische Monarchie im Commonwealth mit dem britischen Monarchen als Staatsoberhaupt (Republik ab 1976)
Premierminister: Eric E. Williams (seit 1962)

Tschad: Republik
Präsident: François Tombalbaye (1960–1975)

Tschechoslowakei: Volksrepublik
Präsident: Antonín Novotný (1957–1968)
Parteichef: Antonín Novotný (1953–1968)

Ministerpräsident: Jozef Lenárt (1963–1968)
Außenminister: Wenzel David (1953–1968)
Die Polizei löst eine Protestdemonstration von Studenten auf (31. 10.).

Tunesien: Republik
Präsident: Habib Burgiba (seit 1957 Präsident auf Lebenszeit)

Türkei: Republik
Präsident: Cevdet Sunay (1966–1973)
Ministerpräsident: Süleyman Demirel (1965–1971, 1975–1977, 1977, 1979/80)

UdSSR: Union sozialistischer Sowjetrepubliken
Parteichef: Leonid I. Breschnew (1964–1982)
Ministerpräsident: Alexei N. Kossygin (1964–1980)
Vorsitzender des Präsidiums des Obersten Sowjets (Staatsoberhaupt): Nikolai W. Podgorny (1965–1977)
Außenminister: Andrei A. Gromyko (1957–1985, danach Staatsoberhaupt)
USA, UdSSR und Großbritannien unterzeichnen in Washington einen Vertrag über die friedliche Erforschung und Nutzung des Weltraums (27. 1.). – US-Präsident Lyndon B. Johnson und der sowjetische Ministerpräsident Kossygin treffen zu einer Unterredung im Glassboro State College in New Jersey zusammen (23./25. 6.).

Uganda: Republik
Staatspräsident und Premierminister: Milton Obote (1962/1966–1971)

Ungarn: Volksrepublik
Präsident: Istvan Dobi (1952–14. 4. 1967), Pál Losonczi (ab 15. 4. 1967)
Parteichef: János Kádár (seit 1956)
Ministerpräsident: Gyula Kállai (1965–14. 4. 1967), Jenö Fock (14. 4. 1967–1975)

Uruguay: Republik
Präsident: Alberto Héber Usher (1966–28. 2. 1967), Oscar Gestido (1. 3.–6. 12. 1967), Jorge Pacheco Areco (6. 12. 1967–1972)

USA: Bundesrepublik
36. Präsident: Lyndon B. Johnson (Demokrat; 1963–1969)
Vizepräsident: Hubert Horatio Humphrey (1965–1969)
Außenminister: Dean Rusk (1961–1969)
USA, UdSSR und Großbritannien unterzeichnen in Washington einen Vertrag über die friedliche Erforschung und Nutzung des Weltraums (27. 1.). – US-Präsident Johnson und der sowjetische Ministerpräsident Alexei Kossygin treffen zu einer Unterredung im Glassboro State College in New Jersey zusammen (23./25. 6.).

Vatikanstadt: Absolute Monarchie
Papst: Paul VI., ursprünglich Giovanni Battista Montini (1963–1978)
Kardinalstaatssekretär: Amleto Cicognani (1961–1969)

Venezuela: Republik
Präsident: Raúl Leoni (Sozialist; 1964–1969)

Vietnam (Nord): Republik
Präsident: Ho Chi Minh (1945/54–1969)

Vietnam (Süd): Republik
Präsident: Nguyen Van Thieu (1965–1975)

West-Samoa: Häuptlingsaristokratie
Staatsoberhaupt: Malietoa Tunamafili II. (seit 1962)

Zaïre: Siehe Kongo (Léopoldville)

Zentralafrikanische Republik: Republik
Staats- und Ministerpräsident: Jean Bédel Bokassa (1966–1976, danach als Bokassa I. Kaiser des Zentralafrikanischen Kaiserreiches 1976–1979)

Zypern: Republik
Präsident (Grieche): Erzbischof Makarios III. (1960–1977)

Kriege und Krisenherde des Jahres 1967

Die herausragenden politischen und militärischen Krisensituationen des Jahres 1967 werden – alphabetisch nach Ländern geordnet – im Überblick dargestellt. Internationale Kriege und Krisenherde sind dem alphabetischen Länderverzeichnis vorangestellt.

Angola kämpft um die Souveränität

1961 begann mit dem Sturm von Kämpfern der MPLA (Movimento Popular de Libertação de Angola) auf das Gefängnis von Luanda der bewaffnete Unabhängigkeitskampf gegen die portugiesische Kolonialmacht. Trotz militärischer Erfolge der portugiesischen Kolonialtruppen dauern die Kämpfe bis 1974 an. Von Zaïre aus operieren die Kämpfer der Nationalen Befreiungsfront von Angola (FNLA, Frente Nacional de Libertação de Angola), während die MPLA in Sambia und Kongo ihre Hauptstützpunkte hat. 1967 wird als dritte Befreiungsbewegung die Uniao Nacional para a Independência total de Angola (UNITA) gegründet. Die UNITA operiert hauptsächlich in der Moxico-Provinz nahe der Ostfront der MPLA.

Biafrakrieg

Ein neuer Krisenherd entsteht in Afrika: Die erdölreiche Ostprovinz Biafra erklärt ihre Unabhängigkeit von der nigerianischen Zentralregierung in Lagos (30. 5.). Es beginnt ein blutiger Bürgerkrieg, da der seit 1966 als Staatschef amtierende Oberst Yakubo Gowon die wichtige Region zurückgewinnen will. Der Abfall Biafras vollzieht sich vor dem Hintergrund einer langanhaltenden Staatskrise. Seit dem Militärputsch von General Johnson Ironsi im Januar 1966 ist das Land nicht mehr zur Ruhe gekommen. Insbesondere die Bemühungen Ironsis, Nigeria zu einem Einheitsstaat zu machen, lösten Unruhen aus und führten schließlich zum Sturz Ironsis durch Oberst Gowon.

Wirren in Birma halten an

Die 1945 ausgebrochenen bürgerkriegsähnlichen Wirren in Birma halten auch 1967 an. In diesem Jahr kommt es zu Aufständen gegen die Chinesen. Die Partisanen der Pekingfreundlichen »Weiße-Fahne-Kommunisten« und die Kommunisten der »Roten Fahne« kämpfen weiter erbittert um die Vorherrschaft in einzelnen Regionen.

Guerillakämpfe in Bolivien

Im Kampf mit bolivianischen Regierungstruppen wird am 9. Oktober der Guerillaführer Ernesto »Che« Guevara, gebürtiger Argentinier, erschossen. Mit ihm verlieren die Guerilleros ihren wichtigsten Mann. Die von den USA ausgebildete Anti-Guerilla-Truppe (»Rangers«) zerschlägt die Guerillabewegung endgültig im November/Dezember. Che Guevara hatte Bolivien als Experiment für seine Guerillatheorien ausgewählt. Der bewaffnete Kampf der parteipolitisch unabhängigen Guerilleros sollte sich nach den Vorstellungen Guevaras wie ein Flächenbrand über ganz Lateinamerika ausbreiten. Einer der Gründe für das Scheitern des 1966 begonnenen Guerillakampfes lag in der Unabhängigkeit von jedweder Partei. Die Kommunistische Partei Boliviens hatte sich damit nicht einverstanden erklärt und jede Unterstützung verweigert. Auch die Unterstützung der Bevölkerung war ausgeblieben.

Eritrea will Autonomie

Die Eritrean Liberation Front (ELF) führt seit 1962 mit Unterstützung der Arabischen Liga und einiger kommunistischer Staaten den Kampf um die Unabhängigkeit Eritreas. 1962 hatte Kaiser Haile Selassie von Äthiopien die Föderation mit Eritrea aufgelöst und es als Provinz Äthiopiens annektiert. Dadurch hatte dieser überwiegend von Moslems bewohnte Landesteil zahlreiche Autonomierechte verloren. Auf Erfolge der ELF-Kämpfer, die einen klassischen Partisanen- und Guerillakampf führen, reagieren die Truppen der Zentralregierung mit z. T. drakonischen Maßnahmen bis zur Zerstörung ganzer Siedlungen. Die Kämpfe verschärfen noch zusätzlich die Situation der aufgrund der klimatischen Bedingungen notleidenden Bevölkerung Eritreas.

Staatsstreich in Griechenland

Rechtsgerichtete Obristen ergreifen nach einem Staatsstreich die Macht in Griechenland (21. 4.). Alle strategisch wichtigen Punkte des Landes werden besetzt, führende Politiker und Gewerkschafter werden verhaftet. Die einflußreichsten Mitglieder der neuen Regierung sind der Kommandeur der Athener Panzertruppenschule, Stilianos Pattakos, der Innenminister wird, und Jeorjios Papadopoulos, der zunächst Informationsminister wird und im Dezember das Amt des Ministerpräsidenten übernimmt. Der Offiziersputsch erfolgt zu einem Zeitpunkt, da sich die Parteien des Landes auf Neuwahlen verständigt hatten, um die verfahrene politische Situation zu bereinigen. Die Militärs befürchten einen Wahlsieg der Antimonarchisten, putschen jedoch ohne Billigung von König Konstantin II. und errichten eine Militärdiktatur. Nach einem gescheiterten Gegenputsch im Dezember geht Konstantin II. ins Exil.

Israel gewinnt im Sechstagekrieg

Im Dritten Israelisch-Arabischen Krieg (5.–11. 6.) annektiert Israel Ostjerusalem, den Gasastreifen, die Golanhöhen u. a. Die Strategie des israelischen Verteidigungsministers Moshe Dayan ermöglichte es, in einem Blitzfeldzug die Gegner an drei Fronten zu bezwingen. Die arabischen Länder reagieren nach ihrer Niederlage mit einem Ölboykott gegen die USA und Großbritannien und der Sperrung des Suezkanals. Ägyptens Staatspräsident Gamal Abd el Nasser erklärt, der Kanal werde erst nach dem Rückzug der Israelis wiedereröffnet.

Unruhen im Jemen

Bis 1968 dauert der Bürgerkrieg zwischen den von Saudi-Arabien unterstützten Royalisten und den von Ägypten unterstützten Republikanern im Jemen an. Nach einem Militärputsch unter General Abdallah As Sallal war 1962 der neu inthronisierte Imam und König Muhammad Al Badr vertrieben worden. Nach der Niederlage Ägyptens im Sechstagekrieg zieht Kairo seine Truppen aus dem Jemen ab. Dafür erhalten die Republikaner nun Material und Waffenlieferungen aus China, Algerien und der UdSSR. Eine Großoffensive der Ägypter scheitert, weil sich die bisher königstreuen Stämme auf die Seite der Republikaner geschlagen haben. Als die Royalisten sich weigern, einer generellen militärischen und politischen Kontrolle durch die Saudis zuzustimmen, stellt Riad die Unterstützung ein. – Offiziell dauert der Bürgerkrieg bis 1970 an.

Bürgerkrieg in Kambodscha

Die Guerillas der kommunistischen Roten Khmer unter Führung von Pol Pot und Khieu Samphan nehmen 1967/68 den bewaffneten Kampf gegen Lon Nol, den 1966 von Staatsoberhaupt Norodom Sihanuk zum Ministerpräsidenten ernannten Führer der Rechtskräfte des Landes, auf. Zu größeren bewaffneten Auseinandersetzungen kommt es im Sommer 1968.

Söldnerrevolte im Kongo

Am 5. Juli revoltieren weiße Söldner unter der Führung des Belgiers Jean Schramme und einige hundert Katanga-Gendarme in Kisangi und Bukavu gegen die Regierung von Staats- und Ministerpräsident Joseph Désiré Mobutu. Dieser Aufstand stürzt den Kongo in eine seiner schwersten Krisen nach Erlangung der Unabhängigkeit 1960. Mobutu war am 24. November 1965 als Oberkommandierender der Nationalarmee an die Macht im Kongo gekommen. Daß es sich bei der Revolte um einen von Moise Tschombé – dem ehemaligen kongolesischen Ministerpräsidenten und politischen Gegner von Mobutu – gesteuerten Versuch handelt, seine Rückkehr in den Kongo vorzubereiten, läßt sich nicht beweisen. Nach zwei Monaten müssen die aufständischen Söldner jedoch die Erfolglosigkeit ihres Unternehmens feststellen.

Mosambik kämpft gegen Portugal

Seit 1964 führt die Befreiungsorganisation FRELIMO (Frente de Libertação de Moçambique) einen Guerillakampf gegen die Kolonialmacht Portugal. Die Kämpfe beschränken sich bis zum Jahr 1968 auf die Cabo-Delgado- und die Niasa-Provinz im Norden des Landes.

Kampf gegen Diktatur im Tschad

Der 1965 ausgebrochene Bürgerkrieg im Tschad dauert weiter an. Im Kampf gegen das autoritäre Regime des Staatspräsidenten François Tombalbaye, der u. a. die Moslems aus der Staatsverwaltung ausgeschlossen hat und von den Nomaden höhere Steuersätze verlangt, haben sich 1966 die orthodox-moslemische Oppositionsgruppe FLT, die für einen unabhängigen Teilstaat im Norden des Landes eintritt, und die marxistische UNT zur Befreiungsfront FROLINA (Front de Libération Nationale Tchadienne) zusammengeschlossen. Sie erhält Unterstützung von Algerien und Libyen.

Rassenunruhen in den USA

Bei Unruhen im schwarzen Ghetto von Detroit werden 40 Menschen getötet, 2000 verletzt, Tausende verlieren ihre Wohnung durch Brandstiftung und Plünderungen (23. 7.).

Proteste gegen Vietnamkrieg

Bis zum Ende des Jahres erhöhen die USA die Zahl ihrer Soldaten in Vietnam auf 486 000. Mit einer Luftoffensive an der Grenze zwischen Nord- und Süd-Vietnam, bei der durch das Versprühen von Pflanzenschutzmitteln die Wälder »entlaubt« werden, beginnt eine neue Phase des Krieges. Zugleich löst das amerikanische Engagement in Südostasien immer mehr Proteste aus. Am 15. April demonstrieren mehr als 350 000 Menschen unter Leitung des Negerführers Martin Luther King gegen den Krieg in Vietnam. Weltweite Beachtung findet auch die Wehrdienstverweigerung des farbigen Boxweltmeisters Muhammad Ali alias Cassius Clay am 28. April in Houston in Texas.

Neuerscheinungen auf dem internationalen Buchmarkt 1967

Die Auswahl berücksichtigt nicht nur Neuerscheinungen von literarischem oder wissenschaftlichem Wert, sondern auch vielgelesene Bücher des Jahres 1967. Innerhalb der einzelnen Länder sind die erschienenen Werke alphabetisch nach Autoren geordnet.

Bundesrepublik Deutschland und DDR

Alfred Andersch:
Efraim
Roman
Zentrales Thema des bei Diogenes in Zürich erschienenen Romans »Efraim« von Alfred Andersch (1914–1980) ist der durch das Medium ›Erzählen‹ versuchte Klärungsprozeß in einer verwirrenden Realität. Der Journalist Georg Efraim, eine moderne Verkörperung des heimatlosen Juden – geboren in Deutschland, nach Adoption Brite, lebend in Rom –, wird sich bei einem Aufenthalt in Berlin anläßlich einer Reportage über die Kuba-Krise der Unzulänglichkeit seiner Existenz klar: Seine Frau betrügt ihn mit seinem Chefredakteur, er selbst hat ein Verhältnis mit der Verlobten eines avantgardistischen Komponisten. Der Aufenthalt in Berlin, wo der sensible Efraim die politischen und sozialen Verhältnisse, aber auch den weiter vorhandenen Antisemitismus in der Bundesrepublik mit Befremden registriert, löst den Entschluß aus, sich vom Journalismus abzuwenden und literarisch tätig zu werden. Der Roman beschreibt diesen Versuch.

Hans Hellmut Kirst:
Die Wölfe
Roman
Der durch seine »Null-acht-fünfzehn«-Trilogie bekannt gewordene, aus Ostpreußen stammende Hans Hellmut Kirst (* 1914), Verfasser spannender, zeitkritisch verbrämter Unterhaltungsromane meist aus der Welt der Soldaten, legt mit dem bei Desch in München im Rahmen seiner »Gesammelten Werke in Einzelausgaben« erschienenen Roman »Die Wölfe« einen ostpreußischen Dorfroman vor, den zweiten seit »Gott schläft in Masuren« (1956). Hauptgestalter der in Maulen zur Zeit des Nationalsozialismus spielenden Handlung ist der patriarchenähnliche Materna, Führer des Widerstands gegen die NS-Machthaber. – Kirst stiftet 1967 die Ludwig-Thoma-Medaille der Stadt München. Im selben Jahr legt die Universität Boston eine »Kirst Collection« als Sammlung von »Dokumenten zur Zeitgeschichte« an.

Heinz Piontek:
Die mittleren Jahre
Roman
In »Die mittleren Jahre«, seinem ersten Roman, erschienen bei Hoffmann und Campe in Hamburg, schildert der als Lyriker und Verfasser von Kurzgeschichten hervorgetretene Heinz Piontek (* 1925) die Geschichte eines Mannes in mittleren Jahren (Hanke), der nach sieben Jahren Einsamkeit, Krankheit und Depression nach München zurückkehrt, die Stadt, in der er viele Jahre seines Lebens verbracht hat, die Stadt aber auch, die ihn in Beruf, Ehe und in der Beziehung zu seiner Geliebten scheitern ließ. Der in der Ich-Form geschriebene Roman verzichtet auf eine Handlung im herkömmlichen Sinn zugunsten des assoziativen Erinnerns. Hanke trifft ehemalige Freunde wieder, die ihm inzwischen entfremdet sind – ein arrivierter Architekt, ein Lyriker, der seine Kunstideale um des Broterwerbs aufgegeben hat u. a. –, seine zehnjährige Tochter Tania, die ihm sein Scheitern überdeutlich bewußt macht. Nach und nach kristallisiert sich heraus, warum Hanke vor sieben Jahren physisch und psychisch zusammengebrochen ist: Seine Frau Katharina, die von seiner Beziehung zu Harriet wußte, starb bei einem Unfall; wenig später nahm sich seine Geliebte Harriet das Leben. Ob Hanke inzwischen fähig ist, einen neuen Anfang zu wagen und im Leben zu bestehen, läßt der Roman offen.

Paul Schallück:
Don Quichotte in Köln
Roman
Paul Schallück (1922–1976), bekannt geworden als Verfasser zeitkritischer Romane um die Bewältigung der politischen Vergangenheit, Essayist, Fernseh- und Hörspielautor, überträgt in seinem bei Fischer in Frankfurt am Main erschienenen Roman »Don Quichotte in Köln« den spanischen Don-Quijote-Stoff in das Köln der Gegenwart. Anton Schmitz, Redakteur der Rundfunksendung »Gedanken zur Zeit«, genügt es nicht mehr, seine Weltverbesserungsvorschläge nur über den Äther unter das Volk zu bringen; gemeinsam mit seinem Freund Peter Scheel (Schäl!) radelt er durch die alte Domstadt und kämpft gegen die Windmühlenflügel der Gesellschaft. Zugleich ist er auf der Suche nach Claudia (= Köln), seiner idealen Geliebten.

Thomas Valentin:
Natura Morta
Stilleben mit Schlangen
Roman
Thomas Valentin (* 1922) schildert in seinem vierten Roman, »Natura Morta«, erschienen bei Claassen in Hamburg, ähnlich wie in »Die Fahndung« (1962) die Geschichte einer Recherche, nur ist es diesmal keine »Reise zu sich selbst«, wie der Autor »Die Fahndung« im Untertitel der 1979 erschienenen Taschenbuchausgabe nennt, sondern ein literarisch ambitionierter Kriminalroman. Als Säufer, Kommunist und Faulpelz verschriene junge Schuster Stefano stellt in einem kleinen Ort in den Turiner Bergen auf eigene Faust Erkundungen an in einem Mordfall: Der Tote war auf dem Schoß von Stefanos Mutter, die als Einsiedlerin in den Bergen lebt, gefunden worden. Stefano entdeckt schließlich, daß der Ermordete während des Zweiten Weltkriegs der SS-Einsatzgruppenleiter gegen die Dörfer in den Turiner Bergen und zugleich der Geliebte von Stefanos Mutter war.

Frankreich

Louis Aragon:
Blanche oder Das Vergessen
(Blanche ou l'oubli)
Roman
Louis Aragon (1897–1982), Dramatiker, Lyriker und Romancier zunächst des Surrealismus, dann der Résistance und später des Kommunismus, vertritt in seinem Literaturroman »Blanche oder Das Vergessen« die These, daß eine ästhetische Lösung des Lebens die existentielle vorwegnehmen könne. Der Held des Romans, Geoffroy Gaiffier, beschäftigt sich mit Friedrich Hölderlin, Gustave Flaubert, Elsa Triolet und versucht durch die Meditation über diese Lektüre Klarheit über sich selbst und sein Verhältnis zu Blanche zu gewinnen. – Die deutsche Übersetzung erscheint 1972.

André Malraux:
Anti-Memoiren
(Antimémoires)
Memoiren
»Anti-Memoiren« nennt der Romancier, Kunsttheoretiker und Informations- und Kultusminister unter Charles de Gaulle, André Malraux (1901–1976), der sich in der Einleitung sagt: »Ich finde mich selber nicht sehr interessant«, seine Lebensrückschau aus folgendem Grund: »Ich nenne dieses Buch ›Anti-Memoiren‹, weil es auf eine Frage Antwort gibt, die Memoiren nicht stellen, und weil es keine Antwort auf Fragen gibt, die sie stellen.« Malraux legt diese Memoiren nicht vor, um für seine Person Interesse zu erregen, sondern interpretiert am Beispiel seines eigenen Lebenslaufs Geschichte des 20. Jahrhunderts. – Die deutsche Übersetzung erscheint 1968.

Großbritannien

John Wain:
Der kleinere Himmel
(The Smaller Sky)
Roman
John Wain (* 1925), bekannt geworden als Vertreter der Schriftstellergeneration der »Angry Young Men« (zornige junge Männer) durch seinen Roman »Runter mit dir« (1953), schildert auch in »Der kleinere Himmel« einen außerhalb der gesellschaftlichen Norm stehenden Antihelden, der seine Individualität in einem verzweifelten Kampf gegen den Konformitätsdruck der Etablierten stellt. In diesem Roman ist es ein exzentrischer ehemaliger Wissenschaftler, der in einen Bahnhof zieht, um der als bedrohlich empfundenen Umwelt zu entfliehen, und dadurch die Verfolgung durch die Gesellschaft provoziert. – Die deutsche Übersetzung erscheint 1968.

Angus Wilson:
Kein Grund zum Lachen
(No Laughing Matter)
Roman
Vorbild für die satirisch-ironischen Romane von Angus Wilson (* 1913), der nach einem Nervenzusammenbruch 1946 im Rahmen einer Therapie zu schreiben begann und inzwischen zu den führenden englischen Nachkriegsromanciers gehört, ist der Gesellschaftsroman des 19. Jahrhunderts. In einer kaum verschleierten Chronik von vier Generationen seiner eigenen Familie gestaltet er in dem Roman »Kein Grund zum Lachen« den »Niedergang Englands« in der Zeit 1912 bis 1967. In der stärkeren Verwendung von inneren Monologen, der Mischung von epischen und dramatischen Elementen u. a. ist der Einfluß Virginia Woolfs zu spüren. – Die deutsche Übersetzung erscheint 1969.

Kolumbien

Gabriel García Márquez:
Hundert Jahre Einsamkeit
(Cien años de soledad)
Roman
Im Mittelpunkt von Gabriel García Márquez' viertem Roman »Hundert Jahre Einsamkeit«, mit dem er endgültig den Durchbruch zu internationaler Anerkennung schafft, steht die Geschichte der sieben Generationen umfassenden, teilweise schon aus vorhergehenden Werken bekannten Sippe der Buendías, deren Stammvater das Dorf Macondo zu Beginn des 19. Jahrhunderts gegründet hat. Phantastisches und Reales werden in einer Fülle von Schauplätzen, Personen und Handlungen verknüpft; erzählt wird in bildhafter Sprache, Mythisches und Legendäres wird in das Geschehen einbezogen. Die Mitglieder der Familie Buendías erweisen sich als unfähig, untereinander wirkliche Beziehungen aufzubauen, obwohl sie sich durch Inzucht und Inzest ungeheuerlich vermehren. Einsamkeit ist ihr zentrales Problem, in sozialer wie in metaphysischer Hinsicht. Wie ein Fluch lastet auf ihnen, daß sie »das Selbst mit anderen nicht teilen können«. Jede Generation verkörpert zugleich eine Epoche in der Geschichte Kolumbiens und Lateinamerikas. Das Ende des Romans zeigt die Unausweichlichkeit des Schicksals dieser Familie: Einer der letzten Buendías liest ein 100 Jahre früher von einem Zigeuner in verschlüsseltem Sanskrit verfaßtes Manuskript, das die Geschichte dieser Sippe bis zu ihrem Untergang prophezeit. – García Márquez erhält 1982 den Literaturnobelpreis »für seine Romane und Novellen, in denen sich das Phantastische und Realistische in einer vielfacettierten Welt der Dichtung vereinen, die Leben und Konflikte eines Kontinents widerspiegelt«. – Die deutsche Übersetzung erscheint 1970.

Österreich

Thomas Bernhard:
Verstörung
Roman
Mit dem bei Insel in Frankfurt am Main erschienenen Roman »Verstörung« beginnt die öffentliche Anerkennung des österreichischen Lyrikers Erzählers und Prosaisten Tho-

mas Bernhard (*1931). »Das Schweigen dieser unendlichen Räume macht mich schweigen«; diesen Satz aus Blaise Pascals »Gedanken« stellt Bernhard einem Werk voran, das vom Sprechen beherrscht wird, einem monomanischen Mitteilungsdrang der Hauptgestalten, dem Monologisieren als Ausdruck der Einsamkeit von Menschen, die in sich selber eingeschlossen sind. Der 21jährige Sohn eines Arztes begleitet seinen Vater einen Tag lang bei seinen Krankenbesuchen in den Dörfern, Gehöften, Villen, Vorwerken und burgartigen Schlössern der Steiermark und wird zum Zeugen verschiedener Stadien körperlichen und geistigen Verfalls bei Menschen, die voneinander isoliert hausen, »durch und durch krank, zur Gewalttätigkeit und zum Irrsinn neigend«.

Joseph Roth:
Das Spinnennetz
Roman
44 Jahre nach dem Abdruck in der Wiener »Arbeiter-Zeitung« (1923) erscheint »Das Spinnennetz« in Buchform, der »vergessene« Roman des österreichischen psychologischen Realisten Joseph Roth (1894–1939). Der nach dem Ersten Weltkrieg spielende Zeitroman, der bei Kiepenheuer und Witsch in Köln und Berlin erscheint, schildert den Aufstieg des Kleinbürgers Theodor Lohse, der als Leutnant aus dem Krieg zurückkehrt und bei den sozialen und politischen Umwälzungen der Nachkriegszeit jede Orientierung verliert. Nach einem homosexuellen Abenteuer wird er auf Empfehlung Mitglied einer Geheimorganisation, die ihm die Möglichkeit bietet, seine Machtträume Wirklichkeit werden zu lassen. Er ermordet jeden, der ihn an seine kleinbürgerliche Herkunft erinnern kann. Sein gesellschaftlicher Aufstieg kann nicht mehr aufgehalten werden, er heiratet eine Adlige, die ihn ihrerseits zum Werkzeug ihrer hochgesteckten gesellschaftlichen Ziele macht.

Schweden

Pär Lagerkvist:
Mariamne
(Mariamne)
Roman
Pär Lagerkvist (1891–1974), einer der bedeutendsten Vertreter der schwedischen Literatur im 20. Jahrhundert, Erneuerer der schwedischen Prosa, Lyrik und Dramatik, Literaturnobelpreisträger 1974, gestaltet in seinem letzten

Roman, »Mariamne«, das Schicksal der mit König Herodes dem Großen verheirateten Makkabäerin Mariamne, die Herodes wegen angeblichen Ehebruchs hinrichten ließ. Hauptthema dieses Alterswerks ist das Geheimnis der Liebe, die in dieser Welt eigentlich nicht möglich, aber doch immer gegenwärtig ist. Das Buch ist zugleich Lagerkvists letzte Mahnung an die Menschheit, durch die Liebe das Miteinander zu retten. – Die deutsche Übersetzung erscheint 1968.

Per Olof Sundman:
Ingenieur Andrées Luftfahrt
(Ingenjör Andrées luftfärd)
Roman
»Der Roman vereinigt starke innere und äußere Spannung mit einer eigentümlichen Poesie der Sachlichkeit«, heißt es in der Begründung für die Verleihung des Literaturpreises des Nordischen Rates an Per Olof Sundman (*1922) für seinen Roman »Ingenieur Andrées Luftfahrt«. Sundman schildert – nach umfassenden Quellenstudien – die Nordpolexpedition des schwedischen Ingenieurs Salomon August Andrée, der 1897 mit zwei Begleitern in einem Wasserstoffballon den Pol zu erreichen versuchte. Der Versuch schlug fehl, Andrée und seine Begleiter starben während ihres Marsches durch das Eis an verseuchtem Eisbärenfleisch. Sundman stellt die Expedition als ein Unternehmen dar, das von vornherein zum Scheitern verurteilt war. Offen bleibt, ob Andrée seinen und den Tod seiner Begleiter vor der Aufbruch zu der Expedition einkalkulierte. – Die deutsche Übersetzung erscheint 1969.

Schweiz

Peter Bichsel:
Die Jahreszeiten
Ohne Gattungsbezeichnung erscheint – bei Luchterhand in Neuwied und Berlin – »Die Jahreszeiten« des durch sein 50-Seiten-Geschichtenbändchen »Eigentlich möchte Frau Blum den Milchmann kennenlernen« (1964) international bekannt gewordenen schweizerischen Erzählers Peter Bichsel (*1935), Primarlehrer (Volksschullehrer) im kantonalen Schuldienst in Solothurn. »Aus Wörtern ein Haus bauen«, diesen Versuch unternimmt Bichsel in den »Jahreszeiten«. Am Beispiel eines alten Hauses und seiner Bewohner, von denen es im Grunde nichts zu berichten gibt, wird das bedrückende Einerlei des bürgerlichen

Alltags mit seiner ständigen Wiederkehr derselben Ereignisse sichtbar. Dieser vorgezeichnete Lebenskreis scheint nur in einer traumhaften Wunsch- und Gegenwelt durchbrochen werden zu können: Der Ich-Erzähler erfindet immer neue Biographien und Schicksale.

Hugo Loetscher:
Noah
Roman einer Konjunktur
Hugo Loetscher (*1929), Verfasser allegorisch-satirischer Romane zur Situation der Zeit, verlegt seinen Roman »Noah«, erschienen beim Arche Verlag in Zürich, zwar in das vorsintflutliche Mesopotamien, gemeint ist jedoch die Gegenwart: Mit seinem Plan, eine Arche zu bauen, heizt Noah die Konjunktur an; jeder versucht, mit dieser neuen Idee ins Geschäfte zu machen, die Wirtschaft floriert, auch im kulturellen Leben wird die Arche vermarktet. Als Noahs Situation sich schließlich aus verschiedenen Gründen zum Schlechten wendet, heißt es über ihn: »Jetzt kann ihn nur noch die Sintflut retten.«

Adolf Muschg:
Gegenzauber
Roman
Während Adolf Muschg (*1934) den Schauplatz seines ersten Romans »Im Sommer des Hasen« (1965) in das exotische Japan verlegte, ein Novum bei den schweizerischen Prosaschriftstellern der Generation nach Max Frisch, bleibt er mit seinem bei Suhrkamp in Frankfurt am Main erschienenen Roman »Gegenzauber« im Lande, setzt sich mit der Realität ›Schweiz‹ auseinander und analysiert zeitbezogen Modeerscheinungen. Eine Gruppe Intellektueller und Künstler setzt in einem Haus eigene Vorstellungen (»Gegenzauber«) von der Studentenrevolution in die Tat um, ihr Engagement schlägt jedoch in Desengagement um: »Wir sind anders, sagte Tobias. Wir wollen doch nicht die Welt verändern. – Sondern? fragte Bitz gereizt. – Unsern Frieden, sagte Tobias.«

Tschechoslowakei

Ladislav Mnacko:
Wie die Macht schmeckt
(Ako chutná moc)
Roman
Ladislav Mnacko (*1919), bedeutendster slowakischer Schriftsteller der Gegenwart, bekannt geworden durch Reportagen aus der Welt der Arbeit, schil-

dert in seinem aus dem Manuskript ins Deutsche übersetzten, in Wien und München erschienenen antisozialistischen Roman »Wie die Macht schmeckt« das Leben eines sozialistischen Karriere-Politikers, der als Revolutionär begonnen hat und auf dem Weg zum höchsten Amt im Staat immer skrupelloser und korrupter geworden, schließlich jedoch in Angst und Krankheit gestorben ist in der Furcht vor denen, die wie er auf den Sprossen der Macht emporgeklettert sind und ihm seine Rolle streitig zu machen versuchen. Über die Macht selbst sagt der Autor: »Die Macht ist weder gut noch böse. Die Macht kann zum Guten werden, die Macht kann zum Bösen werden – es kommt darauf an, wer sie handhabt.«

USA

Richard Brautigan:
Forellenfischen in Amerika
(Trout Fishing in America)
Roman
Richard Brautigan (*1935) nimmt in seinem Roman »Forellenfischen in Amerika« das Motiv des Forellenfischens – ein in San Francisco lebender Ich-Erzähler auf seiner Suche nach gutem Forellenfang –, um es in skizzenhaften Erzählminiaturen auf die verschiedensten Bereiche des Lebens zu übertragen, bis eine Unterscheidung zwischen Realität und Fiktion nicht mehr möglich ist. – Die deutsche Übersetzung erscheint 1971.

William Styron:
Die Bekenntnisse des Nat Turner
(The Confessions of Nat Turner)
Roman
In der durch Rassenkrawalle gekennzeichneten innenpolitischen Situation der USA löst William Styrons (*1925) Roman »Die Bekenntnisse des Nat Turner« über den von dem Negerführer Nat Turner 1831 initiierten Aufstand gegen die Weißen große Kontroversen aus: Ein Weißer versucht sich in die Psyche eines Schwarzen hineinzudenken und schreibt dessen Geschichte – bei den Schwarzen, die in Nat Turner einen der Vorkämpfer schwarzen Selbstbewußtseins sehen, stößt das Werk, das zwar auf eingehenden Quellenstudien basiert, aber zahlreiche Klischees à la »Onkel Toms Hütte« enthält, auf massive Kritik. Das Buch wird jedoch zum Bestseller, William Styron wird dafür mit dem Pulitzerpreis ausgezeichnet. Die deutsche Übersetzung erscheint 1968.

Uraufführungen in Schauspiel, Oper, Operette und Ballett 1967

Die bedeutendsten Uraufführungen aus Schauspiel, Oper, Operette und Ballett sind alphabetisch nach Autoren/Komponisten geordnet.

Bundesrepublik Deutschland und DDR

Rolf Hochhuth:
Soldaten
Nekrolog auf Genf
Tragödie in freien Rhythmen
In seiner Tragödie »Soldaten«, uraufgeführt am 9. Oktober an der Freien Volksbühne in Berlin, greift Rolf Hochhuth (*1931) zwei Themen auf: die Forderung nach einem internationalen Luftkriegsrecht zum Schutz der Zivilbevölkerung und den ungeklärten Tod des polnischen Generals und Exil-Präsidenten Wladislaw Sikorski, der nach seinem Bruch mit der UdSSR 1943 nach der Entdeckung der Leichenfunde in Katyn bei einem Flugzeugabsturz ums Leben gekommen war. Hochhut analysiert dabei die von ihm unterstellte Schuld des damaligen Premierministers Winston Churchill, der als Genie dargestellt wird, am Tod Sikorskis.

Martin Sperr:
Landshuter Erzählungen
Theaterstück
In seiner antikapitalistischen Satire »Landshuter Erzählungen«, uraufgeführt am 4. Oktober in den Münchener Kammerspielen, verlegt Martin Sperr (*1944) den Romeo-und-Julia-Konflikt in die bayerische Kleinstadt Landshut. Die Kinder zweier verfeindeter Bauunternehmer lieben sich. Da der eine Unternehmer sich der Verbindung der beiden entschieden widersetzt, wird er von seinem eigenen Sohn erwürgt, ein Arzt bescheinigt Tod durch Herzversagen. Die beiden Jungen heiraten, die Unternehmen fusionieren, die Betriebe können expandieren.

Martin Walser:
Die Zimmerschlacht
Übungsstück für ein Ehepaar
Ein ähnliches Thema wie Edward Albee in seinem berühmten Stück »Wer hat Angst vor Virginia Woolf?« behandelt Martin Walser (*1927) in seiner »Zimmerschlacht«, die am 7. Dezember in den Münchener Kammerspielen uraufgeführt wird: Ein Ehepaar, das einen Abend mit Freunden verbringen wollte, die abgesagt haben, ist sich selbst überlassen und lebt ungeniert seine Aggressionen aus. »Die Zimmerschlacht« wird Walsers erfolgreichstes Stück.

Frankreich

Fernando Arrabal:
Der Architekt und der Kaiser von Assyrien
(L'Architecte et l'Empereur d'Assyrie)
Schauspiel in zwei Akten
Der in Frankreich lebende und französisch schreibende spanische Avantgardist Fernando Arrabal (*1932) bringt mit »Der Architekt und der Kaiser von Assyrien«, uraufgeführt am 15. März in Paris im Théâtre Montparnasse-Gaston-Baty, wieder eines seiner ritualisierten surrealen Traumspiele auf die Bühne. Der Kaiser von Assyrien, in Wirklichkeit ein kleiner Angestellter, wird nach einem Flugzeugabsturz auf eine einsame Insel verschlagen, die nur noch von einem Architekten bewohnt wird. Das Verhältnis der beiden wechselt beständig zwischen Opfer und Henker, Despot und Sklave, Richter und Schuldiger. Der Kaiser läßt sich schließlich vom Architekten hinrichten und verspeisen – mit dem Ergebnis, daß der Architekt sich in den Kaiser verwandelt.

Tschechoslowakei

Pavel Kohout:
August, August, August
(August, August, August)
Eine Zirkusvorstellung
Pavel Kohout (*1928) behandelt in seinem »Eine Zirkusvorstellung« untertitelten Theaterstück »August, August, August«, uraufgeführt am 12. Mai im Theater in den Weinbergen in Prag, das Verhältnis von Traum und Wirklichkeit. Der Clown August erfüllt nach und nach alle Bedingungen des Zirkusdirektors, um seinen Traum, die Lipizzaner zu dressieren, realisieren zu können. Als er alle Proben und Prüfungen bestanden hat, erwartet er die Lipizzaner, doch statt der Pferde kommen die Raubtiere auf ihn zu, denn »ein Traum muß ein Traum bleiben, sonst bringt man ihn um«. – 1969 erscheint die deutsche Übersetzung des Stücks, das durch den Einmarsch der Warschauer-Pakt-Staaten in die Tschechoslowakei noch eine zusätzliche Bedeutung erhält.

USA

Galt MacDermont:
Hair
(Hair)
Pop- und Rock-Musical
Komponist Galt MacDermont, der selbst der Hippie-Bewegung nahegestanden haben soll, bezeichnet sich nach dem Welterfolg seines Musicals »Hair«, uraufgeführt am 29. April in New York, selbst als »rasierten, gekämmten und gewaschenen Hippie«. Das erotisch betonte Werk zeigt das Leben in einer Hippie-Gemeinschaft, die – zur Zeit des Vietnamkrieges – eine glücklichere Zeit mit dem Anbruch des Wassermann-Zeitalters erwartet (Song »Aquarius«). Ein junger Mann aus der Gemeinschaft fällt in Vietnam. – Die deutsche Premiere findet 1968 in München statt.

Filme 1967

Die neuen Filme des Jahres sind im Länderalphabet und hier wiederum alphabetisch nach Regisseuren aufgeführt. Bei ausländischen Filmen steht unter dem deutschen Titel in Klammern der Originaltitel.

Brasilien

Glauber Rocha:
Land in Trance
(Terra en transe)
Als »sehr exakten Dokumentarfilm« über die brasilianische Wirklichkeit will Glauber Rocha seinen in dem fiktiven Staat Eldorado spielenden Film »Land in Trance« verstanden wissen. Geschildert werden die Zweifel eines Intellektuellen, der sich zunächst weder für die Rechten noch für die Linken entscheiden kann und sich ganz ins Private zurückzieht. Als er dann offen für die Linken Partei ergreift, wird er von der Polizei erschossen.

Bundesrepublik Deutschland und DDR

Roger Fritz:
Mädchen, Mädchen
Helga Anders spielt in »Mädchen, Mädchen«, dem ersten Film des Fotografen Roger Fritz, eine Jugendliche, die zuerst mit dem Chef (Hellmuth Lange) eines Zementwerks und dann – nach der Einweisung in eine Erziehungsanstalt – mit seinem Sohn (Jürgen Jung) ein Verhältnis eingeht, sich aber für keinen der beiden entscheiden kann.

Kurt Hoffmann:
Herrliche Zeiten im Spessart
Kurt Hoffmann versucht mit »Herrliche Zeiten im Spessart« vergeblich an seinen Kostümfilm »Das Wirtshaus im Spessart« frei nach der gleichnamigen Erzählung von Wilhelm Hauff anzuknüpfen, der eine der erfolgreichsten deutschen Produktionen in den 50er Jahren war. Hauptdarstellerin ist wieder Liselotte Pulver.

Oswalt Kolle:
Das Wunder der Liebe
Nach »Helga« ist Oswalt Kolles »Das Wunder der Liebe« (mit Regis Vallee, Biggy Freyer und Wilfried Gössler) der zweite Aufklärungsfilm zum Thema Sexualität, der einen so großen Erfolg hat, daß er zur Serie ausgebaut wird. Die »Helga«-Serie läuft bis 1969 in den bundesdeutschen Kinos, Oswalt Kolle bleibt bis 1972 in diesem Geschäft.

Klaus Lemke:
48 Stunden bis Acapulco
Drehbuchautor Max Ziehlmann faßt den Inhalt von Klaus Lemkes erstem Langfilm, »48 Stunden bis Acapulco«, so zusammen: »Frank (Dieter Geissler) erlebt ein Abenteuer in einer Welt, in der es keine Abenteuer mehr gibt. Diese Erkenntnis bezahlt er mit seinem Leben. Er könnte ein leichtes Leben führen. Die Tochter eines reichen Fabrikanten liebt ihn. Doch als sich ihm die Gelegenheit bietet, das Vertrauen ihres Vaters zu gewinnen, entscheidet sich Frank anders: für eine Frau, die er liebt, und durch sie für die Unabhängigkeit, deren Verlust er befürchtet – dafür ein eigenes Leben zu leben. Die Situation wächst ihm über den Kopf, weil er sich von dem, was er vorher war, nicht freimachen kann – weil das, was er vorher war, noch einmal braucht, um sich freimachen zu können. Die Möglichkeit zur Rückkehr, die er sich zu lange offenhält, verspielt er sich, als er zum falschen Zeitpunkt falsch handelt. Er tötet einen Menschen, als er das Spiel bereits verloren hat. Das Ende ist zwangsläufig, wenig ändert da die Tatsache, daß die Liebe, für die er sich entschieden hat, Illusion ist. Daß er die Konsequenz annimmt, darin mag Resignation liegen, aber sicher auch eine Ahnung von Größe. Franks Abenteuer mußte scheitern, weil die Initiative zum Handeln nie bei ihm lag – der Tod jedes Abenteurers.«

Hansjürgen Pohland:
Katz und Maus
Hansjürgen Pohlands Film »Katz und Maus« – Hauptdarsteller ist Lars Brandt, der Sohn des Bundesaußenministers und späteren Bundeskanzlers Willy Brandt – entstand nach der gleichnamigen Novelle von Günter Grass. Der Film ist eines der seltenen gelungenen Beispiele dafür, daß an der literarischen Vorlage so gut wie nichts geändert werden muß und die Erzählstruktur trotzdem optimal filmisch umgesetzt werden kann. »Katz und

Maus« behandelt die Nazi- und Kriegszeit, der Titel steht programmatisch für eine Wirklichkeit, in der Verfolgung und Feindschaft die Regel sind. Während in der »Blechtrommel« die zentrale Gestalt Oskar »einsam und unverstanden« resigniert, nimmt Mahlke, der Held von »Katz und Maus«, den Kampf mit der Umwelt auf. Der durch einen übergroßen Adamsapfel verunstaltete Mahlke kämpft um drei Dinge: Durch Leistung will er sich die Anerkennung seiner Mitschüler erwerben; durch verschiedene Gegenstände will er seinen an eine Maus erinnernden »fatalen Knorpel« verbergen; der Marienkult, dem er huldigt, ist Ausdruck seines metaphysischen Kampfes um Erlösung. Er scheint den Kampf gewonnen zu haben, als er durch Diebstahl in den Besitz eines Ritterkreuzes gelangt, das seinen Adamsapfel vollkommen verdeckt und ihm eine kurze Zeit des Glücks und der Identifikation mit sich selbst verschafft. Er wird nach dem Diebstahl von der Schule ausgeschlossen, erwirbt sich das Ritterkreuz während des Kriegs durch seine Tapferkeit aber neu. Doch beim Versuch, sich im Glanz seiner rechtmäßig erworbenen Orden vor den Mitschülern zu rehabilitieren, scheitert er. Er desertiert.

Edgard Reitz:
Mahlzeiten
»Mahlzeiten«, der erste Langfilm von Edgard Reitz, einer der zentralen Gestalten des Neuen Deutschen Films, ist eine sinnliche, spröd-schöne Studie von zwei Menschen, deren Ehe an den verschiedenen Lebensauffassungen zugrunde geht. Der Mann (Georg Hauke) als Unterlegener begeht schließlich Selbstmord. Die nimmersatte Frau (Heidi Stroh) charakterisiert Reitz so: »Die Körperlichkeit dieser Frau ist ein Versprechen, sozusagen ein Gefäß, das man sich mit einer Unmenge von wunderschönen Inhalten gefüllt vorstellen könnte, aber die Welt, die aus dieser Person spricht, ist mir unheimlich, davor habe ich Angst. Ich kenne diesen Frauentyp als einen in kleineren gesellschaftlichen Zusammenhängen kulturell betätigenden Typ, ›allem Höheren zugeneigt‹. Für ihn wird alles, was Gedanken leisten können, Gegenstand eines genußvollen Zusammenseins.« Bei den Filmfestspielen in Venedig 1967 erhält »Mahlzeiten« den Preis für das beste Erstlingswerk.

Christian Rischert:
Kopfstand, Madam!
Miriam Spoerri ist die Hauptdarstellerin in Christian Rischerts erstem Spielfilm »Kopfstand, Madam!«. Eine verheiratete Frau versucht der Langeweile ihrer Ehe durch ein Verhältnis mit einem Bekannten (Heinz Bennent) ihres Mannes (Herbert Fleischmann) zu entfliehen.

Johannes Schaaf:
Tätowierung
Mit »Tätowierung« debütiert Johannes Schaaf, der in der Folgezeit zu den profiliertesten Vertretern des Neuen Deutschen Films zählt, als Regisseur, das Drehbuch schrieb Günter Herburger. Zur Zeit der Studentendemonstra-

tionen zeigen Schaaf und Herburger die Absurdität einer sich liberal gebenden Erziehung auf, die in Wirklichkeit nur auf hohlen Phrasen, die Anpassung statt Verständnis verlangen, beruht. Der ehemalige Fürsorgezögling Benno (Christoph Wackernagel) findet innere Befreiung erst dann, als er seinen Adoptivvater (Alexander May) erschießt. Helga Anders spielt die Nichte des Adoptivvaters, mit der Benno seine ersten erotischen Erfahrungen macht.

Ulrich Schamoni:
Alle Jahre wieder
Auf Lob und Kritik stößt Ulrich Schamonis Münster-Klamauk-Film »Alle Jahre wieder«, der als deutscher Beitrag auf der Berlinale 1967 gezeigt wird und den Silbernen Bären erhält. Alle Jahre wieder besucht Hannes Lücke (Hans-Dieter Schwarze) an Weihnachten in Münster seine von ihm seit Jahren getrennt lebende Frau (Ulla Jacobsson) und seine Kinder, während seine Freundin (Sabine Sinjen) im Hotel seines Freundes (Johannes Schaaf) wartet.

Volker Schlöndorff:
Mord und Totschlag
Nach »Der junge Törless« (1966) kommt Volker Schlöndorff 1967 mit einem amerikanischen Vorbildern orientierten, stilistisch einwandfreien Krimi in die Kinos: »Mord und Totschlag«. Eine junge Frau (Anita Pallenberg), die ihren Freund (Werner Enke) erschossen hat, läßt mit Hilfe zweier Freunde die Leiche in einer Baugrube verschwinden. Die Leiche wird jedoch von einem Baukran aus der Grube gezogen.

Haro Senft:
Der sanfte Lauf
Als »Selbstbetrachtungsgram« bezeichnet die Münchner Kritikerin Ponkie Haro Senfts Debütfilm »Der sanfte Lauf« mit Bruno Ganz in der Hauptrolle. In der Premierenkritik heißt es: »Haro Senft, aktiver Oberhausener, variiert mit diesem Erstling, zu dem er mit Hans Noever auch das Drehbuch schrieb, abermals das Leitmotiv des modernen deutschen Kinos: das Lebensgefühl junger Leute, die sich von ihrer Umwelt angewidert fühlen; das Dilemma der Anpassungsverweigerer. Der Film ist vorsichtig mit Sympathien. Man begreift diesen Studenten, der sich die glatte Erfolgslaufbahn mit einer Vorstrafe bekleckerte (wie man später erfährt, hat er einen antisemitischen Schwachkopf für sein einschlägiges Gewäsch verprügelt). Man mag ihn fast. Aber man begreift auch die anderen, denen er mit seinem Dauergrant auf die Nerven fällt ... Die Geschichte endet wie die meisten Geschichten zwischen den Generationen: Die vermeintliche Kraft zum erneuernden Widerstand war nur der Mut zu schlechten Manieren. Er erlahmt mit der Zeit. Man arrangiert sich – erbittert oder ironisch – innerhalb der Spielregeln.«

Franz-Josef Spieker:
Wilder Reiter GmbH
Franz-Josef Spiekers erster abendfüllender Film, »Wilder Reiter GmbH«, wird einer der großen populären Er-

folge in der Frühzeit des Neuen Deutschen Films. Inhalt: Dem karrieresüchtigen, aber bisher erfolglosen Schlagersänger Kim (Herbert Fux) gelingt dank seines findigen Publicity-Managers Georg (Bernd Herzsprung) und einiger publikumswirksamer Aktionen, die den Sänger in die Schlagzeilen bringen, der Sprung ins ganz große Plattengeschäft. In Nebenrollen sind zu sehen die späteren Stars Marthe Keller, Karin Feddersen, Tilo Prückner, Monika Zinnenberg und Ekkehart Aschauer. Erich Ferstl erhält bei der Bundesfilmpreisverleihung ein goldenes Filmband für die beste Filmmusik.

Frankreich

Robert Bresson:
Mouchette
(Mouchette)
Robert Bressons Film »Mouchette«, nach dem Roman »Die neue Geschichte der Mouchette« gedreht mit Laiendarstellern, zeigt die »tragische Einsamkeit« eines jungen, verschlossenen Mädchens (Nadine Nortier), das aus einer Trinkerfamilie stammt und im heimatlichen Dorf nur auf Ablehnung stößt. Mouchette ertränkt sich schließlich in einer Wassergrube.

Jean-Luc Godard:
Die Chinesin
(La chinoise, ou plutôt à la chinoise)
Weekend
(Week-End)
Jean-Luc Godards Film »Die Chinesin« basiert weniger auf einer durchgehenden Handlung als auf einem systematischen Aufbrechen der üblichen Erzählstruktur, wobei den Bildern und Szenen eigener Wert unabhängig von der Handlung zukommt. Fünf junge Leute schließen sich zu einer Kommune zusammen und diskutieren über Marx, Lenin, Mao und die kapitalistische Gesellschaft. – Godards Film »Weekend« ist ein harter, aber zuweilen verwirrender Angriff auf die bürgerliche Automobilkultur. Eine Wochenendfahrt mit dem Auto artet in Grausamkeiten aller Art bis hin zu Vergewaltigung, Mord und Kannibalismus aus. Bei Verkehrsunfällen tragen die Fahrer Auseinandersetzungen mit Gewehren aus.

Jean-Pierre Melville:
Der eiskalte Engel
(Le Samourai)
Alain Delon verkörpert in Jean-Pierre Melvilles an die Tradition des Schwarzen Films anknüpfenden Gangsterfilm »Der eiskalte Engel« einen Killer, der nach der Ausführung seines Auftrags von den Auftraggebern gejagt wird, mit ihnen abrechnet und schließlich seine Erschießung durch die Polizei provoziert. Zentrales Motiv ist die Einsamkeit des Killers, nach dem Motto: »Es gibt keine größere Einsamkeit als die des Samurais, es sei denn die des Tigers im Dschungel.«

Eric Rohmer:
Die Sammlerin
(La collectionneuse)
»Die Sammlerin« ist der dritte von Eric Rohmers sechs »Moralischen Geschichten«, in denen er sich jeweils mit

der Situation eines Mannes beschäftigt, der vorübergehend von einer Frau, die er angeblich liebt, verlassen wird. In »Die Sammlerin« geht Adrien, nachdem ihn seine Freundin Carole (Mijanou Bardot) verlassen hat, ein Verhältnis mit einem Mädchen (Haydée Politoff) ein, das er zunächst verächtlich als »Sammlerin« (von Männern) klassifiziert hatte, bricht die Beziehung jedoch bald wieder ab, ist aber schwer enttäuscht, als die Sammlerin sich ihrerseits von ihm entfernt. Er reist kurz entschlossen seiner Freundin Carole nach.

Jean-Marie Straub:
Chronik der Anna Magdalena Bach
Jean-Marie Straubs Musikfilm »Chronik der Anna Magdalena Bach«, eine Studie des Lebens von Johann Sebastian Bach (Gustav Leonhardt) aus der Sicht seiner zweiten Frau Anna Magdalena (Christiane Lang), erhält – trotz zahlreicher negativer Kritiken – von der Filmbewertungsstelle Wiesbaden das Prädikat »besonders wertvoll« mit der Begründung: »Der Erfolg, den Straubs Film international gefunden hat, dürfte auch dadurch zu erklären sein, daß in der ›Chronik der Anna Magdalena Bach‹ die entfesselte Kamera wieder in den Dienst einer strengen künstlerischen Gesamtkonzeption zurückgeholt worden ist. Nicht als ob nun Straubs filmische Asketik zum Erfolgsrezept schlechthin zu werden hätte oder es werden könnte. Die Entwicklung des Films geschieht wie jede andere Bewegung des Geistes dialektisch in Schritt, Gegenschritt und Aufhebung beider. Straub bietet eine Antithese.«

Agnès Varda:
Mittwoch zwischen 5 und 7
(Cléo de 5 à 7)
Agnès Vardas zweiter Spielfilm »Mittwoch zwischen 5 und 7« beschreibt zwei Stunden im Leben einer jungen Frau (Corinne Marchand), die nach einem Test auf den ärztlichen Bescheid wartet, ob sie Krebs hat.

Italien

Michelangelo Antonioni:
Blow-up
(Blow-up)
»Blow-up«, unter Vertrag für Metro-Goldwyn-Mayer gedreht, wird Michelangelo Antonionis erster internationaler Erfolg im kommerziellen Kino. Ein erfolgreicher Fotograf (David Hemmings) macht in einem Park Aufnahmen von einem Liebespaar und glaubt, als die Frau (Vanessa Redgrave) unbedingt die Bilder von ihm zurückhaben will, einem Verbrechen auf der Spur zu sein. Antonioni läßt offen, ob es tatsächlich einen Toten gegeben hat oder nicht. Im Mittelpunkt steht auch weniger diese rudimentäre Handlung als das Leben in der Beat- und Pop-Metropole London.

Pier Paolo Pasolini
Edipo Re – Bett der Gewalt
(Edipo Re)
Als Text für den Film »Edipo Re« hat Pier Paolo Pasolini seine eigene Übersetzung der Sophokleischen Tragödie von König Ödipus zugrunde gelegt.

Der griechische Mythos wird jedoch durch Prolog und Epilog zur Gegenwart in Bezug gesetzt.

Paolo und Vittorio Taviani:
Die Subversiven
(I sovversivi)
»Die Subversiven« ist der erste eigene Film des Autor-Regisseur-Teams Paolo und Vittorio Taviani. Vor dem Hintergrund des Todes des Generalsekretärs der Kommunistischen Partei Italiens, Palmiro Togliatti, zeigen die beiden Taviani die Bewußtwerdung vier verschiedener Togliatti-Anhänger: Einer Lesbierin, die sich zu ihrer Neigung bekennt; eines Exilanten, der den Kampf in der Heimat wiederaufnimmt; eines Philosophen, der seine Position in der Welt neu zu bestimmen versucht; eines Regisseurs, der einen Film über Leonardo da Vinci dreht.

Kuba

Julio García Espinosa:
Die Abenteuer des Juan Quin Quin
(Las aventuras de Juan Quin Quin)
Einen Revolutionsfilm im Stil des spanischen Schelmenromans bringt Julio García Espinosa mit den »Abenteuern des Juan Quin Quin« in die Kinos. In heiter-ironischer Weise zeigt Espinosa

den Weg des friedlichen Küsters Juan Quin Quin (Jorge Haydu) bis zur Erkenntnis, daß eine bewaffnete Revolution notwendig ist. Trotz aller Komik verfehlt der Film nicht sein Anliegen aufzuzeigen, warum es zur Revolution in Kuba kommen mußte.

Spanien

Carlos Saura:
Peppermint frappé
(Peppermint frappé)
Nicht nur ein Psychogramm eines frustrierten Spießers liefert Carlos Saura in »Peppermint frappé«, sein Film ist zugleich eine Anklage gegen ein reaktionäres Gesellschaftssystem, das diese Frustration erst hervorruft. Ein Arzt versucht seine Sprechstundenhilfe (Geraldine Chaplin) in Kleidung, Benehmen u. a. ganz der Frau (Geraldine Chaplin) seines Freundes anzugleichen, weil er in dieser ein früher verehrtes, aber unerreichbares Mädchen wiederzuerkennen glaubt. Als sein Freund und dessen Frau das Spiel durchschauen, bringt der Arzt die beiden mit vergiftetem Peppermint frappé um. Seine Sprechstundenhilfe kann er nun ohne Störung mit seinem Wunschbild identifizieren.

UdSSR

Sergei Bondartschuk:
Krieg und Frieden
Acht Stunden Laufzeit hat Sergei Bondartschuks Vierteiler »Krieg und Frieden« nach dem gleichnamigen Roman von Leo Tolstoi. In die Kinos der Bundesrepublik kommt der Film, der der literarischen Vorlage genau folgt, gekürzt. Die Hauptdarsteller sind Ludmilla Saweljewa als Natascha, Bondartschuk als Pierre, Wjatscheslaw Tichonow als Andrei und Oleg Tabakow als Nikolai.

Ungarn

István Szabó:
Vater
(Apá)
Der Durchbruch zu weltweiter Beachtung gelingt István Szabó mit seinem zweiten Spielfilm »Vater«. Er verfolgt das Leben Takós, der kurz nach dem Zweiten Weltkrieg seinen Vater (Miklós Gábor) verloren hat, von der Kindheit bis zur politisch-gesellschaftlichen Bewußtwerdung während des Studiums. In einem langen Prozeß lernt Takó, daß er ohne das Idealbild eines heroischen Vaters aus eigener Kraft heraus sein Leben führen muß.

USA

Arthur Penn:
Bonnie und Clyde
(Bonnie and Clyde)
Mit dem Gangsterfilm »Bonnie und Clyde« gelingt dem US-Regisseur Arthur Penn der Sprung zu internationaler Anerkennung.
Geschildert wird das Treiben der Gangster Clyde Barrow (Warren Beatty) und Bonnie Parker (Faye Dunaway), die während der großen Wirtschaftskrise in den USA Ende der 20er Jahre den Bankraub zu ihrem »Geschäft« gemacht haben und dabei auf ihre Weise den Traum vom freien Leben zu verwirklichen versuchen.
Ebenso romantisch wie ihr Leben wird ihr Tod geschildert: Unter den Schüssen der Polizei vollführen die Körper der beiden Hauptdarsteller einen grotesken Tanz.
»Bonnie and Clyde« ist die erste erfolgreiche Behandlung des historischen »Barrow-Gang«-Stoffes nach »Du lebst nur einmal« von Fritz Lang mit Henry Fonda und Sylvia Sydney (1937), »Gun Crazy« von Joseph H. Lewis mit John Dall und Peggy Cummins (1949) sowie »Die Bonnie-Parker-Geschichte« von William Witney mit Dorothy Provine (1958).

Sportereignisse und -rekorde des Jahres 1967

Die Aufstellung erfaßt Rekorde, Sieger und Meister in wichtigen Sportarten. Aufgenommen wurden nur solche Wettbewerbe, die in den vergangenen Jahren bereits regelmäßig ausgetragen worden sind oder ab 1967 kontinuierlich zu den Sportprogrammen gehörten. Sportarten in alphabetischer Folge.

Automobilsport

Grand-Prix-Rennen (Formel Eins)

Großer Preis von/Kurs (Datum)	Sieger (Land)	Marke	Ø km/h
Belgien/Spa (18. 6.)	Dan Guerney (USA)	Eagle	234,945
Deutschland/Nürburgring (6. 8.)	Denis Hulme (NSE)	Brabham	163,200
England/Silverstone (15. 7.)	Jim Clark (GBR)	Lotus	189,326
Frankreich/Le Mans (2. 7.)	Jack Brabham (AUS)	Brabham	159,166
Italien/Monza (10. 9.)	John Surtees (GBR)	Honda	226,120
Monaco/Monte Carlo (7. 5.)	Denis Hulme (NSE)	Brabham	122,079
Niederlande/Zantvoort (4. 6.)	Jim Clark (GBR)	Lotus	168,028
Schweiz	nicht ausgetragen		
Spanien	nicht ausgetragen		
Argentinien	nicht ausgetragen		
Kanada/Mosport (27. 8.)	Jack Brabham (AUS)	Brabham	133,006
Mexiko/Mexico-City (22. 10.)	Jim Clark (GBR)	Lotus	163,209
Südafrika/Kyalami (2. 1.)	Pedro Rodriguez (MEX)	Cooper	156,628
USA/Watkins Glen (1. 10.)	Jim Clark (GBR)	Lotus	194,656

Formel-Eins-Weltmeister (10 WM-Läufe)

Name (Land)	Marke	Punkte	Siege
1. Denis Hulme (NSE)	Brabham-Repco	51	2
2. Jim Clark (GBR)	Lotus	46	4
3. Jack Brabham (AUS)	Brabham-Repco	41	2

Langstreckenrennen

Kurs/Dauer	Sieger (Land)	Marke	Ø km/h
Indianapolis/500 Ms (30. 5.)	A. J. Foyt (USA)	Coyote-Ford	253,017
Le Mans/24 Stunden (10./11. 6.)	Dan Guerney (USA)/ A. J. Foyt (USA)	Ford	218,038
Targa Florio/720 km (14. 5.)	Paul Hawkins (AUS)/ Rolf Stommelen (GER)	Porsche	109,828

Rallyes

Kurs/Dauer	Sieger (Land)	Marke	Ø km/h
Monte Carlo (14.–21. 1.)	Rauno Aaltonen (FIN)/ Henry Liddon (GBR)	BMC-Cooper	

Boxen/Schwergewicht

Ort/Datum	Weltmeister	Gegner	Ergebnis
Houston/6. 2.	Muhammad Ali (USA)	Ernie Terrell (USA)	PS (15 R.)
New York/27. 3.		Zora Folley (USA)	k.o. (7. R.)

Eiskunstlauf

Einzel

	Herren	Damen
Weltmeister	Emmerich Danzer (AUT)	Peggy Fleming (USA)
Europameister	Emmerich Danzer (AUT)	Gaby Seyfert (DDR)
Deutscher Meister	Peter Knick (Bad Nauheim)	Monika Feldmann (Frankfurt)

Paarlauf

Weltmeister	Ludmilla Belousowa/Oleg Protopopow (SOV)
Europameister	Ludmilla Belousowa/Oleg Protopopow (SOV)
Deutsche Meister	Margot Glockshuber/Wolfgang Danne (Riessersee)

Eistanz

Weltmeister	Dianne Towler/Bernhard Ford (GBR)
Europameister	Dianne Towler/Bernhard Ford (GBR)
Deutsche Meister	Gabriele Matysik/Rudi Matysik (Oberstdorf)

Fußball

Länderspiele

Länderspiele	Ergebnis	Ort	Datum
Deutschland (+ 5/ = 1/ − 2)			
Deutschland – Marokko	5:1	Karlsruhe	22. 2.
Deutschland – Bulgarien	1:0	Hannover	22. 3.
Deutschland – Albanien	6:0	Dortmund	8. 4.
Jugoslawien – Deutschland	1:0	Belgrad	3. 5.
Deutschland – Frankreich	5:1	Berlin	27. 9.
Deutschland – Jugoslawien	3:1	Hamburg	7. 10.
Rumänien – Deutschland	1:0	Bukarest	22. 11.
Albanien – Deutschland	0:0	Tirana	17. 12.
Österreich (+ 2/ = 1/ − 3)			
Österreich – Griechenland	1:1	Wien	23. 4.
UdSSR – Österreich	4:3	Moskau	13. 6.
Österreich – England	0:1	Wien	28. 5.
Österreich – Finnland	2:1	Wien	24. 9.
Österreich – UdSSR	1:0	Wien	15. 10.
Griechenland – Österreich	4:1	Athen	5. 11.
Schweiz (+ 2/ = 2/ − 3)			
Mexiko – Schweiz	3:0	Mexico-City	5. 1.
Schweiz – CSSR	1:2	Basel	3. 5.
Schweiz – Rumänien	7:1	Zürich	24. 5.
UdSSR – Schweiz	2:2	Moskau	1. 10.
Schweiz – Zypern	5:0	Lugano	8. 11.
Schweiz – Italien	2:2	Bern	18. 11.
Italien – Schweiz	4:0	Cagliari	23. 12.

Landesmeister

Deutschland	Eintracht Braunschweig
Österreich	SK Rapid Wien
Schweiz	FC Basel
Belgien	SC Anderlecht Brüssel
DDR	FC Chemnitz (Karl-Marx-Stadt)
England	Manchester United
Frankreich	AS St. Etienne
Holland	Ajax Amsterdam
Italien	Juventus Turin
Jugoslawien	FC Sarajewo
Schottland	Celtic Glasgow
Spanien	Real Madrid

Landespokal

Deutschland	Bayern München – Hamburger SV 4:0
Österreich	Austria Wien – Linzer ASK 1:0, 0:1, Losentscheid
Schweiz	FC Basel – FC Lausanne 3:0 forf.
Belgien	Standard Lüttich
DDR	Motor Zwickau – FC Hansa Rostock 3:0
England	Tottenham Hotspur – FC Chelsea 2:1
Frankreich	Olympique Lyon – FC Sochaux 3:1
Holland	Ajax Amsterdam – NAC Breda 2:1 n. V.
Italien	AC Mailand – FC Padua 1:0
Jugoslawien	Hajduk Split
Schottland	Celtic Glasgow – Glasgow Rangers 1:0
Spanien	FC Valencia – Atletico Bilbao 2:1

Europapokal der Landesmeister

Europapokal der Landesmeister	Ergebnis	Ort	Datum
Celtic Glasgow – Inter Mailand	2:1	Lissabon	25. Mai

Glasgow: Simpson, Craig, Gremmel, Murdoch, McNeil, Clark, Johnstone, Wallace, Chalmers, Auld, Lennox.
Mailand: Sarti, Burgnich, Facchetti, Bedin, Guarneri, Picchi, Domenghini, Mazzola, Capellini, Bicidi, Corso.
Schiedsrichter: Tschenscher (Deutschland).
Tore: 0:1 Mazzola (7. Foulelfmeter: Craig an Capellini), 1:1 Gemmel (63.), 2:1 Chalmers (85.)
Zuschauer: 60 000

Europapokal der Pokalsieger

Europapokal der Pokalsieger	Ergebnis	Ort	Datum
Bayern München – Glasgow Rangers	1:0 n. V.	Nürnberg	31. Mai

München: Maier, Nowak, Kupferschmidt, Roth, Beckenbauer, Olk, Nafziger, Ohlhauser, G. Müller, Koulmann, Brenninger.
Glasgow: Martin, Johansen, Provan, Jardine, McKinnon, Greig, Henderson, A. Smith, Hynd, D. Smith, Jonston.
Schiedsrichter: Lo Bello (Italien).
Tor: 1:0 Roth (108.).
Zuschauer: 70 000.

UEFA-Cup

UEFA-Cup	Ergebnis	Ort	Datum
Dinamo Zagreb – Leeds United	2:0/0:0		

Zagreb: Skonic, Gracanin, Brncic, Belin, Ramijak, Blaskovic, Cercek, Piric, Zambata, Gucmirtl, Rora.

Gewichtheben/Schwergewicht

Weltrekord (Land, Datum)	Dreikampf	Drücken	Reißen	Stoßen
Leonid Tschabotdinski (SOV) 18.6.1967	590,0 kg	201,5 kg	175,5 kg	219,0 kg

Leichtathletik

Deutsche Meisterschaften am 5./6. August in Stuttgart

Disziplin	Sieger (Stadt)	Leistung
Männer		
100 m	Hartmut Wilke (Leverkusen)	10,2
200 m	Martin Jellinghaus (München)	21,2
400 m	Fritz Roderfeld (Oberhausen)	46,6
800 m	Franz-Josef Kemper (Münster)	1:47,5
1500 m	Bodo Tümmler (Berlin)	3:45,0
5000 m	Harald Norpoth (Münster)	13:50,4
10 000 m	Lutz Philipp (Lübeck)	29:27,6
Marathon	Karl-Heinz Sievers (Krefeld)	2:23:48,0
Mannschaft	Polizei Hamburg	7:47:29,0
110 m Hürden	Hinrich John (Hannover)	13,8
400 m Hürden	Rainer Schubert (München)	51,2
3000 m Hindernis	Manfred Letzerich (Wiesbaden)	8:38,0
4 × 100 m	Salamander Kornwestheim	40,0
4 × 400 m	Bayer Leverkusen	3:09,0
3 × 1000 m[1]	Preußen Münster	7:11,8
Hochsprung	Wolfgang Schillkowski (Hannover)	2,12
Stabhochsprung	Klaus Lehnertz (Kassel)	5,10
Weitsprung	Uwe Töppner (Leverkusen)	7,77
Dreisprung	Michael Sauer (Mainz)	16,65
Kugelstoßen	Heinfried Birlenbach (Siegen)	18,62
Diskuswurf	Hein-Direck Neu (Mainz)	58,30
Hammerwurf	Uwe Beyer (Kiel)	67,41
Speerwurf	Hermann Salomon (Mainz)	79,83
Fünfkampf[1]	Herbert Swoboda (Kempten)	3510
Mannschaft	PSV Berlin	
Zehnkampf[1]	Kurt Bendlin (Leverkusen)	7713
Mannschaft	Hamburger SV	
Gehen 20 km	Karl-Heinz Pape (Salzgitter)	1:34:44,0
Mannschaft	Eintracht Frankfurt	
Gehen 50 km[2]	Bernhard Nermerich (Frankfurt)	4:15:57,2
Mannschaft	Eintracht Frankfurt	
Frauen		
100 m	Karin Frisch (Kornwestheim)	11,5
200 m	Hannelore Trabert (Berlin)	24,0
400 m	Gisela Köpke (Meiderich)	55,5
800 m	Karin Kessler (Hamburg)	2:05,9
80 m Hürden	Inge Scheller (München)	10,9
4 × 100 m	OSC Berlin	45,8
3 × 800 m[1]	LG Alstertal-Garstedt Hamburg	6:43,6
Hochsprung	Hannelore Görtz (Bad König)	1,63
Weitsprung	Ingrid Becker (Geseke)	6,65
Kugelstoßen	Marlene Fuchs (Euskirchen)	16,58
Diskuswurf	Liesel Westermann (Hannover)	58,92
Speerwurf	Amelie Koloska (Wolfsburg)	54,20
Fünfkampf[1]	Ingrid Becker (Geseke)	4953
Mannschaft	TuS 04 Leverkusen	

[1] 9./10.9. Leverkusen
[2] 24.9. Salzgitter

Sport 1967

Weltrekorde (Stand: 31. 12. 1967)

Disziplin	Name (Land)	Leistung	Datum	Ort
Männer				
100 m	Armin Hary GER)	10,0	21.06.1960	Zürich
200 m (Gerade)	Tommie Smith (USA)	19,5	07.05.1966	San Jose
200 m (Kurve)	Tommie Smith (USA)	20,0	11.06.1966	Sacramento
400 m	Otis Davis (USA)	44,9	06.09.1960	Rom
	Carl Kaufmann (GER)	44,9	06.09.1960	Rom
800 m	Peter Snell (NSE)	1:44,3	03.02.1962	Chr.church
1000 m	Jürgen May (DDR)	2:16,2	20.07.1965	Erfurt
1500 m	Jim Ryun (USA)	3:33,1	08.07.1967	L.Angeles
Meile	Jim Ryun (USA)	3:51,1	23.06.1967	Bakersfield
3000 m	Kipchoge Keino (KEN)	7:39,6	27.08.1965	Hälsingb.
5000 m	Ron Clarke (AUS)	13:16,6	05.07.1966	Stockholm
10 000 m	Ron Clarke (AUS)	27:39,4	14.07.1965	Oslo
110 m Hürden	Martin Lauer (GER)	13,2	07.07.1959	Zürich
400 m Hürden	Rex Cawley (USA)	49,1	13.09.1964	L.Angeles
3000 m Hindernis	Gaston Roelants (BEL)	8:26,4	07.08.1965	Brüssel
4 × 100 m	USA	39,0	21.10.1964	Tokio
4 × 400 m	USA	2:59,6	24.07.1966	L.Angeles
Hoch	Valeri Brumel (SOV)	2,28	21.07.1963	Moskau
Stabhoch	Paul Wilson (USA)	5,38	23.06.1967	Bakersfield
Weit	Ralph Boston (USA)	8,35	29.05.1965	Modesto
Dreisprung	Jozef Schmidt (POL)	17,03	05.08.1960	Olsztyn
Kugel	Randy Matson (USA)	21,78	22.04.1967	College St.
Diskus	Ludwik Danek (ČSR)	65,22	12.10.1965	Sokolov
Hammer	Gyula Zsivotzky (UNG)	73,74	04.09.1965	Debrecen
Speer	Terje Pedersen (NOR)	91,72	02.09.1964	Oslo
Zehnkampf	Kurt Bendlin (GER)	8319	13./14.5.67	Heidelberg
Frauen				
100 m	Ewa Klobukowska (POL)	11,1	09.07.1965	Prag
	Irena Kirszenstein (POL)	11,1	09.07.1965	Prag
200 m	Irena Kirszenstein (POL)	22,7	08.08.1965	Warschau
400 m	Sim Kim Dan (NKO)	51,9	23.10.1962	Pjöngjang
800 m	Judy Pollock (AUS)	2:01,9	28.06.1967	Helsinki
1500 m	Maria Gommers (HOL)	4:15,6	24.10.1967	Sittard
80 m Hürden	Irina Press (SOV)	10,3	24.10.1965	Tiflis
4 × 100 m	Polen	43,6	21.10.1964	Tokio
Hoch	Jolanda Balas (RUM)	1,91	16.07.1961	Sofia
Weit	Mary Rand (GBR)	6,76	1.10.1964	Tokio
Kugel	Tamara Press (SOV)	18,59	19.09.1965	Kassel
Diskus	Liesel Westermann (GER)	61,26	05.11.1967	Sao Paulo
Speer	Jelena Gortschakowa (SOV)	62,40	16.10.1964	Tokio
Fünfkampf	Irina Press (SOV)	5246	16./17.10.64	Tokio

Deutsche Rekorde* (Stand: 31. 12. 1967)

Disziplin	Name (Ort)	Leistung	Datum	Ort
Männer				
100 m	Armin Hary (Frankfurt)	10,0	21.06.60	Zürich
200 m (Gerade)	Manfred Germar (Köln)	20,4	31.07.57	Köln
200 m (Kurve)	Manfred Germar (Köln)	20,6	01.10.58	Wuppertal
400 m	Carl Kaufmann (Karlsruhe)	44,9	06.09.60	Rom
800 m	Franz-Josef Kemper (Münster)	1:44,9	07.08.66	Hannover
1000 m	Jürgen May (Erfurt)	2:16,2	20.07.65	Erfurt
	Franz-Josef Kemper (Münster)	*2:16,2*	*21.09.66*	*Hannover*
1500 m	Jürgen May (Erfurt)	3:36,4	14.07.65	Erfurt
	Bodo Tümmler (Berlin)	*3:39,5*	*07.07.65*	*Köln*
3000 m	Harald Norpoth (Münster)	7:45,2	06.06.67	Münster
5000 m	Harald Norpoth (Münster)	13:24,8	07.06.66	Köln
10 000 m	Jürgen Haase (Leipzig)	28:12,6	25.06.66	Leipzig
	Lutz Philipp (Lübeck)	*28:35,6*	*12.08.65*	*Augsburg*
110 m Hürden	Martin Lauer (Köln)	13,2	07.07.59	Zürich
400 m Hürden	Helmut Janz (Gladbeck)	49,9	07.08.66	Hannover
3000 m Hindernis	Manfred Letzerich (Wiesbaden)	8:31,0	03.09.66	Budapest
4 × 100 m	Nationalstaffel DLV	39,3	16.09.67	Kiew
	Salamander Kornwestheim	39,9	07.08.66	Hannover
4 × 400 m	Nationalstaffel DLV	3:02,7	08.09.60	Rom
	Wuppertaler SV	3:06,3	18.07.63	Hamburg
Hoch	Ralph Drecoll (Darmstadt)	2,15	13.07.67	Göttingen
Stabhoch	Wolfgang Nordwig (Jena)	5,23	14.08.66	Warschau
	Heinfried Engel (Nürnberg)	*5,12*	*29.07.67*	*Nürnberg*
Weit	Manfred Steinbach (Wolfsburg)	8,00	02.09.60	Rom
Dreisprung	Hans-J. Rückborn (O-Berlin)	16,66	04.09.66	Budapest
	Michael Sauer (Mainz)	*16,65*	*06.08.67*	*Stuttgart*
Kugel	Dieter Prollius (Dresden)	19,32	01.07.67	Berlin
	Traugott Glöcler (Heidelberg)	*19,31*	*08.10.67*	*Karlsruhe*
Diskus	Detlef Thorith (O-Berlin)	62,26	28.06.67	Berlin
	Dirk Wippermann (Düsseldorf)	*61,64*	*10.09.67*	*Bühl*
Hammer	Uwe Beyer (Kiel)	69,08	04.09.67	Kiel
Speer	Manfred Stolle (O-Berlin)	85,48	21.06.67	Posen
	Rolf Herings (Leverkusen)	*82,48*	*22.09.61*	*Köln*
Zehnkampf	Kurt Bendlin (Leverkusen)	8319	13./14.5.67	Heidelberg
Frauen				
100 m	Jutta Heine (Hannover)	11,4	11.08.62	Prag
200 m	Christa Stubnik (O-Berlin)	23,5	09.09.56	Riesa
	Jutta Heine (Hannover)	*23,5*	*01.09.61*	*Hannover*
400 m	Gertrud Schmidt (Schwerin)	53,8	22.08.65	Leipzig
	Helga Henning (Hannover)	*54,1*	*10.08.63*	*Augsburg*
800 m	Karin Keßler (Hamburg)	2:03,6	28.06.67	Köln
1000 m	Lina Radke (Breslau)	3:06,8	25.08.30	Brieg
1500 m	Waltraud Pöhlitz (Halle)	4:19,4	22.07.67	Halle
	Gerda Klöpfer (Erkheim)	*4:28,5*	*17.09.67*	*Tübingen*
80 m Hürden	Gisela Birkemeyer (O-Berlin)	10,5	24.07.60	Leipzig
	Centa Gastl (München)	*10,6*	*29.07.56*	*Frechen*
4 × 100 m	Nationalstaffel DLV	44,5	13.09.64	Lodz
	Hannover 96	45,7	26.08.62	Hagen
Hoch	Karin Rüger (Leipzig)	1,76	15.08.64	Potsdam
	Ingrid Becker (Geseke)	*1,71*	*17.06.61*	*Hamm/W.*
Weit	Ingrid Becker (Geseke)	6,63	15.09.67	Kiew
Kugel	Margitta Gummel (Leipzig)	17,69	22.10.67	Havanna
	Marlene Fuchs-Klein (Euskirchen)	*16,76*	*22.06.67*	*Kommern*
Diskus	Liesel Westermann (Hannover)	61,26	05.11.67	Sao Paulo
Speer	Marion Lüttge (Leipzig)	59,70	02.09.60	Budapest
	Anneliese Gerhards (Lobberich)	*57,66*	*27.09.64*	*Ludwigsh.*
Fünfkampf	Ingrid Becker (Geseke)	4953	9./10.9.67	Leverkusen

* Der Deutsche Leichtathletik-Verband/DLV (Bereich: Bundesrepublik Deutschland einschl. Westberlin) und der Deutsche Verband für Leichtathletik/DVfL (Bereich: Deutsche Demokratische Republik) führten eine gemeinsame Rekordliste. Die DLV-Bestleistungen, die schlechter waren als der offizielle Deutsche Rekord, sind in der Tabelle in Kursivschrift gesetzt.

Pferdesport

Disziplin/Turnier	Sieger (Land)	Pferd (Gestüt)	Datum
Galopprennen			
Deutsches Derby	Lester Piggott (GBR)	Luciano (Primrose)	2.7.
Prix de l'Arc de Triomphe		Topyo (Volterra)	
Trabrennen			
Deutsches Derby	Walter Heitmann (GER)	Lord Pit (Lasbek)	10.9.
Prix d'Amerique	F. Levesque (FRA)	Roquepine	29.1.
Turniersport			
Springreiten			
Europameisterschaft in Rotterdam/HOL (25.–30.8.)			
Einzel	David Broome (GBR)	Mr. Softee	
Deutsche Meisterschaft			
Einzel	Alwin Schockemöhle	Donald-Rex Wimpel III	
Deutsches Derby	Andrew Fielder (GBR)	Vibart	
Dressur			
Europameisterschaft in Aachen/GER (2.–5.7.)			
Einzel	Reiner Klimke (GER)	Dux	
Mannschaft	Deutschland		
Deutsche Meisterschaft			
Einzel	Reiner Klimke	Dux	
Deutsches Derby	Udo Nesch		
Military			
Europameisterschaft in Punchestown/IRL (1.–4.9.)			
Einzel	Eddie Boylan (IRL)	Durlas Eile	
Mannschaft	Großbritannien		
Deutsche Meisterschaft			
Einzel	Ludwig Goessing	Rebell IX	

Radsport

Disziplin, Ort, Datum	Plazierung, Name (Land)	Zeit/Rückst.
Straßenweltmeisterschaft		
Profis (265 km) Heerlen	1. Eddy Merckx (BEL)	6:44:42
	2. Piet Janssen (HOL)	
	3. Saez (SPA)	
Amateure (198 km) Heerlen	1. Webb (GBR)	4:57:30
	2. Guyot (FRA)	
	3. Rene Pijnen (HOL)	
Rundfahrten (Etappen)		
Tour de France (22)	1. Roger Pingeon (FRA)	136:53:50
Datum: 30.6.–23.7.	2. Julio Jimenez (SPA)	3:40
Länge: 4780 km	3. Franco Balmamion (ITA)	7:23
Giro d'Italia (22)	1. Felice Gimondi (ITA)	101:05:34
Datum: 19.5–11.6.	2. Franco Balmamion (ITA)	3:36
Länge: 3572 km	3. Jacques Anquetil (FRA)	3:45
Tour de Suisse (7)	1. Gianni Motta (ITA)	31:26:40
Datum: 19.–25.6.	2. R. Mauser (SUI)	4:46
Länge: 1200 km	3. Santamarina (SPA)	5:32

Schwimmen

Deutsche Meisterschaften (Essen)

Disziplin	Sieger (Stadt)	Leistung
Männer		
Freistil 100 m	Wolfgang Kremer (Essen)	55,0
Freistil 200 m	Hans Faßnacht (Mannheim)	2:02,1
Freistil 400 m	Hans Faßnacht (Mannheim)	4:21,7
Freistil 1500 m	Hans Faßnacht (Mannheim)	17:45,8
Freistil 4 × 100 m	Essener SV 06	3:46,3
Freistil 4 × 200 m	Essener SV 06	8:25,6

Disziplin	Sieger (Stadt)	Leistung
Brust 100 m	Gregor Betz (München)	1:21,1
Brust 200 m	Claus Barth (Bremen)	2:33,8
Brust 4 × 100 m	Wasserfreunde Wuppertal	4:54,4
Delphin 100 m	Lutz Stocklasa (Burghausen)	1:00,3
Delphin 200 m	Lutz Stocklasa (Burghausen)	2:13,9
Delphin 4 × 100 m	Wasserfreunde München	4:10,2
Rücken 100 m	Ernst-Joachim Küppers (Essen)	1:04,1
Rücken 200 m	Karl Butterbrodt (Düsseldorf)	2:21,6
Rücken 4 × 100 m	Essener SV 06	4:10,2
Lagen 200 m	Jürgen Schiller (Essen)	2:20,9
Lagen 400 m	Michael Holthaus (Essen)	4:58,3
Lagen 4 × 100 m	Essener SV 06	4:13,8
Frauen		
Freistil 100 m	Ruth Langheinrich (Hof)	1:03,6
Freistil 200 m	Ruth Langheinrich (Hof)	2:21,3
Freistil 400 m	Margit Hettling (Bremen)	5:07,2
Freistil 800 m	Margit Hettling (Bremen)	10:29,6
Freistil 4 × 100 m	Wasserfreunde Wuppertal	4:26,8
Brust 100 m	Uta Frommater (Oldenburg)	1:18,4
Brust 200 m	Uta Frommater (Oldenburg)	2:50,3
Brust 4 × 100 m	Wasserfreunde Wuppertal	5:36,7
Delphin 100 m	Monika Rütten (Dortmund)	1:10,3
Delphin 200 m	Helga Langenberg (Düsseldorf)	2:44,7
Delphin 4 × 100 m	Poseidon Berlin	5:08,6
Rücken 100 m	Doris Meister (Großostheim)	1:13,6
Rücken 200 m	Angelika Meister (Celle)	2:39,0
Rücken 4 × 100 m	Poseidon Berlin	5:26,0
Lagen 200 m	Heli Matzdorf (Bochum)	2:41,2
Lagen 400 m	Brigitte Lochter (Berlin)	5:52,0
Lagen 4 × 100 m	Wasserfreunde Wuppertal	5:01,2

Weltrekorde (Stand 31. 12. 1967)

Disziplin	Name (Land)	Leistung	Datum
Männer			
Freistil 100 m	Ken Walsh (USA)	52,58	27. 7.67 Winnipeg
Freistil 200 m	Don Schollander (USA)	1:55,7	12. 8.67 Oak Park
Freistil 400 m	Gregory Charlton (USA)	4:08,2	28. 8.67 Tokio
Freistil 800 m	Francis Luyce (FRA)	8:42,0	21. 7.67 Dinard
Freistil 1500 m	Michael Burton (USA)	16:34,1	13. 8.67 Oak Park
Freistil 4 × 100 m	USA	3:32,6	28. 8.67 Tokio
Freistil 4 × 200 m	USA	7:52,1	18.10.64 Tokio
Brust 100 m	Wladimir Kossinski (SOV)	1:06,7	8.11.67 Leningrad
Brust 200 m	Ian O'Brien (AUS)	2:27,8	15.10.64 Tokio
Delphin 100 m	Mark Spitz (USA)	56,3	31. 7.67 Winnipeg
Delphin 200 m	Mark Spitz (USA)	2:05,7	8.10.67 W.-Berlin
Rücken 100 m	Roland Matthes (DDR)	58,4	21. 9.67 Leipzig
Rücken 200 m	Roland Matthes (DDR)	2:07,9	8.11.67 Leipzig
Lagen 200 m	Greg Buckingham (USA)	2:11,3	23. 8.67 Oak Park
Lagen 400 m	Richard Roth (USA)	4:45,4	14.10.64 Tokio
Lagen 4 × 100 m	DDR	3:56,5	7.11.67 Leipzig
Frauen			
Freistil 100 m	Dawn Fraser (AUS)	58,9	29. 2.64 Sydney
Freistil 200 m	Pamela Krause (USA)	2:09,7	19. 8.67 Philadelphia
Freistil 400 m	Deborah Meyer (USA)	4:29,0	18. 8.67 Philadelphia
Freistil 800 m	Deborah Meyer (USA)	9:22,9	29. 7.67 Winnipeg
Freistil 1500 m	Deborah Meyer (USA)	17:50,2	20. 8.67 Philadelphia
Freistil 4 × 100 m	Santa Clara SC	4:03,5	19. 8.67 Philadelphia
Freistil 4 × 200 m	Arden Hills SC	8:53,0	17. 8.67 Philadelphia
Brust 100 m	Catherina Ball (USA)	1:14,6	19. 8.67 Philadelphia
Brust 200 m	Catherine Ball (USA)	2:39,5	20. 8.67 Philadelphia
Delphin 100 m	Ada Kok (HOL)	1:04,5	14. 0.65 Budapest

Weltrekorde (Stand 31. 12. 1967)

Disziplin	Name (Land)	Leistung	Datum
Frauen			
Delphin 200 m	Ada Kok (HOL)	2:21,0	25. 8.67 Blackpool
Rücken 100 m	Elaine Tanner (CAN)	1:07,1	27. 7.67 Winnipeg
Rücken 200 m	Elaine Tanner (CAN)	2:24,4	26. 7.67 Winnipeg
Lagen 200 m	Claudia Kolb (USA)	2:25,0	18. 8.67 Philadelphia
Lagen 400 m	Claudia Kolb (USA)	5:08,2	19. 8.67 Philadelphia
Lagen 4 × 100 m	USA	4:30,0	30. 7.67 Winnipeg

Deutsche Rekorde (Stand 31. 12. 1967)

Disziplin	Name (Land)	Leistung	Datum
Männer			
Freistil 100 m	Hans-Joachim Klein (Darmstadt)	54,0	12.10.64 Tokio
Freistil 200 m	Hans-Joachim Klein (Darmstadt)	1:58,2	24. 5.64 Dortmund
Freistil 400 m	Holger Kirschke (Wetzlar)	4:16,0	25. 8.66 Utrecht
Freistil 800 m	Gerhard Hetz (Hof)	9:08,0	19. 5.62 Dortmund
Freistil 1500 m	Hans Fassnacht (Mannheim)	17:28,6	27. 8.66 Utrecht
Freistil 4×100 m	Essen 06	3:43,6	31. 7.66 Sindelfingen
Freistil 4×200 m	Essen 06	8:25,6	18. 8.67 Essen
Brust 100 m	Gregor Betz (München)	1:09,5	17.10.67 Berlin
Brust 200 m	Klaus Barth (Bremen)	2:31,1	8.10.67 Berlin
Delphin 100 m	Werner Freitag (Darmstadt)	59,4	13. 9.67 Bangkok
Delphin 200 m	Folkert Meeuw (Wiesbaden)	2:12,9	25. 8.66 Utrecht
Rücken 100 m	Ernst-Joachim Küppers (Nordhorn)	1:00,8	29. 8.64 Dortmund
Rücken 200 m	Ernst-Joachim Küppers (Nordhorn)	2:12,6	22. 8.64 Magdeburg
Lagen 200 m	Gerhard Hetz (Hof)	2:18,0	18. 5.63 Dortmund
Lagen 400 m	Gerhard Hetz (Hof)	4:50,2	12.10.63 Tokio
Lagen 4×100 m	Essen 06	4:13,8	18. 9.67 Essen
Frauen			
Freistil 100 m	Traudi Beierlein (Darmstadt)	1:03,0	28. 8.64 Dortmund
Freistil 200 m	Ruth Langheinrich (Hof)	2:21,3	20. 8.67 Essen
Freistil 400 m	Margit Hettling (Bremen)	4:55,6	23. 8.64 Magdeburg
Freistil 800 m	Margit Hettling (Bremen)	10:29,6	18. 8.67 Essen
Freistil 1500 m	Ursel Brunner (Heidelberg)	20:08,1	19. 6.63 Heidelberg
Freistil 4×100 m	SC Wfr. Wuppertal	4:26,8	20. 8.67 Essen
Brust 100 m	Uta Frommater (Oldenburg)	1:16,9	26.11.67 W.-Berlin
Brust 200 m	Uta Frommater (Oldenburg)	2:46,8	9. 9.67 Dortmund
Delphin 100 m	Heike Hustede (Osnabrück)	1:06,3	26. 8.66 Utrecht
Delphin 200 m	Heike Hustede (Osnabrück)	2:36,5	29. 4.66 Prag
Rücken 100 m	Helga Neuber-Schmidt (Mannheim)	1:11,4	22. 8.64 Magdeburg
Rücken 200 m	Angelika Kraus (Celle)	2:39,0	19. 8.67 Essen
Lagen 200 m	Uta Frommater (Oldenburg)	2:39,6	26.11.67 Berlin
Lagen 400 m	Jutta Olbrisch (Bremen)	5:38,5	16. 8.64 Berlin
Lagen 4 × 100 m	Nikar Heidelberg	4:59,8	15. 8.64 Berlin

Ski alpin

	Herren	Damen
Deutsche Meister		
Abfahrt	nicht ausgetragen	nicht ausgetragen
Slalom	Peppi Wurmer	Rosi Mittermaier
Riesenslalom	Ludwig Leitner	Burgl Färbinger
Kombination	Peppi Wurmer	Rosi Mittermaier
Österreichische Meister		
Abfahrt	Gerhard Nenning	Traudl Hecher
Slalom	Heini Messner	Gertrud Gabl
Riesenslalom	Heini Messner	Erika Schinegger
Kombination	Hugo Nindl	Gertrud Gabl
Schweizer Meister		
Abfahrt	Dumeng Giovanoli	Madeleine Wuilloud

	Herren	Damen
Slalom	Jakob Tischhanger	Fernande Bochatay
Riesenslalom	nicht ausgetragen	nicht ausgetragen
Kombination	Willi Favre	Edith Hiltbrand-Sprecher
Weltcup		
Gesamtwertung	Jean-Claude Killy (FRA)	Nancy Greene (CAN)
Abfahrt	Jean-Claude Killy (FRA)	Marielle Goitschel (FRA)
Slalom	Jean-Claude Killy (FRA)	Marielle Goitschel (FRA) Annie Famose (FRA)
Riesenslalom	Jean-Claude Killy (FRA)	Nancy Greene (CAN)

Tennis

Meisterschaften	Ort	Datum
Wimbledon	London	26.6.– 9.7.
US Open	Forest Hills	5.–17.9.
French Open	Paris	27.5.– 4.6.
Australian Open	Melbourne	23.1.– 1.2.
Internationale Deutsche Meisterschaften	Hamburg	1.– 6.8.
Daviscup-Endspiel	Brisbane (AUS)	26.–28.12.
Federationscup	Berlin	12.–18.6.

Turnier	Sieger (Land) – Finalgegner (Land) Ergebnis
Herren	
Wimbledon	John Newcombe (AUS) – Wilhelm Bungert (GER) 6:3, 6:1, 6:1
French Open	Roy Emerson (AUS) – Tony Roche (AUS) 6:1, 6:4, 2:6, 6:2
US Open	John Newcombe (AUS) – Clark Graebner (USA) 6:4, 6:4, 8:6
Australian O.	Roy Emerson (AUS) – Arthur Ashe (USA) 6:4, 6:1, 6:4
Int. Deutsche	Roy Emerson (AUS) – Manuel Santana (SPA) 8:6, 7:5, 6:4
Daviscup	Australien – Spanien 4:1
Damen	
Wimbledon	Billy Jean King (USA) – P. J. Jones 6:3, 6:4
French Open	Francoise Durr (FRA) – Lesley Turner (AUS) 4:6, 6:3, 6:4
US Open	Billy Jean King (USA) – Ann Jones (GBR) 11:9, 6:4
Australian O.	Nancy Richey (GBR) – Lesley Turner (AUS) 6:1, 6:4
Int. Deutsche	Francoise Durr (FRA) – Lesley Turner (AUS) 6:4, 6:4
Federat.Cup	USA – Großbritannien 2:0
Herren-Doppel	
Wimbledon	Bob Hewitt (SAF) Frew McMillan (SAF) – Roy Emerson (AUS)/ Ken Fletcher (AUS) 6:2, 6:3, 6:4
French Open	John Newcombe (AUS)/Tony Roche (AUS)
US Open	John Newcombe (AUS)/ Tony Roche (AUS) – W. W. Bowrey Owen Davidson (AUS)
Australian O.	John Newcombe (AUS)/Tony Roche (AUS)
Int. Deutsche	Bob Hewitt (SAF)/ Frew McMillan (SAF)
Damen-Doppel	
Wimbledon	R. Casals (USA)/ Billy Jean King (USA) – M. Esther-Bueno (BRA) Nancy Richey (AUS) 9:11, 6:4, 6:2
French Open	Francoise Durr (FRA)/G. Sheriff (AUS)
US Open	Virginia Wade (GBR)/Margaret Court (AUS)
Australian O.	Judy Tegart (AUS)/Lesley Turner (AUS)
Int. Deutsche	Judy Tegart (AUS)/Lesley Turner (AUS)
Mixed	
Wimbledon	O. Davidson (AUS)/ Billy Jean King (USA) – Ken Fletcher (AUS) Maria-Esther Bueno (BRA) 7:5, 6:0
French Open	Owen Davidson (AUS)/Billy Jean King (USA)
US Open	Owen Davidson (AUS)/Billy Jean King (USA)
Australian O.	Owen Davidson (AUS)/Billy Jean King (USA)

Nekrolog

Bekannte Persönlichkeiten aus allen Bereichen des gesellschaftlichen Lebens, die im Jahr 1967 gestorben sind, werden – alphabetisch geordnet – in Kurzbiographien vorgestellt.

Konrad Adenauer

deutscher Zentrums- bzw. CDU-Politiker (* 5. 1. 1876, Köln), stirbt am 19. April in Bad Honnef am Rhein-Rhöndorf.
Adenauer, Sohn eines Kanzleirats, wurde nach dem Studium der Rechte und der Volkswirtschaft 1906 Beigeordneter der Stadt Köln, deren Geschicke er 1917 bis 1933 als Oberbürgermeister maßgeblich mitbestimmte. Zugleich war er Mitglied des Preußischen Staatsrats und stand 1926 als Reichskanzlerkandidat zur Verfügung. Die Nationalsozialisten entfernten ihn 1933 aus allen politischen Ämtern und inhaftierten ihn nach dem gescheiterten Attentat vom 20. Juli 1944 vorübergehend in Köln und in Brauweiler. 1945 wurde Adenauer abermals Oberbürgermeister von Köln, bis ihn die britischen Besatzungsbehörden wegen Unfähigkeit entließen. Als früheres Zentrums-Mitglied konzentrierte er sich auf den Aufbau der CDU, deren Vorsitzender er 1946 wurde. 1948/49 war er Vorsitzender des Parlamentarischen Rates und wurde 1949 zum ersten Bundeskanzler der Bundesrepublik Deutschland gewählt.

Norman Lane Angell

britischer Schriftsteller und Publizist, Labour-Politiker, Friedensnobelpreisträger (* 26. 12. 1874, Holbeach/Lincolnshire), stirbt am 7. Oktober in Croydon/London.
Lane Angell, Verfasser zahlreicher sozialpolitischer Werke, wurde 1910 mit seinem Hauptwerk »Die große Illusion« bekannt, in dem er vor der den Weltfrieden gefährdenden Politik des Imperialismus warnte. Als liberaler Pazifist setzte er sich für Völkerverständigung und eine internationale Friedensordnung ein und förderte nach dem Ersten Weltkrieg eine Revision des Versailler Friedensvertrags zugunsten des Deutschen Reiches. Seine aktuellen Stellungnahmen während des Zweiten Weltkriegs fanden international Beachtung.

Clement Richard Attlee

britischer Labour-Politiker (* 3. 1. 1883, London), stirbt am 8. Oktober in London.
Attlee, Jurist, wurde 1907 Mitglied der sozialistischen Fabian Society und der Labour Party, als deren Abgeordneter er 1922 ins Unterhaus einzog. 1935 wurde er Partei- und Oppositionsführer und hatte während des Zweiten Weltkriegs als Stellvertreter Winston Churchills die Leitung über die inneren Angelegenheiten. Als die Labour Party 1945 erstmals die absolute Mehrheit erreichte, wurde er Premierminister. Während seiner Amtszeit (bis 1951) wurden die Schlüsselindustrien verstaatlicht, Großbritannien wurde durch ein umfassendes staatliches Versicherungswesen in einen Wohlfahrtsstaat umgewandelt. Unter Attlee gab Großbritannien das Palästinamandat auf, der Übergang vom britischen Kolonialreich zum Commonwealth wurde fortgesetzt: 1947 erhielten Indien und Pakistan, 1948 Birma und Ceylon die Selbständigkeit, ohne daß es zum Bruch mit dem Mutterland kam. 1945 nahm Attlee an der Potsdamer Konferenz teil, 1948 führte er Großbritannien in die NATO; im 1950 ausgebrochenen Koreakrieg verhinderte er den Einsatz von Atomwaffen.

Marcel Aymé

französischer Erzähler und Dramatiker, Humorist und Satiriker (* 29. 3. 1902, Joigny/Yonne), stirbt am 14. Oktober in Paris.
Aymé, Sohn eines Schmieds, versuchte sich nach einem abgebrochenen Medizinstudium in mehreren Berufen und begann während einer langen Krankheit zu schreiben. Zunächst entstanden lyrische Romane mit tragischem Grundtenor, ehe er zu seinem derben und satirischen Stil fand, der ihn berühmt machte. In dem Roman »Die grüne Stute« (1933) gab er eine ländliche Sittenschilderung zweier verfeindeter Familien mit handfester Komik und Erotik. Dieses Werk wurde verfilmt ebenso wie die grotesk-komische Novelle »Der Mann, der durch die Wand gehen konnte« (1943). Ins Phantastische stieß Aymé mit der Komödie »Die Mondvögel« (1955) vor; ein verträumter Junge kann Menschen in Vögel verwandeln. Dieselbe poetische Zartheit kennzeichnet Aymés Tiermärchen für Kinder.

Azorín

eigentlich José Martínez Ruiz, spanischer Schriftsteller (* 11. 6. 1874, Monóvar/Alicante), stirbt am 2. März in Madrid.
Die Stärke des Kritikers, Essayisten, Romanciers und Dramatikers Azorín, eines Vertreters der sog. Generation von 1898, lag in den impressionistischen Stimmungsskizze, wobei er vor allem die Landschaft Kastiliens beschrieb. Zu seinen Hauptwerken zählen die »Bekenntnisse eines kleinen Philosophen« (1904), »Auf den Spuren Don Quijotes« (1905) und die »Spanischen Visionen« (1941).

Henryk Berlewi

polnisch-französischer Graphiker und Maler (* 30. 10. 1894, Warschau), stirbt am 2. August in Paris.
Durch die Bekanntschaft mit Tomaso Marinetti und El Lissitzky griff Berlewi futuristische und konstruktivistische Anregungen auf, die er 1922/23 in Berlin zur »Mechano-Faktur« (Punkte, Quadrate, Wellenlinien) ver-

band, einer eigenen suprematistischen Theorie, die er 1924 als Manifest in der Zeitschrift »Der Sturm« veröffentlichte. Nach 1926 wandte er sich der gegenständlichen Malerei zu, 1927 übersiedelte er nach Paris.

Thomas Dehler

deutscher FDP-Politiker (* 14. 12. 1897, Lichtenfels), stirbt am 21. Juli in Streitberg.
Dehler, Mitbegründer des Reichsbanners Schwarz-Rot-Gold (1924), wurde als Gegner des NS-Regimes 1944 in ein Zwangsarbeitslager eingewiesen.
Nach dem Zweiten Weltkrieg leitete er 1946 bis 1949 die bayerische FDP, war 1948/49 Mitglied des Parlamentarischen Rates und ab 1949 Mitglied des Bundestags. 1953 bis 1956 war er Fraktionsvorsitzender der FDP im deutschen Bundestag, ab 1960 Vizepräsident des Bundestags.

Otto Dibelius

deutscher evangelischer Theologe (* 15. 5. 1880, Berlin), stirbt am 31. Januar in Berlin.
Als Mitglied der Bekennenden Kirche wurde Dibelius 1933 von seinem Amt als Generalsuperintendent der Kurmark suspendiert. Während der NS-Herrschaft war er wiederholt in Haft. 1945 bis 1966 amtierte er als Bischof von Berlin-Brandenburg, 1949 bis 1961 war er Ratsvorsitzender der Evangelischen Kirche in Deutschland und 1954 bis 1961 als erster Deutscher einer der fünf Präsidenten des Ökumenischen Rats der Kirchen. Er arbeitete maßgeblich an den ökumenischen Einigungsbestrebungen mit, setzte sich bei seiner seelsorgerischen Tätigkeit mit Gegenwartsströmungen auseinander und aktivierte das evangelische Gemeindeleben.

Ilja Grigorjewitsch Ehrenburg

sowjetischer Schriftsteller (* 27. 1. 1891, Kiew), stirbt am 31. August in Nowo-Jerusalem bei Moskau.
Noch als Schüler mußte Ehrenburg wegen seiner politischen Gesinnung 1908 emigrieren. In Paris gab er 1910 seinen ersten Gedichtband, »Stichi«, heraus, während des Ersten Weltkriegs war er Kriegsberichterstatter. Ein Zerwürfnis mit den Bolschewiken nach seiner Rückkehr in die Heimat führte ihn 1917 erneut ins Ausland. Nach verschiedenen Reisen war er 1936/37 Berichterstatter im Spanischen Bürgerkrieg und schrieb ab 1940 patriotische Beiträge für russische Zeitschriften. Der Titel seiner Erzählung »Tauwetter« (1953) wurde

zum Schlagwort für die innenpolitische Situation in der UdSSR nach dem Tod von Josef Stalin. Ab 1959 war Ehrenburg Präsidiumsmitglied des sowjetischen Schriftstellerverbandes und Abgeordneter des Obersten Sowjets; auch in dieser Stellung wagte er deutliche Kritik. Einer seiner erfolgreichsten Romane sind die »Ungewöhnlichen Abenteuer des Julio Jurenito«, eine Satire auf die europäische Zivilisation. Bekannt sind ferner die Romane »Das bewegte Leben des Rasik Roitschwantz« (1922), »Die heiligsten Güter« (1930) und »Menschen, Jahre, Leben« (autobiographisch, 1961).

Fritz Erler

deutscher SPD-Politiker (* 14. 7. 1913, Berlin), stirbt am 22. Februar in Pforzheim.
Erler wurde 1931 Mitglied der SPD, wurde 1939 wegen illegaler Parteiarbeit verhaftet und 1939 zu zehn Jahren Zuchthaus verurteilt. Im April 1945 konnte er fliehen, war 1946/47 von den Besatzungsbehörden interniert, und arbeitete danach als Landrat in der französischen Besatzungszone. Ab 1949 war er Mitglied des Bundestags und außen- und militärpolitischer Sprecher seiner Partei. Ab 1955 war er Mitglied des Parlaments der Westeuropäischen Union, ab 1964 stellvertretender Vorsitzender der SPD und Fraktionsvorsitzender im Bundestag. Zu den Hauptwerken des SPD-Politikers, der auch als Autor sich einen Namen machte, gehören »Sozialismus als Gegenwartsaufgabe« (1947) und »Demokratie in Deutschland« (1965).

Ignaz Etrich

österreichischer Flugzeugingenieur (* 25. 12. 1879, Horní Staré Město), stirbt am 4. Februar in Salzburg.
Etrich konstruierte die nach ihm benannte Etrich-Taube, einen Tiefdecker mit nach Art der Zanonia-Samens verspannten Tragflächen. Das Flugzeug wurde ab 1910 von Edmund Rumpler weiterentwickelt und unter dem Namen Etrich-Rumpler-Taube gebaut. 1912 gründete Etrich eigene Flugzeugwerke.

Ludwig von Ficker

deutscher Schriftsteller und Verleger (* 13. 4. 1880, München), stirbt am 20. März in Innsbruck.
Ficker gründete 1910 die Kunst- und Kulturzeitschrift »Der Brenner«. Er verfaßte Lyrik und Dramen.

Viktor Gollancz

britischer Verleger, Schriftsteller und Philanthrop (* 9. 4. 1893, London), stirbt am 8. Februar in London.
Gollancz gründete 1928 den Belletristik- und Sachbuchverlag Victor Gollancz und 1936 den sozialistischen »Left Book Club«. Nach dem Zweiten Weltkrieg förderte er u. a. durch zahlreiche Veröffentlichungen als Gegner der These von einer deutschen Kollektivschuld die Aussöhnung zwischen Großbritannien und Deutschland. Er erhielt 1960 den Friedenspreis des Deutschen Buchhandels.

Robert Jemison van de Graaff

US-amerikanischer Physiker (*20. 12. 1901, Tuscaloosa/Alabama), stirbt am 16. Januar in Boston.
Van de Graaff, einer der Pioniere der Hochspannungsphysik, entwickelte 1931 den nach ihm benannten elektrostatischen Generator zur Hochspannungserzeugung (Van-de-Graaff-Generator).

Oskar Maria Graf

deutscher Schriftsteller (*22. 7. 1894, Berg/Starnberg), stirbt am 28. Juni in New York.
Der ehemalige Bäckergeselle Graf gehörte ab 1911 zur Münchner Künstler- und Bohemeszene. 1919 beteiligte er sich an der Revolution in München. 1933 emigrierte er zunächst nach Wien, dann über die Tschechoslowakei in die UdSSR und die USA. In seinem Roman »Wir sind Gefangene« (1927) lieferte er eine kritische Darstellung seiner Erfahrungen als Bäckergeselle, Vagabund und Revolutionär in München. Mit seinen zahlreichen sozialkritischen, zum Teil satirischen (»Bolwieser«, 1931) oder humoristischen (»Bayerisches Dekamerone«, 1927) Dorf- und Stadtgeschichten wurde er zu einem Chronisten des Kleinbürgertums. Er verstand sich als Provinzschriftsteller im Gegensatz zu den Heimatdichtern. In »Anton Sittinger« (1937) analysierte er die autoritär-faschistoide Mentalität des deutschen Kleinbürgertums als Voraussetzung für den Erfolg des Nationalsozialismus. Der Einheitsfrontroman »Der Abgrund« (1936) beschreibt den Februaraufstand in Österreich von 1934 und Erfahrungen des Wiener Exils.

Ernesto Guevara Serna

genannt Che Guevara, kubanischer Politiker und Revolutionär (*14. 6. 1928, Rosario/Argentinien), wird beim Guerillakampf in Bolivien am 9. Oktober erschossen.
Der gebürtige Argentinier und Arzt Guevara beteiligte sich als Freund und Mitkämpfer Fidel Castros an der kubanischen Revolution (1959) und war bis 1961 Nationalbankpräsident auf Kuba. 1966 ging er als Guerillakämpfer nach Bolivien. Durch seine Theorie des Guerillakrieges und seine Vorstellungen über den Aufbau des nachrevolutionären Kuba wurde er Vorbild für viele Revolutionäre der Dritten Welt und fand auch in der studentischen Jugend Amerikas und Europas zahlreiche Anhänger. Schriften: »Guerilla – Theorie und Methode«, »Bolivianisches Tagebuch«, »Venceremos! Wir werden siegen«, »Aufzeichnungen aus dem kubanischen Befreiungskampf«.

Fritz Hartung

deutscher Historiker (*12. 1. 1883, Saargemünd), stirbt am 24. November in Berlin.
Hartung, 1923 bis 1949 Professor in Berlin, erforschte die neuere Verfassungsgeschichte. Sein Hauptwerk ist die »Deutsche Verfassungsgeschichte vom 15. Jahrhundert bis zur Gegenwart« (1914).

Karl Hartung

deutscher Bildhauer (*2. 5. 1908, Hamburg), stirbt am 19. Juli in Berlin.
Hartung war einer der führenden Vertreter der modernen deutschen Plastik. Nach einer Holzbildhauerlehre und dem Studium an der Kunstgewerbeschule Hamburg trat Karl Hartung 1929 bis 1932 in Paris in Kontakt mit Aristide Maillol, Emile-Antoine Bourdelle und Charles Despiau, danach wandte er sich der nichtfigürlichen Plastik zu.
1951 wurde er Professor an der Akademie der Künste in Berlin (West). In seinem Schaffen überwiegen zeichenhafte Monumente, Körperabstraktionen und durchbrochene Plastiken. Er schuf auch baugebundene Reliefs (u. a. für das Auditorium Maximum der Hamburger Universität).

Friedrich Heiler

deutscher Theologe und Religionswissenschaftler (*30. 1. 1892, München), stirbt am 28. April in München.
Heiler, ab 1920 Professor für vergleichende Religionswissenschaft und Religionsphilosophie in Marburg, war ein Vertreter der »evangelischen Katholizität« und übernahm im Jahr 1929 die Leitung der Hochkirchlichen Vereinigung, die die ökumenische Bewegung förderte.
Werke: »Das Gebet« (1918), »Die buddhistische Versenkung« (1918), »Urkirche und Ostkirche« (1937), »Erscheinungsformen und Wesen der Religion« (1961).

Paul Henckels

deutscher Schauspieler (*9. 10. 1885, Hürth), stirbt am 27. Mai in Schloß Hugenpoet bei Kettwig.
Henckels, ausgebildet bei Louise Dumont, stand im Düsseldorfer Schauspielhaus (Codirektor 1919/20) und in verschiedenen Theatern Berlins (Leiter des Schloßparktheaters 1920/21) auf der Bühne.
Später spielte er mit seinem rheinischen Humor in knapp 200 Filmen heitere Charakterrollen, u. a. in der »Feuerzangenbowle« (1943).

Heinz Hilpert

deutscher Schauspieler, Regisseur und Theaterleiter (*1. 3. 1890, Berlin), stirbt am 25. November in Göttingen.
Hilpert wurde 1926 Oberregisseur am Deutschen Theater in Berlin, dessen Leitung er 1934 übernahm. 1938 bis 1945 leitete er das Theater in der Josefstadt in Wien, gründete 1948 das Deutsche Theater in Konstanz und war 1950 bis 1956 Intendant in Göttingen. Er inszenierte werkgetreue Klassikeraufführungen und brachte mehrere Dramen Carl Zuckmayers erstmals auf die Bühne.

Edward Hopper

US-amerikanischer Maler und Graphiker (*22. 7. 1882, Nyack/New York), stirbt am 15. März in New York.
Hopper wurde bekannt mit seinen typisch US-amerikanischen Stadtlandschaften, deren Realismus großen Einfluß auf die Malerei des Fotorealismus hatte.

Langston Hughes

US-amerikanischer Negerdichter (*1. 2. 1902, Joplin/Missouri), stirbt am 22. Mai in New York.
Hughes, Akademiker, Gelegenheitsarbeiter, Seemann und Journalist, war einer der bedeutendsten US-amerikanischen Negerdichter. Als Lyriker, Erzähler, Dramatiker, Verfasser von Libretti und Musicals und Publizist der afroamerikanischen Kulturbewegung verarbeitete er Elemente der Negerkultur und verwendete als Stilmittel den Harlemer Dialekt und den Jazz, dessen melancholische und elegische Stimmung vor allem in dem Gedichtband »Der müde Blues« (1926) zum Ausdruck kommt. Er war Leiter des Harlemer Negertheaters in New York. Weitere Werke: »Die Negermutter« (Gedichte 1931), »Ich werfe meine Netze aus« (Autobiographie 1940), »Das Buch vom Jazz« (1955).

Johannes Itten

schweizerischer Maler und Kunstpädagoge (*11. 11. 1888, Thun), stirbt am 25. März in Zürich.
Itten studierte 1913 bis 1916 bei Adolf Hölzel in Stuttgart. Während seine Malerei anfangs von Paul Gauguins Sinnlichkeit beeinflußt war, wandte er sich 1916 unter dem Einfluß des Kubismus geometrischen Formen zu. Als Lehrer am Bauhaus in Weimar entwickelte er eine Methode für die künstlerische Grundausbildung, die in zahlreichen europäischen und US-amerikanischen Kunstschulen eingeführt wurde. 1923 bis 1926 beschäftigte er sich mit mystischen indischen Lebensphilosophien, leitete 1926 bis 1932 die von ihm in Berlin gegründete private Itten-Schule, war 1932 bis 1938 Leiter der Staatlichen Flächenkunstschule in Krefeld und bildete vor allem Textilentwerfer aus. 1938 emigrierte er in die Niederlande und wurde im selben Jahr als Direktor der Kunstgewerbeschule und des Kunstgewerbemuseums nach Zürich berufen, 1952 bis 1955 war er Direktor des Rietberg-Museums für außereuropäische Kunst in Zürich.

Zoltán Kodály

ungarischer Komponist, Volksliedsammler und -forscher (*16. 12. 1882, Kecskemét), stirbt am 6. März in Budapest.
Kodály, ab 1907 Lehrer an der Musikhochschule in Budapest, hatte großen Einfluß auf die Musikpädagogik im modernen Ungarn. Zusammen mit Béla Bartók sammelte und erforschte er altes ungarisches Liedgut. Er komponierte Orchesterwerke (»Tänze aus Galánta«), Chorwerke (»Palmus hungaricus«, 1923), Opern (»Háry János«, 1926, »Die Spinnstube« 1932), Volksliedvariationen, Lieder und Kammermusik.

Wolfgang Köhler

deutsch-US-amerikanischer Psychologe (*21. 1. 1887, Reval), stirbt am 11. Juni in Lebanon/New Hampshire.
Köhler war einer der Mitbegründer der Berliner Gestaltpsychologie. 1922 wurde er Professor in Berlin, 1935 emigrierte er in die USA. Bekannt wurde er vor allem durch seine Versuche mit Schimpansen (»Intelligenzprüfungen an Menschenaffen« 1917, 1963).

Annette Kolb

deutsche Schriftstellerin (*2. 2. 1870, München), stirbt am 3. Dezember in München.
Kolb, Tochter eines französischen Pianisten und eines Münchner Gartenbauarchitekten, war zeitlebens um die Aussöhnung zwischen Frankreich und Deutschland bemüht (»Briefe einer Deutsch-Französin«, 1916). In kritischen Essays, z. T. in französischer Sprache, trat sie für Aufklärung und Verständigung zwischen den Völkern ein und bezog zu zahlreichen zeitgeschichtlichen Problemen Stellung. Ihre Musikliebe fand Niederschlag in Biographien großer Komponisten (Mozart 1937, Schubert 1941, Wagner 1947), ihre Erinnerungen an Elternhaus und Kindheit verarbeitet sie dichterisch in den erfolgreichen Romanen »Das Exemplar« (1913), »Daphne Herbst« (1928) und »Die Schaukel« (1934). 1933 emigrierte sie nach Paris, 1940 in die USA, 1945 kehrte sie nach Europa zurück und lebte abwechselnd in Deutschland und Frankreich.

Wladimir Michailowitsch Komarow

sowjetischer Flugzeugingenieur und Kosmonaut (*16. 3. 1927, Moskau), verunglückt am 24. April tödlich bei der Erprobung des Raumschiffs »Sojus 1« bei Orenburg.
Mit dem ersten mehrsitzigen Raumschiff »Woschod 1« umkreiste Komarow 1964 16mal die Erde.

Alfried Krupp von Bohlen und Halbach

deutscher Industrieller (*13. 8. 1907, Essen), stirbt am 30. Juli in Essen.
Als Sohn der Krupp-Erbin Bertha Krupp arbeitete Krupp neben seinem Vater Gustav Krupp von Bohlen und Halbach an führender Stelle des 1903 in eine Aktiengesellschaft umgewandelten Unternehmens und leitete es nach der Privatisierung ab 1943 als alleiniger Inhaber. Während der beiden Weltkriege stand die Rüstungsproduktion an erster Stelle. 1945 bis 1953 wurde das Unternehmen von den Alliierten kontrolliert (nach Verurteilung in Nürnberg war Krupp 1948 bis 1954 in Haft), danach baute der rehabilitierte Krupp die Firma wieder auf. Während der Wirtschaftskrise 1967 sah er sich gezwungen, die Bundesbürgschaft in Anspruch zu nehmen und die Firma in eine Stiftung umzuwandeln. Mit Krupps Tod wird das auf

dem Stahlsektor, im Maschinen-, Anlagen- und Schiffsbau tätige Großunternehmen Eigentum der Alfried Krupp von Bohlen und Halbach Stiftung.

Richard Kuhn

deutsch-österreichischer Chemiker, Chemienobelpreisträger 1938 (* 3. 12. 1900, Wien), stirbt am 31. Juli in Heidelberg.

Kuhn erhielt 1926 eine Professur in Zürich, wechselte 1929 nach Heidelberg und leitete dort das Kaiser-Wilhelm-Institut für medizinische Forschung (ab 1948 Max-Planck-Institut). Er arbeitete auf dem Gebiet der mehrfach ungesättigten Verbindungen, mit Karotinoiden, Vitaminen und Enzymen. Für seine Vitaminforschungen erhielt er 1938 den Nobelpreis für Chemie, den er jedoch erst 1948 annehmen konnte. Er wies als erster die Verbindung zwischen Vitaminen und Fermenten nach. 1955 wurde er Vizepräsident der Max-Planck-Gesellschaft in Göttingen.

Hans Ledwinka

österreichischer Techniker und Autokonstrukteur (* 14. 2. 1878, Klosterneuburg), stirbt am 2. März in München.

Ledwinka konstruierte das Automobil »Präsident«, das einen wassergekühlten Zweizylinder-Boxermotor mit neun PS hatte und 1899 von der Nesselsdorfer Waggonfabrik in Mähren gebaut wurde. Er führte im Autobau das verwindungsfreie Fahrgestell mit Zentralrohrträger, die Einzelradaufhängung und die Schwingachsen ein.

Vivien Leigh

eigentlich Vivian Mary Hartley, englische Schauspielerin (* 5. 11. 1913, Darjeeling/Indien), stirbt am 8. Juli in London.

Vivien Leigh zählte zu den vielseitigsten Schauspielerinnen des 20. Jahrhunderts; sie verkörperte ebenso glaubhaft die großen Frauengestalten des klassischen Theaters wie die Heldinnen populärer Unterhaltungsfilme. Ihre Karriere begann 1935 mit Engagements an verschiedenen englischen Bühnen, 1939 spielte sie die Hauptrolle in dem Film »Vom Winde verweht« und wurde international bekannt. 1940 bis 1960 war sie verheiratet mit Sir Laurence Olivier, als dessen Partnerin sie in Londoner Bühnen auftrat, u. a. am Old Vic. Große Erfolge erzielte sie in Stücken von William Shakespeare und Tennessee Williams, dessen Stück »Endstation Sehnsucht« 1951 mit Vivien Leigh in der Hauptrolle auch verfilmt wurde. Weitere berühmte Filme waren »Lord Nelsons letzte Liebe« (1941) und »Das Narrenschiff« (1960).

Paul Löbe

deutscher SPD-Politiker (* 14. 12. 1875, Liegnitz), stirbt am 3. August in Bonn.

Der Schriftsetzer und Journalist Löbe war 1899 bis 1919 Redakteur der Breslauer »Volkswacht« und begann seine politische Karriere 1904 als SPD-Stadtverordneter in Breslau. 1919 wurde er zum Vizepräsidenten der Weimarer Nationalversammlung gewählt und 1920 zum Präsidenten des Deutschen Reichstags. Dieses Amt hatte er (mit einer Unterbrechung 1924) bis 1932 inne. Die NS-Machthaber ließen ihn 1933 und nach dem Attentat vom 20. Juli 1944 verhaften. 1948/49 gehörte er dem Parlamentarischen Rat an, 1949 bis 1953 war er Mitglied und Alterspräsident des Bundestags und stand 1954 bis 1961 dem Kuratorium Unteilbares Deutschland vor.

René Magritte

belgischer surrealistischer Maler (* 21. 11. 1898, Lessines), stirbt am 15. August in Brüssel.

Nach der Ausbildung an der Brüsseler Kunstakademie und ersten kubistischen Versuchen machte Magritte 1922 Bekanntschaft mit dem Werk Giorgio de Chiricos, dessen die Wirklichkeit sprengende, aber im Detail realistische Malweise großen Einfluß auf ihn hatte. 1927 bis 1930 hielt er sich in Perreux-sur-Marne auf und stand in engem Kontakt mit den Pariser Surrealisten. 1930 ließ er sich endgültig in Paris nieder, wo er Mittelpunkt einer eigenen Surrealistengruppe wurde und seine persönliche Variante des Surrealismus entwickelte. Die hintergründige, verblüffende Wirkung seiner Bilder erzielte er vor allem durch die Kombination kontrastierender oder sich ausschließender Elemente, die meist völlig realistisch dargestellt sind: Ein von hinten gesehener Mann betrachtet sich im Spiegel; als Spiegelbild aber erscheint nicht das Gesicht des Mannes, sondern sein Hinterkopf. Durch die Zusammenstellung dieser disparaten Details wird die scheinbar realistisch dargestellte Wirklichkeit durchbrochen und ihrerseits als Illusion dargestellt.

Rodion Jakowlewitsch Malinowski

sowjetischer Marschall (* 23. 11. 1898, Odessa), stirbt am 31. März in Moskau.

Malinowski zählte während des Zweiten Weltkriegs zu den prominentesten Generälen der UdSSR (Donfront 1942/43, Eroberung Rumäniens und Ungarns 1944, Besetzung der Mandschurei 1945). 1956 wurde er Mitglied des ZK der KPdSU, 1957 übernahm er das Verteidigungsministerium, das er bis zu seinem Tod leitete.

Jayne Mansfield

eigentlich Vera Jayne Palmer, US-amerikanische Film-Schauspielerin (* 19. 4. 1932, Bryn Mawr, US-Bundesstaat Pennsylvania), verunglückt tödlich bei einem Autounfall in New Orleans.

Der prominente Hollywood-Star galt in den USA als Busenwunder und Sex-Symbol. Bekannt wurde Jayne Mansfield – vor allem in der Bundesrepublik Deutschland – durch die Spielfilme »Es geschah in einer Nacht«, »Heimweh nach St. Pauli« und »In jedem Hafen eine Braut«.

John Masefield

englischer Schriftsteller (* 1. 6. 1878, Ledbury/Hereford), stirbt am 12. Mai bei Abington in Berkshire.

Masefield, 1930 vom britischen König zum Poet laureate gekrönt, schuf neben romantischer See- und Meereslyrik (»Salzwasserballaden«, 1902) Verserzählungen (»Die immerwährende Gnade«, 1911) und religiöse Mysterienspiele sowie realistisch-abenteuerliche Seeromane (»Traum von Juanita«, 1924, »Tee aus Futschau« 1933, »Seezigeuner Gry« 1934), Kindergeschichten (»Jim Davis«, 1911) und Essays.

André Maurois

eigentlich Emile Herzog, französischer Schriftsteller (* 26. 7. 1885, Elbeuf/Seine-Maritime), stirbt am 9. Oktober in Neuilly-sur-Seine.

Maurois schilderte in seinen Romanen mit psychologischem Gespür das französische Großbürgertum und begründete die Gattung der »biographie romancée«, der zum Roman verarbeiteten, an Lebensdokumente gebundenen Biographie. Seine Hauptwerke: »Bernard Quesnay« (1926), »Benjamin Disraeli, Lord Beaconsfield« (1927), »Wandlungen der Liebe« (1928), »Byron« (1930), »Turgenjew« (1931), »Im Kreise der Familie« (1932), »Voltaire« (1935), »Chateaubriand« (1937), »Chopin« (1942), »Claire oder Das Land der Verheißung« (1945), »Auf der Suche nach Herrn Proust« (1949), »Dunkle Sehnsucht. Das Leben der George Sand« (1952), »Olympio oder Das Leben von Victor Hugo« (1954), »Rosen im September« (1956), »Die drei Dumas« (1957), »Napoleon« (1964), »Prometheus oder Das Leben Balzacs« (1965).

Carson McCullers

US-amerikanische Schriftstellerin (* 19. 2. 1917, Columbus/Georgia), stirbt am 29. September in Nyack bei New York.

In psychologischen Romanen und Kurzgeschichten voller poetischer Schwermut schilderte McCullers am Beispiel absonderlicher Charaktere die Einsamkeit und Kommunikationslosigkeit des modernen Menschen und die Unmöglichkeit erwiderter Liebe. Romane: »Das Herz ist ein einsamer Jäger« (1940), »Der Soldat und die Lady« (1942), »Das Mädchen Frankie« (1946, auch als Drama, 1950), »Die Ballade vom traurigen Café« (1951), »Uhr ohne Zeiger« (1961).

Henry Morgenthau

US-amerikanischer Politiker (* 11. 5. 1891, New York), stirbt am 6. Februar in Poughkeepsie/New York.

Morgenthau, Sohn eines 1865 aus Deutschland in die USA eingewanderten Geschäftsmanns und Diplomaten, war 1935 bis 1945 Finanzminister. 1944 legte er den nach ihm benannten Morgenthau-Plan vor, der die Zukunft Deutschlands nach dem Zweiten Weltkrieg regeln sollte. In 14 Punkten forderte er hier eine starke Verkleinerung Deutschlands durch Internationalisierung strategisch wichtiger Gebiete und eine föderative Aufteilung Deutschlands, um ein Wiedererstarken dieses Landes zu verhindern; Industrieanlagen sollten demontiert, Bergwerke stillgelegt werden. Präsident Franklin D. Roosevelt zog zwar schon 1944 seine Zustimmung zu diesem Plan zurück, doch blieben die Grundprinzipien prägend für die US-Politik im Nachkriegsdeutschland bis zum Jahr 1947.

Hermann Joseph Muller

US-amerikanischer Biologe, Medizinnobelpreisträger 1946 (* 21. 12. 1890, New York), stirbt am 5. April in Indianapolis.

Muller löste 1926 erstmals durch Röntgenbestrahlung (von Taufliegen) Mutationen aus.

Otto Nagel

deutscher Maler (* 27. 9. 1894, Berlin), stirbt am 12. Juli in Berlin.

Nagel zählte zu den führenden Vertretern des sozialistischen Realismus. 1921 wurde er als »Arbeitermaler von Wedding« bekannt, im selben Jahr rief er mit anderen Künstlern die Künstlerhilfe innerhalb der Internationalen Arbeiter-Hilfe ins Leben, 1924 organisierte er die 1. Allgemeine Deutsche Kunstausstellung in der UdSSR. 1934 erhielt er Malverbot und war 1936/37 im KZ Sachsenhausen eingekerkert, die meisten seiner Bilder aus der Welt der Arbeiter wurden als »entartet« vernichtet. 1945 war er Gründungsmitglied des Deutschen Kulturbundes und 1950 der Deutschen Akademie der Künste in Berlin (Ost), 1953 wurde er Präsident des DDR-Künstlerverbandes, 1956 bis 1962 war er Präsident der Deutschen Akademie der Künste.

Ernst Niekisch

deutscher Politiker und Publizist (* 23. 5. 1889, Trebnitz/Niederschlesien), stirbt am 23. Mai in Berlin (West).

Niekisch, ursprünglich Volksschullehrer, trat 1917 der SPD bei und wurde 1918 Vorsitzender des Münchner Zentralen Arbeiter-, Bauern- und Soldatenrats (1919 verhaftet). Nach Tätigkeiten im bayerischen Landtag und im Textilarbeiter-Verband in Berlin konzentrierte er 1926 bis 1934 seine Kraft auf die Herausgabe der Zeitschrift »Der Widerstand. Blätter für soziale und nationalrevolutionäre Politik«, die eine nationalbolschewistische Richtung vertrat. Nach der Machtergreifung Adolf Hitlers (1933), vor dem Niekisch schon früh gewarnt hatte, versuchte er, alle Gruppierungen des Widerstands zusammenzuhalten, wurde 1937 wegen Hochverrats verhaftet und zu lebenslänglich Zuchthaus verurteilt. Nach schwerer Erkrankung durch Mißhandlungen während der Haft erhielt er nach der Befreiung 1945 einen Lehrstuhl an der Berliner Humboldt-Universität und wurde Leiter des Instituts zur Erforschung des Imperialismus. Seit 1946 SED-Mitglied, wurde er 1949 in die DDR-Volkskammer gewählt, schied jedoch 1954 aus allen Ämtern und aus der Partei aus und übersiedelte nach Berlin (West), nachdem der Aufstand des 17. Juni 1953, den Niekisch für berechtigt hielt, niedergeschlagen worden war. Werke: »Hitler, ein Verhängnis« (1932), »Das Reich der niederen Dämonen« (1953), »Erinnerungen eines deutschen Revolutionärs« (1958–1974).

Robert Oppenheimer

US-amerikanischer Kernphysiker (* 22. 4. 1904, New York), stirbt am 18. Februar in Princeton/New Jersey.

Unter Oppenheimers Leitung wurden ab 1943 in Los Alamos die ersten Atombomben der USA gefertigt. Da sich Oppenheimer dem Bau der Wasserstoffbombe in den USA widersetzte, wurde ihm 1954 von US-Präsident Dwight D. Eisenhower wegen angeblich kommunistischer Gesinnung die Erlaubnis entzogen, an geheimen Projekten mitzuarbeiten. Er wurde 1963 rehabilitiert unter Präsident John F. Kennedy.

Georg Wilhelm Pabst

österreichischer Filmregisseur (* 27. 8. 1885, Raudnitz an der Elbe), stirbt am 29. Mai in Wien.
Nach Bühnenengagements und ausgedehnten Reisen durch Europa und die USA kam Pabst 1921 zum Film, zunächst als Schauspieler, dann als Regieassistent, und drehte 1923 seinen ersten eigenen Film. Mit »Die freudlose Gasse« (1925) begann jene Reihe naturalistischer (z. T. auch expressionistischer), sozialkritischer Stummfilme, mit denen Pabst dem deutschen Film zu internationalem Ansehen verhalf: »Geheimnisse einer Seele« (1926), »Die Liebe der Jeanne Nay« (1927), »Die Büchse der Pandora« (1928), »Tagebuch einer Verlorenen« (1929). »Westfront 1918« (1930) wurde Ziel wütender Angriffe der Nationalsozialisten, 1931 inszenierte Pabst Bertolt Brechts »Dreigroschenoper«. 1939 bis 1940 drehte er in Frankreich und Hollywood, 1940 kehrte er nach Hollywood zurück. Mit der NS-Herrschaft setzte er sich in den Filmen »Der Prozeß« (1948, Preis für die beste Regie bei den Filmfestspielen von Venedig), »Es geschah am 20. Juli« (1955) und »Der letzte Akt« (1955) auseinander.

Pu Yi (P'u I)

letzter Kaiser von China 1908–1911 (* 11. 2. 1906), stirbt am 17. Oktober in Peking.
Im Alter von zwei Jahren wurde P'u I 1908 Kaiser von China. Während der Revolution mußte er als letzter Kaiser der Mandschu-Dynastie abdanken; im Juli 1917 wurde er vorübergehend noch einmal zum Kaiser proklamiert. 1932 bis 1945 stand er als Kaiser an der Spitze des japanischen Vasallenstaates Mandschukuo, geriet 1945 in sowjetische Gefangenschaft, wurde 1949 an das kommunistische China ausgeliefert und blieb bis 1959 in Haft. Danach trat er für die Politik der Kommunistischen Partei Chinas ein.

Ad Reinhardt

US-amerikanischer Maler (* 24. 12. 1913, Buffalo/New York), stirbt am 30. August in New York.
Der ausgebildete Kunsthistoriker Reinhardt, der an zahlreichen Schulen und Universitäten der USA lehrte, begann in den 1950er Jahren, Bilder mit konstruktivistisch gegliederten Farbräumen in Rot und Blau zu malen. Ab 1953 folgten seine Serien »schwarzer« Bilder.

Fritz Schäffer

deutscher BVP- bzw. CSU-Politiker (* 12. 5. 1888, München), stirbt am 29. März in Berchtesgaden.
Schäffer leitete 1929 bis 1933 als Vorsitzender die Bayerische Volkspartei (BVP) und war 1931 bis 1933 bayerischer Finanzminister. 1945 setzten ihn die US-Besatzungsbehörden als bayerischen Ministerpräsidenten ein, enthoben ihn jedoch noch im selben Jahr des Amts und verboten ihm jede politische Tätigkeit. 1949 wurde Schäffer, der 1945 die CSU mitbegründet hatte, Mitglied des Bundestags. 1949 bis 1957 war er Bundesfinanzminister, 1957 bis 1961 Bundesjustizminister.

Hans Schomburgk

deutscher Afrikaforscher und Reiseschriftsteller (* 28. 10. 1880, Hamburg), stirbt am 27. Juli in Berlin.
Schomburgk nahm auf britischer Seite am Burenkrieg teil, durchquerte zweimal Afrika und bereiste die deutschen Kolonien. Er machte zahlreiche Entdeckungen (Zwergflußpferd und Büffel in Liberia), stellte die erste Karte von West-Liberia her und schilderte seine Erlebnisse in vier Filmen und zahlreichen populären Büchern: »Fahrten und Forschungen« (1923), »Mein Afrika« (1928), »Ich such' in Afrika das letzte Paradies« (1939), »Meine Freunde im Busch« u. a.

Carl Schuricht

deutscher Dirigent (* 3. 7. 1880, Danzig), stirbt am 7. Januar in Corseaux bei Vevey.
Schuricht war 1922 bis 1944 Generalmusikdirektor in Wiesbaden. Als Gastdirigent leitete er zahlreiche internationale Orchester.

Hans-Christoph Seebohm

deutscher DP- bzw. CDU-Politiker (* 4. 8. 1903, Emanuelsegen/Kattowitz), stirbt am 17. September in Bonn.
Seebohm war 1947 bis 1956 zweiter Vorsitzender der Deutschen Partei (DP), 1948/49 Mitglied des Parlamentarischen Rates und ab 1949 Mitglied des Bundestags. 1949 bis 1966 war er Bundesverkehrsminister (1960 Übertritt zur CDU), ab 1959 Sprecher der Sudetendeutschen Landsmannschaft.

Paul Sethe

deutscher Publizist (* 12. 12. 1901, Bochum), stirbt am 21. Juni in Hamburg.
Sethe war 1934 bis 1943 Redakteur bei der »Frankfurter Zeitung« und 1949 bis zu seinem Ausscheiden wegen politischer Meinungsverschiedenheiten Mitherausgeber der »Frankfurter Allgemeinen«. In seinen zahlreichen Buchveröffentlichungen wandte er sich gegen eine einseitige Westbindung der Bundesrepublik.

Francis Joseph Spellman

US-amerikanischer katholischer Theologe (* 4. 5. 1889, Whitman/Massachussets), stirbt am 2. Dezember in New York.
Spellman wurde 1939 Erzbischof von New York und 1943 zugleich Militärbischof. 1946 wurde er in den Kardinalsrang erhoben.

Max Taut

deutscher Architekt (* 15. 5. 1884, Königsberg/Preußen), stirbt am 26. Februar in Berlin (West).
Taut war wie sein Bruder Bruno Taut ein Vorkämpfer des Neuen Bauens, wobei er den Stoffen Glas und Stahl neue Formen abgewann. Er errichtete vor allem Wohn-, Verwaltungs- und Schulbauten, so die Reutersiedlung in Bonn (1951), das Ludwig-Georgs-Gymnasium in Darmstadt (1953 bis 1955) u. a.

Heinz Tietjen

deutscher Dirigent, Regisseur und Theaterintendant (* 24. 6. 1881, Tanger), stirbt am 30. November in Baden-Baden.
Tietjen leitete 1925 bis 1930 und 1948 bis 1954 die Städtische Oper in Berlin und 1927 bis 1930 die Staatsoper Berlin, war 1930 bis 1945 Generalintendant der Preußischen Staatstheater und 1933 bis 1944 Regisseur und Dirigent bei den Bayreuther Festspielen, deren künstlerische Leitung er 1933 übernahm. 1956 bis 1959 war er Intendant der Staatsoper Hamburg.

Totò

eigentlich Fürst Antonio de Curtis (* 15. 2. 1901, Neapel), stirbt am 15. April in Rom.
Dank seines eigenartig asymmetrischen Gesichts gelang Totò Mitte der 30er Jahre der Wechsel vom Varieté als Komiker zum Film. In über 100 Filmen spielte er den kleinen, etwas hochstaplerischen Mann, der sich durch frechen Bluff zu helfen weiß. Als Charakterdarsteller setzte ihn Pier Paolo Pasolini 1966 in »Große Vögel, kleine Vögel« ein.

Frank Wisbar

eigentlich Frank Wysbar, deutscher Filmregisseur (* 9. 12. 1899 Tilsit), stirbt am 17. März in Mainz.
Wisbar kam nach einer Offizierslaufbahn als Drehbuchautor zum Film. Unter den neun Filmen, die er vor dem Zweiten Weltkrieg drehte, wurde »Fährmann Maria« (1936) am bekanntesten. 1938 emigrierte er in die USA, wo er als Autor, Produzent und Regisseur für das Fernsehen arbeitete. Nach seiner Rückkehr nach Deutschland

1956 spezialisierte er sich auf Kriegsfilme: »Haie und kleine Fische« (1957), »Nasser Asphalt« (1958), »Hunde, wollt ihr ewig leben?« (1959), »Fabrik der Offiziere« (1960), »Nacht fiel über Gotenhafen« (1960), »Durchbruch Lok 234« (1963), »Marschier oder krepier« (1963).

Ossip Zadkine

russisch-französischer Bildhauer und Graphiker (* 14. 7. 1890, Smolensk), stirbt am 25. November in Paris.
Zadkine lebte ab 1909 in Paris, studierte an der École des Beaux-Arts und war 1946 bis 1953 Professor der Académie de la Grande Chaumière. Als einer der ersten Künstler übertrug er die kubistischen Stilelemente von der Malerei auf die Plastik und schuf streng gegliederte, nach geometrischen Gesetzen komponierte Gebilde. Dieses konsequente Formenprinzip gab Zadkine in der Folgezeit zugunsten einer nur teilweise abstrakten, ausdrucksstarken Gegenständlichkeit auf. In betont expressiver Auffassung gestaltete er sein bronzenes Kriegsmahnmal »Die zerstörte Stadt« (1953) für Rotterdam.

Register

Das Personenregister enthält alle in diesem Buch genannten Personen (nicht berücksichtigt sind mythologische Gestalten und fiktive Persönlichkeiten sowie Eintragungen im Anhang). Die Herrscher und Angehörigen regierender Häuser sind alphabetisch nach den Ländern ihrer Herkunft geordnet. Kursive Zahlen verweisen auf Abbildungen.

Register

Register

Abkürzungen zu den Sportseiten

AFG	Afghanistan	CUB	Kuba	HON	Honduras	MLT	Malta
ALG	Algerien	DAN	Dänemark	IND	Indien ·	MON	Mongolische
ARG	Argentinien	DDR	Deutsche	INS	Indonesien		Volksrepublik
AUS	Australien		Demokratische	IRA	Iran	NEP	Nepal
AUT	Österreich		Republik	IRK	Irak	NGA	Nigeria
BAR	Barbados	DOM	Dominikanische	IRL	Irland	NIC	Nicaragua
BEL	Belgien		Republik	ISL	Island	NIG	Niger
BOL	Bolivien	ECU	Ecuador	ISR	Israel	NKO	Nordkorea
BRA	Brasilien	EGY	Ägypten	ITA	Italien	NOR	Norwegen
BUL	Bulgarien	ELF	Elfenbeinküste	JAM	Jamaika	NSE	Neuseeland
BUR	Birma	ETH	Äthiopien	JAP	Japan	PAK	Pakistan
CAB	Kambodscha	FIN	Finnland	KEN	Kenia	PAN	Panama
CAF	Zentralafrikanische	FRA	Frankreich	KOR	Korea	PAR	Paraguay
	Republik	GAB	Gabun	KUW	Kuwait	PER	Peru
CAM	Kamerun	GBR	Großbritannien	LBY	Libyen	PHI	Philippinen
CAN	Kanada	GER	Bundesrepublik	LIA	Liberia	POL	Polen
CEY	Ceylon (Sri Lanka)		Deutschland	LIB	Libanon	POR	Portugal
CHA	Tschad	GHA	Ghana	LIE	Liechtenstein	RHO	Rhodesien
CHI	Chile	GRE	Griechenland	LUX	Luxemburg	RUM	Rumänien
CHN	China	GUA	Guatemala	MAD	Madagaskar	SAF	Südafrika
COB	Kongo	GUI	Guinea	MAL	Malaysia	SAL	El Salvador
COK	Kongo-Léopoldville	GUY	Guyana	MAR	Marokko	SAM	Sambia
COL	Kolumbien	HAI	Haiti	MCO	Monaco	SAN	San Marino
ÇOS	Costa Rica	HOK	Hongkong	MEX	Mexiko	SEN	Senegal
ČSSR	Tschechoslowakei	HOL	Niederlande	MLI	Mali	SIN	Singapur

SLE	Sierra Leone
SOV	Sowjetunion
SPA	Spanien
SUD	Sudan
SUI	Schweiz
SUR	Surinam
SWE	Schweden
SYR	Syrien
TAI	Taiwan
TAS	Tansania
THA	Thailand
TRI	Trinidad und Tobago
TUN	Tunesien
TUR	Türkei
UGA	Uganda
UNG	Ungarn
URU	Uruguay
USA	Vereinigte Staaten von Amerika
VAR	Vereinigte Arabische Republik
VEN	Venezuela
VIE	Vietnam
YUG	Jugoslawien

Quellen